封扉题字　江泽民

劉瑞龍文集

第四卷

人民出版社

献给

为祖国解放和共产主义

事业光荣献身的同志们

刘瑞龙

一九六三年八月

刘瑞龙手迹

红四方面军和川陕革命
根据地革命传统永放
光辉

博物馆 纪念

一九八四年七月一日

刘瑞龙

目　录

难忘的征程

革命生涯中记忆深刻的人和事

与亲友、业界同仁的书信

难忘的征程

家庭和学校生活*

1910年10月3日（清宣统二年农历庚戌九月初一），我出生于江苏省南通县陆洪闸镇。乳名雷惠，学名刘瑞龙。以后在工作中曾经用过的名字有：刘献之、李也萍、石钧、李二、张云生、王大舜、李占魁、张元屏。

我的祖父刘安盛是农民，兼开豆腐店。有田五十亩，自耕，农忙的时候雇些短工。我的父亲刘鹤祥，号恩溥，在同辈中排行第三，开"陆陈行"（收贩粮食和土纱布），二十多亩耕地出租，有房十余间，雇一个织布工，织些土布出卖，是小地主兼商人。父亲先后娶过三个妻子，首妻王氏，无子早逝。继娶崔氏，生二子，大哥应龙，二哥锦龙。崔氏死后，续娶李遂安（淑垣），33岁生我。我出生才70多天，父亲去世，终年48岁。从此家庭经济情况逐渐败落。

父亲去世以后，家里除母亲、大哥、二哥和我以外，还有大嫂葛洁莲、二嫂毛金英，家计由大哥大嫂掌管。母亲、二哥、二嫂和我，都处于被统治地位。吃饭只能坐在灶台边，不能上大桌，受尽欺凌。母亲悲戚，几次想出家当尼姑。

1917年我7岁，入本镇陆洪闸小学。大哥大嫂只供给我衣食和学费，母亲纺纱、糊纸锭、代人刺绣，挣些钱供我零用。母亲是本县西亭一位老儒生的女儿，粗识文字，对我的学业管教甚严，每晚挑灯纺纱，听我复习功课。她的全部希望，是教育我成为自食其力的人，她常常坚毅、乐观地说："城河里的砖头，总有翻身的时候。"母亲的盼望，给我印象很深。她很喜爱弹词小说，常买一两本来，让我复习完功课以后念给她听，她用弹词中的故事苦心教育我勤奋读书。

我和母亲在地主兼商人的家庭中，没有得到任何好处，得到的只是兄嫂的虐待和歧视。同时在他们身上，也看到了地主对佃户追租逼债和商人巧取豪夺的情景。在母亲的影响下，由于对家庭的不满，引起了我对当时社会上穷富不平的愤慨。老师陈耀同（号佐墀）同情我的家庭处境，我至今仍常怀念他。

1921年我11岁，转入南通城北高等小学读书。在南通东门龙王桥南街表兄葛松亭家寄宿，放学以后替表兄家做些杂活。表兄葛松亭毕业于南京陆军小学，参加过辛亥武昌起义，失意回家，在《通海新报》当经理。我从乡村来到城市求学，不仅文化知识较前有了长进，也开了眼界。1924年我14岁，考入通州师范。

---

* 本章各节均选自安徽人民出版社1990年出版的《刘瑞龙回忆录》。

在通州师范学校参加革命

我的故乡南通，古称通州，特产丰富，商业繁盛，地方工业、文化、交通比较发达。地租、高利贷剥削苛重，历史上多次发生农民、渔民、盐民的反抗斗争。这里离上海很近，去做工、求学的较多，所以，国内革命战争运动容易影响到南通。

通州师范学校校长是张謇（号季直）在1902年创办的，他是清光绪状元，早年入淮军将领吴长庆幕，后主张"实业救国"，兴办有南通大生纱厂、通海垦牧公司、大达轮船公司、复新面粉公司、资生冶铁公司、淮海实业银行等企业。为发展实业，还创办有通州师范学校、女子师范学校，农科、纺科、商科、医科等专科学校和女工传集所、博物苑等。最初他是爱国进步的，代表了中国民族资产阶级的愿望，是当时我国成就最大的实业家之一。我初入学时，对张謇十分尊敬，后来随着国内革命运动的发展，触犯了他改良主义的幻想和利益，他就公然依附北洋军阀，滑到民族资产阶级右翼立场上去了。这引起我的不满。后来我读了他的文集《张季子九录》，对他才有了全面的认识。

张謇是崇古尊经的。但学校几个比较进步的老师，曾选授鲁迅、郭沫若、冰心、叶圣陶等人的作品，图书馆也介绍一些国外名著译本，如《天演论》、《民约论》、《法意》、《群学肄言》等，供学生阅读。这些知识，对我接受进步思想都起了启蒙作用。

我考入通州师范学校的1924年，中国国民党第一次全国代表大会宣言发表，全国革命战争情绪高涨。这年夏天，通师进步学生从永琼、王盈朝、徐家瑾组织了"晨光社"，团结进步同学，学习马克思主义，宣传三民主义。恽代英1925年与晨光社建立通讯联系，作为传播革命种子的一个渠道。后来恽代英先后介绍从永琼、王盈朝、徐家瑾加入了共青团和中国共产党。这时我与晨光社的一些社员时有接触，他们给我解释了国民党第一次全国代表大会宣言。1925年春，我参加了追悼孙中山先生的大会，听到会上宣讲的三民主义，认为这是救国的良方。晨光社的同志，是政治上最初帮助我进步的启蒙者。

但我直接接触到马克思主义，是靠我的表姐葛季膺和她的爱人恽子强。季膺是表兄葛松亭的四妹，子强是恽代英的胞弟。他们在南京高等师范学校，在恽代英教育帮助下先后参加中国共产党。恽代英、肖楚女经常向葛家寄送进步书刊，我在表姐家看到《共产党宣言》、《共产主义 ABC》、《社会进化简史》、《共产国际党纲》、《帝国主义浅说》、《新社会观》、《马克思资本论入门》和《团刊》、《中国青年》、《向导》等。经表姐帮助，逐渐领会其中思想，初步懂得了共产主义，觉得它比三民主义完整、科学。

我的姨父顾怡生（公毅）是通师老师，地方公认的学者和教育家。他同情革命，介绍我阅读《新青年》上李大钊的文章、《独秀文存》、日本人写的《自助论》，给我很多启发。此外，我在武昌师范大学读书的表哥李守章（俊民），担任了学生会的主席，参加了中国共产党；我在通师时的同学，后在北平清华大学读书的朱铭勋（理治），参加了中国共产党；也给我以鼓舞。

1926 年 7 月，北伐战争开始，晨光社成员蒋嘉宾介绍我参加国民党。我曾在家乡附近的棍子街、东马桥宣传三民主义，组织农民协会。

这时，恽代英随军北伐到武汉，主持中央军事政治学校校务。1927 年春，代英写信给葛松亭，通知我到武汉投考中央军事政治学校。四月初表兄送我去上海，我第一次看到帝国主义奴役中国人民的情景。那时正值四一二蒋介石叛变，去武汉路断，只好折回南通。当时南通仍在军阀孙传芳统治下，南通国民党分成左右两派。6 月，左派省党部邢步鳌来南通，组织左派国民党县党部，我被吸收为委员。

这年 7 月，汪精卫叛变，蒋汪合流反共。子强夫妇被迫离汉回南通，帮助进步青年组织了革命青年社，作为向共青团发展的过渡。我和一些同学参加了青年社。子强夫妇向我们讲述革命大势，介绍青年运动的经验和方法，指导我们学习，给我们很大鼓舞。

这时候国民党打走了孙传芳，更加严重的白色恐怖从江南波及南通。南通推行反革命清党，进行所谓"党员登记"，我拒绝向右派县党部登记，继续在国民党左派县党部和革命青年社活动。

1927 年 9 月前后，中共江苏省委特派员陆景槐来南通，经过了解，召集革命青年社成员介绍当时国内政治形势，指出国民党叛变已成事实，青天白日旗已变成白色恐怖旗子，决定撤销国民党左派县党部，并说明南昌起义的伟大意义，以及党中央八七会议纠正了陈独秀右倾机会主义路线，确立了土地革命和武装反抗国民党反动派的总方针。同时，他对革命青年社的成员经过了解，分别介绍加入共产党和共产主义青年团。这时我已确认共产主义是人类彻底解放的唯一方向；共产党所指引的道路，是解救中国、改造社会的唯一道路。由陆景槐介绍，我参加了中国共产党，陆景槐主持了入党宣誓仪式。当时的誓词是："实行革命，阶级斗争，共产主义，牺牲个人，严守秘密，誓不叛党。"从此我以誓词作为立身行事的准则，决心终生为履行誓词而奋斗。

入党以后，省委特派员和县委决定，由我担任通州师范支部书记。放寒假后，党又决定我以工会特派员名义去大生八厂工作，使我受到党的群众工作的初步锻炼。

1928年2月，中共江苏省委派黄澄镜（黄逸峰）、彭汉章（汪世杰）来南通，传达中央11月扩大会议精神。不久，黄澄镜、陆景槐先后在东台、南通被捕。省委决定彭汉章任南通县委书记，这时我参加了县委工作。以后，县委指定我担任南通城区区委书记。

当时正值南方秋收起义、广州起义之后，苏南地区无锡等六县也举行了农民起义，江北的南通、海门、如皋、泰兴各地的党组织也在农村展开了工作。这时中共江苏省委书记王若飞，来南通巡视工作。县委指定我在南通公园（与省委联络处）接若飞同志，他来后向县委仔细询问了学校、工厂、农村党的情况，对南通党的工作作了批示，之后即去如皋指示起义的准备工作。五一前后，泰兴、如皋农民起义失败。

1928年6月2日，南通县委在南通博物苑开会，被敌人发觉，我和彭汉章、徐秋生、丁介禾、汪钦曾当场被捕，敌人又在八厂逮捕了袁佩玖、袁福生、黄荣富、沈金元等人。因为没有口供，被解送到南京特种刑事法庭。我和丁介禾、汪钦曾均无证无供，经南通县委代表黎昌圣（时中）、通师同学蒋嘉宾和我表兄葛松亭营救，于八月被宣判无罪释放。

我出狱后，黎昌圣通知我去上海向省委汇报被捕经过。省委听了我的汇报，告诉我们，这次南通的同志被捕，是因为奸细黄道揆告密。我回到南通，省委已派林子和（陈左斋）为南通县委书记。县委决定惩办黄道揆，我们把他诱到江边，乘他酒醉把他丢进了长江。

这时通州师范称我是危险分子，把我开除了。表兄葛松亭让我在《通海新报》当校对，我利用这个掩护，恢复了城区党的工作。有一次，我们在报馆附近组织"飞行"集会，敌人查封了《通海新报》，抄了我的家，因抓不到我，就逮捕了我的二哥刘锦龙。以后县委派我到南通东乡工作，从此，我开始参加了通、海、如、泰地区的农民运动和武装斗争。

参加创建通、海、如、泰红十四军——投入农民运动和武装斗争的开端

第二次国内革命战争前期，在长江以北江苏的（南）通、海（门）、如（皋）、泰（兴）地区，游击运动一度十分活跃。从 1928 年 5 月如泰农民暴动开始，至 1930 年 9 月红十四军基本失败，前后达 28 个月。这场游击运动在党的领导下，在国民党统治的腹心地区，从政治上、经济上、军事上打击了敌人，撒播了革命的种子。

通、海、如、泰游击运动的火种，是 1928 年 5 月 1 日如、泰农民暴动播下的。当时，泰兴、如皋农民在共产党员沈毅、徐芳德领导下举行暴动，提出土地归农民，建立工农兵苏维埃政权的口号，引起国民党反动政府和地主反动武装的反扑。由于暴动队伍缺乏准备和经验，敌我力量悬殊，暴动遭到失败。不久，如皋、泰兴县委在省委的领导下，进行了艰苦的恢复工作，重新整顿和建立战斗组织，发动群众，发展革命力量，反击敌人的白色恐怖。

当年秋末，省委指示成立了南通特区委员会。11 月，特委在海门茅镇召开了通、如、海、启（东）、泰（兴）、靖（江）六县负责人联席会议，传达和讨论了党的第六次全国代表大会决议，检查了工作中的经验教训，部署了全地区的恢复和发展工作。会上，选举范森、韩铁心、王玉文、徐芳德、林子和为委员，据档案记载，委员还有刁九、剑波，但我已记不得是谁的代名了。这次会上，还分配了省委运来的一些短枪，作为各县组织武装小组的本钱。我出席了这次会议。会后，我被任命为南通县委委员。

1928 年冬，南通县委的大部分同志，以东五区（即余东、余中、余西、三余、三益）为党的活动中心，以小学为据点，在贫农、雇农、手工业工人和贫苦知识分子中间开展了工作。

南通东乡地主豪绅和国民党的压迫剥削特别苛重，农历年关前，地主豪绅和国民党反动政府加紧向农民追租逼债，催粮勒捐，农民饥寒交迫，痛苦万分。于是，县委决定组织农民进行年关斗争。腊月中旬，县委在俞家沟召开了有 2000 多人参加的群众大会，向农民提出了不完租、不完粮、不还债、不交捐的

斗争行动纲领。农民一致拥护这四项纲领，但行动有所顾虑。县委在群众中进行艰苦细致的阶级教育，号召大家"组织起来，团结斗争"。县委召集农民积极分子和党员们开会商议斗争方法。会上，大家都说，往常乡里有些人对地主拖租拖债，先是软拖，后来一直拖到来年不交，这个办法可以发动大家一起干。县委认为这个办法不错，决定就这样干。经过发动，一批积极分子和大胆的农民先拖起来。接着，大家都跟着拖。地主看农民只是软拖，以为可欺，便扬言过了送灶日子（腊月二十三）再不交租还债，城里就派兵抓人。地主的行动使农民认识到必须进一步反抗，于是，参加农民协会的人越来越多。农民说："等死不如硬闯，干吧！"在这种情况下，县委的武装小组便根据群众要求，镇压了当地的恶霸地主俞兆奇、俞兆魁。1929年2月9日（阴历年三十）夜，武装小组镇压了专替地主通风报信的狗腿子马士良父子，第二天又打死了一个最凶恶的地主狗腿子陆大，这就狠狠打击了地主的气焰，极大地鼓舞了农民的斗志，吓得不少地主暂时缩回血手。农民留下了原来准备交租还债的粮食、棉花，第一次过了一个没有地主追租逼债的快活年。农民看到通过斗争保卫了自己的利益，革命信心更加高涨。县委在斗争胜利的形势下，于1929年2月在仇家园召开了5000人的群众大会，提出了成立南通东乡工农兵苏维埃政府的口号，但实际上并没有能真正组织起来。我参加了这次大会。

这时，地主纷纷购买枪支弹药，准备反扑，并要求国民党政府派兵镇压，武装斗争势所难免。县委首先在三益、余中、余东、余西四区组织了四个武装小队，由仇建忠、唐楚云、俞金秀、陈宗恒等分头领导，收缴地主枪支。武装队同时又是工作队，每到一处，都召开群众大会，宣传党的主张，发动群众起来斗争。其中仇建忠率领的小队曾攻入八索镇巡警局，缴到手枪一支、盒枪三支、步枪七支。这是南通东乡农民武装斗争的第一个大胜利。他们从敌人手里夺取武器武装了自己。在东五区群众斗争的影响下，南通中五区（金沙、骑岸、石港、西亭、四安）和西三区（刘桥、平潮、白蒲）的农民也行动起来收缴地主的枪支。在收缴枪支的斗争中，群众利用春节到地主庄上舞龙灯、跳狮子、讨年糕等形式聚集起来，麻痹敌人，然后突然袭击，收缴枪支。

与此同时，南通的城市工人运动和海门、启东的农村工作也大有进展。如、泰方面党的工作，在王玉文、徐芳德、吴亚苏、汤士伦、韩铁心等领导下，也有了恢复和发展。那时我不在如泰，仅仅通过特委知道一些情况。

1929年，通、海、如、泰地区党所领导的群众运动和武装斗争得到进一步发展。

南通方面，县委领导了春荒斗争、秋收斗争，并进而发展到武装斗争。10月，县委书记林志和被捕，10月26日，5000余农民群众配合游击队攻打地主巢穴汤家苴，处死了恶霸地主汤廉臣，11月，我接任南通县委书记。

如、泰方面，1929年6月，在如皋县镇涛区周家空田召开了如、泰（兴）、泰（县）三县县委联席会议。联席会议根据党中央六届二次全会精神，决定加强政治活动，组织群众斗争，纠正部分干部不积极发动群众、单纯搞"经济工作"等错误倾向，要求地区之间活动要互相联系、配合。为了更有效地打击敌人，特委决定把如、泰地区游击队集中编队，指定王玉文、韩铁心、于咸等统一指挥。8月，党在如皋西乡戈家堡西南的宝庆寺召开大会，由王玉文宣布如泰工农红军成立。

如、泰红军成立以后，屡战获胜，人数不断增加，省委派薛衡竞对如、泰红军进行整编。整编后的如、泰红军为一个大队，下分一、二两个队，由于咸、戴奎分任队长。整编后的如、泰红军又连打了几个胜仗。

到1929年底，如、泰红军已开辟了南到江边，东到镇涛，西至季家市、黄桥以西，北到通扬运河的大块游击区。南通东乡的武装斗争也不断进展。

军事斗争的胜利，进一步推动了群众革命运动。党、团组织和农民协会、妇女协会、自卫队、少先队等群众组织迅速发展。许多地方还提出了成立苏维埃政权，"打土豪、分田地"的战斗口号。广大农民在党的教育下，团结起来向地主豪绅展开斗争。

1929年冬，敌人纠集南通、海门、如皋、泰兴、泰县、靖江六县的反动武装，向红军游击队发动了"包剿"。11月中旬，国民党派驻南通的十三旅第一团，会同六县警察大队、"保安团"，"搜剿"如、泰边境的六甲、水洞口、东燕庄、西燕庄、芹湖、野庙垛、刁家网、季家市、黄家市等地，大肆烧杀。单如皋县县长刘昌言在黄家市一地，就捕去农民40多人，多数加以杀害。南通方面，敌人以东五区为进攻重点，由汤家苴出发，向俞家庄、二十五总、二十七总、三余镇、二马路、三马路、白龙庙一带"搜剿"，屠杀革命干部和农民200多人，烧毁房屋1000多间，岸头镇、何家园、汤家园等地的房屋几乎全被烧光。

敌人的屠杀，没有能使英勇的人民屈服。1930年3月初，南通巡视员在给省委的报告中，曾说到那时的情况："三益区农民分粮分衣的斗争，动员了成千的农民群众，余西三百农民在农民协会指导下不但分衣分粮分草，还把地主豪绅捉来枪毙。余中区的部队到三益区去了，群众照常进行分粮分衣的斗争。"

"被敌人烧了房子的农民家里火头未熄，被敌人惨杀的农民尸体躺在路旁，农民还是勇敢地扛着红旗，挺着胸膛，和地主作斗争。"

通、海、如、泰地区农民武装斗争的初期，曾经产生过一些缺点和错误。如：部分干部只相信盒子炮，不相信群众，不积极做群众工作；个别干部用武装向地主筹款，滥吃滥用，模糊了农民对党的认识；等等。通、海、如、泰地区各地党的组织，在党的六届二中全会以后，经过省委的严厉批评，纠正了上述缺点和错误，进一步深入发动群众，组织农民协会；并注意选拔工人、雇农、贫农骨干；注意整顿部队纪律，使武装斗争和群众斗争密切结合起来。到 1929年底，通、海、如、泰地区的红军游击队和农民自卫武装，已经发展到 2000 多人。革命武装不断出击，对敌人震动很大。

在中共江苏省第二次代表大会精神指引下，通、海、如、泰地区的农民武装斗争进一步发展，中国工农红军第十四军成立，并进行了不屈不挠的斗争

1929 年下半年到 1930 年上半年，国内形势发生了有利于革命的变化，敌人内部矛盾加深，新的军阀混战爆发，全国红军和革命根据地发展加快。白区党的组织工作有一定程度的恢复，通、海、如、泰地区人民革命斗争和武装游击运动有新的发展。

1929 年 11 月 18 日至 26 日，中共江苏省委在上海召开了省第二次代表大会，省委通知李超时和我参加，这是我入党后第一次参加这样规模的会议。会场设在当时英租界麦特赫斯特路（现泰兴路）东、武进路北、麦根路斯桥（现恒丰路桥）南一座花园洋房里。会上，听取了李立三、周恩来、项英关于政治形势、军事问题和组织工作、职工运动等报告，听了罗迈（李维汉）关于省委工作报告和陈云关于农民运动的报告。超时和我汇报了通海区的工作，中央和省委负责同志听了很感兴趣。当时，我用事实证明取消派关于"中国农村已经资本主义化了"的观点是错误的。他们说南通沿海垦牧公司是资本主义化的证据，我们说这是不符合事实的。我们讲了以三余镇为中心南北的垦牧公司剥削仍然是封建主义的。

代表大会总结了全省前一时期工作中有益的经验。会议对促进全省革命运动的积极发展起了一定的作用。但是，会上立三左的思想占了支配地位。

我在会上当选为江苏省委委员。

省二大后，党中央同意省委建议，决定在苏北成立中国工农红军第十四军。在建军以前，李超时曾到各个游击区看了一下，向省委提出了一些建议。

江苏省委先后派何坤、徐德、黄火青等大批熟悉军事的干部来加强部队工作，任命何坤为红十四军军长，李超时兼军政委，薛衡竞为军参谋长，余乃诚为军政治部主任，徐德、黄火青分别为如、泰边境和通、海边境的军事特派员[①]。与此同时，省委还陆续向游击区输送了各方面的干部。

1930年1月20日，省委针对当时情况，发出了指示，指出："江苏虽然是帝国主义和国民党统治的中心，广大红军集中一地（朱毛）目前不易存在，但是在现时农村斗争发展的形势下，红军以游击队伍的形式，在集中的指挥下实行游击战争，毫无疑义是可能的，而且是必要的。"省委又指出："通海区各县在目前积极发展游击战争、深入土地革命的工作中，必须特别注意建立和扩大农民自卫队和游击队，使之形成统一的组织和统一的指挥。一到乡村苏维埃或苏维埃的农民政权建立时，即应将游击队、自卫队、农村少年先锋队等集中起来编为红军，而更使之扩大。通海区目前的游击队，即是最近将来拥护苏维埃政权的红军基础。"

2月，通海区召开了各县县委书记联席会议，按照党的省二次代表大会决议和省委指示，讨论了通、海、如、泰地区的政治形势和工作路线。到会同志一致认为："通海区总的工农斗争形势是复兴的形势，……这一形势的发展，必然走向游击战争、地方起义、建立苏维埃、形成割据的前途。"

联席会议确定："通海区的党必须采取进攻的路线，抓住群众迫切要求的口号，发动游击战争，建立苏维埃政权，没收和分配地主的土地。"

会上，超时和我拟定了游击战争的行动大纲。

行动大纲对游击战争的战术提出了这样几点：（一）避开敌人的大部队，消灭敌人的小部队；（二）利用各处树荫、沟港，设置疑兵，疲劳敌人而后进攻；（三）迂回作战把敌人引到小路上来，然后解决它；（四）乘敌不意，进行奇袭，同时发动农民到处响应。游击战争这种斗争方式，对当时通、海、如、泰区的党组织和红军游击队干部来说，是全新的。在敌强我弱的形势下，如何以寡敌众，以弱胜强，同志们没有任何经验，都热切地、废寝忘食地寻求这方面的方法。红四军1928年在中央苏区战斗中总结出来的游击战争的基本原则，即"敌进我退，

---

① 据黄火青回忆，当时他的职务是二团政委兼参谋长。

敌驻我扰，敌疲我打。敌退我追"的十六字诀，传到了通、海、如、泰地区。同志们学习了这十六个字的军事原则，真如大旱欣逢甘雨，得到了极大的启发。黝布（刘伯承笔名）译的《游击队怎样动作》也曾在游击队中流传，起了指导作用。上述战术要点，就是在他们启示下结合本地区的斗争实践提出来的。

县委书记联席会议结束后，各县根据会议精神都对游击队进行整顿，吸收了大批雇农、贫农和失业工人，提拔了一批成分好、斗争坚决的骨干分子，处理了一些作风十分恶劣的富农和流氓分子。

南通的整顿工作是在县委书记联席会议以前就进行的。1930 年 1 月下旬，县委便决定趁敌人"包剿"后的空隙进行整顿。2 月在南通东乡的张家宅召开大会，根据省委指示，正式宣布中国工农红军江苏第一大队成立。在成立大会上，有 60 多个青年报名参军。

部队中建立了大队部和政治部，各级士兵委员会也逐渐成立，每天都上政治课，出操训练，正常秩序建立起来了。每到一个地方驻下来，都有人站岗放哨，如有人违犯纪律，马上便会有人报告，领导上即分别进行教育和纪律制裁。

各地整顿工作告一段落之后，红十四军军部又将通、海全区的红军游击武装作了统一编制，通、海方面的红军江苏第一大队编为第一支队，刘廷杰为支队长（后改称第二师，秦超为师长，陈雪生为政治部主任，仇建忠、唐楚云、陈宗恒、俞海清分别担任各大队的领导工作）；如、泰方面的红军大队编为第二支队（后改称第一师，由张世杰任师长，黎时中为政委，张爱萍、何扬、许坤、曹玉彬、沈诚等分别担任各大队的领导工作）。从此，通、海、如、泰地区的武装斗争进入了一个新的阶段。

1930 年 3 月下旬，中共通、海特区委员会正式成立，李超时任书记，我任委员。

4 月上旬，通、海特委和红十四军军部在如皋西南乡贾家巷召开了有数万军民参加的大会，宣布红十四军的正式建立。红十四军指战员，以及如泰县江安、卢港、石庄、磨头和泰兴县古溪、黄桥等地方圆七八十里内的赤卫队员、农会会员、妇女会员、少先队员们带着洋枪、土枪、大刀、梭标、火药枪、铁叉等各种武器，怀着赤热的心，奔向会场。这一天晴空万里，贾家巷到处人山人海，红旗招展，武器林立，锣鼓喧天。我没有参加这次大会，但事后曾听李超时谈过会议盛况。

7 月，红十四军在上海印发了《告工农及一切劳苦群众书》，明确地宣告中国工农红军反帝、反封建、反国民党反动派的战斗目标，表现了中国共产党领导下的人民军队的英雄气概。《告工农及一切劳苦群众书》说："我们郑重向全国和全世界的工农宣言，我们是工农的武装，我们是工农政府（苏维埃）的卫队，我们誓死执行全国第一次苏维埃大会的政纲，彻底消灭国民党的反动势力与帝国主义的干涉！所有这些任务，需要广大工农群众的努力，不仅拥护刚才生长出来的红军，并要踊跃地参加红军。工农兄弟们，让我们紧握着手，与反动的国民党反动派及其主子帝国主义战斗吧！"

下面，叙述建军前后的主要战斗。

4月中旬，红十四军军部和通、海特委决定进攻如皋西南的重要据点老户庄，老户庄是如皋大土豪张朝汉的老巢，红十四军二支队三个大队和地方赤卫队及群众共同作战，我主攻部队二大队由张爱萍指挥。军长何坤在战斗中英勇牺牲，何坤牺牲后，省委任命李超时为红十四军军长兼政委，任命我为通、海特委书记，我6月间由上海抵达如、泰地区任职。

4月24日，红十四军二支队围攻顾高庄，激战两小时后，因蒋垛、黄桥敌人增援，转移到横家垛河西，又与敌保安三团遭遇，军参谋长薛衡竞亲自断后，掩护大队转移，在战斗中不幸负伤，光荣牺牲于横家垛东刘家桥。

5月15日，红十四军二支队一部攻入石庄，惩办了几个恶霸地主和反革命头子，发动一万多名群众分了地主家里的粮食和衣物。

6月，在如、泰地区活动的红十四军第二支队正式改编为第一师。师长为张世杰（朝鲜籍），第一师第二团有四、五、六三个营，分别由张爱萍、许坤、曹玉彬等负责，共有好枪150支。第三团是泰兴游击队改编而成的，有两个营，每营两个连，只有第一营第一连有枪。师部直属教导队有100多人，由各营和赤卫队中挑选出来最勇敢忠实的人组成，沈诚任队长，有两挺手提式机枪和四五十支长短枪。此外，还有由如皋镇涛游击队改编成的第四营第三连，有枪40支左右，准备扩充成团。

红十四军第一师整编后不久，就打垮了敌人的八路"围剿"。

当时，国民党反动政府以驻黄桥的"剿共总指挥部"敌军为主力，纠合石庄、横巷、季家市、西来庵等处的敌军数千人，在6月14日，向我第一师活动的中心地区如皋西乡六甲、大小陈家堡一带发动"围剿"，妄图消灭我军。我军采取了集中优势兵力攻其一点的战术，决定在六甲桥西头打一个漂亮的伏击战。当敌军先头部队一个连到达宝庆寺时，我军第二团三个营就把它分段包围。大雾弥漫中，激战三小时，一个连的敌军被我军打死打伤六七十人，几乎全部覆没。其他各路敌军到达东燕庄、申家埭时，听到先头部队打了败仗，不知道红军到底有多少人，就慌慌张张撤回原防，敌人大吹大擂的八路"围剿"顿时受挫。

这一战斗的胜利，是我军在平原地带，在全局处于劣势的条件下，讲究战术，变全局劣势为局部优势的克敌制胜的范例。

泰县地主在敌人准备八路"围剿"期间，曾纷纷购买武器，组织"民团"和"保卫团"，院子头朱裕隆、运粮河宋尹东、大伦庄黄兆鹏、蒋垛孟锦元、朱宣垛朱士喜、顾高庄顾观木、曹家埭曹三、迴家垛闾宇臣、黄柯庄孔明甫等恶霸地主，都曾带领反动武装，到处烧杀抢掠。尤其是孙明甫，还做了"民团"总头目督察长。朱宣垛西野庄位于各个反动据点的中间，是恶霸朱士喜、朱林玉、朱宝栋父子的老巢，泰兴县县委决定清除这个毒瘤。6月25日晚上，赤卫队600多人攻入西野庄，一把火烧掉了这个恶霸的巢穴。为了配合这次战斗，张世杰、张爱萍、曹玉彬、何扬等曾于6月17日率队攻打迴家垛、黄柯庄。张爱萍、何扬在战斗中负伤。

活动在通、海地区的红十四军一支队，也不断出击，捷报频传。

打得最漂亮的是3月下旬进攻四甲坝和四扬坝的战斗。四甲坝、四扬坝是敌人在南通东乡加强军事"清剿"的两个重要据点，驻有县、镇警察队300多人。他以四甲坝区队长凌霄和县警队三中队长徐冠雄为首，经常下乡"清剿"，捕杀革命干部，奸淫烧杀。红十四军一支队和南通县委决定拔掉这两个钉子。3月21日夜，细雨濛濛，寒风刺骨，我军捉获敌"缉私营"士兵7名，得其口令。于是，一大队三中队100多名战士，不费一枪一弹，拿下四扬坝，俘敌20多人，缴枪20多支，徐冠雄只身逃回南通城。我二、三中队300多人，在仇建忠率领下，进攻四甲坝，打进警察局，攻下区公所和沈家宅碉堡，奸敌约一个营，缴获手提式机枪两挺、长短枪156支，救出被捕的冯海海等20多人，处决了血债累累的刽子手凌霄。天明日出，四甲坝上红旗飘扬，锣鼓喧天，鞭炮震耳，群众挑水抬饭，提着鸡蛋、糕饼来慰问红军。红军在广场上召开了上千人的群众大会，惩办了陈家仓大地主、县参议员陈伯伟。

与进攻四甲坝同时，红军另一部由陈宗恒率领，攻入二窎敌"缉私营"，缴获长枪16支。

几天后，我南北两路得胜部队集中在北兴桥南面四丈河休整。国民党省"保安团"胡营、汤家苴白龙党（民团）、三余"保安团"和实业警察大队从四面包围我军。我军依托沟港，阻击敌人。在包围圈内，男女老少上千人帮助红军烧水、做饭、探听消息，配合与支援红军战斗。从早晨到黄昏，敌人没有能前进一步。黄昏时分，三支农民赤卫队前来增援，从侧后冲垮了敌实业警察大队,打开了一个缺口。我军趁敌人混乱之际,发起反击,敌军纷纷溃退,我军突围后很快又集中起来,敌人的多路"围剿",以丢下7具尸体、20支枪、数千发子弹而告终。

4月3日,红军向西攻打骑岸镇,缴获一部分枪弹。7日,向北攻打大有晋垦区,逮捕同仁太盐垦公司晒场反动工头徐国卿。11日,挺进到如皋东乡的大豫垦区。

5月18日,红军和赤卫队1000多人奇袭余市,吓得敌公安局长带着警察狼狈而逃,缴获步枪3支、子弹数百发,打开一家拥有17万元资本的仁泰典大当铺,发动贫苦市民分钱分衣。这时,街上红旗飘扬,政治部在南马路召开群众大会,宣传党的政纲,号召群众起来消灭国民党反动派,建立工农兵苏维埃政权。

5月20日,红十四军一支队发动了震动南通全县的汤家苴战斗。我和黄火青、秦超都参加了这次战斗。

20日早上,西到三马路、西三甲,东到王灶河、小五总,各路赤卫队和群众拿了钉耙、铁锴、水枪、大刀、钢叉等武器,沿路和红军会合,浩浩荡荡前进,到货隆镇时,队伍排到岸北有五里多长。

战斗一打响,汤家苴周围的田野上,到处是"进攻啊,进攻啊"的喊声,敌人躲在碉堡里,疯狂地用机关枪、步枪、驳壳枪向我军射击。汤家苴周围有30米宽的河,用吊桥进出,有铁栅栏保护,南北有两座碉堡。敌人凭险死守。战士们打开了碉堡外面的铁门,南北两路的红军和群众一齐放火烧碉堡,跑得快的敌人,缩到最后据点南楼子去了。这时接到大高桥方面的报告,说三余镇的敌军已经出动,即将到达,打进汤家苴的红军和群众便主动撤出战斗。撤退时,敌人越来越近。红军20来个司号员吹起了进军号,群众一面撤退,一面大敲锣鼓,高呼口号,震天动地的声音把敌人吓得窜了回去。这一仗,烧死杀死地主反动武装六七十人,压下了白龙党的凶焰,使他们不敢轻易下乡骚扰。秦超在战斗中负责打援,以寡敌众,打退敌人两次冲锋,他带伤指挥作战,最后壮烈牺牲。

汤家苴战斗推动群众斗争走向高潮,扩展到更广大的区域,使南通东五区和中五区逐渐连成一片。在这以后的几个月中,我军乘胜转战南通、海门和如皋东乡一带,攻打了货隆镇、义兴镇、二甲店、凤凰桥、华丰盐垦公司、江家园、董家仓、长兴镇、十二洞镇、六洞镇等地,大部分战斗都取得了胜利。特别是7月12日、13日打得最出色。那一次,红军一个大队在陈宗恒率领下,打下掘港以南的华丰盐垦公司和掘港以北的徐家园两个据点。歼灭敌"自卫队"80多人，缴枪50多支。部队从掘港东北经过北坎向北兴四丈河前进，一路群众敲锣打鼓欢迎，战士情绪极高。第二天拂晓，在广大群众支援下，红军又在三马路宿营地打退三余镇下乡的白龙党"扫荡队"近千人，歼敌50多人，缴枪80多支。

随着军事斗争的胜利发展，通海、如泰两大游击区逐步形成。通海游击区，以南通东五区为中心，北到如皋东乡的掘港、马塘、南坎、北坎，东到余东、五里墩、土地堂，南到水门的凤凰桥，西到石港、骑岸、二总渡等地，这个游击区的红军主力有七百多人。如泰游击区，以如皋的江安、卢港、镇涛为中心，西起泰兴的广陵、黄桥、古溪，东抵南通的平潮、白蒲，南到江边、北抵泰县的蒋垛、顾高庄，这个游击区的红军主力有600多人。

军事斗争的胜利，促进了游击区的群众运动。1930年5月，通、海、如、泰党的组织根据"组织地方农民起义"的方针，在不少地方召开群众大会，通过没收和分配地主土地、建立和扩大游击队、成立苏维埃政权的决议，但当时党的领导干部对土地革命和建立革命政权缺乏经验，一切都处在草创状态，虽然部分乡村进行过分田、建政的实验，后来都因为军事斗争失利没有能够坚持下去。

关于当时南通东乡的情况，我在1930年6月离开通、海地区到上海时，曾用《行将破晓的南通东区》为题向省委作了报告，反映了农村斗争形势和农村中的土地关系、经济关系、社会男女婚姻关系以及农民迫切要求建立自己政权的情况。

党内左倾思想和左倾政策也有了发展，由于李立三左倾路线的影响，导致了红十四军的失败

1930年6月11日，中共中央政治局会议通过李立三起草的《新的革命高潮与一省或几省的首先胜利》的决议案，集中地系统地提出了一套左倾错误的主张。

在"立三路线"的错误指导下，通、海特委在游击区中也提出了一些过左的口号，脱离了一部分应该团结和争取的中间力量，对红十四军提出了"准备会攻南通，截断长江，进攻上海、南京"等力不胜任的战斗任务。致使红十四

军在敌人强大兵力集结的不利条件下，多次进行缺乏准备的进攻，遭到重大损失。

通、海红军在不利的情况下，先后进攻金沙、东社、凤凰桥等地失败，损失很大。部队在敌人的"追剿"下遇到极大的困难。俞海清、唐楚云、陈国藩、仇建忠、姜金德（姜老五）、陈宗恒、冯步洲等相继壮烈牺牲。

如、泰方面，红军进攻蒋垜、石庄、黄桥等地，也遭到失败。其中8月3日我军进攻黄桥的战斗，规模同汤家苴战斗相仿，部署比汤家苴战斗周密，事前也作了比较充分的准备。且在7月中旬，特委就在如、泰方面开始了初步的组织整顿工作，由超时和我作出决定，处决了混入革命队伍的坏分子"破凉帽"孙盛，建立了雇农工会与赤卫军。7月29日，特委召集如、泰红军和地方的联席会议，决定在黄桥实行"总暴动"，并且错误地认为这是"江北革命政权与反革命政权的最后决战"，并成立暴动委员会作为统一指挥的机构。经过三四天的宣传鼓动和组织准备，发动了"八三黄桥暴动"。这天，配合红军作战的武装农民约有四五万人，我军主攻部队分四路突击。各路部队迅速接近了敌人。可是正当我西路部队已经突入寨门，北路部队也打开缺口，眼看即可拿下黄桥的关键时刻，内奸李吉根（我军特务队负责人）、李治平突然分别从南路、东路两处撤兵，并把敌人李长江部队暗中引到我军后面，以致我军在北门正向纵深发展的部队，侧后受到意外袭击。这时城里敌人乘机反扑，我军腹背受敌，伤亡很大，不得不撤出战斗。

我参加了"八三黄桥暴动"，军事上由李超时和徐德负责指挥。

这一时期，南京国民党中央政府为了解除"心腹之患"，也对红十四军加紧了进攻。国民党江苏省政府在8月20日又召开了通、如、泰（兴）、泰（县）、靖五县县长联席会议，讨论"协剿"红十四军计划，决定"先从泰兴入手，次及各县"，并派国民党江苏省保安处处长亲自到黄桥"督剿"。在军事部署上，敌人对我军构成了两个包围圈：如、泰方面，以李长江的省保安团和十三旅为主力，分驻黄桥、广陵镇和如皋城等地，对我军形成包围；通、海方面，国民党省警察队余世梅部驻二甲镇，县警察队李汉清部驻四甲坝，第五师胡祥藻营驻海门凤凰桥，也对我军形成包围。与国民党军事部署相配合，各地地主豪绅则加紧发展"民团"、白龙党、联庄会、"保卫团"等反动组织，强化保甲制度，屠杀革命群众，制造白色恐怖。

内奸的叛变，敌人的围攻，加上我们思想上、部署上准备不够，使革命队伍陷入了很大的被动，遭到了一系列的挫折。如泰、通海两个游击区的红十四军，都在敌人的猖狂进攻下被打散了。

红十四军在通、海、如、泰农民起义中成长，活动在国民党统治的腹心地带，形成 2000 人左右的武装，高举反对帝国主义、反对封建主义、反对国民党反动统治的革命红旗，给敌人以沉重打击。土地革命时期党领导的南通农民起义中，这是规模最大的一次，在各地撒播了革命的种子，在江苏人民革命斗争史上有着它的地位，正如李维汉所说："红十四军和通、海、如、泰地区的革命烈士永垂不朽。革命传统永放光辉。"

红十四军的失败有客观和主观两个方面的原因。客观上是敌强我弱，力量悬殊，敌万余人，我仅 2000 人；主观上是受"立三路线"冒险主义的错误影响，加上我们缺乏斗争经验。因此，不懂得正确分析革命形势和阶级力量对比，过高估计革命力量，往往提出环境不允许的、幼年红军力不胜任的任务。对于领导武装斗争、发动群众深入土地革命、建立游击根据地缺乏完整的政策、经验。在对待城乡敌人时，不懂得利用矛盾，争取多数，打击少数，各个击破，因而在阶级斗争策略上，没有注意分化地主阶级，区别地主的大中小，区别地主和富农，没有注意白色地区的工作，不懂得争取一切可能争取的力量。还有错误的经济政策，如禁止自由贸易，不分贫富向农民派饭、解决给养，也脱离了部分群众。红十四军的政治工作和组织工作，也存在严重的弱点，军事技术的训练也很差，对于隐藏在部队内部的奸细，缺乏警惕，以致使我军遭受很大损失。

毛泽东曾说："革命的游击队初起，领导者对于敌我形势往往看得不正确，……敌强我弱，原是客观地存在的现象，可是人们不愿意想一想，一味只讲进攻，不讲防御和退却，在精神上解除了防御的武装，因而把行动引到错误的方向，许多游击队因此失败了。"红十四军的经验教训，也正是这样。

党的江苏省委给我的培育

1930 年 9 月党调我到上海参加江苏省委工作，从此离开了家乡南通。1933 年 3 月又奉命离沪到川陕工作，前后共两年又五个月。其间，中共江苏省委对我的培育，给我留下了深刻的印象。

1930 年 9 月初，省委通知我和李超时去上海参加重要会议。我们到达上海北站，很快与中央特科派来的汽车接上关系，直开当时法租界霞飞路霞飞坊彭康家住下。

9 月下旬，党的六届三中全会在上海举行。会后，我参加了江南省委扩大会议，听了周恩来代表党中央作的传达报告。在这次会上，对李立三主持中央工作期间的错误，进行了揭发和批判，从而结束了立三左倾冒险主义在中央的统治。但会议未能彻底清算李立三左倾错误的思想实质，仍提出"党内的主要危险是右倾机会主义"，要求"集中火力打击主要的右倾危险"。

恩来的传达，对大家教育很大。对我和超时教育最深刻的是党的路线正确与否关系革命的成败，由此，我们回顾了"立三路线"对通、海、如、泰地区党的工作和红十四军游击运动的影响。在这以后不久，省委召开常委会议，罗迈、石心（李硕勋）、陈云，中央军委的刘伯承，以及通、海特委的我和李超时参加了这个会议，总结了红十四军游击运动的经验教训。

10 月下旬，江南省委常委会议决定由陈云、石心、蒋云、刘瑞龙、李超时、黄理文、宗孟平、陈资平、刘晓等组成外县工作委员会，以陈云为书记，刘晓为秘书长。在外县工委工作时期，我曾巡视沪宁线。1930 年 12 月 10 日，给省委写了《关于无锡丝厂斗争的报告》。

1931 年 1 月中旬，江南省委改为江苏省委，陈绍禹（王明）任书记，分工时，决定我任江苏省委外县工作委员会副书记。

在江南省委改组前，三中全会后，有两部分人利用党内对"立三路线"和三中全会的不满情绪，一方面以王明为首，从左的方面反对三中全会决议，后来在四中全会上，王明进入党中央政治局，独揽了中央领导大权。另一方面，是以罗章龙为首的分裂主义者，从右的方面反对"立三路线"，搞了所谓"非常委员会"、"第二省委"、"第二区委"等。当时，因为我不满意王明等人的飞扬跋扈，也认为四中全会没有解决问题，加之对如何开展党内斗争缺乏正确认识，为表示自己不同意"立三路线"和王明等人的做法，错误地参加了王克全等人所搞的"第二省委"，但很快我察觉了右派的错误做法，立即退出并向党承认了错误。在陈云找我谈话后，我请求撤销我省委委员的职务，省委同意我的请求，派我到上海法南区委工作。

当时法南区委书记是夏采晞，组织部部长是焦敏之，我任宣传部部长。分配我负责工作的单位是南市中学、益丰搪瓷厂、光华布厂、华商电车公司、救火会等支部，以及当地居住的朝鲜人。我化名李二，在鲁班路北头开了一爿面店作掩护，在面店南侧的顺兴里租了一间后楼作为宿舍。4月底的一个晚上，租界巡捕和华界警察到我住处搜查，只查到国民党改组派的《革命评论》，租界巡捕见未查到可疑证据，当时表示"不要"，即不逮捕我房里的人。华界警察认为报纸有疑，将我和面店人员凌子衡和借宿的进步旅店工人吴家人、季茂成捕送伪市公安局西门分局，未送市局。敌人搜查我的住处，是因为原南通金沙区委书记陆俊调沪后，因涉嫌盗案被捕，在他的日记中，写有我的住处，敌人因此押他来搜查的。在西门分局敌人审讯中，我没有暴露真实姓名、籍贯和政治身份，省委通过社会关系对我实施营救，我7月出狱。

省委很快派我担任宁沪线巡视员，原定巡视徐、海、蚌工作的李超时在镇江被捕，省委决定我接替他的工作。徐（州）海（州）蚌（埠）地处苏北、皖北，是国民党进攻皖西苏区的后方。省委要我第一站经长淮（蚌埠）特委顺淮河西上，追赶在浦镇起义的国民党军两个连，半路上据特委交通报告，这两个连已失败，我折回特委研究了工人运动和盱眙李桂五游击队的工作，之后，便到宿县、徐州、睢宁、宿迁，经淮阴去灌云、东海、沭阳等地。许多重点地区因暴动失败，都在埋头恢复工作。这年秋水很大，灾民遍地。九一八事变以后，各地人民反日情绪高涨，但我们还是按照王明路线强调"进攻"，反对右倾，争取一省或数省的首先胜利，没有抓住群众反日和救灾的要求，影响了恢复工作。这次巡视中接触的主要干部有长淮特委书记朱务平、徐州特委书记孙叔平、淮盐特委书记万金培等。

1932年日寇侵沪，一二八抗战爆发，十九路军奋起抗战，省委通知我回上海，指定我配合当时吴淞区委书记张然和组织市郊战区难民要求救济的斗争。4月省委成立农委，任我为书记并兼省军委委员，任务是组织游击战争，响应红军。省委指定我起草《江苏省委为发动游击战争给外县各级党部的信》，要求各地"立即发动游击战争",结果惨遭失败。

这年10月,中央调我离开江苏,准备调我去东北工作。12月,红四方面军到达川北,又决定调我前往川陕工作。

在川陕苏区和红四方面军的战斗岁月

西 上 川 陕

我原来在党的江苏省委农委工作，1932 年秋，由于叛徒陈资平窜到上海，破坏我党，我不能再在上海活动了。同年 10 月，党中央调我离开省委。在红四方面军到达川北后，决定派我前往川陕工作。

1933 年 2 月 3 日，我化装成商人，随党中央交通员（当时党的陕北特委派到上海向中央请示工作的）崔逢运，取道西安，而后转道去川陕。

临行前，党中央交给我的任务是：到西安，协同陕西省委研究有关陕北问题后，再到红四方面军总部报到，接受分配工作。并要我把用药水密印在几部旧小说页背面的共产国际十二次全会的文件和党中央的其他文件，带给红四方面军总部。还约定，我途中化名"王大舜"与中央联系，以防途中万一发生不幸，一提王大舜，中央便知道了。

这是我第一次离开当时被称为帝国主义冒险家乐园的上海，远走内地。为了避开国民党特务的耳目，安全到达，我针对多种可能性做了准备。当我越过了上海北站、南京浦口轮渡和徐州车站等险地（这些都是我过去经常活动的地方）之后，火车再驰过河南的归德（商丘）车站，精神才放松下来。

当时，正值日寇疯狂侵略我国的严重时期，蒋介石推行"攘外必先安内"的卖国反动方针，集中力量进攻红军。到处横征暴敛，战灾连年，经济凋敝，民不聊生，火车每逢到站，饥民便蜂拥扒车，离乡逃命。我在与乘客攀谈中，听到人们在议论贩卖人口的"行情"。据说，陕西连年大旱，国民党苛政如虎，人民为了活命，卖妻女的很多。岐山县周墓那个地方很穷，妇女人品好，身价低，家里养不活。有些妇女，只要别人给她吃的，她就会跟着走，人贩子都到那里去。听了心里实在难受，同时也意识到，革命的客观条件正在迅速发展。

当年，陇海铁路刚通到潼关，去西安要乘汽车，都由宪兵押送。我们在潼关下了火车，到一家饭店坐下，在这里遇到一名宪兵，碰巧第二天正是他押车。我看了老崔一眼，就主动和宪兵搭话，交起朋友来，我们请他吸烟，同桌吃饭不要他会账。这个宪兵连声说："二位真够朋友"，答应由他替我们买车票。次日天一亮，他就热情地招呼我们上车。汽车在渭南过夜，凡事都由我们招待。这次交朋友，竟给我们到西安带来了极大的方便。

车到西安站，一群宪兵围上车，守住车门，翻检客人行李，如临大敌。押车的那位宪兵朋友，熟练地提上我们的行李箱子，大声吆喝道："这两位是我的朋友"，径直带我们出了车站。他还帮助雇来黄包车，指了路，把我们送走了。

初到古都长安，老崔带我去逛东关农民卖破烂的市场（当地俗称"鬼市"）。广场上，到处杂乱地堆满了拆下的房料，有门、窗、板、柱和破烂的家具、牛车等等，物主抢着向行人叫卖，讨饭的人很多。这又一次加深了我对西北革命形势的印象。

交通员把我领到党的陕西省委秘密联络处——西北文化日报社社长宋绮云（即小萝卜头的父亲）处。他曾任过我党江苏邳县县委委员，是杨虎城将军驻军安徽阜阳时的老友，后来当了杨的秘书。接着，经过当时任杨军警卫团副官的我党省委内部交通员史维然，领我到了省委机关，见到了省委书记贾洪光（贾拓夫）和省委委员张德生、省军委负责人汪峰等。

我参加了省委的会议，转达了党中央的委托，讨论了陕西的政治、军事情况、陕北游击运动和工作等问题。

我办完了党中央委托的一些事情，就决定离西安去陕南了。离西安时，我用约定的化名（王大舜）通过陕西省委，转给中央一份报告，汇报了我的工作情况。

我的报告原文如下（根据中央档案馆存藏的历史资料）：

中　央：

我二月七日到西安，已寄了一次信给你们。各项问题已解决完毕，定十九日离开西安。预计十天后到汉中，一月后可到苏区。各项问题的解决，陕北代表团及西安省委都要有详细报告。各项材料，你们将来也可看到，现在仅简单地报告如下。同时，有几个问题也要你们迅速解决。

一、陕北问题：

A. 召集代表团谈了两次话，开了一次会议，讨论了十二次全会决议，估计到陕北的形势，指出过去陕北党富农路线领导的错误，决定了特交陕北的几个具体工作。领导春荒斗争，改造陕北游击队，开展游击，执行土地革命。建立榆林、米脂、绥德、肤施四大城市和石油、煤矿、盐工中的工作。加紧反日运动。进行征收党员和改造特委及各县、区委。详见陕北工作决议。我起草,由省委审查。

B. 由陕西调二人,一任特委,一到游击队。崔绍山仍旧回去,过去书记赵(注:即赵伯平同志)留陕西。我们还觉得这几个人太弱,望中央派一得力干部赴该处主持,陕西现在调不出人来。

C. 经费问题。这次他们共计四人,回去路费要 200 元。此地无法想,要你们火速寄来,始能成行。

二、武都问题:

A. 崔去无作用。决由省委调四人去,中一人主持,一在军队干过,精神还好,我已与两人谈过话。

B. 靖大康等半月前已西去,我已去了一封信。

C. 派去四个人,一月内可以动身。

三、陕西白军工作:

A. 经过一次讨论,内容见决议。

B. 报告马上可寄来。

C. 陕西宋哲元部队近将北开,同志写信来,望中央迅速派人去。河南、洛宁的组织,很急地要领导去。

四、我的行踪:

我感到已无去武都必要,决计由汉中南行。到了汉中,对红二十九军及那边的军事工作,要帮助陕西省委共同解决,那时再写报告给你们。

大　舜

二月十八日

我去汉中前,陕西省委托我,到了汉南特委,参加他们讨论建立红二十九军的工作。并派巡视员杜润之和一位交通员带路(因我身带重要文件)。为了应付旅途盘问,省委通过西安一家金店的社会关系,说我是该店去汉中收账的。这个安排和我当时的行装、身份相符,因为我那时穿着还是不错的。

2月19日,我们离开西安,乘汽车西行。沿途寒风凛冽,黄沙遍地,更真切地看到了陕西大旱多年后,关中农村的荒凉景象。汽车停处,许多衣着破烂的男女农民拦路要钱。我们进饭店吃饭时,要饭的人很多,有的竟伸手前来拿饼抓饭,我们只好让他们尽情抓了去吃。

傍晚,车到凤翔,当天正是元宵节。杜润之安排住处,我便向城内闹市逛去,想看看当地风俗。忽见迎面来了一伙人,头里一人拿着个大手电筒,手电光向我射来。我不便后退，硬着头皮走过去。谁知一碰面，原来是1928年和我同狱的"通师"同学丁介禾。他领我进了饭店，说他现在担任汧阳县的县长，这次是到凤翔来办公事的。他问我到西北何干？我说到兰州邓宝珊处找事干的。他怕我旅途困难，送我几十元做盘缠。正好，第二天我们便花钱雇了一乘滑竿，三人轮流乘坐。这样，不仅减轻了旅途的疲劳，也增加了一层保护，那时在人们眼里，哪里有共产党会坐滑竿的呢。

　　第二天下午，我们到了宝鸡住下。次日早晨南行到益门镇，一块大石碑上赫然写着"益州古道"四个大字。当时还未通公路，只看到路旁石上涂着公路局准备修筑公路划定的红色标记。

　　一进南山（即秦岭），景色大变，到处是苍松翠柏、青枝绿叶，流水潺潺。与山北寒沙扑面的景象迥然不同，越走越觉新鲜，处处感到祖国壮丽山河的可爱。沿途，居民头裹白布，口吐川音，路上卖吃的多了，有醪糟、麻花、菜豆腐等，讨饭的也不少。山路初上时较平缓。溪水畅流的山沟上，都架有木屋，其中安有水碓、水磨，还有提水上山的"筒车"，体现了我国人民伟大的创造精神，真是大开眼界。走近悬崖陡壁时，只见石壁上凿孔、架木、铺板，形成架空通道。据说，这就是古代留下的栈道，真是山险挡不住人们的进路！步行其上，顿生奇趣，想起幼年读唐人李白"蜀道之难，难于上青天"的诗句，现在比那时好走多了。今昔条件各异，实有不同感受。

　　我们每天晨起赶路，尽情领略山镇景色。当感到凉意时，总引起古人所说"鸡声茅店月，人迹板桥霜"的遐想。过了草梁驿、黄牛铺、红花铺，逐渐接近了古凤州城。

　　通过凤州城，是我秦岭之行的一次冒险。当时，国民党军胡宗南部追击红四方面军无结果，转开天水，这天正在凤县过夜。凤县城居山腰，城门哨兵横枪吆喝："干啥的？"我躺在滑竿上，满不在乎地说："西安金店去汉中收账的。"说着，我便从滑竿上下来，给哨兵和带岗的都递了纸烟，他们的口气就缓和多了。我听他们是安徽口音，就说自己是宿县临涣集的人。哨兵愣了一下，说："那咱们是老乡啰。"乡情是当时最能拨动白军士兵心弦的，那时白军中流传着一句顺口溜："你背迫击炮，我背机关枪，老乡遇老乡，两眼泪汪汪。"我们寒暄了几句，他说："你幸亏遇到了我们，不然住的地方都没有，全住满了。"为了照顾"老乡"，他把我们带到他们营长小厨房旁边的一间房子里。这样好处很大，吃饭用不着去找饭店，饭是现成的，菜也是现成的。所以说，这几根纸烟一递，老乡一认，方便很大。第二天一早，他们向天水方向开拔，我们也走路了。过了凤县的南天门，我们的心情舒畅多了。

最使我至今向往的，是留坝张良庙的胜景。我到那里，进庙参观了汉代伟大战略家张良的塑像和有关他的生平碑记。在庙外纵目四望：松柏飞鸟凌空，红墙碧瓦辉映，深溪怪石嶙峋。更觉山川云树处处宜人。

再往前行，就到了褒城北面的七盘关。但见关山苍郁，奇峰入云。登关南望，汉江似练，巴山如屏，川陕根据地的红旗仿佛熠熠可见了。

到了汉中，杜润之向汉南特委书记孟芳周转达了陕西省委的委托，参加了讨论建设红二十九军工作问题会议。耽搁了一两天，我决定随孟芳周、杜润之一道到西乡马儿岩红二十九军军部去。

红二十九军是从川陕边区游击队发展起来的。红四方面军于1932年底驻西乡后，指示共产党员陈浅伦的游击队和张正万的"神团"、王国民等人的民团，改编为川陕边区游击队。12月25日，成立了马儿岩苏维埃政府。汉南特委1933年2月作出扩大西乡、城固边新苏区、创建红二十九军的决议。随即任命陈浅伦为红二十九军政委，军部驻马儿岩。1月中旬，陈浅伦带领十余人到川北通江，向红四方面军部总部请示正式建军问题。红四方面军任命陈浅伦为红二十九军军长兼政委，并补充给他们一些枪支弹药，他们又回到了马儿岩。

我从汉中出发，骑上驴马店出租的马，直奔城固，在西乡私渡河桥西，离马儿岩军部不远的地方，遇到一位老大娘。她用手向东一指，对我们说："那边有杨虎的队伍，去不得。"（当地农民称杨虎城为"杨虎"）我们另外走了一条向南的山沟小路。我们顺这条小路走去，很快便到了马儿岩。我在路上问这位老大娘，为什么叫我们走这条路。她说这条路好走。我问："你有儿子吗？"她说有儿子。"你的儿子干什么？"她说："在干红军，这条路就是到我儿子那里去的。"这位老大娘实际上是为我们红军放哨的。

我在红二十九军军部，同陈浅伦、孟芳周、李良、杜润之等，研究了有关二十九军初建后活动的情况，以及整顿部队和建设根据地的工作。而后，由军部派了一个排护送我入川。据说，从这里到川冯两河口，道路险峻，上七十，下七十，山上又七十，要走210里山路才能到达。

我们从马儿岩出发，经过八海坪、天池寺、牌坊洞、大河坝、高洞子、楼方坪，再往前走就到了川北通江县的曲江洞。这个洞，原来是土匪头子王三春的老窝。红军赶走了土匪后，就把洞作为川陕保卫局关押案犯的地方。当时，保卫局副局长丁武选在那里工作。我向他说明来意后，他热情地带我参观了洞子，洞分两层，一层押犯人，一层住部队，洞子又长又大，吃水也方便。

出了曲江洞再南行，经核桃树，就到了两河口。我在那里见到了红四方面军政治部副主任傅钟，他在清剿曲江洞的王三春土匪时，取得了显著成绩。他带领一支红军，对盘踞曲江洞的土匪发动政治攻势，宣传红军的强大和剿匪政策，没有开枪，土匪就投诚了，消除了附近多年来的匪患。

我们又南行两、三天，经过泥溪场，于1933年3月18日到达通江。从2月初离沪西行，至此碰巧一个半月，车行、步行总程四千余里，越过秦岭、巴山，安全到达目的地，参加了陕北、陕南工作研究，途中见闻，增长了很多知识，完成了党中央的委托，心情是愉快的。

通江是川陕边界重镇之一，当时是川陕革命根据地的首府。中共川陕省委、省苏维埃政府和红四方面军总部，都驻在这里。我们兴奋地看到，在红军解放了的土地上，翻身农民喜气洋洋。不少农民给红军和苏维埃政府抬猪送匾，鸣炮唱歌，都说共产党好，红军好，工农政府好。我们刚入苏区，就看到了这样动人的情景，实在兴奋。

我到通江时，和上海老友、方面军总参谋长曾中生，总政治部主任张琴秋见了面，彼此都很高兴。当我谈到红四方面军的英勇战绩时，曾中生说他正准备总结方面军的军事斗争经验。当时，红四方面军正在反击军阀田颂尧发动的三路围攻。总部领导人都在南江县的两河口前线，指挥红军收紧阵地，诱敌深入，待机反击。于是，我又赶到南江，向红四方面军总部领导人递交了党中央要我带来的文件。同时，汇报了我在陕西省委和汉南特委所了解的敌我情况、研究的问题以及陕南红二十九军的要求。然后，总部领导正式派我到二十九军担任政治部主任，让我率领川陕省政治保卫局的一个排（记得是三十七支驳壳枪），连同原来护送入川的一个排，配齐武器，迅速返回陕南红二十九军，开展游击运动，以配合红军主力的反三路围攻。

当我率领两个排由通江返回马儿岩时，就得到当地群众报告说：混进革命队伍的原"神团"首领张正万已经叛变，红二十九军领导机关遭到他的袭击，主要负责干部陈浅伦、李良、孟芳周、陈子文、杜润之等40多人壮烈牺牲，许多战士失散。"神团"反动首领叛变得逞，红二十九军遭受惨重损失，是过去特委领导工作中只顾发展，忽视巩固，会前缺乏必要的安全准备工作的结果。对二十九军初创时收编的"神团"武装，没有进行很好的改造和消化，不少人缺乏警惕，让他们住在军部附近，给他们以可乘之机。同时，又将当地群众斗争中成长起来的可靠部队派往远处活动，会址附近的群众又发动不充分，以致事变突然发生时，不能得到及时有力的援救，教训是十分沉痛的。

我了解情况后，立即着手寻找失散的战士。在红四方面军十师二十九团（那时的团政委是杜义德）的配合下，找回了120多人，同我带回的两个排的兵力，合编成"陕南游击队"。配合红军主力，开展游击斗争，进行宣传群众和组织群众的工作。到五月下旬，红四方面军在空山坝大捷中，粉碎了田颂尧的围攻。我即奉命回川陕省委工作，红二十九军余部亦编进了红四方面军。

在斗争中学习

我回到四川通江西南的新场坝，这是当时川陕党政军领导机关的驻地。我向方面军前委和川陕省委汇报了红二十九军失败的教训和恢复工作的情况。

会上，按照川陕省第一次党代表大会的决定，我参加省委，担任宣传部长。这时是1933年5月底，我参加了川陕第二次党代表团大会的工作。

我意识到，从此进入了同白区、游击区完全不同的新的工作环境，执行我过去基本不熟悉的任务。我为能参加苏区工作而兴奋，也为缺乏基本知识和实际工作经验而着急，两种情绪交织在一起。辗转思维，除了向有经验的同志学习，向人民群众学习，向自身实践学习外，别无其他途径。

经过党的、工农政府的各一次代表大会，前后五个月的学习时间，为我日后的工作打下了基础。

在川陕省第二次党代表大会上，我听了曾中生代表省委作的《关于目前政治形势与中共川陕省党的任务》的报告。会议决定，巩固和发展战胜田颂尧围攻的胜利，巩固和扩展根据地；扩大红军、游击队、赤卫军，深入土地革命，健全工农政权，发展和健全党组织，开办党校，发行《共产党报》和《干部必读》，培养干部等。在参加讨论各项工作中，学到了不少东西。大会决定，由袁克福继续担任省委书记。

会议期间，我和省委委员袁克福、曾中生、傅钟、郑义斋、张琴秋、吴永康、余洪远等同志接触较多。从他们那里，初步地了解到川陕概况、红四方面军西征、入川打败军阀田颂尧及我红军同陕军的互不侵犯关系等情况。

据说，红四方面军西征到达陕西省境后，不少重要干部对张国焘无止境的、目标不明确的转移的错误十分不满。在城固小河口会议上，曾中生、旷继勋、张琴秋、余笃三、舒玉章、刘杞等同志，对张国焘提出了批评意见。到西乡钟家沟会议，决定利用四川军阀混战的空隙进军川北，创建川陕根据地。刚到川北，张国焘草拟了一个入川纲领，企图冲淡以至取消土地革命和工农政权的旗帜。经党中央严厉批评后他才放弃这个错误主张。入川的胜利，是红四方面军的党组织抵制张国焘错误方针的结果。曾中生还向我介绍了反田颂尧三路围攻胜利的经验，是得力于方面军确定的"收紧阵地、诱敌深入、适时反攻、猛打穷追"的方针。他还谈到，当时方面军同陕军孙蔚如部达成互不侵犯协议的情况。现在才了解，原来，陕西的十七路军杨虎城部及所属三十八军孙蔚如部，对蒋介石排除异己的政策十分不满，不愿为蒋卖命，进攻红军。当时，党的陕西省委根据党中央指示，因势利导，通过当时担任杨虎城将军参议的杜斌丞（非共产党员），同杨商量，决定由三十八军军长孙蔚如将军出面，派遣该部参谋（中共地下党员）武志平为代表，入川与红军联系，要求互不侵犯，共同反蒋。方面军则派出徐以新为代表，到汉中孙蔚如部进行统战工作，于7月间达成协议。从此，就建立起一条从汉中经西乡到川北的红色交通线。通过这条线，送来了红军急需的1/50000的军用地图、药品、电讯器材和宣传用品（如油印机、钢板、蜡纸、铁笔、油墨、纸张等）。这个协议，减轻了方面军对陕西一侧的顾虑，对以后战胜刘湘起了极大的作用。这次党代表大会后不久，方面军便召开了木门军事会议。

对我学习收获更大更多的，是8月初为贯彻党代表大会决议，而在巴中召开的川陕省第二次工农兵代表大会。会上，再次阐明了建立工农革命政权的重大意义，并将党的"六大"通过的"十大政纲"通俗化为"十大口号"，作为川陕省工农政府的行动纲领。大会确定，巩固和扩大川陕苏区，是一切工作的中心。大会发出"动员一切力量，粉碎刘湘新的进攻"的号召。大会确定了扩大红军，优待红军家属，查田查阶级，保护工人利益，执行财政、经济、粮食工作，充实革命斗争力量，坚决肃清反革命，发展文化教育，健全工农政权，决定发行《苏维埃报》，开办苏维埃学校，培养人才等全面建设革命根据地的决议。

会上，省委决定我在负责宣传工作的同时，参加土地革命，筹集粮食，指导群众团体等项工作。从此，决定了我在川陕根据地的全部活动。

通过以上前后两次代表大会，我等于受了两次训练，开了眼界，长了知识，增强了工作信心。木门会议，传来了鼓舞人心的消息，例如扩编部队，各师改编成军，加强政治工作，扩大彭杨学校，加强军事训练等。但时隔不久，又传来了令人不安的消息，如旷继勋、舒玉章、余笃三、方英、韩继祖等，以及在四川地下党领导下起义、参加红军并任我红军独立师师长的原白军旅长任玮璋都先后被杀害。曾中生、徐以新、朱光、李春林等同志，以"右派集团"的罪名被逮捕。张琴秋被批判为右派，由方面军总政治部主任撤职下放到红江县担任县委书记，等等。

张国焘在木门会议结束后，来到巴中，找我谈话，说苏区工作和白区工作不同，没有分配你办的事不要多问。在一次党内干部会议上，他指名批判我是"老右倾"（因他知道我在四中全会时反对过四中全会，反过王明）。我深切认识到，这是对我的严重警告。在方面军领导干部中，我和徐向前接触不多，但对向前同志的军事指挥艺术，昌浩同志的热情奔放，有良好印象。我同张国焘很少接触。但经过几次谈话，我总的感觉是，这个人道貌岸然，官气十足，专横阴沉，心怀叵测。我对他产生了戒心。我深思，党中央既派我来，总要做好工作，不负委托。我只要按照党和革命利益，按照党的原则、纪律，学习和办事，我是能履行我的职责的。这种想法，支配了我在川陕苏区和方面军工作的全部实践。

我在5个月的学习中，初步了解到，军事斗争的胜败是决定一切的，土地革命战争是壮大革命力量的基础，经济建设是胜利的保证。为这三者服务，是党的宣传教育工作的基本出发点。下面，我就这几个方面，回忆我比较深刻的那些印象。

川陕苏区创建和发展中的主要工作和斗争

反围攻胜利，锻炼和壮大了红军，创建、扩大和巩固了革命战争根据地

毛泽东在1934年"第二次全国苏维埃代表大会"上，对川陕革命根据地曾经作过如下评价："川陕苏区是中华苏维埃共和国的第二个大区域。川陕苏区，在地理上、富源上、战略上和社会条件上有许多优势。川陕苏区是扬子江南北两岸和中国南北两部间苏维埃发展的桥梁。川陕苏区在争取苏维埃新中国的伟大斗争中，具有非常巨大的作用和意义。"

川陕根据地的创建和发展，有它的历史必然性。

这是因为，四川国民党军阀和地主豪绅对人民穷凶极恶的剥削和压迫，连年天灾人祸，民不聊生，孕育着革命。当时，地主占有土地的百分之七八十。租额，上田东八佃二或东七佃三；下田对半分，农民所得无几。高利贷，春借秋还，对本对利（即借一斗还两斗，翻一番），年利加一加二不等。国民党军阀的苛捐杂税多而且奇，关卡林立，闻名全国。强迫农民种鸦片，不种要抽"懒捐"。田赋年年预征，一年数征，附加税超过正税。而且，四川军阀割据，混战

连年，是蒋介石反动统治的薄弱环节，对革命是十分有利的。封建统治和军阀战争，使人民生活于水深火热之中，人民活不下去，迫切要求革命，要求解放，反抗斗争连绵不绝。

人民群众革命情绪之高涨，还因为，共产党在川陕边的长期工作和深刻影响。第一次大革命时期，这里就有了党的组织。1929 年以后，党就领导农民起义、士兵暴动和游击战争。从那时起到红军入川止，这个时期，先后就有王维舟、李家俊领导的万源县固军坝起义中组织起来的"川东游击军"；有旷继勋在遂宁、射洪边界的川军邓锡侯第七混成旅起义中成立的"中国工农红军四川第一路"；有王维舟、李光华在梁山领导起义以及后来王维舟、杨克明在川东组织的"川东游击军"；陕南党组织 1932 年 10 月组织红二十九军创立的西乡游击区。

川陕人民渴望解放，白区党的工作基础，为红四方面军入川铺平了道路。红军的英勇破敌，是打开川陕革命新局面的关键。党领导红军坚定地执行战斗队兼工作队的任务，使川陕革命根据地迅速地创建和发展，从而又壮大了红四方面军。红军从入川到开始长征，两年多时间内，大致经历了以下几个主要阶段：

1932 年 12 月到 1933 年 1 月下旬，红四方面军解放通江、南江、巴中大部分地区，为第一阶段。红军布告安民，宣布我党我军的政治主张，组织工作分头发动群众，建立工农革命政权，打土豪，分配土地和粮食，在土地革命中，发动、组织和武装群众，扩大红军，配合红军消灭敌人，从而迅速地打开了局面。

1933 年 2 月到 6 月上旬，粉碎四川军阀田颂尧的三路围攻，是第二阶段。田军损失过半，根据地扩大一倍。红军由 4 个师、1.4 万余人，扩编为 4 个军，达 4 万多人。从此，我党我军在川陕站稳了脚跟。

1933 年 6 月下旬到 10 月，经过"仪（陇）南（部）战役"进一步打击了田颂尧残部："营（山）渠（县）战役"，重创杨森部；"宣（汉）达（县）战役"，歼灭刘存厚军大部。三次战役，共计歼敌 2 万人左右，缴获大批军用物资。刘存厚搜刮来的百余万银元，和多年经营的被服厂、造币厂、兵工厂等，全被缴获，进一步发展了反三路围攻的胜利，大大削弱了敌军重新进攻的力量。"川东游击军"与红军主力会师，扩编为三十三军。方面军迅速扩大为 5 个军、15 个师，40 多个团，约 8 万人。根据地迅速扩大，纵横各约 500 里，面积达2.2 万余平方公里，人口达 700 余万，建立了 23 个县、市的工农政权。从此，红军有了更广阔的人力、物力补给基地，作战有了更广大的回旋区域，创造了更多的粉碎敌军进攻的有利条件。这是川陕革命发展的第三阶段。

在此期间，省委召开了第三次川陕党代表会议和川陕工农兵代表会议，为发展已取得的胜利和粉碎刘湘新的进攻作了必要的准备工作，进一步加强了根据地建设。

1933 年 10 月上旬到 1934 年 9 月，红四方面军继续采取"收紧阵地，诱敌深入"的方针，先后粉碎刘湘发动的四期总攻。在条件成熟时转入反攻，粉碎了刘湘纠集四川军阀的 140 个团、20 万人的六路围攻。红军经过 10 个月奋战，毙伤敌军 6 万多人，俘敌 2 万多人。这次，根据地全部恢复，并扩大了部分新区。红军经过训练和整顿，战斗力大大加强了。

1934 年 10 月，由于王明路线的危害，中央苏区反五次"围剿"失利，中央红军被迫开始长征。川陕省委在巴中召开第四次党代表大会。在书记周纯全领导下，总结粉碎六路围攻中地方工作的经验。方面军先后召开了毛裕镇政治工作会议、清江渡军事工作会议，还有地方武装代表会议，省工农政府召开了第三次工农兵代表大会。这些会议，为配合中央红军西征，决定了进一步建设红军，粉碎敌人川陕"会剿"，发展川陕甘根据地的部署。

1935 年 1 月到 3 月底，红四方面军进行了广（元）、昭（化）、陕南、强渡嘉陵江等战役，先后连续攻克阆中、剑阁、南部、昭化、青川、梓潼、平武、中坝、彰明、北川等县城。4 月，张国焘未经讨论，不顾党中央遵义会议后给红四方面军进一步巩固和发展川陕革命根据地，一、四方面军配合作战的指示，不顾徐向前的反对，擅自决定放弃川陕革命根据地。红四方面军从渡江起，实际上开始了长征。这时，正规红军 5 个军、11 个师、33 个团，9 万余人，连同地方部队、机关、工厂、学校，共约 10 万余人。5 月上旬，部队先后撤出彰明、中坝、青川、平武，向岷江上游地区前进。

在川陕革命根据地工作两年多时间内，给我教育最深的是：红四方面军的军事斗争，根据地土地革命和工农政权的经济、文化建设，以及为上述任务服务的宣传教育工作等方面的丰富的经验和教训，使我深刻地认识到，一切革命工作，都是为了革命战争和土地革命的胜利；了解战胜敌人必需的知识，以满足战争的需要，是做好一切工作的基础。

在上述这些战役中，我总想了解红四方面军那一些战必胜、攻必克的政治、军事素质的来源及其形成的原因。

毛泽东曾经高度评价、赞扬"本质很好而且作了长期英勇斗争的红军第四方面军的广大干部和党员，从张国焘的机会主义统治之下获得解放，转到中央的正确路线方面来。"① 党中央、毛主席 1937 年 3 月 31 日在中央政治局的决定中对"红四方面军的干部艰苦奋斗，不怕牺牲，不畏险阻，英勇善战，献身于苏维埃事业的忠诚，表示深切的敬意。"这个实事求是、符合客观历史的评价，无疑是我党领导下的人民军队所共同具备的优良传统的重要组成部分。

　　红四方面军具备这种可贵的素质，是在长期领受党和人民的教养，并为党和人民事业奋斗实践的锻炼中形成的；是在大批忠于党的正确路线、并抵制张国焘的错误路线的以徐向前、许继慎、沈泽民、吴焕先、曾中生、张琴秋、王树声、李先念、郑义斋、周纯全等为骨干的党的坚强领导的结果。红四方面军这种可贵素质的形成和取得，是符合毛泽东后来在《中国革命战争的战略问题》一书中总结出来的规律的。这条规律，就是"重要的问题在善于学习"，采取"什么方法呢？那就是熟识敌我双方各方面的情况，找出其行动的规律，并且运用这些规律去指导自己的行动。"有助于红四方面军提高政治、军事素质的主要经验是：每当重要战役结束，方面军都要召开军事工作会议、政治工作会议，由方面军徐向前等领导同志分析情况，总结经验，提出任务，教育部队。这种从实际出发，用实践经验教育部队的方法，是符合毛泽东思想精神的。为了提高部队的政治素质，1933 年 6 月，木门军事工作会议上作出了扩编部队和加强军事、政治工作，恢复彭杨干部学校等项规定。部队在扩编中，进一步加强了政治工作建设，建立和健全了党政组织。并以军为单位开办了政治训练班，以师、团为单位训练党员、骨干分子。各级政治机关编印了许多教材和宣传品，方面军政治部选辑了《干部必读》和创办了《红军报》，各军也办了小报。团以上政治机关，都建立了敌军工作组织。粉碎刘湘六路围攻后，1934 年 11 月，方面军在毛裕镇召开了党政工作会议，在分析形势、总结工作的基础上，通过《全方面军政治与党务工作的决议案》，提出了加强平时和战时的政治动员，改善政治工作的组织与计划，改进政治思想教育，健全支部工作等八项具体任务。会上，还制定了团政治处和军、师政治部"暂行工作细则"。在细则中，规定政治部（处）主任是政治委员的助手，政治机关是政治委员实行工作的机关，政治机关根据上级决议和政治委员的指示，对部队的党务和政治工作实施切实的领导。为了进一步发扬方面军在长期革命战争中形成的优良作风，还制定了"智勇坚定，排难创新，团结奋斗，不胜不休"的红四方面军军训，并且表彰了

---

① 《毛泽东选集》第二卷，人民出版社 1952 年版，第 519 页。

各军所属模范团的工作和战斗，组织了竞赛。

红四方面军为提高部队军事素质，做了大量的带有基础性的工作。各次战役结束，主要领导人总要亲自着手总结经验，这是一个显著的特点，向前经常讲军事总结，在会上作报告，写成文章在《干部必读》上发表，在战略、战役、战术各个方面都提出了许多精辟的见解。

木门会议后，我看到了曾中生著的《与"剿赤军"作战要诀》一书。全书纲要分敌我对比、红军注意事项、作战要领、特种战斗等部分，这些都是红四方面军历次反"围剿"作战经验的宝贵总结。纲要除说明阶级战争目的和任务外，还着重指出，反"围剿"已成为一个时代的特种战术。中国被压迫阶级的解放运动，应当将自己的战斗经验和教训，与一般战术的要求、要旨，敌人对付我们的各种手段；有系统地列成反"围剿"的全国战斗艺术，这是同毛主席军事思想相一致的。书中提出红军克敌制胜的条件是，必须有共产党的坚强领导，广大群众的拥护，精密的训练，严肃的军纪（红四方面军制定了战士须知十条和三大纪律六项注意），必胜的信心，旺盛的攻击精神，加上富有斗争经验、斗志坚定的无产阶级领导干部的统率、指挥，这样，"始能凌驾于物质的威力，而收到战胜（敌人）的效果"。

关于敌我对比，这本书中从政治主张、民心向背、部队素质、作战特点、内部关系、士气等方面具体分析，说明红军都优于白军。同时，也指出了方面军本身也须克服的各种弱点，强调要坚定必胜信心，努力研究敌我情况，切戒骄傲。

《与"剿赤军"作战要诀》，是全书最重要的部分。除列举了十二条一般原则外，并根据方面军历来的作战经验，总结出十条战法：一、内线作战，各个击破；二、专击敌人连接点；三、前进包围，后退包围；四、专于抄袭迂回；五、声东击西，避实击虚，以飘忽行动，击敌要点；六、围攻一点，消灭援兵；七、诱敌深入，集中力量消灭敌人；八、布置广大的游击战争网；九、尽力发挥夜战效果；十、突出线外的进攻。同时，根据历来的敌情，分析了敌人采用的十种"围剿"战术，指出它的弱点及我们对付的办法。在这些论述中，贯穿了下列主导思想：（1）强调发挥群众游击战争的威力；（2）强调集中使用兵力；（3）主张运动战与战役速决战，反对阵地战与战役持久战；（4）反对进攻中的冒险主义和轻易放弃根据地的逃跑主义。这是对张国焘军事上的错误路线的尖锐批判。

在粉碎刘湘六路围攻中，方面军继续采取破田（颂尧）作战的成功经验，再次证明"收紧阵地，诱敌深入，集中兵力，待机反攻"，进行积极防御，是战胜强敌的唯一正确的战略方针。最重要的问题是：如何以最小的代价，最大限度地消耗和疲惫敌人，为反攻、决战创造有利条件。方面军当时依靠川北的有利地形，进行半阵地性的运动防御，以尽可能小的部队，利用山险要隘，以逸待劳，进行顽强阻击和阵前反击，或主动撤退，诱敌脱离阵地，乘敌运动占领阵地立足未稳，实行反击。并且利用敌人弱点，充分发挥红军夜战的特长。红军苦战八个月，元气未伤，而敌人则遭到重大消耗，"肥的拖瘦，瘦的拖死"，用尽了所有的战略预备队。红军集中主力，突破一点，敌人便全线崩溃。战争初期，没有听从张国焘所谓"不停顿进攻"的错误命令，适时收紧阵地，保持了战役的主动权。东线反攻，由于张国焘的错误命令，丧失了大量歼敌主力的战机；西线反攻，徐向前抵制了张国焘的错误主张，向敌人纵深后方迂回，取得了歼敌大量主力的重大战果。川陕根据地各次战役的胜利，都是方面军领导坚持正确的战略方针、抵制张国焘错误的结果。

在川陕根据地军事斗争中，张国焘在几个重大问题上起了破坏作用。

第一，在军事指导上，在反刘湘六路围攻的初期，他不顾敌我力量对比悬殊，胡吹"不停顿地进攻"，丧失歼灭刘湘先头主力的战机。后期，因为抵制张国焘分散兵力的错误指挥，插入敌后纵深，才取得伟大胜利的。在根据地胜利发展之际，张国焘不顾方面军主要领导同志的反对，擅自撤离川陕，造成很大损失。

第二，大搞军阀主义，忽视党在红军和根据地的领导作用；他用全力在红军中制造个人的系统，把军权高于党权；忽视地方党的建设，以军队威临群众，造成脱离群众现象。并且在红军中残害优秀干部，损伤了军内正常关系，削弱了红军力量。

第三，在陕西战役中任意撕毁与陕军的互不侵犯协议，背信弃义，进攻陕军，自陷孤立，破坏了党的统战工作。

第四，不信任白区党与群众组织，怀疑和囚禁白区党派来的干部，损害了我们党在白区的工作。

在边缘区，他对地主反动武装不是采取分化瓦解、争取群众的政策，而是一律镇压，加深了边缘区赤白对立的现象，增加了巩固根据地的困难。

土地革命是川陕革命根据地全党工作的中心

省委强调，这是做好一切工作的出发点和基础，强调所有党员和干部都要按照党中央决定的《土地法》，积极参加组织和领导广大农民群众的土地斗争。过去，我虽然在江苏（南）通、海（门）、如（皋）、泰（兴）游击区进行过土地革命的尝试，也初步了解过各革命根据地土地革命的情况，但在像川陕这样经常处于战争环境的大块根据地内，全面进行土地革命斗争，是没有实践经验的。从川陕第二次党代会起，到宣达战役胜利，五个月间，我除了在会议上领受教育外，就是随同有经验的吴永康、张琴秋等同志一道，在省委巴中驻地近郊，从实践中学习有关土地斗争的若干基本知识。例如，调查阶级关系和土地关系，发动群众实行土地革命，在土地斗争中组织和武装群众，扩大红军，建党、建政等。

川陕革命根据地的土地革命斗争，在两年多时间内，大致可分为两个阶段：

前期，从 1933 年初打开局面，经过打破田颂尧围攻，到宣达战役的胜利，苏区迅速扩大。这十个月时间内，随着战争胜利，土地革命迅速铺开。红军工作队起了开路的作用，但因战局发展，战区变动，土地革命反复很大，红军无法兼顾。地方党和工农政府干部力量薄弱，也缺乏经验，因而工作很不深入。工作队恩赐主义、干部包办代替、形式主义，群众没有全面发动起来。地主瞒田瞒成分的很多，分田很不彻底。党和工农政府决定深入土地革命，创造这方面的经验，在查田查阶级中间，进一步解决土地问题。

后期，从 1933 年 10 月反刘湘六路围攻开始，到渡江，一年多时间内，川陕土地革命逐渐深入到查田查阶级阶段。这时，根据地比较稳定，红军有可能抽出力量帮助地方。地方党、工农政府、广大人民群众，在战争反复中，识破了地主阶级破坏土地革命的花样，阶级觉悟和斗争经验都有提高。在反刘湘进攻开始时，省工农政府的土地委员会，召开了土地会议，具体布置了查田查阶级的工作，以后不断检查和总结经验，使土地斗争进一步展开。

记录上述两阶段土地革命斗争情况的历史文献有：红四方面军政治部印行的 1933 年 2 月 12 日《怎样分配土地》，这是川陕前期土地革命的依据。另一件是，1934 年 12 月 30 日，西北军区政治部翻印的《平分土地须知》，总结了川陕后期土地斗争的经验。此外，还有川陕省工农政府和红四方面军的有关土地革命的布告。

《平分土地须知》，反映了川陕后期土地斗争的重要情况，证明了川陕革命根据地两年中，确实进行了土地革命斗争。已经取消了地主阶级、封建剥削的土地所有制。农民分配了土地，党、红军、工农政府采取多种措施，领导农民深入斗争，打破地主、富农破坏土地革命的阴谋，发展农业生产，保护农民应得的土地利益。事实上，并不像过去个别同志单凭主观想象所说的"只是马马虎虎宣布分配一下"。当时，在川陕土地革命中，局部地区发生过土地革命不彻底的毛病，并不能否定川陕土地革命的全部历史。

文件的第一部分，揭露了地主、富农反对平分土地的办法。其中：

第一，保存原有土地的花样有八项。主要是用"拆回"代替分田；用小帮小补，将肥搭瘦等方法，反对土地法令；原佃种原田，达到明分暗不分；留老婆在家收租，常到客（佃）户、亲朋家暗中收租；利用"红军公田"保留土地；地富子弟混到红军里，分好田；找穷人亲朋住到家里，保护产业；或者索性把土地、房屋分到亲朋家门，用来寄存土地财产。

第二，地主、富农瞒瞒土地，窃取土地的花样有十七项。主要是本人或派走狗混入苏维埃，派走狗混入土地委员会或分田委员会；收买苏维埃个别委员、少数落后农民；混乱阶级成分的划分，隐瞒自己的成分；转移居住地点，冒充亲朋家里的人，冒充农民家里的人；有的把女儿嫁给穷人家里做媳妇，有的把儿子抱到穷人家里做儿子，或者让儿子到穷人家当"上门汉"。

第三，地主、富农阻止和缓和农民平分土地的花样有十三项。主要有：冒充苏维埃和红军上级机关委派的人，压制农民的分田斗争；混入苏维埃后，拖延分田，或者不确定农民分得土地的所有权，来曲解土地法令。另外，造谣惑众，威胁农民。还有的装笑面虎，利用农民落后的宿命观念，利用宗教迷信，最普遍的是利用家族观念、地方观念，来麻痹农民的斗志等等。

文件还检查了我们过去在平分土地中的缺点。这些缺点，主要是很少去艰苦发动群众起来平分土地，有包办代替、恩赐现象；没有全力团结和组织雇工、贫农的力量，揭发和打击地主阶级的破坏，有时还做了地主、富农的尾巴；有的纵容混进苏维埃的地主、富农的走狗，存有包庇行为。少数同志对阶级划分模糊，有的还歧视中农，甚至有征收中农土地的错误等等。文件在今后平分土地方法中，强调要发动群众一块去分。召集雇工、贫农、红军家属、积极分子会议，揭发地主、富农阴谋，提出重新分田意见，宣布土地政纲，由群众报告土地没有分好的情况，提出分田委员会名单，委员和群众代表一道，一村一村去分。分了就立刻挖出界边，说明这块田分给谁就永远是谁的，确定主权。分田时，立即宣布过去发财人的一切契约完全无效，号召群众焚毁（契约），如有地主、富农暗藏契约不报者，以反对分田治罪。

为了彻底平分土地，文件还规定实现四项任务：（1）建立坚强的雇工、贫农团；（2）彻底改造苏维埃；（3）严厉镇压反革命；（4）提高苏区的土地生产力。

红四方面军入川后，历次反围攻战争的胜利，正充分显示了土地革命的强大威力。

土地革命，使农民得到现实利益。红军到地方，首先领导农民建立工农政权，打土豪，分田地，没收地主豪绅土地、财产、粮食、耕牛、农具，分给贫苦农民，除留红军吃粮外，解决农民缺吃、缺穿、缺种籽、缺农具、缺耕牛的困难。一下子，就砸掉了地主、豪绅、国民党军阀压榨农民的锁链。土地革命，把共产党、红军、工农政府解放工农的主张普及到千家万户，加上实际利益，大大提高了工人、农民的觉悟和生产积极性。农民分得田地，起早摸黑干活，加上风调雨顺，川陕革命根据地农业生产获得了前所未有的丰收。农民说："红军走到哪里，哪里就有好收成。"毛泽东在"全国第二次工农兵代表大会"上赞扬说："川陕边区的农业收成良好，粮食增产，有力地支援了战争，也改善了人民的生活。"

土地革命中，共产党领导广大人民组织和武装起来，雇工会、贫农团、青年团、妇女会、赤卫军、少先队、儿童团普遍建立起来了把农村原来一盘散沙的农民组织成为坚强的、有组织的、建设新生活的革命力量。

土地革命，使川陕工农群众和中国共产党领导的红军融为一体，患难与共，人民把红军当作亲人，竭诚拥护红军。在历次反围攻中广大农民为了保卫分得的土地，站岗放哨，组织运输，供应粮草，并把成千上万的优秀儿女送上前线，踊跃参加红军使红军从一万几千人迅速壮大到近十万人的强大军队。当时，国民党统治区反动报刊也不得不承认：川陕由于兑现了土地革命的纲领，许许多多农民跟着红军跑。红四方面军的《战史》初稿指出："土地革命是争得反六路围攻胜利的基础。"这是符合当时情况的。

毛泽东在"全国第二次工农兵代表大会"报告中，对全国革命根据地的土地革命运动，作了深刻的概括：

"一切过去和现在的国民党区域，农村中是吓人的地租（60％到80％），吓人的高利贷（30％到100％）与吓人的苛捐杂税（全国有170余种之多）。结果，土地集中于地主阶级与富农的手里，绝大多数农民失去土地，陷于求生不得、求死不能的惨境。由于土地上面的无情掠夺，农民失去防御灾害的能力。结果，水旱荒灾遍于全国。1931年，受灾区域达809县，受灾人口达1.04亿。由于层层掠夺，农民缺乏再生产能力，很多耕地贫瘠，许多简直变成荒地了。同时，农民仅有的一点生产，又被帝国主义的农产物品倾销压倒。因此，中国农村经济陷于完全的破产状态。农村土地革命的火焰，就在这样的基础上爆发起来了"，这里说的全国情况，也是对川陕土地革命前的情况的生动描写。

毛主席接着指出："苏区土地革命的威力，扫荡了一切封建的残迹。几万万农民从长期的黑暗中惊醒过来，夺取地主阶级的全部土地财产，废除了高利贷，取消了苛捐杂税，打倒了一切与革命为敌的敌人，而建立了自己的政权。农民第一次从地狱中出来，取得了主人翁资格。这就是苏维埃政权下与国民党政权下农村状态的根本区别。"这也就是川陕土地革命的现实。

往后，毛主席又讲道："土地革命，不但使农民得到土地，而且要使农民发展土地上的生产力。由于工农政府的领导和农民劳动热情的提高，红区的农业生产在广大的地方是恢复了，有些并且更加发展了。在这个基础之上，农民生活有了很大的改善，比较国民党时代至少是改善了一倍。农民的大多数，过去一年中许多时候吃不饱饭，困难的时候有些竟要吃树皮、吃糠秕。现在，则一般没有饥饿的事，而且生活一年比一年丰足了。"这也就是川陕苏区土地革命的结果。

川陕边区的土地革命，是按照1931年11月"全国第一次工农兵代表大会"通过的《中华苏维埃共和国土地法》进行的。王明路线的推行者为了执行其错误的土地政策，用党中央的名义起草了《土地法（草案）》，交大会通过，使王明路线的土地政策能够以法令形式在红区强制推行。张国焘执行时，在重要方面加以升级，使川陕边区的土地革命和全国各革命根据地同样地犯了错误。

《土地法（草案）》按照王明路线提出的"地主不分田、富农分坏田"的过左政策，似乎只涉及占农村人口10%的地主和富农，在川陕，由于张国焘错误路线的升级，结果不仅从肉体上消灭地主，从经济上消灭富农，而且因为强调"彻底平分、抖散平分、重新分配"，导致严重地侵犯中农利益，同时也侵犯了中小工商业者，把革命动力变为革命对象，搅乱了阶级阵线。这种过左政策，致使地主、富农联合反我，中农动摇，雇贫农孤立，不利于争取中间阶级和分化地主阶级，加深了根据地周围赤白对立的现象，加重了根据地的经济困难。1934年，川陕边区进行的查田查阶级，比鄂豫皖时期更"左"，地主、富农出身的干部，和地主、富农一起编进"劳役队"、"苦工队"服劳役。地方上凡当过保、甲长的中农，也被认为是压迫阶级和反革命，同样被没收土地、财产。其实，在反动政权下当保、甲长的中农，并不是自愿的，少数是被地主和团总强迫指派，多数是被农民公推，应付官差的，把他们和地主阶级同样对待，是完全错误的。很多地主、富农因为生活无着落，出外逃亡，国民党反动派利用他们组织政治土匪，配合白军进攻。张国焘对反动地主控制的会道门，如"红灯教"、"神团"、"盖天党"、"孝义会"、"扇子会"等等，不进行分化瓦解，争取大多数被反动派欺骗胁迫的群众，孤立地主，而是不分轻重，一律镇压。在川东北王家坝、铁矿坝、长坝，一次就打死了几千人。这种错误政策，使党和红军严重地脱离了广大群众，使巩固根据地发生困难。

张国焘执行王明路线的土地政策，给我们造成了很多困难。但川陕苏区的土地革命仍然获得了伟大胜利，仍然积累了丰富的经验，教育了广大干部、党员和人民群众，并为日后全国土地改革提供了可贵的借鉴，至今，仍为人民所深深怀念。人们实在忘不掉共产党领导川陕人民曾经进行过的伟大的历史变革。任何人不能否认，在川陕苏区消灭了地主封建的土地制度，农民曾经获得土地革命利益的事实。

发展生产，供应红军和改善人民生活的经济建设

党的川陕省委、省工农政府和红四方面军，很注意在战争胜利、土地革命、发动群众的基础上，发展根据地经济，这是保证革命战争胜利、发展土地革命成果、改善人民生活和巩固革命根据地不可分割的任务。在经过土地革命的地方，都及时提出"恢复和发展农业生产，提高苏区的土地生产力，不使苏区内的一寸土地放荒"的任务，目的就是要使苏区的土地利益全部落实在雇工、贫农和中农手里。

川陕边区经济建设的进程，也分前后两个阶段。前段是在打垮田颂尧前后，主要任务是恢复生产，执行财政、经济、粮食各项政策，充实革命战争力量，迅速满足战争需要。后段是在川陕省第二次工农兵代表大会、健全各级工农政府之后，除继续执行前段任务外，进到了全面开发苏区富源、进行苏区建设、进一步满足战争供应和改善苏区工农生活的阶段。

川陕边区的党、政和红军，把发展农业生产、增产粮食和经济作物，解决军民吃穿问题作为首要任务，提出多种谷子（水稻），多种杂粮（如苞谷、洋芋、黄豆、绿豆、小豆、蚕豆、芝麻、红薯、花荞、芋头等），特别要求多种棉花、花生，当时号召农民：多种粮食不愁吃，多种棉花不愁穿，多种花生不愁油。还提倡多种小菜、南瓜、豇豆、茄子、黄瓜、冬瓜、辣子、苦瓜等，作为粮食的补充；提倡多喂畜禽，宣传多养水牛好耕田，多养母牛好生崽，多养猪羊好吃肉，多喂鸡鸭补身体，此外，还提出培养森林，提倡栽植适宜当地速生的柳树和竹子等。提倡发展"耳山"（即长黑、白木耳的山林）、茶叶、白蜡、

漆树、油桐和栽桑养蚕等。现在看来，当时川陕苏区是注意到全面发展农、林、牧各业生产的。

对恢复和发展川陕边区农业生产起了重大作用的政策是：

1. 深入教育农民，从思想上、政策上提高广大人民的生产积极性。反复说明：往年土地在财主手里，穷人吃了多少苦，现在我们穷人分到田地，就要种好，才能不愁吃穿。在分田斗争中，强调确定农民分得土地的所有权，反复宣布，田分给谁就归谁所有，正确地执行没收政策，来安定农民的生产情绪，强调不要让一寸土地放荒，坚定农民发展生产的责任心。

2. 切实帮助广大农民解决在分得土地后，劳力、耕牛、农具、种子等方面的困难。除没收地主和征收富农的耕牛、农具、种子，分给农民外，主要组织农民劳动互助，实行换工。组织耕牛、农具、种子合作社，或由工农政府组织耕牛、农具经理处，调剂有无，解决雇工、贫农、苦力、红军家属耕种中的困难。还强调组织代耕队，优待红军家属。党和工农政府强调，互助、合作和代耕队，都要遵守自愿互利的原则，农民只替无生产能力的红军家属代耕，坚决反对借革命势力强迫农民代耕的奴役农工的办法。代耕有多种情况，有的是尽义务，有的供给饭吃，有的给报酬。组织互助调剂余缺的时候，一般对出工的都有报酬。

组织代耕，优待红军及其家属，照顾鳏、寡、孤、独。1933年颁布的优待红军条例规定，红军分得的土地，家里无力耕种者，应当由苏维埃政府代替耕种，收成归红军自己所有。红军家属分的田地，如无生产能力，也由苏维埃政府设法替红军家属耕种。参加代耕的人员，首先是抽劳力强的贫雇农、党团员作骨干，根据当地代耕对象多少，以乡或村为单位统一安排。每村组织20至30人的代耕队，劳力紧张的地方，也把反动地主豪绅集中，在贫雇农的监督下，耕种红军家属的土地，或红军公田。代耕队除去红军家属代耕外，也替鳏寡孤独或丧失劳力的人耕种，耕具自带，从种到收，包干负责到底。

党和工农政府为了动员和组织一切可能的劳动力，号召妇女学会耕田、挖地、种粮食、多喂猪鸡，女人和男人一样犁田、耙田、撒种、栽秧。号召青年参加生产突击队，多栽谷子，多种粮食，多栽小菜，多喂牲畜，大家有油盐吃，有新衣服穿。号召工人多打锄头、犁头、开山子卖给农民，巩固工农联盟。

3. 党和工农政府，采取下列改善农业生产条件的措施：

第一，号召和教育人民禁绝鸦片。过去国民党军阀为了剥削和毒害人民，强迫农民种植鸦片，烟田占耕地30%左右，烟民占人民50%到70%左右，烟毒深广。为了扩种粮棉，保护人民身心健康，党和工农政府，采取逐步禁种，禁吸鸦片，直到完全禁绝的措施，工农政府规定，已种的烟准收，以后不得再行栽种。对年老体衰暂时不能禁戒的，则先取工农政府许可，种不超十背谷的烟田，经过一定时间完全禁种。按吸烟者不同年龄分期禁戒，特设戒烟局制戒烟丸（丸中逐日减少鸦片成分，以面填充，平价售与穷人戒烟），有些地方规定农民戒烟费用由公家负担，年轻的两个星期可戒掉，4年烟瘾的1个月也可戒掉。关闭烟馆，禁售鸦片。从经济上和法律上限制农民种烟。凡私自出售和贩运鸦片的，轻者罚税款，重者予以没收，交革命法庭制裁。禁烟效果很好，人地大变，群众中过去萎靡不振的烟鬼，而今变成革命和生产的勇士，过去田间烟花纷飞，而今是稻麦芳香。红军中新参军的瘦弱者，经过一两个月的戒烟，很快变成精壮的战士。林则徐以来百年未完成的事业，在共产党领导的革命根据地里很快地完成了。

第二，领导农民兴修水利。川陕全境旱地多，水利年久失修，党、工农政府和红军把大力举办水利，看做是提高苏区生产力的一项重要措施。工农政府设立水利局，负责计划和办理修塘、打堰、筑堤、筑坝、开沟、开河等水利灌溉工程。川陕省第二次工农代表大会后，鉴于农民迫切要求改进水利灌溉，同时为了准备反刘湘围攻中水路交通的需要，省工农政府水利局决定疏通和整治巴中到江口、江口到通江苦草坝全长300余里的河道。历时3个月，先后动用民工50余万，石工10万，打石、排石，疏通河道。有些河段，红军和农民船工一道修滩排石，打通河道，使通、巴两河船运畅通，保证了红军战备物资的运输和供应，减少了下游的水害，便利了沿河两岸的灌溉。在川陕第四次党代会讨论水利事业时提出各县要大力造船、修河、筑塘、开路、挖堰塘、堵缺口、植树等措施。有的地方红军当年和农民一起修补过的堰塘，农民至今还深深怀念，命名为"红军塘"。

第三，奖励开荒。由于战争中敌军和地主反动派的摧残，劳力紧张，荒了不少耕地，为了恢复和发展农业生产，党和工农政府动员农民开荒，扩大耕地。奖励那些开垦田土，多喂牲畜的积极分子，提出开了荒田地，自己耕种，自己享受。红四方面军帮助工农政府，组织群众开荒种田，种子、农具由政府供给，收获粮食供军民自己食用。此外，还分别情况，减免一定时间内的负担，鼓励地主、富农开荒，例如或3年、5年不缴公粮。省工农政府为此颁布了《开荒条例》。

第四，提倡多养牲畜，积造肥料，改良土壤。1933年初，省工农政府通过的政府组织法中就规定要成立土地培养局。研究土质的好坏、适宜种什么东西，筹划运输肥料，制造农具，研究种子，开垦荒地等。经济委员会负责培养森林，修筑道路，豢养牲畜等。这些设想，对于当时发展农业生产都是很切要的。当时根据地军民忙于为革命战争服务，没有全力研究和实施这些设施，但因为农民积极性高涨，努力增产粮食，猪牛畜群增加，农村收集人畜粪尿，城镇收集人畜粪便运往农村，农业技术和产量仍然有所提高。

第五，提倡培养森林，发展经济林木。1933年初，省工农政府就提出培养森林的任务，同年7月省工农政府号召农民在地边尽量栽种适宜当地速生的树木，如杨柳、竹子等。农民对分得的土地上的树木注意保养，特别注意保养大片森林和红军公田上的树木，不准乱砍乱伐，防止敌人烧山破坏。1934年2月省工农政府在春耕运动中，动员群众多多培养森林，尤其要培养和栽种白耳山的小树苗和茶树、白蜡树、漆树、油桐树等经济林木。1934年2月省工农政府规定，凡是用材森林都要大力培养，严厉制止随便砍伐，不准烧树，同时要准备种植桑树，号召农民种植和保护林木，作为发展农业生产的一个重要的组成部分。

第六，鉴于军队和人民吃盐的困难，为了战胜敌人的封锁，当时采取的措施主要有几项：一项就是在每一次反围攻战役后，如占领盐井，就马上号召盐工回来恢复生产，大量生产食盐，采取紧急运输的方法，运回大量的食盐储存起来。例如，一次占领了南部的盐井后，就是这样做的。另一个办法是发动根据地人民组织合作社，有条件的地方自己开办盐井；无条件的地方，组织群众熬硝盐来供应人民。

第七，充分发挥财政金融的作用，提供资金，支援农业生产。工农银行实行对工农的低息和无息贷款，帮助合作社的发展，以改造农业，奖励农业生产（见《川陕苏维埃组织法》）。工农政府大力扶持农业生产资料的生产，支持创办水利、开办农具、种子、耕牛合作社，协助解决雇工、贫农、苦力、红军家属的一切耕种上的困难的费用。苏维埃各级政府根据不同情况给予救济和支持。在农村组织信用合作社，帮助解决农业生产资金不足的问题。工农政府组织公营商业的经济公社和消费合作社，大力支援农业生产，解决经济和生活资料供应问题。一方面收购经销群众需要的生产资料和生活资料如粮食、种子、农具、食盐、棉花、布匹、锅、药材等；另一方面组织茶叶、白耳、白蜡、木材、皮毛等出口，换取盐巴、铁锅、耕具等供应农村市场。工农政府还运用累进的税收政策，支援农业生产。对粮食、布匹、棉花、中西药材、耕牛、小猪、食盐等禁止出口或课以50%的重税加以限制，对茶、煤炭、锅、木耳、木料出口以换回红军和人民必需品者免税。

第八，党和工农政府除上述政策和措施外，还根据生产季节，组织广大工农群众春耕、夏耕、秋耕运动。发动竞赛，及时检查、总结、评比，表扬先进，促进生产。还提倡切实执行"礼拜六"制度，发动党政军干部参加生产劳动，帮助贫苦农民和红军家属，密切了和人民群众的关系。南江县关坝胡家大院的农民，至今还怀念当年红四方面军副总指挥王树声帮助农民收麦的模范事迹。

在粉碎敌人围攻、深入土地革命的基础上发展农业生产获得丰收，为进一步发展经济提供了基础。为了满足革命战争中军需、民用的全部物质需要，战胜敌人封锁，川陕党、工农政府和红军发展了根据地的工业、商业、交通等项事业，建设了自己的财政和金融体系，进行了全面的经济建设。

关于发展工业。川陕根据地建立以前，工业十分薄弱，只有手工织布和其他手工日用品的生产，如小型农具、酿酒、土布、草纸、榨油等作坊，家庭手工业占主要成分。这种落后状况不能适应革命战争中根据地军民的物质需要，党和红军决定建设以军需工业为主体的军需、民用两个生产领导系统。

一是以川陕工农政府财政经济委员会所属建设局负责，领导各地开办铁厂、锅厂、铧厂、煤厂、布厂、盐厂、缝纫厂、纸厂、烟子厂（染料、油墨、墨锭等）、船厂、斗笠厂等。

一是由红四方面军总经理部及所属军、师、团经理处和供给部负责的，组织开办兵工厂。总经理部所属兵工厂下有兵器修造、子弹、炸弹、炸药各个分厂，还有被服厂、纺织厂及总经理部直属的石印局，石印局就是印布票的，也是印报纸的，印教育材料的。那时石印局有好几个写家，一个朱光、一个李春林，他们都是被张国焘关起来的不满意张国焘的干部。

以上各项公营工业除专供军队的以外，其余都是为军需民用两方面任务服务的。军需工业是在缴获军阀刘存厚全部兵工厂、造币厂、被服厂、印刷厂机器材料人员后得到发展的，其他都是手工业工厂性质。除上述公营工业外，党和工农政府还在1933年4月红五月工作决议中提出宣传群众合股来办生产合作社。开办各种手工业工厂，特别要发展对红军需要和工农群众日常需要的物品的生产。1933年下半年，省工农政府加紧宣传群众集股多开合作社，向工农群众宣传大办合作社的好处。1935年10月，党的川陕省委号召各县要大大地推广合作社运动，使苏区货物流动充足，到处一样"相因"（川语"便宜"之意），一个人办不到的合力来办。农村老林中用不完的运到坝子中来卖，要依靠广大的群众得到利益自动热心来办，要有党和苏维埃的领导才能成为广大的群众运动。到粉碎刘湘六路围攻时，各地手工业生产合作社有了相应的发展。据后来初步调查，川陕根据地生产合作社有 20 多种，如织布、织袜、缝纫、做鞋、造纸、炼铁、铸铁锅、铸铁罐、农具、打脚码子、造梭标、弹棉花、造墨、熬硝盐、造船、做木器、篾器、制糖、烧木炭、烧酒、挖煤、推豆腐、榨油、做火药等等。这些手工业生产合作社，都具有全面为革命战争和人民生活服务的特点。

此外，党和工农政府发展了包括国营的经济公社和工农政府领导下集体经营的合作社商业（包括生产合作、消费合作）。工农政府公布了保护工商业政策，允许遵守工农政府法令的中小商人自由营业。党和工农政府发展交通运输事业，修桥筑路，疏通河道，发展水利运输，组织人民运输队，建设交通网站、招待所、工农饭店，同时发展了赤色邮政和电话网，方便运输和通信来往。党和工农政府创办了工农银行，统一发行货币，统一金融政策。初期印行布币和纸币，在缴获刘存厚造币厂及大量原料后，才开始铸造苏维埃银币和铜币。为保证银行信用，主要业务放在开展苏区富源，支持农民发展工农商各业生产上，集中食盐、布匹、食油等物资，调剂供给，代理税收，并实行现金兑换等，并在农村建立信用合作社，作为工农银行的辅助力量。工农政府建立了统一的财政、税收、金融领导系统，统一预算、决算、审批制度和财政经济纪律。

1934 年 10 月川陕省第四次党代表大会，省委书记周纯全概述了当时的经济工作。他说："我们记得在一年当中，我们吃了很多贵盐，吃了很多苦。现在我们虽然把敌人打垮了，但赤卫区还缺乏药材、耕牛、棉絮、盐等等物资，我们要马上想法解决经济问题，在努力斗争打到重庆、成都去而外，我们还要自己想法，改善群众生活痛苦。首先要解决盐的问题，解决赤区经济，第一个要办合作社。群众没有锅就办锅厂，没有农具就办农具厂，群众要糖可以办糖坊，群众需要盐，组织合作社买盐。这样不管敌人怎样封锁，我们自己都有办法。苏维埃政府拿钱出来，群众出人工作股子来办，群众有钱也可以入股。第二我们要把赤区的白耳、茶叶卖到白区。第三各乡组织合作社，不管钱多钱少都可以干，由股东会议推出人来经营，合作社股东买东西要减价。办工人合作社，比如木匠办生产合作社，可以做很多的木器卖，赚的钱按手艺高低分钱。苏维埃政府为供给战争的需要，一定要解决红军的粮食，红军的费用，红军的一切需要，所以一定要有坚强的财委会工作，还要拥护苏洋、苏票（苏区发行的货币）现在奸商捣鬼，破坏苏区经济，我们要好好想法拥护苏洋、苏票，鼓动群众入股，加入工农银行。第四要节省经济，我们最近各机关非常浪费，一定要想办法节省。还要加紧生产，多喂猪羊，不许砍桐子树梢，不许拿粮食喂牲口，不许烧柱头、棺材等等。各机关一定要有预算决算。

川陕苏区的经济建设，促进了农业、工业生产，发展了商业，发展了社会经济文化，战胜了敌人经济封锁，保证了红军供应和人民生活的改善。在此我想起了省委委员中对川陕苏区经济建设作过卓越贡献的郑义斋和吴永康。省委委员郑义斋，原在许昌铁路上做工，后在上海任党的义斋钱庄经理。在鄂豫皖任财委主席兼银行行长，入川后担任省工农政府财委主席兼工农银行行长和红四方面军经理部部长。省委委员吴永康，原名庞大恩，广西兴业（玉林）县人，在日本学过工业和经济，入川后任通江县委书记，经党代会选为省委秘书长。他们两位在省委、省工农政府领导下，带领干部筹划粮食和军需民用经济，制定政策，增强苏区经济实力，保证了军民供给。他们的功绩是永远值得怀念的。"

张国焘执行王明路线的左倾土地政策、劳动政策。张国焘鼓吹所谓"割韭菜"消灭富农的经济政策，使地主富农联合反我，中农动摇，雇贫农孤立，也破坏了党的保护工商业政策，造成苏区经济的严重困难。只是由于广大干部、党员和人民群众的自发抵制，才减轻了王明路线的危害程度。

为反围攻胜利，为土地革命、经济建设服务的党的宣传工作

我于1933年5月，受命负责省委宣传工作。开始和以后一段时间内曾经反复考虑并和省委同志研究的问题是：

第一，苏区党和白区党的宣传工作有共同点，也有不同点。共同点是要持久不懈地、系统深入地宣传党现阶段反帝反封建的十大纲领、政治主张和将来的奋斗目标，宣传共产党、苏维埃和红军，发动广大工农劳动人民为实现十大政纲而斗争。不同的是由于环境和任务的不同，宣传重点是不同的。在白区党的任务是从各个方面创造打倒帝国主义走狗国民党的条件；苏区则是党领导的、工农政府统治的、红军创立和保护的区域，这里党的任务则是配合红军保卫和扩大苏区，贯彻土地革命，建设经济文化生活。因此苏区和白区宣传工作的重点是不同的。

第二，要处理好发动苏区人民执行当前战斗任务、宣传党的纲领、主张同革命根本道理密切结合起来。首要的是鼓励群众参军、参战，配合红军作战，保障争取各个战役胜利，同时宣传保卫工农利益，保卫土地革命和工农政权，

加快发展生产和经济建设。做到在提高群众觉悟的基础上去完成这些战斗任务。

第三，苏区党的宣传对象，重点放在苏区广大人民方面，提高他们的觉悟和斗志。同时也不放松对白区工农群众的宣传和瓦解敌军的宣传。号召工农群众起来斗争，配合红军反对帝国主义走狗国民党的斗争，创造新的苏区和红军。

第四，苏区党的、工农政府的、红军的宣传工作，要统一内容统一步调。这是川陕苏区党的宣传工作的一个显著特点。省委宣传部、省工农政府的文教委员会以及西北军区政治部互相配合得很好。初期是傅钟和吴永康（庞大恩）同我之间的联系，在罗世文领导省文教委员会，何柳华（即廖承志）领导省工会工作后，就是我们四人联系。傅钟、吴永康、罗世文、廖承志同志是我在宣传工作上的老师，他们在这方面都给我很大的帮助。我在川陕省委宣传部工作两年多时间内，是在不断解决上述问题中，执行任务、开展工作的。

川陕苏区宣传工作力量的组织和领导有两个系统。一个是西北军区政治部及所属各军、师、团政治机构都有自己的宣传工作组织。红军是苏区最强大的宣传力量，红军发展到哪里，党的宣传就到哪里。另一个方面是党的川陕省委领导下的各级党政及工、青、妇、反帝大同盟等群众组织的宣传部门。宣传队是最普遍的宣传形式，其中有进行口头宣传的，有提桶书写石灰水标语的，有张贴布告、报纸、标语，散发传单、歌曲片等宣传品的。省委宣传部和红军各军师政治部，都利用川陕苏区山区特点，召集石工，组织了刻石队（通称錾字队）。他们因地制宜地利用岩石、石牌坊、石牌、石柱、石门楼、石梯坎、城墙，刻革命标语、党和工农政府的重要文件。这些石刻虽历经风雨久不泯灭，宣传效果很好。现在通江、南江、巴中、广元等地还可以看到在大山的石岩上和城墙上，刻有"中国共产党万岁！""苏维埃中国万岁！""平分土地"、"赤化全川"等大标语，有的标语每个字有两丈多高，在几里外都可以看到。一些十字街头和交通要道上，还树立高大的石碑，上面刻着共产党的《十大纲领》、《中华苏维埃宪法大纲》和《土地法》、《劳动法》等等。现在南江、达县等地还刻有"斧头劈开新世界，镰刀割断旧乾坤"的对联，横批是"共产党万岁"，表达了共产党人和翻身工农的革命气概和决心。省委宣传部还组织木工建立了木工队，他们负责利用山区一些特产如梨木、枣木、银杏木等等刻印宣传品。另外还在木片、竹片上写革命标语、歌曲投入江河，让它飘流到下游白区，宣传党的主张。

宣传工作中还有一个很重要的手段——办报刊。川陕根据地主要报刊有省委主办的先是《川北穷人》后改为《共产党报》，这是川陕省委的机关报。省工农政府主办了《苏维埃报》，西北革命军事委员会主办了《赤化全川报》，红四方面军政治部办了《红军》和供给各级领导干部学习的《干部必读》。此外，各军政治部、根据地工、青、妇组织都有自己不定期的机关报。这些报刊都是在极其艰苦的条件下编辑出版的，都是刻蜡纸油印的。虽然报纸版面比较小，但是对鼓舞群众和红军战士进行艰苦的战斗，都起了极大的作用。在文化教育方面，省委宣传部根据当时战争的特点，从实际情况出发，运用灵活多样的形式来开展工作。我们利用民歌、小调、川戏、花鼓、金钱板等群众喜闻乐见的形式，编印些文艺宣传材料。例如：《土地革命歌》用垂金扇调子，《刘湘罪恶歌》用祝英台调，《反宗教迷信歌》用牧羊调。编印这些文艺宣传材料，既促进了文化活动，又进行了政治宣传，山区农民是非常欢迎的。在各县、各重要场镇还开辟红场和阅览室，对活跃群众的文化生活有很重要的作用。省委宣传部还组织一部分干部负责编写列宁小学和苏维埃学校的课本，以及在群众中间进行宣传的通俗读物。我曾经和傅钟、吴永康、胡曼石还有罗世文共同研究起草了两本《三字经》，一本叫《革命三字经》，一本叫《消灭刘湘三字经》。还写了土地革命的布告和农村阶级划分歌。部队中曾中生写的《对川军作战要诀》以及陈昌浩写的《消灭刘湘战术歌》，都是用非常通俗浅显的民间歌谣的形式进行宣传，起了很好的作用。

此外，川陕省委和红四方面军总部在当时战争环境条件下，也是十分重视教育工作的。省委办有党校，省工农政府办有苏维埃学校，都是培养地方干部的，四方面军办有彭杨学校，培养红军下级军政干部。各地普遍办有列宁小学和阅览室、俱乐部等教育群众的机构。红军也很注意组织群众学习文化，党和军队的负责干部，也经常到学校去上课，傅钟、吴永康、罗世文、廖承志、张琴秋等同志都到党校去上过课。罗世文当时是川陕省委常委、省文教委员会主席，廖承志也是省委常委，主持省总工会工作，任省工会委员长，他们对发展苏区文化教育事业都做了很大的努力，对我的宣传工作，给予很大的帮助。

川陕根据地的文化教育工作，应该说成绩很大，但是由于张国焘错误路线的干扰，我们水平也很低，实践经验也不够，所以工作中也产生不少片面性和左的错误。实际上对张国焘错误的一套，我们也曾宣传过。总结这些教训，对我们今后的工作是有益的。

张国焘错误路线的形成和危害

张国焘在川陕苏区各项重大方针政策上，推行王明左倾路线的土地政策、劳动政策、工商政策，肃反扩大化，特别在最后撤离川陕的一个时期，又大搞右倾机会主义的逃跑路线，形成了整个政治路线的错误。在根据地建设上，张国焘推行肉体上消灭地主、经济上消灭富农、损害中农利益和不保护工商业的左倾政策。在肃反斗争中，以恐怖代替明确的阶级路线。对反动地主胁迫群众参加的反动会道门，不进行分化、孤立地主，争取群众的大多数，而是不分首从单纯地镇压了事。对地方武装采取连根拔的方式来补充红军主力，大大削弱了地方坚持游击战争、配合红军主力作战的力量。对敌人俘虏和起义官兵，实行要兵不要官的错误政策，竟将起义参加红军的原白军旅长任玮璋杀害。对川陕赤区周围的白区工作，采取消极态度，对白区党和群众组织表示不信任等等。

张国焘为了推行其错误政策，继续加强其军阀主义的统治，他以中央代表的身份，独揽党政军大权，破坏党的民主集中制，排斥中央和白区党派来的同志，企图把自己所在地区变成独立王国。1933年2月，他发动所谓反右派斗争。后来以假借肃反陷害对他放弃鄂豫皖根据地表示不满的同志。他诬陷余笃三为托陈取消派加以捕杀，逮捕赵箴五、王振华、李春林、王占金等人，大部杀害。同年6月他诬陷原红四军军长旷继勋通敌将他杀害。逮捕原西北军事委员会参谋长曾中生和中央派来的廖承志，杀害了陕南特委书记杨珊、方面军参谋主任舒玉章及领导任玮璋部起义的张逸民等。同年冬张国焘借口改造三十三军，杀害了师长、团长和营连干部50余名及宣达地区地下党干部和党员100多人。

红四方面军粉碎军阀刘湘六路围攻之后，张国焘片面夸大中央红军长征后革命斗争的暂时困难，面临蒋介石嫡系部队胡宗南等部的进攻，他看不到川陕革命根据地能够坚持和发展的有利条件，更看不到巩固川陕革命根据地的重大战略意义，在红军胜利发展中，他发生了动摇。当时徐向前认为，川陕甘是比较有利的进攻方向，极力主张依托川陕根据地向甘南发展，不同意放弃通、南、巴。张国焘不顾徐向前等同志的反对，擅自放弃经过两年多艰苦斗争创建起来的川陕革命根据地，使红四方面军陷于非常不利的地位，并被迫开始了艰苦卓绝的长征。张国焘在红四方面军的工作中，犯了许多重大的、政治的、原则的错误，这些错误在鄂豫皖根据地的工作中已经开始存在。张国焘继放弃鄂豫皖根据地之后，又擅自放弃川陕革命根据地，这是他的右倾机会主义、军阀主义、流寇思想的进一步发展。从退出川陕苏区到成立第二中央为止，是他右倾机会主义、军阀主义的登峰造极的时期。他以后在陕甘宁边区拒绝党中央、毛主席对他仁至义尽的教育和帮助，走到背叛革命，当了国民党特务，有他的必然性。

对张国焘的错误路线和政策，以徐向前为代表的红四方面军广大指战员、干部和党员曾经多次进行了抵制，对张国焘的错误的干部政策提出过不少反对意见，迫使他停止在干部战士中无根据地滥肆捕人。针对他的极左的经济政策，有的同志也提出过不同的主张，认为在新区应着重打击反动的地主和土匪以利分化敌人，并保护中小商业等等。在这一时期，尽管张国焘卖力推行错误路线和政策，但由于广大指战员的抵制和斗争，他们为革命事业英勇战斗，以及广大人民群众对革命战争的热烈拥护、支持，川陕根据地革命斗争和革命力量仍然向前发展。

我们对川陕苏区、川陕根据地的党、人民、工农政府、红四方面军曾经进行的历史变革，建树的历史功绩和张国焘的错误路线应该严格加以区分。不能够因为张国焘的错误路线曾经损害了党、人民、红军的事业，就否定了川陕党、人民和红军的伟大的历史功绩。广大的人民群众活不下去要革命，这是一个历史事实。川陕党领导人民群众闹革命，建立和壮大革命军队，建立革命政权，建立和发展革命根据地，这都是客观的历史，是任何人不能抹杀的。在这个问题上，要坚持辩证唯物主义和历史唯物主义的看法。

红四方面军的长征和张国焘的反党罪行

1935 年 3 月，红四方面军强渡嘉陵江之后，我们川陕革命根据地各级党政工作人员及革命职工近 2 万人，随 8 万主力红军开始长征。在长征途中，我们沿红军足迹所及，传播革命真理，宣传发动群众，建立地方党的组织和革命政权，组织领导各族人民实行土地革命，建立地方武装，保卫和建设根据地，筹集粮秣，扩大红军。特别是进入少数民族地区后，在省委和方面军党组织领导下，通过调查和研究少数民族地区的情况，根据党的十大政纲，制定地方党和红军的民族工作政策，开展了卓有成效的民族工作，顺利开辟了北上的道路。红军和地方党委的这些地方工作，为举世闻名的长征胜利作出了重要贡献。这是一段最艰险的征程，对我来说是一段最难忘和最值得怀念的岁月。

打过嘉陵江才知大搬家

1934 年 9 月，川陕革命根据地军民胜利粉碎了敌人的六路围攻，消灭川军 8 万余众，四川军阀一片混乱。蒋介石为挽救败局，稳定四川反动统治局面，急忙制订"川陕会剿"计划，纠集 200 多个团的兵力，对我川陕革命根据地形成四面围困的严重态势。

为粉碎敌人的"川陕围剿"，西北革命军事委员会制订了依托老区，收缩战线，发展新区的"川陕甘计划"。准备集中主力夺取甘南的碧口及文（县）武（都）成（县）康（县）地区，补充人力、物力、财力，进而打破敌人的"川陕会剿"。

1935 年 2 月，中央红军放弃了在泸州上游北渡长江的计划，主力转向川滇黔广大地区活动。红四方面军决定实施"川陕甘计划"，并伺机策应中央红军北上。3 月 28 日，方面军强渡嘉陵江一举成功。战役历时 24 天，歼敌 12 个多团一万余人，连克阆中、南部、剑阁、昭化、梓潼、青川、平武、彰明、北川等九座县城，控制了东起嘉陵江、西迄北川、南至梓潼、北抵川甘边界纵横二三百里的广大地区，成功地打乱了敌人的"川陕会剿"计划。

我们川陕省委机关是在苍溪永宁铺和方面军参谋长倪志亮一起渡江的。在我们西进通过剑阁重华堰时，才得知张国焘将后方来了个大搬家，放弃了川陕根据地，只留下川东道委书记刘子才和宣传部长赵明恩等同志带领千余人坚持根据地斗争。从此，我们告别了经过两年多创建起来的川陕革命根据地，告别了那里的人民，踏上了长征的征程。

省委和省苏维埃机关随方面军政治部进驻江油县城以南大镇中坝后，立即组织党政干部分赴乡镇，与方面军部队一起进行新区的党政建设，发动农民打土豪分田地，建立地方武装，筹粮扩红等项工作。经过近一个月的组织发动工作，先后建立中共平南、彰明、阆南三个县委和赤化、平武、平南、江油、彰明、阆南、百倾坝等13个县一级苏维埃政权。各县苏维埃均辖若干区、乡、村苏维埃，与此同时，还建立了工会、农会、妇联会、共青团、少先队、儿童团等群众组织。在各级党组织和苏维埃的领导下，展开了轰轰烈烈的打土豪分田地运动，贫苦农民敲锣打鼓，燃放鞭炮，欢天喜地地在分得的土地上挂上写有自己姓名的标牌，领到了土地证，实现了千百年来梦寐以求的愿望。翻身做了主人的新区人民衷心拥护共产党。踊跃参加红军。并以人力、物力多方面积极支援红军。仅江油县，到我们西进时，连同地方党政人员和游击队计6000余人参加红军。由省苏维埃副主席余洪远和方面军政治部副主任傅钟领导的筹粮队，采取一打（打地主、土豪）、二征（征义务粮）、三借（向富裕人家借）、四买（用银元或苏维埃货币购买）的办法，在江油一个县就筹集粮食900余万斤。这不仅使红军在人力上得到大量补充，同时也保证了红军西进所需的粮食和大批物资。

5月初，中央红军胜利渡过金沙江继续北上，准备在川西北建立新的革命根据地。中旬，方面军为打破蒋介石对我的合围，策应中央红军北上，挥师西向岷江地区，先后攻占墩上、土门、茂县（今茂汶羌族自治县）、威州、理番（今理县）和松潘、平武以南的镇江关、片口等广大地区。这时，中央红军已进入川康边，正经会理、冕宁北上，两军会师，指日可待。

省委按照方面军迎接党中央和准备与中央红军会师的行动方针，工作重点是做好新区的地方工作，以便为四方面军与中央红军会师创建一个稳固的立足点。

松（潘）理（县）茂（县）地区，是藏、羌、汉等民族杂居地区，党和红军如何根据少数民族地区的政治、经济、文化等情况来开展工作，这对我们来说是一个新的课题。当时我在川陕省委任宣传部长，我和省委其他同志对川西北少数民族情况是无知的，一切都要从头学起，从头做起。

对于进入少数民族地区的工作，方面军和省委在进入岷江地区之前，就进行了政策和组织等方面的准备，准备工作是从调查研究入手的。当时一些出入少数民族地区的商人，他们通晓少数民族的语言，熟悉地理环境和民情风俗，为我们提供了丰富的资料，使我们学到了很多知识。在此基础上，我们依照党对中国革命的少数民族问题的论述，结合以往在鄂豫皖、川陕革命根据地开展地方工作的经验，我和省委书记周纯全、省委委员傅钟、罗世文、省委秘书长吴永康等同志一起研究起草了《西北特区关于少数民族工作须知》，并于5月5日在《干部必读》西北特刊第二期上发表，供方面军部队和党政干部了解川西北少数民族情况，学习、掌握党的民族政策，以便在进入少数民族地区后正确地执行民族政策和有效地进行宣传工作。

《西北特区关于少数民族工作须知》（以下简称《须知》）说明了西北概况及其对中国革命的意义，介绍了回、番、藏族的分布等情形，接着，《须知》提出了一系列要求和政策规定：发动民族解放斗争，推翻帝国主义、国民党压迫回、番民族的反动统治，实行民族自决，回、番民族自己组织政府，没收汉人中的军阀、官僚、地主、奸商、高利贷者的土地、财产，分给回、番贫苦民众，取消一切苛捐杂税，实行对汉族富商及发财人的统一累进税，提高回、番民生产的货品价格，降低入口的回、番民生活必需品货物的价格，来改善回、番民生活，尊重回、番民族风俗习惯，少数民族有使用本民族的语言文字和信教的自由，男女平等，成立番民自己的武装（番民红军、游击队、赤卫军），保护番民的利益。在具体政策上，《须知》提出，对回、番民发财人的财产，开始不能随便没收和征发，只有经过大多数穷苦回、番民众自己斗争，要求没收征发时，我们将赞助与保护之，坚决领导回、番民众推翻国民党、帝国主义、汉官的反动势力。对番人官吏，在不危害我们政权的条件下采取分化、争取、利用的办法，主要是发动回、番民自己来改选取得领导权。在未得到番民多数群众了解与赞助之前，不得随便捕杀回、番官吏和回、番发财人。对被反动首领利用的回、番民众和团丁，应该保护和争取，绝不准伤害。番民的自卫武器，如不用来反对苏维埃和红军，不被国民党、发财人利用来破坏苏维埃和红军，仍准其保存使用，并欢迎组织自卫武装，一道去打国民党邓锡侯和帝国主义。对部队进入少数民族地区后的工作，《须知》中要求：每一个工作干部和战士，必须调查了解回、番民族情形，学习回、番民族语言文字，尊重他们的风俗习惯，要大力进行宣传，揭露国民党欺压、屠杀回、番民族群众的罪恶，加深阶级教育，发动他们进行阶级斗争。在群众纪律方面，《须知》中规定：向回、番民购买物品要公买公卖，照货给价；向回、番民家中借用物品，应经过他们许可后才准借走，用毕应迅速交还；到回、番民家中不准乱动其一切物件，如拿草，下门板、拿水桶、锅、碗等；对回民清真寺应遵守他们的习俗，不准随便东摸西搞，一切要遵守他们的风俗习惯；对回、番妇女更要绝对遵守他们礼节。这些民族工作的基本方针、政策、纪律，对部队在少数民族地区开展工作，起了巨大的作用，对完善党的民族工作方针、政策，起了很大的作用。

我参加工作队做少数民族工作

1935 年 5 月中旬，部队进入岷江地区后，省委和方面军各部队抽出部分人员组成工作队，深入城镇村寨，展开地方工作。为使这一工作顺利进行，周纯全、傅钟、吴永康、罗世文、张琴秋和我等省委同志进行了认真的研究，并指定我在方面军各部队地方工作部部长和地方县以上干部会议上讲一次话，谈谈在少数民族地区工作的意见。我这次讲话，着重讲解了党的民族工作方针和政策；部署了宣传发动群众、建党建政、成立地方武装、实行土地革命、筹粮扩红等项工作；强调了我们在少数民族地区开展工作，环境变了，工作对象变了，我们的工作内容、工作作风和工作方法，也必须随之改变；要求同志们在思想上要认识到，深受奴役和压迫的广大奴隶、牧民、工人（采木公司工人和金矿工人）是革命斗争的基本力量，为了争取、团结和依靠他们，我们一面要正确地执行党的政策，充分发挥党的民族政策的巨大威力。另一方面，我们每个同志都要从思想感情上，视少数民族基本群众为兄弟，要了解和尊重他们的风俗习惯、宗教信仰，严格遵守纪律，帮助他们发展生产，保护贸易，提高生活水平。会后，省委发出了《关于少数民族工作的一封信》，信中关于党的组织建设，提出为适合于目前回、番民族的需要，党的组织决定成立番、回民族的革命党。谁愿意自动参加并反对帝国主义、国民党的，就有资格入党。从革命党内选择一部分阶级成分好、工作勇敢积极、有斗争精神者，再介绍他加入共产党。

与此同时，方面军印发了《红军对番民十大约法》、《共产党、红军对番人主张》、《告回番民众》等文告，并以散发传单、刻（石刻）写标语、召开群众集会等形式，向各族群众进行宣传。为更加有成效地开展民族工作，方面军在 5月 23 日的《西北军区政治部给各级政治部、处的一封信》中要求：军、师政治部之下立刻成立少数民族委员会，政治处之下成立少数民族组。少数民族委员会主要是研究少数民族间的政权、土地关系，少数民族的痛苦、要求、经济、生产、商业情况、风俗习惯和语言文字等问题。到5月底，又先后组成了党的西北特区委员会、中华苏维埃西北联邦政府少数民族委员会。6月5日，西北特区委员会作出《关于党在番人中的工作决议》。决议在"共产党领导番人解放运动的路线和策略"中，更加明确地提出了"党对番人的中心口号和斗争的领导"、"民族解放斗争和阶级斗争的关系"、"联合战斗的策略"、"番人斗争的基本力量是奴隶、牧民、工人、贫农、中农"、"番人解放斗争中的政权形式"、"武装番族劳苦群众"、"加紧番地经济建设"和"番人中共产党和共产主义青年团的工作"等方面的政策规定和工作要求。这一系列民族政策的制定和组织措施，再加上大批工作队严格执行这些政策和群众纪律，并进行深入耐心的宣传发动，使岷江地区的地方工作迅速打开了局面。到5月底仅茂县，就先后建立起中共茂县委员会、茂县回民苏维埃（主席、委员、秘书等均由当地回族人担任）、茂县苏维埃政府（除主席外，从副主席到委员均由当地少数民族成员担任）。各族人民在县委和苏维埃政府领导下，进行了轰轰烈烈的土地革命，苦难深重的贫苦农牧民，分到了土地和财物，当家做了主人。翻身后的各族人民，热烈拥护共产党，大力支援红军。在这期间，全县为红军筹粮300余万斤，仅县城附近就有1000多名各族青年参加红军，还组织大批人力帮助红军运送粮食、物资，护送伤病员，接待过往红军，为方面军西进懋功地区与中央红军会合提供了有力的保障。

随着工作的深入开展和各级少数民族委员会有组织有领导的调查研究，我们对川西北少数民族政治、经济、民情风俗的了解也逐步深化。

这里基本还处于封建社会初期的发展阶段。由于历史、地域、社会发展进程等原因，在不同的地区、部落，实行着土司当权、政教合一、屯田守备等不同的政治制度。上层统治有活佛、土司、头人、千户、百户等，他们施行残酷的阶级压迫和剥削制度。农奴除对统治者交纳贡赋外，还要替活佛、土司、头人当娃子（奴隶），支应乌拉（人役和畜役），女人当丫头（女奴），承受着统治者的残酷压榨和奴役。

藏族人民笃信喇嘛教。喇嘛是藏语音译，是"上师"的意思。喇嘛教是佛教的一支，分红、黄、花、白四个教派，黄教占支配地位。黄教祖师宗喀巴，是青海湟中人，他纠正红教流弊，提倡德行戒律。喇嘛寺院僧职分活佛、格西、堪布等。喇嘛寺拥有政治、经济等特权，大的寺庙还设有监狱、法庭，并拥有武装。在藏民地区的交通路口大都有玛尼堆（信仰佛教的一种标志），家家都有佛堂，这是藏族人民信教诚笃的标志。

在深入了解和熟悉少数民族情况中，我和周纯全、傅钟、张琴秋、罗世文、吴永康等同志一起学习《列宁主义概论》中有关民族问题的论述，研究藏、回民族问题。这不仅引起了我们学习民族问题的兴趣，同时对指导民族工作，并为以后掌握和执行党的民族政策帮助很大。

争取和团结少数民族中的上层人士，是党的民族工作中不可忽视的一项重要工作。他们虽然与本民族的劳苦群众有着剥削与被剥削的矛盾，但在过去长期反对、抵制汉族反动统治阶级的歧视、压迫、掠夺，维护本民族本部落的利益方面，又有着共同之处，他们在群众中有相当的影响。而党和红军在民族工作中，提倡民族平等团结，尊重少数民族的风俗习惯和宗教信仰自由，帮助少数民族摆脱压迫和贫苦的政策，也得到部分上层人士的同情和拥护。这样，争取和团结少数民族中的上层人士不仅必要，而且也是可能的。如方面军部队攻占墩上时，我们对松潘县白草区区长羌族土司安登榜进行了争取团结工作，经部队耐心讲解、教育，使他领会了我们党的主张和民族政策，并切身感到红军纪律严明，尊重少数民族，与国民党军阀队伍截然不同，是为各民族求解放的队伍。于是，安登榜毅然投身革命阵线，走上了革命道路。他积极配合红军作战，亲自参加宣传群众和组织群众工作，后任游击队长，率领羌族地方武装配合红军搜山肃反、侦察情况、筹粮运粮、运送物资等。8月，安登榜奉命率领游击队到毛儿盖为北上红军筹粮。在一次筹粮途中，与敌遭遇展开激战，因众寡悬殊，弹尽援绝，他和十几名红军战士、游击队员全部壮烈牺牲。安登榜为各族人民的革命事业贡献了自己宝贵的生命。这是红军贯彻执行党的民族统一战线政策，争取团结上层人士的一个成功的典型范例。

四方面军总部和省委机关进驻茂县后，立即派方面军政治部副主任曾传六、川陕省苏维埃政府主席熊国炳，带领工作队，对黑水龙坝头人苏永和，进行反复多次的争取团结工作。但因国民党胡宗南派人从中挑拨，争取工作未达目的。我们还对黑水的慈坝土官李林马和知木林土官俄洛孝进行统战工作，经耐心教育和争取，收到了一定的效果。一次，俄洛孝手下人抓了一名红军战士，他闻讯后，立即令人解绑，招待吃饭，并护送回队。后来，方面军二次北上路过扎窝时，俄洛孝下令所属武装不得阻拦，让红军过境。

6月初，省委机关随方面军总部西渡岷江，经理番（今理县）到达县属的杂谷垴镇。这个镇的后山上有一座大喇嘛寺，寺里的主持喇嘛和当地土司、头人相互勾结,统治着这一地区各族人民。方面军总部和省委进驻杂谷垴后,立即派我和王维舟带领工作队前去进行争取、团结工作。寺庙的主持喇嘛接待我们很客气,和我们谈得很好。从交谈中,感到他对藏族情况很熟,知识广博,藏文造诣很深。他还给我们讲了藏文与日文的关系。特别使我们惊奇的是,他汉语讲得特别流利,这在喇嘛中是很少见的。但我们第二次去他就变了,挡住我们不让进门,高喊"格笃"(打的意思),驱使寺庙武装向我们开枪。后来部队攻下这座寺庙后,我们才知道他是以喇嘛身份潜藏在寺庙里的国民党少将。在我们进军川西北部之前,帝国主义分子就以传教等方式在少数民族地区活动,国民党也在寺庙、土司、头人中活动,唆使他们反对红军。因而在少数民族地区开展工作,不仅要争取、团结少数民族,同时也要同国民党反动派和帝国主义分子做斗争。

经过一段工作使我们认识到,逐步沟通语言是将我们党的政纲、政策深入宣传到群众中去和沟通少数民族人民思想的基础。为此,省委决定,由省委宣传部选聘一名藏族喇嘛当藏文翻译,一名回族阿訇当回文翻译,帮助我们翻译党和红军的布告、捷报和宣传品,使藏族、回族人民了解我们党的政治主张和政策。这两位翻译和我们相处得很好,我们按照《优待专门家条例》给予工资、生活等方面的优待。他们拥护共产党和红军,工作积极,为省委在宣传方面做了大量的工作。在我们相处的日子里,在他们的帮助下,我也学到了一些有关川西北少数民族的知识。与此同时,方面军部队、省委、省苏维埃也选聘了一批"通司"(翻译人员),他们熟悉当地的自然、地理、人文等情况,既可以担任翻译,又可以当向导,特别是在协助开展地方工作中,发挥了重要作用。

张国焘制造分裂,策划反党活动

1935 年 6 月 12 日,李先念率领的迎接中央红军的先头部队与红一方面军的前锋在夹金山下会师,喜讯传来,全军一片欢腾。方面军各部队立即将一批批慰问品送到红一方面军驻地,兵站为他们补充了给养,宣传队去驻地演出慰问,洗衣队帮助洗衣服,两军互相学习,交流经验,互相鼓励,呈现着一派团结友爱的气氛。当时,陆定一在宝兴用《二次全苏大会歌》的曲调谱写了《两大主力会合歌》,迅速在全军唱开。歌词如下:

两大主力军,

　　　邛崃山脉胜利会合了，

　　　欢迎红四方面军百战百胜弟兄，

　　　团结中国革命运动中心的力量，

　　　哎！团结中国革命运动中心的力量，

　　　坚决争取大胜利！

　　　万余里长征，

　　　经历八省险阻与山河，

　　　铁的意志，

　　　血的牺牲，

　　　换得伟大的会合，

　　　为着奠定中国革命巩固的基础，

　　　哎！为着奠定中国革命巩固的基础，

　　　高举红旗向前进！

　　这首歌充分表现了两个方面军指战员胜利会师的欢乐、团结和兄弟情谊，表达了在党中央领导下争取更大胜利的决心，深受广大指战员的欢迎。

　　会师前，党中央分析当时形势，确定两个方面军会师后应集中力量向东向北发展，建立川陕甘根据地，以促进全国抗日民主运动新高潮。张国焘背道而驰，主张向西发展和"组织远征军占领新疆"。中央两次发电指出张国焘上述意见的错误。

　　为了统一战略方针，6月26日，党中央政治局在懋功县属两河口召开会议，会议通过了周恩来代表党中央和中央军委所作的《关于目前战略方针的报告》。根据会议精神，中央政治局于6月28日作出《关于目前战略方针的决定》，决定"集中主力向北进攻，在运动战中歼灭敌人，首先取得甘肃南部以创建川陕甘根据地"。

　　两河口会议后，中央派李富春、刘伯承、林伯渠、李维汉等同志组成中央慰问团，到杂谷垴慰问红四方面军，并帮助传达两河口会议精神。过去，富春、维汉同志在江苏省委，伯承同志在中央军委，都领导过我们在（南）通、海（门）、如（皋）、泰（兴）地区红十四军的游击运动。在他们跋涉千山万水后，我们久别重逢，分外亲切。他们畅谈了左倾错误对中央苏区的危害和长征中的许多新鲜事物，伯承同志还以与彝族头人小叶丹结拜为兄弟的事例，向我们介绍了在彝族地区的工作经验。他说，对少数民族工作，要唤醒他们觉悟，帮助他们推翻反动派的统治，争取民族解放，摆脱贫困和压迫；对少数民族中的上层人士，主要是争取团结他们建立反蒋统一战线。对他们中一些人的武装对抗，我们不能采取过分的军事行动，要尽量耐心地争取他们和我们一道打国民党反动派。在交谈中，伯承同志看到我们驻地堆放着一大包一大包的酥油，并且只是用来点灯，他说："这可是好东西哟，和上海西餐桌上的黄油一样，用它点灯太可惜喽"。原来我们见酥油里杂质很多，味道也闻不惯，就用它点灯，在房里乱放。伯承同志教我们，先把酥油在锅里熬一熬，再用纱布滤一下就好吃了。果然，这样一加工，过去很难闻的气味没有了，感到很香了，真和上海吃的黄油差不多。

张国焘回杂谷垴后，背着中央慰问团召开干部会议，攻击党中央，歪曲中央路线。对下面散布："中央政治路线有问题"，"中央红军的损失应由中央负责"，"军事指挥不统一"等反中央的言论，制造分歧，挑拨一、四方面军的关系，并指使他控制的川陕省委分别向中央提出改组中央和红军总司令部的狂妄要求。还要挟中央，如果不这样"集中军事领导便无法顺利灭敌"。

与张国焘的分裂破坏行径相反，红四方面军总指挥徐向前从革命全局出发，以实际行动拥护党中央的正确路线和维护全军的团结。他和方面军政治委员陈昌浩商量后，主动建议，经党中央批准，从四方面军调3个建制团3800余人充实红一方面军；又从一方面军调来张宗逊、陈伯钧、李天佑、李聚奎、郭天民、李荣等高级军事干部，分任四方面军各军参谋长，这些同志后来在四方面军建设中均起了积极的作用。

两军会合以后，就是这样在党中央领导下，亲密团结、互相学习、努力工作。然而，张国焘却一再制造分歧，直至另立伪中央，命令部队南下，公开分裂党、分裂红军。

会师后，中央军委决定以一方面军的一、三军团和四方面军的四军、三十军组成右路军，由党中央毛主席直接率领，以毛儿盖为中心集结，向班佑、巴西地区开进；以一方面军的五、九军团和红四方面军的九军、三十一军、三十三军组成左路军，由朱总司令和张国焘率领，以马塘、卓克基为中心集结，向阿坝地区开进。左路军北上到阿坝后应东进到班佑地区，向右路军靠拢，然后齐头并进，向甘南进军。但张国焘到阿坝后，阻挠北上。9月3日，张国焘借口噶曲河涨水和草地不易通过，强令东进到达墨洼的部队返回阿坝。9日，他向党中央提出南下川康边的计划，以反对中央北上创建根据地的方针。中央于9日和11日连电张国焘，令他立刻率左路军北上。张国焘目无党纪军纪，公然违抗中央命令，在这种情况下，中央毅然率一、三军团北上。

中央北上后，张国焘即在阿坝召开干部会议，编造出所谓"阿坝会议决议"，诬蔑中央北上的正确路线是所谓"机会主义"、"右倾逃跑"，而把自己南下的错误行径美化为所谓"进攻路线"。10月15日在卓木碉公开提出分裂反党旗帜，宣布成立第二中央。这一系列罪行表明张国焘的分裂主义已达到了登峰造极的地步。

对张国焘的倒行逆施，朱德、刘伯承明确表示反对，义正辞严地回击了张国焘的猖狂气焰，反复说明中央北上创建根据地方针的正确性，当面驳斥张国焘的谬论；坚持全党只能有一个中央，即以毛泽东为代表的中央，不能有两个中央。朱德、刘伯承坚持党性原则的态度，在方面军干部中产生了很大影响，日益增多地赢得指战员和地方干部的理解和尊敬。在南下途中，徐向前嘱咐方面军供给部郑义斋、吴先恩，要想尽一切办法照顾好朱总司令的生活和健康。每个重要的战役、战斗，向前同志都直接向朱总司令请示汇报，体现了对朱总司令的尊敬和爱戴。在徐总指挥的带领下，方面军广大指战员对朱总司令也十分尊敬。

张国焘的南下错误方针，导致方面军（包括原一方面军的五、九军团）部队从草地南返。时值深秋，高原寒风凛冽，指战员衣单鞋破，沿途粮食缺乏，部队减员很大，遭到了不应有的损失。

朱德、刘伯承、徐向前等一些领导同志，是不同意张国焘分裂主义行径的，但他们从爱护和发展这支革命力量出发，既然部队已经南下，那就应该打开局面，使部队有个立足点，因此他们积极行使各自的职权，计划和指挥好每次战役、战斗，尽量避免和减少损失。

1935年10月8日，方面军发起绥（靖）、崇（化）、丹（巴）、懋（功）战役，历时12天，我军连克绥靖、丹巴、崇化、懋功及火烧坪、日隆关、巴郎、邓生等地。这不仅扩大了红军原在大小金川活动的革命地域，并为以后巩固这片地域创造了有利条件。

大小金川地区包括丹巴、懋功、抚边、崇化、绥靖、党坝、卓克基、松岗、让偆、阿坝等地，当时人口约10余万，多为藏族，90%以上分布在南部地区，从事农牧业，农牧产品基本自给。早在两军会合以前，党中央和红四方面军都曾提出过在包括大小金川地区在内的川西北建立根据地的主张。从6月上旬李先念率领的迎接党中央和红一方面军的部队进占小金川地区后，便开始了根据地的创建工作。两军会合后，又相继进占大金川东部地区，部队和地方党政工作部门，随即组织大批工作队深入村寨老林，四处找寻、动员由于国民党反动派造谣欺骗而躲入深山的群众返回家园。接着组织和发动群众，先后在懋功、崇化、绥靖等地建立起县、区、乡、村各级苏维埃政权和游击队，领导广大群众展开分配土地牛羊和拥护红军等活动。

绥、崇、丹、懋战役后，展开了恢复和发展根据地的工作。首先成立了金川省委（又叫大金省委）、川康革命委员会，组建了金川军区，统一领导地方党政军各项工作。在建立和恢复各县、区党的组织和人民革命政府的基础上，11月18日成立了格勒得沙共和国①及其中央革命政府，主席克基，副主席杨海山、孟兴发，均为当地藏族干部。格勒得沙共和国辖丹巴、懋功、绥靖、马尔康四县和让倘、阿坝两县的部分地区，其中央革命政府的主要任务是，根据金川省委的指示和各项政策、条例，领导人民取消封建主剥削，推翻国民党军阀统治，实行民族自决，争取民族解放实现少数民族人民当家做主人。为保卫根据地，金川省委先后组建了金川独立师（又称大金川红军独立一师、藏民独立一师）、丹巴独立师（又称大金川红军独立二师、藏民独立二师），共3000余人，多为藏族，骑兵占半数。他们在金川军区领导下，出色地完成了守卫本土、警戒交通线和配合红军作战等任务，并在革命斗争中锻炼成为坚强的革命战士。在后来方面军第二次北上时，两个独立师和格勒得沙革命军等地方武装随军北上。这个时期参加红军的天宝、杨东生、扎喜旺徐等藏族同志，后来都锻炼成为党的高级干部。

大小金川革命根据地的迅速恢复、扩大和巩固，使方面军南下有了总的后方，对前线部队的粮食物资供应和方面军第二次北上，均做了重要贡献。

10月24日，方面军除令红五军（含合编前的红三十三军）留守金川，建设和巩固后方外，其他部队进行天（全）芦（山）名（山）雅（安）邛（崃）大（邑）战役。省委（从7月下旬川陕省委已改称川康省委）机关翻越夹金山，随军前行。战役开始，朱总司令口述了用他个人名义委托我记录整理的《告川军将士书》，大意是，蒋介石卖国残民，举国共弃，要川中各军袍泽勿受蒋贼愚弄，与红军携手共谋国事等语。这是我受朱总司令亲切教导的开始。

我军发起进攻后，连克宝兴、天全、芦山，进围名山，直逼邛崃县境，歼敌5000余。四川军阀刘湘唯恐川西平原有失，成都难保，急忙调集重兵80余团

---

① "格勒得沙"系嘉戎藏语，意为藏族百姓。"格勒得沙共和国"当时译为"番人共和国"，又简称"格勒共和国"或"得沙共和国"。

与我决战。我军与敌在百丈关恶战 7 天 7 夜，尽管我军英勇奋战歼敌 15000 余名，但我军亦伤亡近万，又逢敌薛岳部压了上来，战役被迫结束，部队撤出百丈关。

战役结束后，时值冬季，部队大部在夹金山以南的天会、芦山、宝兴地区过冬。此时，方面军只控制点线地区，大军云集，与民争粮，藏族一些上层反动分子以此诱迫群众不与红军合作。方面军因战斗、疾病大量减员，被服、粮食、医药等补给发生极大困难，党中央、毛泽东关于"南下是没有出路的"、"南下是绝路"的预见，至此完全被证实；同时也证实了中央关于在少数民族地区不可能建立根据地的预见。

在这样困难的环境中，方面军和省委（从 11 月起，原川康省委改为四川省委）领导部队和党政干部展开了地方工作。经过艰苦、耐心、细致的宣传发动工作，并以自身严格执行党的民族政策和群众纪律的模范行动，获得了广大群众的拥护和欢迎，先后建立起天全、芦山、太平、宝兴、雅安、荥经 6 个县的县委、县苏维埃政府和地方武装，领导群众打土豪、分配地主土地和财产，实行土地革命，使贫苦农民和出身贫寒的教书先生、医生、端公道士、嫁给贫苦农民的富农家庭出身妇女等，都分得了土地。方面军部队和各级苏维埃在翻身后各族人民的大力支持下，筹集了大批粮食和军用物资，保证了作战部队和后方机关的供应，并有 4000 多各族青年参加红军，使部队得到一定的补充。

为克服物资缺乏，保障军民供应，方面军部队还办起一些军工厂，招聘一些能工巧匠，自己动手修枪械、打战刀、编斗笠、缝制被服等，这不仅部分解决了物资供应的困难，同时也减轻了人民的负担。部队还在天全、芦山办起盐厂和茶厂，除部分供给部队外，大部供给群众，茶叶主要供给藏民饮用。在这一地区至今流传着这样一首歌谣："红军好，红军亲，红军一心为穷人。留的茶叶能治病，穷人日夜想亲人。"

与张国焘南下碰壁形成鲜明对照的是党中央北上方针的胜利。当时我们有一部"新闻电台"，这部电台由原一方军电台台长罗若遐（岳夏）负责，他跟随保卫局行动，专门担任抄收新闻的任务，开始只抄收陕北党中央的红色中华和国民党中央通讯社每天播发的新闻电讯，后来又抄收苏联、日本、越南等国电台播发的英、日、法、德语新闻，由廖承志、罗世文、朱光译成中文，送给我们宣传部。这些新闻不仅对与外界处于完全隔绝状态的方面军领导机关有重要的参考价值，同时也不断传来陕北胜利消息，使方面军广大指战员深受鼓舞。开始，张国焘对陕北的胜利消息采取压制和封锁的手段，在徐向前"红军打了胜仗，必须向部队、向群众宣传，以此鼓舞我们的士气"的据理力争下，红四方面军当时发行的刊物《红色战场》，连续地报道了党中央率一、三军团胜利到达陕北与红十五军团会合；直罗镇战役胜利；陕北根据地不断扩大；革命形势日益高涨等消息，这些振奋人心的消息，极大鼓舞了广大指战员的斗志。同时，党中央北上胜利、张国焘南下碰壁，相映之下，不少同志私下议论："还是党中央北上战略方针胜利了"，对张国焘的南下错误方针，产生了怀疑和不满，要求维护党和红军的团结、北上与中央会合的情绪，日益强烈和高涨。

党中央北上后，与红四方面军保持着密切的联系，经常转告敌情，指示行动方针，表示了极大的关怀。张国焘在朱德、刘伯承、徐向前等同志的积极推动和形势所迫下，于 1936 年 1 月 27 日致电党中央，表示原则同意中央路线。2 月中旬，方面军决定西进道孚、炉霍、甘孜地区，争取时间进行休整补充，筹集给养物资，待机北上。

再次北上结束长征

1936 年 2 月下旬，从天全、芦山、宝山出发，北翻夹金山，经懋功、丹巴，又翻越大雪山中段的折多山，重新北上。山上终年积雪，空气稀薄，气候变化无常，时有冰雹、狂风、大雪降临，为了避开风暴的袭击，必须每日 12 时前通过党岭山顶峰。部队不得不在头天下午开始行军，连夜接近主峰。红军指战员、共产党员和各级地方干部，发扬了高度团结友爱、不畏艰险的精神，翻过了大雪山，3 月中旬抵达道孚、炉霍。这时红四方面军经过南下的损失，已从第一次开始北上时的 8 万人，减到 4 万人。方面军总部驻炉霍后，领导部队进行整编、训练、筹集物资等项工作，同时准备迎接二、六军团共同北上。

行军途中，在懋功短暂休息时，方面军政治部进行调整。周纯全调任方面军政治部主任，原一方面军五军团政委李卓然调任方面军政治部副主任，我奉调方面军政治部宣传部长，原一方面军的刘志坚任副部长，李伯钊任方面军政治部剧团团长。后来过党岭山时，我和伯钊同志在山腰温泉小庙内，利用现成曲调编写了《雪山行》的歌，印发部队传唱。驻炉霍后，一方面军干部调来四方面军领导机关工作的更多。到政治部工作的有敌军工作部长刘型，他是井冈山的老战士、扼守黄洋界的指导员。还有组织科长刘鹤孔，青年科长江启化，都是中央红军的老战士，参谋部有郭天民、曹里怀、李聚奎等同志。

这一段时间，是一、四方面军干部间交流情况和经验的最活跃时期，当时，红军大学和方面军总部驻在一起，因此，我与兼红大校长的刘伯承和政治部主任张际春接触较多。刘伯承大力提倡我们要学习斯大林名著《列宁主义概论》，他说："宋朝宰相赵普主张半部《论语》治天下，我们要学好《列宁主义概论》，作为治国平天下的武器。"方面军在川陕时，干部听过徐向前讲的有关战略问题的知识。刘伯承在红大讲课时，又具体地阐述了有关战略、战役、战术的丰富知识和经验，对四方面军干部提高军事素养和组织指挥能力帮助很大。李卓然、刘志坚、刘型、刘鹤孔、江启化等同志在工作中，向我们系统地介绍了一方面军政治工作经验，例如：制定政治保证计划，对部队经常进行政治思想教育以及行军、作战中宣传鼓动工作等，从此，一、四方面军干部、战士之间，相互了解、尊重、团结、友爱的气氛大大增加了。

1936年3月中旬，红二、六军团正从黔滇边境北进，准备与红四方面军会合，这一喜讯，更加振奋了全军指战员。

这期间做了几件大事：

在朱总司令主持下，开了一次野菜展览会。起初拟定的中心内容是指导指战员学会过草地时识别可供食用野菜的知识，后来展览会发展成总结草地生活经验、传布草地生活基本常识的会，例如：选择宿营地、搭帐篷、找水、架锅、找野菜、找燃料（牛粪、树枝、草根等）生火、保证宿营地安全等等。

军事训练，重点放在打敌人骑兵的战术训练。在刘伯承总参谋长和徐向前总指挥的主持下，组织红军大学和方面军部队进行打骑兵演习。为了配合打骑兵战术训练，我们把原随右路军行动的陆定一、黄镇同志在毛儿盖合编的《打骑兵》歌，在部队中传唱，有力地配合了打骑兵训练任务的完成。现在回忆起来，很有纪念意义，照录如下：

> 敌人的骑兵不须怕，
> 沉着敏捷来打它。
> 目标又大又好打，
> 排子枪快放易射杀。
> 我们瞄准它！
> 我们打垮它！
> 我们消灭它！
> 我们是无敌的红军，
> 打垮蒋贼百万兵。

努力再学打骑兵，

我们百战要百胜。

部队进入西康后，方面军政治部总结了在少数民族地区的工作经验，并根据广泛组织抗日反蒋联盟的新策略，制定了在少数民族地区工作的新政策。在政治上给一切革命的小头人、小喇嘛以选举权和被选举权，给革命的大头人、大喇嘛以选举权。在经济上，不没收革命区域内大头人、大喇嘛的财产，仅没收顽固对抗的反动头子的土地财产，分给群众。提倡贸易自由，开采矿藏山林，开办工厂，发展农业生产，欢迎和奖励本族私人投资。在宗教方面，实行政教分离、信教自由，保护喇嘛寺等政策。鉴于前段部队中对藏族同胞的宗教感情了解不深，有的同志把藏民放牧时也念经作为笑谈，个别人还把供奉的漆布神像拿做包袱皮用，引起藏族同胞的反感，坏人也以此造谣、煽动群众与我们不合作，为此，方面军制定了《番区十要十不准》、《回区十要十不要》等纪律规定。这些新政策和纪律规定的颁布实施，不仅在妥善处理少数民族内部的阶级关系、争取团结上层人士方面发挥了巨大威力，而且在动员群众起来革命，大力支援红军，保证方面军二次北上，起了重要作用，同时对充实和完善党的民族政策，也具有重要意义。

3、4月间，方面军在新的策略路线下，与省委一起，帮助藏族人民建立"波巴依得瓦"政府（藏族人民政府），派出大批红军干部到农牧区、集镇、部落，宣传党的政治主张，指明民族解放的道路，帮助藏民生产，医治疾病，开展清洁卫生工作，组织"百姓联合会"、"青年队"、"姊妹团"、"喇嘛改进会"等，并相继建立了丹巴、道孚、炉霍、甘孜等县的波巴依得瓦政府，在道孚还建立了约千余人的波巴自卫军。5月5日，在甘孜成立了波巴依得瓦共和国中央政府，主席多德，副主席格达、孔撒。继格勒得沙共和国之后建立的波巴依得瓦共和国，标志着红四方面军的民族工作又前进了一大步，它成功地在藏族地区实践了党的"民族自决"原则，这对稳定长期动荡不定的西康社会，促进民族进步，对粉碎蒋介石围剿封锁，对与二、六军团会师共同北上，筹集粮食物资，以及北上后安置伤员等，都起了重要作用。

这期间，方面军在争取团结少数民族上层人士的统战工作中也取得了突出的成功。3月中旬，红三十军向炉霍挺进，为贯彻执行党的民族政策，对寿灵寺采取了"围而不打"方针，在巧取之后，又按着方面军总部的指示，一面向被俘的僧众讲解党的政策，一面给大、小喇嘛以优待，并派人保护寺庙。在我军实际行动的感召下，该寺的大喇嘛积极与我军合作。在红三十军向甘孜进军时，在寿灵寺事迹的影响下，红军在炉霍的觉日寺和甘孜寺均受到热烈欢迎。4 月 23 日，红军与康西北的德格土司签订了互不侵犯协定，规定红军不进入德格地区，德格土司不打红军；并按协定为红军筹集牛 150 头、马 53 匹，以及大批粮食。方面军回赠了银元和枪械，作为酬谢。5 月，方面军俘获了曾阻挠红军西进的国民党"蒙藏委员会"副委员长、"西康宣慰使"诺那呼图克图（活佛中的尊称），方面军给予优待，向他宣布了共产党和红军的政策，并表示可以礼送出境。在党的民族政策和宗教政策的感召下，诺那思想上起了很大变化，他常教红军学藏文，编藏歌教红军唱，不久身患伤寒，经红军医务人员救治无效，圆寂于甘孜。红军请来八位活佛，按着宗教仪式为其火葬，并按其遗言，由其弟子韩大载将诺那骨灰送至五台山安葬。这一系列统战工作的进行，产生了广泛的影响，许多头人、喇嘛投向抗日反蒋统一阵线，与红军保持了良好的关系，在筹建各级波巴依得瓦政府和为二次北上筹集物资中，起到了一定的作用。

6 月 6 日，张国焘在炉霍召开党的活动分子会议，在全军心向陕北的形势下，被迫宣布取消自立的伪中央，至此，张国焘的分裂主义罪恶活动宣告彻底破产。这是党中央的正确路线和团结方针的伟大胜利。

6 月 25 日，方面军作出分左、中、右三个纵队北上的部署，29 日，方面军总部发布《四方面军二次北上政治命令》。7 月初，方面军与二、六军团会师，随即按着原定部署北上。大批党政地方干部、地方武装或编入战斗部队，或进党校随军北上。1936 年 10 月 9 日四方面军先头部队到达甘肃省会宁县，同一、二方面军胜利会师，10 月 10 日在会宁举行了三个方面军会师联欢大会。至此，红四方面军结束了一年又七个月的艰难坎坷的长征，我在长征中的地方工作也随之结束。

三大主力红军—— 一、二、四方面军的胜利会师，是党中央、毛主席正确路线的伟大胜利，是朱德、刘伯承、任弼时、贺龙、关向应、徐向前等同志在党中央领导下不断对张国焘分裂主义斗争的结果，是以徐向前为代表的红四方面军广大指战员英勇战斗的重大成就。正如党中央、中央工农政府、中央军事委员会贺电所指示的："我们即刻就要进入新阶段了，也就是抗日民族革命战争的新阶段。"

红西路军西征失败始末及我的获释归来

为了打通与苏联的联系，首先造成西北抗日局面，红军到达陕北结束长征后，中央军委按照党中央的部署，命令红四方面军执行宁夏战役计划。10月25日夜，三十军于靖远以南的河抱口（虎豹口）强渡黄河成功，方面军总指挥部根据中央军委和红军总部的命令，指挥部队陆续西渡黄河。三十军、九军、五军连同总指挥部共21800余人，广大指战员决心为胜利完成军委赋予的任务而英勇斗争。当河西部队向西进发前夜，党中央和中央军委决定放弃宁夏战役计划，11月11日正式下达命令，将河西部队改称西路军，四方面军总指挥部改称西路军总指挥部，成立西路军军政委员会，任命陈昌浩、徐向前为军政委员会正副主席。

这时，西路军在东起凉州西北之四十里铺，西到山丹约300余里的狭窄地带上，一线摆开，完全形成被动挨打局面。我九军在古浪战斗后减员1/3，从11月下旬到12月上旬，西路军经过古浪、永昌、山丹奋战月余，毙伤敌约6000人，红军也减员5000余，还剩15000余人，元气大伤。

西安事变发生后，西路军行动方针几度变更。12月下旬，方面军撤离山丹永昌地区，继续西进。五军进入临泽（抚疑）县城，攻占高台。总部和九军、三十军分驻临泽东南沙河堡、倪家营子一带，开展地方工作。敌马步芳、马步青2万余人追来。我五军浴血奋战到最后一人一枪，军长董振堂、军政治部主任杨克明以下3000余人大部壮烈牺牲。我军主力在倪家营子与敌苦战，歼敌数千，我军伤亡亦巨，全部兵力已不足万人。

1937年2月11日，西路军鉴于固守无望，决定东返。在甘州西南的西洞堡、龙首堡一带，击溃敌一个骑兵旅和宪兵团。陈昌浩决定重返倪家营子，敌以重兵围攻，红军血战七昼夜，伤亡惨重，弹尽粮绝。3月5日夜，红军再度突围，又在临泽以南三流沟遭敌包围，红军苦战五昼夜，于11日夜突围，经黎园口转入祁连山区。与敌几经冲杀，被迫后撤，我九军政委陈海松、二十五师政委杨朝礼、九军政治部宣传部长黄士彦英勇牺牲。我军边战边撤，部队兵力连同伤员已不满3000人。西路军4个多月艰苦战斗，至此基本失败。红西路军与马家军殊死鏖战4个多月，歼敌25000余人。虽然付出了重大代价，却吸引着

10万敌兵西向，为保证陕北总后方的安全，立下了不可磨灭的功勋。

关于红军西路军失败的原因，徐向前在他的回忆录中已作全面分析，这里不再赘述。

3月14日，西路军余部进抵康龙寺南石窝附近，敌骑跟踪而来，三十军担任掩护，伤亡很大，西路军供给部长郑义斋，八十八师政治部主任张卿云牺牲。总部军政委员会在石窝开会，决定将现有人员编为三个支队，分散深入山区游击。根据军政委员会主席陈昌浩的提议，决定徐向前、陈昌浩离开部队返回陕北向中央汇报，另由西路军政治部主任李卓然、副总指挥王树声和三十军政治委员李先念等7人组成西路军工作委员会，以李卓然管政治，李先念管军事。

先念、卓然同志指定我参加毕占云支队，以毕占云、曾日三、张琴秋、吴永康、熊国炳、欧阳毅和我为支队委员会委员，率3个连分开行动。在行经北川门时，被敌骑冲散，当时曾日三、吴永康同志壮烈牺牲，张琴秋、吴仲廉等同志被俘，我和其他同志分散上山。我在山里游动两个月，走到红瓦寺附近林内，被藏族民团搜山捕送敌韩起功集中营，转押张掖县看守所。我化名李占魁，同押的有魏传统、惠子明、徐宏才、袁正明、董光益、张玉清、刘金生等。经过互相了解，建立了狱中秘密党支部，公推我为支部书记，魏传统为副支部书记，党支部以"坚定思想、稳定内部"为任务，相约绝不暴露原来姓名和身份。每天利用放风时间，在地上划"坚定"二字互勉，边划边抹，互唱《苏武牧羊歌》，以"留胡节不辱"，"历尽难中难，心如铁石坚"，"任海枯石烂，大节定不稍亏"互相激励，直到出狱，没有一个人暴露身份。

我们被关押了一些时候，原在剧团被俘的王定国等4位同志来看守所看我们，刘德胜也来看过我们。7月，党中央驻兰州代表谢觉哉派高金城来营救我们，谢老又通过其他统战关系进行营救。9月，我们8人由敌军押送到西宁，马步芳对我们说："你们总司令要你们回去。"次日，便派人押送我和魏传统、惠子明、徐宏才等4人，到兰州绥靖公署贺耀祖处，由贺处转送到我八路军驻兰州办事处谢老处。到了办事处，就是回到自己的家。回想昨天以前的几个月，我们还是遭受敌人摧残的囚徒，现在回到党中央代表谢老的身边，继续为党出力，喜悦的心情是无法形容的。我们向谢老汇报了情况，由谢老派车送我们回到延安。在延安，向中央组织部汇报了经过，中组部认为被捕及狱中都没问题，决定送我和魏传统进中央党校学习。

在延安中央党校和安吴青训班

到中央党校学习，是我第一次在党中央直接领导下比较系统地学习党的基本知识，读了一点书，也学习了党校的一些优良作风。

中央党校当时驻在离延安县城十华里的桥儿沟，组织机构简单，人员精干，领导全校党、学、军、政工作的只有校长李维汉1人，秘书邓寅冬辅助他处理日常行政工作。在校长领导下，设有4个机构：党总支委员会、教务处、自卫军大队部和总务处。

当时先后入党校学习的约600多人，编为15个学习班，每班三四十人不等。因为学员大部分是党员（少数团员），每班一个党支部委员会，各班设正副班长，成立自卫队分队设分队长一人，每班原设有班教员，后改为班主任，代表校部领导本班的党、学、军、政各项工作。

中央党校当时根据理论联系实际，从实际出发，设置的主要课程有：《党的建设》、《政治经济学》、《马列主义》（主要讲联共（布）党史）、《中国问题》、《游击战争》等。此外，毛泽东、张闻天等同志和从根据地来延安的负责同志，不定期地来党校作政治、军事形势的重要报告，对我们的学习有极大帮助。在学习前期，张闻天到党校作了一次反张国焘错误路线的报告，给我们深刻的教育。

我在党校十二班学习近半年的时间，回忆起当时学习和工作的情景，是值得怀念的。

那时学习气氛浓厚，学习情绪高涨，李维汉校长就是刻苦学习马列主义的模范。当时学习条件很差，没有教室，就在空地上或大树下上课，上《游击战争》，到野外去，一面上课，一面作野外演习。学习条件虽困难重重，但大家情绪饱满，学习热情十分高涨。

党校充满了团结友爱、互相帮助的精神，学员们虽然来自五湖四海，素不相识，但无论在学习上、工作上、劳动上和生活上，大家都主动热情，互相帮助，把困难留给自己，把方便让给别人，充分发挥共产主义风格，精神上非常愉快。

民主集中制的风气，非常盛行。不管过去和现在的职位高低，大家都互称同志。经常开展批评和自我批评，真正做到了"讲真理，不讲面子"，不管批评了谁或意见正确与否，都实行"三不主义"。虽然广泛讲求民主，但并不极端民主化和自由化，一经组织作出正确决定，大家都坚决服从和执行，没有发生各取所需和阳奉阴违的现象。

发扬艰苦朴素的精神，党校每个同志都非常自觉，不论职位高低，年龄大小，工作繁简，身体强弱，每人都是五钱油、五钱盐，大家同吃一样的饭菜。校长李维汉，力行反对特殊化，生活待遇也和大家一样。

当时党校充满了革命乐观主义精神，生活十分活跃，学习、工作朝气蓬勃，人人参加歌咏活动。在全校召开的大小会议前后，都要集体唱一首或几首革命歌曲，有时欢迎善于唱歌的同志独唱，许明的《松花江上》、王任重的《大刀进行曲》都很著名。有时李维汉校长也参加，他擅长临时把一些同志的姓名连接起来讲一个生动有趣的故事，往往引起同志们捧腹大笑。

中央党校的这些优良作风，是红军苏维埃时期留下的光荣传统，是党中央、毛主席正确领导的结果，同时也是与李维汉校长以身作则的具体领导分不开的。

1938年2月，在中央党校学习告一段落，党中央组织部调我到安吴堡战时青年训练班工作（以下简称"安吴青训班"）。

青训班是1937年9月，中共陕西省委为培养西安事变前后青年运动中涌现出来的积极分子，扩大陕西民众抗日救亡运动，在中央青年部长冯文彬等同志协助下开办的，青训班于这年11月11日在陕西泾阳县斗口镇于右任先生的农场里开学，由冯文彬任青训班主任，胡乔木任副主任，乐少华任大队长兼军事教员。12月，毛泽东得知青训班办得很有成绩，决定扩大规模，大量吸收青年知识分子参加革命队伍。从第三期开始，中央组织部先后从中央党校、扩大选调骨干力量，加强青训班的工作。月底，青训班从云阳搬到安吴堡。

1938年二三月间，青训班组织机构开始建立健全，共设教务、生活指导、总务、秘书四处，我和张琴秋、葛瑞冀、郭士光分别任各处处长。中共青训班总支委员会也秘密建立，归中央组织部和中共陕西省委领导，史洛文任总支书记。

在安吴青训班，我被分配任教务处长，负责教务工作。青训班创办时就明确公布了它的办学目的，即：在最短期间授予青年各种最低限度的战时军事、政治知识，使能在中央政府的领导下，依据革命的三民主义与抗日民族统一战线之精神，开展抗敌救亡工作。依据这个目的，确定了青训班的教育方针：

第一，努力阐扬革命的三民主义及抗日民族统一战线政策，巩固全民族大团结，坚定抗战必胜、建国必成的信心，发扬艰苦奋斗的精神。这是每一个中国青年所必须具备的知识和态度。

第二，以抗战的军事、政治知识武装青年头脑，增加青年为国家民族服务的技能，培养大批青年干部，以适应抗战之需要，使他们在神圣民族解放战争里发挥更大的作用。

这个方针是按照当时抗战建国纲领所规定的"推行战时教程"精神制定的，当时青训班的课程，关于抗战的基本理论部分有：社会科学、革命三民主义和中国革命问题、抗日民族统一战线的理论与事实根据等。军事课程有基本动作、武器使用、步兵战术、游击战术等。

教务处的工作有两大重心，我在班务会议上提出，即推行教务与进行学习指导。教务处本身分教务、军事、讲义三科，有组织地进行各项工作。当时教学以连为单位，教员大多是西北青年救国联合会的会员，他们工作都很热情负责。

我们办学没有经验，在教务实践中，主要是贯彻毛泽东提倡的实事求是，一切从实际出发，理论联系实际的方针。学习抗大"团结、紧张、严肃、活泼"的八字校风，学习抗大、红大的教育传统。在学习指导上采取的办法有：帮助各连、班学员制定学习计划，组织集体讨论，建立读书顾问，组织学习互助；发动学习竞赛等。学员的学习情绪非常热烈、认真。

当时青训班的生活指导处（实际上是政治工作处，处长是张琴秋）与教务处配合得很好，对武装青年学员的意识，锻炼学员意志，树立他们的革命人生观，做了许多工作。

安吴青训班获得的成绩，是由于党中央毛主席、朱总司令的亲切关怀；以陈云为首的党中央青委的直接领导；由于西青救和民先的支持，和在冯文彬、胡乔木同志主持下全体同志的努力。同时我们还得到陕西省委、当地人民群众和友军十七路军的帮助，才使青训班的工作得以顺利进行。

安吴青训班从创建到1940年3月，迫于国民党反动派掀起的反共高潮，撤回延安，并入毛泽东青年干校，先后培养了1.4万多名革命青年，走上各个抗日救亡工作岗位。

随刘少奇东进华中敌后

东 出 潼 关

1939 年 9 月，我正在陕西省泾阳县附近西北青年救国会主办的安吴堡战时青年干部训练班工作。当时国民党反动派的挑衅变本加厉，我打算回延安向党中央汇报。不久，中央回电，嘱我把工作安排后即去西安，随刘少奇去华中敌后工作。

党的六届六中全会批判王明右倾错误路线后，撤销党的长江局，成立中原局，以刘少奇为书记。这次，是少奇同志由延安回河南竹沟中原局，自此深入敌后。我们由西安动身时，除了刘少奇和徐海东以及少奇同志的秘书刘彬外，还有从延安派出同去中原敌后的干部队。海东同志以八路军高级军官身份，应付沿途国民党军队的盘问，行程比较顺利。

我们东出潼关，到达洛阳，住在八路军办事处。少奇同志听了当时担任处长兼豫西特委书记的刘子久的汇报，在汇报中，子久同志提出，如局势恶化时，打算把办事处警卫排拉出去打游击。少奇同志反对这个打算，认为在当时局势下，在国民党统治区打游击，对抗日民族统一战线不利，也难持久。豫西党的任务是巩固为主，实行隐蔽精干，长期埋伏，积蓄力量，以待时机的方针政策。在国民党反动派面前已经暴露了的干部和党员，分别撤回延安或者派往敌后八路军、新四军各抗日根据地去工作或学习。无疑，少奇同志在不同形势下实事求是地采取不同的政策，是完全正确的。第二天，我们从洛阳出发到舞阳县休息，第三天就到了中原局所在地——河南确山县西的竹沟镇。

少奇同志在竹沟停留期间，召开了中原局会议，进行了紧张的工作。他和中原局的主要干部朱理治、陈少敏、曹荻秋等，还有其他同志，一起分析了当时华中的抗战局势和贯彻党中央发展华中的方针的具体部署。当时华中我军已经完成了战略展开的任务，新四军第一、第二支队根据党的东进北上方针，开展了长江三角洲的游击战争，创建了江南敌后游击根据地，并以一部挺进扬州、泰州和天长、六合地区。第四、第五支队初创了皖东敌后游击根据地。第六支队配合八路军一部开创了豫皖苏游击根据地，开展了皖东北、邳睢铜地区的工作，豫南、鄂北地区我党我军也有很大发展，但是华中全境还有广大地区要我们去开辟，有的游击根据地还需要巩固和继续发展。华中我军面敌背顽，处在敌伪顽分割包围中，有被各个击破的危险。当时项英追随王明错误路线，对国民党抱幻想，对顽固派的倒行逆施不敢进行针锋相对的斗争，并步步退让，对中央提出的反对投降的方针和积极发展华中的方针阳奉阴违，对国民党反动派的反共阴谋不作应付突然事变的准备，更加深了上述危险。在这种情况下，加强华中党的坚强领导，坚决贯彻党的六届六中全会关于巩固华北、发展华中的方针，以及党中央和毛主席关于全力东进，直到海边的方针，是发展华中抗战局面的最好方案。当时苏北反共顽固派孤悬敌后，不能及时取得大后方国民党反动派的接济，如我八路军、新四军南北对进，席卷苏北是完全可能的，这样做，有利于我党我军应付当时和以后华中地区艰巨复杂的斗争，这是关系全局成败的重大决策。

少奇同志在会议间隙，拿了两份文件给我看。一份是毛泽东亲自起草的、党中央关于敌后抗日根据地群众工作的指示。他赞扬文件考虑周到，要我注意仔细学习文件中所提根据地基本区、边沿区、敌占区不同条件下发动群众的不同要求、不同的斗争形式和方法等，这使我初次了解到敌后根据地群众工作的复杂性和艰巨性。另一份是少奇同志过去发表过的《抗日游击战争的各种基本政策问题》的论文。他说，文章中提出的意见，有些在今后工作中还可以参考；并且要我根据文件精神，准备一个有关敌后建立抗日民主政权的意见，在干部座谈会上提出讨论。此外，少奇同志把当时集中在竹沟的大批干部分配到鄂豫边和豫皖苏边等地区，加强各地的斗争力量。

挺进豫皖苏

少奇同志在竹沟工作结束后，即于10月中旬动身，向豫皖苏前进，一路上除了少奇、海东、刘彬等同志外，干部又增添了一部分同志。出发前，竹沟留守处经过地方统战关系，作了途中安全的安排，少奇同志要我协助刘彬照料一下干部队，注意关心干部队员的生活，每天派几个队员打前站，安排住宿，了解敌、友、我情况。我们确定经过确山、汝南、项城、沈丘，向豫东、皖北前进。这时豫南已是深秋，一路上最显眼的，就是在国民党横征暴敛、租课交逼下，农民屋败衣破，农村满目凋敝的悲惨景象，沿途见到从黄泛区逃出来讨饭的人很多。农民新收的玉米棒子和红辣椒串，零落地挂在村边树上晾晒。

　　少奇同志很关心东进的走向路线问题，他知道我过去曾在江苏省委工作过，到过苏北、皖北的一些地方，他总是问我，由中原向东，走哪些路比较方便，我只按淮河南北一般的设想说了。他不满意我的答复，进一步要我比较几条路线的难易利弊，还询问沿途所经地区的社会阶级关系、物产、交通、民情、风俗和过去白区工作基础等方面的情况。从这些讨论中使我深切领会到党中央和毛主席关于东进方针的正确性和必要性，也使我深切感到少奇同志的眼光已经扫向东海边了，已经在细致地筹划东进的方案了。少奇同志要我继续研究这方面的新情况，准备回到这些地区去工作。

　　少奇同志十分关心干部的学习问题。他询问我读过哪些书，有哪些心得。从《反杜林论》谈到《唯物论与经验批判论》，谈到李达写的《社会学大纲》和艾思奇编的《哲学选辑》，他说这两本都是好书。他赞扬毛泽东学习很好，并十分重视干部的理论学习，他说，我们要做一个够格的党员，要力求提高自己的思想觉悟和马列主义水平，他指着干部队里几位刚从马列学院出来的同志说，他们就是毛主席要我带出来传播马列主义种子的。他特别指出，我们队伍里，有两种马克思主义者，一种人满足于表面承认与口头宣传，不愿去实践，脱离实际，脱离群众，言行不一。另一种人学习马列主义的本质、精神和方法，把中心转移到生活变革上来，把马列主义作为处世、处人、处己的准绳。还说：毛泽东就是我们党理论联系实际的代表，我们要学习毛泽东同志实事求是、注重实践的精神。

　　一路上，少奇同志的话题十分广泛，将近两周的行程中，他谈论了若干重大问题。

　　少奇同志谈到毛泽东在我党的领导地位时，十分推崇毛主席。他说，我们党历尽千辛万苦，在危难中找到了毛泽东作为自己的领袖，这是全党的幸福，是中国革命能够胜利的保证，毛主席是我们党正确路线的代表。

　　少奇同志几次谈到人的两重性：自然性和社会性。他说，由社会生产中不同地位所形成的阶级性，是人的本质特性，不同的阶级产生不同的党性。人从自然来，改造自然，又改造自身。我们要有意识地在革命实践中加强锻炼和修养，努力学习，提高党性，克服从旧社会带来的非无产阶级意识，达到无产阶级党性的标准。

　　少奇同志在品评党内过去一些领导人物时说，陈独秀这个人，大革命后期犯了错误，大革命失败后又犯了很大的错误；但在党的路线正确的时候，他这个人，在处理党内的人和事时，还是比较讲道理的。他认为，对一个人的评价，还是要进行历史的辩证的分析。

少奇同志曾和我谈到六中全会期间，毛主席对红四方面军指战员的评价。毛主席说：红四方面军干部、指战员本质是很好的。张国焘错误路线所造成的恶果，只能由张国焘负责。少奇同志说，红四方面军指战员在党中央和毛主席领导下，表现很好。这一席话，使我再次感受到党中央和毛主席对红四方面军广大指战员的爱护。

少奇同志每到一个地方，总喜欢找人谈这个地方的历史和现状。他告诉我们，过去每打开一个县城，毛主席总喜欢找当地的县志看看。

一天晚上，少奇和海东、刘彬以及我们干部队队员一起坐在村边草堆上，他指着天空的星斗，向我们谈着天文学方面的事情，从牛郎织女谈到银河系，以及地球和星球的距离。他说：这不是普通尺寸所能衡量的，要以亿万光年来计算，今天你看到这个星还在发光，但是，它本身可能早已消失了，你看见的，可能还是它在若干光年以前发出的光。他就此谈到学理论，不仅要学哲学、历史，学社会科学，还要学点自然科学。

我们到了豫皖边境界首镇以后，就看到黄泛区混浊的泥水，冲着颍河流下来。我们到了太和县以东地区，就开始在黄泛区中跋涉。过了张村铺，才踏上了干燥的土地。11月初，到达新四军第六支队司令部的所在地——涡阳县北乡新兴集。

新四军第六支队，是1938年由彭雪枫率领300多人从竹沟出发，和豫西特委书记吴芝圃组成的睢杞太豫东第三支队的一部分，以及肖望东率领的先遣大队合编组成的。由于积极对敌作战，开展地方工作，发展了部队，开辟了豫皖苏游击根据地。

我们到新兴集后，当时豫皖苏党政军委员会书记兼新四军六支队司令员、政委彭雪枫，向少奇汇报了六支队和豫皖苏的工作情况，吴芝圃作了补充。少奇同志听了汇报后，着重地指出，第六支队的发展和游击区的扩大，证明了党中央和毛主席进军敌后、巩固华北、发展华中的方针是完全正确的，也证明了毛主席所说在平原地区开展游击战争，建立抗日民主根据地是完全可能的。他认真地传达了党中央、毛主席关于发展华中、坚决东进的战略意图和方针政策。他在六支队干部会议上，一再号召东进，东进，再东进。当时，豫皖苏边区群众工作还停留在一般的宣传号召阶段，针对这种情况，他指出，必须进一步深入发动群众，进行减租减息，改善雇工待遇，增加工资，实行合理负担，积极组织群众，武装群众，建立和改造地方政权。他说，只有这样做，才能解决建立根据地的问题。少奇同志对于豫皖苏根据地方针、任务还作了具体指示，他要求首先创建永城、夏邑、肖县、宿县四县连成一片的根据地，与此同时，还要建立睢杞太和商亳鹿柘两块小根据地，以便而后连成一片。还要求巩固和扩大部队，加强军队建设，准备在一、二个月后向津浦路东发展。少奇同志嘱咐后，就和海东、刘彬同志去淮南游击根据地去了。

这时，少奇同志指定我参加豫皖苏区党委的工作，任我为中共豫皖苏区党委书记。我从 1939 年 12 月到 1940 年 2 月，按照少奇同志的指示，和彭雪枫、吴芝圃一道拟定了当时的工作要点。我们在永城县进行了发动群众、减租减息、改善雇工待遇和合理负担的试点，调查了当地农村土地租佃、借贷、主雇关系和农民生活情况，初步拟定了一个减租减息、合理负担的要点。以后我又到肖县了解当地政权和武装的情况，同肖县县委研究整顿的方案。

1940 年 3 月初，中原局和少奇同志决定调我去皖东北地区工作，中原局和少奇同志本人这时还驻在淮南领导斗争。

开创皖东北抗日民主斗争新局面

皖东北的抗战局面是由几个方面的力量发展起来的，苏鲁豫皖特委郭子化、张光中、郭影秋等利用统战关系组成的人民抗日义勇队，是这个地区最早的地方抗日武装。1938 年冬到 1939 年期间，党的山东分局派遣干部到邳（县）睢（宁）铜（山）地区，建立了苏皖特委，把当地地方武装组成八路军陇海南进支队，以后又继续派杨纯组织皖东北特委。八路军苏鲁豫支队一大队，即胡（炳云）田（文扬）大队，也进入了灵璧、泗县境内活动。党的鄂豫皖省委派遣江上青、赵敏、周村等同志率部分干部随国民党安徽第六区专员盛子瑾来皖东北。上海党也派朱伯庸、戴季康、刘沛林等到皖东北工作。1939 年 5 月，山东分局组织了苏皖区党委，以金明为书记，统一领导皖东北、邳睢铜、淮海、盐阜等地区的党的工作。1939 年 7 月，新四军游击队（即六支队）派张爱萍、刘玉柱东来，与八路军和地下党联系后，进一步与盛子瑾建立统战关系，设立了八路军、新四军驻皖东北办事处。

当时我们在皖东北的主要统战对象是盛子瑾，他是安徽人，和国民党特务头子戴笠关系密切。他是一个有个人野心的国民党军政官员，他本人在皖东北的力量很小，因而总想利用我们为他发展势力。他在 1939 年下半年，公开表示愿与我们共同建立洪泽湖抗日根据地，为此，办事处和区党委确定：（一）在坚持和盛子瑾合作的同时，要独立自主地放手发展势力，发展党，发展抗日武装，决不受任何方面的限制。只要进步势力发展了，不管将来盛子瑾坚持与我们合作或进行分裂，皖东北局势如何变化，我们总能立于主动地位。（二）在党内进行一次坚持党的统一战线政策，坚持和建立皖东北抗日根据地，克服各种模糊认识的教育。经过这些工作，我党我军在皖东北逐步取得有利地位。

盛子瑾同我公开建立抗日统一战线关系的情况，立即遭到安徽国民党省政府主席、桂系反共顽固派李品仙的压力和破坏，派顽军马馨亭东来，企图取代盛子瑾。我军各部采取"援盛打马"的方针，大柏围子一战击退马部。桂顽安徽省政府宣布撤消盛子瑾的职务，并下令通缉他。盛子瑾在国民党桂系压力下，不敢抗拒，又见我党我军力量增强，发展个人势力无望，遂率嫡系部队千余人渡淮南逃，被我军缴械，对盛本人礼送出境。原盛子瑾部队中由我党掌握的三个支队（团），编入新四军六支队四总队。从此，皖东北进入我党我军独立自主创建皖东北抗日根据地的新局面。

为了加强皖东北根据地工作的领导，少奇同志于1940年3月28日来信指示成立军政委员会，以刘瑞龙、江华、张爱萍、金明、田文扬为委员，以刘瑞龙为书记。少奇同志信中指出苏皖地区党与八路军、新四军总的任务是：争取整个苏皖地区（淮河、宝应、盐城以北，陇海路以南地区）成为我党和进步势力管理之下的巩固的抗日反汉奸的根据地，并在这个根据地上，建立统一的抗日民主政权，统一的抗日军队及统一的民众团体，坚持抗战。为执行这个任务，必须迅速发展我党领导下的武装部队，迅速扩大八路军、新四军，在半年内达到3万人枪以上。此外，坚持建立廉洁的抗日民主政权，发展自卫军、农工青妇救国会，必须发展党，建立强大的有领导能力的各级党部。必须实行各种进步的抗日政策，以便能发动广大群众的革命积极性，解决部队给养及斗争中的各种任务等，我召集军政委员会根据少奇同志的指示，确定了自己的行动计划。

为了加快展开苏皖地区抗日反顽斗争的局面，帮助和指导军政委员会解决工作中出现的问题，少奇同志于4月下旬北渡淮河来到皖东北。正当我们向少奇同志汇报工作时，敌伪和顽固分子同时对我发动了进攻。5月初，泗县敌伪奔袭我四总队驻地罗岗地区，因我事先得报转移，敌伪扑空。我苏支一大队在胡桥战斗中，给泗县出犯的敌伪狠狠打击，敌伪缩回泗县。苏北顽固派韩德勤乘机派遣顽军常备七旅王光夏部及其他部队，进犯我皖东北根据地腹地。在少奇同志领导下，张爱萍到前线指挥八路军南进支队，苏支一大队和新四军六支四总队各团进行自卫反击，近13天的战斗，将王光夏顽军逐回泗阳、宿迁等县运河以东地区，从此皖东北根据地渐趋稳定。

在反"扫荡"和对顽军的自卫反击作战中，皖东北平原上麦已黄熟。少奇同志找我和区党委书记金明研究，指示我们要抓紧时机，发动群众，保卫麦收，实行减租。区党委立即组织工作队，调查租佃关系，研究制定减租办法，发动群众组织工农青妇各救国会、自卫队等。

少奇同志要我召集八路军、新四军的干部和地方的党政干部会议，为我们专门作了题为《在敌后怎样建立民主的抗日根据地》的报告。他说："在敌后建立根据地，不仅是变敌后为前线，准备反攻的前进阵地和力量，支持与鼓舞全民族，还有推动全国统一战线政权准备民主共和国基础的意义"。少奇同志在报告中，对于武装工作、政权工作、发动与组织群众、抗日民族统一战线等一系列原则问题，都作了精辟生动的解释，大大增强了广大干部建立和发展苏皖根据地的信心。

少奇同志始终关心着苏北。我军若控制苏北，与淮南、淮北连成一片，长江以北的抗日民主根据地就能相互支援，巩固发展，华中敌后的抗战局面也就大为改观。1940年夏秋之际，在战略上实施八路军、新四军南北对进，控制苏北的时机已经到来。陈毅、粟裕同志率江南新四军于6、7月间渡江北上，在泰县的郭村，击退数倍于我的顽军，进至泰兴的黄桥镇，歼灭向我进攻的韩德勤主力八十九军和独六旅一万多人，从此新四军北上部队得以在苏北立足生根。8月，黄克诚率八路军五纵队由津浦路西来皖东北，接任苏皖地区军政委员会书记，我任副书记。这年6月，为协同新四军巩固和扩大华中抗日根据地，党中央命黄克诚率八路军一部由华北南下，到达豫皖苏与彭雪枫领导的新四军六支队会合，统一整编为八路军第四、第五两个纵队。少奇同志根据党中央决策和华中情况，提出"向东发展，向西防御"的基本斗争方针。八路军四纵队由彭雪枫任司令员兼政委，担任"向西防御"的任务；五纵队由黄克诚司令员兼政委，担任"向东发展"的任务。9月，黄克诚率八路军五纵队开始向苏北的战略进军，踏入淮海，与地方党的同志共同努力，建立了8个县的抗日民主政权。苏皖区党委的同志和我随后也东去淮海，华中局决定我任淮海区军政委员会书记，参加了淮海区根据地的建设工作。八路军五纵队主力继续东进，扫平盐阜，10月，八路军、新四军在盐城会师，从此，奠定了华中敌后抗战的新局面。这时，少奇同志由淮南去盐城途经淮海，我和金明向他汇报了淮海区的工作，他指示我们抓紧时机巩固抗日阵地，肃清残匪和残顽，整顿武装和政权，充分发动群众，开展根据地的各项建设工作。

　　此后直到抗战胜利我就一直留在淮北苏皖边区工作，而自 1942 年 3 月少奇同志离开华中局返延安，直到全国解放，我和他再也没见过面。

　　少奇同志这次东进豫皖苏，对于发展华中敌后抗日战争的新局面，对于豫皖苏地区抗日民主根据地的开辟和发展，具有巨大的历史意义，我也蒙受了很多教益，对我后来开展工作，完成党交给的任务，起了很大的指导作用。多少年来，每追忆这段历史往事，还是心潮澎湃，豪情满怀。为了缅怀先贤，并志伟绩，1980 年我曾写了这样一首七律诗：

　　　　　　　　旌旗慷慨出潼关，远拓华中破阻拦。
　　　　　　　　抵掌纵谈东进策，排顽抗敌路途宽。
　　　　　　　　南征北战跨苏皖，跃马横刀大别山。
　　　　　　　　擘划江淮全局定，凭临泰岱指东南。

在淮北抗日民主根据地工作的 6 年

这部分要从令人痛心的"皖南事变"时说起。

1941 年 1 月，蒋介石制造了罪恶的"皖南事变"，皖南新四军军部直属部队9000 人遭到覆灭的损失。为打退蒋介石发动的第二次反共高潮，坚持敌后抗战，党中央决定重建新四军军部于盐城。1 月 20 日中央军委任命刘少奇为新四军政治委员，陈毅为代军长，张云逸为副军长，赖传珠为参谋长，邓子恢为政治部主任。

这时，八路军第四纵队编为新四军第四师，雪枫同志任师长兼政委。蒋介石纠集反共军汤恩伯等部 9 个师，以 7 倍于我四师的兵力，向津浦路西豫皖苏边区，发动了猖狂的进攻，日伪也加紧策应，对我"扫荡"。雪枫同志坚定地执行中央、中央军委和华中局、新四军军部的历次指示和命令，率四师和豫皖苏军民与日伪顽军进行了艰苦卓绝的 3 个月的斗争。以后，为顾全大局，坚持团结抗战，华中局和新四军军部于 4 月 25 日命四师向津浦路东皖东北地区转移。5月，雪枫同志率部忍痛告别豫皖苏边区，转移到津浦路东皖东北地区。在这同时，新四军三师九旅部队，在张爱萍指挥下，由苏北回师皖东北，恢复了津浦路东根据地。

4 月下旬，少奇同志通知我去苏北盐城汇报淮海区的工作。少奇、陈毅同志听了我的汇报，给我谈了全国和华中地区的斗争形势，决定我回皖东北工作。5月 3 日，少奇同志就当前形势、根据地建设、抗日反顽斗争以及群众工作等方面的重大问题写成长信，委托我向黄克诚、金明、张爱萍、韦国清、康志强等传达。

四师奉命转移到皖东北地区以后，遵照党中央、毛主席关于深入检讨经验教训的指示，7 月 19 日，四师在淮宝县的仁和集，召开了师军政委员会扩大会议。华中局代表、新四军政治部主任邓子恢亲临参加，会上充分发扬民主，全面检查了 3 个月反顽斗争中各方面的缺点和错误。雪枫同志做了专题报告，总结、检查了反顽斗争中失利的经验与教训，诚恳地接受了同志们的意见，认真地作了自我批评。最后，邓主任代表华中局做了总结，充分肯定了四师 2 年来在豫皖苏边区斗争中取得的成绩，也指出了 3 个月反顽斗争中的缺点。参加会议的同志完全赞成邓子恢所作结论。会议 7 月底结束。这次会议对四师尔后的建设与发展，对淮北根据地的巩固和扩大，都有十分重要的意义。

四师转移到皖东北以后，对地区范围和党政军等领导机关进行了调整，邓子恢任师政治委员，原来的皖东北区党委改为淮北苏皖边区党委，由邓子恢、彭雪枫、刘子久、吴芝圃、张爱萍、刘玉柱和我为委员，邓子恢为书记，刘子久为副书记。还成立了军政委员会，邓子恢为书记。1941 年 9 月 15 日，淮北苏皖边区行政公署成立，我任主任，刘玉柱任副主任（后陈荫南继任）。

四师部队在整编后，加强了军事训练，逐步恢复元气，提高了战斗力。地方武装也得到很大发展。这年冬天开展参军运动，3800 名新战士补充到主力部队。

新四军第四师在兄弟部队配合下，在津浦路东曾进行三次战役，巩固和扩大了淮北抗日民主根据地。第一个战役是程道口自卫反击战。顽汤恩伯集团侵占我豫皖苏根据地以后，又妄图东犯我淮北、苏北根据地，顽江苏省主席韩德勤也调兵接应汤部。1941 年 7 月，韩顽派部队侵占我泗阳县程道口。华中局、军部决定收复程道口。二师、三师、四师及独立旅各参战部队，在陈毅代军长指挥下，于 10 月 14 日至 21 日，发起程道口战役，毙伤俘顽军 1400 余人，残敌突围逃去。此役，挫败了蒋介石东西夹击我军的计划，巩固和扩大了淮海、淮北抗日根据地，打通了淮南、淮北、淮海、盐阜四大根据地的联系。第二个战役是 33 天反"扫荡"。1942 年 11 月 14 日，日伪军 6000 余人，分五路向淮北根据地中心区洪泽湖两岸，进行空前规模的大"扫荡"。淮北军民英勇展开反"扫荡"。主力部队转入外线，在敌人侧翼和后方进攻，迫使敌撤退一部巩固其后方，同时在根据地设据点，准备分区对我"清剿"。我主力返回内线，三打青阳，四打马公店，血战朱家岗，拔除了敌伪新设的大小据点。此役大小战斗 30 余次，歼日伪军 700 余人，历时 33 天，取得了胜利，大大鼓舞了群众，提高了部队士气。第三个战役是山子头自卫反击战。1943 年春，蒋介石命驻皖北的王仲廉部越津浦路东进，同时命苏北的韩德勤部西犯我淮北根据地，进至泗阳山子头一线，妄图再次东西夹击，把四师消灭在洪泽湖以西地区。军部决定发动山子头战役，调二师、三师、四师各一部，由彭雪枫、邓子恢统一指挥，痛击韩顽。从 3 月 17 日夜到 18 日上午，生俘韩德勤以下官兵千余人，全歼来犯之敌。顽军王仲廉不敢东进，仓皇窜回津浦路西。战役之后，我们根据党中央指示，以抗战大局为重，发还韩德勤部分人枪，礼送出境。此役，彻底粉碎了蒋介石东西夹击我军的阴谋，最后铲除了留在华中敌后的反共堡垒韩德勤部。

　　除此三个战役以外，1942 年起，淮北地区展开反"蚕食"、反伪化的斗争。1944 年，淮北主力部队、地方部队、广大民兵，发动强大春季攻势，历时一个半月，攻克敌伪据点 52 处。1945 年再次发动春季攻势，攻克据点 21 处。淮北军民经过英勇战斗，抗日民主根据地一年年得到巩固和发展。

　　军事斗争的胜利，为淮北根据地的建设提供了必要的条件。1941 年 5 月以前，淮北路东、路西根据地各项建设都处于草创阶段，较系统地建设是在四师东移、淮北苏皖边区成立以后。这里仅将淮北根据地的各方面建设，简述于后。

　　军事建设：四师在整编后，加强了军事训练，经历年参军运动，兵员得到补充，经过实践锻炼，战斗力大为提高，地方部队有很大发展。在收复路西地区的过程中，路东组建了 10 个独立团，达 1 万人。收复路西以后，路西组建了 8 个县总队（团）、一个独立旅（吴信元部起义后改编），约 8000 余人。群众武装在淮北区党委提出"枪换肩"之后，把地主阶级掌握的枪支转移到工农群众手里，以后经过对群众武装的组织和建设，建立了淮北民兵。到 1945 年，路东有民兵约 10 万人，路西约 25000 人。

　　政权建设：淮北行政公署成立以后，公布了施政纲领，确定了施政计划，改造旧政权，建设新政权。在政权建设中，实行了"三三制"，体现了根据地内的民主政治。在基层废除旧联保、保甲制，建立了新型乡、村人民政权。在边区各界代表大会上，成立了淮北参议会，参议长田丰（后为刘子久）、副参议长吴静宣（后为吴芝圃）。以后各县也成立参议会，边区、县、区、乡政权成立了行政委员会。这些，对团结各抗日阶级、各党派参加抗战，巩固和扩大抗日民族统一战线，起了极大作用。

　　发动群众减租减息和抗日群众团体建设：1941 年以前，淮北路东、路西发动群众减租减息，还仅仅是开始，不很充分。1941 年 6 月，在皖东北区党委召开的活动分子会议上，由邓子恢和我传达了华中局和刘少奇的指示，介绍了淮南路东和苏北的经验。邓子恢根据中央指示强调在军事打开局面、建立抗日民主政权以后，根据地建设中的一个中心环节，就是发动和领导农民进行减租减息的斗争，使他们获得看得见的利益，改善生活，组织起农民的大多数，建立基本农民群众的政治优势，同时正确地照顾各抗日阶级的利益，才能巩固与扩大抗日民族统一战线，迅速壮大抗日的力量。淮北苏皖边区经过历年发动与组织群众，实行减租减息，到 1944 年，在 899 个乡，减租 112118 石（从 1940 年到 1944 年累计 226370 石）。工、农、青、妇各抗日救国会在减租减息运动中发展壮大，到 1944 年已有各救国会会员 100 多万人。经过发动群众实行减租减息，改造了区乡基层政权，促进了政权的民主化。

财政经济建设：为了保证军民供给，淮北区党委首先健全了政府的财政机构。当时财政的主要来源是实行合理负担的统一的累进税，征收公粮、田赋和物资税。为了发展经济、调节财政、稳定金融，与伪币、法币作斗争，建立了淮北银号，发行边币。区党委提倡实行开源节流，统收统支，统一预决算，建立统一金库，严格审计，厉行节约，杜绝贪污浪费。各级党委和政府每年组织春耕、夏收、秋收，力争粮食增产。兴修水利、疏浚河道，加固淮河大堤、减轻水灾。1943 年 7 月，洪泽、泗阳、泗南等县普告蝗害，经过军民合作，扑灭了蝗灾。这一年，根据毛主席指出的"发展经济，保障供给"的财政经济总方针和"自己动手，丰衣足食"的伟大号召，全边区开展了大生产运动。鼓励农民制定兴家计划，组织劳动互助，奖励劳动英雄，开展生产竞赛。为了解决布匹问题，组织农民种植棉花，纺纱织布，解决了部分军民的穿衣问题。此外，四师还建立了机械修理厂、手榴弹制造厂、被服厂等许多工厂。由于采取了上述措施、较快地克服了淮北地区的经济困难，战胜了敌、伪的经济封锁，基本上保证了供给，改善了人民生活。

文化教育：当时淮北苏皖边区出版许多报纸和刊物，如《拂晓报》、《人民报》、《团结报》、《奋斗报》、《大众半月刊》、《大众画报》，以及各县的油印小报等，对于发动群众参加抗战起了很大作用。还出版了《拂晓》杂志、《政府工作》、《政府工作通讯》、《人民通讯》等，指导了根据地各项建设工作。当时曾提出普及小学教育是基础，要使小学校成为农村文化中心。以小学校为中心去办社会教育，使文化与广大群众联系，教育工作与当前抗战联系。据 1944 年统计，全区有小学 806 所，学生 58104 人；中学 7 所，33 班，学生 1863 人；群众教育班 1820 处，学生 66383 人。此外还办有"抗大"四分校、行政干部学院、江淮大学（上海来的学生）、卫生学校、职业学校，淮北中学；各县还办有各种类型的训练班，每年冬天农村举办冬学。在部队和地方组织有文艺团体，如拂晓剧团、人民剧团。边区建立有戏剧协会，举办过民间艺人训练班。淮北文化教育工作的开展，丰富了边区军民抗战文化生活。

公安司法：为了安定根据地内的抗日秩序，保障各抗日阶层人民的合法权利，边区行政公署初期设有保安处和司法处。后来边区和各县的保安处改为公安局，区设治安委员会，乡设治安委员。司法处改为高等法院，县设承审员，区、乡设调解委员会。先后公布了《惩治汉奸》、《惩治贪污》等暂行条例。在执行政策中强调坚决地镇压首恶，争取胁从；审讯案犯禁止肉刑，重证据不轻信口供；对服刑案犯注重教育不虐待。民间诉讼手续力求简化。但有些地方和单位，由于对敌情估计过分和领导作风上的主观主义和官僚主义，1943 年夏边区发生了"泗阳案件"和"淮中案件"两个错案，后对被冤枉的人全部平反，没有死一个人。增进了党和人民的团结，加强了对敌斗争。

党的建设：淮北路东、路西各地建党时间较早，领导过多次工农斗争和农民武装起义，被国民党残酷镇压，党的组织遭到严重破坏。抗日战争开始，各地党组织陆续恢复，到建立抗日民主根据地后，党组织才得到充分发展和健全。淮北根据地党政军民组织过去是由党的军政委员会统一领导的，1942 年根据党中央《关于统一抗日根据地党的领导及调整各组织关系的决定》，建成了一元化领导的区党委，中央批准了区党委组成名单。在淮北根据地内，党的建设重点放在两个方面，一是不断整顿和健全基层党支部的工作；一是特别注意提拔、培养地方干部和外来干部地方化的工作，这样，使我们的政权、军队、群众团体、党在当地牢牢生根。关于干部工作，按刘子久提出的指导性意见，1943 年7 月 1 日，区党委召开了组织工作会议，总结过去，规划未来，通过了有关党的建设的五个决议，对淮北根据地党的建设起了很大的推动作用。

整顿三风：1942 年 3 月，淮北区党委根据中央有关的指示，决定开展整风运动（后因日寇"扫荡"，中途停顿一个时期），区党委先后举办了 9 期干部轮训队。在整风运动中，组织干部学习文件，清理三种歪风，克服非无产阶级思想，从而提高了干部的思想觉悟。1943 年夏秋间，边区发生了"泗阳案件"和"淮中案件"，后来由邓子恢、彭雪枫、张震和我负责审核，经充分调查研究，查明都是假案，予以彻底平反；对有关负责人给予处分，并改组了泗阳县委。由于处理及时坚决，没有造成严重后果。1944 年 7 月，刘子久在延安中央党校学习，写了《关于学习问题给淮北区党委的信》，经毛泽东批发各根据地，在淮北地方党和军队党内学习了这封信，使大家进一步加强了群众观点。我在轮训班上作了关于群众观点和群众路线的报告。

精兵简政：1942 年 9 月 7 日，毛主席发表了《一个极其重要的政策》一文，号召各抗日根据地和八路军、新四军认真进行"精兵简政"，以便渡过黎明前的黑暗。9 月底，淮北区党委根据毛主席、华中局的指示，成立了"淮北苏皖边区精简委员会"，对党、政、军、民各机关团体进行了大精简。淮北行署经三次精简，由 320 人，减至不足 50 人。边区工、农、青、妇四个救国会，合组成各界救国联合会。全边区实行精简以后，减少经费开支，工作效率大为提高，支持了各条战线的斗争。

拥军优抗和拥政爱民：1943 年 1 月 14 日，区党委根据党中央和华中局的指示，作出了《关于开展地方拥军运动及部队拥政爱民运动的决定》，并提出了明确的要求和具体措施，密切了军政、军民关系。1944 年春节期间，为全区拥政爱民、拥军优抗月，彭雪枫在四师直属队大会上作了《我们是政府的卫队，老百姓的护兵》的报告，提出八点要求，对密切军政、军民关系起了推动作用。

淮北苏皖边区，在区党委一元化领导下，在 3 年多的时间内，根据边区斗争实际，坚决地贯彻执行了党中央、毛主席和华中局军部的各项路线、方针、政策，党、政、军、民互相支援、互相促进，取得了军事上、政治上、经济上、文化上以及其他战线上的重大胜利和成就，渡过了黎明前黑暗的困难时期，使淮北抗日民主根据地的建设得到巩固和发展。

1944 年 4 月，日本侵略军为打通平汉线，控制陇海路潼关以东地区，大举进攻河南，驻河南的国民党军汤恩伯部 30 余万人，不战而逃，37 天弃城 38 座，大片国土沦入敌手。党中央、毛主席为打击进犯河南之敌，策应正面作战，拯救沦陷区人民，开展河南抗战新局面，从战略上把我华中、华北、陕北三大战略区连接起来，提出了向河南敌后发展、控制中原的战略方针，并先后规定了各有关地区行动方向和具体任务。根据指示，四师一部西进豫皖苏边，相机控制新黄河以东地区。

1944 年 8 月 15 日，彭雪枫、吴芝圃、张震等，率四师主力一部冒暑西征。首战小朱庄，一举全歼顽伪合流的王传绶部 3 个团，打开了西进的大门，并争取该部吴信元支队战场起义。四师健儿乘胜前进，连战皆捷，扫清了肖（县）、永（城）、宿（县）等县的顽伪政权，豫皖苏大片土地重新回到了人民手里，人民喜悦欢腾，奔走相告：亲人子弟兵又回来了。9 月 11 日，在夏邑八里庄，又全歼伪化顽军李光明支队 1600 余人。雪枫同志亲临前线指挥，不幸光荣殉国，时年仅 37 岁。噩耗传来，淮北区党委各同志莫不泪如泉涌，万分悲痛。

9 月 13 日，党中央电示华中局和军部，调张爱萍任第四师师长，韦国清任副师长，指挥路西部队继续作战。新四军军部为统一路西部队指挥。命令组成路西战役野战司令部，指定韦国清为司令，彭明治为副司令，吴芝圃为政治委员，张震为参谋长。10 月中旬，在冀鲁豫部队配合下，于保安山地区，歼顽二十二军王毓文部 3600 余人。继又发动涡北战役，全歼伪第十七师。至此，原豫皖苏抗日民主根据地全部恢复。11 月 25 日，华中局和军部批准在淮北路西地区设三个地委、专署、军分区。

淮北路西（原豫皖苏）划为淮北二地委，以吴芝圃兼任书记，并成立了专员公署和军分区，建立了8个县政权，成立了8个县总队、3个独立团和2万多人的民兵。大力开展群众运动，实行减租减息，建立农民救国会，有会员26万多人，并组织了青年、妇女救国会。在群众运动中，发展党员3000多人，为巩固淮北路西根据地奠定了基础。

四师主力西征以后，路东地区发动规模浩大的参军运动，建立了10个独立团、10万民兵。12月，根据中央指示，在发展生产、加强城市工作、扩大解放区三个方面，做了许多工作。在一、三师的有力配合下，粉碎了敌伪的"扫荡"和"蚕食"，完成了对基层政权的改造，进一步巩固了根据地。

彭雪枫牺牲的时候，路西战役才刚胜利展开，所以这个不幸的消息没有公开宣布，并严格保密。1945年年初，战局稳定，延安十八集团军总部、中共中央办公厅，向全国公布了彭雪枫在淮北前线英勇殉国的消息。2月7日延安各界举行追悼大会，中共中央委员会、十八集团军总部发表了祭文，中共中央委员会送了挽联，毛主席、朱总司令、刘少奇、彭德怀、贺龙、陈毅同志敬献了挽联或挽词。2月12日，淮北军民在洪泽湖边的大王庄隆重追悼雪枫同志。毛泽东、朱德、刘少奇、彭德怀、陈毅献了挽联，中共中央华中局献了挽词。会上，恭读了淮北区党委、淮北行署、第四师兼淮北军区司令部、政治部的祭文。当天下午，把彭雪枫的灵柩，安葬在半城西门外。淮北军民，悲愤交加，泣不成声，决心继承先烈遗志，打倒日本帝国主义和国内反动派，为雪枫同志报仇。

1945年4月23日，党的第七次全国代表大会在延安召开，大会制定了"放手发动群众，壮大人民力量，在我党的领导下，打败日本侵略者，解放全国人民，建立一个新民主主义的中国"的政治路线。淮北党政军民坚决贯彻党的七大路线，积极对敌作战，缩小敌占区，扩大解放区，壮大人民力量。七大期间，四师部队发动了对敌攻势，攻克敌伪据点21处，歼敌伪3000余人。

1945年8月8日，苏联对日宣战。9日，毛主席发表《对日寇的最后一战》的声明。10日，朱总司令向敌人发出通牒，令敌伪交出全部武器，向我投降。总司令并命解放区武装部队对敌受降，如遇抵抗，坚决消灭。这时新四军军部也向华中各地日伪发出通牒，命他们停止一切抵抗，在原地听候处理。

淮北根据地的党、政、军、民，响应党中央、毛主席的号召，执行朱总司令的命令，根据华中局和军部的部署，向津浦路徐蚌段东西两侧的城镇和敌伪据点，展开了猛烈的进攻。据11月12日新四军第四师兼淮北军区发表的公报，淮北的大反攻，计攻克泗县、五河、宿迁、灵璧、永城、肖县、濉溪口、夏邑等八座城市（连日寇投降前解放的泗阳、睢宁，淮北共拥有城市10座），一度攻占车站 11 处，攻克据点 68 处，缴获轻重机枪 178 挺，炮 9 门，汽车 21 辆，步马枪 8000 余支，毙伪军官兵 9000 余人，活捉日军 3 名。地下党员杜新民率伪十八师 4000 余人起义。从此，淮北苏皖边区除津浦线上的宿县以外，城乡全部解放，面积达 14 万余平方华里，人口 700 余万。

8 月 15 日，日本帝国政府宣布无条件投降。至此，中国人民伟大的抗日民族解放战争，经八年的浴血奋战，取得了最后的胜利。新四军第四师自 1938 年誓师出征以来，在敌后艰苦抗战 7 年，大小战斗数千次，歼敌伪 6 万余人。四师部队在战斗中壮大，至日寇投降，已发展到 3 万余人，成为党领导的主力部队之一。淮北的地方武装也发展到 2 万多人，民兵 12 万多人。

抗日战争胜利后，根据中央指示，中共中央华中局与山东分局合并为华东局，新四军军部北移山东兼山东军区，由陈毅统一领导山东和华中两大战略区的斗争。这时华中江北地区的苏中、苏北、淮南、淮北四个解放区已连成一片，中央决定撤消原四个区党委，合并组成中共华中分局和华中军区，归华东局和新四军军部领导和指挥。

1945 年 10 月 24 日，华中分局成立，邓子恢为书记，谭震林为副书记，张鼎丞、曾山、粟裕、刘晓为常委，辖八个地委。华中军区以张鼎丞为司令员，粟裕、张爱萍为副司令员，邓子恢为政治委员，谭震林为副政治委员，辖八个军分区。10 月 29 日，组成苏皖边区政府，李一氓任主席，季方、韦悫、方毅和我任副主席，辖八个专员公署。11 月 10 日，组成华中野战军。粟裕任司令员，谭震林任政委，共辖第六、七、八、九 4 个纵队。这时四师九旅与二师四、五旅合编为山东野战军第二纵队；十一、十二旅各一部和一个独立团、一个骑兵团合编为华中野战军第九纵队。原淮北路东改为华中七地委、七专署和第七军分区；原淮北路西改为华中八地委、八专署和第八军分区。

随着抗日战争时期的结束，第四师和淮北抗日根据地的历史使命也随之告一段落。

日本投降，淮北地区的斗争并没有停止。1946 年夏，蒋介石发起全面内战，解放区自卫战争开始，党又领导淮北路东、路西人民，进行了艰苦的斗争。后来，这两块根据地都为淮海战役的决战准备了有利条件，贡献了全部力量。

淮北根据地特别值得回忆的人和事

军民团结骨肉情深

新四军第四师是抗战初期党领导组建的一支武装，是在反对日本帝国主义、反对汉奸和顽固派的斗争中发展壮大的，它战斗在淮北敌后，为开辟、巩固、扩大淮北抗日民主根据地，作出了卓越的贡献。在长期的革命斗争中，这支部队与淮北人民结下了骨肉深情。

四师的前身称新四军游击支队，从它开始建军，党就教育全体指战员深刻理解：共产党领导的八路军、新四军是老百姓的队伍，它的根本任务，就是服务于人民，为中华民族的解放和中国人民的解放而战斗。这是它与一切旧式雇佣军队的根本区别。1938 年 9 月 30 日，新四军游击支队司令员兼政委彭雪枫，率司政机关和两个战斗连，从河南确山县竹沟镇誓师东进。出征之日，每人发一本《指战员手册》，上面印有《东征誓词》、《三大纪律八项注意》，要求干部战士认真学习，切实爱护群众利益，搞好军民关系。一路上，人人都是战斗员，人人都是宣传员，每次宿营，严格执行群众纪律，召开军民联欢大会，鼓舞群众抗日情绪，号召军民合作一致抗战。沿途人民，第一次看到这样好的队伍，村头巷尾，无不交口称赞。

这年 10 月，彭雪枫率领的部队，与吴芝圃领导的豫东抗日游击第三支队、肖望东率领的新四军先遣大队，在河南西华的杜岗会师，整编为新四军游击支队最初的战斗部队，各个连队建立了党支部，加强了政治思想工作，全体指战员，进一步树立了人民军队的观念。部队经过短期整训，向豫皖苏敌后挺进。

当时，淮北豫皖苏边，国民党部队已经撤走，地方官吏也已弃城西逃，大片国土，沦入敌手。日寇汉奸，烧杀淫掠，广大群众，苦不堪言。新四军游击支队积极展开活动，拔除敌伪据点，摧毁"良民区"，把人民救出水火深渊；受尽苦难的群众，莫不感激拥戴。1939 年的春天，由于日伪糟蹋，兵灾战乱，农业歉收，灾荒严重，粮食缺乏，人民生活无着，部队供应也很困难。战士们每天只能吃一些发霉的红薯、谷糠窝头、盐拌辣椒、清水稀汤。几个月不发津贴，同志们缺鞋少袜。人民的军队，发扬了艰苦奋斗的精神，情愿忍受饥饿，也不多征民粮，情愿挨冻受寒，也不向老百姓派款。最困难时军需处的金库里，只剩下了五块钱，部队连最低的生活也难维持了。司令员彭雪枫在干部会上号召大家要发扬"先天下之忧而忧，后天下之乐而乐"的精神，以"威武不能屈，富贵不能淫，贫贱不能移"的气概，枵腹从公，坚持敌后抗战。他决定卖掉一些军马，作为战士每天的菜金，决不再增加群众的负担。我们的军队是人民的军队，这一性质决定了它与群众血肉相联的关系，群众的困难就是军队的困难，部队只有帮助群众解除、减少痛苦的义务，没有侵犯群众利益、加深群众痛苦的权利。一次，二团进抵肖县和永城边境的石弓山。这里的村庄，经日伪抢掠，已家徒四壁，十室九空。军需们费了很大力气，才弄到一点杂粮，团长滕海清听说老百姓无粮下肚，饿得面黄肌瘦，命军需立即把粮食退还，并向群众赔不是。团政委谭友林召集各连指导员说："我们是共产党领导的队伍，是为劳苦大众战斗的。我们宁愿吃草，也不能同灾民争粮！"各个连队，党员带头，上树捋榆叶，摘柳絮，一天每人只喝两碗稀汤。

部队对人民的一片真心，深深感动了人民，我军声誉，名传远近，在广大的豫皖苏边，人们口碑载道，盛赞新四军为"天下文明第一军"。许许多多群众，生活再苦，也想方设法，支援自己的军队。在永城、夏邑之间崔楼、崔庄群众眼见新四军忍饥挨饿，在前方浴血苦战，心里过不去，想给部队送些粮食，又拿不出。两村的群众一起商议，把祖坟一棵二百多年的老槐树，刨了献给新四军，古槐送到部队，许多战士感动得流下了热泪。司令员彭雪枫、政治部主任肖望东亲自写信，答谢了群众对新四军的一片热诚。当时许多群众，不舍得吃，不舍得穿，甘心情愿把自己省下的一点点积蓄，送给新四军，帮助部队渡过困难。永城县裴桥王大娘，把多年攒下来的 15 块钱，送到部队伙房，嘱咐战士们吃饱打鬼子。支队出版的《拂晓报》刊载了这一事迹，王大娘爱国爱军的行为，受到豫皖苏军民的普遍赞扬和尊敬。

新四军游击支队坚决执行党中央、毛主席关于独立自主地开展敌后游击战争，创建抗日民主根据地的指示，在艰苦的斗争中得到群众的拥护和支持，仅仅一年多的时间，就打开了豫皖苏敌后抗战的局面，部队迅速扩大到 19000 多人。1941 年皖南事变以后，蒋介石纠集 20 万顽军，以 7 倍于我的兵力，向豫皖苏根据地发动了猖狂进攻。豫皖苏军民团结一致，按照党中央毛主席和新四军军部的指示，与顽军进行了 3 个月艰苦卓绝的斗争。后为顾全抗日大局，忍痛撤出豫皖苏，转移到淮北津浦路东地区。这时党中央决定，调新四军政治部主任邓子恢任四师政治委员兼中共淮北区党委书记，从此，四师在彭雪枫、邓子恢和区党委各负责同志指导下，有计划、有步骤地展开了淮北苏皖边区的建设。

新四军第四师在淮北平原上，机动灵活，英勇作战，保卫了根据地人民的生命财产，为根据地进行各方面的建设提供了条件。1940年春，日伪军对肖宿永地区的"扫荡"，是年秋对板桥、涡蒙地区的"扫荡"，1942年冬对淮北路东33天的大"扫荡"，都被英雄的四师部队所粉碎。1941年的程道口战役，打破了顽军对淮北的第一次东西夹击，1943年的山子头战役，活捉反共的江苏省主席韩德勤，彻底粉碎了顽固派的东西夹击。军事上的胜利，巩固扩大了根据地，保障了人民免受日伪顽的蹂躏。部队这些丰功伟绩，人民是永铭于心的，直到现在，淮北地区的一些老人，追昔抚今，对新四军仍怀念不已。

淮北部队领导重视抗日民族统一战线工作，特别是师长彭雪枫同志，经常亲自登门，拜访爱国民主人士，或申纸染毫，写信向他们阐述时局，为建立淮北抗日统一战线做了许多努力。在蒋介石发动的第一次反共高潮期间，国民党安徽省政府迫害爱国进步人士，封闭主张团结抗战的《大别山日报》，该社社长张百川先生、教育家任崇高先生长途跋涉，通过重重关卡，来到豫皖苏根据地，彭雪枫亲自热诚接待，欢迎他们参加敌后抗战。以后，皖北爱国老人田丰先生访问新四军，彭雪枫亲自陪同到部队参观，向他介绍共产党的政治主张。田先生深受感动，不顾耄耋之年，毅然参加了根据地的工作。1941年年初，反共军向豫皖苏发起进攻的时候，彭雪枫向当时在豫皖苏根据地的中国国民党革命行动委员会长江支部负责人纽玉书先生，剀切诚挚地说明了顽固派发起的反共摩擦对抗战造成的严重危害。纽先生主持正义，以长江支部名义，发表了对时局的紧急宣言，呼吁团结，反对内战。新四军四师的统一战线工作，团结了各阶层爱国人士，促成军民之间广泛的合作，对坚持抗战和根据地建设，起了很大作用。

新四军第四师在根据地建设中，发挥人民军队的优良传统，利用作战空隙，竭尽全力为人民做好事。每年春天，抽出大批骡马，帮群众春耕，麦子黄熟，帮助农民收麦打场。冬季协助地方训练民兵，举办冬学。他们处处关心民瘼，把群众的事当作自己的事，积极想方设法，解除人民的痛苦。1939年秋，部队驻安徽涡阳县新兴集，当地地势低洼，十年九涝，群众原想挖沟排水，遭到下游人民的反对，为此引起纠纷，连年械斗。彭雪枫派人为上下游群众和解，军民合作，挖了一条几十里的大渠；水患既除，年年丰收。群众为纪念新四军与人民的新关系，把它定名为"新新沟"。1943年，部队驻洪湖之边，滨湖各县有许多河道，夏秋之间，河水泛滥，淹没农田，秋禾歉收，群众深以为苦。淮北行政公署发放贷款，淮北八县人民展开了水利建设，各地驻军立即抽出人力，冒着炎炎烈日，开进工地，帮群众整河修堤。整整 3 个月，军民一起，共整修河道 106 条（段），使 25000 顷农田，免除了涝灾。这一年，淮水猛涨，8 月 18 日，泗南县大柳巷淮河大堤决口，情况紧急。这时彭雪枫正在主持卫生工作会议，闻讯当即率领会议代表奔向大堤抢险。他带头跳入水中，组织人墙；指挥民工，紧张劳作十几个小时，终于堵住了决口，保护了数万人的生命财产安全。1944 年彭雪枫殉国以后，人们为纪念他一生爱民的品德，把这段淮河大堤，命名为"雪枫堤"。新四军和老百姓的这种鱼水深情，表现了人民军队的本色，他们对人民的疾苦，随时随地，尽心尽力，给以帮助。1944 年 7 月，滨湖地区发生蝗灾，大批蝗虫，铺天盖地，吞噬庄稼，毁坏农田，泗南、泗阳、洪泽各县，普告蝗警。区党委发出紧急指示，动员群众扑灭蝗灾，当地驻军急民所急，与群众一起组织打蝗队，两天灭蝗数万担，迅速消灭了蝗灾，保护了庄稼。

淮北新四军，从 1942 年起，根据党中央制定的方针，一面打仗，一面生产。中共淮北区党委决定，主力部队每人每年要生产半石粮、百斤菜；地方部队做到每年粮食自给 3 个月，食油 1 个月。各个部队热烈响应党的号召，开荒种地，下湖割苇，开辟菜园，养猪养鸭。到 1944 年，师特务团生产的粮食基本自给，"抗大"四分校的蔬菜吃不完，供给部养猪除自用外还可部分供应市场；骑兵团在洪泽湖放养了 3000 多只鸭子，时常能吃到鸭蛋。部队生产成绩很大，改善了战士生活，又减轻了人民负担。

新四军的这种爱惜民力、体恤群众困难的精神，感动了根据地的人民，他们决心加紧生产，保证供给，支援新四军，坚持敌后抗战。1943 年根据党中央、毛主席的号召，淮北苏皖边区掀起了轰轰烈烈的大生产运动。各地组织了许多互助组、合作社，组织起来的全劳动力，已有 40395 人，畜力 3322 头，互助合作耕地 28422 亩。互助合作运动，提高了农业生产力，增加了收成，改善了人民生活。每年于夏秋两季，群众欢欣鼓舞，踊跃缴纳公粮，千挑万担，迅速入仓。根据"先部队，后地方，先前线，后后方"的原则，保证了部队粮食供应。在那艰苦的年代，淮北人民为支援自己的军队，曾尽了极大的力量，无论有多大的困难，他们也不声不响地担当在自己肩上。1942 年冬，日寇对淮北大"扫荡"失败以后，又与顽军默契配合，加紧了对根据地的经济封锁，棉布价格猛涨，军需民用都受到影响。6 月，中共淮北区党委发出《关于开展纺织运动的决定》，号召边区人民，自力更生，努力生产。淮北地方银号拨出边币 40 万元，发放纺织贷款。一个群众性的纺织运动，蓬勃展开，许多农民扩大棉田，增加棉花产量，泗宿、淮泗等县一些村镇，不分昼夜，户户织布，家家纺纱，淮北平原，呈现一片热气腾腾的动人景象。至1944年，全边区已有纺车15000辆，织布机900架，生产的棉布基本上保证了军民需要，粉碎了敌伪顽的经济封锁。淮北的大生产运动，从1943年起直到抗战胜利，持续了3年之久。忠厚朴实的淮北人民，坚忍不拔，吃苦耐劳，用自己的辛勤劳作养育了人民的军队，尽最大努力支持了抗日战争。

在根据地建设中，中共淮北区党委在邓子恢的领导下，紧紧抓住了一个中心环节，放手发动群众，实行减租减息。淮北部队抽出大批干部，组织民运工作团、队，协助地方工作。从1941年到1944年，全区减租范围从98个乡，发展到899个乡，减租112100多石，改善了人民生活，振奋了群众抗日和发展生产的热情。在减租减息运动中，大批先进分子被吸收入党，群众普遍组织起来。1944年年底，全区工、农、青、妇抗日救国会员，已发展到100多万人，树立了基本群众的政治优势，巩固了敌后抗日民主根据地，为组织群众大规模的参军运动，扩大抗日武装，打下了坚实的基础。

淮北苏皖边区历年秋冬都组织一次全区规模的参军运动，边区一级建立有扩军委员会，负责运动的组织领导工作。在参军中，严格执行"三不四要"政策，把最好的青年，送到自己的部队去。"三不"是不强迫、不收买、不欺骗；"四要"是成分要好，年纪要轻、身体要强、来历要明。每次参军运动，区党委都要求保证质量，新兵中的党员应占20％。参军运动开始，村村发动，全民动员，参军热潮遍及淮北。动员大会上共产党员带头，青壮农民踊跃报名，出现了许多"母亲教儿打东洋，妻子送郎上战场"的动人事迹。1943年，泗宿县朱湖乡许大娘送儿许均参军，连夜给孩子做了一双鞋，临走时她说："儿呀！穿上娘做的鞋打鬼子去吧，在新四军里好好干，打跑鬼子再回家。"泗南县刘台子刚过门的新娘子，送新郎刘发年参军，路上对丈夫说："你放心去吧，我在家孝顺公婆，积极生产，你走得再远，俺也等你。"新兵入伍的时候，淮北农村，一片欢腾，普遍召开欢送大会，给参军青年戴上大红花；家属上台讲话，勉励子弟，勇敢杀敌。会后男女老少列队大路两旁齐呼欢喊口号，锣鼓喧天，鞭炮齐鸣。新战士骑上高头大马，区长、乡长亲自牵缰，把新兵隆重送进自己的部队。淮北历年都有几千名新战士入伍，走上前线。1944年淮北路东地区一次就有1万多人参军，组建了10个独立团。1945年路西地区，建立了8个县总队（团）。人民的踊跃参军，壮大了自己的队伍，增强了敌后抗战力量。

兵民是胜利之本，是军队力量的根源。当时中共淮北区党委和淮北军区，十分重视民兵建设，1943 年和 1944 年，曾两次召开边区民兵工作会议，总结工作经验，表彰民兵英雄。截至 1944 年，淮北路东已有 10 万强大民兵，路西地区也组建民兵 3 万余人。每次敌人"扫荡"，淮北的主力部队、地方部队、广大民兵一齐出动，把敌人陷入人民战争的汪洋大海，仗打得有声有色。平时，淮北民兵活跃在徐州、蚌埠外围、津浦铁路两侧，来去无踪，神出鬼没，显示了民兵的强大威力。淮泗民兵的地雷，泗南的土炮，洪泽湖上的鸭枪队，宿东、邳（县）、睢（宁）铜（山）民兵的英勇顽强，誉满淮北。1944 年 9 月，4 架日寇飞机被盟国空军击伤 1 架，在宿东小韩家村外降落，宿东民兵立即出动，冒着其余 3 架飞机的扫射，强行夺取伤机。机上 7 个机组人员不敢应战，由 3 架飞机掩护向津浦线逃跑。民兵夺得伤机，缴获 4 门机关炮。任桥车站的日伪军闻讯扑来，英勇的宿东民兵，击退敌人，焚毁伤机，胜利凯旋，受到淮北军区的通令嘉奖。淮北民兵，打击敌伪，保护人民，曾进行过许多英勇壮烈、气吞山河的战斗。1943 年 10 月，徐州东南黄集的伪军 100 多人，到根据地铜山县的王楼抢掠，区长（兼区队长）因事不在，其父与村里另一王姓老人，均已 60 高龄，毅然带领子弟兵，抗击来犯之敌。战斗十分激烈，两老人英勇牺牲，6 名民兵战死；民兵们志如钢铁，意如磐石，大量杀伤敌人，终将敌击溃。淮北军民，共同坚持敌后抗战，用鲜血结下了深厚的战斗情谊。

在淮北抗日民主根据地，部队经常教育全体指战员，要拥政爱民，地方上也经常进行拥军优抗（抗日军人家属）活动。1944 年 1 月，在全区拥政爱民、拥军优抗运动月中，新四军第四师制定了 8 条拥政爱民公约，规定各部队应把拥政爱民作为一项长期的政治任务，努力完成。要经常帮助地方工作，尊重各地抗日民主政府，模范地执行政府的政策、法令，倾听政府和群众的意见，尊重群众风俗习惯，爱惜民力，与群众亲切相处等。彭雪枫师长总结了几年的拥政爱民工作，提出人民的战士要"对敌人如猛虎，对群众如绵羊"，军队应该是"政府的卫队和老百姓的护兵"。当时他写了一副对联，要求各部队写下来贴在俱乐部的墙上，时刻牢记，切实执行。这副对联是"政府卫队，保卫政府，乃是义务；人民护兵，爱护人民，原为本分。"横批"拥政爱民"。在军队进行拥政爱民同时，地方上也热烈地展开了拥军优抗运动。为便利部队作战，成千上万的群众动员起来，参加拆桥破路，把平原上的条条大路，挖成交通沟，密如蛛网，绵延数百里，我军到处可以利用战壕，打击敌人，敌人的机械化部队，则寸步难行。部队作战，农救、青救会员当向导，运伤员；儿童团站岗放哨，查路条；妇救会员到医院洗血衣。军队打了胜仗，群众敲锣打鼓，进行慰问。

部队休整，妇救会的同志，给战士缝补军衣，拆洗棉被。人民对自己的军队，情同骨肉，亲如一家。平时，他们给抗日军人家属代耕代种，乃至修房垒圈，扫地挑水，无不尽力照顾。每年端阳、中秋，干部登门慰问。春节，村里的花灯、旱船，先给抗属演出拜年。抗日军人家属，受到优待、尊重，前方战士解除了后顾之忧，个个龙腾虎跃，英勇杀敌。通过拥政爱民、拥军优抗运动，提高了部队的政治素质和人民群众的觉悟，使军政、军民关系更加亲密无间。

淮北军民进行了长期的敌后艰苦抗战，1945 年 8 月，同全国人民一起，赢得了抗日战争的胜利。1946 年，蒋介石下令向解放区发起全面进攻，中国人民伟大的解放战争开始了。新四军第四师编入华东野战军战斗序列，原淮北津浦路东，先后为华中七地委、江淮二地委；津浦路西先后为华中八地委、豫皖苏三地委和一、二地委一部。淮北人民在解放战争中，对人民解放军在中原发动的陇海战役、许昌战役、开封战役、豫东战役，进行了全力支援。1948 年秋冬，中原、华东两大野战军，在淮北地区共发动了举世闻名的淮海战役。淮北人民迅速动员起来，层层建立战勤机构，提出"一切为了前线"的口号，掀起了支援前线的热潮。人民情绪之高涨，支前规模之巨大，前所未有。广大群众，省吃俭用，把一针一线，一个鸡蛋，一朵棉花，一粒粮食都拿出来，支援了自己的部队，千千万万的妇女，包括五六十岁的老大娘，在后方夜以继日，不顾疲劳，磨面、做军鞋、缝衣服，照顾伤员。青壮年组成担架队、民工团，奔向前方。当时正是严冬，在通往淮海战场的大路、小路上，民工们冒着寒风，脚踏冰雪，不分昼夜，从四面八方，涌向前线。人民战争，气势雄伟，感人至深，难以言表。在这个决战中，淮北路东共出动民工 169 万人次，包括担架 6700 副，小车 30000 辆，大车 990 辆，挑子 18000 副，牲口 2900 头。运送军粮 1800 万斤，面粉 1400 万斤。淮北津浦路西地区，仅豫皖苏三分区就出动民工 580 万人次，担架 61000 副，大小车 13 万辆，牲口 45 万头（次），运送面粉 2 亿斤、柴草 5 亿斤。淮北人民，为淮海战役的胜利，为争取全中国人民的解放，贡献了自己的全部力量。

彭雪枫卓越的军事指挥才能

彭雪枫是抗日战争时期我军年轻的卓越指挥员之一。在我担任淮北苏皖边区行政公署主任期间，他是新四军第四师师长，又是淮北区党委和师军政委员会的主要领导成员之一，淮北抗日民主根据地的开创、巩固和发展是同他的名字分不开的。他的卓越的军事指挥才能，在淮北一次胜利粉碎日寇持续时间最长的大"扫荡"中，表现得尤为突出，尤为出色，使我印象极深，永志不忘。现在回忆这段往事，那次他在泗南县半城（现属江苏省）四师师部召开的区党委和师军政委员会会议上部署反"扫荡"的情形，犹清晰地浮现眼前。

那是 1942 年 11 月上旬的一天，他和师政委邓子恢主持这次紧张而又严肃的会议。会上，彭师长告诉我们，日寇将对我淮北根据地进行一次大"扫荡"。

彭师长说："我们得到情报，敌人已从泗县、宿迁、淮阴、盱眙、五河分五路向我中心区靠拢过来，大约有近万人，包括日寇的精锐部队平林师团。"

邓政委插话说："看来，他们是企图聚歼我主力于洪泽湖沿岸。"

此刻，会议的气氛变得热烈起来。

彭雪枫师长把手一挥，又道："同志们！我们即将对付的敌人不单是伪军，而将是数倍于我、武装到了牙齿的日本法西斯的平林师团。为此，我们决定主力部队先跳出敌人的包围圈，转移到敌侧后，把处于内线作战的被动地位，变为外线作战的主动地位，待敌人挨打疲惫收兵时再集中力量寻机歼灭敌人一路或数路。"

听到这里，我心中一亮：这不正是像孙子兵法中所说的"避其锐气，击其惰归"吗？

1942 年 11 月 15 日，我们渡过成子湖，到了黄圩一带，跳出了敌人的包围圈。彭师长率另一路也南渡洪泽湖。在我根据地只留下了四师九旅的第二十六团并地方武装在内线牵制敌人。几天后，邓政委和我通过电台得知敌人在 17 日进占了半城。

此时的敌人分进合击，到处扑空。在敌人到来之前我根据地的军民已开展了破路运动，并坚壁清野，敌人得到的只是一个个空荡荡的村子。敌人在寻找不着我主力部队、党政机关的情况下，就用烧房、抢掠、杀人来发泄其兽性。我军民实行游击战术，和日寇两日三战。有时候，敌人刚端起饭碗，就突然袭击上去，打一阵机枪，甩几个手榴弹，迫使敌人不得不丢下饭碗，盲目追赶；有时敌人刚躺下，我军民摸上去，东打一枪，西打一枪，牵着敌人一直转到天亮。这样一来，敌虽用聚歼之势，而始终寻找不到突击目标，消耗人力、物力颇多，再加上我根据地内群众人走粮空，敌人不得不自行携带粮食。过了二十几天，敌人已无法维持"扫荡"初期的局面，进入了"惰归"阶段。在这次"扫荡"中敌人吃尽了苦头，有的伪军还为此编了一歌谣："去洪泽湖亮堂堂，拐回来屌蛋精光，谁要再去洪泽湖，男盗女娼！"

　　在敌人进入"惰归"阶段后，我军立即寻找敌人薄弱之据点进行袭击，这其中，留在内线的四师九旅第二十六团于12月7日强袭了青阳镇，激战3小时，在大量杀伤敌人之后撤了出来。这一仗把敌人打疼了，他们拼凑了老本，千方百计寻找该团决战。

　　12月9日夜，第二十六团奉上级命令进入朱家岗，准备配合外线主力拔除敌人设在金锁镇的据点。不料，日寇3个大队加上伪军共1500人，兵分3路，乘夜色悄悄地包围了朱家岗。

　　朱家岗是一个东西走向的稍高于平原的土岗了，上面坐落着曹圩、张庄、孙岗等几个自然村，除了南北各有一条抗日交通沟外，都是一望无际的开阔地。

　　战斗打响了。到10日凌晨5时40分，朱家岗四面都是枪声，当时第二十六团仅有6个连，每连也只有七八十人，面临这种情况，该团团长罗应怀向部队发出了"坚守阵地，战到天黑，等待援军，待机歼敌"的命令。冲击与反冲击、争夺与反争夺，使不到三里长、一里宽的朱家岗烟柱四起，火光冲天。6时20分，天已大亮，但整个朱家岗却隐没在滚滚的烟尘之中。

　　在曹圩北面的交通沟东、西两端战斗激烈，8时许，敌人一个小队进行冲击，五连一排长王康运用诱敌之计，让两名战士隐蔽在交通沟西端的横垛下，将成束的手榴弹盖全部打开，他率领其余战士稍作抵抗，便向后撤。愚蠢的敌人蜂拥冲来，隐蔽在交通沟横垛下的战士突然向敌人猛掷手榴弹，王排长乘势率全排反击，歼敌小队大部。

　　交通沟东端离曹圩只有十几米，在我遭合击后不久，日寇已摸清曹圩是我二十六团指挥机关的驻地，于是敌人集中优势兵力，轮番进攻，企图占领我交通沟东端阵地。战斗中罗团长受了伤，但我军仍旧凭借屋舍、壕沟的掩护同敌人激战。一位名叫余忠献的机枪手就用准确的点射把十几个敌人送回了东洋老家。

　　激烈、残酷的战斗，也在张庄大院进行着。敌人集中了3个中队兵力，连续和我张庄阵地进行了14个小时的冲击，但奈何不了我们的战士。敌人在攻不动我阵地的情况下，又用燃烧弹攻，最后十几个敌人龟缩在一处院墙内，企图在墙壁上挖枪眼向我们的战士射击。我们一位叫戴春涛的副连长率8名战士隐蔽接近那处小院，两人放火烧房，3人封着院门，3人投弹。等到敌人刚挖通一个小洞，他们就向洞内塞进一枚用长棍绑着的手榴弹，敌人跑到院内被我军手榴弹炸得无处藏身，院门又被封锁，只得逃回房内，房子燃烧了，倒塌了，十几个敌人被我军全部歼灭。

就这样，二十六团指挥员面对强敌毫不畏惧，手榴弹、子弹打光了，就用大刀、刺刀，有的大刀、刺刀拼坏了，就用农民生产工具抓钩、铁叉继续和敌人拼杀战斗。到下午4时，九旅韦国清旅长率骑兵部队赶到，敌人开始溃退，到晚10时战斗方告结束。在这场战斗中，消灭了敌人280名，我军牺牲了73名干部、战士。其中，我一营教导员吴承祖在从阵地返回营指挥所向罗团长报告情况时，被敌人一颗罪恶的子弹穿透了胸膛，这位曾当过小学校长的政工干部就这样为国捐躯了。

这场战斗把敌人最后一点气焰打了下去，就像彭雪枫师长事后为死难烈士撰写碑文时提到的，"在33天反'扫荡'全战役过程中，喋血鏖战，惨壮悲烈，惊天地，泣鬼神……"

当我听到胜利的消息后，禁不住额手称庆。

以后，在彭雪枫师长、邓子恢同志指挥下，新四军四师各部队在外线对敌展开猛攻，敌人分几路仓皇撤回徐州老巢，日寇对淮北进行的大"扫荡"从11月13日到12月15日共33天就以失败而告结束，从而人们就把这次反"扫荡"斗争的胜利高兴地称为"33天反'扫荡'"。

我们又重新渡过成子湖，回到了淮北抗日根据地中心区。此后日寇直到它投降前，就没有对淮北发动过这样大规模的"扫荡"，淮北抗日根据地进一步得到了巩固和发展。

解放战争中在华东、中原支前后勤战线上

4 年的人民解放战争的不同时期中，在党中央、中央军委、总前委和华东局、中原局、华北局领导下，我参加并负责组织华东、中原战场部分地区的支前后勤工作。毛泽东说："战争的威力之最深厚的根源，存在于民众之中"。在战争规模巨大的华东战场上，在党的领导下，我军指战员英勇作战，数百万、数十万民工和民兵踊跃支前，取得了一个个战役的胜利，使我更加深刻地认识了这一真理。

华东我军由内线到外线作战，由解放区打到蒋管区，在长达数年的战争中，有近后方，有远后方，也有一个短期暂时无后方（狭义说）。战争所以能够取得胜利，是多方面努力的结果，其中党领导的人民支前后勤工作的配合是胜利因素之一。在整个战争中，支前后勤工作经历了从被动到主动，从小规模到大规模，从单个地区负担到几个地区共同负担，最后到全国统筹支援的规模。

战争中，华东、中原的主战场有五个变化，战争开始在华中；第二阶段移到山东；第三阶段在中原；第四阶段是淮海战役，肃清长江以北的敌人；第五阶段是渡江进军江南。

第一阶段，粉碎敌人的全面进攻（1946 年 7 月至 1947 年 2 月）

这一时期战场基本在华中。先在淮南打响，尔后是淮北、苏中，以后是两淮、涟水、宿北和山东临枣线。这时华中野战部队已有 42000 人，山东野战部队 5 万人，连在胶济线的部队共 14 万人。当时供应对象是按一兵三夫计算。这个时期主要做了三件大事：

（一）进行土地改革，充分发动群众，及时有力地支援战争。战争爆发之初，中共中央华中分局遵照党中央《五四土改指示》，发出了加速进行土改的指示。各地县委坚决执行了这个指示。1946 年 6 月至 9 月，盐阜、淮海、苏中一、二、九分区土改全部完成。淮南三分区只在仪征、甘泉及盱眙一部分地区分配了土地，淮北七分区只在泗南、泗宿、泗阳有些地区进行，其余大部分地区未

动。所有分配过土地的地区，群众情绪高涨，都充分发动起来了。当时完成土改地区的人口有 1400 万，这对支援战争，是一个极其有利的条件。征粮、扩军、敌后游击战争，都能迅速、热烈地开展。当时有些地区单纯进行战争动员，放松进行土地改革，事实证明这样做不行。农民精神很紧张，越动员，工作越不好做。后来改为抓紧土改，结合进行战争动员，这样，土改进行得热火朝天，农民为保卫土改果实、保卫解放区，战争动员进行得很迅速、扎实。战争爆发，苏中泰兴农民提出，一手拿枪，一手拿算盘，白天支前，晚上算账、分田；一部分人上前线，一部分人在村里分田，所以他们的土改、支前工作进行得既快又好。在土改中组织了农民协会，吸收先进分子入党，普遍发展了民兵。假若没有土改、支前，坚持斗争，将流于空谈。

（二）把支前后勤工作由被动转变为主动。战争开始，苏中准备较早，领导态度坚决，土改支前同时进行，相互促进，做到不丢伤员，不缺粮食，不缺弹药，所以部队对苏中群众全力支援战争，印象很好。在淮北，部队遭到困难较多。战局转到两淮、涟水，山东野战军东渡，华中野战军北移，这一个时期华中后勤支前工作曾一度发生某些混乱现象。部队要求很急，地方准备不够，供不应求，也不及时。当时要从苏中、山东运粮来，赶不上，部队到底怎么打法，地方不清楚，显得比较被动。涟水战役是一个转折，此后，建立了支前后勤机构北线后勤司令部；建立了基层支前组织，全面组织了人力、财力、物力，事先集中适当数量的民工听候调用，做到有计划有组织地供应；地方与部队密切协同，统一支前后勤工作计划。采取了这些措施以后，华东的后勤工作，才由被动转变为主动。

（三）协助分局组织了敌后就地坚持斗争。顽军占领华中地区的城镇，野战军北移以后，华中解放区大部分变为敌后。苏中、苏北因为事先有准备，所以能够坚持，广泛开展敌后游击战争。淮北、淮南的地方部队和领导机构一度撤出，后来根据分局指示，又派部队打回去，在极其艰苦的环境中，英勇奋战，恢复和坚持了这些地区的斗争，直到全国解放。

在战争大部分时间里，我是在陈毅和华野前委领导下进行支前后勤工作的。陈毅坚定地执行党中央的战略方针，卓越地贯彻了毛泽东的人民战争的光辉思想。他在统率华东野战军、地方武装和广大民兵痛歼蒋军的紧张战斗中，及时指导我们坚决依靠发动和组织广大群众，完成支前后勤任务，满足前线供应，认真教育部队爱惜解放区的人力和物力，配合全国解放军，去夺取全局的胜利。

1946 年 6 月上旬，蒋介石悍然发动全面内战，开始向我解放区大举进犯，7

月，全面进攻华中苏皖解放区。5月，党的华中分局派我去苏中地区参加土地改革运动。自卫战争开始，华中野战军司令员粟裕、政治委员谭震林，指挥华中野战军进行了"七战七捷"的苏中战役，歼敌6个半旅，约5万余人，极大地鼓舞了解放区军民，树立了自卫战争必胜的信心。当时苏中地区正在进行土地改革，广大农民为了保田保家，一面坚持生产、土改，一面出兵、出粮，组织10多万民工，运送粮、弹、转运伤员，全力支援前线，从人力、物力、财力等方面供应前方，保证了战役的胜利进行，创造了土改、支前、生产三不误的经验，粟裕和谭震林指示我及时传达这个经验，从而大大加快了苏中土地改革的步伐。

当时，野战部队可能随战局发展转移；根据这一情况，粟裕和谭震林指示地方上要在蒋军可能侵占的地区，结合土地改革，进行调查研究，有计划地镇压敌特和暗藏的地主还乡团分子，主动扑灭蒋军推行顽化于未发之前，这样就使解放区军民在主力转移后能够比较顺利地在敌后坚持游击战争。以后苏中各级党委在华中分局领导下，总结推广了在敌人进攻中加速土地改革，结合生产、支前、武装群众坚持地区斗争的经验，对华中全区的工作推动很大。

8月底，陈毅率山东野战军由淮北泗县东移休整。华中分局通知我北返两淮，负责组织北线后勤工作。我当即赶到驻在淮阴、泗阳间的山东野战军司令部陈毅司令员处领受任务，这是陈毅1945年10月从延安回来后我们第一次见面。他看到我很高兴，作了许多重要指示，给我留下深刻的印象。他除了对我说明泗县战斗情况和当时敌情以外，特别强调加快土地改革、发动群众支援战争。他说，人民的支援是战争取胜的重要环节。他谈到淮北部分地区土改运动中由于缺乏经验，曾出现机械阶段论和拖延土改的缺点。我向他汇报了苏中加速土改、组织生产、支援前线的情况。他说，像苏中这样办就好。他还谈到土地改革中，必须团结中农，说邓子恢所提"中间不动，两头平"的方针是正确的，对贯彻执行中央《五四指示》，加快土地改革是有利的。他要我们建立强有力的支前后勤机构，要求地方党政领导搞好土改，发动群众，迅速将人力、财力、物力组织起来，这是首先要做好的。接着，他让山野参谋长宋时轮谈了部队需要供应的若干事项。

我向华中分局邓子恢汇报了陈毅的指示，华中分局作了加速土改、加强支前工作和接敌地区坚持斗争的准备的部署，并由我主持召开了北线后勤工作会议，按陈毅指示作了具体安排。

这时正是蒋介石向解放区全面进攻的初期，作战规模比抗日战争时期大多了，参战的部队也比以前多。过去通常是若干个团联合作战，现在是几十个团协同作战，加之战线不固定，战况紧张多变，保证我军战争需要是多方面的，工作也是复杂的。当时我们在思想上、组织上、工作上准备都很不足，缺乏经验，因而在战争初期，前线供应比较被动，无论在弹药前运、伤员后送或部队交通运输方面，都不能及时地满足部队需要，使我军遇到了一定程度的困难。

为了扭转华中战场初期供应上这种被动局面，陈毅给了有力的指导。他十分注意了解我们的工作情况，认为要抓住华中各地土地改革普遍展开的有利形势，进一步把人力、物力、财力组织起来，按战争需要进行有计划地调度，应选派较强的干部充实后勤机构，组织和带领民工，做好支前工作。为了便于我军机动作战，陈毅还派人送手令给我们，要我们迅速完成盐河架桥任务。陈毅的指示，华中分局的及时督促，是使我们工作由被动逐步转向主动的关键。这时，华中党政工作，在华中分局领导下，迅速地转入了战时轨道。

9月中旬，我军主动放弃淮阴，10月初，华中野战军在完成苏中歼敌任务后，开始北上与山东野战军会师，11月，我军在涟水重创敌七十四师后，在涟水西北陈师庵召开了华中军区和华中野战军的干部会。会上，陈毅作了《华中三个月自卫战争总结和今后任务》的报告，报告充分体现了陈毅远大敏锐的战略眼光，灵活求实的策略思想和满怀信心的革命乐观主义。陈毅号召全军认真学习毛主席制定的"集中优势兵力，各个歼灭敌人"的作战原则，树立高度集中统一的思想，消除由于主动放弃淮阴所产生的埋怨、怀疑情绪。这时，战争逐步向山东解放区中心推移，战线逐步缩短，华中、山东野战军逐步统一于陈毅、粟裕、谭震林同志的指挥之下。为了适应更大规模的作战，我们按照陈毅的指示，整顿了支前后勤工作，健全了华中北线后勤司令部，建立各种工作制度，统一调度淮海、盐阜地区的人力、物力、财力支援前线。山东支前机构也给我们支援了部分粮草和民工，增强了我们的供应力量，这就使我们能够在1946年冬和1947年年初比较充分地供应了宿北战役、鲁南战役的需要。

第二阶段，粉碎敌人的重点进攻（1947年1月至8月）

1947年年初，根据党中央和中央军委的决定，华中野战军和山东野战军合组为华东野战军。陈毅为华东军区、华东野战军司令员兼政治委员、华野前委书记，张云逸、粟裕同志为野战军副司令员，谭震林同志为副政委。

从莱芜战役到南麻、临朐战役，战争在山东老解放区进行，回旋地带比华中大，部队也增加一倍多，达到35万人，据1947年7月份统计，前后吃粮人数达100多万人。华东局根据前一个时期的经验，在部队转移到山东省以后，立即成立了山东省支前委员会，以郭子化为主任，以我、冯平、朱则民等为副主任，建立了前方办事处，委任我为省支委前方办事处主任，随野战军司令部行动。在民工方面组织了常备民工和预备民工，粮食作了三线部署，部队有兵站，民工建立了民站。民兵在支前中发挥了更大作用，莱芜战役出动了40多个团，孟良崮战役使用40多万民兵，沂水坦埠一线由民兵警卫。在几个战役中，民工都起了极大作用。当时陈毅军长写了一篇《如何爱护民工》的文章，对部队、地方，特别是支前后勤工作，具有深刻的指导意义。

1947年年初，我军集中优势兵力，在山东临沂以西地区，发起鲁南战役，首歼蒋军整编第二十六师及第一快速纵队于峄县以东。第二阶段又在枣庄全歼蒋军整编第五十一师。战役期间，山东几十万民工奋勇支前，但对"民夫"这个旧社会因袭下来的称呼，群众很不满意。陈毅知道后，立即电示："民夫"是剥削阶级、旧军队奴役人民的称呼，以后要改称"民工"，从此，就没有人再称"民夫"了。

鲁南大捷后，我山东及华中野战军在临沂地区集中休整。华东主要战场转移到山东境内，这时蒋介石误认为我军续战能力不强，匆忙制定所谓"鲁南会战计划"，在陇海线和胶济线调来29个旅（师）的兵力，南北对进，妄图逼我在临沂附近决战。

经过7个月的战争锻炼，华东党政军各个方面的工作都取得了显著进步，同时由于教育不够，在部分干部中也滋长了骄傲情绪和部分部队中纪律松懈现象。因战场扩大，华东解放区缩小一半，山东人民负担相应加重。鉴于这些情况，华东局领导党政军采取一系列措施，向干部传达了党中央指示，动员全党全军为迎接中国革命新高潮的到来，为争取革命战争的胜利而斗争，号召山东人民再接再厉全力进行土改、生产和支前，加强发展民兵工作，保卫解放区和土改成果。

华野前委在临沂附近召开了干部会议，陈毅在会上作了《一面打仗、一面建设》的报告。报告强调指出，必须建立整体观念，实行高度集中统一的指挥，要贯彻人民军队的建军路线，加强党对军队的领导；强调提高全军的群众观点和纪律观念，积极参加农村土改斗争，进一步加强军民团结；实行以战养战，明确树立我们的兵员、武器、弹药取之于敌的思想，反对任意损坏缴获物资的倾向；实行以战养战，以战教战，打一仗，进一步。

针对敌人进攻临沂的部署，中央军委和毛泽东作了相应指示。华野前委决定诱敌进到适当地点，选其突出的一路聚而歼之。全军为此进行了各种准备。

1月底，徐州以东陇海线之敌北犯，李仙洲集团自胶济线南犯，企图在沂蒙山区与我主力决战。毛泽东指示，敌人越深入越好，我们打得越迟越好，不求急效，必要时可放弃临沂。华野前委建议，甩开陇海之敌，置蒋军重兵于无用之地，我军从速挥戈北上，求歼南下之李仙洲集团。经毛主席同意，华野除以两个纵队在临沂附近阻击南线之敌外，主力于2月中旬冒严寒兼程北上，日行百里，全速前进。山东省支前委员会，一面电示鲁中区党委动员广大群众全力支援部队，一面急调已在临沂地区集中的支前队伍，掉头北上。一路上，广大群众情绪热烈高涨，保证了我军在长途行军中的供应。地方武装、民兵协助侦察敌情，封锁消息，保证了野战军的隐蔽开进。由于人民群众的支援和警戒，当时几十万人的大部队向北移动，敌人一点都不知道。蒋介石错误地判断我军将要西进，督令北线敌军迅速南下，等到北线敌人发觉时，我大军已到了他们面前。

2月19日，我主力部队合围李仙洲集团于莱芜地区，20日全线进攻，23日全歼该敌，毙伤俘敌6万多人，活捉了李仙洲。

莱芜战役中，山东省解放区人民在战区紧急多变的情况下，经受了考验。在前线服务的民工达60多万，鲁中的党政军民更是全力以赴，迅速为我军几十万人组织了粮草供应，出动了40多个子弟兵团参战，有力地配合野战军作战，保证了战役的胜利。部队每到一地，老乡们纷纷送粮、做鞋，家家户户为战士们烙做各种各样的煎饼，有山东老百姓喜欢吃的大米煎饼、小米煎饼、玉米煎饼、小麦煎饼和高粱米煎饼。当时人民群众热烈支援前线的情景，至今仍令人难忘。

莱芜战役后，蒋介石已无力进行全面进攻，被迫对陕北、山东实行重点进攻。自我军主力北移山东，华中地区暂成敌后，整个华东解放区缩小了一半。解放战争的规模越来越大，山东人民负担加重了，这样，战争向我们提出了一个长期坚持的问题。

遵照党中央的指示，华东军区和华野前委于3月中旬在淄川大矿地召开了干部会议，传达中央和华东局的指示，总结莱芜战役的经验。在此期间，还分别召开了政治工作、参谋工作、后勤工作会议，全军进行了紧张的整训。会议上研究了山东战场我军作战的需要和山东解放区人力、物力、财力长期供应的可能性，以及如何继续贯彻"一面打仗、一面建设"的方针。当时我军高度集中，已有大兵团作战经验，装备有了改善，战斗力显著提高。按照当时我军战时的口粮标准（每人一个月45斤）和战时的民工需要（一兵三工）计算，山东解放区支前的人力和物力仍然是比较充裕的。虽然解放区还存在困难，只要做好工作，坚持长期斗争，粉碎敌人进攻是可能的。陈毅嘱我按照前委讨论决定的精神，以陈、粟、谭的名义起草了向党中央毛主席反映情况的电稿。

当时代表华东局主持和领导后方动员、组织和调度解放区人力、物力、财力支援前线工作的是饶漱石、张云逸、邓子恢、张鼎丞、曾山等同志，他们从多方面为我军战胜敌人创造了物质条件。山东省解放区当时最重要的是加强战争动员和组织工作，在全党、全军、全解放区人民中确立自力更生、长期打算、以战养战，增产节约、全力支前的观点，加速土改进程，不失时机地发展生产，使土改、生产、支前紧密结合，在广大农民获得土地和发展生产的基础上，科学地组织支前力量，做到支前人力、物力不枯竭，源源不断地供应战争的需要，改善解放区大多数人民的生活。

根据华东局和华野前委的指导思想和具体指示，我们及时地改变了前一时期单靠就地取给、就地供应的办法，决定在全解放区范围内，统一计划、统一调度，把分散的人力、物力组织起来使用。为适应战争情况和任务多变的特点，我们实行了常备民工、二线民工和三线临时民工相结合的完整体制，粮食补给也按照战局的可能发展作了三线部署。野战军各部队按需要配备一定数量的随军民工，军队打到哪里，常备民工就跟到哪里，机动灵活，在战场上发挥了重要作用。此外，在地方上，准备了二线民工，战区组织临时民工就近服务。陈毅为此曾专门写了文章推广常备民工制的经验。

在支前力量使用上，实行合理负担和厉行节约的政策，有计划地动员民工，组织支前工合理负担，充分动员男女整半劳动力参加生产，给缺乏劳动力的军属、工属代耕代种，做到生产、支前两不误。这对于部队在前线安心打仗，减少前线民工的后顾之忧，关系很大。我们还注意了在努力增加粮食生产的同时，做到严格制度，按照实际需要，要民工、领粮食、领物资，反对浮报冒领，能够少要就少要，保持一定的机动数量，保证战争的正常供应。

陈毅、粟裕、谭震林和前委的其他领导同志都强调整顿和加强部队纪律。地方上发动拥军优属运动，部队同时开展了拥政爱民运动，号召全军爱护解放区的一草一木，爱惜人力物力，适当减轻人民负担，加强军民团结，坚决贯彻以战养战的方针。

5月中旬，蒋军以自诩为五大主力之一的整编第七十四师张灵甫部为骨干，猖狂进犯鲁中山区，其中七十四师突出于左右友邻之前，直逼我坦埠前沿阵地。当时，陈毅和华野司令部驻在坦埠东北之西王庄。那时王庄山沟中桃花盛开如海，陈毅非常高兴地与张茜、陈士榘和我一起在桃花丛中照了相。他非常风趣地把七十四师比作"喂肥了的猪",说"喂肥了的猪自己送上门来,好极了!"提出了"活捉张灵甫"的口号,发起了孟良崮战役。粟裕辅助陈毅指挥了这个战役,一举全歼七十四师三万多人。

战役期间,对鲁中及其他各地的支前力量,作了一次大检阅。那时有 7 万随军民工,15 万二线民工,69 万临时民工组成庞大的支前队伍,不顾敌机敌炮的袭击,日夜不停地抢运伤员,赶运粮食、弹药,保证了战役的胜利、我军在七十四师进犯时,我解放区实行了彻底的空室清野,敌军每到一处,找不到吃的,找不到人,一筹莫展,进退两难,结果被我军层层包围起来。这时,战区人民迅速赶回来,参加支前后勤工作。

孟良崮战役,于 5 月 13 日发起,到 16 日结束。我当时对这一战役的壮观的胜利场面写了一首小诗①:

> 窜犯马山气何雄,睥睨坦埠似掌中;
> 哪知奇师间道出,勇士围歼奏肤功。
> 空心战术空心死,重点进攻重点终。
> 一等蒋军原如此,行见美蒋哭技穷。

这首诗我写在笔记本上,陈毅在开会时看到了,立刻提笔给我作了修改,"空心战术空心死,重点进攻重点终。"这一联就是他改写的。这正好抒发了陈毅全局在握,克敌制胜的革命豪情。

1947 年 6 月,华野前委任命我为华东野战军第二副参谋长兼后勤司令。

1947 年 8 月,华野在基本上粉碎蒋军在山东的重点进攻后,主力组成外线兵团,转入外线作战。9 月,刘邓大军(即刘伯承、邓小平领导的中原野战军)渡过黄河,跨越陇海路挺进大别山区,揭开了我军大反攻的序幕。华野外线兵团由陈毅、粟裕率领挺进鲁西南,南下豫皖苏,配合刘邓大军作战。

为了解决由内线作战转入外线作战远离后方所产生的难以保证正常供应的困难,我们按照陈毅和前委的指示,动员和组织全军人人都做后勤保障工作,每人携带一至三天的口粮,携带一定基数的弹药;认真搜集战利品,坚决贯彻以战养战的方针,"一切缴获要归公"。做到在一般情况下不缺口粮、不缺弹药。各级部队都组织工作队(小组)自己筹粮筹草,发动群众参加解放区建设。毛

---

① 本诗经作者多次修改。本文所引诗,以作者健在时最后一次公开发表为准。——本文集编者

泽东指示："把战争后方放在广大人民群众之中，依靠群众解决困难。"

在部队遇到难以保证正常供应的情况时，华东局在陈毅、张云逸、邓子恢、曾山同志倡导下，曾经及时地采取紧急措施，渡过了难关。1947年8月，我军转入战略进攻，南下豫皖苏边区。南下途中，有两件事粟裕给我印象很深：

一是关于精简野直机关人员给夏光、王德、刘先胜和我的信，信中说：

野直太庞大，昨晚常备行军，即混乱不堪，如将来战略行军或战争转移更麻烦，甚至有危险。兹特提出如下意见以供整理参考：

1. 继续精简充实战斗连队。但精简要能收效，必须精简干部，才能精简杂务人员，以充实连队。

2. 各部门工作杂务人员，应首先定出其每人每日应服务多少时间来定数额，不能先定数额就去工作，否则人多事少，并应尽量提高其工作效率。

3. 供给部无东西可供。除少数会计人员外，其余可分散到当地各分区埋伏，既可减少庞杂，又可使他们与地方联系，而进行一些购制补给品工作。

4. 卫生部之医院，亦可分散设于各分区接收伤员，仅要其负责人及转运站随队行动即可。

5. 政治部人员除分到各分区外，可抽出一批组织民运队，准备随各分遣队（拟派一、四纵出去任分遣）行动，以便进行群众工作。

6. 以后直属队以及各纵队出发，应严密地定路线及分梯队出发（如一大队七时出发至八时走完，二大队八时出发至八时半走完），以人数多寡定时间长短，以免拥挤与疲劳。

以上各点供参考，如同意，请计划行之。

粟裕　十七日上午

这是粟裕在战争中考虑问题周密细致、从严治军的一个范例。

另一件事是同年9月7日，粟裕关于沙土集战役给我的信。沙土集战役是我华野外线兵团转入战略进攻后的第一仗，经两天战斗，全歼蒋军五十七师，打开了南下的通路。

粟裕给我的信上说——

刘参谋长瑞龙同志：

　　我们正包围攻击五十七师于沙土集、双庙及其以北地区，但参战部队除六纵有迫击炮弹外（十纵任钳制），其余均无炮弹，对作战影响甚大。而此战又关系我军今后之能否在鲁西南站脚的重大关键。因此，请尽一切努力，迅速将迫击炮及山炮、六〇炮弹往前送，越快越好，越能往前送越好，望切实办到，万勿延误，至盼至盼。

　　并致

敬礼

　　　　　　　　　　　　　　　　　　　粟裕　9月7日晨

信后又附具体指示说：

　　迫击炮弹不必全部发光。给一、三、四、八纵每门炮配四十至五十发即可，多余的炮弹暂留河北。手榴弹每人发四枚，余数亦存河北岸，各色子弹则可全部发完。炸药如到得多，则每纵可发五千斤，否则按已到数平均分发。小炮弹每炮限三十发，余数暂存。六〇炮弹可全部发出。

　　我接指示后，立即调用一切运输力量，如数将弹药迅速运到前线，满足了战役的需要。

　　这件事，给我很大教育，使我感到粟裕不仅从战略上部署战役，而且善于切实从事战役的组织和指导，随时了解战役的补给情况，发现问题及时采取有力措施，迅速给予解决。

　　由于华东党政军系统坚决实行了精简编制，调整供给标准，清理资财三大方案，在全党全民中开展了生产救灾运动，战胜蒋灾、天灾，保证了前线的需要。

第三阶段，进军中原，在豫皖苏地区（1947年9月至1948年7月）

　　我军转入进攻，内线外线协同作战，配合友邻创建了中原解放区。这时主要战场在中原，其次在胶东、苏北和江淮地区。

　　我华东野战军进入豫皖苏地区时，当地已有中共豫皖苏区党委、军区、行署，吴芝圃任区党委书记、军区政委、行署主任，张国华任军区司令员。豫皖苏区当时有三个专区的人民政权和2.5万人的武装力量。这里大部分地区长期处于敌人的统治下，反动势力较强，豫皖苏地区的部队和人民曾经顽强地坚持了敌后游击战争。我军遵照党中央首先肃清敌地方武装，摧毁反动政权，大力发动群众，发展人民武装的指示，以纵队为单位，在地方武装配合下，扫荡敌保安团以及其他土杂部队。到10月中旬止，攻克县城24座，解放了广大乡村，歼敌1万多人，基本上摧毁了敌人的统治；与刘邓、陈谢两支战略部队一起，在中原构成了"品"字形的有利势态。

此后，我军除继续分兵清剿敌土杂武装，开展地方工作外，还辗转破击平汉、陇海、津浦三条铁路，剥夺敌依托铁路机动的有利条件，将敌注意力吸引到铁路上来，减弱其黄河防御，以利我军与华北、山东后方建立联系。

华野前委为了在豫皖苏大量歼敌准备战场，在豫皖苏区党委内组织财经办事处，前委指定我兼任财经办事处主任，有意识地解决了几个问题：

1. 建立独立自主的金融阵地，只用我们自己银行的票子；

2. 恢复和发展解放区经济；

3. 精简节约；

4. 全党当家，克服无组织无纪律现象；

5. 组织供应战争的勤务：组织支前队伍，粮食供应等，强调将战争观念与群众观念结合起来。

1948年5月，党中央决定陈毅到中原局、中原军区工作；粟裕任华东野战军代司令员、代政治委员。同年6月，粟裕指挥了豫东战役，在中原野战军密切协同下，攻克河南省会开封，接着围歼援敌于睢杞地区。在紧张的战斗中，我军处境异常艰苦，粟裕和前委向全军指战员发出"咬紧牙关，坚持下去，为争取此次战役圆满胜利而战"的号召。在前委的坚强领导和战时政治工作的有力保证下，我军指战员发扬不怕疲劳、不怕伤亡、连续作战的光荣传统，克服种种困难，终于取得了豫东战役的胜利，共歼敌9万余人，俘敌兵团司令区寿年。

豫东战役是我军在外线战场上进行的一次大规模的攻城打援之战。这次战役中，我军大大发展了攻防作战能力，歼敌数量由过去一次战役歼敌一个整编师增加到两个整编师以上的集团，对被围歼的敌人已可形成火力优势，协同作战的范围和规模，持续作战的时间和能力，战斗剧烈的程度，都超过华野以往进行的各次战役，显示了我强大野战兵团的威力。豫东战役是一场大仗、硬仗、恶仗，这次战役的胜利来之不易，它是全体指战员坚决执行中央军委和毛泽东的英明决策，英勇奋战，以鲜血和生命换来的，是华东野战军和中原野战军主力以及冀鲁豫军区和豫皖苏军区参战部队，在广大人民群众的全力支援下协力作战的结果，是人民战争的伟大胜利。

豫东战役的胜利，使中原、华东战场形势出现了新的有利于我军的转折。以后，华野外线兵团同山东、苏北兵团会师，粟裕和谭震林一起，指挥了济南战役，歼敌 10 万余人，攻克山东省会济南，使华东、华北两大解放区连成一片。

第四阶段，淮海战役（1948 年 9 月至 1949 年 1 月）

淮海战役是中国人民革命战争史上歼敌最多的一次战役。党中央的战略决策，总前委的具体指挥，参战部队的英勇奋战，是取得这次战役胜利的根本因素。在战役中我还深深体会到，中原、华东、华北三大解放区人民的全力支前，是我军取得这次决战胜利的重要保证。

淮海战役是逐步发展形成的，先是消灭了黄百韬兵团，以后随着情况的变化，逐步发展成横跨中原、华东两大战略区的南线战略决战。战役共分三个阶段，即首歼黄百韬，次歼黄维，再歼杜聿明，直至取得战役全胜，把敌人主力消灭于长江以北。辽沈、平津、淮海三大战役的胜利，为我军渡江作战，推翻蒋家王朝，解放全中国，奠定了坚实的基础。

1948 年秋，我在中共豫皖苏分局担任财经办事处主任。10 月，奉命调回华东野战军工作。因陇海铁路郑州至徐州段被敌人隔断，我只好绕道豫西、晋东南、冀南、冀鲁豫解放区回山东。10 月 15 日，先由许昌去郏县，向中原局陈毅、邓子恢汇报了豫皖苏地区情况和今后支前后勤工作的意见。10 月 29 日，我到了华野指挥机关所在地山东曲阜，粟裕代司令员向我传达了中央军委关于淮海战役的作战方针和刚结束的华野前委扩大会议精神。张震副参谋长介绍了军委副主席周恩来派军委后勤部长杨立三，来曲阜研究部署淮海战役后勤工作和支前工作的准备情况，我即和喻缦云参加了华野后勤司令部的领导工作，分任正副司令。

那时，前线捷报频传，济南、锦州、长春、郑州、开封相继解放。辽沈战役结束以后，全国军事形势发生了根本变化，进入了一个新的转折点，我军不仅在质量上占有优势，在数量上也已占了优势。在华东和中原战场，豫东、济南战役以后，山东全部基本解放，中原、华东和华北解放区连成一片，我军战斗力和解放区人力、财力、物力都大为增强，创造了南下歼敌的基本条件。连同华北、西北我军的胜利，正如毛泽东主席所说："只需从现在起，再有一年左右的时间，就可以将国民党反动政府从根本上打倒。"在胜利的形势下，人们无不欢欣鼓舞。

淮海战役是敌我在江北的重兵决战，我军参战兵力、装备、物力、财力均不占优势，加之，徐州之敌是三大战役中唯一能够得到敌后方直接补给的力量，这就决定了战役中我支前后勤任务的艰巨和繁重。

党中央、中央军委、毛泽东主席十分重视淮海战役的人民支前和部队后勤工作，战役发起前就一再指示做好充分准备；战役发起后又要求"华东、华北、中原三方面，应全力保证我军的供应。"

11月中旬，党中央、中央军委决定由邓小平、刘伯承、陈毅、粟裕、谭震林五同志组成淮海前线总前委，以邓小平为书记，统一领导指挥华东、中原两野战军，以徐州为中心，与蒋介石最大的战略集团进行大规模的决战。总前委正确、适时地指导了淮海大战的支前后勤工作。

战役第一阶段结束以后，军委、毛主席立即指示："必须准备全军部队及民工一百三十万左右，三个月至五个月的粮食、弹药、草料，十万至二十万伤员的医治"，"对于人民，必须实行耕战互助的方针"。以后，中央军委又在河北平山县西柏坡召开了全军后勤工作会议。党中央、中央军委的关怀和正确领导，是推动战役后勤保障工作的关键。

淮海战役规模空前，支前后勤任务异常繁重，总前委、中原局、华东局、华北局加强了战役支前后勤工作的领导，统筹动员组织人力、物力、财力，一切服从前线需要。中原、豫皖苏、豫西、中原军区、中原野战军；华东、华中、江淮、鲁中、渤海、胶东、华东军区、华东野战军以及华北冀鲁豫，都抽调大批得力干部，建立和健全了支前后勤领导机构，制定了各项政策措施，发出紧急动员令，号召全体军民，集中一切力量，支援淮海大战。

各地对民工的组织、管理、调配、服务、轮换、供给以及政治工作，都作了部署。各地民工队伍的组成，一般照顾到地区情况，由村、乡、区、县、专区，分别组成小队、分队、中队、大队（团）、支队不等。各级民工队伍，由党政主要干部带领。民工队伍已按任务，区分为归属部队领导调度使用的3个月以上的随军民工（一般每个纵队配备担架、挑子各500副，约3600人的一至两个随军担运团），归属支前机关直接掌握的服务一个月以上的二线转运民工，归各地政府领导在当地完成各项临时运输任务和修桥、筑路的后方临时民工。

为了加强运输供应，我军后勤部门和各地支前领导机关，选定了十几条水陆交通运输干线，根据战役的需要和发展，设立了兵站、粮站、民站、油盐供应站、伤员转运站、野战医院和后方医院，组成了一个庞大的运输供应网。

为保证前后方运输和通信联络畅通无阻，发动后方人民大力抢修运输线，解放军打到哪里，就把公路、铁路修复到哪里。随着战役的发展，各地迅速修通了道路、桥梁，从四面八方延伸到前方，津浦、陇海、平汉、胶济铁道逐段提前通车，架设长途电话线路 1000 多公里。

一场大规模的群众性支前运动，在苏鲁豫皖冀五省，东起黄海之滨，西至豫西地区，北自山东渤海，南达江苏长江北岸的纵横两三千公里、人口 9000 多万、面积 35 万平方公里的广大地区内，轰轰烈烈地展开了。这一地区包括当时中原的豫西、豫皖苏，华东的胶东、渤海、鲁中南、苏北、江淮、华北的冀鲁豫共八个战略区，和济南、潍坊、郑州、开封、洛阳，以及在战役中解放的徐州、商丘、连云港等大中城市。在这约 35 万平方公里的土地上，从后方到前方，从农村到城镇，男女老幼齐动员，家家户户忙支前，一切为了胜利，已成为千百万人民的自觉行动。许多党员、干部、劳模带头报名，父子、兄弟争着上前线，丈夫奋勇支前，妻子在后方努力生产；保证支前、生产两不误，各地的模范事迹层出不穷，人人都在为争取这次决战的胜利，奉献自己的力量。规模空前的淮海大战，展现出一幅波澜壮阔的人民战争的宏伟图景。

11 月 6 日，淮海战役打响，这是战役的第一阶段。华东野战军粟裕代司令员原设想歼灭淮阴到海州之间的敌军，攻占两淮（淮阴、淮安）和海州、连云港，所以称为"淮海战役"。这一设想得到中央军委的批准和中原野战军刘伯承、邓小平、陈毅、李先念等同志的支持。毛主席亲自制定了《关于淮海战役的作战方针》，提出了集中兵力歼灭黄百韬兵团的任务。华东野战军执行这一作战方针，获取大胜。至 22 日，经 15 天激战，在徐州以东的碾庄地区，全歼敌第七兵团黄百韬等部 17 万余人。

当时华东野战军指挥机关驻临沂。这是我第二次来临沂，第一次是 1947 年 1 月，由华中转移到山东。这次重返临沂，我军已以排山倒海之势，威逼徐州，发起了巨大的淮海决战。革命形势的发展，激荡起积郁大舒的心情。9 日，与鲁中南负责同志研究了该区支前工作。后经郯城、新安镇于 16 日到达宿迁，宿迁原属淮北根据地，我曾在此工作多年，此次随大军凯旋，备感亲切。在这里，与华中工委书记陈丕显、江淮区党委书记曹荻秋，共同研究了我军在追歼黄百韬兵团作战中，急需从华中地区筹措粮草、增调民工、延伸交通运输干线、增设供应线和健全支前机构等项工作，取得了一致意见。

中原人民全力支援中原野战军，解放了商丘，攻克了宿县，迟滞了敌黄维兵团的东援，阻击了蚌埠北援之敌，有力地协同华东野战军完成了对徐州敌人的战略包围，切断了敌人的补给线。

战役的第一阶段，由于战前准备充分，粮食、弹药、被服等军需物资比较充裕，部队的后勤供应和伤员转运，初期均未遇到太大困难，只是在战役发起后，我军进展的顺利出乎预料，预设的粮站、兵站、医院被远远地甩在后面，小车、挑子、担架队赶不上急行军的部队，一时粮食供应问题十分突出。后经过迅速调整，到 10 月 11 日黄百韬兵团被包围在碾庄地区时，各方面的供应都跟上来了。此役十万余支前民兵，数十万二线转运民工和广大后方临时民工，历尽艰辛，克服困难，担负繁重的战勤任务，保证了战役第一阶段作战的胜利。

黄百韬兵团被全歼以后，由豫南赶来增援的黄维兵团，在安徽宿县西南双堆集地区陷入我中原野战军的包围。蚌埠、徐州之敌南北对进，妄图解黄维之围，都遭我华东野战军的坚强阻击。徐州杜聿明集团南援不成，放弃徐州向西南逃窜，又被我华野包围于河南永城和江苏肖县（现属安徽）之间的陈官庄、青龙集地区。遵照中央军委指示，采取消灭黄维兵团、围住杜聿明集团、阻住蚌埠北援之李延年、刘汝明兵团的方针，对敌实施连续作战。从 12 月 3 日夜至 15 日，中原野战军浴血奋战 12 天，全歼敌黄维兵团和由徐州西逃的孙元良兵团共 12 万余人，生俘黄维。这就是淮海战役的第二阶段。

在战役第二阶段中，由于战线迅速西移，战役规模扩大，两大野战军集中在豫皖苏三分区一个地区作战，军需供应物资陡增，山东、华中所筹粮食离战区很远，一时难以运到。华北局立即要冀鲁豫调拨粮食一亿斤，中原局也要豫皖苏大力筹粮供应前方，同时豫西、渤海也很快起运军粮，华北、华东调来大批弹药。中原局邓子恢、李达得知徐州敌人西逃，立即给华野送来中州币（豫皖苏地区名为"中州地方银行"发行的货币）两亿元，并在郑州、开封收集现粮，车运砀山。战役在豫皖苏地区进行，他们动员全区人民，不惜倾家荡产，支援淮海大战，及时向前运送粮草、油盐、服装。我军后勤部门迅速组织济南、徐州、开封、郑州赶制大批军衣、军装赶送前方，同时赶修交通干线，组织了火车、汽车、民船运输，增设了兵站、粮站、民站、医院和转运站。经过各地紧急动员，一齐努力，前方供应才有所缓和。

百万民工从四面八方汇集战场，他们来自不同地区，穿着不同服装，操着不同口音，但大家都怀着一个共同信念，保证供应，全歼敌人。当时我们缺乏现代化交通工具，主要靠人背、肩挑、担架抬、小车推、牛车拉、骡马驮，民工们冒着枪林弹雨，顶着风雪严寒，日夜奋战在运输线上，那壮观的场面，十分感人。陈毅《记淮海前线见闻》的诗词，真实再现了当年人民支援前线的壮丽情景：

> 几十万，民工走不通，
> 骏马高车送粮食，
> 随军旋转逐西东，
> 前线争立功。
> 担架队，几夜不曾睡，
> 稳步轻行问伤病，
> 同志带花最高贵，
> 疼痛可减退？

部队连续作战，伤亡不断增加，急需兵源补充，解放区人民响应党提出的"到前线去，到主力去！"的伟大号召，鲁中南、渤海、胶东14个地方基干团（25000名）开赴前线。各地掀起参军热潮，渤海16000名青壮年入伍，胶东万余名子弟兵待命出征，豫西6000名新战士参加主力。新兵源源补充前线，我军愈战愈强，战役前后，仅山东省就动员168000名青壮年入伍。整个解放战争期间，山东解放区共动员58万人入伍。

各地民兵积极配合部队作战，在后方保卫生产，肃清土顽，保护交通，维护社会治安；在前方押解俘虏，捕捉散兵；成了野战军的有力助手。豫皖苏夏邑县王楼乡200余人的民兵担架队，一天夜晚发现一股逃敌，他们机智勇敢，一拥而上，全歼逃敌，俘敌团长以下400余名，缴小炮1门，机枪5挺，长短枪200余支。敌四十一军中将军长胡临聪，在全军覆灭时化装成商人潜逃，被我豫皖苏民工俘获。敌人完全陷入了我人民战争的汪洋大海中。

12月1日，我军解放战略要地徐州，缴获敌人的170门火炮和大批弹药、被服装具，立即供应前线。广大工人、市民迅速动员起来，组织100多辆私营汽车，数以千计的平车、马车，投入支前行列；铁路员工和铁路沿线农民不到20天就修复了铁路线，以徐州为中心的津浦、陇海铁路干线，东到新安镇，西迄洛阳，南抵宿县，北达济南，很快通车，大大加快了支前物资的运输。徐州的公私医院，迅速担负起接受伤员的任务。解放了的徐州，很快成了支援我军作战的重要枢纽和基地。

在前后方人民的全力支援下，淮海战役第二阶段胜利圆满结束。

全歼黄维兵团以后，战役进入第三阶段。我军对被包围在陈官庄地区的杜聿明集团（邱清泉、李弥两个兵团）暂缓攻击，转入战场休整。

战役进入第三阶段，雨雪交加，部队需要筹足过冬粮草。道路泥泞，运输方法落后，粮食供应出现了一些问题，需要各地区统一筹划。我和华东支前委员会主任傅秋涛向粟裕报告了这一情况。粟裕 12 月 15 日报告中央军委，建议召开一次包括华东、中原、冀鲁豫、华中四方面代表参加的联合支前会议。中央军委 12 月 20 日指示总前委，同意召开这次会议，解决支前工作中的具体问题。总前委派我具体负责筹备。会议于 12 月 26 日至 29 日在徐州召开，总前委指定我出席，会议由我和傅秋涛轮流主持。

经过四次讨论，会议协商了共同支前方案，明确了四个地区的分工。决定战场的东南两面归华中区负责供应；战场的北面由山东供应；战场的西南面由豫皖苏供应。此外，冀鲁豫区调小米一亿斤作为后备，由华东支前委员会统一调度。会议对粮食、民工问题，交通问题，战场六种流通货币的币值统一问题，部队元旦、春节的供应问题，以及部队南进时支前领导机构的组织形式等问题，都交换了意见，提出了建议。

1949 年 1 月 3 日，我返回华野指挥机关所在地蔡洼，向华野前委汇报了会议情况，向总前委写了书面报告。10 日，接到总前委书记邓小平给我的复信：

> 送来联合支前会议各件，均已阅悉。我们完全同意该会所作各项决定，请即依照执行。

淮海决战，数百万民工踊跃支前，英雄事迹感人至深。宿迁县太兴区千余民工，推着 907 辆粮车，在风雪中跋涉，木轮车陷在半尺深的泥土里，他们四、五个人一辆车，连扛带拉，棉衣被汗水雪水湿透，连续过几个淤泥荡，有时一天只吃上一顿饭，奋战 4 昼夜，行程 400 里，把 9 万斤大米，全部运到部队。风雪中粮车上没有防雨用具，许多民工脱下蓑衣、棉袄盖上，自己穿着单衣，顶风冒雪推车前进。冀鲁豫区东明县担架队转运伤员时，遇敌机轰炸，4 名民工扑到伤员身上掩护，他们宁愿牺牲自己，也不让伤员二次负伤。结果一个民工受伤，保护了伤员安全。济南战役时，奖励某地民工每人两包饼干，民工都不舍得尝，带到淮海战场，留给伤员吃。伤员不能动，民工们就用自己的茶缸、水瓢给伤员接大小便。这些可歌可泣的事迹，至今念及，仍令人感动不已。

各地民工、民兵组织，贯彻了党的"把支前民工队当成学校办"的方针，建立了党的支部和政治、文化学习制度，民工们提高了政治觉悟，许多先进分子被吸收入党，提拔成干部。胶东、渤海在 6 万常备民工中，发展党员 7259 人，提拔干部 2046 人。许多民工队伍中建立的党支部，形成了团结战斗的坚强堡垒。民工队伍中，还开展了立功创模活动，渤海一专区担架团随军服务 8 个月，征战一万余里，全团 90% 以上立功，荣获奖旗 66 面，华东支前委员会授予"模范担架团"的称号。人民支援了战争，战争教育锻炼了人民，又赢得了战争的胜利。

12 月下旬，连降大雪。我军阵地上粮弹充裕，兵强马壮，士气高昂。元旦，战士们每人收到一份经中央批准慰劳的年礼：一斤猪肉，五盒纸烟。同时每个战士都得了一个后方人民送来的慰问袋，有的装有军鞋，有的装有花生、红枣、慰问信。而近在咫尺的敌人，却是士气颓丧，粮尽弹缺，已到山穷水尽的地步。我军对敌展开强大的攻心战，向敌喊话："国民党军兄弟们，过来吧，解放军宽待俘虏，大米饭、白馒头尽你们吃"，这样，人民支援的大米、白面、热包子、肥猪肉，也成了直接打击敌人的武器。许多饥寒交迫、嗷嗷待毙的蒋军官兵，舍命逃出活地狱，投向我军阵地，20 天内自动来降者达 14000 余人，相当于敌人两个师的兵力。

战役最后阶段，前方我有 60 万大军作战，百万常备民工支前，加上 6 万多起义、投诚人员，32 万多俘虏和被我收容的 10 余万敌军伤兵，前方吃饭人数总计 200 多万。我参战部队与前后方支前民工比例，接近一兵十民，大大超过了战役初期一兵三民的概算。由于后方的全力支援，民工们的日夜赶运，到战役结束时，前方尚剩有粮食 1.4 亿斤。

1949 年 1 月 6 日到 10 日，华东野战军在中原野战军的配合下，在永城东北青龙集、陈官庄地区，全歼杜聿明集团，生俘杜聿明。至此，经过 66 天激战，歼敌 55.5 万余人，淮海决战取得了辉煌的胜利，解放了长江以北华东、中原广大地区，加速了蒋家王朝的覆灭。

战役期间，有关行政区前后方共动员民工约计划 500 多万（其中随军民工约 22 万，二线转运民工约 131 万，后方临时民工约 391 万人），担架 23 万副，大小车 85 万辆，转运伤员 11 万人，送达前方粮食 5.7 亿斤，弹药物资 330 万吨。

　　10日晚上，我随粟裕代司令员、张震副参谋长，驱车去陈官庄战场。月光普照大地，打扫战场的汽车放射出耀眼的光芒，战士们忙着搬运胜利品，一群群的俘虏被押出战场，三三两两的敌伤兵正等待我军收容，战场上一片胜利的喜悦。

　　从战场归来，心情激荡，赋诗一首：

庆淮海战役全胜

徐宿肖永大战场，自古兵家决兴亡。
蒋贼陈兵八十万，妄图顽抗逞强梁。
主客攻守时已变，解放军威势大张。
百万军民齐协力，长围猛击力如钢。
贼军饥寒交迫日，我逸以暇气昂扬。
四晚总攻同捣蒜，贼军穷蹙终败亡。
一战全胜定江北，整装待发渡长江。

第五阶段，进军江南（1949 年 2 月至 1949 年 6 月）

　　淮海战役胜利以后，华东野战军于 1949 年 2 月在贾汪召开前委扩大会议，总结淮海战役经验。陈毅指出，淮海战役的胜利是毛泽东战略方针和指挥艺术的胜利，是在总前委统一指挥下，中原野战军、华东野战军紧密协同、英勇战斗的成果。陈毅着重赞扬了人民支前的作用，他说，"淮海战役的胜利，是人民群众用小车子推出来的。"

　　中野、华野这时进行了整训，党中央和中央军委决定全军实施统一整编，中原野战军改称第二野战军，华东野战军改称第三野战军，华野前委改称三野前委，陈毅任书记。

　　辽沈、淮海、平津战役后，国民党军残部退守江南。为把革命进行到底，加速解放全中国的进程，党中央、毛主席命令总前委指挥二野、三野及四野一部渡江南进，解放京沪杭地区，总前委依据中央指示，拟定了《京沪杭战役实施纲要》。为了胜利实现渡江南进的战略任务，总前委、华东局和三野前委除按照中央二中全会的精神，领导全军进行了思想、政策、军事各项准备外，还领导华东支前组织，召开了一系列会议，对渡江作战以及南京、上海等城市解放后各种支前供应问题，做了统一的部署和安排，组织了东西兵团后勤分部，动员了广大人民大力修筑道路、桥梁，疏河开坝，架设长途电话线，筹集和运送粮草军需品等。

淮海战役为渡江作战实施京沪杭战役，提供了极为良好的条件，华北、中原、山东、华中4个战略区连成一片，我军有了辽阔、可靠的后方，亿万人民的支援，部队装备、机动能力较前增强，交通条件显著改善，有铁路、公路、淮河、运河、涡河；更重要的是有了支援大规模战争的经验。这时长江以北广大新区，已发动群众，支援前线，老区民工大批复员，经过连年战争以后，老解放区人民可以休养生息了。

百万雄师，强渡长江，解放京沪杭，是一个规模巨大的战役。兵马未动，粮草先筹，充分的后勤供应是前方作战胜利的重要保证。

战役的规模是空前巨大的，支前的规模也是空前巨大的，部队和地方都做了充分准备。华东支前委员会对战役需要作了详细计算，作出具体计划，重点是粮食供应和渡江船只问题。

粮食：部队与随军民兵、民工，178万人，粮食供应量很大。分配：江淮准备9千万斤，苏北1亿斤，皖北1.1亿斤，共3亿斤。预计吃到渡江以后，还余下1.5亿斤供应江南。

过江以后，部队、民工及解放战士约计200万，5个月需粮5.3亿斤。上海市500多万人口，每月需9200万斤，南京市每月需3500万斤，每月共需1.2亿斤，5个月要6亿斤，共需11.2亿斤。计划在江南征借9亿斤，江北调运3.5亿斤。

渡江船只：苏北抽调8000只（渡江船2600只，运粮船1200只，随军弹药船1100只，渡江前内河运输船2300只，机动800只），皖北内河10039只，淮河3131只，共21170只。

随军南下民兵：用于维持秩序，解押俘虏，需18个团、2万余人。

船只和水手是渡江作战的先决条件，部队团以上都建立了船只管理机构。在各级支前机构和人民的支援下，到4月初，三野搜集到的各类木船，每个军大约可分到500到600只，加上部队自己制造的运送火炮、车辆、骡马的竹筏、木排，基本上解决了第一梯队乘载的需要。船只问题解决以后，做好船工工作就十分重要了。各部队采用的办法是：把首批渡江夺取对岸要地的部队和船工组织在一起，共同生活、操作，动员上万名船工，训练部队选派的数千名水手。在船工中开展诉苦教育，在部队中展开团结船工的运动。制定船只损坏赔偿办法，船工伤亡优抚条例，妥善安排船工家属生活。因为做了这些工作，促进了船工、部队指战员的亲密团结，树立了强渡长江天堑直取对岸、打倒国民党反动派的胜利信心。

在党中央"向全国进军的命令"指引下，我军在 4 月 20 日夜开始渡江，万船齐发，直取对岸，国民党反动派经营了 3 个半月的长江防线，在我人民解放军渡江部队强大攻势下，好似摧枯拉朽，军无斗志，纷纷溃退。我百万大军迅速渡过长江，4 月 23 日解放南京，5 月 3 日解放杭州，5 月 27 日解放上海。至此，京沪杭战役胜利结束，我的支前任务也宣告完成，随之不久 1949 年 6 月就奉调到解放了的上海工作，走上了新的岗位。

结　束　语

淮海战役、渡江战役的规模是空前巨大的，后勤支前的规模也是空前巨大的。在同一个战场上，数百万军民同仇敌忾，步调协同，井然有序，为着一个夺取胜利的共同目标而奋勇战斗，如此威武雄壮旷古未有的宏伟壮观景象，只有中国共产党领导的革命军队和英雄人民才能创造如此奇迹。全党全军全民目标的高度统一，利益的高度统一，行动的高度统一，才使我们赢得了人民解放战争的彻底胜利，从而最后摧毁了国民党反动统治，推翻了蒋家王朝，建立了社会主义新中国。这就是历史经验的总结。今天，在为实现"四化"、建设有中国特色的社会主义的新长征中，这是一条何等宝贵的经验啊！

革命生涯中记忆深刻的人和事

悼念朱姚同志 *

（1974 年 2 月 24 日）

朱姚同我们永别了，所有认识她的同志，无不十分悲痛。

朱姚的一生，是战斗的一生，革命的一生。她是一个贫农的女儿，当过童养媳，有着旧社会千千万万贫苦农民同样的痛苦遭遇。可是，她不信天，不信地，决心要自己掌握自己的命运。她打破了封建旧礼教的枷锁，走进工厂，参加了我国最早一代工人的行列。1927 年，当她在她的女儿、共产党员朱文英的影响下，了解到共产党是领导广大劳苦人民翻身求解放的党，便主动地参加革命工作，坚决地同帝国主义、封建主义和官僚资本主义三大敌人作斗争。1930 年，女儿朱文英被捕英勇牺牲激励着她，她更坚强地从心底发出誓言："一定要继承女儿的未完事业，革命到底！"并在 1932 年参加了伟大的中国共产党。

从 1927 年至 1945 年，她在南通、上海、苏中等地先后参加了我党地下工作机关的掩护工作。她忠心耿耿地、勇敢机智地、自始自终地执行了党交给她的所有任务，没有辜负党的信任和委托。在南通地下党处于最困难的时期，她用洗衣、帮工、借债和典卖衣物得来的钱，供给同志们饭食，刻苦地坚持工作。在上海，在敌人严重的白色恐怖笼罩下，她坚持党的秘密机关的掩护工作，从不计较个人安危。当她丈夫在机关里病危，同志们都感到难以处理，担心机关的安全时，她毅然将她丈夫送到医院，到病死时，她也没有亲自去医院料理。她对同志爱护备至，同志有病时，她总是尽心竭力看护；有同志出外工作回来迟了，她总是一直等到深夜。

朱姚具有十分强烈的党的观念。她曾经在上海一度同党失去组织联系，回到南通后，她认识到共产党员是不能片刻离开党的组织和革命工作的，她坚持密切联系群众，到处奔波，终于找到了党的组织。在苏中新四军反对敌人清乡

---

* 本文系刘瑞龙与夫人江彤合著。

朱姚（1880～1974），革命烈士朱文英的母亲，1932 年加入中国共产党。她先后在上海、南京等地做党中央秘密机关的掩护工作，曾经冒着生命危险营救过瞿秋白夫人杨之华。刘瑞龙、江彤十分敬重这位老共产党员和革命母亲，新中国成立后，把她接到自己家中，像亲人一样照顾她。刘瑞龙的子女称刘瑞龙的母亲为奶奶，称朱姚为婆婆。

"扫荡"的斗争中，她又在敌占区掩护我党地下工作机关，一直坚持到日寇投降。

抗战胜利后，朱姚到了淮阴，热情地建议并参加创办苏皖边区政府的保育院，担任辅导员，尽心抚育革命后代，使孩子们的父母亲能集中精力干革命工作。自卫战争开始后，朱姚不顾年老体弱，毅然带领部分工作人员和孩子转移到黄河以北的解放区。

全国解放后，朱姚年已七十，多次要求组织分配她继续参加妇婴保健工作。党组织因她年迈，决定让她休养。在休养期间，她说："身体休息，思想不能休息。"始终关心党和国家的大事，认真学习毛主席著作，学习文化，学习时事，不断提高自己的政治水平。她总以晚年能够看到伟大社会主义祖国在毛主席领导下欣欣向荣，而感到最大的幸福，她认为是党给了她这一切。

朱姚，忠于党、忠于毛主席、忠于人民，几十年如一日，为了共产主义事业，贡献了战斗的一生。她坚定地相信党，相信群众，处处从党和革命的利益出发，密切联系群众，处处关心群众做好党的机关掩护工作。她在党的教育下，经过多年革命斗争的锻炼，立场坚定，敌我界限分明，热爱革命同志，热爱群众，热爱革命下一代，生命不息，战斗不止。许多曾经和朱姚共同工作过的革命同志，都把朱姚看作是自己的妈妈。党失去了朱姚这样一个好党员，同志们失去了一位好战友。她战斗的一生将永远激励着我们继续前进。

我国农业战线的优秀领导者廖鲁言同志*

（1979 年 3 月）

中国共产党的优秀党员、中国人民的忠诚战士、我国农业战线优秀的领导干部廖鲁言同志，已经离开我们 6 年了。在"文化大革命"中，林彪、"四人帮"及其同伙，从他们的反革命需要出发，制造了"六十一人"的大错案。廖鲁言同志是这一大错案中被诬陷、被迫害者之一，在长期折磨下含冤而死。多年沉冤得到昭雪的今天，廖鲁言同志那种勤劳严谨、实事求是、明辨是非的好作风、好品德，不禁激起我们农业战线同志们的深切怀念。

廖鲁言同志是我党的一位较老的老同志，从 1939 年起，他就从事党的政策研究工作。在毛泽东、周恩来的领导下，他直接参与制定我党农村工作的一系列路线、方针、政策，作出了重大贡献。在减租减息、土地改革运动中，他对如何正确对待富农和富裕中农问题作了大量调查研究，为中央制定"土地改革法"和划分农村阶级成分的决定提供了依据，对及时纠正当时运动中出现的"宁左勿右"的倾向，保证运动健康发展起了重要作用。在农业合作化运动期间，他担任中共中央农村工作部副部长，后又任农业部长，遵照毛主席的指示，先后参加起草了《中共中央关于农业生产互助合作的决议（草案）》、《中共中央关于发展农业生产合作社的决议》，以及《全国农业发展纲要》等重要文件。在农业合作化运动中，他认真贯彻执行党中央规定的"积极领导，稳步前进"的正确方针。在人民公社化高潮中，一度出现浮夸风、"共产风"，他曾经提出过不同意见。他说："运动一来，往往头脑发热，什么都好；运动一过，又什么都坏。这种风气不好，应当冷热结合，保持清醒，作科学分析。"在 3 年困难时期，他按照党中央和毛泽东的指示，认真组织力量，大兴调查研究之风，总结经验教训，对于调整农业政策，巩固发展集体经济，恢复和发展农业生产，提出了一些好的建议，并亲自参加起草了《中共中央关于农村人民公社当前政策问题的紧急指示》和《农村人民公社条例修正草案》以及《关于进一步巩固人民公社集体经济、发展农业生产的决定》。中央的这些重要决策，对于纠正当时

* 本文为刘瑞龙与蔡子伟等合著，署名顺序为：刘瑞龙、蔡子伟、朱荣、杨显东、刘锡庚，1979 年 3 月 15 日发表于《人民日报》。

农村的"五风"和推动农业生产的迅速恢复发展起了重要作用。

廖鲁言同志对于农业政策问题,善于独立思考,敢于提出自己的见解。1961 年 7 月,在计划会议上,他在调查研究的基础上提出了一个《对农业计划工作实行根本改革》的建议。他肯定农业生产要有计划,但要尊重集体所有制的自主权,要由下而上、上下结合地编制国家的农业生产计划。他还建议通过收购供销合同和价格政策,把农业纳入国家计划的轨道。这样做有利于农业生产计划做到因地制宜和因时制宜,有利于克服瞎指挥的不良作风。这个建议从多年的实践经验来看,是正确的、可取的。

廖鲁言同志在 1954 年以后任农业部长期间,明确提出了农业部的主要任务是抓农业生产力,因此,坚持抓增产措施,抓科学技术,抓农业教育,抓经营管理。在廖鲁言同志主持工作期间,农业部的广大干部兢兢业业,踏踏实实,在推广农业增产措施和先进经验、实行农业技术改造等方面做了大量有成效的工作。大家认真贯彻执行农业"八字宪法",实行科学种田,在兴修农田水利,改良土壤,增施肥料,推广良种,防治病虫害,改良农具,改革耕作制度等方面,都有很大的进展,积累了丰富的经验。在 1954～1965 年的 12 年中,农业战线上培训的农业大专和中专毕业生占新中国成立 29 年来毕业生总数的一半以上。这期间,我国农业科学和技术推广工作建立了一整套比较完善的体系和制度。集体经济也建立了民主办社、勤俭办社等比较健全的经营管理制度。廖鲁言同志注意依靠科学家,认真向科学家请教。他亲自主持起草了关于深耕和改良土壤、关于加强种子工作等决定。他很重视农业科学研究成果和群众经验的总结,指导编写了有关农业资源、生产技术基本知识、各类作物栽培学和农牧业教材。特别值得提出的是,在毛主席亲切关怀下,1958～1960 年完成了第一次全国土壤普查,初步弄清了耕地土壤情况,编制了农业土壤图、土壤肥力、土壤改良、土壤利用等概图和农业土壤志。由于农业科学技术、农业生产力的发展,对于推动我国第一个五年计划期间农业稳步上升和 1962～1966 年期间农业迅速恢复发展起了显著作用。

毛主席在 1958 年的一次会议上,号召大家要学习科学技术,建议要学习威廉斯土壤学。1959 年,毛主席对威廉斯所强调的农林牧三者结合的观点表示十分赞同,指示要把这三者放在同等地位,并指出,美国是种植业和畜牧业并重,我国也一定要走这条道路。廖鲁言同志遵照毛主席的指示精神,给当时各省(区)、市党委书记发送了《威廉斯土壤学》,并责成农业出版社翻译出版了《美国农业一百年》。

"文化大革命"期间召开的北方农业会议的文件，曾经错误地说廖鲁言同志把农业部变成了"独立王国"、"技术部"和"促退部"。现在，党中央已经批示，对原农业部工作的这一评价不符合历史事实，是错误的，明确宣布：原农业部工作是毛主席革命路线占主导地位，广大干部是认真执行毛主席革命路线和政策的，成绩是主要的。对原农业部工作的正确评价，推倒了强加在廖鲁言同志头上的一切诬蔑不实之词，可以告慰廖鲁言同志的在天之灵！

廖鲁言同志孜孜不懈地学习马列著作和毛泽东的著作，并且善于结合实际，运用马列主义、毛泽东思想的基本原理，独立思考、处理问题。他还经常勉励同志们说，学习要扎实，要经得起"十年寒窗苦"。他注意调查研究，注意掌握第一手材料，解剖麻雀，抓住问题的实质，研究解决问题的方法。

他立场坚定，旗帜鲜明，敢于实事求是，勇于和"左"的、右的错误倾向开展斗争。在国民党白色恐怖下如此，在坚持党的统一战线工作中如此，在土地改革运动中如此，在农业社会主义改造和社会主义建设中也是如此。1958年，当浮夸风、"共产风"一度泛滥的时候，他保持头脑冷静，而不人云亦云。

他放手使用干部，为他们承担责任，不文过饰非或诿过于下级。有意见就摆在桌面上，从不搞阴谋诡计。

廖鲁言同志对毛主席、周总理无限热爱。他的组织纪律性很强，对于党中央、国务院交办的事情，无不竭尽心力，务求按时完成任务。他反复叮咛身边的同志："凡是毛主席、周总理或中央其他领导同志打来电话，不论什么时间，都要马上叫我，千万不可误了大事。"他还在党组会上说："主席、总理都是上了年纪的人了，我们向他们请示报告，一定要考虑成熟，写得明确简要；对他们的指示要深入领会，认真落实"。这包含着多么深厚的爱戴之情和高度的革命责任感啊！

廖鲁言同志不论写报告、作总结或写文章，一贯亲自动手，不用人代笔。他不知疲倦，常常夜以继日地写文件，一气呵成而后止。他一丝不苟，办事严谨，遵守时间，反对拖拉。这是廖鲁言同志给同志们留下的又一个不可磨灭的印象。

我们悼念廖鲁言同志，要化悲痛为力量，为加快农业发展、实现四个现代化而努力奋斗。

怀念江上青同志*

(1979 年 8 月 24 日)

　　江上青同志（扬州人）是我党的好党员，是党的好干部，是为人民事业牺牲的革命烈士。他于 1939 年 8 月 29 日，在我党我军开辟皖东北抗日民主根据地，同敌、顽的艰苦斗争中，英勇牺牲。这是党和人民的一个损失。毛泽东同志讲："为有牺牲多壮志，敢教日月换新天"。江上青同志的牺牲流血浇灌了我党我军和当地人民创建的皖东北抗日民主根据地，为党和人民的新民主主义革命事业，作出了可贵的贡献。在纪念江上青同志牺牲 40 周年时，回忆他的革命功绩和优良品德，我们心中充满了怀念和崇敬之情。

　　江上青同志和吴云邨、廖量之等同志 1938 年到当时国民党政府安徽省第六行政区专员公署、保安司令部从事抗日救国活动，是受我党鄂豫皖省委派遣到那里作党的秘密工作的。省委决定江上青担任中共特别支部书记。他当时打入国民党专员公署，担任专员公署的秘书长。他利用公开身份，先后在我党皖东北特委和皖东北工作委员会的直接领导下，为促成当时我党进入当地开展敌后抗日游击战争的八路军、新四军与国民党盛子瑾部建立抗日民族统一战线关系，为帮助我党我军动员当地各界人民团结抗战，为帮助我党在各县、区、乡组织建立和发展抗日武装，为帮助我党培养当地大量知识青年成为抗日干部，为帮助我党利用《皖东北日报》宣传我党抗日主张和抗日理论、武装人民头脑等方面，做了大量卓有成效的工作。这些工作，对于在他牺牲以后不久，我党我军创建皖东北抗日民主根据地，起了打基础的作用。他在很短时间内作出的革命成绩是很显著的，表现出他的革命才干。

　　江上青同志是在 1939 年 8 月 29 日，在泗县东北部的小弯村西，遭受反革命大地主暴乱武装袭击而流血牺牲的。反动大地主头子柏宜生等在当时安徽省当权者国民党桂系反动派幕后策划下，破坏皖东北联合抗战局面，用武装袭击的阴谋手段，杀害了江上青同志。我八路军、新四军为维护皖东北联合抗战局面，立即出面，压制了搞武装暴乱的大地主，礼葬了江上青同志。以后又结合反对

* 本文系刘瑞龙与刘玉柱、杨纯合著。署名顺序为：刘瑞龙、刘玉柱、杨纯。

国民党桂系顽固派武装进攻皖东北的斗争，攻占了反动大地主头子柏宜生的巢穴大柏围子，为人民除了害。全国解放后，在镇压反革命中，我当地人民政府公审处决了谋害江上青同志的主犯柏宜生，为江上青同志报了仇。

江上青同志在革命斗争中，为人品德好，党性强，他坚决执行了毛主席、党中央提出的抗日民族统一战线的方针，十分尊重当地地下党组织的领导，服从并积极努力完成党组织交给他的任务，对党的革命事业忠心耿耿，忘我地工作。他平素为人作风正派，艰苦朴实，平易近人，善于团结党内同志和党外爱国人士。他的这些好品德，在当时皖东北人民中，特别在广大知识青年中起了很好的影响，现在也值得我们学习。

上青同志永垂不朽！

解放军打到哪里，人民就支援到哪里*

（1979 年）

"解放军打到哪里，我们就支援到哪里！"这是第三次国内革命战争时期解放区广大人民支援战争的一个行动口号，也是淮海战役能够克服种种困难、迅速取得伟大胜利的一个基本因素。

一

1948 年 10 月，我从豫皖苏边区回华东。由于陇海路被敌人隔断，只好经豫西、晋东南、冀南绕道而行。路上，饱览了解放区欣欣向荣的万种风光。土地改革之后，翻身农民正以冲天的干劲，热火朝天地发展生产、支援前线。近一个月来，济南、锦州、长春、郑州、开封相继解放，人们无不欢欣鼓舞。"军队向前进，生产长一寸，加强纪律性，革命无不胜"，在党中央 9 月会议上毛主席发出的这一伟大号召，正在人们心坎上扎根。为了加速消灭国民党反动派，争取全国早日解放，解放区全体军民，都在百倍紧张地战斗和劳动着。

10 月下旬，扩大的华野前委会议结束。会上根据毛主席、中央军委关于淮海战役的指示，进行了深入讨论和具体部署。

淮海战役，是一场规模巨大的战略决战。当时，在全国范围内，敌我力量的对比，已经发生了根本变化。人民解放军不仅在质量上早已占有优势，而且在数量上也已经转为优势。但是，垂死的敌人还梦想挽回已经无法挽回的败局。华东地区的敌人，也集中了主力兵团，扼守以徐州为中心的战略要地，企图作垂死的挣扎。要取得这一决战的胜利，不经过一系列激烈的战斗，没有充分、及时、准确的物资供应，没有适应战役发展需要的支前后勤工作，显然是不可能的。

这个战役，我参战的兵员与民工在百万以上，战场纵横数百里，连续作战几个月，粮食、弹药及其他军需物资的消耗是巨大的。单是粮食一项，每天就

＊ 本文原载于《决战淮海革命斗争回忆录》，江苏人民出版社 1979 年版，第411 页。

要两三百万斤。这些粮食，要靠自己带、就地筹、战斗缴，而主要的是靠后方送。作战地区，不仅有恢复区，而且有新区。从解放区后方到作战前线，不仅要翻山越岭，而且要通过水网湖泊。我们缺少现代交通运输工具，主要是靠背扛、肩挑、马驮、车船载。这一切便把大规模现代战争的需要与分散、落后的农村经济之间的矛盾突出出来，使我们的支前后勤工作面临着巨大的困难。

怎样解决这个矛盾呢？毛主席教导我们："……革命战争是群众的战争，只有动员群众才能进行战争，只有依靠群众才能进行战争。"华东全党全军遵照毛主席的指示，把决战的胜利首先建立在全民动员的基础上。华东局及时发布了动员人民支前的指示，并且组织了华东支前委员会，以加强支前工作的领导。华东支前委员会迅速会同各地党和政府的领导机关，进行了大规模的动员工作和组织工作。于是，一幅翻天覆地的人民战争的图景，便在华东大地上展现出来。

二

历经战争锻炼的华东人民，在"全力支援前线，一切为了胜利"的统一意志下行动起来。"兵马未动，粮草先行"，早在战役发起以前一两个月，后勤、支前的准备工作就从各方面广泛地展开了。首先是调集了大批干部，建立起各级支前委员会，组成坚强有力的支前指挥机构。其次是把成百万的民工，完全按照军事上的需要，组织成一支强大的支前队伍。在这支浩浩荡荡的支前大军里，有早已组织起来并且经过济南战役严格考验的山东的老民工队伍，有华中苏北、淮海等地区组织起来的常备民工。他们虽然来自不同的地区，说着不同的乡音，但都怀着一个共同的誓愿："解放军打到哪里，我们就支援到哪里！"后方广大人民，日夜不停地在赶办粮秣军需，妇女们忙着碾米、磨面、缝军衣、做军鞋。吱吱呀呀的小车队，一个追一个地向屯粮点和兵站奔驰。这些按照预定计划建立起来的屯粮点、兵站，正迅速集结起大量粮、弹、医药等军需物资。还有通往前线的道路、桥梁和电话线都提前修理了。民兵自卫队已经准备好了配合解放军执行战时勤务。后备兵团也准备了随时可以补充主力部队的兵员……

一切准备停当。11月6日，华野主力辞别了送行的乡亲，按照毛主席批准的作战方案，从邹县、临沂等地区分路齐头南下。大军后面是一眼望不到尽头的民工队伍。

　　淮海战役打响了！我华野部队在中原野战军的密切配合下，一举突破了陇海路东段北侧 300 里敌军阵地，把敌人的阵势完全打乱。黄百韬兵团在西逃途中，被我军包围于运河西岸的碾庄圩地区。

　　前线战斗的胜利，就像给民工脚板上抹了油，民工们送弹药、运伤员健步如飞。但是，战役进展比预计顺利得多，屯粮点、兵站、医院被远远地甩在后面，运输线大大拉长，小车、挑子、担架怎么也赶不上急行军的部队，这就出现了前送后运的严重脱节现象。部队自带的粮食吃光了，弹药也消耗很大，而规模巨大的围歼战正在展开。为了挽救危局，蒋介石亲自下令，催逼邱清泉兵团、李弥兵团由徐州东进，黄维兵团由河南兼程增援，蚌埠之敌也昼夜北犯。形势确是十分紧张，只有抓紧时机，迅速歼灭包围圈里的敌人，才能获得初战的胜利。可是，这时前线迫切需要的粮食、弹药却还远在赶运途中。

　　缺少弹药就拼刺刀，可是饿着肚子连拼刺刀也乏劲了。这就使得当时的粮食供应问题分外突出。

　　为了解决粮食问题，一面由部队就地筹措，一面进一步发动群众，将一切可以使用的力量都组织起来运送粮食。连上前方去的担架，也担负运粮的任务，还采取了分段运送和直接运送相结合的办法，就近把鲁中南和苏北的粮食迅速抢运到部队。

　　在鲁中南和苏北地区，几十万民工动员起来了。在最短的时间里，把临沂、滋阳、台儿庄、潍县、青州及盐阜、淮海地区各公路干线都加修了。还在那些乱石峥嵘的山岭，阡陌参差的平原，水道纵横的水网地区，开辟了千万条新的运输线。被敌人破坏的运河大桥，也突击修复了。洪泽湖、南阳湖、微山湖的渔民、船工，也驾驶着船只赶来参加运输。

　　胜利召唤着觉悟了的人民，民工在支前中作出了伟大的贡献。临朐南流区 300 辆小车，每车载粮 320 斤，日行 60 余里，10 天完成了全程 640 里的运输任务。莒南县运输团 400 辆小车，赶运 11 万斤白面，从山东到江苏，自带的口粮吃光了，还没追上部队，但他们没有动车上一撮白面，忍着饥饿追赶，终于坚持完成任务。

　　民工们排除万难把粮食、弹药送到前线，又及时把伤员运走，大大鼓舞了解放军的士气，前线出现了一个歼敌高潮，10 月 22 日，便传出了歼灭黄百韬兵团的捷报。

三

全歼黄百韬兵团之后，由豫南赶来企图解徐州之围的敌黄维兵团，被引进了我中野兄弟部队布置在双堆集地区的"大口袋"；由蚌埠北上增援的李延年、刘汝明两个兵团，也遭到我军强有力的阻击；杜聿明集团于12月1日弃守徐州向西南逃窜，又被我军包围于陈官庄地区。陈官庄与双堆集两大包围圈遥遥相对，形成南、北两个战场。歼灭华东敌军主力于淮河、长江以北的时机已经来到。

在这关键时刻，毛主席、中央军委电示总前委：必须争取在当前最有利的态势下各个歼灭当面之敌。只要我们能在第二阶段中大量歼灭南面敌人，就可以全部实现战役计划。这个指示，还具体告诉我们：必须准备给予战役3至5个月时间，必须准备以几个作战阶段（已完成了第一个作战阶段）去取得战役的胜利；必须准备全军部队及民工130万人左右3至5个月的粮食、草料、弹药，10至20万伤病员的治疗……

这些英明的指示，使得我们能够更主动、更有预见地去迎接新的作战阶段给予我们的任务。

由于战线飞速西移，战局扩大，两大野战军并肩作战，参战人员激增，军需物资供应量陡增一倍多。山东、华中所筹粮食，距离需要地很远。这时，华北局立即令冀鲁豫区调拨1亿斤粮食迅速南运。中原局也令豫皖苏区大力筹粮，供应进入该区作战的部队和民工。这样，我们就得到三大战略区的合力支援。

但是，由于作战地区大多处于新区和恢复区，政权建设和动员群众的工作一时还跟不上，各种各样的困难接踵而来，特别是两大野战军集中于豫皖苏三分区的初期，供应上的困难更为突出。

越是困难，越发激起了广大民工的积极性。由于长途跋涉，民工体力也逐渐减弱；加上天气转寒，衣着单薄，摆在他们面前的困难是可以想象的。但他们"支援到底"的决心并没有丝毫动摇。他们中有些人的服务期限虽然早已到了，仍以"敌人不灭，支前不停"的口号互相勉励，并且普遍开展了为人民立功的运动。莒南担架团中的共产党员朱正章，忍着脚上的伤痛，连续完成了八次转运伤员的任务。淮阴县张集乡的女担架员李兰贞，不仅和男队员一样出入火线抢救伤员，还是一个优秀的看护员。她所率领的担架小组，人人都表现了高度的爱护伤员的精神。在刺骨的寒风中，担架员们脱下自己的棉袄盖在伤员身上；伤员饮食难进，他们就拿出自己的津贴费买糖和鸡蛋给伤员吃；途中遇到空袭，他们就毫不犹豫地以自己的身体护住伤员。

　　新恢复区的人民，对国民党反动派有着血海深仇。他们在重获解放以后，支援解放军的劲头更大。不仅青、壮年男子踊跃出征，积极投入运输战线，妇女们也不甘落后。泗南县孙园乡一位女乡长接到任务，亲自带了70头驴子出发支前；泗南县朱湖区一位女乡长听说前线要粮很急，不等风雨稍停，立即带领14辆大车把面粉送上前线。在这些妇女干部的带动下，靠近淮海前线的纵横交错的运输线上，出现了难以数计的"娘子军"。

　　这时，我军不仅有老解放区和恢复区人民的积极支援，而且广大新区人民也很快地成为支援前线的一支强大力量。许多新区在我军刚进驻不久，就纷纷地组织起支前委员会，领导广大人民为部队带路、磨面、送粮食、抬担架。当我们的筹粮工作队向新区人民说明情况，提出征借或征购粮食的任务时，他们都自觉地把余粮拿出来了，还说："解放军流血牺牲为着我们，我们献点粮食算得了啥！"仅永城东北地区，在短短4天的时间里，就筹到粮食300多万斤。在宿（县）蒙（城）前线战地的一个村子里，男人怕蒋匪军拉夫都逃了，只有妇女、儿童看家。解放军一到，在家的人马上拥出来欢迎，说："总算把你们盼来了！"并且立即忙着帮助我军烧水、做饭，有的还套车冒着寒风为解放军运送弹药和伤员。

　　就是这样，为了战胜共同的敌人，老解放区、恢复区及新区广大人民都紧紧地和前线部队结合起来了，结成一个坚强的战斗整体。这个战斗整体，迅速把黄维兵团砸得粉碎！

四

　　12月1日，徐州解放。鲁、苏、豫、皖、冀五省连成一片。淮海战役即将按照毛主席的部署进入最后歼敌高潮。根据总前委的决定，在徐州召开了有华东、中原、华北有关地区及两大野战军的代表参加的联合支前会议，统一安排了大围歼战中军需民力的组织和使用，以及其他各项后勤支前工作。

　　徐州是一座有30多万人口的城市，又是蒋介石进行反革命战争的重要战略基地之一。敌人仓皇逃走时，在这里留下了大量的军事设施和战略物资。这是我们支前工作中一个新的极为有利的条件。

　　但是，这时前线的需要也更大了。仅陈官庄附近集结的我军及为我军作战部队直接服务的人员，即达150万人，加上对俘虏的供应，每日需粮食就将近

400万斤。其他各种作战物资的消耗也大大增加。摆在我们面前的一个十分迫切的问题，就是如何把现有的物资，迅速抢运到第一线去。

徐州解放后，军事管制委员会除了安定社会秩序、恢复市场贸易、稳定金融、并着手恢复生产等工作外，首先就紧紧抓住了支前工作，立即把广大工人、市民、学生动员起来，使淮海战役的强大支前队伍中，又增添了一支新的生力军。

数以万计的铁路工人和铁路沿线的农民动员起来，抢修被敌人破坏的铁路。在不到20天的时间里，以徐州为中心的铁路通车了。东到新安镇，西迄洛阳，南抵宿县，北达济南，陇海路和津浦路的联系很快沟通了。冀鲁豫和山东北部的人力、物资，已经可以由津浦路加紧南运，中原地区的人力、物资，也可由陇海路迅速东调。同时，徐州的汽车工人、大小平板车工人，也都积极参加支前运输。这样，就大大加快了前线作战物资的运输速度。

第一批运往前线的是徐州的缴获物资，其中包括部队急需的各种火炮170多门，各种炮弹12万多发，子弹1357万发，炸药13.5万斤，被服装具100多万件。

此外，还把城内的公、私医院组织起来接收伤员；机械修配总厂也恢复生产，为前线服务。刚刚解放了的徐州，很快就成为支援我军作战的一个重要枢纽和基地。

根据毛主席的指示，我军在陈官庄前线推迟了总攻杜聿明集团的行动，开始战场休整，进行调整组织、补给物资、改造俘虏和评功等各项工作。同时还开展敌前练兵，准备最后的攻击。

包围圈内、外的景象，形成了强烈对照：我军阵地上粮弹充足，兵强马壮，士气高昂。尽管年节前后，雨雪交加，但参战部队每一个人都收到了中央慰劳的一份年礼：一斤猪肉，五包纸烟。咫尺之外的敌人已到了山穷水尽的地步，他们烧尽了抢来的木柴、家具以及挖出来的棺木，还是暖和不了冻得皮青肉紫的身子。前些日子，还指靠空投活命，现在飞机来不了，即使偶尔来一两次，投下来的少量食物，也被大官们抢走。敌人内部，常常为抢夺一块大饼而火并。打死、饿死、冻死的命运，时刻在威胁着他们，士气直线下降。

就在这时候，我军对敌人展开了强大的群众性的攻心战。在彻骨的寒风里，敌人整天可以听到这样的喊话："蒋军兄弟们，快跑过来，解放军宽待俘虏。大米饭、白馒头尽你们吃饱！"这样，我们的大米饭、白面馒头、热包子、肥猪肉，也成了直接打击敌人的武器。它伴随着我军的俘虏政策，深深地渗进了敌人的心脏。在前后 20 天中，舍命逃出活地狱、前来向我军投降的，共 1.4 万多人，足有两个师兵力。

一切都到了瓜熟蒂落的程度。于是，前线总指挥部发出了总攻击令。

1949 年 1 月 10 日，历时 65 天的淮海战役结束了。我军共歼敌 55.5 万余人，胜利比预计来得更快更大。

五

这场大战，是以往战史上所少见的，它对于后方支援的要求，也是华东历次战斗所没有的。

战役过程中，鲁、苏、豫、皖、冀 5 省，动员了大量的人力、物力支援前线。动用的民工（包括在前线服务的随军民工、二线转运民工、后方临时民工）共达 225 万余人。还有担架 7.39 万多副，小车 41 万多辆，大车 3000 多辆，挑子 4.24 万副，牲畜 6300 头，船只 1.363 万艘。依靠这些看来非常落后的工具，共运送了粮食 5.4 亿多斤，弹药 1460 多万斤，以及无法统计的其他军需物资。广大人民不仅用手推、肩挑、背扛等办法把所生产的大批粮食、物资送到了前线，而且还先后选送了 10 余万子弟参加了解放军，派出了 130 多个民兵团看押俘虏、警卫物资、打扫战场、捕捉散兵、维持地方治安，把主力部队替换出来打仗和休整。这就是支前后勤工作给予战役胜利的有力保证，是广大人民对淮海战役的伟大贡献。

人民的全力支前，不仅从根本上保证了对前线的物资供应，而且也给了解放军以巨大的精神鼓舞。当我军与黄百韬兵团拼杀最剧烈的时候，在运河渡口，正有成千的民工冒着敌机的轰炸扫射，蹚过齐胸的寒冷的河水，日夜不停地护送伤员和运送粮食、弹药。在敌人炮火犁翻了几次的战场上，无数的担架队员，不顾自己的安危在抢救战士的生命。这种伟大的阶级友爱精神和无畏的革命英雄主义行为，大大增强了我军战士的杀敌勇气。在日常接触中，部队和民工也是亲如家人，互相让房子住宿，让锅做饭；碰到困难，就互相帮助；打了胜仗，就互相鼓舞；到处体现着我们军民的高度一致。这种一致，是我军巨大战斗力的一个重要源泉。

我们的支前民工队，同时又是新区工作队。他们到了新区，模范地遵守政策纪律，访贫问苦，现身说法，向新区人民宣传革命道理，讲解我党我军的政策，从而成为启发新区人民的阶级觉悟、带动新区人民支前的一支重要力量。

当一支民工队到达刚被敌人洗劫的铜山县万家窝村时，碰到一个要卖儿还租的大娘，大家立即凑钱帮助她，使他们骨肉免于分离。大娘感激民工们的帮助，感激共产党和毛主席的恩情，把孩子改名"爱民"，欢欢喜喜地投入了烧茶送水的支前工作。无数生动的事迹，使新区人民得出这样一个结论：解放军好，解放军带出来的民工也好。

人民支援了战争，战争又教育了人民。民工们带着全家和乡亲们的嘱托走出家门，参加到民工队里，开始了有组织有纪律的军事生活。他们经过长途行军和战火的锻炼，学会了不少军事知识，懂得怎样去适应战争的需要。在漫长的支前道路上，他们一直以解放军的优秀品质作为自己的学习榜样。他们不断以新区和老区的鲜明对比来进行阶级教育。他们还时刻以"三爱"（爱人民、爱伤员、互相友爱）、"三好"（服从领导好、省吃俭用好、艰苦劳动好）、"三勤"（口勤、脚勤、脑勤）互相激励。他们不怕任何艰难困苦，坚决完成各种支前任务。他们有时还直接参加战斗，打击敌人和捕捉俘虏。事实上，民工队就是一座大学校。很多民工经过这座"学校"的训练，已经大大改变了生活习惯和精神面貌，已经不再是一个普通的农民；他们已经和一个优秀革命战士一样，熟悉军事生活和具有高度觉悟。

在整个支前过程中，数以万计的民工立了功，许多人被选为模范，大批积极分子锻炼成为干部；大批先进分子确立了共产主义信仰，加入了伟大的中国共产党。他们把伟大的革命理想和现实的支前任务联系起来，团结了广大支前民工，更响亮地喊着："解放军打到哪里，我们就支援到哪里！"这口号是完完全全地实现了。胶东一个姓潘的担架队员，从家乡平度出发时，带了一根当作拐杖的竹竿，每过一个地方，就在竹竿上刻一个地名。最后，在这支竹竿上，竟留下了山东、江苏、安徽、河南4省72个城镇的名字。这是伟大的人民用艰苦卓绝的行动写下的名字，是千百万解放区人民用对革命战争全力以赴的精神写下的名字。

为什么广大人民群众能够在解放战争中这样高度地发挥他们的力量呢？最根本的原因在于党的领导。党不仅在老解放区领导农民实行了土地改革，用一切力量努力恢复和发展工业生产和农业生产，为解放战争创造了巩固的后方，为战争的胜利奠定了可靠的基础，为调动广大人民群众支前的积极性创造了根本的条件，而且在战役以前和战役的过程中还进行了一系列的动员和组织工作。同时，华东、中原、华北各级党委还根据毛主席指示的"耕战互助"、"以战养战"、自力更生、长期打算的方针，正确地处理了前方与后方、土改、生产与支前的关系，照顾战争急需与照顾人民的负担能力相结合，建立强有力的地方支前组织和部队的后勤保障机构，科学地组织、管理和使用人力、物力。这就使得经济上还是比较分散落后的农村，能够源源不断地支援规模巨大的现代战争而取得胜利。人民是取得战争胜利的决定因素。淮海战役的胜利，是毛主席人民战争光辉思想的伟大胜利，是在解放区广大人民群众无私地支援下所取得的伟大胜利。

李维汉谈红十四军和《回忆红十四军》*

（1980 年 5 月 6 日）

5 月 4 日下午，李维汉约我到他家中谈有关红十四军的历史情况及《回忆红十四军》的问题。李老看了《回忆红十四军》的《前言》、《后记》和《简况》，很高兴，并为该书写了题词。当我感谢他的关怀时，李老说：

"是啊，红十四军是我们在省委工作时，省委经手搞起来的。"

我回忆说："记得 1929 年 11 月，我在党的江苏省第二次代表大会上，听了您作的政治报告后，在分区讨论时，曾和李超时向省委汇报了通、海、如、泰地区的工作和游击运动的情况。"

李老说："是的，那是在我代表省委作了报告之后。"

我说："当时，李富春、陈云、廖慕群、李硕勋等都听了汇报。恩来同志也听了汇报。"

李老说："除恩来同志外，其他同志都是省委委员。"

我问："廖慕群那时候是不是过问外县工作的？"

李老答："不是，他那时是沪中区区委书记。"

李老又说："恩来同志当时是党中央军委书记兼组织部长，是代表中央指导我们会议的。"

后来，李维汉问起红十四军是怎样排下来的。我就当时自己知道的情况说："那时中央苏区已有一个红十二军。浙江西南部黄岩、仙居地区有以胡公冕为军长的红十三军。向北排到江苏通、海、如、泰地区就列为红十四军。"

李老又问："是否还有十五军？"

我说："那时徐、海、蚌特委曾经准备组织红十五军，搞了多次武装起义，没有搞成。"

接着，我同李老一起回忆了省委在决定成立红十四军之后，曾调何昆、张世杰、薛衡竞、余乃诚、徐德、黄火青、张爱萍、李华生等去苏北，以加强领导力量；在当时省委同志中，陈云是分管外县工作的，李硕勋是省委军委书记，

---

* 本文原载于单行本《回忆红十四军》，江苏人民出版社 1986 年版，第 1 页。

他们分别做过通、海特委和红十四军的具体指导工作。至于当时代表中央军委听过红十四军汇报工作的，是刘伯承；此外，聂荣臻当时在中央军委，也了解红十四军的情况。

最后，我把书稿形成的过程，向李老作了详细的说明，并向他表示，很赞同全国政协文史办公室编的《文史通讯》第三期上刊载的《李维汉同志关于撰写回忆录的意见》一文所提的各点。我对他说，我们在撰写校订《回忆红十四军》过程中也努力做到了"真实"二字；其次，作为共产党员写的回忆录，还注意到了党、群众和集体三方面的作用。李老听了很感兴趣，认为一定要坚持唯物论，坚持辩证法，说："求实存真，是回忆录的根基嘛！"

李老的题词和谈话，确证了红十四军是在党中央和江苏省委的领导和关怀下建立起来的历史事实，高度评价了它的革命精神和光荣传统，从而澄清了红十四军建军史上的一些重要问题，粉碎了林彪、"四人帮"在十年浩劫中诬蔑红十四军及其广大干部、战士的无耻谰言。同时，李老还肯定了我们撰写这本回忆录所遵循的"求实存真"的原则。我觉得李老言简意赅的谈话，实际上是为本书作了一篇珍贵的序言。

刘瑞龙
1980 年 5 月 6 日于北京

回忆红十四军[*]

(1980 年)

人民要求革命

江苏的通、海、如、泰地区位于长江口北岸，水路离上海只有几个小时的航程。19 世纪中叶，随着国际资本主义侵略势力进入长江流域，外国轮船可以任意航行长江以后，这个地区的经济、政治等方面起了很大的变化。随着上海城市的畸形发展，南通、扬州、泰州等地慢慢地变成了帝国主义列强掠夺原料、倾销商品的重要市场。江北的粮食、棉花、生猪、花生等农产品，一批批运往上海，工业品从上海一批批运到江北。于是，帝国主义列强在通、海、如、泰地区建立了从上海到江北各地的买办和商业高利贷的剥削网。

19 世纪末叶，帝国主义更加紧了对中国的侵略。通、海、如、泰地区人民受帝国主义的经济掠夺更加厉害。以日本帝国主义为例，日本垄断资本曾在上海开设纱厂，通过中国人经营的花行，年年到江北大批收购棉花。1910 年，日本资本家在南通、海门放庄 300 多家，专门收购棉花。帝国主义一方面通过低价收花，卡住棉农的脖子；一方面通过倾销洋纱洋布，排挤畅销东北、闻名全国、远销南洋的南通大布。生产这种南通大布的主要是家庭手工业，它因为洋纱（主要是日本纱）越来越多，受到很大破坏。南通大生一厂筹建那年（1895年），南通、海门的农民，每天买 80 箱洋纱，这一年买纱的钱大约是银洋两百万元。织布用的土纱，差不多完全被挤垮了，手纺和手织被强迫脱离了关系。手工织布，受布庄盘剥很凶，又加上洋布排挤，本来销东北的关庄土布，旺年能销五六百万匹，到 1924 年，被日本布挤得销路不足 300 万匹。

通、海、如、泰地区历来是反动政府统治苏北的重要基地。不论北洋军阀还是国民党，都奉帝国主义为太上皇，而把这个地区的人民看成是供他们吞噬的肥肉。这里的封建地主豪绅凶残狡猾，他们与买办资本相勾结，穷凶极恶地剥削和压迫人民。

_* 本章曾出版过单行本，书名与本章题名相同。

南通曾经是我国民族工业——主要是纺织业最早的基地之一。19 世纪末，张謇在南通、海门、上海等地联合一批商人、地主、官僚，筹集资金，建立了大生纱厂。随后，逐步建立起以纺织工业为中心的地方工业系统。到 1924 年，单是纺纱，大生系统各纱厂就约有 15.5 万枚纱锭，占当时中国纱厂纱锭总数 7% 以上。南通唐家闸约有产业工人 1 万名，大生一厂的工人就有七八千。新兴的民族资本主义工业，推动了地方经济文化事业的发展，但是，由于帝国主义的排挤，经常处于风雨飘摇之中。1925 年，江浙财阀组织了银行团接管大生企业，更加重了对工人的剥削。南通的工厂，大量雇用女工和童工，工时特长，工资特低。工头势力很大，有权招工、解雇、罚款。至于工人受体罚、挨示众，更是厂规载明的。企业本身还有武装，如所谓实业警卫团等等，警卫森严，厂门砌得像城堡，封建气味十足。几十年的老厂，集中了几代做工的血统工人和许多从小在厂长大的老工人。南通的工人曾经在斗争中表现得十分顽强。他们大多本人做工，家属种田，同农民的联系很密切。

张謇提倡"实业救国"，以改良代替革命，并不能解决当时人民所面临的贫困问题。广大人民切望摆脱自己的悲惨处境，充满着愤怒和反抗意识，迫切要求革命。

在农村，地主豪绅和反动政府勾结一起的血腥统治，使农民生活十分痛苦，正像一首民歌所唱得那样：

> 农民头上三把刀，
> 租子重，
> 利钱高，
> 苛捐杂税多如毛。
> 数数稻穗千千万，
> 丢了镰刀就讨饭。
> 庄稼人，
> 真难过，
> 地净场光衣裳破。

南通东乡二甲的翟三歪嘴，拥有土地 3 万多亩，自夸从二甲向北走 20 里，踏不到别人家的田地。如皋西乡卢港以卢锡三为首的 20 多户卢姓大地主，占有土地 10 多万亩。如皋东乡马塘地主顾树三有田万余亩。泰兴根巷地主黄宜寿占地在万亩以上。泰县绝大部分土地集中在 1400 多户地主手里。海门下沙，单是沙、倪、施、沈、陆 5 家大地主，便占了全海门半数以上的土地。启东在 1928 年 3 月建县前属崇明，称为外沙，土地更集中，其中 19% 属于崇明的王清穆、苏康侯、陆才甫等 13 个大地主所有，9% 为当地地主恶霸所有。仅地主张两铭一户，便占有南清河、北清河 20 多万亩土地。长江下游和黄海边上泥沙淤积，启东和海门的下沙地区每年不断有新滩出水，这些土地也全被豪绅地主霸占。

当时，地租是几种形式并存的。货币地租在南通已相当发展。南通的农民租种 1000 步田（4 亩）要交坐租①百元，相当于田价的 1/4。此外，每年还要交行租 20 元到 30 多元不等。有一种"包租制"（又叫额分、呆租、铁板租），每千步田上熟小租 4 元，下熟大租 16 元到 20 元，不论年景好坏，一律不得短少。还有一种"预租"制，除交坐租外，不管下年丰歉，还要预交下一年的行租。又有一种"分租制"，按主四佃六或主三佃七分成，种子肥料都由佃户负担。

在如、泰地区盛行"包租制"。麦豆两熟，每亩五六斗到一石，约占产量百分之六十到八十。

在海门、启东的老圩地区，盛行崇明的"包三担"办法，即农民租种 1000 步田，一年交元麦、玉米、黄豆各一担。海门还有包四担、包五担的。也有一些地方实行分租制，大熟按主六佃四分成，小熟主佃平分。

除了地租以外，还有种种额外剥削。如佃户租田，要写"承揽"。写"承揽"，要给地主画字钱，还要请吃上庄酒或者送上庄利。每隔几年，或者老佃农死了，儿子继承耕种，都要另换"承揽"，另行出钱、请酒、送礼。逢年过节，要送年礼节礼。蚕豆、豌豆、玉米、瓜果等未上市以前，先要送给地主，叫做送时鲜。交租以前，还要送样米、租鸡、租鸭。地主下乡收租，佃户要办酒招待，鸡鱼肉蛋，必须丰盛。至于田实租，大斗大秤，更是惯例。往往七八亩田，却按 10 亩收租。斗有加一的、加二的，秤有 22 两乃至之 15 两算一斤的。此外，佃户还常要为地主无偿服役。一户佃农，一年要替地主做几十个白工。许多大地主甚至在"承揽"上公开写明："老板有事，全家帮忙。如若不到，绑上马桩。"

地主对佃农身心的摧残，人格的侮辱，更是骇人听闻。收租时，地主常借口粗谷不干，要当场曝晒，并罚佃户跪在旁边陪晒。往往谷晒干了，人也晒昏了。地主对佃户可以任意呼喝打骂，甚至强奸佃户妻女，封门拆屋，杀害人命。

---

① 坐租：又叫押租或顶首，是地主向佃户榨取的"保证金"。佃户欠行租，即从坐租中扣算。

如皋、泰兴等地农民常说："种了地主的田，等于当了地主的家生子①。"

高利贷是地主阶级剥削农民的另一种形式。高利贷的名目很多。或是借粮还粮，春借秋还，借一还二。或是借粮还钱，听涨不听落（从借到还，这一段时间里，粮价如有涨落，按上涨的价格计算本利还账）。或是借钱还钱，利息三分、五分、加一不等。还有放青苗的，青苗作价一般在市价 2/3 以下。很多地主放债是预设圈套，乘人之危，诱迫上钩。地主看到自耕农民有一块好田，要想夺取，便常用这一手。

这一带的地主又常兼营工商业。在许多农村市镇上，收买农产品的粮行、花行、猪行、茧行以及加工农产品的碾坊、油坊、酒坊，推销洋货的店铺，大都掌握在地主手里，或者有地主的股份。他们一面代放高利贷，一面通过不等价交换，对农民进行盘剥掠夺。农民常说："鸡蛋经他们的手，都要剥去一层。"不少地主商人，如小海镇的顾伯言，张芝山的张望明，川港镇的张景江等在南通到海门公路沿线的城镇，开设花纱布行，直接替上海日本纱厂收购棉花，推销纱布，牟取高利。

沿海地区的垦牧公司，是官僚、地主、资本家互相勾结剥削农民的一种新形式。1901 年到 1924 年间，南通张謇、泰县韩国钧等邀集了一批地主、官僚、资本家，在南通、海门、如皋、东台盐城、阜宁等县的沿海地区成立垦牧公司，低价买进大批海滨荒滩，筑堤堵潮，开河蓄淡，招租垦种。当时这样的公司约有 40 多个，拥有土地 400 多万亩。在通、海、如等县的有通海、大有晋、大豫、华丰、大丰等。这些垦牧公司都是地主、官僚、资本家垄断土地收取地租的机关，一部分还和外国银行有关系，带有浓厚的封建性和买办性。这些公司又都有一套统治机构，像个小朝廷。公司的董事会，便是这个小朝廷的最高权力机关。通海垦牧公司，有"垦区自治公所"，有巡官，有公堂，有监狱；并有实业警卫团，驻守各圩。垦区特别区公所，实际上是专为公司管理租税、民政的机构。农民租种公司田，不仅要交苛重的地租，还要受公司武装——实业警卫的敲诈勒索。农民租种公司一塅田（25 亩），要交坐租 70 元、100 元、200 元、600 元不等。行租多交实物上下。两熟时节公司派人到田头估议租额，农民只能遵议交纳，不能提出异议。除大田要交大租，田头岸角种的杂粮、瓜菜要交小租外，还要农民交纳柴草。租花只收上好白花，不收下脚黄花。到期交不上租花和柴草的，公司就派实业警卫团将农民抓去限缴，甚至将农民绑在公司门口

---

① 家生子：就是奴隶的儿子。

旗杆上示众。此外，公司还有许多无理限制，严刑峻法欺压农民。例如，公司所属的河沟，不准农民捕捞鱼虾，违者就要罚款、游街，等等。

沿海盐民、渔民受地主豪绅、渔霸和反动政府的剥削压迫，生活更为贫困。以著名的盐渔产区吕四为例，盐民煎盐每担成本二角五分，同仁泰盐业公司以22两一斤的黑心秤收进，每担叫价九角五分，灶头剥削六角，盐民除去成本，所得只有一角。而公司将盐外销，每担却可得净利三元多。公司以外的盐民，则受盐董的剥削，每天烧盐七桶，就要交给盐董五桶。盐民迫于生计，挑盐零卖，每月还要交"扁担费"银洋二元，否则就是贩卖"私盐"，缉私营的税警便要捉拿问罪，轻的罚款"充公"，重则严刑拷打。很多盐民倾家荡产、残疾终身或伤重致死。渔民受渔霸及船老板的剥削很重。如海船老板以一条60吨的大船，雇渔民16人出海捕鱼，不花力气，不担风险，坐得七成半，而16个渔民却只得二成半。加上渔税、仓库费等巧立名目的额外勒索，每个渔民所得无几。还有穷得连网也置不起的渔民，只能到海边小汊里捞小鱼小虾过日子，但也要向渔霸缴纳地税，否则便是私捞，要被捉拿罚款。有时渔民缴不起地税或罚款，即被抓送反动政府关押。

那时，地主村里有地，家里有钱，手里有权，官府有人，到处作威作福，为非作歹。泰兴根巷大地主黄辟尘，身为"国会议员"，声势显赫，仗势把周围108个村庄划为自己的封建庄园，定名为"震东市"，并自设公堂，自定法规，自收捐税，养了一批警察打手，横行乡里，鱼肉人民。如皋卢港大地主、省议员卢锡三，无恶不作。他的大儿子卢伯吟在搬经行政局做事，家中私设公堂，佃户有交不起租子的，便被抓去拷打。卢锡三的二儿子卢仲平，则仗势强奸民女，霸占民妇，无恶不作。

地主的滔天罪行，逼得农民不得不起来反抗。自发斗争，此起彼落，前后不绝。1923年冬到1924年春，泰兴横巷附近一百零八个村庄农民反对地主勒索猪捐，掀起了有名的"火烧震东市"的斗争。1923年11月，在老农民余道人（余学先）领导下，农民们杀鸡盟誓，发动暴动。横巷八大家勾结官府，血腥镇压，逮捕了余道人。农民在余大化（徐大花）领导下继续斗争，把黄辟尘的园烧光，打得黄辟尘和泰兴县长翁某狼狈逃走。斗争继续了三个多月，三烧"震东市"。后来，由于内奸告密，余大化被捕，余道人被杀，暴动被镇压下去。但是，猪捐也毕竟被农民反掉了，农民取得了部分的胜利，斗争产生了极大的影响。农民立祠祭祀，纪念余道人。

在重重压迫、剥削下无法生活下去的农民，有的被迫离开土地，离开了纺车、织机，走向上海。通（南通）、海（门）、扬（州）、泰（州）一带的人在上海做工的，到处可以看到。有些人在那里参加了党直接领导的工人运动，参加了上海工人三次武装起义。通过这些工人同家乡的联系，党所领导的革命斗争的影响，也就更广泛、更深入地渗透到这一带的农村。

1927 年以后国民党反动政府的苛捐杂税，对于人民的愤怒和反抗，起了火上加油的作用。当时江苏是国民党统治中心地区，反动派加捐加税，名目繁多。以田赋的附加税为例，有自卫亩捐，公安亩捐，党部民众捐，保卫团捐，警察捐，户籍捐，防务捐等等，不下三四十种。田赋的附加税年年增加。在泰县，1921 年每亩正税 1 元 5 角，附加 9 角，到 1929 年，附加增到 7 元，凡达正税 5 倍。其他各县，1929 年附加税超过正税的倍数，计：启东 6 倍，如皋 10 倍，海门 12 倍。

反动政府的苛捐杂税，并不损害地主阶级的利益。地主阶级为了把这些捐税都转嫁到佃农身上，疯狂地加起租来。在南通，1927 年前，地主出租 1000 步田，一般为 6 租 6 顶、8 租 8 顶，即行租 6 到 8 元，坐租 60 到 80 元。1927 年后，改为 10 租 10 顶、15 顶、20 顶甚至 20 租 32 顶。地主要农民预交下年地租的也增多了。除田赋和附加以外，还有许多直接向农民征收的捐税，如青菜捐、柴草捐、米捐、酒捐、牛捐、猪捐、鱼捐等等。农民没法完租纳税，只好借债。于是高利贷也就进一步猖獗。在南通借洋一元，月利一元；或者三月内生利棉子一石，合年利率 1400%。

在农村阶级斗争日益尖锐的同时，城市里的阶级矛盾也在发展。这种情况在南通的工人斗争中最为显著。大生纱厂工人的自发斗争很早就开始了，先是怠工，逐步发展到罢工。据有的老工人回忆，1921 年，大生一厂就第一次出现了比较有组织的罢工，迫使厂方答应了工人增加工资的要求。启东的大生二厂，也爆发了罢工斗争。同年 8 月，泰州城发生了苦力和贫民的扒米斗争。工人阶级的斗争，也是屡仆屡起，经久不息。

通、海、如、泰地区的劳动人民同全国人民一样深受苦难，要求解放。革命的条件正在成熟，斗争的火炬正在燃起。但是，人民群众必须在共产党的领导之下，在革命思想的熔炼之下，才能进一步觉醒起来，聚集起来，为自身的彻底解放，坚决与敌人血战到底。

播下红色种子

中国共产党领导的通、海、如、泰地区的革命斗争，先从学生运动中开辟了最初的阵地，又进一步向工厂和农村发展。然后，党的工作重点比较迅速地转到农村，展开了蓬蓬勃勃的农民革命运动。

通、海、如、泰地区在近代工业兴起之后，较早地出现了一批高等学校和中等学校。农村小学也比较普遍。由于教育发达，又邻近上海，比较容易接受外界的思想文化影响；外出到上海、北京读书的青年也多。所以，这里的青年学生对于国内反帝爱国斗争的反应，是比较灵敏的；新思想向通、海、如、泰青年的传播，也是比较迅速的；革命思想与反动思想的斗争，在这里很激烈。

1919 年，当五四运动扩展到上海的时候，南通各学校就成立了学生会，举行示威游行、罢课，民众热烈响应。五四运动以后，特别是 1921 年中国共产党成立以后，通、海、如、泰各县有更多的学生和青年知识分子，在苏联十月革命胜利和国内革命运动的影响下，开始学习马克思主义，热心研究社会主义学说和当时的政治思想问题，努力追求真理，寻求解放和改造中国的道路。许多学校组织了学生会、话剧团、宣传团和研究马克思主义的团体，出版进步刊物，推进革命的学生运动。1921 年前后，如皋一部分进步学生发起组成"平民社"①。它成立以后，即出版了《平民声》，团结进步青年，宣传反封建思想。在 1922 年 11 月 1 日发行的《平民声》第一号上，江苏省早期共产党员吴亚鲁（吴肃）发表了《小学教师团结论》，指出：小学教师要提高觉悟，加强团结，为改善本身的经济、政治地位，为培养高尚优美勇敢献身的纯德和推动教育事业的进步而努力。文章特别提到，"必须有团结的力量——一个阶级团结起来的实力"，才能解决面临的困难问题。

1924 年夏天，"平民社"在如皋掘港举行年会。吴亚鲁在会上讲了社会主义运动发展史，南通江苏第一代用师范学校②学生徐家瑾讲了国民党第一次全国代表大会宣言和联俄、联共、扶助农工三大政策的精神。

同年，徐家瑾、王盈朝和丛永琼（丛允中）等在代用师范组织了"晨光社"，团结进步同学，研究马克思主义学说，并向反苏反共的国家主义派展开了

---

① 这个团体的成员后来发生分化，一部分成为共产主义者，一部分则堕落为国家主义派。
② 该校 1927 年以后一度改名张謇中学，不久，又称通州师范，解放后改为南通师范。

斗争。这时，我党早期政治活动家恽代英，同丛永琼等同志建立了通信联系。恽代英主编的《中国青年》，在当年6月20日出版的第36期上，以显要的位置，介绍了"晨光社"的活动。当时，刊物上是这样刊载的：

南通师范同学组织晨光社

　　南通第一代用师范少数同志组织了一个社团，名晨光社。他们的宗旨是：训练团体精神，应用于实际生活上。他们的计划是：（1）在校内设立图书室，平民读书处；（2）在校外通俗讲演；（3）在假期内作教学的实习，调查民间实况；（4）研究中国青年思想问题与今后新中国的教育问题。他们还想设立通讯讲演机关，请当代名人指导。

　　恽代英除在刊物上对"晨光社"给予热烈的支持以外，还亲切地指导和帮助他们开展革命活动。这年暑假期间，丛永琼和吴亚鲁在如皋潮桥组织了"学友会"，团结农村青年学生，讨论和研究农民生活为什么苦，怎样才能过好日子等社会问题，并向农民进行宣传。暑假后他们又编辑出版了《潮桥青年》，邮寄给"学友会"的成员。

　　在这前后，如皋师范学生陆景槐（陆植三）、苏德馨等同志，也组织了"劲社"，在学生和青年知识分子中开展学习社会科学等各种进步活动。

　　海门曹家镇的"青年协会"，是部分旅外学生于1925年发起组成的。他们利用暑假时间进行活动，团结当地进步青年学习马克思主义，探讨国民党第一次全国代表大会宣言的精神。

　　党在通、海、如、泰地区进行开辟工作的时间较早，在思想启蒙和组织建设方面，作了重大的努力。党的刊物《新青年》、《向导》、《中国青年》早就通过南通代用师范学生在知识青年中传递。恽代英在该校部分学生中进行了深入的思想教育工作。陈延年曾经受中共江浙区委①的委托，到南通开辟工作。

　　1925年五卅运动前后，通师"晨光社"丛永琼、王盈朝等同志，在恽代英的启发、指导下，加强了传播革命思想和联系群众等工作。"晨光社"中的一批先进分子，实际上已形成为党领导下的一个革命青年和学生运动的核心力量。稍后，党又陆续派送这一地区的党员和进步青年到广州去，在实际上由我党主办的农民运动讲习所学习。于是，通、海、如、泰地区党的一批早期工作骨干

---

　① 中共江浙区委是当时江苏、浙江、上海党的领导机关，亦即中共江苏省委的前身。

培养起来了。

1925 年五卅惨案发生后，全国各地掀起了反对帝国主义的高潮。通、海、如、泰各县的学生、工人、市民纷纷响应，组织五卅后援会，大大推动了反帝爱国运动和学生运动。

首先行动的是南通。五卅惨案的消息传到南通，顿时激起了同学们的愤怒。在南通代用师范，不少同学捶胸顿足，有的甚至咬破手指写血书，以示反抗的决心。一批先进分子立即举行会议。徐家瑾力主先在本校召开大会，控诉帝国主义屠杀中国人民的罪行，为在南通地区广泛深入地展开反帝爱国运动作出榜样。5 月 31 日晚，由徐家瑾主持，通师召开了全校学生大会，声讨帝国主义的罪行，一致决定进一步开展反帝爱国运动，并着手筹备南通学生联合会。那时，上海学生联合会还派代表来南通各校联系。6 月 4 日，南通各大、中学校学生代表在农科大学召开大会，成立了五卅惨案后援会和南通学生联合会，通电全国，举行罢课游行，并在县城和金沙、刘桥等集镇向市民宣传打倒帝国主义，抵制英货、日货等主张。

接着，在如皋学生联合会主持下，如皋也成立了五卅惨案后援会。6 月 30 日，如皋县举行市民大会，达 1 万多人，会后示威游行，罢课，罢市。如皋师范学生还到磨头、石庄等集镇进行宣传和募捐活动，以支援上海罢工工人。海门也成立了学生联合会，县立中学和启秀中学的运动最活跃。他们的宣传工作从县城扩展到三阳、麒麟、久隆、长乐等市镇。

在这一运动中，南通代用师范学校和各地的进步青年团体，成为核心。各校学生会中都有许多骨干分子。南通有师范学校的丛永琼、徐家瑾、徐芳德、王盈朝、韩铁心（韩澄）、杨文辉、刘瑞龙，农科大学的黎时中（黎昌圣），纺织专科学校的邱会培、聂鸿纶，医科大学的熊觉，崇敬中学的陆骧，女子师范的汪钦曾（汪蓁子）、朱文英等。如皋有师范学校的陆景槐、苏德馨等。在海门，有黄家骏、张冠今、顾南洲、茅珵等。扬州有第八中学的曹起潘（曹熙敬）等。在这些骨干分子的领导和推动下，各校学生会互通声气，公开宣传打倒帝国主义，废除不平等条约，实行国民革命，造成了很大的声势。

当时和以后不久，通、海、如、泰地区有许多在外地求学的青年，也参加了本地的革命运动，如上海大同大学的葛季膺、上海大学的俞海清、上海龙门师范的王玉文（李达三）、北平清华大学的朱铭勋（朱理治）、武昌师范大学的李守章（李俊民）等。他们回乡宣传革命主张，对推动本地区学生参加革命斗争，起了积极的作用。

　　革命刊物《新青年》、《向导》、《中国青年》，在进步学生中日益流传，引导他们走向革命。这对本地区学生运动的开展影响极大。

　　进步的老师，如顾怡生先生，不但同情和支持学生的革命活动，还向进步学生介绍李大钊的文章，对在青年中传播马克思主义，起了媒介作用。

　　广大群众反对帝国主义、反对封建主义、反对军阀统治的革命运动，引起了民族资产阶级上层分子的不安。右翼代表人物张謇，公然提出反对革命的主张。他从19世纪末开始在南通办工厂，办垦牧公司，办学校，修水利，筑公路，对于发展民族工业，是起了积极作用的。他同帝国主义、买办资产阶级也有一定的矛盾。但是，他同人民群众是格格不入的。当人民群众起来革命的时候，他害怕了，向反动统治者乞求改良，反对人民起来采取革命方法来解决中国的问题。革命运动愈向前发展，他的思想也愈趋向反动。早在五四运动时期，他就曾以停办学校来威胁纺织专科学校罢课的学生，并且对省立第七中学师生坚持罢课提出抗议。他反对马克思主义的传播，说是"一二猖狂诡激之徒，不加审度，稗贩新奇，迎合失业无聊、劳动贫苦人心理，纷纷扇播，冀其多助"。到五卅运动时期，他变本加厉，诬蔑爱国运动。他在《正告南通自立非自立各学校学生及教职员书》中说，这是什么"不镜历史，不根法理，不量己力，不审敌情，飞步而欲撤不平等之条约，攘臂而欲预任何人之国家"，又说什么"悲哉！吾不意教育之名亦足亡国，而亡国原素中，不幸而亦有吾青年学生在也"，竟把从事革命运动的学生，说成是"亡国的原素"。他还对各校师生提出露骨的威胁，说什么"谢绝有妨校规之勾引，防止盲从政党之行为，特定规章，明白宣示。凡原在各校之学生，如认为不合己意者，无庸到校。……教职员……如有畏学生如虎，意存敷衍，不以鄙见为然者，亦请另就，不敢屈从"，同时，提出"请自暑假开学始，……加增教课钟点，注重课外作业"，逼学生埋头读死书，不问国事。如皋的官僚士绅沙元炳，是秉承张謇的主张办学的。如皋师范有几位教师，因教授白话文，被他通过守旧的校长轰出了校门。

　　但是张謇的反动言行和高压政策，非但没有能阻止通、海、如、泰地区爱国青年革命运动的发展，反而促使他们在复杂的斗争中不断提高识别能力。许多学生在革命思潮与反动思潮的斗争中，在中国人民反帝反封建的斗争中，选择了党指引的革命道路，摒弃了张謇的改良道路。五四时期军阀政府的丧权辱国，五卅惨案上海工人学生的流血牺牲，都教育了他们。张謇的"实业救国"、"教育救国"的主张在实践中日益破产。进步学生如饥似渴地从革命书刊里寻求真理。张謇为了取消学生运动，连续发表言论，采取措施，甚至邀请美国的反动学者杜威到南通演讲。当时国家主义派曾琦、陈启天，以及复辟余孽江亢虎也先后去代用师范，进行争夺青年的活动。革命风暴的前夜，思想阵地上的斗争，争夺青年的斗争，在整个通、海、如、泰地区都很炽烈，尤其是南通，更为尖锐。但是，大批进步学生选择了革命的道路。

五卅运动，给通、海、如、泰地区人民一次广泛深入的反帝、反封建、反军阀的革命教育。而知识青年，特别是其中的先进分子所经受的锻炼和考验，尤为深刻。这就为这个地区党组织的建立和发展，创造了条件。同时，由于国共合作和联俄、联共、扶助农工三大政策的实行，1925 年到 1926 年，全国革命形势迅速高涨，国民革命军北伐节节胜利，广东、湖南等地农民运动蓬勃发展，这使通、海、如、泰地区人民受到极大的鼓舞。这时正是发展党组织的良好时机。因此，党利用这些条件，抓住这个时机，积极进行了工作。党的江浙区委在上海举办了暑期讲习会，从通、海、如、泰地区吸收了一批学生运动中的积极分子去学习。学习期间，这些人多数同党有了关系，学习以后，又都回到家乡工作。这时，在广东经过初步革命锻炼的沈毅和从广州农民运动讲习所学习归来的陆铁强、俞甫才、张连生等，也陆续参加了本地区的开辟工作。通、海、如、泰地区党的组织，就是在这样的群众条件、干部条件下，先后建立起来的。

在南通城，经过五卅运动的锻炼，建立党组织的思想条件和干部条件已经成熟。大约在 1926 年 3、4 月间，南通建立了党的独立支部，有党员 6 人，邱会培为书记。春夏之间，通师也建立了党支部，王盈朝为书记，党员有丛允中、徐家瑾、杨文辉等。约与此同时，党在南通农科大学和纺织专科学校也发展了党员。

在农村，1925 年秋天，沈毅首先在泰兴刁家网发展了党员，陆续吸收王庆生、刁子宽、刁九善、戴奎、孟致祥、孟运怀等同志入党，不久，建立了支部。以后他又在泰县东南乡的营溪、蒋垛一带以王庆生（营溪塾师）、孟致祥（蒋垛溪河岸塾师）、任启东（金家庄塾师）为主建立了支部。王庆生为书记。同年冬，在如皋则由陆景槐、苏德馨等同志于鄂家堰小学建立了党的支部。陆景槐为书记，党员还有徐芳德、王玉文等。崇明、海门等地，则于 1926 年开始建立了党的组织。

1926 年 2 月，中共江浙区委在罗亦农主持下，听取了沈毅、陆景槐的汇报，决定派遣得力干部开辟通、海、如、泰地区的工作，成立强有力的独立支部。会后，即派张连生到如皋鄂家堰、六甲、芹湖等地，指导建党和组织农民协会等工作。以后，又派吴丹枫（宗孟平）到南通、如皋等地，负责建立共产主义青年团的工作，并派夏霖等来南通地区巡视。于是，通、海、如、泰地区团组织的建设和发展，也有了很大的成绩。

党的组织一经建立，反对帝国主义、反对封建主义、反对军阀的群众运动就得到进一步发展，革命宣传更加深入人心。在五卅惨案一周年纪念活动中，南通代用师范学校的学生会发表了《告民众书》，指出："恨列强，在中国，横行无忌。靠的是，苛刻的，不平等条约。用劣货，来骗我，吸我金钱。制大炮，造大枪，杀我同胞。设领事，瞎裁判，乱我司法。我同胞，有真理，无处申诉。定关税，来逼我，乱我财政。实业呀，交通呀，为之停顿。勾结了，军阀们，助我内乱。弄得我，真革命，不得成功。用牧师，来传教，深入内地。念圣经，做礼拜，弱我民气。调大兵，入要地，借口保护。实际上，为的是，图谋吞并。细想起，他罪恶，罄纸难尽。我同胞，既明知，哪能坐视。讲和平，谈公理，终归无效。猛醒悟，团结起，才是实力。"

此外，文中还提出了"打倒帝国主义"、"废除不平等条约"、"打倒直奉军阀"、"建设在民意上的政府"以及"欢迎广州政府北伐"等口号。

通、海、如、泰的农民运动也开始发展起来了。在广东、湖南等地的农民运动的强有力的推动下，新建立起来的党组织，立即着手农民发动工作，很快就取得显著成绩。

在南通，五卅运动中便有学生到农村中进行宣传工作。1925 年夏天，南通代用师范学生陈国藩、顾仲起、刘瑞龙等，在暑假中到西三区（平潮、白蒲、刘桥）的中心地区营家店一带，通过个别访问，开座谈会等方式，向农民宣传反对帝国主义，反对封建主义的革命道理。同年冬天，聂鸿纶（石照辉、季月波）又到东乡瞿家下仓一带活动，找到当地农民多次自发斗争的领袖葛成方，组织了"土地会"。1926 年夏天，南通代用师范学校一部分学生曾去南五区活动，在棍子街小学召开了有数百农民参加的大会，宣传革命道理，组织农民协会。当时，农民协会提出的斗争口号有：打倒帝国主义、反对封建主义，不准涨租涨息，反对大斗大秤，荒年减租，因荒歉交不起租时不准收田，等等。秋天，东乡的"土地会"也改为农民协会，并领导农民反对瞿家下仓地主涨租，取得了胜利。由此，农民协会的威信大大提高，组织迅速发展。1926 年年底到1927 年春，南通东乡一些重点农村，都初步建立了农民协会的组织。

泰兴的农村工作是做得比较深入的。1925 年秋天沈毅在刁家网所进行的建党工作，本身就是同发动群众结合在一起的。他首先团结了一批贫苦的私塾先生，对他们宣传革命道理。不久，便以刁九善、王庆生、戴奎等人为核心，组织了泰兴塾师联合会，发表了宣言。接着，塾师联合会在周围乡村开办民众夜校，宣传革命思想，发展农民协会。党的组织也就在这个基础上发展起来。沈毅并把刁家网改名为"醒农村"，组织了"醒农合作社"，使农民少受商人剥削。他还编了一首《醒农歌》，歌词是：

> 种田的兄弟们，好痛苦呀！
> 无衣无食无住，白白辛苦。
> 终年的拼命做，只为他人造财富。
> 所为的哪一般？你们想想看！
> 种田的兄弟们，快快起来！
> 封建压迫剥削，实在难挨！
> 死命的空白据，不问死活逼租债，
> 大家要救命，团结起来干。

这首歌到处传唱，起了"醒农"作用。当时几位革命塾师，由于与农民群众有比较密切的联系，熟悉农民的生活和思想感情，又有一定文字表达能力，曾经写了不少揭露反动统治丑恶的通俗诗歌。有一首讽刺当时贿选之风、揭穿虚伪"民主"的诗歌是这样的：

> 人心希望举贤才，
> 如今偏偏举钱财。
> 无贝之才不成用，
> 有贝之财登上台。

另一首讽刺卖官鬻爵的诗歌说：

> 而今世道甚败坏，
> 卖官鬻爵竟公开！
> 三千银元买县长，
> 三百银元区长卖。

还有一首则是讽刺官府贪赃枉法，申诉农民疾苦的：

官府衙门大敞开，

不讲公理只讲财。

讼根唆事饱囊橐，

污吏纳贿喜心怀。

看谁后堂送的足，

包你官司赢过来。

豺狼当道逞凶恶，

穷苦良民受冤灾。

在如皋，1926 年春，党组织以鄂家埭为基地，在江安、卢港两区的一部分农村中，通过开办农民补习学校、个别访问等方式，向农民宣传革命道理，组织农民协会。并在鄂家埭开设了书店，推销进步书籍。张连生到如皋后，又进一步整顿和发展了这一带的农民协会，并成立了县的农民协会组织，由张连生任会长，苏德馨任副会长。县农民协会提出了这样的斗争口号：打倒帝国主义，抵制英货、日货；反对封建势力，实行减租减息；不准地主拿田，没收庙田坟田归农民协会管理；禁止赌博、吸毒；剪辫子，放小脚，解放妇女，等等。1926 年秋，由南通代用师范回如皋的王盈朝在如皋东乡掘港区下漫灶小学举办平民夜校，吸收农民积极分子张云飞（王范）等参加了党的组织，建立了党的支部。

随着革命运动的发展，泰兴、如皋两县先后建立了党的县委会。1926 年秋，泰兴的党组织在刁家网刁氏宗祠召开了党员大会，到会党员 80 多人。如皋的徐芳德、苏德馨等同志列席了会议。在这个大会上产生了县委会，由沈毅、刁九善、刁子宽、戴奎、王庆生、孟运怀等组成，沈毅任县委书记①。如皋县委于 1927 年元旦成立于如皋福成庵，主要成员有陆景槐、徐芳德、张连生、叶胥朝、苏德馨等。

崇明农民运动的发展也比较快。党根据农民的要求，组织和领导了广大农民的减租斗争。1926 年 9 月，陆铁强、俞甫才两同志从广州农民运动讲习所学习回来，即到崇明工作，陆铁强任崇明县委书记。当年秋天，崇明西沙地区遭受旱灾、虫灾，收成只有平常年景的 1/3，地主仍强迫交租，反动政府并逮捕了

---

① 据一些同志考证，当时泰兴成立的是中心支部。

一些欠租的佃户。除铁强、俞甫才两人化名鲁德成、张一松来到西沙，通过当地群众领袖袁守元等人，组织了1000多名农民，跟警察所斗争，要回了被捕的农民。10月下旬，他们又组织了7000多名农民，在西沙示威、游行，提出："对折交租"，"反对业佃维持会"，"打倒少数恶粮户"，"被压迫的农民组织起来，参加农民协会"等口号。西沙一带地主是尝过农民铁拳滋味的，连拍"十万火急"电报，要求北洋军阀孙传芳派兵镇压。县知事奚桐，一面派警察配合地主收租，逮捕抗租农民；一面却假惺惺地到凤阳镇召开所谓"议租大会"。陆、俞两同志洞悉其奸，便发动千余农民参加"议租大会"，进行说理斗争，驳得奚桐哑口无言，使他不得不答应大租减一半，取消小租（大租是交给地主的，原税额1000步田480斤谷，减到220斤。小租是交给替地主收租的狗腿子的，1000步田2元）。事后，他们又发动上万农民，赴县营救被捕兄弟。群众包围了衙门，反动军警慌了手脚，只好将被捕者一一释放。这一连串斗争的胜利，使党在群众中威信大大提高。12月上旬，党在老海桥成立了农民协会，又在协隆镇设立了分会。农民协会成立以后，一切租息由农民协会决定，地主收租必须通过农民协会。农民破天荒第一次掌握了这样的大权。为了保卫胜利果实和迎接北伐军，1927年2月，在协平乡还建立了拥有360余人、步枪五六支的农民自卫军，进行了一个多月的训练。这时，因为地主连拍电报，孙传芳勉强派来一队所谓"缉私营"，但慑于农民群众的声威，这些军阀武装到西沙转了一圈，没有敢同农民武装接触，便走了。这时，党在海桥、草棚镇、沈家镇、新安镇等地，也都建立了组织。减租运动风起云涌，地主不得不遵守农民协会的规定。农民协会名声响亮，民间一切纠纷和疑难事，都请农民协会解决。

　　1927年3月21日，党领导上海工人第三次武装起义成功，赶走了北洋军阀。3月26日，北伐军到崇明。4月1日，在城东大校场举行军民联欢大会。党组织动员四乡农民参加了大会，协平乡的农民自卫军扛枪、持棍，参加了游行。我党代表在大会上代表农民群众提出了减租减息、实行耕者有其田、打倒土豪劣绅等要求。由于党在群众中进行了工作，陆铁强的父亲国民党左派陆伯良被选任公安局长。这事引起了国民党右派的惊慌，他们会后忙派田良骥出任县长，并逼迫陆伯良辞职，由反动透顶的唐行素充当公安局长，加紧进行反革命阴谋活动。

　　这时，军阀孙传芳的"五省联军"败退苏北，盘踞在泰兴黄桥、泰县蒋垛和如皋沿江各镇，公开逼捐逼粮，抢劫奸淫。我党为了配合北伐战争的胜利进行和保护人民利益，发动群众进行了反"联军"的斗争。首先，在泰兴钱家荡庙上，召开了泰县、泰兴两个县的反"联军"誓师大会。并决定由沈毅任总指挥，成立三个队：破拆队、宣传队和自卫队。破拆队专管割电线拆桥，宣传队负责贴标语散传单，自卫队到各庄组织自卫力量，扰乱敌人军心。当天夜里，传单标语即出现在黄桥"联军"驻地。黄桥、季家市间的电话也不通了。四乡八镇，连续几天，响起锣声和"枪声"（其实是群众在煤油箱里燃放爆竹）。各庄高墙写上了反对"联军"下乡扰乱的石灰标语。弄得"联军"少数人不敢下乡，"联军"军官也到处打听是否发现共产党的地下武装。有一天，孟致祥正在横家垛召开农民协会，动员农民进行反对"联军"的斗争，恰巧有五个"联军"士兵带了两支长枪来庄敲诈，于是他立即动员大家去缴"联军"的枪。孟致祥有点武功底子，胆子大，有威信，青年农民带着铡刀、铲子等武器跟着前去，连有的地主富农听到消息，也出来协助。孟致祥抓一条扁担，在前头指挥。"联军"看势头不妙，边开枪边逃。农民不懂掩护，被打死一个。农民更恨，随着孟致祥包围上去。"联军"逃到庄里，即被农民砍死一个，夺了一支枪，没有枪的被抓住。还有一个拿枪的，逃到南田埭上打枪，孟致祥带人从背后摸上去，猛然一个箭步，敌人未及转身抵抗，已被孟一扁担砸倒在河岸上，农民赶上去又狠狠地砸了几扁担，砸死了这个士兵，缴到一支长枪，一大包大烟土、800 块银元。钱全数抚恤了死难的农民，枪做了以后五一起义的本钱。这事传开来，更吓得"联军"少数人不敢下乡了。这一斗争，不仅农民高兴，连有的地主、富农也因怕"联军"抢劫而称颂不止。党的威信更高了，团结的力量更大了。

如皋的党组织也在六甲一带发动群众参加反"联军"的斗争。张连生、徐芳德两同志以农民协会会员为核心，带领千余群众去张黄港抗议"联军"下乡，浩浩荡荡地开到七号桥。"联军"向群众开枪，两人牺牲。这就更加激起了群众的愤怒。"联军"营长觉得事态扩大对他不利，骑着马，来向群众解释。有位勇敢的农民带着铁铲，见敌人营长说得惹气，就一铁铲铲去，不意铲到马屁股上，马一乱跳，把营长甩下大河，"联军"开枪救营长。群众撤下来，"联军"也从防地撤走了。反"联军"斗争，是如泰人民在党的领导下，第一次跟武装的敌人进行面对面的斗争。

随着革命形势的发展，通、海、如、泰各县的国民党组织也有了发展。一部分共产党员按照党的决定，以个人资格参加了国民党组织。多数学校中的国民党组织，就是他们发展起来的。党通过他们的活动，对青年学生进行了革命的三民主义和三大政策的宣传。

农民，是无产阶级最主要、最可靠的同盟军。农民问题，是我国革命的中心问题。正如毛泽东所说的："一切革命同志须知：国民革命需要一个大的农村变动。辛亥革命没有这个变动，所以失败了。现在有了这个变动，乃是革命完成的重要因素。一切革命同志都要拥护这个变动，否则他就站到反革命立场上去了。"[①] 通、海、如、泰地区的部分党组织在大革命时期，便开始派党员进入农村，播下革命火种，使这些地方的农民运动逐步得到发展。

大风暴前夜

1927 年 4 月 12 日，蒋介石发动了反革命政变，打起"清党"白旗，实行血腥大屠杀。在第一次国内革命战争中建立起来的革命统一战线破裂了。许多优秀的共产党员和革命群众被杀害。但是，熊熊燃烧的革命火焰，是不可扑灭的。革命同反革命，展开了残酷的斗争。全国如此，通、海、如、泰地区也如此。

四一二反革命政变之后不久，国民党反革命武装一到崇明，就动手搜捕我党同志。地主豪绅也趁势催租逼债，抢夺农民粮食。反革命气焰顿时嚣张起来。

5 月下旬，国民党反革命武装陆续由崇明、常熟、江阴等处渡江。北洋军阀孙传芳的"五省联军"继续向北撤退。新的反动逆流随之而来。苏北沿江各县国民党右派分子公开撕毁了联俄、联共、扶助农工三大政策的标语，扯起了反共清党的白旗，勾结地主豪绅，向共产党和革命工农大肆进攻。他们诬蔑我党和农民协会，搜查我党的活动场所，搜捕我党党员，通缉我负责领导公开斗争的同志，镇压民众运动。但是国民党反动派的反革命气焰，并没有能吓倒通、海、如、泰地区的人民。党在人民中间揭穿了国民党反动派的本质，在复杂的政治局面下，领导群众展开了激烈的斗争。

当时，由于孙传芳的"联军"还盘踞在淮阴、扬州一线，国民党反动派在苏北还立脚未稳，通、海、如、泰各县多数的国民党县党部还为我党所掌握。而对农村，国民党右派更没有力量控制。于是，我党采取了这样的措施：对原先派入国民党工作的共产党员，凡已经暴露的同志就撤出来，没有明显暴露的继续留在国民党内，进行反对"清党"的合法斗争，以孤立国民党右派；同时利用我党在学校、工厂和农村中已经建立的各种组织，继续发动群众，开展活

---

① 《毛泽东选集》一卷本，人民出版社 1966 年版，第 16 页。

动，壮大革命力量。

当时，国民党如皋县党部的实际权力，还掌握在我党手里。苏德馨、王玉文、叶胥朝、任百川等，都在国民党县党部工作。如皋县委根据省委的指示，成立了总工会、人力车工会、店员工会和青年、妇女团体，积极开展工作，并吸收一批优秀分子入党；还利用这些同志的掩护，派出一批骨干到农村开展农民运动。在西乡的卢港、江安、石庄、磨头和东乡的双甸、马塘等区，都建立了党的组织和农民协会。在东乡，潘乔、陈希轩两位同志，当选为江家园农民协会的正副会长，叶胥朝当选为指导员。他们领导农民反对国民党征收酒捐，取得胜利。潘乔、张云飞、陈希轩等，以上下漫灶为基地，在江家园和华丰垦区相继建立了党的组织，并在盐民、渔民中开展工作。7月，中共如皋县委还组织了反对国民党省党部特派员、如皋"清党委员会"负责人成昌五的贪污敲诈行为的合法斗争，孤立了国民党右派。苏德馨等并在"清党委员会"中团结国民党左派，借"清党"的名义，清洗了一批国民党内极反动的分子，检举和通缉了一批贪官污吏和土豪劣绅。国民党的首任县长乐济安，也在5000多人的市民大会上被打倒。事后，国民党省党部见如皋县党部清除共产党的阴谋未逞，自己选中的右派分子却一个个被打垮，便下令解散如皋县党部，派反动的"西山会议派"党棍重组县党部。我党又组织了斗争，同时把主要力量从国民党撤出，转到农村去工作。当时，党在区政权中还掌握着一部分权力，可以作为掩护。王玉文、苏德馨两同志，被派到卢港区行政局，分别在财务、公安两股任职。吴亚鲁的父亲吴绍穆当了马塘区行政局长。他是党外人士，同志们说他的心同共产党员一样红。他曾画过一幅老梅桩，题"梅桩虽老花犹红"句以明志。1927年秋，如皋师范学生在刘汉宗（刘季平）、汤藻、石俊等领导下，进行了反对国民党对学校实行反动统治的斗争。反动派恼羞成怒，将刘、汤、石等同志开除。石、汤两同志以后都在南京光荣牺牲。

在泰兴，沈毅遵照省委指示，对党内加强了阶级教育，号召全体党员向敌人反击。沈毅又以国民党县党部执行委员的身份，团结了国民党内部的左派，利用国民党江苏省党部特派员李亚飞同泰兴县党部内右派的矛盾，在县党部内孤立了右派人物朱路九、封步尘等，使敌人的"清党"达不到预定的目的。

6月里，沈毅借庆祝北伐胜利的名义，发动城郊和四乡农协会员到城里开大会，到会有五六千人。国民党特派员李亚飞、县长翁翰中、公安局长陆文凤、国民党右派朱路九等都在场。先是李、翁二人讲"反共清党"，群众冷淡视之。轮到沈毅上台讲二五减租、打倒土豪劣绅时，全场热烈鼓掌。会后游行示威，群众喊的口号，撒的传单，都同沈毅讲话的内容一致。反动分子恼怒之余，攻击沈毅思想过左，阴谋清掉沈毅这批"跨党分子"（指既是共产党员又是国民党员）。朱路九、封步尘勾结陆文凤带领流氓警察，袭击县党部，企图乘机逮捕沈毅和团结在沈毅周围的一批同志。沈毅及早离开，其他同志和左派国民党员便正面与朱、封斗争。连李亚飞也出了场，他认为朱、陆这种行动违犯国民党党纪。朱、封不服，捣毁了县党部，并逮捕李亚飞、刘伯厚等10多人。沈毅在黄桥闻讯，当即组织群众反击。口号是援救李亚飞，实际是要打击和惩办反动分子朱路九、陆文凤等。6月30日，群众开始向泰兴城进发，请愿释放李亚飞等被捕者，要求法办陆文凤等。反动派紧闭城门，拒绝群众请愿。群众围城的人数，天天增多。到7月2日这一天，已达万余人。反动派施展阴谋诡计，先将刘伯厚释放，再将李亚飞提上东门城楼，假意邀请沈毅去城门口上与李亚飞面谈。沈毅果敢前去。谁知沈毅过了吊桥，后随的群众刚踏进桥头，城上一排枪打下，伤亡好几人。群众一退，敌人立即将吊桥一抽，逮捕了沈毅。群众急要渡河抢救沈毅，敌人又是一排枪，又伤亡不少人。群众失去了领导，便带着三十几个伤亡的人撤退了。这就是我党在泰兴领导的反"清党"合法斗争中有名的六卅暴动和七二惨案。这时国民党县长已将省水陆公安队和国民党省政府、省党部代表请到，当即将陆文凤等3人逮捕，与沈毅、李亚飞一同解往南京特种刑事法庭。后来经过各种合法斗争，到10月沈毅终于胜利出狱，重返刁家网，继续开展农民运动。

在崇明，我党同志撤出了国民党县党部，就集中全力在西沙一带发动农民群众。海门县委则仍有部分委员在国民党县党部里。他们利用合法身份发动了数百名学生和农民示威游行，并抓住国民党省党部特派员陈石泉游街。后来，陈石泉狼狈逃走，国民党县党部和群众团体一度为我党所掌握。

在南通，我党除在公开的国民党县党部里有一部分同志工作外，还团结一部分左派国民党员，组织了一个秘密的左派国民党县党部。学生运动方面，1927年夏天，通州师范学生陈国藩、袁锡龄、丁瓒、刘瑞龙，和南通中学学生顾民元等，在恽代英的弟弟恽子强的帮助下，组织了"革命青年社"，在学生中进行革命活动。

在那些日子里，通、海、如、泰地区的共产党员，干革命是积极的、勇敢的，然而对于怎样进行革命以夺取胜利这一点却不够明确。有不少同志还对国民党存在幻想，而把工作重点放在国民党县党部内，进行合法斗争。1927 年 5 月中旬，毛泽东的《湖南农民运动考察报告》秘密传到南通。有的同志读了之后感到思想澄清了，方向道路明确了，斗志也更坚定了。那时候，虽然大家很年轻，没有经验，但在党的指引下，都果敢地投入了新的战斗。

1927 年 7 月，汪精卫公开叛变革命，与蒋介石合流，国共合作最后破裂，大革命遭到失败。

为了民族的解放，祖国的新生，我党不顾危难，单独举起革命的大旗。8 月 1 日，周恩来、朱德、贺龙、叶挺、刘伯承等同志率领北伐军 3 万余人，于江西南昌举行武装起义，成立了中国工农红军。8 月 7 日，党中央在湖北汉口召开了"八七会议"。"'八七会议'在党的历史上是有功绩的。它在中国革命的危急关头坚决地纠正了和结束了陈独秀的投降主义，确定了土地革命和武装反抗国民党反动派屠杀政策的总方针，号召党和人民群众继续革命的战斗。"[1] 这次会议极为重要，它坚决地提出用武装的革命反对武装的反革命，开始了我党独立领导中国革命，独立领导革命战争的新时期，开始了以武装斗争推动土地革命、夺取政权的新时期。毛泽东当时指出，民众运动没有枪杆子是不行的，须知政权是从枪杆子里面出来的。

此后，党也进一步加强了对通、海、如、泰地区的领导。江苏省委决定成立了江北特别委员会，先后指定陆景槐、黄澄镜（黄逸峰）、吴丹枫、陆铁强、沈毅等同志为委员，统一领导南通、如皋、海门、崇明、泰县、泰兴、东台、盐城等八县工作。这时，由于各县国民党"西山会议派"和其他反共反人民的反动派先后登台，国民党县党部已为这些人所把持。我党除将极少数未暴露身份的同志留在国民党县党部和在若干公开的群众团体从事秘密工作外，大多数同志都转入工厂、农村。

南通是我党江北工作的重点。南通县委于 1927 年 8 月正式成立。县委成立后，便迅速进行了基层党组织的整顿和建设工作。这时，通州师范支部原有的党员，多数回到家乡工作了，少数没有离开学校的学生党员，有的因为害怕敌人而消极了，还有个别的叛变了，党的工作一度中断。省委特派员便召集"革命青年社"的同志开会，讲解国内形势，指出：国民党叛变已成事实，他们已打起反革命的旗帜；工人、农民的不满情绪正在增长，新的革命高潮正在酝酿。会后，积极进行发展党团组织的工作，并在"革命青年社"等革命群众团体中

---

[1] 《毛泽东选集》一卷本，人民出版社 1966 年版，第 959 页。

吸收了一批积极分子入党、入团。

通州师范和女子师范的党、团支部也先后恢复和建立起来。通州师范由刘瑞龙任党支部书记，袁锡龄任团支部书记。女子师范由汪钦曾任党支部书记，朱文英任团支部书记。不久，南通中学、崇敬中学、农科大学、医科大学、纺织专科学校和基督医院等单位，党、团支部相继建立。南通学生会的工作也很活跃。从外地求学回来的李守章、俞海清等同志也积极参加了本地区的工作。

为了使学生运动同工人运动、农民运动结合起来，党动员青年学生和知识分子到工厂去，到农村去，和工人农民结合，发动革命斗争。正像毛泽东所说的那样："革命的或不革命的或反革命的知识分子的最后的分界，看其是否愿意并且实行和工农民众相结合。"① 当时确实听党的话，决心到工厂、农村中去和工农相结合的知识分子，经过斗争锻炼，后来都成了坚定的革命者。而另外一些人，由于害怕吃苦，害怕斗争，不愿意到工农群众中去，便表现了不同程度的动摇，有的经不起考验，中途开了小差，有的公然表示害怕白色恐怖，离开了革命。以后，这些人中有的迷途知返，有的一去不来，也有的堕落成为革命的敌人。通、海、如、泰各县，都有类似情况。

1927 年秋冬之间，唐楚云在南通总工会任组织部长，特委便利用这个关系，派了一批干部，以总工会特派员名义到大生纱厂工作。其中陆景槐为唐闸工会特派员，加上原来在大生一厂当职员的张辛（吴锡仁）、周德宣和在纺织学校读书的聂鸿纶，他们互相配合，使大生一厂的工人运动，有了很大的进展。在这期间，大生一厂工人连续进行过两次斗争，都获得了胜利。一次是工人俱乐部领导工人反对黄色工会强迫入会，反对开除工人的斗争；一次是年底，新厂粗纱车间工人要求增加工资的斗争。这两次斗争的胜利，又为 1928 年 3 月更大规模的斗争准备了条件。1928 年 3 月，为了反对资本家增加工人劳动强度，降低工人收入，大生一厂工人在党的领导下，先是派出代表与资本家谈判。后来资本家勾结国民党反动派拒绝谈判，开除工人代表，工人便在 3 月 13 日宣布罢工。资本家指挥驻厂的实业警卫团开枪镇压，工人也英勇还击。事后，陆景槐和工人积极分子张招姑、褚乔、陈二等人被捕。但是，党的影响已在工人群众中扎下了根。秋后，大生一厂建立了党、团支部。其他各工厂也先后发展了一批党、团员。这时，入党的有顾臣贤、朱德全、袁福生等，入团的有施满侯（施亚夫）、吴汉文、达昭侯等，共 30 多人。党的力量大为增强，展开了多种宣传活

① 《毛泽东选集》一卷本，人民出版社 1966 年版，第 530 页。

动。贴标语、撒传单、搞飞行集会，弄得反动派惶惶不安。

1927年寒假期间，学校党组织派刘瑞龙、袁锡龄、陈国藩、汪钦曾等同志到大生副厂工作。他们在工人中建立工会，办工人补习班，进行阶级教育，组织车间斗争，散发传单，号召工人为增加工资、改善生活进行斗争，宣传打倒国民党反动派。补习班原来办在厂工会办事处，后因厂方阻挠停办，他们便在城南白塘庙初级小学办民众夜校。1928年5月，因国民党公安局派人搜查民众夜校，并威胁工人，不准去上学，夜校被迫停办。为此，张謇中学（即通州师范）学生会发表了一个宣言，指出："矛盾的时代，我们是没有言论的自由，一切一切的自由。贫苦的大众，没有受教育的自由，只有长期受人镇压、束缚、欺侮的自由。伟大的变革时代，矛盾的现象，当然是不可免除，我们没有什么悲痛，我们正等待着那行将到来的光明前途。"

与此同时，他们在南通店员中也开展了工作，建立了店员支部。党员有赵人村、沈俊等。这个支部，在五一起义前后，在南通城内印传单、贴标语，配合政治斗争，做了许多宣传工作。

学校支部的同志在工人农民中的活动，既发动了群众，也教育、锻炼了自己。通州师范和女子师范学校的党员在利用合法条件举办工人夜校的过程中，经常访问工人，有时还穿工人服装进入车间。他们开始了解工人的生活，开始懂得应该同工人谈些什么。他们将自己学习过的剩余价值学说向工人解释，工人很快就能领会，而他们也在深入实际后加深了对理论的领会。他们在与工人交往中，更具体地体会到工人的阶级觉悟、团结力量和组织性，与许多工人和工人家属结成了知心的朋友。

南通县委还派了俞海清、聂鸿纶等到东乡做农村工作。他们白天教书，夜里到农民家访问、开会，宣传共产主义的伟大理想，教大家唱《劳工神圣》、《打倒列强》、《打倒土豪劣绅》等歌曲，号召农民起来斗争，组织农民协会，吸收大批青年积极分子入团。

通州师范等学校的部分同志在五卅运动中，已同南通近郊农民有了接触，这时候深入东乡，以小学教师的合法身份接近农民。有些农民起初还用冷字去试试"先生"的学问，看看他们写信、写字据、写春联的能力，然后才相信他们有本事，接受他们帮助办一些事。但是许多农民，一开始对于改变自己的命运，是顾虑重重的，他们害怕集会结社，他们把过去多少年来农民的反抗得不到出路的苦痛提出来同党员讨论。革命思想的灌输是经过了细致耐心的工作的。许多同志热心帮助农民办事，不摆架子，在农民中建立了威信，与农民逐渐建立深厚的感情，在农村中站住了脚。

这一时期，南通的党组织还印发了许多宣传品，启发群众的阶级觉悟，揭露国民党反动派的罪恶。有一首歌的歌词是：

> 青的山，绿的水，灿烂的山河。
> 美的食，鲜的衣，玲珑的楼阁。
> 谁的功，谁的力，劳动的结果。
> 全世界，工农们，联合起来啊！

还有一首模仿《国民党党歌》的歌谣，幽默而生动地揭发了国民党反动派的罪恶：

> 杀民主义，狗党所宗；
> 出卖中国，屠杀工农；
> 苛捐杂税，层出不穷；
> 豪绅恶霸，横行逞凶；
> 剥削压迫，毫不放松；
> 工农团结，狗党送终。

还有一张传单，是用打油诗的形式讽刺国民党反动派的卑鄙行径的：

> "忠实同志"，只要洋钱。
> 军政时期，军阀得意；
> 训政时期，官僚运气；
> 宪政时期，遥遥无期。

这些短小精悍、生动活泼的传单和歌谣，很受群众欢迎，发挥了鼓舞群众斗志的作用。为了党的宣传工作的开展，有不少同志竭尽了自己的心力，如通州师范学生马尔聪和工友马二、葛和尚等，都曾经忘我地从事宣传工作。马尔聪后来因为刻钢板、印宣传品过度劳累，患急性肺炎逝世。

在崇明、海门地区，农村斗争比较尖锐。1927年8月，崇明西沙农民逮捕了当地土豪、国民党极右分子姚企华，并将他全身贴满"打倒土豪劣绅"、"实行减租减息"、"实行耕者有其田"等标语，戴上高帽，由近万农民牵着游埭[①]示众。这一正义行动，使人心大为振奋。游行队伍所至之处，如新安镇、三星镇、三光镇、协隆镇和凤阳镇等地，群众无不拍手称快。由此，新安镇一带也建立了农民协会。西沙农民运动蓬勃发展，国民党反动派立即进行反扑。他们下令通缉陆铁强。可是，11月7日，愤怒的农民又杀了大地主朱德乌派来逼租抢粮的4个狗腿子，吓得西沙一带地主、土豪纷纷逃命。连东沙豪绅王清穆等也大喊"农民反了"。这时国民党派出大批水上警察，对农民进行镇压，又悬赏通缉俞甫才和陆伯良等，烧毁党和农民协会领导人的房屋，捕去了部分同志的家属。在此情况下，为了保存实力，有利于更好地领导斗争，陆铁强、俞甫才等同志根据省委指示，先后离开崇明，转移到海启地区工作。省委另派高士贤接任崇明县委书记。

1927年9月，陆铁强化名优惠农，任海门县委书记，在海门下沙沙家仓一带发动农民，建立了党的支部和农民协会，公开宣传反帝、反封建和实行二五减租等主张。11月中旬，为反对恶霸地主、下沙行政局长沙颖侯非法逮捕佃农陆寡妇，下沙一千多农民举行示威游行。游行路程二三十里，农民沿途高呼"打倒贪官污吏"、"打倒土豪劣绅"、"释放陆寡妇"、"实行减租减息"等口号。之后，发动起来的农民夺下了沙家仓狗腿子下乡抢租所得的全部实物。11月12日，国民党海门县长施述之派兵镇压，陆铁强不幸被捕，13日，光荣牺牲于海门茅镇城隍庙前。1928年初，俞甫才任县委书记。1928年春，俞甫才在海门下沙陈家宅，不幸又被当地地主逮捕。地主对他先施酷刑逼供，后又解送反动县政府。俞甫才被解到反动县政府后又遭毒打，皮开肉烂、体无完肤却毫无口供。3年后经营救，以"保外就医"获释，返崇明继续战斗。1928年3月1日，崇明外沙正式设立为启东县。在此前后，启东地区有不少乡建立了农民协会，发展了党的组织。4月，即建立了启东农民赤卫队。同月，永东永兴地区农民协会会员和农民200多人，在共产党员赵克明等带领下，进行了游行示威。游行队伍经过惠安镇、武陵村、永和镇、安平村等地，高呼"打倒狗头粮户"和"打倒土豪劣绅"等口号。

东台县委成立于1927年夏天，领导成员有陈雪生等同志。县委成立前后，陈雪生和沈方中（女）等同志在母里师范、县立中学、大丰垦牧公司、栟茶、三灶等地，建立了党的支部。在南乡一部分农村中组织了农民协会。

---

① 埭：海门、启东、崇明一带乡间农户集中的地方，类似村庄。

　　这一时期，如泰等地的农民运动也有了发展。沈毅自从 1927 年 10 月重返刁家网之后，即完全抛弃了在国民党内部进行合法斗争的方式，而带领同志们一起致力于贫苦农民的发动工作。刁家网地处泰兴、泰县、如皋三县交界，水网交错，地形复杂，群众条件极好，党的力量也很强，成了如、泰地区农民运动的重要基地。他们采用各种形式，启发群众的思想觉悟，做了大量的工作。有一首在五一起义以后流行于如泰地区的《暴动歌》，就是当年沈毅等在农民中间教唱的。这首民歌强烈地控诉了地主豪绅对农民的剥削压迫，表达了农民的革命要求和决心。这首歌的歌词是：

　　　　　　正月里来是新春，豪绅地主杀穷人；
　　　　　　别人杀人用刀杀，地主杀人只要说一声。
　　　　　　二月里来暖洋洋，豪绅地主黑心肠；
　　　　　　家中无事算陈账，利上加利分文不肯让。
　　　　　　三月里来桃花开，种租田的穷人苦伤怀；
　　　　　　家中无粮又无草，钻山打孔去捞债。
　　　　　　四月里来麦秀黄，种租田的穷人闹饥荒；
　　　　　　一家大小没饭吃，还要去帮那地主忙。
　　　　　　五月里来过端阳，大小元麦收上场；
　　　　　　地主走狗租簿带，加一斗儿听他量。
　　　　　　六月里来热难当，豪绅地主坐高堂；
　　　　　　丫环使女茶汤送，点事不到打巴掌。
　　　　　　七月里来秋收忙，劳苦农民下田庄；
　　　　　　起早带晚收秋熟，租谷一交精打光。
　　　　　　八月里来桂花黄，老板要租狠如狼；
　　　　　　东捞西借没法想，卖儿卖女缴租粮。
　　　　　　九月里来是重阳，地主勾结国民党；
　　　　　　屠杀工农心肠黑，要把穷人杀个光。
　　　　　　十月里来天气凉，工农联合势力强；
　　　　　　只要大家齐心干，哪怕敌人炮和枪。
　　　　　　十一月里来雪花飘，工农举起斧头和镰刀；
　　　　　　革命到处起高潮，打得土豪劣绅没处逃。
　　　　　　十二月里来交新春，苏维埃政府建立成；

领导工农向前进，穷人从此翻了身。

由于党在通、海、如、泰地区做了大量工作，加强了组织领导，所以，国民党反对派的白色恐怖，地主豪绅的猖狂进攻，不但没有能吓倒人民，反而激起了广大群众更大的仇恨。通、海、如、泰地区正处在大风暴的前夜。

五　一　起　义

1927 年下半年，继八一南昌起义之后，党发起了以湘、鄂、赣、粤四省为中心的农民秋收起义、广州起义和江苏的无锡、宜兴、江阴、青浦、南汇、奉贤等地的农民起义，更加鼓舞了通、海、如、泰地区人民的斗争意志。

同年秋，江苏省委下达了《江苏农民运动计划》。这个文件强调土地革命是中国革命的中心问题；指出农民革命在江苏仍有着极重要的位置，今后省委应分出一部分重要力量去整顿外县组织，发展农民运动；并明确提出了必须贯彻党中央下达的暴动方针，组织秋收起义。江北特委根据这个文件的精神和省委指示，加紧了本地区武装起义的准备工作。

1928 年 2 月，中共江苏省委派黄澄镜（化名张文采）、彭汉章两同志从上海来到南通，向特委传达中央 11 月扩大会议精神和了解通、海、如、泰八县农民起义的准备情况。但不久，黄在东台被国民党反动派逮捕。

3 月，我党著名政治活动家、中共江苏省委农委书记王若飞，也从上海秘密来到南通。若飞同志的到来，对后来南通地区的革命武装斗争是有力的推动。他在南通地区的短期活动，也给同志们留下了深刻的印象。若飞同志在南通城南公园与县委的同志联系上以后，就一起到县委机关。当时，县委机关设在堰头庙，邻近有大生纺织副厂和通州师范，若飞同志便在这里住下。他仔细地询问学校、工厂和农村的情况，几次和同志们在南通的街市上漫步。大家觉得他是一位十分平易近人的领导同志。每当夜间，通师、女师楼窗里的灯火已熄，大生副厂机器的声响隐隐可闻，庙前大银杏树上的宿鸟啾啾微鸣的时候，若飞同志还和同志们研究着工作。他分析当时的斗争形势，帮助县委总结工作经验。若飞同志着重指出了武装斗争、土地革命和建立工农政权的重要性；指出要充分运用党在工人、学生中的力量和农村中已经取得的阵地，把农民工作深入一步，奠定党在农村的群众基础；指出要学会组织和领导群众斗争，摧毁地主武装，建立农民武装，有准备地进行武装起义，支援苏南和全国各地的革命斗争。

若飞同志的指示使大家进一步认识到起义的意义，促进了当时的工作。四月初，若飞同志还亲自到如皋，在如皋总商会一间空屋内召集如皋县委及东西乡负责同志，讨论起义的准备工作，并作了具体指示。

这时，武装起义的准备工作，在如皋西南乡、泰兴东乡、东台南乡等地积极进行，而首先发动的是泰兴和如皋。

在泰兴，五一前两天，即4月29日傍晚，沈毅和王庆生等同志先在八字桥打死国民党巡官一名和警察3名，缴获长短枪4支。4月30日，就在刁家网，正式竖起了起义的红旗。"醒农村"真正苏醒了。县委在这里成立了指挥部，举行了誓师大会。尹家垛、官柴厂、西楼家、三岔河、分界、沿河等地起义农民400多人，胸挂红布条，手执大刀、铁叉、土枪、木炮和缴获的七八支长短枪，纷纷到这里集会编队。沈毅在大会上宣布了起义命令和党的指示。起义队伍浩浩荡荡首攻龚家垛恶霸地主刁之甫，刁闻风潜逃，起义农民即逮捕了通风报信的狗腿子何裕仁。原来何裕仁在刁家网开有一片小店，起义农民警惕性不高，曾到他店里买了很多红布作起义标志，他看出苗头，报告刁家。起义农民气愤已极，当场将何裕仁处死，这就是当时民歌中所唱的："三月十二（即公历5月1日）放火烧，烧掉劣绅和土豪，何裕仁先开头一刀。"起义群众杀了何裕仁后，继续向官柴厂前进。官柴厂恶霸地主顾维之、顾实等急忙逃走。起义群众当即分了地主的粮食和衣服，捣毁地主巢穴。起义队伍所到之处，歌声、口号声不绝，红旗招展，锣声震天，沿途号召群众参加行动，影响极大。各地农民闻风响应，队伍不断扩大，到达古溪、周庄时已近万人。古溪敌人的"缉私队"和警察都吓跑了。农民分得很多粮食，把派出所也捣毁了。人们真正觉得伸了冤，出了气，直了腰，抬了头。第二天，起义队伍继续行动，向钱家荡、三岔河、溪河岸等地扫荡地主，当地农民纷纷响应，自动参加起义队伍。第三天，三岔河以南的分界、珊瑚庄一带的农民也起来了。南北两路参加斗争的群众已有4万人，声势浩大，威震黄桥。

在如皋，县委组织五一起义，运用了声东击西的策略。县委工作的重点是西乡的武装起义，但事先却派叶胥朝、陈希轩、张云飞等在东乡江家园、上下漫灶、华丰等地开展工作，以张声势。他们利用公开的农民协会同地主进行合法斗争，召开农民大会，提出二五减租的要求，并宣传耕者有其田的主张。江家园农民协会力量很强，惩办了地主狗腿子葛连江。地主吓得闻风而逃。东乡同志并且在掘港、丰利、苴镇、长沙、南坎、北坎等地散发传单，贴标语，制造声势，把敌人的注意力引向东乡。而刘君霞、周惠吾等同志，则在如皋城里发动人力车工人罢工示威，弄得敌人心慌意乱。西乡起义的具体组织工作，由县委徐芳德负责。芳德同志当时的公开身份是江安区周亚墩小学校长。他早在卢港、江安两区的朝西庄、周严墩、水洞口、小西庄、大西庄、东燕庄、西燕庄、芹湖等地进行了一系列的准备。4月30日夜里，他收到了沈毅派人送来的联络信，得悉泰兴已经行动，便立即准备响应。5月1日，徐芳德就带领一部分群众，首先进攻文武殿敌警察队一个班，缴获部分武器。当晚，县委委员吴亚苏、苏德馨、汤士伦、顾仲起、王玉文等先后到达朝西庄，在广场上召集了3000多人的誓师大会，成立了起义军指挥部。在誓师大会上，徐芳德代表县委宣布："共产党领导的如皋农民起义开始了！"并高呼"土地归农民"、"建立工农兵苏维埃"等口号。会后，起义队伍编成4个大队，分南北两路，进攻江安、卢港等地的大地主庄园。南路约2000人，由徐芳德、苏德馨、汤士伦等同志率领，先后攻下东燕庄和北小庄，到周庄头，为大地主周伦如的"保卫团"所阻。强攻几次无效，于是改用智取，即预伏一支精干的突击队于庄外麦田中，而其余队伍则唱着歌子佯作撤退，诱敌"保卫团"冲出圩子追击。敌人果然中计出击，我伏兵便乘机占领了周庄头敌人堡垒。佯作撤退的队伍又回头夹攻，于是全歼敌"保卫团"，缴获步枪、土枪、土炮等武器甚多，士气大振。北路起义队伍由王玉文、张兆山等同志指挥，打下了蒋家埭，烧毁了恶霸地主卢荫南的巢穴。

当时起义农民的武器是十分缺乏的，有的也是极原始的。但由于他们斗志昂扬，以一当十，加上指挥有力，战胜了貌似强大的敌人。农民高兴地唱道：

> 棒头棍子换步枪，
> 洋油桶里放爆竹，
> 单声爆竹当步枪，
> 连串爆竹当机枪，
> 打得敌人都缴枪。

这首民歌很能表达当时起义农民的勇猛机智和英雄气概。

5月2日，与泰兴紧密呼应，如皋起义队伍继续行动，扩大战果。黎明前，南北两路起义队伍在朝西庄会师后，又去周严墩小学召开大会，宣布成立如皋县苏维埃政府。当晚，起义队伍在福兴庄集中编队后，又分头出击卢港、30亩等地，烧毁大恶霸地主卢锡三、卢植斋的住宅。声威所及，使附近各处地主庄园大为震动。卢庄地主与30亩等地卢姓同族地主，连夜聚会，密谋对策。他们一面派出狗腿子到我起义司令部假装愿意缴枪，麻痹我方，一面于次日上午引来国民党警察大队奔袭我起义司令部所在地朝西庄。当时，司令部领导干部正在开会，因事先缺乏准备，被迫转移。但起义队伍的士气，并未因此受挫。当晚，苏德馨、王玉文等同志分途去上海，向省委汇报请示；顾仲起、吴亚苏、汤士伦等同志去南通。县委工作由徐芳德全面负责。5月4日，起义队伍又在徐芳德领导下于周严墩集合，东扫申家网、李家洋，烧毁地主周集甫、苏子光、邵子祥等人的巢穴。

在如、泰农民武装起义的同时，靖江北乡农民也曾掀起起义风暴，一度攻入季家市和西来庵。南通刘桥区在县委领导下，也有几千农民开展了反对牛捐的斗争。

在强大的农民起义面前，国民党反动政府和土豪劣绅万分惊慌，赶忙纠集省"保安队"和如皋、泰兴、泰县、靖江、南通等五县"警察大队"，以及其他各种反动武装进行反扑。东台、兴化、泰县三县"联防队"驻扰泰县边界，国民党江苏省政府水陆公安处"清平"、"昭武"、"建勋"三只兵舰分据沿江张黄、中兴、龙梢等港，对起义地区形成一大包围圈。国民党淞沪警备司令部也派遣三十二军六十九师的一个连到崇海边境。

在此情况下，由于敌我力量悬殊，起义队伍事先缺乏准备，措手不及，先后遭到挫折。5月3日，泰兴起义队伍在分界、珊瑚庄一线与如（皋）、泰（兴）、泰（县）、靖（江）4县国民党警察队激战至深夜，终于失利。为保存有生力量，准备再起，沈毅在耿家园召集会议，决定分散突围。

如皋起义队伍也遭到敌人同样疯狂的进攻，起义司令部所在地周严墩小学沦于敌手。于是斗争转入地下，白色恐怖笼罩了江海平原。敌人残酷镇压革命农民，到处烧杀淫掠，进行洗劫。仅如皋、泰县、泰兴三县一次被杀的革命群众即达八九百人，被毁村庄数十处。沈毅隐蔽在泰州下河花家舍（今泰县淤溪公社），也不幸于6月25日被捕。

如皋反动政府在县城也大捕大杀。党在城内的地下交通站石家庵、福成庵被查抄。总工会被查封。苏德馨、徐芳德等30多位同志被通缉。任百川等同志被逮捕。刘君霞、周惠吾等同志英勇牺牲。在南通的刘瑞龙、汪钦曾、丁介禾等于6月2日在博物苑参加县委扩大会议时被捕[1]。

---

① 刘、汪、丁三人后因敌人没有查获"罪证"，经组织营救获释。

　　公开的斗争虽然暂时低沉下来，但是，地下斗争正在发展。刑场上、法庭上震响着革命战士的怒吼。沈毅被捕后，敌人多方诱降，但他始终坚贞不屈。国民党泰兴、泰县、如皋三县县长赶来会审，被他厉声痛骂。他向看守人员宣传党的主张，揭露国民党反动派的罪恶。6月28日，他在泰州大校场被敌人杀害，临刑时高唱《国际歌》，高呼："共产党万岁！"

　　如皋周惠吾是党外人士，自幼父母双亡，寄养教堂，是个基督教徒，同我党接触后，成了革命者，被捕后非常坚决。他爱人去狱中看他，他说："耶稣为穷人上了十字架，反动派不让我活下去，我也绝对不怕被钉上十字架。"就义时他高呼："共产主义战士是杀不完的！"另一位党外同志许秀龙（许子云），也同样英勇牺牲。

　　起义失败了，在严重的白色恐怖下，还有许多优秀同志因继续坚持斗争而献出了宝贵的生命。例如苏德馨，他是在五一起义发动后去上海向省委汇报和请示工作的。起义失败后，他赶回如皋东乡，准备发动群众，继续战斗，以配合和协助徐芳德等同志在西部的斗争。不料，6月15日他在掘港被捕，解到如皋。敌人用各种卑鄙手段对他进行威胁利诱，但苏德馨坚贞不屈。他警告敌人说："共产党骨头最硬，是不怕杀的，反动政权一定垮台，共产主义一定胜利！"7月8日遇害于如皋南门外小校场墙下。还有张兆山，是一位年轻的党员，如皋师范学校的学生，起义时曾担任交通工作，起义失败后一直坚持斗争，不幸被捕，与苏德馨同时遇害。

　　以如皋、泰兴为中心的五一农民起义，是全国各地武装起义的一个组成部分，是苏北农民在共产党领导下，进行武装斗争和组织工农政权的规模较大的一次尝试。这次起义虽然由于客观形势的不利，以及主观指导上的错误和缺点，遭到失败，但是，它的影响是极大的。当时在党的工作还没有达到的地区，也发生了群众的自发斗争。如8月上旬，南通芦泾港农民展开了对国民党反动政府征收保塌亩捐的斗争。保塌亩捐是国民党巧立名目的苛捐杂税之一，每亩要交银洋两元。其实，堤岸破损不堪，良田大片坍塌，老百姓的死活，他们是根本不管的，因而农民无不对此切齿痛恨。8月8日，反动政府在保塌事务所召集地主和圩总策划勒逼农民交纳保塌亩捐，为农民侦悉，三四百名农民闻风赶来，把事务所团团围住。国民党县党部指导员张馨余口口声声威逼农民出钱，农民忍无可忍，齐声喊打。张馨余逃进屋里，农民破门而入，狠打张一顿，并捣毁保塌事务所。事后，国民党县政府派"公安队"到圩里去抓人。农民又鸣锣集合1000多人，当场把被"公安队"抓去的4个农民夺回，缴了"公安队"的五支长枪，15 排子弹。这次农民自发的斗争，发生在南通近郊，并发展到武装冲突，最后以农民获胜结束，这可说是五一起义的影响。总之，五一起义有力地回击了 1927 年四一二反革命政变以来国民党反动派对我党和革命人民的疯狂进攻，对通、海、如、泰地区革命形势的发展，起了很重要的作用：一方面，扩大了党在农民中的政治影响，使土地革命的口号深入人心，并且在激烈的斗争中锻炼了干部和群众；另一方面，推动了以后武装斗争的进一步发展，为建立工农红军准备了条件。

再 接 再 厉

五一起义失败以后，通、海、如、泰各地党的组织先后检查工作，并着手整顿组织，深入发动工农群众，恢复和扩展党的阵地。这一系列的工作，是根据党的第六次全国代表大会决议和省委指示，结合各县的具体情况进行的。

党的第六次全国代表大会是在 1928 年 6 月 18 日至 7 月 11 日召开的。这次大会清算了陈独秀的投降主义，也批判了左倾盲动主义的错误。大会正确地肯定了第一次国内革命战争后，中国半封建半殖民地的社会性质并没有改变，确定了中国革命的性质仍然是资产阶级民主革命，并发布了民主革命的十大纲领。大会分析了革命高潮不可避免，但又指出当时的政治形势是处在两个革命高潮之间；指出革命发展的不平衡，党在当时的总任务不是进攻，不是普遍地组织起义，而是争取群众，准备新的革命高潮的到来。这次大会还提出了建立红军，建立农村革命根据地，实行分配土地的任务。

中共江苏省委很重视起义失败后的思想工作和组织工作。六大决议于当年秋末经省委传达到通、海、如、泰地区党组织的领导干部。同时，根据省委 1928 年 7 月通过的《江苏省农民秋收斗争决议案》中有关加强组织领导的规定，成立了党的南通特区委员会，以范森、韩铁心、王玉文、徐芳德、林子和等同志为委员，统一领导南通、海门、启东、如皋、泰兴、泰县、靖江、东台等八县的革命斗争。

《江苏省农民秋收斗争决议案》全面总结了八七会议后、六大前江苏农运经验。它具体分析了江苏农民客观状况，提出环境不同，工作方式及其策略也不同。它肯定了农民武装起义政策创造了农运的广大基础，也批评了不深入发动群众、不审度客观环境、一暴了事的盲动主义错误。它指出，要争取群众，组织群众，扩大群众组织；要广泛宣传抗租斗争，并与其他斗争结合起来宣传；

注意城市工人工作，城乡斗争相呼应；注意士兵工作，夺取敌人的武装；要时刻准备武装冲突；扩大赤卫队和红军，宣传土地革命和苏维埃政权等。它还提出了有关秋收斗争的策略，其中包括：在反对各种苛捐杂税运动中，与中农和未反动的富农结成统一战线；由有工作基础的区域领导农民游击战争，扩大农民运动的区域；要把抗租斗争很快地转到武装斗争，但要防止强迫群众参加斗争等。

这个文件，是中共江苏省委自八七会议后，从执行农民武装起义的政策，向以争取群众为目的之秋收抗租斗争政策转变的历史性文献。这个文件，与1927 年秋的《江苏农民运动计划》，都曾对该地区的斗争起过重要的指导作用。当时，正在省委协助王若飞领导江苏省农村工作的我党早期革命家何孟雄，亲自参加了这两个文件的制订工作。

11 月，特委在海门茅镇召开了通、如、海、启、泰（兴）、靖 6 县县委联席会议，传达和讨论了党的第六次全国代表大会决议。会议认为六大决议是正确的，是可以而且必须在通、海、如、泰地区贯彻的。会议根据六大决议的精神，检查了过去的工作，总结了经验，并布置了各县以后的工作。这是一次极重要的会议。它对贯彻执行六大决议，克服通、海、如、泰地区党内混乱思想，继续组织和领导群众进行革命斗争，起了重大的作用，使党在农村中的工作进一步深入展开了。

联席会议认为过去工作中最根本的弱点是对当地的客观环境没有注意，"不顾环境，一暴了事"。会议着重研究了本地区的具体情况，认识到：敌人当时一面实行白色恐怖镇压革命，一面为了缓和群众斗争，又进行"改良"欺骗，在城市里宣传"解放劳动"，在农村中宣传"二五减租"，而实际上则是加紧向工农进攻。所有这一切，正说明反动统治者仍然是一步一步地迫使群众向着反对国民党统治的路上走。因此，会议提出，党要去鼓舞群众的革命情绪，扩大群众组织，领导群众的日常经济斗争，特别要按照反动派各个统治区域的具体情况，布置我们的工作，研究客观政治形势，详细了解群众的迫切要求，领导群众进行各种各样的斗争，在群众斗争中，建立和巩固党的组织。

联席会议分析了各县党的组织状况，认为存在的问题是"缺乏教育和训练"，从整个党的组织而言"还是自由散漫"。从各县指导机关而言，则是一种"局部的地方观念，思想上只知道农民暴动，却不深入群众、扩大群众的组织，不去耐心地领导群众的斗争，又不能有组织地去指导工作，局限于个人的活动，各地还没有形成集体领导的中心"。针对这种情况，会议认为"今后要健全县委的工作，改造区委和支部，使其能自动工作，能领导群众斗争，发挥党在群众中的核心作用。各县要注意健全集体领导，加强巡视工作，并且注意提拔工农积极分子担任领导工作"。

会议在检查了过去的工作以后，指出：经过一个起义的"狂飙时期"，盲动主义发展了组织，也搞垮了组织。本地区正处在一个新的斗争局面中。因此，各县的工作应该是深入群众，领导群众的斗争，扩大群众组织，扩大群众斗争；改正农民意识，整顿组织及铲除机会主义和盲动主义。

关于今后的工人工作，联席会议决定在特委领导下组织职工运动委员会，切实调查工厂工人生活状况，建立工人支部；并利用国民党操纵的黄色工会积极进行工作，运用兄弟会、俱乐部、联欢会等形式，团结工人，用各种方法在工人中灌输阶级斗争的知识；注意女工、童工工作。同时，要根据客观形势和主观力量，组织经济斗争和政治斗争。

关于今后的农民工作，会议认为各县农民运动都有相当的发展，而过去的缺点在于：没有深入领导农民群众的自发斗争；农民起义之后，未利用当时有利形势组织群众；而在敌人大搞白色恐怖之后，又未及时恢复组织。以后，在无地少地的农民占多数的农村，斗争的主要方向仍是反对地主阶级，夺取土地和政权。党要团结被封建势力剥削和压迫的全部农民群众，依靠雇农、贫农，联合中农，在工人阶级领导下进行斗争。在组织上要恢复与扩大农民协会，组织雇农工会。在斗争策略上，要根据群众的要求发动群众参加斗争；要扩大红军，削弱反动派。在斗争中，要确立党的有组织有计划的集中领导。会议并着重指出：游击战争必然成为主要的斗争形式，赤卫队是准备工作之一。会议要求各县都能组织一支领导农民进行武装斗争的骨干队伍。当时特委掌握的武器有驳壳枪36支，手枪16支。分配给各县使用的情况是：如皋12支，南通12支，启东7支，海门7支，泰兴8支，靖江6支。

会议确定当时农民运动的中心是如皋、南通、启东3县，3县又各有重点。

为了加强对各县各项工作的分工领导，在特委会下建立军事工作委员会、职工运动委员会、农民运动委员会。重点县委的领导力量也有所加强。对各重点县的工作，联席会议还分别做了专门检查和部署。

对这次联席会议决议的贯彻执行，各县都是比较切实认真的。

如皋、泰兴的工作，省委曾有直接的指导。在五一起义失败以后，省委就召集了一部分去上海的同志，进行训练，批评了个别干部的失败情绪，鼓舞了斗志，并对恢复工作做了部署。当时的方针是重新整顿和建立战斗组织，发动群众，发展革命力量，反击敌人的白色恐怖。在领导力量方面，泰兴县委书记沈毅牺牲后，省委即派王玉文接任县委书记。在如皋，坚持原地斗争的徐芳德等少数同志，力量比较单薄，省委就指派在五一起义中未曾暴露身份的徐家瑾协助领导工作。

王玉文、戴奎、刁九善等同志在泰兴进行了艰苦的恢复工作。他们首先在黄桥河西、印家院、唐家庄、段家庄、马家庄一带没有发动过农民起义的地区，建立组织，发动农民；接着又到刁家网一带，把参加过起义的农民重新组织起来。他们在恢复工作中，遇到的困难是很大的。在敌人血腥镇压后，群众心有余悸，但对党是有感情的。群众知道党又回来了，内心虽高兴，一时却还不敢有所行动。进行恢复工作的同志，开始没有找到可靠的群众关系，只好以"青纱帐"为家，昼伏夜出。有时夜里到村上去敲门，也常半天不见答应，或者只闻女人饮泣，不得不仍回青纱帐里露宿。有的同志埋怨群众变了。王玉文则摇摇头说："不，这是群众在白色恐怖下受的残害太深了。这只是一时的现象，只要我们坚持下去，情况不久就会改变的。"果然，经过耐心深入的宣传，通过骨干和积极分子的活动，广大群众心头的阴影终于扫除了。再经过一个时期的工作，农民群众便又要求向地主展开斗争了。

群众斗争情绪不断高涨，一致要求王玉文领导开展武装斗争，把地主的反动气焰压下去。但要与敌人进行武装斗争，就必须解决枪支和弹药问题。到处都有同志要求县委发枪，王玉文总是笑着回答："有，多得很。"实际上当时枪在地主手里，要想办法去缴。五一起义以后，大小地主都买枪反共，枪确实不少。有些小地主只有一两支枪，力量单薄。只要大家有决心、想办法，要缴也是不难的。不过，县委研究后觉得，如果这时一开始就叫群众赤手去缴枪，群众可能会误认为又要走五一起义中存在的盲动错误的老路，产生不好的影响，因此，决定由县委几个同志先亲自动手。在一次会议上，玉文同志兴致勃勃地告诉大家："同志们买枪，枪有的是，只是没有钱去运。大家可否每人先借出一两元运费。"同志们急着要枪，一听这话个个高兴，都说，莫说每人一两元，就是多一点也情愿。会后，就凑集了五六十元。有了钱，戴奎同志随即派人上街买来几件杭绸衣服和几顶漂亮草帽，准备化装缴枪用。有同志不知用意，暗中议论："现在吃饭都困难，县委却借运枪为名，叫大家出钱，他们买杭绸衣服穿。"有些同志却批评说，别瞎嘀咕，县委自有安排，杭绸衣服可能别有用处哩。县委同志听到，暂时也不加解释。不几天，县委就挑选几个勇敢可靠的同志，秘密地到黄桥港东去了。这是为了万一行动出问题，不致影响到更多的同志在这一带开展工作。

1928 年 8 月中旬，如泰红色游击队建立后的第一个傍晚，天气炎热。王玉文穿了绸长衫，戴了黑眼镜，摇着芭蕉扇，扮作反动政府的官儿样子，戴奎和其他几个同志则化装成随员和听差。乘着天色将暗，他们来到珊瑚庄地主黄子昂家。戴奎同志介绍，说王玉文是泰兴县政府的科长，因出差路过，天热歇脚吃茶。黄子昂一听县政府的科长光临，忙个不休。珊瑚庄处在泰兴东部边界，县里不常有人来此地，科长出差，必有要事，黄子昂不敢怠慢。那时，有枪的地主总爱把枪挂在身上，抖威风，吓穷人，黄子昂也是如此。当玉文同志被接进堂屋，正在礼让寒暄的时候，他便顺手接过黄子昂的盒子枪来，装着赏鉴的样子，并问子弹登膛没有。黄子昂受宠若惊，躬身哈腰地回答："科长放心，没有登膛。"玉文同志暗暗好笑，把暗号一出示，其余同志便把黄子昂绑起来了。这时黄子昂还不知是怎么回事。玉文同志便轻声警告他说："不许嚷，我们是来借枪的，你放漂亮点，把枪都拿出来；若要反抗，你就死在这里！"说着，戴奎同志在玉文同志后面，从袖口微微露出了事先备好的假盒子枪的枪口。黄子昂一看，更吓得身如筛糠，只求饶命。就这样，他便把家里仅有的一支手枪、一支盒子枪和全部子弹都交了出来。黄子昂被缴了枪，他家门口一个站岗的还不知道。戴奎同志又把黄松了绑，由两个同志夹住他往外走。玉文同志在前，他们在后，好像送客的样子。走到大门口，黄乖乖地又从站岗的手里把长枪拿来给了戴奎同志。事毕，玉文同志仍然不露声色，继续装作是县政府派来的，对着黄子昂说："黄先生，借用一下，不几天送来，请放心。"黄跟在后面连连点头哈腰。临走，玉文同志郑重警告黄子昂："你好好在家，便饶了你；如到县里去噜苏，当心脑袋搬家！"黄不断点头称是，一直把玉文等同志送出了庄。

缴枪的第一炮打响了，群众、党员情绪大为振奋，都说："怪不得县委同志常说枪多得很，原来是向地主去缴啊！""对，只要我们能像玉文同志他们那样干，还愁没有枪吗？""马家庄周围十几庄，哪家地主没有一两支枪呀？只要我们去拿就是了。"有的同志还悟出缴枪比买枪好的道理来，说："我们多缴一支，地主就少一支，我们天天缴，地主的枪就天天少，我们枪越多，力量就越大。"思想一通，情绪一高，事情就好办了。每个同志几乎都在为缴枪的事动脑筋、想妙计。王玉文根据自己切身体验，教育同志们要胆大心细，以智取为主。为了配合缴枪工作，玉文同志还指示各支部迅速建立雇农工会，因为有些地主枪支的使用和收藏情况，必须通过他们的雇工才能弄清楚。这一时期，建党和恢复工作也都围绕着缴枪和准备武装斗争、镇压反动地主来进行。缴枪工作有时进行得很顺利,甚至有时送个条子给地主,约定某时把枪运到某地土地庙,到时即能拿到枪。但也遇到一些坚决顽抗的家伙,非给予打击不可。玉文等同志研究,为了再把缴枪斗争推进一步,择定以南沙楼庄恶霸地主孙小康作为镇压对象。9月21日(农历八月初八)夜晚,戴奎和几位英勇机智的同志,采取了软进硬出的战术,去打这个恶霸。等到这个家伙发现有人进院,正要持枪抵抗时,已被打倒在门槛上了。这一次共缴来手枪、盒子枪各一支。

这一下可把一些小地主吓昏了。黄子昂缴枪保命,孙小康抵抗丧命,两条路摆在他们面前。不少软弱小地主都表示:"只要枪有地方送,共产党担保不来缴二次,情愿早日送去。"大地主害怕小地主动摇,要他们带枪集中,进大庄去住。但小地主多数不愿去,因为跑了和尚跑不了庙。有少数去了的,家里派人传言,不回来房子靠不住,于是,他们又只得回来投降缴枪。玉文等同志乘机发动了缴枪高潮,建立了小型游击小组,把农协会员中的积极分子都吸引到武装行动里来;对一般已被缴了枪的小地主,则安定他们的情绪,要他们在家安分守己,按时资助军饷。这样搞了两个月,红色武装声势大振,使拥有三四支枪的中等地主,也不得不缴枪。有的地主为了遮遮耳目,往往先同我方约好,由游击小组去打几枪,他们就把枪缴出来。在短短时间内,老庄地主和苏庄地主各自动缴枪两支;游击队还缴到地主朱文卿长短枪4支,唐家庄地主吴佩玉长短枪8支,其他零星缴到一支两支的也不少。游击小组的活动一直伸到泰兴城东,在十溪、鞠家庄等地缴了地主的枪支,连广陵镇国民党公安局的6支枪也被智取。港西地区缴枪胜利,影响到港东。港东曾参加过起义的群众,斗争情绪也昂扬起来。他们秘密地建立组织,要求县委帮助打开局面,恢复工作。

恢复起义地区的工作,鼓舞起义地区群众的斗志,正是县委的要求。而且,这时起义地区的恶霸地主大搞白色恐怖,不能再不及时予以反击。于是,玉文同志和戴奎等同志经过仔细研究,决定选择古溪钱家荡"保卫团"头子、恶霸地主钱文斋为首先打击的对象,要求一战而打开港东局面。钱文斋的"保卫团"枪支虽不多,但他是东西乡地主恶霸的军师,罪恶累累,打倒了他,就能立即恢复部分起义地区的革命活动。1929年1月7日(阴历十一月二十七日)夜里,刁九善、王庆生、戴奎、余大新、任启东等同志一举打死了钱文斋,缴到长短枪5支,并在钱家大门上贴了游击队的布告。这一来,反动地主的气焰果然打下去了。刁家网的红旗又飘扬起来。

随着武装活动的进展,党的群众工作也有了发展:南面逐渐扩展到靖江边境的季家市、广陵镇和长安市等地;北边推进到泰县边界的营溪、四五垛、溪河岸、蒋垛、大坨庄等地。在这个地区内，因遭受地主迫害暂时隐蔽或一度消沉的农民群众，又坚定地投入了斗争。当时流传的一首民歌说：

左手盖罗印①，
右手搞武装，
打倒保卫团，
苏北见太阳。

这充分显示了继续战斗的决心。于是，党的组织在群众中重又深深地扎下了根，有些庄上甚至还组织了地下自卫队。

在如皋，徐家瑾于1928年7、8月间，便与叶胥朝联系，在如皋城里着手恢复了党的组织，并创办了一个书店——读书消费合作社，建立了与县委联络的地点，沟通了东乡和西乡的联系。他们还组织和领导了如皋师范学生反对屠杀农民的示威游行。这又使敌人害怕了。10月30日，国民党反动政府逮捕了徐家瑾，查封了读书消费合作社。徐家瑾被关押在苏州监狱里，仍然积极领导难友进行斗争，后来被国民党反动政府移解镇江杀害。遇难时，他表现得很英勇。

如皋农村的工作在县委领导下，很快也有了恢复和发展。吴亚苏、徐芳德、汤士伦、汤士佺、陈雪生、马剑华、王本原等，在南乡镇涛区和西乡起义地区坚持斗争，反击敌人的疯狂屠杀，尤为可歌可泣。当时，这一带农村中流传着一首"穷人要共产"的民歌：

天上没有云，落雨落不成；
地上没有土，五谷不生根；
穷人不共产，永世不翻身！

由此可见群众意志之坚，气势之雄。

镇涛区虽是五一起义后新发展的革命游击区，武装斗争却很活跃。武装小组建立后，首攻九华山国民党公安局，缴获长枪4支，短枪1支，接着，又配合西乡红军游击队攻打了吴窑国民党派出所。以后，武装小组更屡战屡捷：9月24日，冒雨夜袭下驾原公安局，毙敌两名，缴枪6支，救出被捕同志6人。10

---

① 盖罗印：指参加革命。

月 12 日，在营防港镇压了大恶霸地主刘仰琨。刘仰琨是县参议员、沙田局局长，独霸沙田 8000 多亩，号称"沙王"，顽固反共。杀死刘仰琨，影响很大。12 月 26 日，徐芳德又在小圩桥镇压了反动巡长祝培初。小圩桥居于西乡和南乡联系的通道上，杀死祝培初，沟通了两地之间的联系，更有利于我们的活动。不幸的是，1929 年 1 月 9 日，徐芳德在六甲被敌军包围，突围时腿部中弹被捕，后来解到如皋，被国民党反动政府杀害。芳德同志在英勇就义时，对革命前途表示无限的信心。他说："我徐芳德虽死，共产党决不会死！"

芳德同志牺牲后，县委书记吴亚苏、委员汤士伦等继续坚持领导斗争。6 月，吴亚苏在镇涛区陈家市不幸被捕，光荣牺牲于如皋城。特委派韩铁心（化名刘汉卿）继任如皋县委书记。韩铁心到如皋后，又与泰兴县委王玉文取得联系，整顿和健全了江安、卢港、石庄、镇涛、搬经、芹湖等地的党和农民协会组织，发动群众，收缴地主枪支，扩大了农民武装。

在泰县，五一起义失败后，革命斗争一度处于低潮。1929 年春，省委派曹起溍（化名陈君豪）任县委书记，着手整顿和恢复组织。1929 年 8 月 16 日，起溍同志不幸在泰州城被捕，解往镇江，在狱中坚持斗争一年半，英勇牺牲。此后，县委委员孟致祥、周彬三（苏群）等在该地继续坚持斗争。

靖江方面，1928 年 3 月，苏南江阴县委委员茅学勤在后塍、杨舍起义失利以后，率领红军游击队一个班，渡江北上，便在西来庵、长安市、广陵镇、沿界河一带建立党的组织，发展游击队，领导群众斗争。1929 年 1 月 26 日，斜桥国民党"保卫团"160 多人下乡扫荡，打死茅学思等两名游击队员，并抓去很多农民。茅学勤为了给敌人以狠狠回击，当晚分 3 路横扫东来庵、花来庵、朝阳殿、宁界市等 11 个国民党"缉私"关卡，缴到一部分长枪和子弹，烧毁大地主刘伯仁家全部田契、租约、借据。第二天，国民党县长带领警察大队，分三路到黄家市、长安市等地进行报复性"扫荡"，烧杀抢劫。28 日，游击队又主动出击毗卢市，冲进国民党公安局，打得 40 多个警察狼狈逃窜，并缴获长枪 5 支，子弹 3000 发，粉碎了敌人的扫荡阴谋。茅学勤后来调往松江工作，路经上海时，不幸被捕，解回江阴遇害。

南通方面，五一起义失败后，林子和（陈古斋）曾一度任县委书记，着手整顿工作。但林于 10 月间在南通被捕后，即下落不明。6 县县委联席会议以后，特委乃派李也萍（刘瑞龙）任县委书记。1928 年冬，南通县委的大部分同志，即以东 5 区（余东、余中、余西、三余、三益）为党的活动中心，以小学为据点，在贫农、雇农、手工业工人和贫苦知识分子中间开展了工作。

那两年，南通县田赋正税、附加税大量增加，捐税名目越来越多。1928年农历年关前，地主豪绅和国民党反动政府加紧向农民追租逼债，催粮勒捐，农民饥寒交迫，痛苦万分。于是，县委提出了组织农民进行年关斗争的任务。腊月中旬，县委在俞家沟（在今海门县王浩乡）召开了有2000多人参加的群众大会，向农民提出了不完租、不完粮、不还债、不缴捐的斗争行动纲领。党的号召虽是广大农民的迫切要求，但是，农民在采取行动与地主进行面对面的斗争时，大部分人仍顾虑很多。因此，党在农民群众中，进一步进行艰苦细致的阶级教育，宣传"农民不是生来穷，地主豪绅剥削穷"、"一根筷子折得断，一把筷子折不断"等道理，号召大家"组织起来，团结斗争"。县委召集农民积极分子商议斗争方法。会上，大家都说，往常乡里有些人对地主拖租拖债，先是软约软拖，后来一直拖到来年不交，这个办法，可以发动大家一齐干。于是就决定这样干。经过发动，一批积极分子和大胆的农民先"拖"起来。接着，大家都向收租的人"推三阻四"，要把交租的日子往后移。大家都在拖，引起了地主的警觉。地主派出狗腿子到处打听消息，或者故意到风声最紧的地方收租，试探动静。这时，农民在共同的行动中，看到了自己的力量，提高了勇气，纷纷参加农民协会，一批积极分子参加了党。地主看看农民只是软拖，以为可欺，便放胆威胁，扬言过了送灶日子（腊月二十三）不交租还债，城里就要派兵抓人。地主的行动使农民认识到必须进一步反抗。于是，参加农民协会的人越来越多。农民说："等死不如闯祸，干吧！"在这种情况下，县委的武装小组便根据群众要求，召开了群众大会，镇压了当地的恶霸地主俞兆奇、俞兆魁。1929年2月9日（农历年三十夜），武装小组镇压了专替地主通风报信的狗腿子马士良父子，第二天又打死了一个最凶恶的地主狗腿子陆大。这就狠狠打击了地主的气焰，极大地鼓舞了农民的斗志，吓得不少地主暂时缩回血手。农民留下了原来准备交租还债的粮食、棉花。他们说，第一次过了一个没有地主追租逼债的快活年。农民看到通过斗争保卫了自己利益，革命信心更加高涨。县委在斗争胜利的形势下，于1929年2月在仇家园召开了5000人的群众大会，成立了南通东乡第一个工农兵苏维埃政府。

这时，地主纷纷购买枪支弹药，准备反扑，并要求国民党政府派兵镇压。武装斗争势所难免。县委首先在三余、余中、余东、余西4区组织了4个武装小队，由仇建忠、唐楚云、俞金秀、陈宗恒等同志分头领导，打起红军旗号，收缴地主枪支。武装队同时又是工作队，每到一处，都召开群众大会，宣传党的主张，发动群众起来斗争。其中仇建忠率领的小队曾攻入八索镇巡警局，缴到手枪1支,盒子枪3支,步枪7支。这是南通东乡农民武装斗争的第一个大胜利。他们从敌人手里夺取武器武装了自己。在东五区群众斗争的影响下,南通中五区(金沙、骑岸、石港、西亭、四安)和西三区(刘桥、平潮、白蒲)的农民也行动起来了,主动收缴地主的枪支。在收缴枪支的斗争中,群众发挥了智慧和创造性。例如,他们利用春节到地主庄上舞龙灯、跳狮子、讨年糕等形式聚集起来,麻痹敌人,然后突然袭击,缴获枪支。

南通东乡红色游击队初建时,有许多弱点。这些刚刚拿起武器的农民,虽然勇敢,却不知道军事纪律的重要。他们不放岗哨,容易遭到袭击,而一旦遇袭,又往往惊慌四散。有的自动离队而不请假;有时部队驻到庙里,有的战士有迷信思想,到神像前跪拜;春节期间,有人在枪头扎上纸马,祈求在战斗中得胜。带领游击队的指挥员也不善于指挥作战。他们为了学习指挥作战的本领,甚至到上海武学书局去买《孙子兵法》和《步兵操典》,研读《三国演义》、《水浒传》。这些同志虽然没有指挥作战的经验,但能在斗争中带队伍冲锋陷阵,并亲自救护伤员,在给养困难时,则解衣推食,照顾战士,由此团结了队伍。同志们还从摸索中,逐步有了一点政权观念,试行了一些建立革命秩序的措施,打击了土匪,取缔了烟土毒品的售卖。游击队和农民相处感情很深,游击队初时没有侦察,农民一遇见敌情便急忙通告。大雨行军,战上衣服湿了,农民自动借给他们衣服或帮助战士洗衣。在群众的支持下,这支新生武装,终于日益壮大起来。

南通的城市工作运动,县委分工由顾臣贤领导。这一时期,不论党的组织还是工人运动,都有了发展,并且成立了红色军事小组,在顾臣贤家中秘密地学习使用武器,学习瞄准、射击以及排除故障等,准备配合农民的武装暴动。

海门、启东的工作也大有进展。海门党组织深入海复垦区,建立了党的支部和农民协会,积极酝酿开展斗争。启东则在大同村、大兴村、安平村、惠安镇一带纵横二三十里的地区内,开展了减租斗争,取得了胜利。

这时,作为领导革命斗争核心力量的中国共产党的组织,也有较快的恢复和发展。根据1928年8月至12月通、如、海、启四县党组织给南通特委的《工作报告》① 提供的史料,列表如下:

---

① 《工作报告》现存中央档案馆,江苏省和南通市档案馆均有复印件。

通、如、海、启四县党员情况表

县	党员数	党员成分			
		工人	农民	知识分子、学生	其他
南通	760	43	677	37	3
如皋	813	19	757	25	12
海门	192	30	124	38	/
启东	104	4	75	25	/
合计	1869	96	1633	125	15

在这个表格里的各项数字都是比较准确的。特别是南通县，原报告除了有各项精确数字外，还注明每个党员在斗争中可以带领多少群众，少则一二人，多则四五人。

还应指出，那时党员也很能注意通过日常生活中小的斗争活动，去团结、教育群众。例如：如西有个地主霸占公共池塘，不准农民去捕鱼。党支部就一次发动200余群众同去捕鱼，搞得地主束手无策。还有一个地方，一个农民因牵了水牛在地主田里饮水，被地主打了，我们的同志就组织一些人"回敬"了地主几下，给予相当的报复。在海门乡间的一个小镇旁边，地主因怕土匪抢劫，把一座木桥拆掉了。农民因走路不便，大吵起来。党支部就组织党员带领群众，一起到地主家搬取桥板，把木桥重新装好。地主阻止不及，就恐吓农民。但农民有党撑腰作主，不怕地主，他们说："地主再来拆，就打他！"所以，斗争是日积月累、由小而大的。

这样，经过不到一年的恢复工作，通、海、如、泰地区的革命形势又大为好转。党所领导的小型武装，在许多地方纷纷建立，发展壮大。在如、泰（兴）、泰（县）、靖四县交界地区，这些小型武装能做到相互配合，进行活动。这就为后来进一步开展武装斗争，正式建立红十四军，打下了基础。

星 火 燎 原

1929年，通、海、如、泰地区党所领导的群众运动和武装斗争得到了进一步发展。

这年春天，南通特委为了加强对东西两个地区的领导，决定成立南通、如泰两个中心县委；并指定李也萍任南通中心县委书记兼南通县委书记，王玉文任如泰中心县委书记兼泰兴县委书记。

春天，正是青黄不接的时候。党组织及时发动农民进行了春荒斗争。

南通东乡在年关斗争中建立起来的红军游击队，又在春荒斗争中支持农民打土豪、分粮食，从而壮大了自己。

斗争是从南通县余西区开始的。3月，游击队带领农民协会会员首先处决了三马路恶霸地主陈允刚，分掉了他家的粮食。4月23日（农历三月十四），又打开大地主瞿三歪嘴的瞿家下仓，分了粮食，处死了为群众痛恨的霍家狗腿子李国栋和姜寿之。这两次胜利，有力地打击了地主的威风，鼓舞了农民的斗志。群众歌颂春荒斗争的胜利，唱道：

> 大红旗扎得多么高，
> 土豪劣绅粮食都分掉；
> 贫苦农民穿暖吃饱，
> 团结斗争真正好。

斗争的胜利，大大鼓舞了农民群众，农民协会和党的组织都有很大发展，斗争也更为活跃。南通东乡以"总"（当时乡以下的行政单位）为单位的农民协会委员会建立起来了。每次开大会，总有几十人、上百人报名参加农民协会。少年先锋队和儿童团也组织起来了。他们巡逻、放哨、贴标语、散传单，十分活跃。共产党和红军游击队逐步在东五区和中五区广大农民群众中公开起来。农民协会并与红军游击队配合，打垮了敌人强行编制的反动保甲武装"自卫队"。不少地方敌人的保甲制度瓦解了，游击区逐渐形成。8月，南通县委在东乡普遍进行了没收地主阶级的土地，建立苏维埃政权的宣传活动。

到了秋后，一场规模壮阔的秋收斗争，推动了群众性武装斗争的发展。秋收斗争的目标是不让地主收到一粒租粮，不让国民党在游击区内收到一个钱的税捐。预计到地主豪绅和国民党对农民的更大进攻是不可避免的，广大农民在中心县委的领导下进行了斗争的准备。铁匠铺全部动员起来，连日连夜为农民赶制刀枪。斗争开始时显得有点零散，但却是进攻性的。有些勇敢的农民拿着土制刀枪去找地主，登门要枪。他们首先逼使大地主汤耀宗缴出了6支枪，吓得别的地主也都交钱缴枪。红军又用这些钱从上海买回了几批驳壳枪、手枪、手提机枪和子弹，还买到了一门迫击炮，斗争进一步扩展起来了。农民群众把南通东乡的余西、余中、三益、余东等区沿公路的电话线全拉掉，破路拆桥，控制了摆渡口，切断了敌人的联系，摆开了秋收斗争的阵势。9月初（阴历七月下旬），到处庙宇、祠堂墙壁上贴满了农民协会的标语。农协会、妇女会、少先队同赤卫队一起，成群结队走向指定的地区去打土豪。他们举着红旗，打着锣鼓，拿着新打的刀枪，带着小车布袋，一到地主家里，就打开仓房，取出粮食，焚烧田契、借约。对罪行严重的地主则组织群众公审，坚决镇压。斗争从三余镇到四甲镇一条闸河以东发起，逐渐向河西伸展。河西的农民得到河东的支持，也出动了。他们先打丁家园，地主丁子延慌忙逃走；后打姜家园，处死了大地主姜绅坤父子，缴获步枪两支、盒子枪一支；以后又打了二桥北面的张家闸，镇压了张姓地主，分了地主的粮食和财物。100 多个青年拿着刀枪参加了红军游击队。经过这次斗争，红军游击队扩大了一倍以上，群众组织普遍发展。

对革命形势的日益发展，敌人当然是不会甘心的。他们经过一番阴谋策划，又进行了疯狂的反扑。在南通东部地区，东边以汤家甸大地主汤廉臣为首，西边以东社大地主陈又奇为首，组织了地主"民团"武装，建筑碉堡，购买枪支，在岸头镇到东社的几十里路的老岸（原来的防潮堤）上，实行了封锁。他们残杀革命农民和游击队员家属，甚至对普通农民也横加杀害。货隆镇戚家园有一户农民，夫妇两人同去包场，路过岸头镇，"民团"硬说他俩是共产党，用铁钉钉在旗杆上示众，剖腹挖心，把肠子挂到旗杆顶上，惨不忍睹，直到尸体腐臭才放下埋掉。红军游击队员仇福余、袁士扬两同志不幸在石头镇被"民团"捉去，解到汤家甸后被敌杀死，切成几十块喂狗。

敌人灭绝人性的反革命罪行，激起了群众更大的愤怒，纷纷要求给予惩罚。县委决定首先打击汤廉臣。

红军游击队经过周密的侦察，10 月 26 日终于在王灶河渡口处，逮住了这个罪恶滔天的祸首。当时这个家伙吓得面无人色，浑身颤抖，苦苦央求饶命。游击队允许他缴出全部枪支，以争取宽大处理，他满口答应，并写了一封信给汤家甸恶霸汤大宗等劝降。但当日红军游击队派人凭信去汤家甸缴枪时，地主汤大宗等却"抵死不缴"，并开枪打死我游击队员姜锦山。恶霸地主这一新的反革命罪行，激起了红军游击队和农民群众的万丈怒火，当即有 5000 多群众举着大刀、铁叉等武器，从四面八方拥来，配合红军游击队攻打汤家甸。由于敌人龟缩在几个碉堡里凭坚顽抗，这次没有能完全打下汤家甸。但有一部分战士和群众冲进了汤家甸地主的住宅，烧毁了田契、租约、债据，没收了部分粮食和衣服。深夜，大队人马撤出了汤家甸。在群众一致要求下，枪决了恶霸地主汤廉臣。

首攻汤家甸，处死汤廉臣以后，南通东乡展开了更大规模的、有广大群众参加的武装斗争。敌人也进行了更疯狂的血腥报复，梦想在我中心地区歼灭红军游击队。敌人多次分几路搜索，但一直扑空。他们先后在草棚镇、何家园、四总沟等处烧杀抢劫，烧去草房 630 多间，杀死、烧死群众一百多人。在敌人反扑时，红军游击队和广大农民群众，则抓住敌人的弱点，给予狠狠的反击。我们首先北到通如边境，攻入二鸳据点，缴到长枪 30 多支，争取敌军士兵 7 名反正。待敌人闻风北来时，我们又插到了南边新河镇、富安镇一带收缴地主枪支。12 月，我们东攻余东镇，北攻北兴桥，歼灭敌实业警察一部，缴到部分武器。

红军游击队连打胜仗，威信日高，每天都有农民参军。正如群众所说："大黑鱼带小黑鱼，一批批带着来"，"受苦最深的，种租田的，挑私盐的，帮人打鱼的，帮人罱河泥的，都来参加红军，穷人齐心打粮户。"到年底，通东红军游击队即发展到四五百人，其中有长短枪并且经常集中在一起行动的有 200 多人。

海、启地区的斗争也在发展。

1929 年 4、5 月间，在海复垦区，垦牧公司强迫农民开挖河沟，整治田块。海门县委书记陆克（陆骧）亲赴海复，具体指导了民工的斗争。党组织通过党员的积极活动，先后在大闸河、桃花洪两处水利工地上。领导农民展开了反对垦牧公司不发工钱和长竿加码丈量土方的斗争，并取得了胜利。10 月，海门县委又利用国民党改革度量衡，采用市斗市秤的法令，领导农民进行了反对垦牧公司用大斗大秤收租，要求改用市斗市秤的合法斗争，也取得了胜利。运动影响所及，使大有晋、大豫、华丰、大丰等垦牧公司的承租农民都接踵而起，掀起了同样的斗争。

在启东，1929 年夏季蝗灾遍及全县，不少地方秋粮颗粒无收，但地主和官府仍然要如数收租收税。于是党领导农民展开抗租抗税斗争，组织千余农民到县城汇龙镇请愿，游行示威，终于取得了免租免税的胜利。

启东在抗租抗税斗争胜利后，永兴、大同、惠安、圩角等区，都先后建立了区农会。农民赤卫队也有了发展，并取得了部分武器。8 月，赤卫队还会同上百个盐民、农民，攻打惠安镇"缉私队"，毙敌班长一名，俘敌士兵 6 名，缴枪 10 余支，取得了启东方面第一次武装斗争的胜利。这支赤卫队，便是后来红十四军启东大队的前身。

与此同时，启东、海门的工人运动也有所发展。特委派了小方（张辛）去启东大生二厂工作。小方领导工人要求增加工资，反对资本家压迫女工和童工，先后举行了两次罢工，取得了胜利。7 月 17 日，海门大生三厂工人也为要求增加工资举行了罢工。尽管资本家勾结国民党县党部实行镇压，但工人群众在党的领导下，坚强不屈。斗争继续了几十天，也终于取得胜利，迫使厂方答应了工人的要求。

在如、泰方面，1929 年 6 月，中心县委在如皋县镇涛区周家空田召开了如、泰（兴）、泰（县）三县县委联席会议。联席会议根据党中央六届二中全会精神，决定加强政治活动，组织群众斗争，纠正部分干部不积极发动群众、单纯搞"经济工作"① 等错误倾向，要求地区之间活动要互相联系、配合。为了更有效地打击敌人，特委决定把如、泰地区游击队集中编队，指定王玉文、韩铁心、于咸等同志统一指挥。6 月，党在如皋西乡戈家堡西南的宝庆寺召开大会，由王玉文代表特委，宣布如、泰工农红军成立。

如、泰工农红军建立后，首战获胜，在石桥头全歼国民党江安区公安分局警察队，活捉公安局长朱介卿，缴获长短枪 7 支。随后又分兵两路，一路向泰靖边境的广陵镇、季家市一带活动；一路向如皋城南面和西面的磨头、搬经一带活动。7 月 21 日，红军进攻芹湖，摧毁大地主朱玉清、朱彭二两家的反动据点；同时在沈家桥、沈巷和丁巷等村，开展群众工作。有一次，红军一部埋伏在黄桥北六七里的张家庄，派人到黄桥报信，说共产党只有七八人在张家庄开会，没有武器。黄桥国民党公安局果然派了 10 多名警察奔袭张家庄，被我围击，缴获长短枪 10 余支。8 月 30 日，红军分别围攻卢庄、搬经、加力等镇的"保卫团"，又缴获了一部分枪支。

9 月 7 日，红军进攻地主周松平的据点申家埭。周松平是个反动透顶的恶霸地主。1927 年四一二反革命政变后，他就唆使如皋反动政府悬赏通缉我张连生同志，以致张连生在赴上海途中不幸遇难。如、泰农民五一起义失利后，他更猖狂进攻起义农民，并指使劣绅贿赂敌军，提前杀害苏德馨。之后，他又带领敌军逮捕我徐芳德同志，罪恶极大。为了打击地主阶级的反共凶焰，为死难同志报仇，如、泰红军在王玉文、韩铁心、于咸等同志率领下，于 9 月 7 日，三路围攻申家埭，打下了这个反共据点，活捉了周松平。接着，红军在上千人的群众大会上，惩办了这个坚决反共、血债累累的刽子手，并把他家的三四万斤粮食全部分给了贫苦农民。

申家埭这一仗，打了一夜加一个整天，如皋、泰兴、泰县的反动派急急忙忙地妄图报复。同时，红军集中不久，交通、情报、给养，全靠地方组织解决，

---

① "经济工作"：当时是指筹款。

申家埭不能久留。所以，战斗一结束，红军当夜即移往沿河，以防敌人奔袭。

　　沿河在芹湖北面，离反动据点卢家庄只有 10 多里。红军分散在老百姓家吃饭，严禁外出。派出的便衣哨隐藏在敌人不易发现的地方。王玉文、朝铁心、于咸、戴奎等同志在队里负责，队员都是从缴枪积极分子中抽来的，人枪虽不多，但战斗力强。

　　卢家庄是敌人在如皋、黄桥之间的一个大据点，有"保卫团"八九十人，还有手提机枪等新武器。敌人听到红军夜来沿河，意图妄想夺取"一鼓歼灭红军"的头功。但他们刚准备出发，早有群众把他们的行动报告红军。玉文、铁心、于咸等同志研究了一下，决定以逸待劳，给敌人以沉重的打击。于咸、戴奎两同志分头带队埋伏。队员是刚打过胜仗的，个个勇气十足，尤其是对卢家庄的敌人，恨不得一口吞掉。群众也被动员起来分头策应。玉文、铁心同志负责总指挥。敌人骑着马，整队奔来沿河，可是，越接近沿河，却越是犹豫和恐惧。敌人因摸不着红军情况，只得采用大"包剿"的办法，六七十人四面包围进庄，边走边打枪试探。敌人刚要接近红军埋伏圈的时候，红军一声喊："冲呀！"军民一起上前，一路敌人即陷入重围。敌人被围，掉头就逃，红军英勇追击。其他几路敌人莫名其妙，枪声大作。红军又从侧面打来，把敌人打得四散奔逃。骑马的地主逃得更快。红军和群众斗志高昂，齐声呐喊："打地主啊！""捉狗队啊！"从中午直打到下午，敌人丢弃枪支、子弹和赃物甚多。晚上，红军召集群众举行了庆祝大会，镇压了两个反动地主，当夜又秘密西移。

　　当夜红军开到距刁家网不远的挖尺沟。挖尺沟和野屋基、雁岭等庄，地形比较复杂，群众条件又好，北面申成庄、西楼家一带，都有我自卫组织和小型自卫力量，便于隐蔽和打游击。但这里南距黄桥、北去蒋垛等敌据点也都只有 10 多里路，是两大据点夹攻中心。为了帮助地方组织筹建自卫武装，玉文同志在挖尺沟多住了两天。这天，突然黄桥敌人来奔袭了。敌人只知红军住在野屋基一带，不知详细情况，但估计红军的人数不会少。敌人在路上抓到红军两个便衣哨，想问出红军情况。这两个便衣哨为了吓唬敌人，又故意说红军很多，庄庄皆有。因此，敌人胆战心惊，怕蹈卢家庄"保卫团"的覆辙。他们人数不少，却不敢分散，而且边打枪试探边搜索前进。这时秋收已过，田间只留下少数荞麦，难以隐蔽，但河边芦草却还茂盛，可作掩护，而且河沟纵横，地形十分有利。玉文同志听到警报后，便带领同志们一面退却，一面侧击敌人，弄得敌人昏头转向，如入雾中。被俘的两个红军便衣哨又故意把敌人引上绝路。因此，从上午 10 点钟打到天色将黑，敌人伤亡不少，而红军仅重伤一名，全部安全撤走。玉文同志领导的这次突围战,后来常为如、泰的同志们所津津乐道。

这一战斗,由于指挥员发挥了主观能动性,利用河湖港汊、芦苇等地形、地物和有利的群众条件,变被动为主动,取得了以少胜多的胜利,创造了河湖港汊地带开展游击战打胜敌人的范例。

如、泰红军屡战屡捷,人数也不断增加。省委乃于 1929 年 10 月派薛衡竞到如、泰,对如、泰红军进行整编。整编后的如、泰红军为一个大队,下分一、二两个中队,由于咸、戴奎两位同志分任中队长。整编后的第一仗,是突袭马家坪,全歼敌"自卫团",缴长短枪 60 多支。后又继续东进,奔袭镇涛国民党区公所,血战野吴庄,不断获得胜利。野吴庄一战,红军遭敌 100 多人包围,于咸同志腿部受伤,仍坚持指挥,激战一天,胜利突出重围,但戴奎等 9 个同志光荣牺牲。11 月 26 日,红军攻克蒋垛区公所和公安分局,缴到一部分枪支和子弹。参战群众烧毁敌巢。同时,红军还攻下落垛西面的据点顾高庄,也缴到几支长枪,赶跑了敌人。至此,泰县、如皋、泰兴三县边境大片土地解放。11 月 21 日,红军全歼江安公安分局之敌,缴步枪 23 支,驳壳枪 4 支。12 月 12、13 日,红军又由蒋垛向东攻克搬经、泰县迥家垛等据点。这时,从搬经到泰县曲塘的敌人全被扫光,从蒋垛到营溪东北海安官河以南地区广大人民也全解放。泰县营溪、四王垛一带革命群众和赤卫队,全部竖起红旗,公开活动。12 月 24 日,红军还攻入长江边上的周庄头,打下西来庵、长安市等据点。在红军不断胜利的影响下,从周庄头逃到七号桥的敌"保卫团"士兵 20 多人,在班长石宏根带领下起义,杀死分队长,投奔红军。到 1929 年底,如、泰红军已开辟了南到江边,东到镇涛区,西至季家市、黄桥以西,北到通扬运河的大块游击区。

军事斗争的胜利,进一步推动了群众革命运动。党、团组织和农民协会、妇女协会、自卫队、少先队等群众组织迅速发展。许多地方还成立了乡苏维埃政权,提出了"打土豪,分田地"的战斗口号。广大农民在党的教育下,团结起来向地主豪绅展开斗争。当时,通、海、如、泰各地农村中,有一首流行很广的用泗州调唱的民歌:

> 农民功劳真正高,
> 种田种地养吾曹,
> 衣食住都由他造,
> 劳苦,功高,
> 没农民性命难保。

地主豪绅真黑心，
大斗大秤来量进，
一斗租加上几升，
黑心，黑心，
加几升还不称心。

土豪劣绅真可恨，
重利盘剥我农民，
一块钱四分五分，
可恨，可恨，
加一利不让毫分。

倘若租子欠半升，
地主逼租不容情，
贼丘八马上到门，
抓住农民，
吃官司洋钱要紧。

一年辛苦熬到头，
等来算去没分文，
被地主剥削干净，
可怜，可怜，
忙一年分文不剩。

世界实在不平等，
农民饥寒过光阴，
破衣穿、薄粥来吞，
伤心，伤心，
思想起痛苦万分。

倘若世界是公平，

农民应当受尊敬，
因为他养活世人，
自由，平等，
为什么不给农民？

亲爱农民团结紧，
大家跟共产党前进，
武装起分田翻身，
齐心，齐心，
把豪绅消灭干净。

贪官污吏害人精，
敲诈勒索我农民，
暴动时铁面无情，
斗争，斗争，
一个个按罪判刑。

分田翻身向前奔，
集体耕作真先进，
苏维埃建立专政，
工人，农民，
造成了世界平等。

　　为了适应日益发展的斗争形势，1929 年秋天，中共江苏省委就决定成立党的通、海特区委员会，指定李超时为书记，王玉文、张辛（吴锡仁）、陆克、石钧（刘瑞龙）、顾臣贤等同志为委员①。特委成立不久，敌人即发动了对通、海、如、泰地区东西两个游击区的进攻。新特委的建立，对领导通、海、如、泰人民和红军粉碎敌人进攻的斗争，起了很大的作用。

　　1929 年冬，敌人组织南通、海门、如皋、泰兴、泰县、靖江 6 县的反动武装，向红军发动了"包剿"。11 月中旬，国民党派驻南通的十三旅第一团，会

---

① 红十四军军长何昆（坤）于 1930 年春到通、海、如、泰地区工作后参加特委。

同 6 县警察大队、"保安团"，"搜剿"如、泰边境的六甲、水洞口、东燕庄、西燕庄、芹湖、野庙垛、刁家网、季家市、黄家市等地，大肆烧杀。单如皋县县长刘昌言在黄家市一地，就捕去农民 40 多人，多数沿途加以杀害。南通方面，敌人以东五区为进攻重点，于 1930 年 1 月初由汤家苴出发，向俞家庄、二十五总、二十七总、三余镇、二马路、三马路、白龙庙一带"搜剿"，屠杀革命干部和农民 200 多人，烧毁房屋 1000 多间。岸头镇、何家园、汤家园等地的房屋几乎全被烧光。

在敌人"包剿"中，广大群众进行了英勇的斗争，同时也暴露了我们工作中的弱点。南通东五区的情况是有代表性的。在敌人"包剿"东五区之前，我们没有进行任何必要的准备。"包剿"快开始的时候，县委仓促决定把一部分枪支埋藏起来，一部分人员分散隐蔽。隔了几天，特委批评了这个决定，县委也感到这样做法的错误，才决定以游击战争对付敌人的"包剿"。县委对东五区做了如下指示：

"集中武装的小部队，到敌人兵力薄弱的地区去搜缴敌人武装，大队采取避实击虚的办法，避免和敌人主力进行正面冲突。游击队要没收地主的麦子和衣服分给贫苦农民，并随时侦察敌人的行动。

"游击战争发生后，一般同志不要跟着部队跑，应当留在原地工作，组织农民，领导年关斗争。农民协会不要富农参加，农会的骨干一定要贫农、雇农担任，并且要建立单独的雇农工会。"

县委还指示说："只有努力团结和组织群众，坚决领导群众斗争，才能粉碎敌人的白色恐怖。否则，只凭几支枪，是没有用处的。把群众发动起来，结合武装活动，比单纯用枪杆子保护群众要好得多。"

对县委的指示，凡是认真执行的，如陈国藩、陈宗恒二同志领导的在余西活动的游击队，唐楚云领导的在余中活动的游击队，斗争都坚持得较好。只有三益区的干部没有能很好执行指示，主要领导干部离开了部队，以致部队里干部和战士几乎散了一半。

敌人的屠杀，没有能够使英勇的人民低下头来。党的通、海特区委员会1930 年 3 月初给省委的报告中，曾说到那时的情况：

"三益区农民分粮分农的斗争，动员了成千的农民群众，余西三四百农民在农民协会指导下，不但分衣分粮分草，还把地主豪绅捉来枪毙。余中区的部队到三益区去了，群众照常进行分粮分农的斗争。'包剿'之后，余西有个别富农出身的党员害怕得不得了，广大农民还是要求捉土豪，农民集合起来游行示威，反对敌入'包剿'烧房子，并且分地主的粮食和衣服。

"被敌人烧了房子的农民家里火头未熄，被敌人惨杀的农民尸体躺在路旁，农民还是勇敢地扛着红旗，挺着胸膛，和地主做斗争。"

通、海、如、泰地区农民武装斗争的初期，曾经产生过一些缺点和错误。如：部分干部只相信盒子炮，不相信群众，不积极做群众工作，滋长着"单纯军事投机倾向"[①]；部分干部包庇地主亲友，不发动群众斗争，做地主的"保险公司"；个别干部用武装向地主筹款，中饱私囊，滥吃滥用，模糊了农民对党的认识，等等。通、海、如、泰地区各地党的组织，在党的六届二中全会以后，经过省委的严格批评，纠正了上述缺点和错误，进一步深入发动群众，组织农民协会；并注意提拔工人、雇农、贫农骨干，注意整顿部队纪律，使武装斗争和群众斗争密切结合起来。到1929年底，通、海、如、泰地区的红军游击队和农民自卫武装，已经发展到两千多人。革命武装不断出击，对敌人震动很大。后来，国民党南通县长张栋在写给江苏省民政厅的报告中也承认："东乡益余等区，既均沦为匪域，西乡平潮等地，以接近如邑镇涛，亦苦艰于防御。居民惊惶，商富远徙，而城防有岌岌之危。……至通邑县警队，旧本只有七分队，经前大队长严甸南失械之后，器械既少，士气尤为不振。……县长备员七，任重才疏，承糜烂之余，无尺寸之效。……查东路之益余区（即四甲镇、货隆镇、富安镇、新河镇等处）实为共匪巢穴之地，而侵及于余东、余西、金乐、三余、骑石等区，几全成为匪境。……以为匪区阔大，兵力有限。……查县西平潮区之九华山、五接桥一带，与如皋之镇涛区接壤……复为匪共出没渊薮，其势日益猖獗，蔓延至邻境，平潮首当其冲。……平潮距城仅30里，而唐闸则只十余里，唐闸商厂林立，工人逾万，设侵及而勾结之，其祸将不可收拾。……县警之在平潮者仅四个分队，而防守十数夜，精力已疲。……此外如南路之刘海沙，北路之刘桥、白蒲等区，均曾有多数匪共先后聚集扰乱。……"[②]

这篇反动的呈文，对人民革命武装自然极尽诬蔑之能事；但另一方面，却不能不承认当时通、海、如、泰一带农村革命武装斗争的浩大声势，并充分暴露了敌人惊惶失措的心情。

燎原大火已经燃起，一场激烈的鏖战开始了。

---

① "单纯军事投机倾向"：当时使用这一词语的含义，就是"单纯军事观点"的意思。

② 全文见《通通日报》1930年11月20～23日。

建军、分地、建立政权

党中央决定建立中国工农红军第十四军的时间约在 1929 年冬，而正式宣布成立红十四军，则是在 1930 年 4 月上旬举行的如皋贲家巷军民大会上。解放以后，在筹备红十四军建军 30 周年纪念活动时，中共江苏省委决定以 5 月 1 日为该军建军纪念日。

1929 年下半年到 1930 年上半年，国内形势发生了有利于革命的变化。敌人内部矛盾加深，新的军阀混战爆发。全国红军和革命根据地发展加快。白区党的组织和工作有一定程度的恢复。通、海、如、泰地区人民革命斗争和武装游击运动有新的发展。

1929 年 11 月，在上海召开了中国共产党江苏省第二次代表大会。会场设在当时英租界麦特赫斯特路（现泰兴路）东，武进路北，麦根路桥（现恒丰路桥）南一座花园洋房里。省委通知李超时、石钧（刘瑞龙）两同志代表通、海特委出席会议。会前，代表们听到我党打狗队惩处了出卖彭湃、杨殷同志的叛徒白鑫的消息，情绪很高。会上，李立三、周恩来分别作了关于政治形势、军事问题和组织工作等报告。罗迈（李维汉）作了省委工作报告。

陈云就江苏农民运动的趋势和今后的斗争问题作了报告。他说，当时江苏农民运动是一种发展的趋势，在南通、如皋、泰兴等党的影响比较大的地方，已发展成游击战争的形势，有的甚至有红色乡村的存在；江苏农运虽然还有缺点，但它的确是广大贫苦农民为切身利益所需要的斗争。陈云还指出，在国民党军阀统治较为巩固的江苏，斗争是十分艰苦复杂的，但开展游击战争的前途是存在的，从地主那里夺取武器，装备自己，小的队伍的存在是可能的；而且，即使游击战争暂时失败了，它的影响将会扩大，农村斗争一定能够开展起来。大会讨论了上海和外县的情况。李超时、石钧两同志汇报了通、海区的工作，周恩来和省委罗迈、李富春、陈云、廖慕群（何孟雄）、李硕勋等听了很感兴趣，认为提出了值得重视的问题。这次大会，在党中央军委工作的曾中生、邝继勋、朱瑞、柯庆施等也参加了。

1929 年冬，党中央决定在苏北成立中国工农红军第十四军。成立红十四军的建议，是江苏省委书记李维汉最初提出的。李维汉还亲自为省委起草了有关成立红十四军的文件。江苏省委先后派何昆、徐德、黄火青①等大批熟悉军事的干部来加强部队工作，任命何昆为红十四军军长，通、海特委书记李超时兼军政委，薛衡竞为军参谋长，余乃诚为军政治部主任，徐德、黄火青分别为如、泰边境和通、海边境的军事特派员。与此同时，省委还陆续向游击区输送了各方面的干部，共青团南通县委书记李华生就是在那个期间派去的。

1930 年 1 月 20 日，省委针对当时情况，发出了指示，指出："江苏虽然是帝国主义和国民党统治的中心，广大红军集中一地目前不易存在，但是在现时农村斗争发展的形势下，红军以游击队的形式，在集中的指挥下，实行游击战争，毫无疑义是可能的，而且是必要的。"省委又指出："目前通、海区各县在积极发展游击战争、深入土地革命的工作中，必须特别注意建立和扩大农民自卫队和游击队，使之形成统一的组织和统一的指挥。一到乡村苏维埃或区苏维埃的农民政权建立时，即应将游击队、自卫队、农村少先队等集中起来，编为红军，而更使之扩大。"而"通、海区目前的游击队，即是最近将来拥护苏维埃政权的红军基础。"

2 月初，通、海特委即召开了各县县委书记联席会议，按照党的省二次代表大会决议和省委指示，讨论了通、海、如、泰地区的政治形势和工作路线。到会同志一致认识到："通、海区总的工农斗争形势是复兴的形势，斗争正在飞快地向前发展，日益扩大，走向更深入的道路。城市工人斗争也由日常经济斗争发展到政治斗争，秘密的赤色工会在各大工厂相继成立。南通农民已经提出分土地的要求，从分衣服分粮食日益深入到分土地的斗争。每次斗争都有广大群众参加，贫农和雇农已经开始斗争起来，农民协会的组织普遍建立，并且一天天扩大。这一形势的发展，必然走向游击战争，地方起义，建立苏维埃，形成割据的前途。"当时已提出要着重注意并且要坚决肃清机会主义的躲避政策，认为它"是目前实现此前途的最大障碍"。我们的部队力量还弱，避免同敌人正面交锋是必要的，而躲避主义则连避实击虚的游击战争也不要，所以是不正确的。会议也批评了左倾冒险的拼命主义和等待红军主力来帮助打天下的等待主义。

联席会议认为"对斗争形势还不能作过高的估计"。会议检查了各县革命斗争中的缺点，主要是："斗争事先多无计划，没有强有力的战斗组织，经不起白

---

① 据黄火青本人回忆，他是于 1930 年 5 月由中央军委分配到江南省军委，而后再分配到红十四军工作的，开始时的职务是任秦超为团长的红十四军一团政委兼参谋长。据考证，一团实际上即为曾经称作一支队的二师。

色恐怖的打击，害怕心理很浓厚。各县农民斗争发展不平衡，工农斗争缺乏相互配合，党忽视中心斗争的领导，缺乏计划及方法，斗争剧烈时表现动摇。不注重在斗争中组织群众等。"

联席会议确定："通、海区的党必须采取进攻的路线，抓住群众迫切要求的口号，发动游击战争，建立苏维埃政权，没收和分配地主的土地。马上动员所有的同志到群众中去，组织和领导群众起来斗争，组织武装冲突。游击战争的胜利与否，主要看我们发动群众工作做得充分不充分。"会议指出："游击战争不是一种单纯的少数人收缴敌人武器的军事投机，军事投机不能叫作游击战争。游击战争是由群众参加的军事行动，根据群众的要求，扩大并深入斗争，以灵活巧妙的战术去削弱敌人的武装压迫。因此，在游击战争中，要实现群众的要求，要建立红军，消灭反动武装，扩大斗争区域，发动和帮助其他区域的群众起来，根据可能占领村镇，从根本上动摇反动派的统治。"

联席会议指出："各县游击队的弱点是组织成分不纯，还没有建立健全的系统，缺乏训练工作。因此，南通、如皋、泰兴等县应该开展整顿游击队的工作，吸收失业工人、雇农和贫农参加。把富农和流氓肃清出去。主要是在斗争中转变而不是机械的改编。海门和启东应当把参加斗争的农民编组成游击队。队长应该由佃农、雇农和贫农担任。游击队本身的纪律，应该严格执行。各县应该成立集中的指挥机关，纠正个人管理的方式。应该设立政治部，从政治上训练游击队员。在分队中建立党和团的组织。开办军事训练班，训练游击队的干部。纠正过去经济工作的余毒①。没收土豪劣绅的财产、粮食，一部分发给群众，一部分充作给养。"

联席会议拟订了游击战争行动大纲，对各县游击行动作了部署。行动大纲提出首先要做好以下几项准备工作：

（一）召开群众大会，发动春荒斗争，成立农民自卫军和游击队，组织通、海区总指挥部。（二）加强对敌人军队中的工作，要把各处线索组织起来，发动兵变。（三）加强城市工厂近郊沿马路一带农民中的工作。（四）在汽车工人中进行工作。（五）扩大宣传活动。（六）调查反动派军事实力。（七）设立交通站。（八）加强侦察工作，组织别动队，破坏敌人交通。

行动大纲还指出："游击战争开始后，要立即破坏敌人交通。游击队到中心地区行动，各区一齐都行动，号召各方面响应游击队。占领一地以后，要由革

---

① 纠正过去经济工作的余毒：是指纠正在筹款中缺乏纪律、制度，少数经办人贪污等不良现象。

命委员会召集广大群众开会，通过革命法令，毁灭一切封建契约，没收地主土地，没收钱庄，把粮食分配给农民和工人，集中现金归革命委员会。要在大会上成立苏维埃，组织肃清反革命委员会，镇压反动派，并积极扩大游击队，扩大游击区域。"

行动大纲对游击战争的战术提出了这样几点：（一）避开敌人的大部队，消灭敌人的小部队；（二）利用各处树荫、沟港，设置疑兵，疲劳敌人而后进攻；（三）迂回作战，把敌人引到小路上来，然后解决它；（四）乘敌不备，进行奇袭，同时发动农民到处响应。游击战争这种斗争方式，对当时通、海、如、泰地区的党组织和红军游击队的干部来说，是全新的。在敌强我弱的形势下，如何以寡敌众，以弱胜强，同志们没有任何经验，都热切地、废寝忘食地寻求这方面的方法。红四军1928年在中央苏区战斗中总结出来的游击战争的基本原则，即"敌进我退，敌驻我扰，敌疲我打，敌退我追"的十六字诀，传到了通、海、如、泰地区。同志们学习了这十六个字的军事原则，真如大旱欣逢甘雨，得到了极大的启发。黬布（刘伯承笔名）译的《游击队怎样动作》也曾在游击队中流传，起了指导作用。上述战术要点，就是在他们启示下结合本地区的斗争实践提出来的。

这次联席会议的决议基本上是正确的，但也有一些缺点。例如：决议中把组织城市工人的同盟罢工同农村游击战争并提，在整顿游击队中提出肃清流氓和肃清富农的口号，并且号召工农兵联合暴动，杀尽一切反动派，则是不妥当的。可见这时已经出现了以后"只要大干，不要小干"，以及若干左倾政策的苗头。

县委书记联席会议结束后，各县都对游击队进行了整顿，吸收了大批雇农、贫农和失业工人，提拔了一批成分好、斗争坚决的骨干分子，处理了一批作风十分恶劣的富农和流氓分子。这为扩大武装斗争，建立红十四军，进一步奠定了组织基础和思想基础。

南通的整顿工作是在县委书记联席会议以前就进行的。1930年1月下旬，县委便决定趁敌人"包剿"后的空隙进行整顿。

敌人的"包剿"和我们反"包剿"的斗争，把队伍中一部分富农、流氓分子淘汰了。有些队员受不了纪律约束，自动离队，后来又归队了。在斗争中我们吸收贫农、雇农和失业工人充实了队伍。从大队以至小队，都选拔了一批工农积极分子担任干部。2月初，初步整顿就绪。2月6日，通、海特委在南通东乡的张家宅，召开大会，正式宣布中国工农红军江苏第一大队成立。在成立大会上，有 60 多个青年报名参军。

部队中建立了大队部和政治部。各级士兵委员会也逐渐成立。每天都上政治课，出操训练，正常秩序建立起来了。到一个地方驻下来，都有人站岗放哨。如有人违犯纪律，马上便会有人报告，领导上即分别进行教育和纪律制裁。

部队经过整顿，公开与群众见面，发动并帮助群众开展分粮分衣的斗争，执行游击战争的任务，这就使部分群众一度产生的害怕心理得到了克服，群众斗争又普遍发动起来。

党的组织也进行了整顿，南通东五区合并成两个区：三益、余东一个区，以俞海清为书记；余中、余西、三余一个区，以唐楚云为书记。提拔了大批贫农、雇农出身的党员做支部的骨干。各区都开始成立革命委员会的组织。

关于红军的给养问题，当时还不懂得采取征收公粮、赋税的办法，确定原则上从斗争中没收地主的粮食、财物来解决。只靠这一点不够，经过县委和大队几次讨论，决定暂时以大队部的名义，向富裕农民进行征收，以补不足。

各地整顿工作告一段落之后，红十四军军部又将通、海全区的红军游击武装作了统一编制。通、海方面的红军江苏第一大队编为第一支队，刘廷杰为支队长。后改称第二师，秦超为师长，陈雪生为政治部主任，仇建忠、唐楚云、陈宗恒、俞海清分别担任各大队的领导工作。如、泰方面的红军大队编为第二支队，后改称第一师，由何昆兼任师长，黎时中为政委，张爱萍、何扬、许坤、曹玉彬（郑文林）、沈诚等分别担任各大队的领导工作。从此，通、海、如、泰地区的武装斗争进入了一个新的阶段。

1930 年 2 月，红十四军二支队在如皋的南乡解放了通、如边境的尤三圩，逮捕了反动地主邹品三，并建立区委，组织赤卫队。接着，我军由镇涛进入平潮区境，歼灭了家庙"保卫团"一部，又在西南乡追击高家庄下乡逼租的"保卫团"，乘胜攻下高家庄，进击刘家渡，烧毁官盐栈。3 月 23 日，我军在西乡攻打如、黄线南的重要据点卢家庄，惩办了几个反动大地主。在红军不断胜利和正确政策的影响下，季家市、黄桥、司马墩等地的国民党军队 80 多人起义，带枪 68 支、小炮一门，投奔红军。4 月上旬，红十四军二支队又应靖江人民要求，派特务连进攻长安市，打走"保卫团"。

在如、泰红军连续获胜的形势下，4 月上旬，通、海特委和红十四军军部在如皋西南乡贲家巷召开了有数万军民参加的大会，以庆祝胜利，迎接红 5 月和宣布红十四军的正式建立。红十四军指战员，如皋的江安、卢港、石庄、磨头和泰兴的古溪、黄桥等地方圆七八十里内的赤卫队员、农会会员、妇女会员、少先队员们，都带着洋枪、土枪、大刀、梭镖、火药枪、铁叉等各种武器，怀着炽热的心，奔向会场。这一天，晴空万里，贲家巷方圆几里内到处人山人海，红旗招展，武器林立，锣鼓喧天，威风非凡。路北大皂角树上，升起了巨幅的革命红旗，广场正中搭起了司令台。场内各处，分开摆着几十张方桌，由几十位负责同志分头站在上面传呼做报告。① 大会开始，通、海特委代表张辛在万众欢腾声中宣布中国工农红军第十四军正式成立，宣读了负责干部名单。接着，军长何昆命令举行阅兵式，红十四军和赤卫队、农民协会、少先队等群众队伍接受了检阅。

红十四军发表了《告工农及一切劳苦群众书》，明确地宣告中国工农红军反帝、反封建、反国民党反动派的战斗目标，表现了中国共产党领导下的人民军队的英雄气概。《告工农及一切劳苦群众书》说："我们郑重向全国和全世界的工农宣言，我们是工农的武装，我们是工农政府（苏维埃）的卫队，我们誓死执行全国第一次苏维埃大会的政纲，彻底消灭括（国）民党的反动势力与帝国主义的干涉！所有这些任务，须要广大工农群众的努力，不仅拥护刚才生长出来的红军，并要踊跃的参加红军。工农兄弟们，我们紧握着手，与反动的括民党及其主人帝国主义战！"

4月中旬，红十四军军部和通、海特委决定进攻如皋西南的重要据点老虎（户）庄。老虎庄是如皋大土豪张朝汉的老巢。庄里驻有敌"保卫团"、县警察队和省"保安队"一个中队。除中老虎庄以外，东西前后还有四个老虎庄互相呼应，深沟高垒，易守难攻。敌人的这个据点对我军沟通如、泰游击区与通、海游击区的联系很为不利，如、泰红军曾经在2月间对它进攻过一次，这次决定再攻。

战斗之前，部队和地方党组织进行了广泛的动员工作，发动赤卫队和群众配合行动。4月16日，红十四军二支队三个大队，加上赤卫队和自动前来支援的群众一万几千人，分三路进攻。三大队带领赤卫队，从西面佯攻西老虎庄，并负责打援；一大队从东面进攻东老虎庄；二大队由张爱萍指挥，从东老虎庄与前老虎庄之间渡河，直攻中老虎敌"保卫团"团部。进攻发起后，我主攻部队二大队指战员奋勇向前，但是，由于敌军集中火力顽抗，加上河水很深，冲不上去。一大队在东面攻了三四次也攻不上去。军部便重新调整兵力，把西面

---

① 当时因会场大、群众多，又没有现代化的扩音设备，故由许多同志用扬声筒分头传播主席台上的号令和讲话。

南面留给赤卫队佯攻，牵制敌军，把红军三个大队调在一起，集中兵力，从东面进攻。这时东方已白，何昆军长拿着手提式机枪亲临前线带着战士冲锋，很快占领了东头的晒谷场。碉堡里的敌人拼命抵抗，用水机关枪对着晒谷场疯狂扫射。何军长对张爱萍说："让我对付炮楼上的狗娘养的，再不解决，如皋城的敌人出来就不好办了。"说着，他登上张爱萍的肩膀，一纵身贴上草堆子，露出半个身体，用手提式机枪对准敌人的碉堡猛扫。一梭子子弹把敌人的火力压住了，他便大声呼喊："同志们，冲啊！"战士们纷纷冲上去。但是，就在这个时候，一颗子弹飞来，何军长负了重伤。他胸口鲜血直流，还鼓舞战士："冲呀，一定要攻下老虎庄！……"

何昆是湖南人，黄埔军校毕业。蒋介石叛变后，在上海做革命工作，1930年春，奉命到通、海、如、泰地区后，对红十四军的建设有很大贡献。何昆英勇牺牲了，老虎庄没有打下来。红军转移到周家埭休整。

不久，红十四军三打老虎庄。指战员誓为何军长报仇，痛打老虎庄出扰之敌，从横家岱，直追到老虎庄前，敌人伤亡很重。

何昆牺牲后，省委任命通、海区特委书记李超时为红十四军军长兼政委，任命石钧为通、海区特委书记。特委工作重点由通、海边境转移到如、泰地区。

4月24日，红十四军围攻顾高庄，激战两小时后，因蒋垛、黄桥敌人增援，转移到横家埭河西，又与敌保安三团遭遇，军参谋长薛衡竞亲自断后，掩护大队转移，在战斗中不幸负伤，光荣牺牲于横埭东刘家桥。

5月15日，红十四军二支队一部攻入石庄，惩办了几个恶霸地主和反革命头子，发动一万多群众分了地主家的粮食和衣服。

这一个月，在如、泰地区活动的红十四军第二支队正式改编为第一师。师长为张世杰（朝鲜籍）。第一师第二团有四、五、六三个营，分别由张爱萍、许坤、曹玉彬同志等负责，共有好枪150支。第三团是泰兴游击队改编而成的，有两个营，每营两个连，只有第一营第一连有枪。师部直属教导队有100多人，由各营和赤卫队中挑选出来最勇敢忠实的人组成，沈诚任队长，有两挺手提式机枪和四五十支长短枪。此外，还有由如皋镇涛游击队改编成的第四营第三连，有枪40支左右，准备扩充成团。

红十四军第一师整编后不久，就打垮了敌人的八路"围剿"。

当时，国民党反动政府以驻黄桥的"剿共总指挥部"敌军为主力，纠合石庄、横巷、季家市、西来庵等处的敌军数千人，在6月14日，向我第一师活动的中心地区如皋西乡六甲、大小陈家堡一带发动"围剿"，妄图消灭我军。我军采取了集中优势兵力攻其一点的战术，决定在六甲桥西头打一个漂亮的伏击战。当敌军先头部队一个连到达宝庆寺时，我军第二团三个营就把它分段包围。大雾弥漫中，激战 3 小时，一个连的敌军被我军打死打伤六七十人，几乎全部覆没。其他各路敌军到达东燕庄、申家垈时，听到先头部队打了败仗，不知道红军到底有多少人，就慌慌张张撤回原防，敌人大吹大擂的八路"围剿"顿时受挫。

这一战斗的胜利，创造了我军在平原地带，在全局处于劣势的条件下，讲究战术，变全局的劣势为局部的优势的克敌制胜的范例。

泰县地主在敌人准备八路"围剿"期间，曾纷纷购买武器，组织"民团"和"保卫团"。院子头朱裕隆、运粮河宋尹东、大伦庄蓝兆鹏、蒋垈孟锦元、朱宣垈朱士喜、顾高庄顾观木、曹家垈曹三猴子、迥家垈间宇臣、横柯庄孙明甫等恶霸地主，都曾带领反动武装，到处烧杀抢掠。尤其孙明甫，还做了"民团"总头目督察长。朱宣垈西野庄位于各个反动据点的中间，是恶霸朱士喜、朱林玉、朱宝栋父子的老巢。泰兴县委和泰县县委决定摘除这个毒瘤。6 月 25 日晚上，赤卫队 600 多人攻入西野庄，一把火烧掉了这个恶霸的窝巢。为了配合这次战斗，张世杰、张爱萍、曹玉彬、何扬等同志曾于 6 月 17 日率队攻打迥家垈、黄柯庄。张爱萍、何扬在战斗中负伤。

活动在通、海地区的红十四军一支队，也不断出击，捷报频传。2 月份，红军进驻货隆镇，举行了群众大会，割断了敌人南通东乡的全部电线。3 月 1 日，红军攻入富安镇东北的木桩港，逮捕了为群众痛恨的国民党区助理兼连长陈伯和，缴枪 10 多支、税款 500 多元。3 月 9 日，又攻入北兴桥，缴获敌方特警队附属的"业主联"的一部分枪支。

打得最漂亮的是 3 月下旬进攻四甲坝和四扬坝的战斗。四甲坝、四扬坝是敌人在南通东乡加强军事"清剿"的两个重要据点，驻有县、镇警察队 300 多人。他们以四甲坝敌区队长凌霄和县警队三中队长徐冠雄为首，经常下乡"清剿"，捕杀革命干部，奸淫烧杀。红十四军一支队和南通县委决定拔掉这两个钉子。3 月 21 日夜，细雨蒙蒙，寒风刺骨，我军捉获敌"缉私营"士兵 7 名，得其口令。于是，一大队三中队 100 多名战士，不费一枪一弹，拿下了四扬坝，俘敌 20 多人，缴枪 20 多支，徐冠雄只身逃回南通城。我二、三中队 300 多人，在仇建忠率领下，进攻四甲坝，激战一夜，打进警察局，攻下区公所和沈家宅碉堡，歼敌约一个营，缴获手提式机枪两挺，长短枪 156 支，救出被捕的冯海海等 20 多人，处决了血债累累的刽子手凌霄。天明日出，四甲坝上红旗飘扬，锣鼓喧天，鞭炮震耳。群众挑水抬饭，提着鸡蛋、糕饼来慰问红军。红军在广场上召开了上千人的群众大会，惩办了陈家仓大地主、伪县参议员陈伯伟。红军纪律严明，连反动报纸也说："××布告安民，人民悬挂红旗，商铺照常开门，无甚骚扰。"

与进攻四甲坝同时，我军另一部由陈宗恒率领，攻入二弯敌"缉私营"，缴获长枪 16 支。

几天后，我南北两路得胜部队集中在北兴桥南面四文河休整。国民党省"保安团"胡营、汤家苴白龙党（民团）、三余"保安团"和实业警察大队从四面包围我军。我军依托沟港，阻击敌人。在包围圈内，男女老少上千人帮助红军烧茶、做饭、探听消息，配合与支援红军战斗。从早晨到黄昏，敌人没有能前进一步。黄昏时分，三余农民赤卫队前来增援，从侧后冲垮了敌实业警察大队，打开了一个缺口。我军趁敌人混乱之际，发起反击，敌军纷纷溃退。我军突围后很快又集中起来。敌人的多路"围剿"，以丢下 7 具尸体、20 支枪、数千发子弹而告终。

4 月 3 日，我军向西攻打骑岸镇，缴获一部分枪、弹。7 日，攻打大有晋垦区，逮捕盐垦公司晒场反动工头徐国卿。11 日，挺进到如皋东乡的大豫垦区。同月 28 日，启东县委在圩角区煞正圩召开了 50 余人的县委扩大会，决定举行红5 月暴动，宣布成立红十四军启东大队，杨思公任大队长，刘志成任政委。4 月30 日，启东大队与四五百农民，攻入圩角镇，捣毁了敌区公所，缴获手枪一支；大生二厂近 3000 工人，举行了罢工。

南通东区我军战斗的连续胜利，使一部分干部和战士的骄傲自满情绪逐渐滋长起来，纪律逐渐松懈下去。过去热衷于搞"经济工作"的个别不纯分子，反对特委"坚决整顿部队、发动群众进行土地革命"的方针，对特委严肃纪律、严禁乱搞"经济工作"的措施极度不满。4 月 30 日晚，特委决定率领部队由余中西进至骑岸、金沙等区活动，这些不纯分子竟煽动一部分战士公然抗拒特委的决定，结果西进运动被迫暂停。特委根据省第二次党的代表大会决议及有关指示，指出这是过去富农路线错误的又一次暴露，是没有认真执行省第二次党的代表大会决议的结果，指出"在一部分领导干部中，仍然存在的只相信盒子炮，不艰苦发动群众的单纯军事观念，是极端错误的"，指出："只有深入发动群众，坚决执行土地革命，切实整顿部队，才能使游击区的群众真正拥护共产党，配合红军战斗，才能使游击队本身真正巩固并不断扩大"。之后，东区红军即进行整顿，并开始了新的战斗。

5月7日，我军带领金沙、西亭、骑岸三区赤卫队600多人攻打骑岸镇，半小时解决战斗，缴枪5支，打死打伤警察13人，烧了巡警局。敌局长李馥之跳河而走，只身化装逃往南通城。四安赤卫队，缴获了李观音堂地主沙二狗子"保安团"的全部枪支，没收其财产，分给了农民。接着，他们又通过内线，缴了阚家庵敌警察局的全部枪支。5月18日，我军和赤卫队1000多人奇袭余东市，吓得敌公安局长带着警察狼狈而逃，缴获步枪3支，子弹数百发，打开一家拥有17万元资本的大当铺（仁泰典），发动贫苦市民到当铺里分钱分衣。这时，街上红旗飘扬，政治部在南马路召开群众大会，宣传党的政纲，号召群众起来消灭国民党反动派，建立工农兵苏维埃政权。

5月20日，红十四军一支队发动了有名的汤家苴战斗。参加这次战斗的红军、赤卫队和群众有1.4万人。汤家苴是南通、海门边境反动地主的一个重要据点，是地主阶级镇压农民的反动组织——白龙党的老巢。1929年10月，红军曾经进攻过一次。这里的反动地主与赵家沟反动地主配合，经常出扰，屠杀革命农民，严重威胁着通、海游击区的巩固和发展。5月19日夜，红十四军第一支队队委会和地方党委联席会议根据省委2月26日的指示信，决定发动群众二攻汤家苴。口号是："消灭白龙党，分配土地，建立苏维埃政权。"联席会议确定分南北两路同时进攻，另外派一部分部队在大高桥、货隆镇和赵家沟担任警戒。

20日早上，西到三马路、西三甲，东到王灶河、小五总，各路赤卫队和群众拿了钉耙、铁锚、水枪、大刀、钢叉等武器，沿路和红军会合，浩浩荡荡前进，到货隆镇时，队伍排到岸北有五里多长。

战斗一发起，汤家苴周围的田野上，到处是"进攻啊，进攻啊"的喊声。敌人躲在碉堡里，使劲地用机关枪、步枪、驳壳枪向我方射击。汤家苴在周围有三十米宽的河，用吊桥进出，有铁栅栏保护，南北有两座碉堡，敌人凭险死守。白龙党头子汤虎臣对着红军叫骂。战士们打开了碉堡外面的铁门，南北两路的红军和群众一齐放火烧碉堡。跑得快的敌人，缩到最后据点南楼子去了。我军向南楼子冲了两次，没有成功。爬上屋脊的红军射手把汤虎臣的脑袋射穿，接着又把白龙党的另一个首领汤戎武击中。敌人南窗口的火力被压制住了，五十多个短枪队员预备好火油火纸准备扑上去。这时接到大高桥方面的报告，说三余镇的敌军已经出动，即将到达。打进汤家苴的红军和群众便主动撤出战斗。撤退时，敌人越来越近，红军20来个司号员吹起了进军号，群众一面撤退，一面大敲锣鼓，高呼口号。震天动地的声音，把敌人吓得窜了回去。这一仗，烧死杀死地主反动武装六七十人，压下了白龙党的凶焰，使他们不敢轻易下乡骚扰。秦超在战斗中负责打援，以寡敌众，打退敌人两次冲锋，带伤指挥作战，最后壮烈牺牲。

进攻汤家苴的军事行动，充分表现了它的群众武装斗争的性质。汤家苴战斗的浩大声势及其胜利，推动群众斗争走向高潮，使斗争扩展到更广大的区域，使南通东五区和中五区逐渐连成一片。在这以后的几个月中，我军乘胜转战南通、海门和如皋东乡一带，攻打了货隆镇、义兴镇、二甲店、凤凰桥、华丰盐垦公司、江家园、董家仓、长兴镇、十二圩镇、六圩镇等地，大部分战斗都获得了胜利。特别是 7 月 12 日、13 日，两天三捷，打得最出色。那一次，红军一个大队在陈宗恒率领下，打下掘港以南的华丰盐垦公司和掘港以北的徐家园两个据点，歼灭敌"自卫队"80 多人，缴枪 50 多支。部队从掘港东北经过北坎向北兴四丈河前进，一路群众敲锣打鼓欢迎，战士情绪极高。第二天拂晓，在广大群众支援下，红军又在三马路宿营地打退三余镇下乡的白龙党"扫荡队"的近千人，歼敌 50 多人，缴枪 80 多支。8 月 8 日，启东县委胜利地组织一次武装斗争。经过周密安排，80 多名红军战士和百余名农协会员，于凌晨一时分三路打进汇龙镇，战斗数小时，打垮敌警察队，击毙、击伤警察队长和警士 5 人，缴枪十多支；同时，砸开牢门，救出被捕的县委委员赵克明和党员、群众多名，并分别以"中国共产党启东县行动委员会"、"启东县苏维埃政府"和"红军第十四军第三师"等名义张贴布告。反动县长夏钺青吓得剪掉胡须，藏身于水桥底下。在战斗中，红军中队长朱廷佐英勇牺牲，姚炳等同志负伤。我军在天明之前主动撤出战斗。这就是当时传颂一时的启东八八暴动。

随着军事斗争的胜利发展，通、海、如、泰两大游击区逐步形成。通、海游击区，以南通东五区为中心，北到如皋东乡的掘港、马塘、南坎、北坎，东到余东、五里墩、土地堂，南到海门的凤凰桥，西到石港、骑岸、二总渡等地。这个游击区的红军主力约 700 多人。如、泰游击区，以如皋的江安、卢港两区为中心，西起扬州的吴家桥、高汉庄，东抵南通的平潮、白蒲，南到江边，北抵东台的莫庄、青墩。这个游击区的红军主力约 600 多人。

红十四军声威大震，敌人十分惊慌，哀叹"人数分散，鞭长莫及，军警疲于奔命"。地主豪绅更是风声鹤唳，草木皆兵。他们派代表，拍急电，向南京国民党中央政府讨救兵，说通、海离南京"仅一日之程，实为畿辅之患"，要求蒋介石快派重兵"清剿"；同时，加紧扩展白龙党、"保卫团"，坚决顽抗，残酷杀害我革命干部和农民群众。一部分大地主和敌军军官家属，则纷纷向附近城市和上海等地逃命。

在红军胜利斗争的形势下，声威所及，一部分土匪也想找共产党谋求出路。当时，在苏北沿海，有一股先后以潘开渠、沈雨亭为首领的海盗①，约1000余人，50多条船，六七百支好枪。他们曾几次派人找红军联系，承认共产党的法子比他们好，声明"服从共产主义"，情愿改编自己的队伍，并自称"中国共产党红军水军第一大队"。省委对于潘开渠土匪部队问题，于1929年冬也曾有过指示，提出要积极影响他们、注意争取他们的群众的策略。但由于种种原因，特委没有重视这项工作，未能同他们建立起联系。

随着军事斗争的胜利发展，游击区的群众工作也迅速展开。1930年5月，通、海、如、泰各地党的组织根据"组织地方农民起义"的方针，纷纷召开群众大会。如皋水洞口的大会到了数万人，会场连着好几个庄子，分成几十个场子开会。泰兴古溪区和南通余中、三益等区也都召开了群众大会。各地在群众大会上都成立了工农革命委员会，通过了没收和分配地主土地、建立和扩大游击队、成立苏维埃政权的决议。沿海的盐民、渔民和垦牧公司的佃农，也纷纷派人来找党和红军，要求帮助他们建立组织，发动斗争。党满足了群众的要求，把工作扩展到沿海地区。

关于南通东乡当时实行土地革命和建立工农政权的情况，通、海特委在1930年6月给省委的一份报告中曾有详细的叙述：

"就斗争的形势看，联席会议前后，群众斗争一小群一小群的。目前只要一发动，参加斗争的群众便是成千上万的。每一次斗争，各地群众都是会合起来干。就斗争的性质说，过去都是和和平平的，现在每一次斗争，都要惩办几个恶霸地主和反动派。就斗争的内容说，以前不过是分粮分衣，现在开始要求分配土地。一般的群众都急着问：'从前共产党说分粮分衣，就立刻分粮分衣，为什么现在说分田，又不立刻分呢？他们又说：'分了田，这块地方就是我们穷人的了，地主豪绅就没有份了，不分田，将来天下还是地主豪绅的。'就参加斗争的群众成分说，广大的贫农、雇工、青年、妇女都起来了。特别显著的是党的影响已深入到那些十一二岁到十七八岁的孩子中间。三益岸南姜家埭的一个私塾里，先生不在的时候，三四十个学生也开起会来，说大家要守党的规矩。他们放学后，用木头做了'盒子炮'，漆成黑色，挂在身上。许多小孩子和大人一道到地主家去分东西。"

———————————

① 由军阀孙传芳残部和地方土匪组成。

"斗争的波涛，把农村许多旧的关系冲破了：

"第一，土地关系。完租纳粮，在一般群众脑子里似乎已经忘掉了，他们自动计划分配土地。在余中，许多人都分地主的田种，分地主田里的麦子。三益岸北已分配了土地，以前田少不够种的，匀点给他，田多的佃户，拨点出来。三益各处的田契粮串，大部分烧掉了。地主不反抗的留点地给他种种，反抗的赶他出境。有些装做'乖巧识相'的中小地主，讨了不少便宜。农民起来了，不分也不行了。

"第二，经济关系①。农村和大市镇开始断绝。许多地方农民不把柴草和菜蔬运到市镇上卖，大市镇上也不让农民买米带到乡下来。至于债务关系，穷人欠穷人的要还，富人欠穷人的也要还。穷人欠富人的，老实不客气，不还。

"第三，男女间的关系②也有很大的变化。以前父母媒妁说亲和以金钱为定的方式，已经废除了，只要两口儿心上合得来的就结婚。

"第四，整个农村天天都在动，旧的社会关系破坏了，新的社会秩序还没有及时建立起来，群众迫切要求建立自己的政权。他们说：'一定要成立自己的政府，老百姓当家作主，大家出主意，才能把事情办好。'领导上宣布要组织苏维埃政权时，马上得到群众的拥护。各区成立了行动委员会，领导组织苏维埃政权和实行土地革命。各区还分乡分村调查人口土地，召开群众大会，成立工农革命委员会。余西区过去的行政区划共分19总，余中24总，三益5总。为了便于革命行动，余西区分成11个乡，22个村。乡的名称是进攻、斗争、暴动、勇敢、努力、联合、群众、平等、永远、得胜、成功等。余中区成立9个乡，每乡3个村，共计27个村。三益区成立岸北、岸南、河南三个乡。行动委员会派遣特派员到各乡各村工作，限一星期内成立各乡工农革命委员会、村苏维埃和赤卫队等组织。"

这时候，西部游击区——如皋、泰兴、靖江、泰县的农民革命运动，也由春荒斗争发展到分配土地的斗争。赤卫队发展到5万人，除了同红军配合作战外，还帮助成立乡村苏维埃。泰兴东部除黄桥、古溪被敌人盘踞的地区外，其他大庄、乡村都成立了农民协会等群众团体。比较中心的地区如刁家网等地成立了苏维埃、农民裁判委员会等政权组织。如皋南乡和西南乡，各区、乡、村成立了革命委员会，先在六甲试行分配土地。5月，江安、卢港、石庄、镇涛等

---

① 指城乡贸易和债务两项。
② 指婚姻关系。

区在革命委员会领导下，各村都成立了土地委员会，调查田亩，烧毁地主的田契、租簿，按照当地每人平均土地面积，将土地分配给无地或少地的农民。对反革命分子、逃亡地主，不分给土地。对反对土地革命的恶霸地主，坚决镇压。营防港大地主陆瑞，是于咸的母舅，反对土地革命，拒绝交出田契，于咸亲自召开群众大会，拒绝母亲说情，宣判枪决陆瑞。农民分得土地，得到翻身，都欢欣鼓舞，各项工作更加活跃。农民们唱道：

> 一把大火烧起来，
> 烧熔头上大冰山，
> 千年冰山解了冻，
> 穷人抬头把身翻。
> 一把大火烧起来，
> 烧掉借据不还债，
> 烧掉田契分土地，
> 穷人翻身心花开。

6月，江安区的六甲、朝阳、陈堡和卢港区的鄂埭四个乡，以雇农工会和农民协会为基础，建立了苏维埃政权。不久，多数乡、村都建立了苏维埃政权。赤卫队、少先队也有了大发展。妇女除了参加各项斗争外，还积极做军鞋、缝补军衣，支援武装斗争。

通、海、如、泰地区红十四军的斗争和土地革命的消息，不断传到上海。有些原来家住这个地区的工人自动回乡参军。斗争引起了文化艺术界的注意，中国左翼作家联盟的同志着手搜集关于红十四军的材料。胡也频、丁玲等同志曾到红十四军驻上海的秘密办事处①采访。上海的革命文艺工作者还积极推动南通市的文艺活动，中国左翼戏剧家联盟的第一个分盟在南通建立。党领导的上海艺术剧团由刘保罗、郑君里等同志率领到南通演出。南通兴起了话剧活动，逐步建立起进行革命斗争的一块新阵地。赵丹、顾而已积极参加了当时南通的文艺活动。

---

① 办事处当时由黎时中、石德俊（石光）负责。

不屈不挠的战斗

革命斗争的胜利进行，使同志们精神振奋，信心百倍。但是，随着革命力量的增长和客观上有利形势的发展，党内左倾思想和左倾政策也有了发展。1930年6月11日，党中央政治局在李立三领导下，通过了左倾的关于"新的革命高潮与一省或数省的首先胜利"的决议案，订出了组织全国中心城市武装起义和集中全国红军进攻中心城市的冒险计划。这就使得本来在局部地区、部分工作中已经存在着的左倾错误，变成为全国各地的普遍性问题，给革命事业带来了重大损失。

在"立三路线"的错误思想指导下，通、海特委在游击区中也提出了一些过左的口号，脱离了一部分应该团结和争取的中间力量。例如，对红十四军提出了"准备会攻南通，截断长江，进攻上海、南京"等力不胜任的战斗任务。致使红十四军在敌人强大兵力集结的不利条件下，多次进行缺乏准备的进攻，遭到了重大的损失。

通、海方面，5月间，国民党省警队余世梅营和熊式辉第五师胡祥藻营已分头进扰金沙、骑岸、二窎、东社、二甲镇等地。6月，金沙、骑岸等地的地主武装"保卫团"都已组成或加强。县警察大队也整顿补充。余营则逐渐东进，兵力分布到二甲镇、北兴桥、东社、凤凰桥等地，然后进一步又进驻四甲坝、富安镇、三和镇。

通、海红军在不利的情况下，先后进攻金沙、东社、凤凰桥等地失败，损失很大。部队在敌人的"追剿"下遇到极大的困难。俞海清、唐楚云、陈国藩、仇建忠、姜金德（姜老五）、陈宗恒、冯步洲等同志相继壮烈牺牲。

如、泰方面，红军进攻蒋垛、石庄、黄桥等地，也遭到失败。其中，8月3日我军进攻黄桥的战斗，规模同汤家苴战斗相仿，部署还比汤家苴战斗周密，事前也做了比较充分的准备。原来，特委于7月中旬就在如、泰方面开始了初步的组织整顿工作，处决了混入革命队伍的坏分子"破凉帽"孙盛，建立了雇农工会与赤卫军。7月29日，特委召集如、泰红军联席会议，决定在黄桥实行"总暴动"，认为这是"江北革命政权与反革命政权最后决战"，并成立暴动委员会作为统一指挥的机构。经过三四天的宣传鼓动和组织准备，发动了八三黄桥暴动。这天，配合红军作战的武装农民约有四五万人，他们胸前别着红布或红纸标记，上写"共产党"、"共产军"、"共产赤卫军"等字样，浩浩荡荡，拥向黄桥。几十里以外的老头、小孩都拿着菜刀、竹竿来了。红军主力部队则由李超时和省委军事特派员徐德两同志负责指挥。他们在作战指挥上显示了谨慎而又大胆的风格。我军主力集结黄桥周围，同时分兵佯攻古溪、蒋垛、季家市、卢庄、老叶庄等据点，并准备打击出援的敌人，使主力无后顾之忧。我军主攻部队分四路突击，各路迅速接近了敌人，可是正当我西路已经突入城门，北路也打开缺口，眼看即可拿下黄桥的关键时刻，内奸李吉庚（我军特务队负责人）、李治平突然分别从南路、东路两处撤兵，并把敌李长江部队暗中引到我军后面，以致我在北门正向纵深发展的部队，侧后受到意外袭击。这时城里敌人乘机反扑，我腹背受敌，伤亡很大，不得不撤出战斗。

内奸的活动，引起了党的注意，遵照中央和省委指示，通、海特委着手进一步整顿内部，并注意深入发动群众，肃清反革命，积极向敌人进攻。

如、泰红色区域有两大块：一块在如皋西南乡的江安、卢港两区，这是中心区域；另一块在如皋东南乡的镇涛区，这是较后开辟的地区。两地相距四十多里，中隔两条大港，都没有桥，要过渡船。沿路的石庄、小圩桥、郭家园、吴家窑等处，敌人都设了据点，阻断我们的联系。当李吉庚等内奸在我中心区域和部队中进行奸细活动时，在镇涛区单独活动的第三连，也出现很多问题。为了便于整顿部队，巩固内部，并与在南通东乡活动的第二师取得联系，特委和军部决定，把教导队留在西乡；第一师师部、政治部和第二团、第三团开往镇涛。部队一到镇涛，便攻克敌据点李三圩，并召开了有四五千群众参加的军民联欢大会，当场把从地主家没收的衣服、布匹分给群众。这对部队和群众鼓舞很大，造成了有利于整顿部队的胜利气氛。但当部队开始进行整顿，并积极部署新的战斗之际，敌人也在镇涛区周围增兵。在我们正准备开回西乡时，内奸李吉庚、李治平公开投敌。接着，泰兴的李大、李芳、顾仁武、赵犹龙，如皋的王少卿等，也相继公开投敌。

李吉庚是流氓出身，作风极坏，在红军中闹独立，闹分裂，自称南派。国民党县长马仁生和省警察大队长杨蔚曾呈准省保安处和民政厅派人唆使李吉庚叛变，秘密谈好三个条件：一、李吉庚杀害我党重要干部，以表示"诚意"；二、李引带国民党军队搜剿红军；三、编遣李的部队，给李以相当名义。李吉庚接受条件，公开叛变后，即乘红军离开中心地区正在镇涛一带艰苦作战时，于8月30日（农历七月初七）上午，突然带领叛徒（特务队员）追踪特委委员兼如泰中心县委书记王玉文。玉文同志不幸在周家荡受到围攻，仓卒应战，英勇牺牲。留在那个地区的只有教导队，孤军无援，李吉庚天天带队"包剿"。李吉庚的叛变，使敌人洞悉我中心地区情况，敌人随李吉庚等叛徒四处屠杀，当地支委、交通人员、土地革命委员会干部被杀百余人，组织遭到极大破坏。有时叛徒杀害干部竟冒用红军名义贴布告，甚至还用红军名义委派人员，欺蒙群众。这时敌人在黄桥与卢港之间的电话，以及如、泰间的联络都恢复了。而红军的交通已遭破坏，弹械缺乏，消息隔绝。李吉庚叛迹早露，在红军准备东开之前，特委和军部本打算先将他带领的特务队解决，以防后患，终因犹豫未决，造成了这样严重的恶果，实在是极沉痛的教训。

这一时期，南京国民党中央政府为了解除心腹之患，也对红十四军加紧了进攻。国民党江苏省政府在 8 月 20 日又召开了通、海、如、泰（兴）、泰（县）、靖 6 县县长联席会议，讨论"协剿"红十四军计划，决定"先从泰兴入手，次及各县"。并派国民党江苏省保安处处长亲自到黄桥"督剿"。在军事部署上，敌人对我军构成了两个包围圈：如、泰方面，以李长江的省保安团和十三旅为主力，分驻黄桥、广陵镇和如皋城等地，对我形成包围。通、海方面，国民党省警察队金世梅部驻二甲镇，县警察队李汉清部驻四甲坝，第五师胡祥藻营驻海门凤凰桥，也对我形成包围。与国民党的军事部署相配合，各地地主豪绅则加紧发展"民团"、白龙党、联庄会、"保卫团"等反动组织，强化保甲制度，屠杀革命群众，制造白色恐怖。

内奸的叛变，敌人的围攻，加上我们思想上部署上准备不够，使革命队伍陷入了很大的被动，遭到了一系列的挫折。在通、海方面，海复垦牧公司、土豪劣绅通过反动区长张配崇等，勾结了余世海部，会同公司的实业大队、通、海自治公署，于 8 月 11 日围搜海复镇。海复垦牧区委书记江允升和区委委员周智民同时被捕，遭受酷刑，四肢折断，胸背烙焦，仍坚贞不屈，于次日早晨壮烈就义。8、9 月间，领导三厂罢工斗争的通、海特委委员张辛和工人党员黄章富等相继被捕，惨遭杀害。9 月底，参加启东八八暴动的赵芝兰（赵克明的妹妹），在其未婚夫家中被捕，10 月 9 日，英勇就义于三阳镇。此外，敌人还组织一部分反动分子，以"改组派"名义，宣传"减租"，麻痹农民斗志；同时在我军内部，利用地主富农分子，进行奸细活动。在如、泰方面，8 月 30 日，徐德通知东进镇涛的部队全部开回如皋西乡，镇压反动派。9 月 1 日，红十四军二团开回如皋中心区水洞口，三团和教导队经过整顿，编为 3 个营，开往泰兴。9 月 4 日，叛徒李吉庚带领敌军奔袭我驻横家垛的部队。我二团被迫折回镇涛，在田家埠同敌人遭遇，由于敌众我寡，损失很大。二团被迫东移，又被阻于通如交界的丝鱼港、九华山地区。三团在泰兴赵杜庄、黄家溪、陈家堡、陈家庄、任家庄等地，3天7战，也先后失利，准备回师如皋与二团会合，但由于当时如皋境内敌人活动频繁，被迫不得不重回泰兴。为了适应不利的环境，特委和军部决定将部队化整为零，分成四支游击队，由李超时、沈诚、何扬、丁质之等同志领导，在古溪、黄桥、港西、镇涛等地艰苦斗争，但在敌人重兵猖狂进攻下，也终于被打散了。

毛泽东说："革命的游击队初起，领导者对于敌我形势往往看得不正确。他们看见自己在一个地方用突然的武装起义胜利了，或从白军中哗变出来了，一时的环境很顺利，或者虽有严重的环境而看不到，因此往往轻视敌人。另一方面，对自己的弱点（没有经验，力量弱小），也不了解。敌强我弱，原是客观地存在的现象，可是人们不愿意想一想，一味只讲进攻，不讲防御和退却，在精神上解除了防御的武装，因而把行动引到错误的方向。许多游击队因此失败了。"① 红十四军的经验教训，也正是这样。

通、海、如、泰地区党和红十四军的一些领导干部，对于毛泽东所指出的深入土地革命，开展武装斗争，建立农村革命根据地并把三者紧密结合的必要性，是认识不足的。游击战争向前发展时，在"立三路线"影响下，他们提出了力不胜任的任务，进行多次无准备的进攻，而没有根据力量对比，采取环境所许可的斗争方式。红十四军建军以后，则缺乏放手发动群众、建立和发展革命根据地的深刻观念，缺乏系统的组织工作和教育工作，以致多数农民群众斗争还限于初期的抗租抗税和分粮分衣阶段，没有全面深入地进行土地革命；武装农民的工作也做得比较差。许多地方没有严格地贯彻阶级路线，没有真正树立以雇工、贫农为骨干的领导优势。工农革命委员会中有一些人是富农或小地主，这就不可能切实满足群众对土地的要求。错误的经济政策，如禁止自由贸易，不分穷富向农民派饭以解决红军给养等做法，也脱离了一部分群众。当时我们还不懂得运用"利用矛盾，争取多数，反对少数，各个击破"的策略原则，没有把资产阶级同地主区别开来；没有在地主武装、国民党军队中间进行系统的工作；没有注意分化地主阶级，对富农和地主没有区别对待；没有注意白色地区的群众工作。这些，都是斗争失利的重要原因。

同时，红十四军的组织工作和政治工作存在着严重的弱点，军事技术的训练也很差，在斗争中没有注意系统地审查、教育干部，放松了纯洁组织的工作。不少干部单纯军事观点等错误思想比较浓厚。一些地方党内和游击队成分不纯。

---

① 《毛泽东选集》一卷本，人民出版社1966年版，第181～182页。

对于不同的人缺乏具体分析，也没有采取不同政策。对李吉庚、李治平等极少数已发现的危险分子，没有当机立断及时审查，坚决而妥善地处置。对若干政治上的阶级异己分子缺乏必要的警戒，以致在严重的对敌斗争中，有一些人腐化堕落了；有一些人动摇逃跑了；有一些人（如李吉庚、李治平等）叛变投敌了。而对在这些人影响下的一部分群众，也没有及时进行争取工作，这也使我们遭受了很大的损失。

红十四军失利以后，敌我力量对比更加悬殊了。在新的左倾路线的影响下，我们没有能够在策略上组织正确的和必要的退却，借以保存和积蓄革命力量。斗争的方式仍然是"立三路线"的老一套，因而没有能够有效地恢复党的有组织的活动，并进而恢复党的阵地。

红十四军暂时失败了，通、海、如、泰地区的革命斗争暂时转入了低潮，白色恐怖重新笼罩了江海之滨。

国民党反动派、地主豪绅得意忘形。他们驱使敌军、警察队、"保卫团"、"民团"和"白龙党"党徒们，疯狂地屠杀共产党员和革命群众。

泰县东南黄柯庄大恶霸孙明甫，经常带领"保卫团"和"民团"下乡"清剿"，抓人、杀人、抢牛、拆屋，进行倒算复辟，无恶不作。他的"保卫团"先后抓过2000余人，在营溪一带，一次就抓了600多人。对被抓的人，他们使用了灌肚肺、三上吊、上踩棍、老虎凳、旱板晋、骡子吃料、火烫，以至五牛崩尸和火烧、活埋等种种惨绝人寰的酷刑。被害的共产党员就有200余人。中共泰县县委周彬三、许千太等负责同志都是死在他们手上的。孙家庄有位老人孙宝成，他的五个儿子、一个孙子，都是共产党员，在短短的十几天中，就有三个儿子、一个孙子被孙明甫他们活活打死。共产党员张莱生不满周岁的小儿子，也被他们捉来和莱生同志一起遭活埋。

在敌人屠刀面前，烈士们表现了崇高的革命气节。余东区何家园的何兰阶，石匠出身，1928年入党，曾任南通县委特派员和红十四军大队长等职，一贯忠实执行党的指示，英勇善战。1930年8月，他去省委汇报工作，经过通城公路时，被白龙党党徒抓去，解到四甲坝，受尽酷刑，始终不屈。他正告敌人说："当了共产党，没有投降的！"8月28日被国民党反动政府分尸惨杀。临刑前，他高唱《国际歌》，高呼："共产党万岁！""反动政府不得长，工农政府一定成功。"余西区区委书记、红十四军第一支队第二大队大队长陈宗恒（外号陈四胖子），是优秀的共产党员和红军指挥员，在通东农民中有很高的威信。1930年8月25日，被叛徒出卖而被捕。敌人百般利诱刑逼，要他交出余西区党组织的材料，宗恒正色大呼："我是共产党员，你们只能杀我一个人，决不能消灭我们共产党！"8月27日，宗恒同志在掘港壮烈牺牲。红十四军一支队二大队大队副冯步洲，听到宗恒同志遇害，于9月6日率部北上二鸯，为叛徒出卖，在路过四甲沟时，遭敌余世梅部伏击，英勇战死。此后不久，二鸯农民协会负责人、地下联络员杨星五也遭敌人残酷杀害。一大队分队长姜锦球被捕后，敌区长、叛徒李炳谦设宴妄图诱降，锦球同志指着他的鼻子骂道："你有什么资格同我说话？可耻的叛徒！"酒席被他摔了一地。当敌人的屠刀架到他的颈项时，他振臂高呼："共产党万岁！"二大队政治处通讯员王章扣，被捕后敌人想从他嘴里探听我军情况，章扣守口如瓶。敌人毫无人性地用烧红的铜勺，在他身上一块一块地挖肉，但他也没有吐出一个字来，最后英勇就义。在分散隐蔽的二大队战士中，还出现了不少英勇为烈士报仇的英雄。如冯步洲的通讯员姜五毛头，只身前往陆家园缴枪，准备再起，终因寡不敌众，被敌人杀害。

　　但是，不论敌人多么残酷，在党的领导下屡经考验的通、海、如、泰人民，是永远不会屈服的。死难烈士的鲜血，进一步激励了活着的同志英勇奋斗。红十四军失败之后，通、海、如、泰地区的共产党人和人民群众，为了恢复自己的组织，在严重的白色恐怖下，千方百计地进行了3年此起彼伏的革命斗争。省委始终支持着这一地区的艰苦斗争，先后派了许多优秀干部到这里来领导恢复工作。

　　1930年冬，启东县委书记周趾麟、县委委员徐宝珍等同志恢复了部分地区的党组织，组织了一个10多人的武装小组，在十分艰难的条件下，坚持着斗争。为了打击敌人的嚣张气焰，他们也采用了一些暴力行动，例如，放火焚烧了恶霸地主沈继贤的宅院和灵堂（沈于6月间被镇压），还烧了其他一些地主的仓房。转移到上海的部分同志以及转移到川沙的赵克明、茅德兴等，也都积极参加了当地工人和农民的斗争。1932年4、5月间，周趾麟、刘志成等在海启地区镇压了敌"自卫团"长陈元芳和反动地主季丕成等，并继续以红十四军名义张贴布告。5月，周趾麟、刘志成等在海门蟛巴镇被捕。7月，赵克明在上海被捕。他们先后被解到启东和镇江，都壮烈牺牲。

　　1930年冬，省委派曹玉彬（郑文林）、穆子齐（缪子义）、朱九成（朱香九）等5位同志回如皋恢复工作。5同志行经江阴，被叛徒告密，一同被捕，解往镇江，于1931年3月12日（农历正月二十四）遇害。

　　1930年底，省委又派于咸回到如、泰地区领导恢复工作。敌人据点林立，岗哨遍布。于咸和他的同伴们就在这样严重的情况下，出生入死，联络隐蔽下来的红军战士、游击队员和赤卫队员。他们紧紧地依靠基本群众，发展地下武装，镇压反动地主恶霸，大大鼓舞了群众的斗争信心。

当时通、海、如、泰地区流传的几首歌谣，很能反映广大农民的精神面貌。

敌人的血腥屠杀，并没有能淹灭农民的复仇怒火，他们唱道：

老大人头挂前街，
老二分尸野鸭滩，
家中只剩我老三。
点火烧了破草棚，
扛起铡刀去共产，
先杀西庄臭猪头，
再杀东庄龙灯眼。
剥皮抽筋都不怕，
天大不了上阴间。
我到阴间心不死，
阎王殿上去造反。

另一首歌谣既控诉了敌人的罪行，也道出了农民见到红军重来的高兴心情：

日落西山昏又黄，
恶霸狗队赛虎狼；
今晚侬家团聚乐，
枪棍临头谁知详，
民团被逼放岗哨，
红军来了报信忙；
穷人心头齐欢笑，
恶霸随弹见阎王。

还有一首歌谣反映了农民又积极地行动起来，并依然充满胜利的信心，歌词是：

农民泪汪汪，

地主狠如狼，
青壮绑劫去，
非关即坐牢，
血泪遍地洒，
妇幼耕田庄，
谷物未进仓，
狗队来抢光。
春雷声又叫，
红军夜来到，
农协暗组好，
恶霸吃白条（单刀）。
阴云终会散，
红日东方照，
星火燎原起，
刀斧红旗飘。

经过艰苦的斗争，一部分老游击区的党组织、团组织、农民协会、赤卫队、少先队逐步秘密恢复起来，并且建立了几十个战斗小组，不断打击敌人。敌人则加紧"清乡"活动，经常以一个营以上的兵力突然包围一个庄子，疯狂搜索，烧杀抢劫。

1931年夏天，于咸到上海向省委汇报工作，回来时化装成箍桶匠，带回12支盒子枪。他回到如皋，在卢港小西庄油锅头召集孙玉才、穆子三等几位负责同志开会，传达省委指示。会上决定把泰兴的战斗小组集中到顾家堡，如皋的战斗小组集中到小西庄，奇袭敌据点东燕庄。但他们的行踪被敌人发觉，敌人纠集卢港、卢庄、东燕庄等十几个据点的"保卫团"数百人，于8月28日（农历七月半）数路奔袭而来。于咸、孙玉才和尤老三三同志被围困在油锅头一户农民家中。他们闭户坚守，英勇抗击，从中午一直打到夕阳西下，打死打伤敌军20多人。敌人无法接近他们，便放火烧房子。这时，屋里待不下去了，于咸等三同志便一起突围。屋门前，是一块开阔的场地，没有任何可以作掩护的物体。他们都中弹倒下了。有个敌人走上前去，想缴于咸手中的枪，但当他俯身取枪时，被于咸用最后一粒子弹结果了性命。其余敌人不敢近身，又是一阵乱枪射击，待很长时间之后，才敢上前检尸。于咸等同志英勇战斗、壮烈牺牲的事迹，为当地百姓所传颂。事后，群众怀念忠烈，作歌纪念，其中有两句是：

　　　　三英浴血战千狗，
　　　　于虾①神枪惊敌胆。

　　1931 年初，省委派黄家骏（方木冬）等同志回到南通。

　　黄家骏等同志回到南通以后，重新建立了党的南通中心县委，统一领导通、海、启三县工作，积极恢复农村、工厂、学校中党和团的组织。为了便于领导，南通县委把全县划分为城区、工厂区、紫琅区、西三区、中五区、东五区、沿江区、垦区等八个大区。黄家骏亲自到中五区的西亭区领导斗争，从 1931 年 11 月到 1932 年 5 月，先后发动了三次较大规模的农民斗争。其中 1932 年 3 月到 5 月的春荒斗争规模最大。在青黄不接的时候，党领导贫苦农民分了西亭北河边和于家园等地大地主的粮食，惩办了反动地主丘四麻子。参加斗争的农民遍及中五区各地，下河和垦区也有贫民赶来参加。斗争人数从 300 多人发展到四五千人。历时 3 个月的春荒斗争取得了很大胜利，广大贫苦农民渡过了春荒，更加热爱共产党。党、团、农民协会和赤卫队组织又有了发展。

　　可惜黄家骏以后在领导农民武装斗争中被捕。在秘密审讯中，敌人曾对他施用各种酷刑，家骏同志始终不屈，且严词正告敌人："革命虽然暂时受到挫折，国内外反动派虽然一时猖狂，但正如俄国的沙皇和克伦斯基政府终归覆灭、布尔什维克终获胜利一样，蒋介石反动政府一定失败，中国革命一定胜利！"最后壮烈牺牲。

　　1932 年，省委又派特派员卢世芳、周振国和吴汝连（化名鲁连夫）等 3 位同志到苏北，恢复南通中心县委，领导通、海地区的工作。卢世芳负责城市工人运动，周振国负责学生工作，吴汝连则在如、泰地区恢复党的组织，发动农民，准备重新组织武装。这时，一些在南通坚持工作的党员，通过文艺活动团结了一批进步知识分子。他们组织的"新民剧社"和"小小剧社"，演出了不少进步话剧，并与上海的左翼剧联建立了联系。1932 年 1 月 28 日淞沪抗战发生后，顾民元、吴天石、李守淦等同志，又在南通团结了一批青年知识分子，组织"文艺组合"，出版期刊，宣传党的抗日救国主张。

　　1933 年 4 月 30 日，大生一厂工人为反对资本家开除工人举行罢工。国民党

---

　　①　于虾：是于咸的绰号，也是群众对他的昵称。——作者

反动政府派军警镇压，抓走了17个工人。南通中心县委发动唐家闸5个工厂工人举行同盟罢工。5月14日，唐家闸数千名工人进城请愿。浩大的工人队伍，迫使敌人释放了被捕的工人。当天下午，工人在大生一厂门口和大洋桥一带示威游行，反动军警开枪镇压，工人英勇地围上去还击，女工顾王氏（孕妇）牺牲，7名工人受重伤。以后，由于叛徒陈俊（王梦祥）的出卖，南通县委，通、如、海、启四县区以上同志，唐闸各厂支部书记，以及省巡视员等共20余人被捕，其中包括卢世芳、周振国、顾臣贤、施满侯、张炳文、马生、许德洪、马叔平、季福成、徐金等。卢世芳、周振国、顾臣贤被解到镇江，在被敌人押赴刑场时，世芳、臣贤两位同志向难友们作了告别演说。世芳说："不管敌人怎样屠杀，共产党是杀不完的，只会越杀越多。"他勉励同志们坚定立场，并说："将来一定会有红旗来迎接你们的。"振国、臣贤同志还领导难友们高呼"共产党万岁"、"打倒国民党"等口号。他们唱着《国际歌》走向刑场时，全狱同志齐声合唱，歌声响彻牢房内外。

同年4月，如皋党组织乘纪念五一的机会，在如皋师范学校油印了大批传单、标语，到江安、卢港、珊瑚庄等地散发、张贴，鼓舞农民的革命斗志。4月底，在西乡坚持斗争的吴汝连等9个同志，在江安区苍蝇头被敌人包围，激战一天，吴汝连等7个同志牺牲，两个同志被捕。

1933年7月，在通、如、海、启党的恢复工作连遭挫折后，省委决定成立崇明中心县委，坚持斗争，指定尹汉文为书记，并派人去海、启活动。县委编印了刊物《芦粟社》，进行反对日本帝国主义的宣传。到年底，全县便建立和恢复了十多个支部，农民协会会员达1000多人。1933年，由于俞宝祥叛变，西沙党组织遭到破坏。1934年春，桑梓南（俞福基）等又先后叛变，王勉等被捕，壮烈牺牲。于是，第二次国内革命战争时期，通、海、如、泰地区党组织领导的农民武装斗争和工人运动，处于低潮，一时沉寂。曾经同这一地区人民一起战斗过的许多同志，在上级党的指示下，转移到其他地区，继续为革命事业英勇战斗；还有一部分失去组织联系的同志，则在本地或近处隐蔽下来，坚持各种形式的合法或非法的斗争，保存力量，以利再战。

踏着血迹前进

红十四军的斗争虽然失败了，通、海、如、泰地区的革命运动虽然暂时沉寂下来，但是，有共产党在，有人民群众在，火种不灭。人们追怀先烈，记取血的经验教训，更加增长斗争的决心和勇气。人们坚定地相信，总有一天，地下的火种，又会烧成熊熊的漫天大火。

通、海、如、泰地区的革命之花，是烈士们的鲜血所浇灌的。烈士们的鲜血，洒遍了江海之滨。李超时、何昆、薛衡竞、秦超、沈毅、陆铁强、俞甫才、韩渼、王玉文、于咸、张辛、徐芳德、徐家瑾、吴亚苏、苏德馨、曹起潘、顾臣贤、卢世芳、鲁连夫、周振国、黄家骏、陆骧、袁锡龄、陈国藩、俞海清、唐楚云、陈宗恒、俞金秀、仇建忠、何兰阶、姜老五、刁九善、王庆生、戴奎、孟运怀、孟致祥、陆金枝、周彬三、许千太、汤士伦、汤士佺、曹玉彬、穆子齐、孙大椿、江允升、周趾麟、赵克明、刘志成、徐洪贵、杨星五、朱文英、方木冬、蔡振扬、时茂江、冯步洲、周智民、朱廷佐、姚炳、黄章富等许多同志，都英勇牺牲于1928年至1934年之间。至于在这之前和之后死难而无法记起的名字，以及不知道他们名字的烈士还有很多。他们"生的伟大，死的光荣"，人们决不会忘记他们的功绩，他们都将永远活在人们的心中。

红十四军军长兼政委李超时，是全军革命烈士中的优秀代表。他原名振华，江苏邳县人，徐州师范学生，曾在黄埔军校学习，1925年入党。1927年夏，超时同志回邳县任县委书记兼总工会委员长。1927年冬，省委同志调超时任东海县委书记和东灌中心县委书记等职，1930年调通、海区工作。红十四军失利后，超时同志调到省委工作。1931年6月，他奉省委指示，到徐、海、蚌特区巡视工作，不幸在镇江车站被捕。超时同志在敌人监狱里坚持了革命气节，遭到严刑拷打，始终英勇不屈。国民党江苏省长叶楚伧妄图诱降，遭到超时同志的严词痛斥。叶楚伧叫叛徒仇恒忠（又名王益之，曾任特委委员，被捕后投敌）当面对质，也遭到超时同志的严词痛斥。敌人在拷打诱降手段都破产以后，就杀害了超时同志。超时同志就义前几天，知道敌人要杀害他，曾向同监的同志说："我们牺牲了，江北的工作是不会完的，革命的火是扑不灭的。"他鼓励在狱的同志，要坚持立场，坚持斗争。9月19日（农历八月初八）超时同志在镇江北固山刑场英勇就义。临刑前，超时同志向难友们告别说："共产党一定胜利！活着的一定要斗争！"从容走向刑场，沿途高呼"共产党万岁"、"打倒国民党"、"为死难烈士报仇"等口号，并高唱《国际歌》，充分表现了共产党员视死如归的崇高品质和伟大气魄！

革命事业是千百万人民群众自己的事业。通、海、如、泰地区的人民，曾为自己的革命事业献出了一切。前面曾写到：汤家苴战斗中，1万多人参战，拿着原始武器的农民沿路与前进的红军汇合。部队在四丈河被围时，包围圈里上千的男女老幼出来助战。实行分配土地时，垦区农民和沿海渔民、盐民纷纷派人去找红军。在城市，当农村武装起义之前，通州师范工友不顾白色恐怖下的危险，在学校协助我党收藏武器。武装起义中，家住通、海、如、泰地区的上海失业工人纷纷回乡，参加红军；南通工人也有不少参加了红军。红十四军失败后，城乡群众反复掀起斗争，历久不息。广大劳动人民的高度的革命热情，是游击战争能够在这地方长期坚持的根本条件。

在艰苦斗争的年月里，农民始终是革命的主力军。通、海、如、泰各地基层党组织的成员和红十四军指战员，绝大多数都是农民出身。党、红军和农民血肉相连。红军每到一地，农民送茶送饭，洗补衣服，热情慰问；红军作战时，农民冒着枪林弹雨，支援前线；敌人疯狂"清剿"时，农民舍生忘死、千方百计掩护红军和党的干部。1928年9月，南通县委的一位负责同志在仇家园被敌人包围，红军战士仇国贤的爱人张莲娥，冒着生命危险，把他藏在一只大柜中，终于使之脱险。仇家园贫农仇刘山，1929年参加革命，曾当过红军的炊事员。他的儿子仇茂茂也是红军战士，在汤家苴战斗中英勇牺牲。1930年冬季，红十四军失利，白色恐怖严重，一位同志因病住到仇刘山家里，仇刘山尽心掩护、照顾他。这位同志病愈后，仇刘山亲自护送他通过敌人的重重封锁线，到青龙港坐船去上海。如皋贾家巷贫农王长生，1928年1月入党，参加过五一农民起义和以后的许多战斗。红十四军失利以后，他依旧出生入死，和于咸一起搞恢复工作。他一家人经常替于咸放哨，情况最紧张时，则在高粱地里为于咸搭篷，安排住处，为于送饭送菜。有一次，于咸对他说："我吃了你的，你家里怎么办？"他说："穷人永远和党一条心，我们宁可挨饿，也要让你们吃饱，好领导穷人打天下！"于咸牺牲后，他和徐永良、汤炳贤、胡少卿、杨长德、孙步云等同志一起，继续搞武装斗争。1932年7月，在胡家埭打死3个反动派。8月，王长生被捕，解到如皋、镇江，受尽各种酷刑，始终坚强不屈，被判15年徒刑，到抗日战争开始时才被释放。他回家乡后，继续参加革命斗争，担任民主政府的乡长和农抗会主任等职务。

通、海、如、泰地区的广大工人群众，积极地参加了党领导的革命运动，赤胆忠心地维护党和革命的利益。当国民党反动派手忙脚乱地抽调兵力进攻红十四军的时候，南通工人在党的领导下，散发大量的传单、标语，对敌人发动政治攻势，以牵制敌人。工人们建立了红色军事小组，秘密进行军事训练，准备武装斗争。他们还设法购买子弹，送给红十四军。有的工人参加了红十四军，同农民兄弟并肩作战。许多优秀的工人积极分子在斗争中锻炼成为党的领导骨干，许多同志为革命事业牺牲了自己的生命。南通中心县委书记顾臣贤，原来就是资生铁厂的工人。他两次被捕，不屈不挠，最后壮烈牺牲。臣贤同志的母亲顾陈氏，也有很高的党悟。在臣贤被捕后，她首先想到的是党，并立即去通知党组织叫其他同志转移。她和女儿珍姑娘，经常为党的会议放哨，在风里雨里，度过了许多个不眠的夜晚。大生纱厂工人施满侯、马生等，经常冒着生命危险，积极为党工作。工人出身的革命妈妈朱姚和她的丈夫朱康甫，在女儿朱文英的影响下，也参加了革命斗争。从1927年秋天起，南通城内寺街二十九号朱家，就成为县委和以后通、海特委的一个秘密机关。红十四军有些干部，从乡下来，也常住在那里，朱姚即使借债典当，也要热情招待。由于她对党的事业的无限忠诚和勇敢机智，善于团结邻居，在充满白色恐怖的南通城里，出色地完成了掩护我党地下机关和干部的任务。

通、海、如、泰地区的广大青年学生，在党的教育下，积极参加学生运动，并深入工厂、农村，同工农大众相结合，投入到火热的斗争中去。经过革命烈火的锻炼，许多青年知识分子终于成为优秀的革命战士。吴亚鲁、徐家瑾、沈毅、王玉文、陆铁强、周趾麟、俞海清、袁锡龄、陈国藩、于咸、陆骧等同志就是其中光辉的典型。

党的事业也得到了进步知识分子的同情和支持。南通的顾怡生、陈修定、葛松亭，泰兴的刘伯厚等先生，都对当时的革命斗争有过贡献。

顾怡生先生是通州师范学校的教师，在四一二事变前后，就向学生推荐进步书刊，鼓励儿子顾民元参加革命，积极掩护我党和进步青年的革命活动。1930年国民党政府下令通缉我革命干部时，他就通知袁锡龄和另一位同志离校，并亲自护送过江。1933年，他为了保释李守淦，遭到反动政府迫害而亡命山东。

南通女子师范学校教师陈修定先生，当时也经常为党掩护干部，传送书报和宣传品。1930年初夏，李超时在南通狼山召集农大、通师等学校的党、团干部开会。国民党反动派发现他们"形迹可疑"，将十余人全部逮捕，拘留在狼山派出所，但因没有搜出可疑物件，当晚即通知各校将学生保了回去。最后剩下了李超时等两个外地人。当通师的一个学生（地下党员）把这一情况告诉陈修定先生时，他立刻毫不犹豫地跟那位学生设法营救。陈先生并不认识李超时和另一同志，但他租了一辆小汽车，以南通女师教师的身份，去狼山派出所交涉。他对巡官说，这两位是他的外地朋友，来游狼山，他自己因课务在身，未暇相陪，以致发生了误会。那巡官见陈先生气派不小，认为必有来头，当即请出超时二位赔不是。超时同志也很"客气"地说"没什么，没什么"，脱离了险境。

　　葛松亭先生，从我党开始在南通活动时，就一直给予热情的帮助。他的家中常常是党组织活动的地点。当恽代英烈士的夫人沈葆英和弟弟恽子强等在白色恐怖下处境困难的时候，葛先生不顾危险，掩护和支持他们的革命活动。他是我们党的患难朋友。

　　在通、海、如、泰地区游击战争的高潮时期，红十四军和各县的游击队曾经发展到2000多人。尚有一部分武装没有正式归入建制，未计在内。参加赤卫队、自卫队等武装斗争的群众在七八万人左右。红十四军活动区域的人口约一百万人。通、海、如、泰地区的共产党组织，在第一次国内革命战争失败以后，按照中央和省委的指示，高举反对帝国主义、反对封建主义、反对国民党反动政府的革命红旗，深入农村，团结和领导农民进行革命斗争，组织红十四军，开展革命游击战争，实行土地革命，建立苏维埃政权。这样做，无疑是正确的。

　　通、海、如、泰地区的党组织和红十四军在敌人心脏地区坚持了相当长时间的斗争，这是一个十分重大的胜利。取得胜利的根本原因，是由于人民要求革命，要求解放；是由于正确地执行了党的八七会议决议和六大决议的精神。红军的行动，与工农劳动群众和广大人民的利益完全一致。在农村，在群众真正发动起来进行斗争的地区和红军战斗过的地区，地主不敢来追租逼债了，国民党不敢来勒捐派税了；农民的生活好过了，农民扬眉吐气了，他们从实际斗争中认识到共产党是人民的救星，热烈拥护共产党，拥护红军，参加红军，义无反顾，百折不挠。

　　中央和省委根据党的八七会议和六大会议精神对通、海、如、泰地区所作的符合客观情况的历次正确指示，有力地指导和推动了这个地区的工作。敌人有种种矛盾和弱点我们可以利用。苏南苏北各个兄弟地区的革命运动和武装斗争，给予通、海、如、泰人民以有力的支持。这些，都是通、海、如、泰地区革命斗争得以发展和坚持了一个时期的重要原因。

　　通、海、如、泰地区的广大干部、党员、团员和红十四军指战员对共产主义事业的无限忠诚，是能够坚持长期斗争的另一个重要原因。在开辟工作中，在游击战争中，在以后的恢复工作中，许许多多同志出生入死，忠贞不屈，这种大无畏的精神，永远值得我们学习！

　　党的路线正确与否，是斗争成败的关键。通、海、如、泰地区人民革命的发展和红十四军的成长壮大，是由于执行了党的八七会议决议、六大决议、六届二中全会决议和江苏省党的第二次代表大会的决议而实现的。经验证明，只要我们的政治路线基本上是正确的，革命就能获得发展和胜利。第二次国内革命战争时期通、海、如、泰地区工作遭受挫折、损失和失败原因之一，是初期部分干部的阶级路线不明确，致使组织不纯，甚至混入了内奸，但主要的还是左倾路线的恶果。从客观上说，红十四军失败的原因是敌强我弱，力量悬殊。特别是由于通、海、如、泰靠近上海、南京，敌人便于调集兵力，就近组织"包剿"。据不完全统计，敌人用来进攻红十四军的反动武装，包括正规军和地方团队在内，不下万人，无论在人数或武器装备方面，都大大超过我们。

红十四军从生长、壮大到失败，为我们提供了丰富的经验和教训。毛泽东说："……所有这些错误，对于我们的党，我们的革命和战争，当然是不利的，然而终于被我们克服，我们的党和我们的红军是从这些错误的克服中锻炼得更加坚强了。"① 我们也应该这样去分析当时红十四军领导上所犯的错误，把它作为通、海、如、泰地区人民革命斗争中的历史教训。

红十四军从生长、壮大到失败，对通、海、如、泰地区人民来说，是一次极为深刻的阶级斗争的教育和锻炼，对以后这一地区的革命斗争，有着深刻的影响。毛泽东说："中国共产党以自己艰苦奋斗的经历，以几十万英勇党员和几万英勇干部的流血牺牲，在全民族几万万人中间起了伟大的教育作用。"② 我们对红十四军在通、海、如、泰地区的斗争，也应该这样去看。

红十四军失利以后，根据党中央和省委的指示，许多同志调到其他岗位上去继续战斗。留下来的同志隐蔽起来了。绝大多数同志在白色恐怖的漫长年月里，永远心怀革命，团结着一部分群众，同敌人进行各种各样的斗争，日日夜夜地盼望着党，盼望着红军。

革命的工人、农民和知识分子，始终一面坚持着斗争，一面寻找党的关系。1934 年冬，如皋进步文艺团体——"春泥社"成立。这个社的部分成员，以潘也如为首，曾多次到上海找党，没有联系上，就自动建立了秘密的革命小组，在南通、如皋、东台一带进行活动。1935 年大生一厂、副厂、三厂都曾爆发了罢工斗争。同年 12 月，南通许多学校的进步师生，热烈地响应了"一二·九"运动，纷纷走出校门，参加了示威游行和请愿等活动，大大促进了本地区的抗日救亡运动。1937 年，抗日战争爆发后，不少同志又回到家乡投入抗日斗争。通、海、如、泰地区的革命火焰，终于又熊熊燃烧起来了。

1938 年夏季，设在上海的中共江苏省委地下机关，在同顾民元、马一行等

---

① 《毛泽东选集》一卷本，人民出版社 1966 年版，第 169 页。
② 《毛泽东选集》一卷本，人民出版社 1966 年版，第 168～169 页。

以及南通地区的抗日进步青年取得联系之后，就派遣负责同志，带领一批干部，到南通重建了江北特区委员会，在南通、海门、启东和如皋东乡一带，领导广大人民反抗日本帝国主义。1939年初，新四军游击队进入苏北，党又在扬州、泰州、泰兴和如皋西乡一带建立了苏北特区委员会，领导人民开展敌后抗日斗争。1940年，陈毅遵照党中央指示，率领新四军挺进苏北，建立了苏北抗日民主根据地，革命的红旗又重新飘扬在苏北的大地上。通、海、如、泰地区的人民，像迎接亲人一样地欢迎党领导下的新四军。在著名的黄桥战役中，如、泰人民热烈地投入了支前工作。黄桥附近的一位老大娘对儿子说："你父亲从前参加战斗的部队回来了，你赶快去吧！"一位当年参加过赤卫队的老农，用一根支前扁担当武器，夺得了反共顽军的一挺机关枪。共产党员、共青团员和当年的红军战士、游击队员、赤卫队员、农会会员、妇女会员、少先队员们，重新拿起埋藏了多年的步枪、土枪、土炮、大刀，团结广大人民，参加了新的战斗。

关于红十四军的斗争在通、海、如、泰地区留下的革命影响，粟裕在《挺进苏北与黄桥决战》[①]一文中也有论述。他说："泰州、如皋、南通一带，是1930年土地革命时红十四军的策源地。当年的武装斗争虽然失败了，但是党在人民群众中的影响很深，'野火烧不尽，春风吹又生'，如今已逐步恢复组织，开展广泛的宣传活动和统战工作，联络抗日分子，收集武器，组织和发展抗日武装。黄桥地区就有党的组织，周围农村也散布着党员。"他还指出，1940年新四军建立江北根据地之前，作出首先进军黄桥，建立以黄桥为中心的革命根据地，向通、如、海、启发展的决定，一个重要原因是"该地区有我党的工作和影响，群众基础好。我军东进抗日，能获得地方党的配合和广大人民的热烈拥护"。同时，从战略地位来说，"黄桥处于靖江、如皋、海安、泰兴等县的中心，以黄桥为中心建立根据地，便于向通、如、海、启发展。而只有控制通、如、海、启才可以与我江南部队相呼应，控制长江通道，威胁日寇和切断韩（德勤）顽与江南冷欣的联系。"这又可以说明，当年的红军和后来的新四军在这个地区的斗争，从地理位置上说，对敌人的威胁和牵制，也都是很大的。

此后，通、海、如、泰地区的党组织和人民群众，在党中央和毛主席的领导下，配合全国革命力量，坚持战斗，经历了抗日战争和第三次国内革命战争的长期的严重考验，终于和全国人民一起，打倒了帝国主义、封建主义、官僚资本主义三大敌人，推翻了国民党反动统治，取得了民主革命的彻底胜利！在

---

① 见1980年6月24日《文汇报》。

中华人民共和国成立后，又取得了社会主义革命和社会主义建设事业的伟大胜利。敬爱的周总理和其他老一辈无产阶级革命家十分关怀红十四军。在"文化大革命"中，周总理在跟当年参加红十四军斗争的张爱萍谈话时，曾满怀深情地提到当年参加红十四军斗争的一些幸存者。而万恶的林彪、"四人帮"却极力诽谤和诬蔑红十四军的斗争，残酷地打击迫害曾经参加过斗争的同志。粉碎"四人帮"的胜利，特别是十一届三中全会的召开，终于使我党实事求是的思想路线得到恢复和发扬。红十四军跟敌人英勇血战的革命精神和这段时期革命斗争的经验教训，得以按照历史的本来面貌，传给后代，成为建设四个现代化和为共产主义而奋斗的精神力量。

革命烈士永垂不朽！

附 录：

革命先辈传略

何昆（坤）

何昆（坤），原名李维森，湖南永兴人，黄埔军校毕业生，大革命时期入党。

四一二反革命政变后，遵照党的指示，何昆到上海从事地下工作。1930年初春，他奉中共江苏省委之命到通、海、如、泰地区工作，任通、海特委委员，红十四军军长兼一师师长。何昆军事知识丰富，在军长任内致力于部队的整顿和训练，对红十四军的建设贡献很大。他在战斗中勇敢顽强，身先士卒。1930年4月16日，在如皋西南围攻老虎庄战斗中，他亲临前线，带领战士冲锋，并用手提机枪猛扫敌堡，掩护部队进攻，不幸于阵前中弹牺牲。全军将士莫不悲痛万分，誓为军长报仇。

李超时

李超时，原名振华，1906年生，江苏邳县八义集人，徐州师范学生，经郭子化推荐，进黄埔军校第四期学习。1925年在武汉加入中国共产党。1926年以后，受党组织派遣，回徐海地区工作，先后任邳县县委书记、东海县委书记、东灌中心县委书记等职。1929年秋调任通、海特委书记，红十四军成立后兼任军政委。1930年4月红十四军军长何昆牺牲后，任红十四军军长兼政委。红十四军失利后，调省委工作。

1931 年 6 月 26 日，李超时奉省委指示赴徐、海、蚌特区巡视工作，不幸在镇江车站被敌人逮捕。国民党省长妄图诱降，指使叛徒当面对质，遭到超时同志严词痛斥。敌人在拷打诱降手段都失败后，就准备杀害他。超时同志在就义前几天，知道敌人要杀害他，向同监的同志说："我们牺牲了，江北的工作是不会完的，革命的烈火是扑不灭的。"他鼓励在狱的同志坚持斗争，坚守革命气节。9 月 19 日，李超时在镇江北固山英勇就义。临刑前，他向难友们告别说："共产党一定胜利，活着的一定要斗争！"从容走向刑场，沿途高呼"共产党万岁"、"打倒国民党"、"为死难烈士报仇"等口号，并高唱《国际歌》，充分表现了共产党员视死如归的崇高品质和伟大气魄。

薛衡竞

薛衡竞，江西人，1929 年秋后由中共江苏省委派往如、泰红军工作，后任军参谋长，群众亲切地称他为"老薛"。

衡竞同志到部队后，参加过搬经、古溪、蒋垛等多次战斗。他带领部队打开搬经之后，又扫去了国民党卢港区公所公安局；在古溪，击败了泰县驻防迥家垛的警备队；不久，又攻打了蒋垛、任家庄等地。1930 年 1 月 18 日，衡竞同志率部夜袭顾高庄，缴获甚多。3 月 23 日，他又率部进击卢家庄，惩办了几个恶霸地主。衡竞同志英勇善战，指挥有方，深受红军指战员和当地群众的爱戴。

1930 年 4 月，红军再次攻打顾家庄。由于蒋垛和黄桥的敌人增援，红军边打边撤，转移到横家垛河西，又与敌保安团遭遇。衡竞同志亲自断后，掩护大队转移。在战斗即将胜利结束时，他不幸中弹，光荣牺牲于横垛刘家桥河东。

吴亚鲁　吴亚苏

吴亚鲁，原名吴肃，又名吴渊，笔名耐苦生，化名陈俊卿，如皋潮桥镇（今属如东）人，1898 年生。父亲吴绍穆是前清举人，善书画，为人开明正直，支持幼辈探索真理，参加革命。亚鲁同志幼年在潮桥私塾读书，1916 年考入如皋师范，毕业后在南通金沙做过半年小学教师，1919 年考入南京高等师范学校。他积极参加五四以来的政治运动，于 1922 年加入中国共产党。

亚鲁同志在南京高师求学期间，曾利用两次暑假回乡，在潮桥、马塘、掘港等地，向进步青年宣传马克思主义，讲述社会主义运动发展史，并和如皋一带旅外学生组织"平民社"，刊行《平民声》，以揭露旧社会黑暗，探讨改革途径。

　　1923年，遵照党的指示，亚鲁同志到徐州第三女子师范学校任教，从事革命活动，建立中国社会主义青年团铜山支部，任支部书记。1925年夏，吴亚鲁领导学生驱走了女师反动校长。1926年春，到郑州豫丰纱厂从事工人运动，后又去广州参加省港大罢工。北伐战争开始，他随军到武汉，以后，又参加了南昌起义。1928年后，亚鲁同志先后在福建和山东负责省委宣传工作。1930年至1933年，曾三次被捕。第一次在青岛，第二、第三次在上海。第一、二次均因敌人未查获证据而获释。第三次由于叛徒告密，又被敌人抄到进步书刊和文件，被判徒刑3年6个月，关押在法租界监狱。1936年冬，经同志设法，请托民主人士柳亚子先生作保获释。在狱中，亚鲁同志常帮助难友学英语，还利用汉语拉丁化拼音传播抗日救亡运动消息和进步思想，以鼓舞同志们的斗志。出狱后，亚鲁同志从事翻译有关宣传马克思主义哲学和政治经济学的英文通俗著作。他工作态度极为认真，字斟句酌，一丝不苟，对传播马克思主义具有高度的政治责任心。1937年夏，亚鲁同志又去新知书店做编辑出版工作。他知识渊博，治学严谨，签发稿件，保证质量，深为同事所信赖。

　　八一三淞沪抗战以后，亚鲁同志去湖南，1938年初，由新四军长沙办事处（即湖南省委）派往新四军平江嘉义留守通讯处任秘书主任，党内职务是湘鄂赣特委委员、秘书长。在平江工作期间，他关心群众，与战士同甘共苦，常夜以继日地参加会议、整理材料、翻译电报。1939年6月12日下午，国民党反动派制造"平江惨案"，派军警包围留守通讯处。亚鲁同志挺身而出，自称是负责人，斥责敌人，惨遭杀害，壮烈牺牲。

　　吴亚苏又名吴印，字抑之，是吴亚鲁的弟弟，1907年生。幼时在家乡小学读书，1923年随亚鲁去徐州，在徐州县立中学上学。1926年，进上海邮务海关学校特别班学习，爱好文学，言语风趣、幽默。1924年参加中国社会主义青年团，1925年入党。

　　1927年大革命中，吴亚苏被派往武汉工作。国民党叛变革命，亚苏同志的爱人在汉口被捕牺牲，亚苏同志奉调回家乡如皋工作，先后任中共如皋县委委员、县委书记。他先在如皋东乡从事农运工作，团结党员和农民群众进行革命斗争，后又转移到西乡一带活动，并和徐芳德、苏德馨、汤士伦等参加了五一起义的组织领导工作。武装起义失败后，他在镇涛地区继续坚持斗争，进行恢复和开辟工作。1929年6月15日，吴亚苏在镇涛区陈家市被捕，8月13日，英勇就义于如皋城。

恽子强　葛季膺

恽子强，原名恽代贤，是我党早期著名政治活动家恽代英的胞弟。原籍江苏武进，祖父后来携全家迁居武昌。1911 年辛亥革命后，他在中华大学附中读书，毕业后考入南京高等师范学校。1920 年，恽子强高师毕业，留校任助教。这时葛季膺自南通考入南京高等师范学校，两人相识后建立了友情。以后，季膺转上海大同大学学习英文。两人仍保持着通信联系和假期往还，在相互切磋、探求革命真理中开始相爱。此后，在恽代英的启发下，他们于 1923 年和 1925 年先后参加了中国共产党。

五卅运动爆发时，他们在吉林长春第二师范任教，积极参加了长春二师的反帝爱国运动，领导学生游行示威，因而被校方解职。于是，他俩即南下广州，投奔革命。子强同志在革命政府苏联顾问处任英文翻译，季膺则在国民党中央妇女部工作。北伐军攻克武汉后，在国民政府迁汉过程中，他俩绕道上海，回南通结婚。婚后又立即奔赴武汉投身于革命斗争。七一五汪精卫叛变，子强夫妇即至南通，组织"革命青年社"，给通师和通中进步青年讲解革命形势和开展群众工作的方法，使大家增长斗争知识，振奋革命精神，在长江北岸坚持斗争。他们是 1927 年前后关心南通地区的革命运动，并热心致力于青年思想启蒙工作的两位同志。

一年后，子强夫妇到上海从事教育工作。1937 年，季膺积劳成疾病逝。子强同志则于 1943 年秋，在抗日民族战争艰难时刻，携带诸儿及代英牺牲后留下的孩子，经过 9 个月的长途跋涉，由苏北解放区到达延安。此后，他便在党中央直接领导下从事教学和研究工作，全国解放后任中国科学院计划局局长，为革命和建设做贡献，直到最后一息。

丛永琮（允中）

丛永琮（允中），如皋湖桥（分属如东）人，少年时期在南通城北小学读书时，就积极参加了五四爱国运动。1924 年 5 月，他在南通代用师范（即通州师范）和徐家瑾等同志组织"晨光社"，带领进步同学学习马克思主义，并与我党早期著名政治活动家恽代英建立了通信联系，受到其思想政治指导。在暑假回乡期间，他还和吴亚鲁团结潮桥青年组织"学友会"，出版《潮桥青年》，揭露军阀和土豪劣绅的罪恶，鼓动人们起来反抗。1925 年，经恽代英介绍，永琮同志加入了共产主义青年团，五卅前不久加入中国共产党，是通师党支部负责人之一。

1925 年五卅惨案发生，他和徐家瑾奔走呼号，联系各校同学，筹组南通学联，成立五卅后援会，出版《血潮》刊物，支持罢工、罢课、罢市斗争。当时，他是通师学生代表之一。

丛永琼由于积极进行革命活动，1926 年暑期被学校当局责令停学。此后，党派他到上海、开封等地从事地下工作。四一二反革命政变后，党又派他到湖北大冶煤矿领导工运。1928 年他转移至苏区工作，1931 年不幸去世于赣州地区。

徐家瑾

徐家瑾，如皋石庄人。在通师读书时与丛永琼一起组织"晨光社"，1925年参加中国共产党，曾经参与领导五卅时南通的学生运动。四一二反革命政变后，他和杨文辉一起潜往武汉投奔革命。到武汉时，武汉政府已叛变，杨悲愤投江而死。家瑾同志乃单独去南昌，参加了八一起义，随军入粤后在叶剑英率领的教导团里担任政治工作。1927 年 12 月，广州起义失败，他被捕入狱，后越狱化装乘车到上海，找到了党组织，被派回如皋工作。

1928 年五一起义时，家瑾同志在如皋县城做地下工作，负责组织工人、贫民、店员、学生，准备响应起义队伍攻城，建立苏维埃政权。起义失败后，他又积极从事恢复工作，并利用合法身份，担任《皋报》总编辑，创办"读书消费合作社"，宣传革命。1928 年 10 月 30 日，他以"共产党嫌疑"被国民党县政府拘捕，解送江苏高等法院后被判处徒刑 2 年。他后来被移解镇江，因在狱中与难友仍进行革命活动，编写革命故事、短剧，并进行反迫害斗争而被改判为死刑。家瑾同志为了继续进行革命工作，又与难友密谋暴动，不幸越狱未成。1931 年 2 月，在镇江北固山下英勇就义。

沈　毅

沈毅，又名乐贫、鸿钧，泰州人，1899 年出身于贫民家庭。14 岁时曾去上海一家绷带厂当童工，因不堪工头的欺压、鞭打，返回老家。1920 年由亲戚介绍，在泰兴警察局分界派出所当文书，次年调至黄桥当巡士。一次，因未对上级派来的巡官行礼，遭到毒打。从此，他逐渐认清旧社会的黑暗，接近下层人民。1924 年春，黄桥分局拘捕了参加"火烧震东市"暴动的农民 36 人。沈毅对他们深表同情和钦佩，于是，偷偷地放跑了他们。他自己亦同时逃出警察局。

"漫漫长夜凄凄雨，何时见晨曦？暗暗中国茫茫路，何日舞红旗？真理真理在哪里？吾将上下而求之。"这是沈毅当时写下的诗句。就在他苦闷、彷徨、探索的时候，原孙中山先生的部下，一个上尉军官告诉他，广东有农民运动的星火。1924年春末，沈毅筹集路费，来到了大革命策源地广东。他在韶关参加了中国共产党，在海陆丰参加了彭湃领导的农民运动，经受实际斗争的锻炼。

1925年春，沈毅被派往江浙区委，区委某负责同志指示说，在苏北搞一块农民运动根据地很有意义，委派他为江浙区委特派员，以泰兴为基地，开展江北农运。沈毅带着党的重托回到泰兴后，就选择地处泰兴、泰县、如皋三县交界处的刁家网作为基点，以卖笔墨的身份开始了地下活动。同年秋，他在这一带的贫苦塾师中发展了第一批党员。1926年春，成立了第一个支部，在刁家网发动了党领导下的第一次春荒斗争。1926年秋，经上级同意，中共泰兴县委正式成立，沈毅任书记。当地农民运动得以迅速开展。

四一二反革命政变后，遵照省委指示，沈毅又以国民党泰兴县党部执行委员的合法身份，开展反"清党"斗争，团结群众，狠狠打击了国民党右派分子。党的八七会议后，江苏省委决定成立江北特委，沈毅为特委委员兼泰兴县委书记。

1928年，沈毅组织、领导了声势浩大的泰兴五一起义。起义失败后，他于6月25日在泰州被捕，6月28日英勇就义。

张连生

张连生，丹阳人，曾在广州农民运动讲习所学习，领导过无锡农民暴动。1926年，他由江浙区委派往如、泰地区工作，任如皋县委委员，往来于鄂家埭、六甲、芹湖等地指导建党和农民协会工作。如皋县农民协会成立时，被选为会长。在工作中，他结合斗争实际，提出了一系列反帝反封建的战斗口号。1927年春，他和徐芳德一起组织农民进行了反对军阀孙传芳"联军"的斗争。

1927年四一二反革命政变后，根据县委决定，张连生撤回上海。临行前，他在鄂家埭小学还召集农民协会代表六七十人开会，总结了农会工作，并勉励大家坚持团结战斗，争取最后胜利。6月，张连生在上海被捕，光荣牺牲。

陆铁强　俞甫才

陆铁强、俞甫才两同志都是崇明人，1926年春同赴广州农民运动讲习所学习。1926年秋，学习结束，党即派他们回崇明工作，陆任中共崇明县委书记，俞则全力配合协助。

他们到崇明后，即选择灾荒特别严重、阶级矛盾十分尖锐的西沙地区开展农运工作，发动农民进行抗租斗争。他们曾多次组织数千群众举行示威游行，跟地主和官府开展说理斗争，迫使反动县知事同意减租，警察所亦不得不释放因欠租而被拘押的穷苦佃农。在斗争接连取得胜利的同时，他们又在西沙一些村镇发展了党员，建立农民协会和农民自卫军。

1927 年下半年，西沙地区的斗争更加激烈，国民党反动派组织反扑，下令通缉陆、俞两同志。遵照党的决定，他们转移到海启地区工作。9 月，陆铁强化名沈惠农，任中共海门县委书记，俞甫才仍协助工作。他们在沙家仓一带又发动广大群众积极开展革命斗争，提出了"打倒贪官污吏"、"打倒土豪劣绅"、要求"减租减息"等口号。11 月 12 日国民党县政府派兵镇压，陆铁强不幸被捕，次日牺牲于茅镇六角亭。

陆铁强牺牲后，俞甫才接任县委书记，活动于启东地区。1928 年春，甫才同志在海门被捕入狱，受尽酷刑，始终不屈。三年后经营救获释，在崇明继续战斗，1934 年春积劳成疾病逝。

徐芳德

徐芳德，如皋江安人，在通师读书时积极参加五卅运动，后入党，曾任中共如皋县委委员、南通特委委员、如皋县委书记等职。1928 年五一起义以前，他以周严墩小学校长的身份，在附近一带村庄广泛深入地进行了群众发动和组织准备工作。是如皋方面武装起义的发动者。他指挥战斗，十分勇敢。

五一起义失败后，徐芳德在困难条件下坚持恢复工作，并和其他同志一起开辟了南乡镇涛游击区，带领武装小组开展革命斗争。1929 年 1 月 9 日，他在六甲被敌军包围，随身警卫员在突围中牺牲，芳德同志腿部中弹被捕。当地恶霸用石头将他右膀砸断，他昂然怒斥敌人，视死如归，后被解往如皋，英勇牺牲。

于 咸

于咸，如皋镇涛区福兴庄人，出身于占有良田数百亩，并开着杂货店、纱布庄和粮食行的地主资产阶级家庭。但他富有革命精神，不信封建迷信，爱好美术，17 岁进上海美术专科学校学习，在其表兄陆景槐的影响下，走上革命道路，于 1927 年 6 月加入中国共产党。他是学生中的活跃分子，因身材矮小，背微曲，而行动敏捷，同学戏称他"于虾儿"。同年，他因在上海杨树浦撒贴标语而被捕，被判处徒刑两年，关押在漕河泾国民党江苏第二监狱。半年后，他父亲到上海用钱将他赎回，告诫他"以后勿再做危险事情"。于咸说："要抓要关随他，我干我的！"

1928 年冬，于咸遵照党的指示，从上海返回镇涛，以教师身份为掩护，在农民中开展革命活动，12 月，任中共如皋县委委员，以后逐渐成为职业革命者，整天深入群众，经常露宿田间。他母亲多次寻找，劝他回家，均被拒绝。1929年 3 月，经过他和汤士伦等的努力，正式成立了镇涛红军游击队，武装斗争得以迅猛发展。不久，游击区实行土地革命，于咸彻底背叛家庭，积极发动农民斗争地主，成立乡村苏维埃。

红十四军失败后，省委又派于咸于 1930 年底回通、如一带进行恢复工作。在他的努力下，如皋西南江安、卢港等地党的工作又有了起色。1931 年 8 月 28日（农历七月半），于咸等 3 位同志在小西庄油锅头一户农民家被敌人发觉，遭到几百敌军的围攻。于咸等闭门坚守，从上午一直战斗到傍晚，敌军死伤 20 余人，始终不得逞，便用棉花浇上煤油，放火烧屋。于咸等 3 同志在突围时全部壮烈牺牲。

曹起溍

曹起溍，字建虞，化名鲁士英、陈君豪，扬州人，1906 年 3 月 25 日生，家庭出身职员。他 16 岁时考入扬州省立第八中学，在校时成绩优秀，喜爱音乐和文艺，读鲁迅、高尔基的著作，思想开始倾向革命，成为八中学生运动骨干分子。

1925 年五卅反帝爱国运动爆发，起溍和一批进步青年组织了扬州五卅惨案后援会、学生联合会，发动同学罢课、游行，抵制日货、英货，并到工人、市民中宣传和募捐，以支持上海各界人民的反帝斗争。他还和同学一起创办刊物《卧薪尝胆》，进行反帝爱国宣传。同年秋，恽代英到扬州，在第八中学做报告，指导学生开展革命活动，他受到极大启发。不久，他加入了当时处于地下秘密状态的扬州国民党左派组织，积极从事革命活动。1927 年 3 月下旬，北伐军进抵扬州，该组织以江都县党部名义公开，曹起溍任县党部组织长。此间，起溍加入了中国共产党。

1927 年党的八七会议后，省委决定在江都成立党的地下特别支部，起溍同志任宣传委员。1928 年春，他接任特支书记，化名鲁士英，在扬州火柴厂、电厂、邮政局、扬州中学及香业、典业等行业中发展党员、团员，建立了党的支部和共青团组织。同年 7 月，起潜同志任特支组织委员，兼任扬州特委委员，负责青运和对反动团体的侦探工作。他在敌人公安局、警察大队、扬州驻军中发展了党员，组织了地下赤卫队等组织，使扬州的军运工作有重大进展。9、10月间，起潜同志到江都东乡领导农民开展抗租抗债斗争，并组建了孙家墩、李家桥、高汉庄 3 个党支部。

　　1929 年 4 月，曹起潜任泰县县委书记，化名陈君豪。他发动农民组织农民协会，抗捐抗税，斗争地主，以配合如、泰红军的游击活动。8 月 16 日，他在泰州北阮巷县委机关被捕，后被解往苏州审讯，判刑 4 年。此后，因起潜同志在苏州第三监狱领导难友进行反抗狱吏的斗争，又被以"意图煽惑暴动"罪名转镇江江苏省军法处会审。敌人多次诱降，起潜同志始终不屈，视死如归。1931 年 2 月 15 日从容就义于镇江北固山下。

刘君霞　周惠吾

　　刘君霞，如皋双甸镇（分属如东）人，出身于贫民家庭，仅受过初等教育，16 岁时到粮行做学徒。1917 年，他考入无锡测量局，学习测量工作，隔年被分配到如皋西乡做清丈工作。北伐前即开始革命活动，1925 年加入中国共产党，为人刚毅果断，敢说敢为。

　　君霞同志在如皋做清丈工作期间，常回双甸传阅进步书刊，揭露贪官污吏、土豪劣绅罪恶，宣传革命思想。"四一二"政变后，他遵照党的指示，筹组如皋总工会，当选为主席。他和周惠吾同志两次领导人力车工人举行游行示威，进行抗捐斗争，并负责掩护省委派驻如皋城的吴丹枫等 5 同志开展工作。

　　1928 年如、泰五一起义时，君霞同志奉命留守如皋城，协同徐家瑾组织群众，准备响应。起义失败后，由于内奸告密，地下交通站遭到破坏，他和周惠吾一起被捕。在狱中，他受尽苦刑，始终不屈，1928 年 5 月 15 日慷慨就义。临刑前，刽子手强迫他下跪，他挣扎着站立起来，痛斥国民党反动派的滔天罪行，高呼："共产主义万岁！"凶残的敌人，割下了他和同时遇害的周惠吾等烈士的头颅，悬挂城门示众。行人见之，无不饮泣。他殉难时年仅25 岁。

　　周惠吾，自幼父母双亡，寄养于如皋教堂过孤儿生活，并成了基督教徒。当他同我地下党同志接触后，受到启发而倾向革命，积极为党工作。他的爱人是牧师的女儿。牧师因他常跟我党来往，曾表示反对把女儿嫁给他，但惠吾不为所动，坚决革命到底。五一起义前，他在如皋城里和刘君霞一起发动了人力车工人罢工，起义失败后被捕。他爱人到狱中探望他，他说："我为了革命，反动派不让我活下去，我也绝对不怕被钉上十字架。"1928年5月15日，他和刘君霞等烈士同时遇害于如皋城市门小校场。临刑时，这位党外战士高呼："共产主义战士是杀不完的！"殉难后，他的爱人悲痛自缢而亡。

袁锡龄　陈国藩

袁锡龄，南通县骑岸镇人，通州师范学生，1927年9月参加中国共产党，入党后任南通师范共青团支部书记。1928年夏，他曾被捕解往南京，因敌人没有找到证据，年底获释。回南通后，锡龄同志任中共南通县委委员兼共青团南通县委书记，到南通东乡参加农村工作。1931年，他调上海工作，第二次被捕，化名袁方明，被解到苏州"反省"院。羁押期满时，敌人说他拒绝"反省"，解回国民党上海"淞沪警备司令部军法处"复审。在法庭上，锡龄同志痛斥国民党卖国殃民的罪行，并严正指出，"只有中国共产党的主张，才是改造旧中国、建设新中国的唯一途径。"敌人妄图动摇锡龄同志，问："能改变你的宗旨吗？"锡龄同志坚定地回答："这个宗旨定了，是不能改变的！"敌人把审讯记录交锡龄同志复阅，锡龄同志将同自己语言不符的地方全部改正过来。敌人以判处死刑相威胁，锡龄同志说："开机关枪扫射好了！"敌人多次迫使锡龄同志亲属动摇他，要他不再做共产党的工作，锡龄同志说："死就死，就是不能这样做。反复无常，不仅玷污共产党员的光荣称号，也侮辱祖先人格，是万万不能做的。当了共产党，就不能怕枪毙。一个人死了没有关系，后续者千千万万！"并正告亲属："彼此政治立场相隔如鸿沟，以后家里可不要管我的事。"锡龄同志视死如归的英雄气概，感动了难友，使他们更加坚定。1934年11月23日午，锡龄同志被敌人杀害于上海龙华，年仅27岁。

陈国藩，南通兴仁人，通师学生，五卅运动中开始接受进步思想，曾和同学一起到农村进行反帝爱国宣传活动。他1927年9月入党，在学校附近大生八厂从事工人运动。以后，他被县委派往农村工作，并参加东乡游击活动，任红十四军二师二大队政治指导员。1930年夏，在进攻东社陈家地主据点时，英勇牺牲。

朱文英　朱　姚

朱文英，祖籍江苏江都县，1910年4月13日出生于扬州的一个贫民家庭。以后，她家又先后迁居靖江和南通。父亲朱康甫，经常失业，一家六口多靠母亲朱姚做针线、洗衣和帮工度日。文英姊妹四人，她排二，从小聪明，爱读书。全家省吃俭用，供其勤奋苦学。后来文英考进了南通女子师范学校。

1925 年五卅运动以后，文英同志接受了革命思想教育，开始参加反帝爱国学生运动。四一二反革命政变后，她在地下党的引导下，又投入了反对国民党反动统治的革命斗争，成为女师学生革命团体中的主要骨干和南通学生联合会的活动分子。她 1927 年加入共产主义青年团，不久参加了中国共产党，是南通女师首批共产党员之一，曾任女师青年团支部书记、青年团南通县委妇女部长。由于文英同志品学兼优，在同学中有威信，群众关系好，经过艰苦工作，她争取了许多人同情或参加革命。她参加了发动南通城郊工人和农民的工作。在文英同志的启发、引导下，她的父母也都由支持女儿革命进而到自己参加革命。母亲朱姚，从那时起即一直为党操劳，勤恳忘我，忠实坚定，为革命同志所敬重。

1929 年，遵照党的决定，文英同志离家去上海、无锡等地工作。1930 年初，她在上海参加了一个党的会议之后，即去安迪生电灯泡厂参加领导罢工的斗争，不幸于 1 月 16 日清晨在该厂门口马路上被敌人逮捕。她被捕后改名周林宝，虽被多次审问，没有任何口供，后被押送至苏州监狱。不久，由于监狱生活的折磨，她患了严重的伤寒症，经同志保出住院治疗。住院期间，敌人仍对她进行精神折磨。1930 年 5 月 29 日，文英同志终因伤寒症并发精神病而病逝于苏州。文英同志为了保护设在家中的党的秘密机关的安全，从被捕到病逝，未给父母写过一封信。病逝时，她只有 20 岁。

朱姚，朱文英的母亲，被人们习惯地称为朱妈妈、革命老妈妈。她 1880 年 5 月 1 日出身于安徽桐城县黄金钵的一个贫苦农民家庭。19 岁起进南京毛巾厂做工 3 年，失业后，又先后在上海、南京、镇江一带替地主、资本家做女佣约 20 年。1921 年，她全家搬到南通城内寺街居住。

1927 年 9 月，朱姚在女儿文英的影响下，参加了革命，把自己的家先后作为中共南通县委和通、海特委的秘密机关，开始为党做掩护工作。从 1927 年秋到 1930 年底，县委、特委和红十四军的主要负责同志李超时、刘瑞龙、韩濚、袁锡龄、陈国藩、张维霞（吕继英）等经常来往她家。她不仅为他们收藏文件、掩护开会，而且还用洗衣、帮工、借债以至典卖衣物得来的钱供同志们生活需用。1930 年 5 月，残暴的敌人使朱妈妈失去了爱女文英，她决心化悲痛为力量，誓将革命工作做到底，为女儿报仇。

1931 年，党调朱妈妈到上海。在白色恐怖非常严重的环境中，她不畏艰险，为"中华赤色革命济难会全国总会"（即互济会）机关做掩护工作。当时，在互济会担任领导工作的有阿乔、黄励、刘明远、邓中夏、裴继华等同志。1932年，经黄励介绍，朱姚加入了中国共产党。以后，她又去掩护中共中央宣传部机关。她对外把朱镜我、罗小红夫妇俩称为自己的儿子和媳妇。她对党、对革命感情深厚，把假母子当作亲骨肉，照应朱、罗生活，为他们缝洗衣服，无不尽心。她还机智地掩护过瞿秋白的夫人杨之华，使之安然脱离险境。朱姚的掩护工作做得极为出色，她所掩护的我党地下机关，从未遭到敌人破坏。除做掩护工作外，朱姚还负责照护我党一些领导人的孩子。有一次，她受党组织的委托，照管着一个名叫"毛毛"的孩子。因为这个孩子的母亲被敌人关押在狱中。但不久，朱姚又接受了新的任务，党要求她把孩子另行安置。她为了同时兼顾秘密工作的需要和革命后代的成长，就把"毛毛"送到自己的大儿子（在农村做弹花工）家中，作为其养子，抚养多年。以后才知道，"毛毛"是刘少奇的一个孩子。她还照护过彭湃烈士的孩子。

1935年以后，朱姚一度跟党失去了联系。她又回到南通，一面积极寻找组织，一面做群众宣传工作。1942年，朱姚找到了党，由中共苏中四地委派往南通二甲敌占区秘密联络点做联系和掩护工作。她跟当地群众的关系又搞得很好，使地委谢克东夫妇一度能以她的儿子和媳妇的名义，出入活动。

抗战胜利以后，朱姚在淮阴创办了苏皖边区政府保育院，担任辅导员，工作尽心负责，对孩子体贴入微。在解放战争紧张阶段，她坚守工作岗位，任劳任怨，带领保育院部分工作人员和孩子安全北撤，转移到目的地。此后，她又积极响应党的生产自给号召，全力参加纺纱、纺羊毛等劳动。

全国解放后，党组织考虑到她年已70，决定让她休养。但朱姚积极为办好里弄托儿所而操心，直到生命的最后一刻。1974年2月20日，朱妈妈因年老病逝世于上海，终年94岁。

顾臣贤

顾臣贤，南通唐闸人，资生铁厂钳工。1928年，在南通工人开展大规模罢工斗争之后入党，曾任中共南通中心县委书记，通、海特委委员。臣贤同志立场坚定，斗争性强，是我党南通地区城市工人运动的主要负责人。

1929年，通、海、如、泰地区农村武装游击活动兴起，臣贤同志组织部分城市工人成立红色军事小组，并在自己家中进行秘密训练，学习使用武器的方法，准备伺机响应农民的武装斗争。1930年春，红十四军斗争进入高潮，臣贤同志跟县委其他同志详细研究了组织工人于五一实行暴动的计划，后因敌人戒备森严，暴动未曾发动。但臣贤同志因参加组织暴动而被捕。经组织和同志多方营救获释后，他更加坚定勇敢地坚持斗争。

红十四军失败后，省委又指示臣贤和卢世芳、周振国等从事恢复党组织和重新发动群众等工作。1933年4、5月间，顾臣贤积极参加了唐家闸数千工人大罢工和进城请愿的组织领导工作，以抗议资本家无理开除工人。6月，由于叛徒告密，臣贤同志和卢世芳、周振国等同志同时被捕，9月14日，他和卢、周两同志在镇江同时壮烈牺牲。临刑时，臣贤同志与难友一起高唱《国际歌》；中弹后，他犹直立不倒，高呼"共产党万岁"。

何兰阶

何兰阶，南通余东何家园（今属海门县余东公社启秀大队）人，出身贫农。参加革命前，兰阶同志一家六口，只有很少一点土地，为生活所逼，租种地主四亩租地。他兼做石匠，仍不足以养家活口，于是负债累累，借地主高利贷达400多元。1928年，我党领导的农民运动在他的家乡一带蓬勃兴起，兰阶同志怀着深仇大恨，积极投身于革命。1928年10月，他加入中国共产党，这时已56岁。

兰阶同志入党后不久，即担任河南支部书记，1929年7月又任三益区区委书记，10月任南通县委特派员。红军游击队诞生后，他担任了红十四军第一大队政治指导员。他带领队伍，镇压恶霸地主，为民除害，还参加了奇袭四扬、四甲、余东以及围攻汤家苴的战斗。在战斗中他机智勇敢，身先士卒。

1930年6月，党组织调何兰阶去如皋工作。一次，他从如皋前往上海向省委汇报工作，途经唐家闸，被汤家苴地主发现，遭敌逮捕，押至四甲坝。兰阶同志面对敌人的威胁利诱和严刑拷打，始终不屈。8月28日，被国民党反动政府分尸惨杀，壮烈牺牲。

仇建忠　陈宗恒

仇建忠，生于1902年，南通三益乡草棚镇（今属海门县）人，1921年毕业于通州师范，1927年参加中国共产党，后活动于家乡一带。1930年2月，通、海地区在武装斗争进一步发展的基础上，成立红军江苏第一大队（即红十四军第一支队第一大队），仇任大队长。他作战机智勇敢，在指挥四扬、四甲战斗中缴获敌人大量武器。1930年6月9日于北兴桥四丈河战斗中，他不幸负伤，后不治去世。

陈宗恒同志，南通县余西五甲人，1928 年加入中国共产党，曾任余西区区委书记、红十四军一支队第二大队大队长。他带领部队作战，勇敢顽强，行动迅速，在南通和如东地区多次袭击反动武装，缴获不少枪支弹药。他在群众中威信很高。当地农民都知道他绰号"陈四胖子"。红十四军失利后，他和部分同志坚持斗争于掘港地区。1930 年 8 月 25 日，因叛徒出卖，他在南灶洋岸乡被捕。敌人威胁利诱，严刑逼供，但宗恒同志坚持革命气节，始终不屈，8 月 27 日慷慨就义于掘港镇。

江允升

江允升，1904 年生，1927 年入党。他和周智民都是中共海门县海复镇（今属启东）支部最早的党员。1928 年 8 月，江北特委派陆克（骧）到海门东部地区工作，主持成立海复垦牧区委，9 月，以江允升为区委书记，加强了对垦牧区农民运动的领导。允升同志以国民党海六区常委和海复镇镇长的合法身份，积极开展革命工作。

1929 年 5 月，海复垦牧公司强迫千余民工开挖大闸河。这条河从海边到龚家镇，全长十余里，工程浩大。但公司只发给少数车水民工极微薄的工资，挖土工应得的工资全被克扣。允升同志便召开区委会，制订了发动民工起来斗争的计划。由于要求合理，群众发动充分，斗争很快取得胜利。第二天，公司总监被迫发给民工工资每墩 4 元。

同年秋天，江允升又组织四堤农民，开展了以要求公司废除 22 两旧秤，改用市制新秤收租为口号的罢租斗争。在县委领导下，允升同志一面深入发动群众，一面充分利用敌人内部矛盾进行合法斗争，迫使反动政府不得不释放被捕的我方谈判代表，并"饬令"公司遵守国法，以市秤收纳租税。

1930 年初，区委又发动海复镇市民大罢市，以抗议垦牧公司无理剪断商家的灯头电线，许多农民也来支援。江允升在千人大会上公开演说，指责公司胡作非为。公司在群众的威逼下，又只得道歉赔款。

1930 年春、夏，江允升在垦牧区积极领导开展武装斗争，组织行动小组，收缴地主枪支，同时，暗中着手进行配合红十四军武装暴动的准备工作。公司管事人、当地豪绅在一切威胁利诱和收买手段均告失败之后，竟出巨款买通国民党省保安队，派遣一排敌军于 8 月 11 日将允升和周智民同志同时逮捕。当日，两同志受尽酷刑，四肢折断、胸背烙焦，但都始终不屈。次日，英勇就义于东兴镇大马路旁。

陈希轩

陈希轩，字亦昂，如皋江家园（今属如东）人，1907 年生。1924 年左右，他在南京东南大学附中求学，1926 年左右加入中国共产党。后因经济困难，被迫停学，在江园小学任代课教师。他经常聚集同乡学友进行联谊活动，组织"学友会"，传播革命思想，并将《中国青年》等进步书刊借给当地青年阅读。1926 年，江家园建立党支部，他被选为支部书记；同年 9 月，江家园成立农民协会，又被选为副会长。他组织江家园农民进行过反酒捐和反对土豪劣绅等革命斗争。

1928 年五一起义前夕，希轩同志和张云飞（王范）、潘乔、叶胥朝等同志在如皋东乡散发传单，张贴标语，策应西乡起义。起义失败后，他于 6 月 17 日被捕，经一年多的合法斗争，得以出狱。以后，他写过一些富有革命理想的诗篇，终因狱中生活的折磨，染上肺病，不治逝世。

任百川

任百川，字维淦，笔名利生，如皋双甸镇（分属如东）人，1898 年生，1912 年在双甸小学毕业。他刻苦好学，富有钻研精神，先后做过小学教师、民教馆员、如皋通俗报编辑、总工会常务委员等，约在 1925 年左右加入中国共产党。

百川同志出身于市镇贫民家庭，身体屡弱，终年咯血。在贫病交迫的情况下，仍坚持革命斗争。他曾在双甸镇组织商民协会，揭发贪官污吏、土豪劣绅罪恶，宣传爱国反帝思想，开展抵制日货的活动，并发动市民罢市，反对国民党"缉私营"敲诈勒索。

军阀孙传芳残部败退长江下游时，百川同志和刘君霞在沙村一带，常常深入群众，向农民兄弟进行反帝反封建宣传活动。

四一二反革命政变后，百川同志按照党的指示，隐蔽在国民党如皋县党部机关内担负掩护同志、保卫党组织、抵制反共逆流的任务。并经常为我们掌握的报刊撰写讽刺统治阶级苛政的短文。1928 年五一起义失败后，他被逮捕，在狱中与难友一起进行反迫害斗争。出狱后，他继续在双甸地区进行革命活动，组织妇女协会，举办识字班，传播进步思想。由于他身体过于衰弱，又经过监狱生活的严重折磨，1934 年病逝，年仅 37 岁。

黄家骏　卢世芳　周振国　鲁连夫

黄家骏，化名方木冬，海门人。1925 年 6 月，他在海门积极参加五卅惨案后援会的活动，1931年春，受省委派遣到南通领导恢复工作，重建了南通中心县委。家骏同志首先致力于农村、工厂和学校党、团组织的恢复工作，在1931年11月至1932年5月间，又在西亭区先后发动了3次规模较大的斗争。其中，1932年春荒斗争规模最大，有数千农民参加。1933年2月，他在领导武装斗争中被捕，最后壮烈牺牲。

卢世芳，系1932年省委派往南通地区的特派员，负责恢复南通中心县委和工人运动方面的工作，领导了1933年4、5月间大生一厂和唐家闸工人的罢工斗争。后因叛徒告密，在6月间参加党的秘密会议时，他和周振国、顾臣贤等同志一起被捕，解往镇江，9月壮烈牺牲。

周振国，1932年和卢世芳同时被派到南通从事恢复工作，负责学生运动领导工作，1933年6月和卢同时被捕，9月，一起遇害于镇江。

鲁连夫，又名吴汝连，1932年和卢世芳等同志同受省委派遣，到南通地区做恢复工作。他主要在如、泰方面从事恢复党组织的工作，并发动农民，重新开展武装斗争，1933年4月底，于如皋江安区苍蝇头战斗中英勇牺牲。

关于红十四军研究中的几个问题

这次参加华东七省市党史资料征集工作会议，得益不浅。有同志提到，红十四军的斗争，在江苏革命斗争史中有它的地位，它在国民党反动派的心脏地带，地跨八县，形成了近两千人的工农革命武装，高举革命红旗，进行了近三年的英勇斗争，是第二次国内革命战争初期，我党在全国各地领导的武装起义中规模较大的一次，很值得怀念。省里老同志曾建议在《中共党史大事年表》的有关条目中增补红十四军的斗争这个内容。这些意见，我是很赞成的。管文蔚要我谈谈看法。我想，关于红十四军历史本身，我已在《回忆红十四军》一书中作了介绍，这里不重复了。我主要讲以下三个问题：

第一，红十四军是否应该歌颂？是否值得歌颂？

对于怎样看待这一段历史，在部分同志中是有不同看法的。少数同志不研究客观存在的历史和作用，单凭想象和推论，认为通、海、如、泰农民起义和红十四军是"立三路线"的产物，在"立三路线"影响下失败，因而提出了否定的看法。多数同志认为，应从客观的历史和作用的事实出发，进行具体分析，以此作为判断的依据。他们认为，通、海、如、泰八县工农大众，在帝国主义、封建主义、官僚资本主义和国民党的残暴剥削压迫下要反抗，要革命，要救死求生，这是任何人不能阻挡的；共产党按照党的八七会议方针和六大决议，深入农村，顺应人民的革命愿望，领导人民起来革命，在国民党统治的腹心地区，敢于高举打倒帝国主义、打倒封建主义、打倒国民党反动政府的红旗，组织和领导工农革命运动，建立中国工农红军第十四军，这是在党的正确路线下长期酝酿的必然发展。把"立三路线"尚未产生的时候形成的革命力量，武断地说成是"立三路线"的产物是不符合事实的。通、海、如、泰农民起义和红十四军对当时省内外革命运动和以后抗日战争、解放战争时期革命力量的发展和坚持斗争的作用是很明显的。以革命斗争的胜败作为是否歌颂的标准，也不是马克思主义者应有的态度。这里我们应该学习马克思对待巴黎公社伟大斗争的态度。马克思在《法兰西内战》中指出是："工人的巴黎及其公社将永远作为新社会的光辉先驱受人敬仰。它的英烈们已永远铭记在工人阶级的伟大心坎里。"

红十四军的失败，从中国革命的全过程和当时的全局看，是暂时的局部的失败，正如这个时期绝大多数苏区和红军遭受的损失一样，是整个革命过程艰难曲折的反映。共产党人、革命群众、红十四军的广大干部和战士为祖国解放、为共产主义事业所表现的可歌可泣的英勇献身精神和光辉的革命传统，则是值得我们永远继承和发扬的，值得我们歌颂的。我认为，这样分析是实事求是的、正确的。李维汉的题词对这种正确分析，作了精辟的概括："红十四军和通、海、如、泰地区的革命烈士永垂不朽，革命传统永放光辉。"

第二，如何正确看待红十四军的失败，全面地总结它的经验教训？

红十四军的失败，有着客观和主观两个方面的原因。从客观上说，是因为敌强我弱，力量悬殊，敌人无论在人数和武器装备方面，都大大超过我们。从主观上说，当时指导思想上"左"的错误，特别在它的后期受立三左倾冒险主义错误的影响，加上我们缺乏经验，是主要的原因。因此产生了：不懂得正确分析革命形势和阶级力量对比，过高估计革命力量，往往提出环境不允许的幼年红军力不胜任的任务；对于领导武装斗争、发动群众、建设游击根据地缺乏完整的正确的政策经验；对于城乡配合、争取一切可能的力量、分化瓦解敌人内部方面，都缺乏经验。我们执行"立三路线"，也是缺乏经验的一种表现。我们歌颂的是革命，绝不是歌颂错误。我们现在回顾过去，并不是责备过去，而是借助先烈们用鲜血换来的经验教训，为夺取社会主义四个现代化的物质文明和精神文明建设的胜利而更好地工作。

第三，《回忆红十四军》这本小册子的编成出版，对党史征集工作也提供了一些有益的经验。

　　这本小册子是逼出来的，也可以说是适应需要写出来的。全国解放之初，许多烈士子女和亲属纷纷来信，询问当年的斗争情况和先烈们英勇牺牲的事迹，促使我下决心写一本比较全面的回忆录，作一个总的答复和纪念。它从酝酿、准备到编成出版，经过了30多年，这项工作的完成，得力于各方面的支持和帮助，其中有解放日报社、江苏省委、南通地委、南通市委、扬州地委和有关的一些县委，还有中央和江苏的档案馆，军事科学院。在整个编写过程中，人力比较集中、工作量比较大的调查整理和修订活动有三次。前后直接协助我工作的有许多参加当年斗争的老同志，加上有关党组织委派的编校工作人员，总计近40人。主要的经验是：一、要有一个正确的指导思想，要努力做到求实存真，注意党、人民、我军、集体在革命斗争中的伟大作用，歌颂为革命事业献身的众多烈士。二、为了保证正确的指导思想能够得到充分贯彻，必须广泛深入地收集资料，并加以深入系统的研究、考证、核实，去粗取精，去伪存真，由此及彼，由表及里，发现规律，掌握事物的本质，使我们的工作成果尽量符合党性和科学性相结合的原则，符合历史的本来面貌。三、为了改进今后的工作，我们要注意培养党史工作专业干部。要有一批工作骨干，要使他们有时间进行搜集、整理、核实、研究、编写等业务活动，要给他们以必要的工作条件，不要让这些同志忙于琐碎的行政事务。这是关系着保证质量的一个重要问题。

　　最后，对于红十四军的有关史料，我感到还应进一步考证、核实、充实，使之趋于完善。我编写的这本小册子，是在《关于建国以来党的若干历史问题的决议》公布之前，党史资料征集工作尚未展开的时候定稿、出版的，遗漏、差错是难免的。现在有了《决议》为指针，又有了全党广泛征集党史资料的有利条件，我建议南通地委、扬州地委和有关地、市、县委通力协作，把修订红十四军史料的任务列入工作计划，我也愿意和同志们一道为《回忆红十四军》的修订再版努力。希望得到同志们的协助。

《回忆红十四军》1981年版单行本后记

（1980年7月）

　　这本小册子的完稿和出版，是许多同志在怀念革命先烈、珍惜革命历史、继承和发扬革命传统的共同心愿下，协力工作的结果。

　　远在全国解放初我在上海工作期间，就陆续收到红十四军烈士的子女和亲属的来信，询问当年的斗争情况和先烈们英勇奋斗牺牲的事迹，有的并要求我作证明。当时，我除了日常工作之外，还负责经管着上海地区的我党历史档案材料，这就使我得以根据记忆，参照有关资料，作出比较确切的回答。后来，这类来信有增无已，一些同志进而建议我索性把红十四军诞生和战斗的经过写出来发表，作一个总的答复和纪念。于是，我同当时在解放日报社工作的恽逸群进行了商量，得到了他的鼓励和支持。逸群还组织人力，为我搜集和摘抄解放前的《新闻报》、《申报》、《中央日报》等报刊登载的大量有关通、海、如、泰起义和红十四军斗争的反面材料，供我参考。后来，南京军区又派朱明亚、崔佐夫两同志到如泰地区进行调查访问，提供了有关部分地区的不少可贵资料。江苏省委刘顺元则派乐秀良草成提纲，经我和张爱萍商定，写成了发表于1959年《群众》杂志第19至24期的《回忆红十四军》初稿。

　　不久，又有同志建议印单行本，并且很快就印出了大样。当时，江苏省委、南通地、市委、扬州地委以及有关县委都给了热情的帮助，有的还组织讨论，对大样提出补充修改意见。而直接协助我工作的，有曹从坡、丁正华、倪毓嘉等同志。于是，在1962年8月，江苏人民出版社打出了单行本的清样。但是，由于种种原因，其中主要是康生搞了所谓"利用小说进行反党"的政治迫害，以致这个单行本一直未能同读者见面。而到了林彪、"四人帮"横行期间，稿本和清样却竟成了我的一项"罪证"，同我一起经历了一场史无前例的浩劫。

　　粉碎"四人帮"，大地又回春。1979年，江苏《群众》杂志复刊，乐秀良、潘震宙两同志协助我将1962年稿本缩编为《通、海、如、泰起义和红十四军》一文，在一、二期上发表。此后，在党中央的号召下，我精神振奋，又重新拿起笔杆，开始整理回忆录。南通地委的谢克东、王益众、纪元等同志还特别委托陈汝明协助我对1962年的清样全面地校阅了一遍。接着，又委托他组织了南通师专和南通地委党校的黄一良、江焕如、周桐淦、董剑南、夏宝川等5位同志成立《回忆红十四军》编校组，进行了最后的调查研究、征求意见和文字修订工作，增补了先烈传略和文物照片。朱明亚这次又重校一遍。军事科学院战史研究部奚原等同志也帮助校阅和斟酌。南通博物馆穆烜、李坤馥等同志也提供了一些材料。在定稿时，得到中央和江苏省档案馆的支持，提供了保存下来的有关当年斗争的珍贵的档案材料，大大增强了史料的真实性。这样，终于出版成书而同读者见面，实现了许多同志多年的心愿。

　　还应该特别提到的，在本书编写过程中，黄火青、张爱萍、叶胥朝、周方、李华生、石光、李俊民、汪蓁子、黄逸峰、陆值三、施亚夫、钟民、洪泽、周一峰、马一行、陈同生、俞铭璜、钱静人、蔡遑等老同志以及许多老红军，给我以鼓励和帮助，使我能坚持到底，完成任务。

向一切关心、鼓励和协助我的同志，谨致谢忱。

本书的编写，虽想力求不谬于史实，并力求符合党性与科学性结合的原则，但是错误和局限，仍难完全避免，请同志们批评、指正。

作者

1980 年 7 月

《回忆红十四军》单行本 1983 年再版后记

（1983 年 5 月）

《回忆红十四军》初版发行后，受到了许多读者的关心和爱护。这次再版，根据同志们提出的宝贵意见，参照近年来党史资料征集研究工作的成果，作了若干初步的修订。请同志们继续批评、指正，不胜感激。

另外，借再版的机会，将去年 5 月间我在华东七省市党史资料征集工作会议上的一个发言——关于红十四军研究中的几个问题，附在后面，作为我对一些问题的一个总的答复。

作者

1983 年 5 月

《回忆红十四军》单行本 1999 年增订版后记

（1999 年 4 月 21 日）

红十四军的创建和当年开展的工农革命运动以及革命游击战争，有力地配合了当时全国的革命运动，在中国共产党党史和军史上写下了英雄的篇章。

刘瑞龙同志所著《回忆红十四军》一书，由江苏人民出版社一版再版后，深受广大干部群众尤其是老同志的欢迎，是一本难得的历史资料和爱国主义教材。因当时印数不多，现在许多同志欲求无着。

在中华人民共和国建国 50 周年之际，在世纪之交的中国迈向社会主义现代化的伟大时刻，缅怀红十四军这段难忘的历史，纪念那些为革命胜利而英勇献身的先烈们，确实是一件有深远意义的事。我们出于对敬爱的刘瑞龙同志崇敬怀念之情，为了满足各方面研究红十四军活动、整理党史军史和地方志的需要，经与中共江苏省党史工作办公室会商，受刘瑞龙女儿中共中央统战部副部长刘延东的委托，并得到刘瑞龙夫人和全家支持同意，在对该书作必要增补和修订后再次印刷发行。

　　这次印刷发行的《回忆红十四军》增订版中，"一、红十四军游击运动概述"，曾以《战斗在敌人的腹心地区——忆通、海、如、泰地区红十四军游击运动》为题收入《江海奔腾》一书。遵照作者遗愿，将此篇编入增订版并作为第一篇。新增加了六个方面的内容：一、红十四军使用过的旗帜照片；二、全国苏维埃区域及红军游击发展形势略图；三、中国工农红军第十四军建军纪念碑照片；四、何昆军长塑像；五、刘瑞龙照片及生平简介；六、张爱萍、黄火青题词。并经如皋市党史办建议，省党史办考证确认，书中有三处作了必要的更正。一是确认中共如皋支部（鄂埭支部）建立的时间为 1926 年 10 月；二是确认中共如皋县委成立于 1927 年 7 月；三是明确红十四军召开建军大会的时间为 1930 年 4 月 3 日。在酝酿该书这次重新增订印刷的过程中，戴为然为弘扬主旋律对该书热忱推崇；丁正槐、张正联为该书付印积极奔波；刘祺、朱向群参加了增订版的编校工作；唐如浴、秦素萍、徐仁样、张廷栖、吴文庆、丁莉、陈汝明、黄一良、陆美珍、赵锦伦、黄善样、朱桂莲等同志热情关心；江苏省党史办、南通市和如皋市党史办的同志提供了有力帮助，尤其是得到江苏省新闻出版局、江苏人民出版社、南通市老区开发促进会、如皋市老区开发促进会和江苏振业会计师事务所的热心赞助和支持。在此一并表示衷心的感谢！

江苏省老区开发促进会

1999 年 4 月 12 日

陈毅率领我们搞好支前后勤工作 *

（1980 年）

在三年解放战争中，大部分时间里，我是在陈毅和华野前委领导下进行支前后勤工作的。陈毅坚定地贯彻了党中央的战略方针，卓越地贯彻了毛泽东的人民战争的光辉思想。他在统率华东野战军、地方武装和民兵痛歼蒋军的同时，还及时指导我们坚决依靠、发动和组织广大人民，完成支前后勤任务，满足前线供应，并认真教育部队爱惜解放区的人力和物力，配合全国解放军，夺取了全局的胜利。

陈毅对我的教育和帮助，是我永远也忘记不了的。每当我回忆战争年月那许多日日夜夜，陈毅的光辉形象就不断浮现在我眼前。

1946 年 6 月下旬，蒋介石悍然发动全面内战，开始向我解放区大举进犯。7月，全面进攻苏皖解放区。当时，我在苏中参加土改工作。7 月中旬到 8 月下旬，我华中解放军在粟裕、谭震林指挥下奋起反击，于苏中地区 7 战 7 捷，歼敌5 万余。苏中地区人民初经土改，为了保家保田，全力支援前线，出兵出粮，组织了 10 多万民工，运送粮弹，转运伤员，组织大量民兵参战。苏中各级党委在华中分局领导下，创造了在敌人进攻中加速土地改革，结合生产、支前，武装群众参战和坚持地区斗争的经验，对华中全区的工作推动很大。

8 月底，陈毅率领山东野战军由淮北泗县东移休整。华中分局通知我北返两淮，负责组织北线后勤工作。我当即来到驻在淮阴、泗阳间的山东野战军司令部陈毅司令员处领受任务。这是陈毅 1945 年 10 月从延安回来后我们第一次见面。他看到我很高兴。他的谈话给我留下了深刻的印象。他除了对我说明泗县战斗情况和当面敌情而外，特别强调加快土地改革、发动群众对支援战争的重要性。他说，人民支援是战争取胜的重要环节。他谈到淮北部分地区土改运动中由于缺乏经验出现的机械阶段论和拖延土改的缺点。我向他汇报了苏中加速土改、组织生产、支前的情况。他说"像苏中这样办就好"。他还谈到土地改革中，必须团结中农，并说邓子恢所提"中间不动两头平"的方针是正确的，对

---

* 解放战争时期，刘瑞龙曾任第三野战军后勤司令员兼政治委员。

正确执行中央《五四指示》、加快土地改革是有利的。他要我们建立强有力的支前后勤机构，要求地方党政领导搞好土改，发动群众，迅速将人力物力组织起来，他说这是要首先做好的。接着，他才让参谋长谈了部队若干需要供应的事项。

我向华中分局邓子恢汇报了陈毅的指示，华中分局作了加速土改、加强支前工作和接敌地区坚持斗争的准备的部署，并召开了北线后勤工作会议，按陈毅指示作了具体安排。

这时正是蒋介石向解放区全面进攻的初期，作战规模比抗日战争时期大多了，参战的部队也比以前多，过去通常的情况是若干个团联合作战，现在是几十个团协同作战，加之战线极不固定，战况紧张多变，保证我军战争需要是多方面的。这些，当时在我们思想上、组织上、工作上的准备都是很不足的，经验是十分缺乏的。因而在战争初期，前线供应出现了不少被动局面。无论是弹药前运、伤员后送和部队交通运输方面，都不能及时地满足部队需要，使我军遭遇到一定程度的困难。

为扭转华中战场初期供应上这种被动局面，陈毅给了有力的指导。他十分注意了解我们的工作情况，他认为要抓住华中各地土地改革普遍展开的有利形势，进一步把人力物力组织起来，按战争需要进行有计划的调度，要选派较强的干部，充实后勤机构和带领民工。为了便于我军机动作战，完成盐河架桥任务，陈毅还派人送手令给我们作了具体指导。陈毅的这些指示，加上华中分局的及时督促，是使我们工作逐步转向主动的关键。这时，华中党政工作，在华中分局领导下迅速地转入了战时轨道。

9月中旬，我军主动放弃淮阴。10月初，华中野战军在完成苏中歼敌任务后，开始北上与山东野战军会师。11月，我军在涟水重创敌七十四师后，在涟水西北陈师庵召开了华中军区和华中野战军的干部会。会上，陈毅作了《华中3个月自卫战争总结和今后任务》的报告。报告充分体现了陈毅远大敏锐的战略眼光，灵活求实的策略思想和满怀信心的革命乐观主义。陈毅号召全军认真学习毛主席制定的"集中优势兵力，各个歼灭敌人"的作战原则，树立高度集中统一的思想，消除由于主动放弃淮阴所产生的埋怨怀疑情绪。这时，战争逐步向解放区中心推移，战线逐步缩短，山东野战军与华中野战军逐步统一于陈毅、粟裕、谭震林的指挥之下。为了适应更大规模的作战，我们按照陈毅同志的指示，整顿了支前后勤工作，进一步健全了组织制度，健全了华中北线后勤司令部，统一调度淮海、盐阜区的人力物力支援前线。山东支前机构还给我们支援了部分粮草和民工，增强了我们的供应力量，这就使我们能够在1946年和1947年初比较充分地供应了宿北战役、鲁南战役的需要。

1947年初，在山东临沂以西地区，我军集中优势兵力全歼蒋军整编第二十六师及第一快速纵队于峄县以东地区。第二阶段在枣庄全歼敌整编第五十一师。山东几十万民工奋勇支前。但是群众不满意"民夫"这个旧社会因袭下来的称呼。陈毅知道了，立即电示改称"民工"。并且指出"民夫"是剥削阶级旧军队奴役人民粗俗的说法，从此，就没有人再称"民夫"了。

鲁南大捷后，我山东及华中野战军在临沂地区集中休整，华东主要战场转移到山东境内。这时蒋介石误认为我军续战能力不强，匆忙制定所谓"鲁南会战计划"，在陇海线和胶济线调来了29个旅（师）的兵力，南北对进，妄图逼我在临沂附近决战。

经过7个月的战争锻炼，华东党政军各个方面的工作都取得了显著进步，同时也由于教育不够，在部分干部中滋长着骄傲情绪和部分部队中出现纪律松懈现象。因战争扩大，华东解放区缩小一半，山东人民负担相应加重。鉴于这些情况，华东局领导党政军采取了一系列措施，向干部传达了党中央指示，动员全党全军为迎接中国革命新高潮的到来及其胜利而斗争，号召山东人民再接再厉全力进行土改、生产和支前工作，发展和加强民兵，保卫解放区和土改成果；还初步总结和介绍了华中支前工作的经验，正式成立了山东省支前委员会，任命郭子化为主任，并建立了省支前委员会前方办事处，随野战军司令部行动，按战况发展随时调剂支前力量。为了适应战争形势的发展，1947年1月下旬，华中野战军和山东野战军根据中央指示正式合编为华东野战军，陈毅被任命为华东军区、华东野战军司令员兼政治委员并兼任前委书记，张云逸、粟裕为野战军副司令员，谭震林为副政委。同时，华野前委还在临沂附近召开了干部会议，陈毅在会上作了《一面打仗，一面建设》的报告。报告强调指出，必须建立整体观念，实行高度集中统一的指挥；要贯彻人民军队的建军路线，加强党对军队的领导；强调提高全军的群众观点和纪律观念，积极参加农村土改斗争，进一步加强军民团结；实行以战养战，明确树立我们的兵员、武器、弹药取之于敌的思想，反对任意损坏缴获物资的倾向；实行以战教战，打一仗，进一步。

针对敌人进攻临沂的部署，中央军委和毛泽东作了相应的指示。华野前委决定诱敌进到适当地点，选其突出的一路聚而歼之。全军为此进行了各项准备。

1月底，徐州东陇海线之敌北犯，李仙洲集团自胶济线南犯，企图在沂蒙山区与我主力决战。毛泽东指示，敌人愈深入愈好，我们打得愈迟愈好，不求急效，必要时可放弃临沂。"华野"前委提出，如敌人仍不北进，我军就挥兵北上，置敌重兵于无用之地，全歼李仙洲集团。经毛主席同意，我军除两个纵队在临沂附近阻击南线之敌外，主力即于2月中旬兼程北上，冒严寒日行百里。山东省支前委员会一面电示鲁中区党委动员广大群众全力支援部队，一面急调已向临沂地区集中的支前队伍，掉头北上。一路上，广大群众热烈支援我军，保证了我军在长途行军中的供应。地方武装、民兵协助侦察敌情，封锁消息，保证了野战军的隐蔽开进。由于人民群众的支援和警戒，当时几十万人的大部队向北开进，敌人一点都不知道。在我军伪装下，蒋介石还错误地判断我军将要西进，督令北线敌军迅速南下。等到北线敌人发现时，我们大军已来到了他们面前。2月19日，我主力部队合围李仙洲集团于莱芜地区，20日全线进攻，23日全歼该敌，毙伤俘敌6万多人。

莱芜战役中，山东解放区人民在战局紧急多变的情况下，经受了考验。在前线服务的民工达60多万，鲁中的党政民更全力以赴，迅速为我军几十万人组织了粮草供应，出动了40多个子弟兵团参战，有力地保证了战役的胜利。部队每到一地，老乡们都纷纷替部队送粮、做鞋，家家户户烙做各种各样的煎饼送给战士吃。有山东老百姓喜欢吃的大葱裹煎饼、小米煎饼、玉米煎饼、小麦煎饼和高粱酸煎饼。当时人民群众支援前线的热烈情景，至今令人难忘。

莱芜战役后，蒋介石已无力进行全面进攻，被迫采取重点进攻的方针，将进攻解放区的主要兵力集中在山东和陕北两个战场，妄图把我军赶过黄河，然后再抽兵进攻我华北和东北解放区。

针对敌情，遵照党中央的指示，华东军区和华野前委于3月中旬在淄川大矿地召开了干部会议，传达中央和华东局的指示，总结莱芜战役的经验，还分别召开了政治工作、参谋工作、后勤工作的会议。全军进行了紧张的整训。

大矿地会议期间和会后，在陈毅主持下，华野前委几次研究了山东战场我军作战的需要和山东解放区人力物力长期供应的可能性，继续贯彻一面打仗、一面建设的方针。当时我军高度集中，已有大兵团作战经验，装备也大大改善了，战斗力显著提高。按照当时我军战时的口粮标准（每人1个月45斤）和战时的民工需要（1兵3民工）计算，山东解放区支前的人力物力仍然是比较充分的。虽然解放区还存在困难，但只要做好工作，坚持长期斗争，粉碎敌人进攻是可能的。陈毅嘱我按照前委指示精神用陈、粟、谭名义起草了向党中央、毛主席反映情况的电稿。当时代表华东局主持和领导后方动员，组织和调度解放区人力、物力、财力支援前线工作的是张云逸、邓子恢、张鼎丞、曾山等。他们从多方面为我军战胜敌人创造了物质条件。山东解放区当时最重要的是加强战争动员和组织工作，在全党、全军、全解放区人民中确立自力更生、长期打算、以战养战、增产节约、全力支前的观点，加速土改进程，不失时机地发展生产，使土改、生产、支前紧密结合，在广大农民获得土地和发展生产的基础上，科学地组织支前力量，就能够做到支前人力、物力不枯竭，源源不断地供应战争的需要，又能使大多数人民生活有所改善。

根据华东局和华野前委的指导思想和具体指示，我们及时地改变了前一时期单靠就地取给、就地供应的办法，决定在全区范围内，统一计划，统一调度，把分散的人力、物力组织起来使用。为适应战争情况和任务多变的特点，我们实行了常备民工、二线民工和三线临时民工相结合的完整体制。粮食补给也按照战局的可能发展作了三线部署。野战军各部队按需要配备一定数量的随军民工，军队打到哪里，常备民工就跟到哪里，机动灵活，在战场上发挥了重要作用。在地方上，还准备了二线民工。此外，在战区组织临时民工就近服务。陈毅还专门写了文章，推广常备民工制的经验。

在支前力量使用上实行合理负担和厉行节约的政策，有计划地动员支前民工，组织支前工与生产工合理负担，充分动员男女整、半劳动力参加生产，并且给缺乏劳动力的军属、工属代耕代种，做到生产支前两不误。这对于部队在前线安心打仗，减少前线民工的后顾之忧关系极大。我们还注意在努力增加粮食生产的同时，做到严格制度，按照实际需要领民工、领粮食、领物资，反对浮报冒领，能够少要就少要，保持一定的机动数量，保证战争的正常供应。

陈毅和前委的领导同志都十分强调整顿和加强部队纪律。在地方党政民发动拥军运动的同时，号召全军开展拥政爱民运动。十分强调要爱护根据地的一草一木，爱惜人力物力，适当减轻人民负担，加强军民团结，在部队中坚决贯彻以战养战的方针。

莱芜战役后，支前后勤工作经过科学的组织，随后在孟良崮战役中，果然收到了良好的效果。

5月中旬，蒋军以自诩为五大主力之一的整编第七十四师张灵甫部为骨干，猖狂进犯鲁中山区。其中七十四师的主力突出于左右友邻，直逼我坦埠前沿阵地。当时，陈毅同志和华野司令部驻在坦埠东北之西王庄。那时西王庄山沟中桃花盛开，陈毅同志还非常高兴地和张茜同志与我们一起在桃花林中照了相。他非常风趣地把七十四师比作"喂肥了的猪自己送上门来，好极了！"提出了"活捉张灵甫"的口号。

　　孟良崮战役于 5 月 13 日发起，到 16 日，我军便将敌整编七十四师 3 万多人全部消灭了。在这个战役中，鲁中的支前队伍，经过整顿，真是蔚为壮观。那时有 7 万随军民工，15 万二线民工，69 万临时民工组成的庞大的支前队伍，不顾敌机、敌炮的威胁，日夜不停地抢运伤员，源源不断地运送弹药、粮食，保证了战役的胜利。敌军七十四师进犯时，我解放区实行了彻底的空室清野，敌人每到一处，找不到吃的，找不到任何人；当敌军一筹莫展、进退两难时，我们已经把他们层层包围起来。这时，战区人民迅速赶回来，参加支前后勤工作。

　　我当时写了一首歌颂孟良崮战役胜利的小诗 *：

> 窜犯马山邪气凶，狂言坦埠不堪攻。
> 哪知奇师间道出，万千狂寇竟土崩。
> 困兽难逃孟良崮，我军歼敌奏膺功。
> "王牌"嫡系犹如此，行见美蒋哭技穷。
> 空心战略空心死，重点进攻重点终。
> 人民军队岂易撼，可笑妖魔妄想空。

　　这首诗写在我的笔记本上，陈毅在开会时看到了，立刻提笔给我作了修改，"空心战略空心死，重点进攻重点终"这一联，就是他改写的。这正好抒发了陈毅全局在握、克敌制胜的革命豪情。

　　1947 年 8 月，华野在基本上粉碎蒋军在山东的重点进攻以后，主力组成外线兵团，转入外线作战。9 月，刘邓大军渡过黄河，跨越陇海路，挺进大别山区，揭开了我军大反攻的序幕。华野外线兵团由陈毅、粟裕率领挺进鲁西南、南下豫皖苏，配合刘邓大军作战。为了解决由内线作战转入外线作战远离后方所产生的难以保证正常供应的困难，我们按照陈毅和前委的指示，动员和组织全军人人都做后勤保障工作，每人经常携带 1 至 3 天的口粮，携带一定基数的弹药；认真搜集战利品，坚持贯彻一切缴获归公，贯彻以战养战的方针；做到在一般情况下不缺口粮、不缺弹药。各级都组织工作队（小组）自己筹粮筹草，并发动群众参加新解放区建设，把战争后方放在广大人民群众中，依靠群众解决困难。

---

　　* 此诗原载于《刘瑞龙诗稿》（解放军文艺出版社 2000 年 12 月出版），发表时，原诗已经作者修改。本文中所引诗句，以正式发表时为准。——本文集编者

　　在部队遇到难以保证正常供应的情况时，华东局在陈毅、张云逸、邓子恢、曾山倡导下，曾经及时地采取了紧急措施，渡过了难关。1947年冬到1948年春，华东党政军系统坚决实行精简编制、调整供给标准、清理资财三大方案，并在全党全民中开展了生产救灾运动，战胜了当时的蒋灾、天灾，保证了前线的需要。

　　1948年9月初，华野内外线兵团会合于津浦路徐州、济南之间地区，准备寻敌决战。为了组织大规模会战中的后勤保障工作，党中央调我由豫皖苏前线回山东参加支前后勤的准备工作。11月初，淮海战役即将发起的前夕，我到达华野驻地曲阜，参加了前委扩大会议，然后就按前委和陈毅的指示，参加战役的支前后勤准备工作。

　　当时，解放区的形势有了很大的发展，全国敌我力量对比发生了根本变化。济南战役后，山东全境解放了，华北、华东解放区连成一片。我军这时可以全力南下，与刘伯承、邓小平率领的中原野战军共同歼灭南线徐州地区的蒋军。为了保证淮海战役大兵团连续作战中的及时供应，地方的党政组织和部队的后勤系统遵照华东局全力支前的指示，进行了全面的大规模的动员组织工作，真是"人人动手，个个支前"。当时我们提的口号是："解放军打到哪里，就支援到哪里"，"前方需要什么，后方就送什么"，这成为广大干部和群众的自觉行动。

　　为了统筹华东全区的支前工作，华东局组织了华东支前委员会。傅秋涛担任支前委员会主任。在华东支前委员会统一领导下，动员集中了民工60多万人，建立了以淮海战场为中心的庞大的供应运输线，设立了许多民工站；加强了民工的组织和政治思想工作；筹集了大批粮草，并且将1.8亿斤粮食运到了战区附近；抢修铁路、公路和车辆，架设了多条长途电话线，沟通前后方的联系。对医院的设置、俘虏的收容管理和后方的警卫工作都作了部署。因为我们为淮海战役作了充分准备，所以在华东野战军、中原野战军协同围歼黄百韬兵团和黄维兵团的时候，比较主动地完成了后勤支前任务。

　　11月中旬，党中央军委决定以刘伯承、陈毅、邓小平、粟裕、谭震林五同志组成总前委，以邓小平为书记，负统一领导淮海战役之责。

　　淮海战役的规模之大（我方参战部队60多万人，直接支前参战民工60多万人）、时间之长（65天）、战果之辉煌（歼敌主力55.5万人）都是空前的。这场战役的作战方式和情况的错综复杂，也是我军历史上少见的。因此，需要动用的人力之多和所需物资数量之大也是空前的，这在我军支前后勤的历史上是没有先例的。特别是当时我们还没有现代化交通工具,巨大数量的支前物资全凭人力畜力运输,当时支前的民工总计达到 230 多万人。从 1948 年 11 月 6 日到 1949 年 1 月 10 日,在严冬季节,支前民工有的来自胶东半岛,有的来自黄河两岸,有的来自江淮之滨,还有的从华北解放区来。他们长途跋涉,夜以继日地用扁担挑、小车推、大车拉、毛驴驮等方法把粮弹运到前线。下雪的时候,路滑难行,拉大车的牛腿断了,民工就拉着大车继续走。从胶东来的民工,身带一张狗皮,挂一个小瓢,推一辆小车,千里迢迢地把粮食送到前线,可自己却舍不得多吃一粒粮食。他们冒着飞机轰炸、炮火杀伤的危险,坚决完成任务。他们脚上像擦了油一样,越走越快,与野战军并肩前进。

　　1949 年元旦前夕,我们在徐州召开了包括山东、华中、冀鲁豫、豫皖苏等地区和部队后勤的联合支前会议,为保证淮海战役全胜,提出了改进部队供应的各项具体措施,经总前委批准实施。党中央为了保证我军指战员过个好年,指示我们必须保证参战部队每一个人吃上肉、吃上细粮,白面、猪肉往前线赶运。新年,白雪纷飞的前线,我军指战员都吃上了肉包子,很多单位还喊口号,叫战壕对面挨饿受冻的蒋军士兵过来吃。这样,肉包子就成了瓦解敌军的有力武器。

　　在 1948 年冬,陈毅写了《记淮海前线见闻》的诗,热情歌颂人民支前的英雄事迹:

　　几十万,民工走不通。骏马高车送粮食,随军旋转逐西东。前线争立功。
　　担架队,几夜不曾睡。稳步轻行问伤病,同志带花最高贵。疼痛可减退?
　　吉普车,美蒋运输来。闪闪电灯红胜火,轰轰摩托吼如雷。夜夜送千回。

　　陈毅的诗真实形象地描绘了当时人民战争的宏伟画面。

　　淮海战役胜利后,1949 年 2 月在贾汪召开的华野前委扩大会议上,总结淮海战役经验时,陈毅指出,淮海战役的胜利是毛主席战略方针和指挥艺术的胜利,是在总前委统一指挥下,中野、华野紧密协同,英勇战斗的成果。陈毅着重赞扬了人民支前的作用,他说,淮海战役的胜利,是人民群众用小车子推出来的。

　　整训期间,党中央和中央军委决定全军实施统一整编,中原野战军改称第二野战军,华东野战军改称第三野战军。"华野"前委改称三野前委,陈毅同志仍为书记。

　　辽沈、淮海、平津战役后,国民党残部退守江南。为把革命进行到底,加速解放全国的进程，党中央、毛主席命令总前委指挥二野、三野及四野一部渡江南进，解放京、沪、杭地区。总前委依据中央指示，拟定了京沪杭战役实施纲要。为了胜利实现渡江南进的战略任务，总前委、华东局和三野前委除按照中央二中全会的精神，领导全军进行了思想、政策、军事各项准备外，还领导华东支前组织，召开了一系列会议，对渡江作战以及南京、上海等城市解放后各种支前供应问题作了统一的部署与安排，组织了东西兵团后勤分部，动员了广大人民大力修筑道路、桥梁，疏河开坝，架设长途电话线，筹集和运送粮草军需品等。据不完全统计，仅山东、苏北、皖北为渡江作战动员民工达 320 多万人，苏北、皖北筹集和运输到前线的粮食有 3.4 亿多斤，保证了部队进入南京、上海、杭州后，1 个月不买粮食。山东妇女赶制的军鞋就达 200 万双。

船只和水手是渡江作战的先决条件。部队团以上领导机关都建立了船只的管理机构，在各级支前机构和人民的支援下，到 4 月初，三野全军已搜集到各类木船 8000 多只，每 1 个军大约有 500 到 600 只，加上部队自己制造的运送火炮、车辆、骡马的竹筏、木排等，基本上解决了第 1 梯队乘载的需要。这些渡江器材分配到各个部队以后，做好船工工作就十分重要了。我们的办法，就是把部队人员和船工组织在一起，共同生活、操作，动员上万名船工训练部队选训的几千名水手。在船工中开始诉苦教育和团结船工的运动，同时，制定了船只损坏赔偿办法和船工伤亡优抚条例，并且妥善安排了船工家属的生活。因为做了这些工作，提高了船工的阶级觉悟，加强了船工和部队人员的亲密团结，树立了共同完成渡江任务的决心。

在党中央"向全国进军的命令"指引下，我军于 4 月 21 日凌晨突破敌江防，4 月 23 日解放南京，5 月 3 日解放杭州，5 月 27 日解放上海，京沪杭战役胜利结束。

陈毅离开我们 8 年了。在 3 年解放战争期间，他率领我们运用毛泽东的人民战争的思想，并和华东局、华野前委集中群众的力量和智慧，创造了一整套支前后勤工作的经验。这些经验解决了我军历史上一个十分有意义的大问题，就是怎样依靠以小农经济、手工生产、人力畜力运输为基础的分散、落后的农村经济条件，支持大规模的高度集中的现代化战争，战胜投靠帝国主义、武装到牙齿的敌人。这就是人民战争的秘密。正如毛泽东同志早就讲过的，"战争的伟力之最深厚的根源，存在于民众之中。"军队需和民众打成一片，使军队在民众眼睛中看成是自己的军队，这个军队便无敌于天下。人民解放战争是维护广大人民的根本利益的，当人民了解到战争与自己切身利益有关时，人民就奋不顾身地支援人民解放军。党把人民的觉悟、积极性,解放区的人力、物力、财力科学地组织起来,合理地加以使用,这样就出现了自力更生、长期打算、耕战互助、以战养战、全力支前的局面。党把土改、生产、支前紧密结合,将照顾战争需要和照顾人民的负担能力结合起来,在农民获得土地和生产发展的基础上,科学地组织支前力量,做到既能保证支前力量永不枯竭,保证战争的需要,又能适当地改善人民生活。我们除动员解放区的人力、物力、财力外,还善于争取和改造俘虏兵,补充我军兵员;善于利用战场缴获,解决我军的武器、弹药和装备;善于组织和利用解放城市的运输力和生产力,支援前线。这些经验在当前我军的革命化、现代化建设中仍然是有参考价值的。

陈毅的坚强党性、高尚品德、热爱人民、团结同志;他的坚持真理,远见卓识,注重实践,言行一致;他的光明磊落,大公无私,纯朴谦恭,平易近人,为全党全军全国人民所传颂,所敬仰,永远是我们学习的榜样。林彪、“四人帮”对陈毅多方迫害,凭空诽谤,但那只是狂犬吠日,丝毫无损于陈毅的光辉形象。陈毅逝世后,我写了一首五言《悼军长》*,曾寄给张茜:

陈毅好同志,定论慰九泉。
宇内惊噩耗,亿兆痛失贤。
驰骋湘赣闽,红旗耀岭巅。
挥军驱日寇,勋业遍江南。
北战南征捷,穷寇无地钻。
从容站坛上,友朋遍人寰。
保卫毛主席,大义斥奸顽。
疾风辨刚直,中流砥柱坚。
谔言出肺腑,同志见胆肝。
纯德谦恭重,诗文斗牛攀。
忠诚党事业,遗范永垂颂。
全党称优秀,后死奋无前。

---

* 此诗原载于《刘瑞龙诗稿》(解放军文艺出版社 2000 年 12 月出版),发表时,原诗业经作者修改。本文中所引诗句,以正式发表时为准。——本文集编者

两本《三字经》和一张《布告》

（1981 年 9 月 1 日）

北京部队组织红四方面军的老同志撰写革命回忆录，并约我写回忆录和提供资料。作为当年在红四方面军工作过的我来说，听了以后很高兴。这是一件非常有意义的事情，我有义务提供稿件和资料。我在中共川陕省委宣传部和红四方面军总政治部工作过，要回忆的事情很多，但因目前我的工作情况，一下子不易写好，所以，只好先把我当年主持起草的两本《三字经》和一张《布告》贡献出来。

《革命三字经》① 写于 1933 年 8 月，《消灭刘湘三字经》② 写于 1933 年冬，国民党军刘湘部队第一次进攻川陕根据地惨败后，组织六路军队进攻川陕根据地前。《平分土地办法布告》③ 写于 1935 年，为川陕省苏维埃政府起草。

当时，红四方面军领导机关和中共川陕省委要求我们，把我们党和苏维埃政府以及红军的主张和政策，把群众的痛苦、愿望和迫切要求，用当地群众通俗易懂的语言，写成宣传品，向群众宣传，启发群众和红军战士的阶级觉悟，发动和组织群众来积极参加土地革命，保卫苏维埃政权，保卫革命根据地；并向白区散发，瓦解敌军，号召和动员白区人民起来进行斗争。所以，在起草这几个文件前，我们曾经做了调查，并召集一批同志进行研究。所以，两本《三字经》和一张《布告》，反映了在当时国民党军阀和封建地主阶级残酷剥削和黑暗统治下，工农劳苦大众和白军士兵的痛苦生活，和迫切要求解放的革命愿望。在当时对宣传党的主张和政策，对提高人民群众和战士的觉悟，对鼓舞军民战斗，对于瓦解敌军，鼓舞白区人民进行革命斗争，都起过良好的积极作用。

两本《三字经》和一张《布告》，在起草前，我都与傅钟同志商量过，起草后在干部和群众中宣读过，征求意见，最后在省委讨论通过。这些宣传品是原

① 见《刘瑞龙文集》第五卷，人民出版社 2010 年版，第 3 页。

② 见《刘瑞龙文集》第五卷，人民出版社 2010 年版，第 6 页。

③ 《平分土地办法布告》，公开发表时名为《川陕省苏维埃政府布告——平分土地办法》，见《刘瑞龙文集》第五卷，人民出版社 2010 年版，第 9 页。

川陕省委秘书长吴永康（原名庞大恩，广西南宁人）和胡曼石（四川人）二同志协助我起草的。

　　这些宣传品也还有当时左倾路线的痕迹，例如地主不分田，富农分坏田之类，现在保留宣传品原样，未作任何修改，用意不是重复宣传错误路线，而在于反映当时历史的真实面貌。

永不熄灭的火种*

（1981 年）

今年 4 月 29 日，是我党先驱者恽代英在南京英勇就义 50 周年。我把代英同志早年寄到南通的一份珍贵文献交给中央档案馆转献党中央，以纪念代英同志为党和人民事业所做的伟大贡献，纪念我党诞生 60 周年。

这份珍贵文献，是 1920 年社会主义研究社再版的《共产党宣言》。封面上自上而下印着"社会主义研究小丛书第一种；马格斯、安格尔斯（今译马克思、恩格斯）合著；陈望道译。"下面印着马克思半身像。全文 4 章，56 页。这份珍贵文献证明了中国共产党成立前，马克思主义的经典著作早已在中国的先进分子中传播了。

我最初读到这本书时，还是南通师范 1925 年级的学生。一次，我去看望表姐葛季膺，在她的桌上，偶然看到这本书。翻了几页，虽未看懂内容，但已为其中从未见过的、别开生面的用语所吸引。我怀着好奇的心情，开始想探索"在欧洲大陆徘徊的怪物"——共产主义。表姐说，这是上海大学教员恽代英寄给她的，恽先生很关心青年的学习和进步。

葛季膺是在南京高师读书时和代英的四弟恽子强相识的。他们相识不久，季膺就和远在成都的恽代英通信联系，热心求教。代英调上海担任共青团中央宣传部长，主编《中国青年》以后，他们的联系更紧密了。子强和季膺受到代英的教导，在 1923 年到 1925 年间先后参加了中国共产党。入党后，他们一道去吉林长春第二师范任教。在那里，他们领导了当地青年学生的爱国反帝斗争。

这时，代英在南通开辟了另一个传播革命种子的渠道。他和南通师范进步学生组织"晨光社"建立了通讯联系。《中国青年》第 32 期介绍了"晨光社"的活动情况，更加鼓舞了南通革命青年。此后，"晨光社"的骨干丛永琼、王盈朝等人，经代英同志介绍先后加入共青团（CY）和共产党（CP），陆续入党的还有徐家瑾、杨文辉等人。这些同志在 1926 年夏天组成南通师范的党支部，成为南通地区较早的党的组织之一。

---

* 本文原载于 1981 年 7 月 23 日《人民日报》。

　　季膺和子强从东北回南通不久，便由代英介绍同去广州工作。1926 年秋，北伐军攻克武汉，他们二人绕道去南通结婚后到武汉，我向他们表示了想去武汉学习的愿望。1927 年 3 月，主持军校工作的恽代英写信给季膺的大哥葛松亭先生，通知我去武汉投考中央军事政治学校。我 4 月初去上海，准备西上，正碰上蒋介石发动四一二反革命政变，交通阻断，我的愿望没有实现。

　　1927 年 6 月，汪、蒋合流后，子强、季膺回南通，他们谈到代英同志在军校工作时的情况，当时，代英同志鄙薄北伐军军官中流行的所谓"五皮主义"（"五皮主义"即当时北伐军军官中比较考究的装束：皮鞋、皮带、皮包、皮裹腿、皮鞭）。他主持军校，经常布军衣一身。所得薪金，除部分供家用外，很大部分交了党费。他的艰苦朴素的作风，为学员和知友所传颂。他们还介绍了代英同志和沈葆英新婚后的美满生活，并说代英同志已安全离开武汉随军南下。这些消息，都给我很大的鼓舞。子强、季膺同志在南通继续进行革命活动，帮助通师和通中学生组织了"革命青年社"，并对我们讲述当时的革命大势，介绍青年运动的经验和方法，还拿出恽代英、萧楚女寄来的革命书刊在社员中传阅学习。

　　子强夫妇因处境险恶，不久就到上海中法大学教书去了。当时，我将从青年朋友中收回的几本革命书刊，交由季膺的大哥葛松亭先生密藏在卧室的天花板上。解放后，在葛家保存的革命文物中，还发现了我为"革命青年社"抄写的一份学习书目。

　　我于 1930 年调上海工作后，经常去看望子强夫妇。后来，季膺同志因贫病折磨去世了。抗日战争中，子强同志携带诸儿（包括代英同志牺牲后留下的孤儿）进了解放区，转赴延安。途经淮北时我们见过一面，以后分处南北，长久未通音讯。

　　1949 年全国解放后，我在上海市委工作时，子强同志从北京来找我。畅叙别情之余，我问他："你远道来沪，有什么要我办的事吗？"他把我带到襄阳南路敦和里陈满珍家里，到亭子间，他沉痛地对我说："当年到上海后，环境紧张的时候我们就住在这里，季膺也就是在这里死的。"他在杂物堆里拿出一个尘封多年的网篮，指着说："这是代英同志 1917 年、1918 年、1919 年的日记和他主编《中国青年》时用的参考书，以及当年收到的书信和照片等，其中还有萧楚女的东西。"除了代英同志 1919 年的日记，他要带去直接交给烈士夫人沈葆英亲自保存外，其他大量珍贵文物，他要我全部交给党组织保存。从烈士的遗物里，可以看出他们不畏艰险与敌人决死战斗的献身精神。

这些珍贵文物，我和一批战友们摘要抄录拜读后，已遵照子强同志的嘱咐交给中央档案馆转献党中央了。

秘藏在葛家卧室天花板上的革命书刊，葛松亭先生于1957年取出交给我，其中有1920年再版的《共产党宣言》，有1924年三版的《共产党宣言》，有1921年后出版的列宁著《劳农政府的成功和困难》、《讨论进行计划书》、《共产党礼拜六》，山川均著《列宁传》，还有一本1927年出版的《资本主义的解剖》。我当时打算用作整理党史资料的依据，存放手头，每逢展阅，如见先烈。在十年浩劫中，躲过多次查抄，终于保存了下来。这次能经我手完整无恙地把这些珍贵文献经档案馆献给党中央，实是平生一大快事。

人民永远怀念邓子恢①

（1982 年 7 月）

邓子恢是我党农民运动的卓越领导者，是闽西革命根据地的创始人之一，抗日战争时期，是我华中淮北根据地和新四军的主要领导人之一。解放后，他是我国农业集体化事业的卓越领导者和组织者。无论是在新民主主义革命时期，还是在社会主义革命和建设时期，他都作出了重要贡献，他把毕生精力献给了党和人民，得到了人民的永远怀念和崇敬。

我前后有三段时间和邓子恢在一起工作达 16 年，他给我的教益是很深的。他离开我们已经多年了，我以崇敬的心情深深地怀念他。

一

我第一次见到邓子恢是 1941 年 5 月。他先是受华中局和新四军军部的委托视察淮北，不久中央就决定他留下来兼任四师政委和中共淮北区党委书记。我也是这时候奉命回淮北工作的。见面前，我早已知道他 1928 年春遵照党的八七会议方针与张鼎丞等一起领导闽西农民起义和创建闽西根据地。成立中央工农政府时，他就任中央财政部部长，领导中央苏区经济工作。后来红军长征，党中央把他与项英、陈毅、谭震林、张鼎丞等留下，坚持了异常艰苦的三年游击战争。抗战开始以后，他参加了新四军的领导工作。长期的革命斗争，把他锤炼成为革命意志坚强、经验丰富的革命家。他的到来，我们打心眼里高兴。我们都很尊敬他，习惯地称他"邓老"。可是他从来不以长者自居，而是平易近人，和蔼可亲，待人诚恳。他衣着朴素，没有官气，看不出他是个留过学的"洋学生"。

他初到淮北，我新四军主力第四师刚从津浦路西转移到路东。路东根据地基本区收复不久，群众没有充分发动，根据地很不巩固。此时，在敌、顽、我

---

① 邓子恢（1896～1972），1926 年加入中国共产党，闽西革命根据地创建人之一。曾任新四军政治部主任、第四野战军兼华中军区第二政治委员等职。中华人民共和国成立后，历任中共中央中原局第二书记、国家计委副主任、中共中央农村工作部部长、国务院副总理、全国政协副主席等职。

进行三角斗争的严重形势下，如何迅速发动群众、壮大人民武装、建立巩固的根据地，是当时的紧迫任务。邓子恢、彭雪枫和区党委各同志一起，坚决执行党中央、华中局的各项指示，在认真整顿扩大主力部队和地方武装、总结经验教训、提高干部战士觉悟的同时，发动群众，壮大力量，经过两个冬春，把淮北建成了一个巩固的抗日民主根据地。

邓子恢在根据地建设中，紧紧抓住了一个中心环节。这就是发动和领导农民进行减租减息斗争，使他们获得看得见的经济利益，改善生活，组织起农民群众的大多数，建立基本农民群众的政治优势，同时正确地照顾各抗日阶级的利益。他认为，这样才能巩固和扩大抗日民族统一战线，迅速地壮大人民的抗日力量。1941 年 6 月，区党委召开了活动分子大会，邓子恢传达了刘少奇的指示，介绍了兄弟根据地的经验，研究了淮北地区减租减息的具体政策。会后，大批干部被派到农村，发动群众减租减息，从而改善了农民的经济生活，振奋了他们的抗日情绪。在发动群众的基础上，我们建立工、农、青、妇等抗日救国会，到 1944 年底，会员发展到 100 多万。还改造了地主控制的武装，把枪支转移到农民手中。建立了"三三制"的抗日民主政权，自下而上地改造基层政权，废除国民党的保甲制度，民主选举乡长、村长，吸收工农积极分子参加基层政权，提高了工农群众的经济和政治地位，削弱了封建势力，建立了新民主主义革命秩序。在确立基本群众政治优势的同时，邓子恢十分注意团结各抗日阶级和一切爱国力量参加抗战。他经常做民主人士和开明士绅的工作，交了很多朋友。

为了克服根据地粮食和财政供给的困难，邓子恢以善于理财和发展经济的才能，领导区党委健全了政府的财经机构，实行统一累进税，征收公粮、田赋和货物税；建立淮北银号，发行边区货币；学习延安经验，发动和组织淮北军民进行大生产运动，发展农业和手工业生产。每年我们组织春耕、夏收、秋收、兴修水利、动员民工加固淮河大堤。为了解决穿衣问题，组织群众种植棉花，学习纺纱、织布。我们还组织互助组、合作社，鼓励农民制订兴家计划，组织劳动互助，奖励劳动英雄，开展生产竞赛，使淮北出现了战争环境下的生产热潮。邓老领导我们实行开源节流，统筹统支，统一预决算，统一金库，严格审计，厉行节约，堵塞贪污和浪费。很快克服了根据地的经济困难，改善了部队和群众的生活，基本保证了淮北军民的穿衣吃饭问题。

1943 年，邓子恢和区党委领导了整风运动，先后举办了九期轮训队，子恢同志多次作整风报告。整风中，把努力学习文件，清理主观主义、宗派主义、党八股等歪风与克服自己非无产阶级思想结合起来，从而提高了干部的思想觉悟。1944 年 7 月，刘子久在中央党校学习，写了《关于学习问题给淮北区党委的信》，经毛泽东批示并转发各根据地。子恢同志组织干部和部队学习，使大家进一步加强了群众观点。经过整风，子恢同志及时地、实事求是地处理了泗阳及淮北中学等错案，教育了干部，加强了团结，提高了党的威信。

在充分发动群众的基础上，我们年年都抓了扩大主力部队、地方武装和民兵组织的建设。1941 年冬季就出现了父送子、妻送夫的参军热潮，上万农民踊跃入伍。各县地方武装迅速扩大为县大队、县总队。1944 年下半年，仅路东就扩大了 1 万地方军，编成 10 个独立团，训练了 10 万民兵，大大壮大了人民武装力量。

我们对敌顽的军事斗争取得了一系列胜利，保证了根据地各项建设的顺利进行。1942 年冬，我们经过 33 天的浴血奋战，终于粉碎了日寇对我根据地的大规模"扫荡"。1943 年 3 月，彭雪枫、邓子恢率四师主力在二师、三师配合下，由陈毅统一指挥，在山子头一举生擒了江苏国民党反共军司令韩德勤。经过教育后，韩德勤被礼送出境。1944 年 8 月，雪枫同志亲率四师主力西进，建立了 8 个县政权，解放了 250 万人民，恢复了豫皖苏边大块根据地，使淮北根据地扩大了一倍。在指挥战斗中彭雪枫师长英勇殉国。

邓子恢来淮北，根据地各项建设都大大推进和深入了。他教会我们做群众工作。在发动群众的基础上，政权、武装、财经、统战、建党等项工作都取得巨大成绩和进步，使之能适应敌后农村战争环境并取得胜利。特别是他以身作则，传播党的优良作风，培养了各条战线能战斗的干部队伍。他不愧为淮北广大军民的良师和好领路人，回想这一段战斗生活，大家更加怀念他！

抗战胜利后，华中八个根据地统一为苏皖解放区，成立华中分局和华中军区，子恢同志任书记兼政委。在短暂的大规模内战前夕，为了巩固解放区，坚持华中阵地，邓子恢领导了苏皖解放区反奸、清算、减租减息的群众运动发展到土地改革的斗争。在土改中，他坚决执行中央的《五四指示》，提出了"中间不动两头平"的方针，即坚决不动中农的土地，只将地主所有土地、富农出租、佃进的土地拿来与雇农、贫农均分，及时纠正了土改工作中左的、右的偏向。1946 年 10 月，华中全区土改顺利完成。经过土改，激发了群众支援自卫战争的热情，配合华中野战军和山东野战军取得了朝阳歼敌九十二旅、苏中七战七捷、宿北歼敌六十九师的胜利，粉碎了国民党军队对苏皖根据地的全面进攻。

1946 年底，根据中央部署，我华中野战军北撤山东，邓子恢到山东参加了华东局的领导工作。他主要参加领导地方土改和支前工作。在他的指导下，山东土改走上党中央《五四指示》的正确轨道，并依据正确的方针政策，迅速扭转了山东初期支前工作的被动局面，满足了解放军在鲁南、莱芜、孟良崮各大战役中的供应需要，粉碎了国民党对山东解放区的重点进攻，为淮海、渡江战役准备了丰富的经验。

邓子恢在民主革命的长期斗争中，为党为人民建立了丰功伟绩！

二

在全国完成土地改革后，邓子恢在党中央、毛泽东领导下，组织和领导农业合作化运动，发展社会主义农业，贡献了全部力量。

1953 年初，党中央调他担任中央农村工作部部长。不久，我也调农业部，继续在他的领导下工作。

他对我国农村集体化的态度一直是积极的、明确的、慎重的、坚定的。他在住处见到我便说："毛主席叫我来农村工作部，就是要我们把几亿农民组织起来，搞农业合作化，这是农村工作的总方针和总任务。"他还谈到在学习苏联农业集体化经验时不要重复他们因追求速度强迫命令遭致农业损失的错误。他认为，发展农业生产，不能依靠分散落后的小农经济，组织互相合作是唯一出路。对小农经济实行社会主义改造，"是不可动摇的"。他和中央农村工作部，代中央制定了《关于发展农业生产合作社的决议》和其他文件，有力地推动了农业合作化运动的发展。

在如何实现我国农业集体化的问题上，邓子恢认为应从我国小农经济的现状出发，正确领导农民在土地改革后发扬起来的两种积极性，我们应该支持农民发展互相合作的积极性，同时不应该忽视和粗暴地挫伤农民个体经济的积极性。对于农民土地私有制，只能在互助合作运动中，采取容易为农民接受的种种过渡步骤和过渡形式，使农民有准备地自然而然地自觉自愿地进入社会主义。他坚持党中央提出的"积极领导，稳步前进"的方针和自愿互利、典型示范与国家帮助的原则。既要反对放任自流，又要反对强迫命令，急躁冒进。1953 年初，部分地区出现了强迫农民入社、侵犯中农利益，盲目追求高级形式等现象，他及时向中央建议，要克服急躁情绪。中央接受了他的建议，先后发出了一系列文件来纠正这种偏向，还把在他主持下由农村工作部代中央起草的《关于春耕生产给各级党委的指示》，《人民日报》社论《领导农业生产的关键所在》，连同中央《关于农业生产互助合作的决议》，汇编成《当前农村工作指南》一书，发到全国指导运动。毛泽东亲自写了批语，号召从事农村工作的人员"来一次认真的学习"。子恢同志还在全国第一次农村工作会议上，批评了急躁冒进的偏向，阐述了"稳步前进"的方针。在同年冬全国农业工作会议上他强调说明了，注意适应现状，是为积极改造开辟道路的。这些措施，推动了农业合作化运动顺畅发展。

1954年秋收前，全国农业生产合作社由1.4万多个发展到10万个，到1955年春又猛增到67万个。由于发展速度过快，再加上全国多征购了70亿斤粮食，很多地方出现了程度不同的粮食、合作化两紧张的情况，一些地区出现了杀猪宰牛，砍伐树木，破坏生产等现象，引起了党中央和毛泽东的注意。1955年1月10日，党中央发出了《关于整顿和巩固农业合作社的通知》，要求在不同地区采取停止发展、适当收缩、进行整顿等措施。3月初，党中央、国务院发出了《关于迅速布置粮食购销工作、安定农民生产情绪的紧急指示》，指出"放慢农业合作化的步伐是必要的"。3月下旬，毛泽东约见一些领导同志，提出了"停、缩、发"的方针，指示"对于合作化，该停者停，该缩者缩，该发者发"。子恢同志和中央农村工作部认真贯彻了上述指示，对全国67万个合作社进行了整顿和巩固工作，缩减了2万个社，保留了65万个，后来传说"砍了20万个社"，不是事实。通过这次整顿，在一定程度上克服了急躁冒进的倾向，缓和了农村的紧张形势，保护和调动了广大农民的积极性。

在农业合作化的速度问题上，1955年5月讨论合作社发展计划时，邓子恢遵照中央原定15年或更长一些时间完成合作化的规划，主张按原计划发展，提出注意巩固、逐步推广的意见，他认为各地合作社问题很多，需要巩固。这样做似乎慢了些，从长远看，整个运动会更快更好些。后来这些正确主张遭到了批评。

我国的合作化到1956年便全部完成了。整个说来，在一个几亿人口的大国里比较顺利地实现如此复杂、困难和深刻的社会变革，的确是伟大的历史性胜利。这一伟大胜利，是在党中央正确路线和方针的指引下，全党同志努力的结果；同时，也和邓子恢对于农业合作化的卓越贡献分不开的。但由于从1955年夏季以后运动中出现了要求过急、工作过粗、改变过快、形式也过于简单划一的缺点和偏差，以致在长期间遗留了一些问题。

邓子恢在受到批评以后，仍然热情地投身于巩固农业集体化的工作。他特别强调坚持自愿互利原则的中心是正确地对待中农，建立贫农和中农的巩固联盟，不要歧视单干农民，要认真保护和发展农民利益，才能取得大多数农民的拥护。他十分注意搞好合作社的经营管理，提出整顿财务、确保增产、增加社员收入，是发挥合作社优越性的根本方法。他和中央农村工作部先后代中央起草了一系列有关巩固农业集体化的指示和文件，诸如：如何处理合作化后的遗留问题，如何搞好增产，如何合理分配，民主办社、勤俭办社、干部参加集体生产劳动，如何发展社员家庭副业等等。1957 年 10 月，他在总结各地先进经验的基础上，提出了推行"统一经营、分级管理、明确分工、个人责任制"的建议。实现公社化以后，他继续为巩固工作而努力。1960 年在亲自下乡调查的基础上，他主持拟订了《人民公社内务条例四十条》，1961 年中央工作会议参照这个条例集中各地经验，形成了《农村人民公社工作条例草案》（即"六十条"）。

1962 年春，他为了巩固集体经济，探索将集体经济利益和个人经济利益联系起来的途径，根据调查所得材料，除提出稳定生产队所有制、尊重生产队的自主权、保留小自由、固定生产队的粮食征购任务若干年不变外，还强调建立严格的生产责任制。他提倡在坚持生产计划、生产资料、劳力和分配四统一的条件下，由生产队向作业组实行包工包产，由作业组将田间管理和一些集体不便进行的技术活可以包到劳力或包到户，联系产量，超产奖励。他的口号是"大活集体干，小活个人干。"这个主张是针对当时责任不清、赏罚不明的严重情况的，深受农民欢迎。可惜当时没有被采纳。从目前我国农村实行各种农业生产责任制后出现的大好形势，充分证明子恢同志联系产量责任制的主张是正确的。

对如何发展我国的农业经济，子恢同志也提出了一系列有远见的主张。他认为发展农业生产首先要弄清我国农业的基本情况，弄清自然资源和各种条件，避免弱点，发挥优点，他和中央农村工作部积极参加了全国农业发展纲要的研订工作，他强调要发展多种经营，增产粮棉，同时增产其他经济作物，全面发展农林牧副渔各项生产，他批评过生产单一化的偏向；他非常重视农业技术改革工作，积极推广生产技术和经营管理的先进经验，提倡在全国普遍建立技术推广站和经营管理站。他认为改进技术一定要注意当地具体情况、经济条件、群众文化水平、地区和气候差别的限制，因地因时因人制宜，避免一般化、公式化、强迫命令的主观主义；他重视林业、山区建设、水利、水土保持，和以养猪、养牛为主的畜牧业。主张农业基本建设要照顾现实需要，分清轻重缓急，量力而行，不可有"百废俱兴"、"一步登天"的思想。他还赞成农业社下设供销社、信贷社的建议，并提出农村手工业社和农业社合并以发展农村工业的设想，这实际是今天要试行的农工商综合经营的萌芽。

子恢同志还在建立和发展我国农业科学事业上作出了卓越的贡献。在1955年12月全国农业科学工作会议上，他要我们看到合作化后农民将伸手要求科学援助的新形势。他说，发展农业生产主要依靠农民的劳动积极性，还要依靠科学；劳动加科学，增产才更有保证。他提出科研工作的三个方面，即总结农民的增产经验和继承我国农业的历史遗产、引进国外的先进经验和创造发明要齐头并进，而以总结群众经验和科研成果为主。他提出要推广和提高并重，在推广基础上继续提高。要求农业科学工作者搞好科学实验，还要从实验室走到大田去和干部群众一道研究新情况、总结新经验，发展试验成果，这就是科研工作的群众路线。他坚持双百方针，对不同学派主张发挥各自专长，不加歧视。他强调充分发挥现有农业科技人员的作用，并且有计划地培养新的科技人才，建成和扩大科学网。在子恢同志的倡议下，建立了中国农业科学院和各地区所、专业所，培养了几万农业科技人员，开始了我国农业科学研究的新时期。

长期实践证明，子恢同志和他所主持的中央农村工作部是坚持社会主义方向，坚持党的路线、方针、政策的，工作成绩是显著的。他关于发展我国社会主义农业的正确主张，对农业现代化事业仍有借鉴和参考的意义。

三

我在和邓子恢长期共同工作中，体会到他具备许多高贵品质和优良作风，值得我们永远认真学习和遵循。这里只提印象较深的几点。

他把群众观点和群众路线提到党性的高度来认识和实践。他是我党自觉坚持群众观点、坚决执行群众路线的光辉典范。他经常教育干部要深入群众，了解群众，要树立全心全意为人民服务，一切为了人民，一切依靠人民的观点。他说："放手发动群众，是我党领导革命的基本路线，是群众争取革命胜利自求解放的唯一方法。""每个共产党员每个革命者应该具备的群众观点是党性的基本内容。"（邓子恢：《群众工作几个基本原则》）他认为不论革命和建设，都要依靠人民群众的觉悟和积极性，依靠群众的自觉、自愿和自动，中心环节是把党提出的目标和人民切身的长远利益和当前利益密切结合起来，群众才能为这个目标奋斗。他常说，涉及广大群众的事情，不要个人自作聪明，不要主观主义、命令主义，只要走群众路线，遇事和群众商量，任何事情都可以有办法。

他在考虑涉及群众利益的政策措施时，总是提醒我们"两利相权取其重，两害相权取其轻"。他要求我们深入联系群众倾听群众呼声，了解他们的疾苦和迫切要求，确切了解他们真正利益所在。要做到这一点，最根本的是我们的同志要生活群众化，使群众敢与我们接近，愿意对我们说实话，"一切语言、行动、服装、起居、饭食等都要平民化，不能特殊"（邓子恢：《论群众运动》）。在长期工作中，他自己就最善于联系群众，最善于体会群众的要求，最善于用群众的语言向群众说明党的主张和政策。淮北区党委驻扎在大王庄时，他经常到群众家里用他那夹着福建口音的普通话与群众谈心，了解群众疾苦，和群众建立了深厚感情。后来他到华中分局驻地淮安以后，大王庄的群众还常常老远走去看望他。解放以后，他经常以普通老百姓的身份深入群众，了解群众的愿望和要求，并从他们的利益出发，为中央制定有关政策或提出建议。

邓子恢还有一个突出的优点，就是办任何事情都注重调查研究，一切从实际出发，实事求是。这个优点在闽西土地革命中便已形成。由于深入调查研究，善于总结群众经验，得出"抽多补少，抽肥补瘦"的结论与毛泽东在兴国调查所得结论不谋而合，得到毛泽东的赞扬。以后，在淮北减租减息、华中土改、山东支前工作中，在情况不明、缺乏经验时都以调查研究开路，作为制订方针、政策的基础。

在农业合作化运动中他采取同样做法。1956年冬农村出现拉牛退社风，他去江西、福建两省调查了两个多月，沿途召开各种规模的调查会，接见来访农民与基层干部，处理群众来信。他通过调查认识到，不能简单地把拉牛退社风说成是两条道路的斗争，还要从合作社本身办得如何找原因，只有加强经营管理，实行民主办社，使社员得到实惠，充分发挥集体化的优越性，才能消灭退社风。

在这以后，他三次得到毛泽东的赞扬。第一次是1957年，他在调查研究基础上，为中央起草了有关巩固农业集体经济的指示和文件，毛泽东赞扬他从实际出发所做的这些工作。第二次是1962年3月广州召开的中央工作会议，讨论《六十条》后，毛泽东说：邓老在制定《六十条》中做了一件好事，他是有调查研究精神的，他的意见是对的。第三次是广州会议以后，毛泽东、刘少奇委托他了解农村基本核算单位的问题，他回福建进行调查和试点，写出了《关于农村人民公社基本核算单位试点情况的调查报告》，就基本核算单位下放到生产队以后的一些具体问题，提出了解决办法。毛泽东看了报告很高兴，起草了批示转发全国。批示说："邓子恢同志这个报告很好，发给你们参考。""认真调查研究，对具体问题作出具体的分析，而不是抽象的主观主义的分析，这是马克思主义的灵魂。"建议"各省第一书记带若干工作组，采取邓子恢同志的办法，下乡去，做十天左右的调查研究工作。"子恢同志还乐于接受别人从实际工作中来的意见，虚心学习群众创造。1962年提出生产责任制，就是他最初接到安徽一个基层干部来信，并派出工作组反复调查证明是行之有效的办法后，才向中央提出的。由于他重视调查研究工作，所以他的思想、他的意见和主张，往往比较切合实际。

邓子恢在处理个人与党的关系时，是坚持原则遵守纪律的模范，经得起顺逆环境的考验。在顺境中，他谦虚谨慎，细致认真，努力为党工作；遭遇逆境，更加坚强地勤恳地工作。任何情况下总是艰苦奋斗，自强不息。他作风民主，平等待人，没有家长作风，善于引导同志研究和讨论问题，同志们愿意跟他谈心里话。他勇于批评和自我批评，严于解剖自己，只要发现自己确实做错了事，他会毫无顾忌地当众检查。在受到不公正的批评以后，能够顾全大局，委屈负重，维护党的团结，从不推卸责任。可是在涉及人民根本利益的原则问题上，他从不轻易放弃己见，明知有风险，也不计个人得失，而是遵照党规党法，向中央反映情况，提出建议、请示。1961年春在福建龙岩地区调查时，发现由于刮"五风"，使不少地方粮食大幅度减产，山林树木砍光，社员对公共食堂严重不满，回北京以后，他如实地向中央作了汇报。他向中央提出农村实行生产责任制前，一些同志劝告他不要冒失，等党中央表态后再提。他说："我们不能怕丢乌纱帽，而不顾老百姓的死活。我们要保护农民的利益，反映他们的疾苦。"他光明磊落，肝胆照人，从不隐晦自己的观点。

最后，谈谈子恢同志认真、严肃、自己动手的精神。他曾亲自动手编写过《农村会计课本》，他和我们一起研究过有关农业科学研究、农业教育、技术推广、粮食耕作制、多种经营、发展养猪、畜牧业、江河治理、水土保持、山区建设等问题，就是在他生命的最后几年里，还在孜孜不倦地研究农村"耕牛保险制"，以减轻农民的负担。这一切，都充分表现了他对党和人民事业无限忠诚，对马列主义毛泽东思想无限忠诚，身体力行，言行一致，不愧为理论密切联系实际的马克思主义者。

和其他许多老一辈无产阶级革命家一样，邓子恢也遭到了林彪、"四人帮"的摧残，于1972年12月10日含冤去世。当我惊悉噩耗时，万分沉痛，挥泪疾书挽词以寄托哀思，录如下：

闽西红旗跃汀江，红区经济勤赞襄。

三年游击歼豺狼，风雨无间战南方。

江淮抗战六义张，淮北经营遗泽长。

励众歼敌尽筹章，农为基础策周详。

群众甘苦切身尝，勤学马列老益彰。

道路曲折放眼量，纯正求实循总纲。

日月之蚀不掩光，毕生为党永辉煌。

恳恳教益留心房，恢宏遗范育新篁。

忆川陕苏区的妇女运动 *

(1982 年 11 月 26 日)

我原在江苏省委工作。1932 年红四方面军入川，党中央确定派我去川陕工作。1932 年 2 月 3 日从上海出发，经西安、汉中，路上走了一个半月，3 月 18 日到达通江。当时红军正在收紧阵地，同田颂尧打仗，方面军总部分配我到陕南红二十九军工作。到通江时，张琴秋是四方面军部政治部主任，她正在通江城纪念巴黎公社的群众大会上讲话。我还遇到曾中生。我同他们在上海就认识，见面大家都很高兴。在陕南特委，我参加了红二十九军的工作讨论后就出发到通江。他们派了一个排护送我，到通江后，总部又派了政治保卫局一个排送我回陕南，补充了二十九军那个排的枪支弹药。到马儿岩附近，听到红二十九军军部被叛徒张正方袭击，陈浅伦等被害。我就在那里负责收集红二十九军失散的同志，做恢复工作。红四方面军一个团的政委杜义德带部队在那里活动，牵制陕军。红四方面军空山坝大捷粉碎田颂尧围攻后，已是 5、6 月份，我才回到新场坝参加省委的工作。省委第一任妇女部长我记不清楚了。

从鄂豫皖向川陕转移时，张琴秋在红四方面军七十二师担任政治部主任。到川陕后被任命为红四方面军政治部主任。她和许多同志在陕南两河口会议上给张国焘提了意见。木门会议上，张国焘说曾中生是右派，把他关起来了。李春林、朱光、徐以新等也被关起来了。张琴秋被批为右倾，撤销了政治部主任职务，下放到红江县当县委书记。她到王坪总医院做政治部主任我记得清楚，但什么时候去的记不清楚（王定国大姐插话：我记得已收紧阵地在沙溪咀，经王坪时我见过她，是 1934 年秋天），那时总医院的院长是苏井观，政治委员是周光垣。我是先从九子坡到洪口而后到王坪的。张琴秋是个政治坚定、组织能力很强的女同志。她 1924 年参加共产主义青年团，同年 11 月参加中国共产党。1925 年到 1930 年她在莫斯科中山大学学习，回国后 1931 年担任上海泸东区组织部长。后来调鄂豫皖革命根据地工作，曾任彭杨学校政治部主任。川陕苏区妇女运动的场面，我在白区没有见过。我在上海搞地下党工作，对根据地工作

---

* 本文据 1982 年 11 月 26 日晚邓宏灿、刘惠明、罗惠兰、刘昌兰在北京大雅宝一号招待所北楼 206 房间，采访刘瑞龙的记录稿整理。当时在场的还有王定国、江彤。

没有经验。在通南巴，很多事情我都感到新鲜。第一，四川国民党军阀强迫农民种鸦片的多，在家抱娃娃的多，女的下田劳动，成为家族的主要劳动力。第二，四川人民受到国民党军阀和地主阶级压迫剥削特别残酷，人民迫切要求革命；四川地下党在群众中有长期工作和影响，给红军入川开了路。我感到四川的农村妇女和男农民一样对共产党、对工农政府、对红军特别拥护，参加各种活动特别积极。做宣传工作的妇女多，特别能讲话。参军的多，出来参加工作的也不少。她们参加战勤服务的也特别多，背背篓、抬担架、运输军用物资、做鞋、做衣服，被服厂的工人主要是妇女。川陕有个妇女独立团，是当时苏区妇运的一个特点。

关于川陕苏区的妇女运动，中国工农红军红四方面军战史（初稿）中有一段记载：《妇女独立师的成立》，内容如下：

1935年2月间，方面军的妇女独立团扩编为中国工农红军第四方面军妇女独立师。这支妇女武装的骨干大部分是在鄂豫皖革命根据地斗争中成长起来的。红军到达川北后，随着土地革命斗争的深入，根据地内妇女在政治上经济上获得翻身解放，她们就更广泛地直接参加到革命战争中来。当时在川陕边区曾普遍建立了女工农妇协会，会员达到30万人；在各级工农民主政府的成员中，妇女占到四分之一。广大妇女除了积极鼓励丈夫、儿子参军和担负缝制军衣、照顾伤员、运输粮秣等战勤工作外，还踊跃参加赤卫军并组织许多半脱离生产的妇女营连；也有不少贫苦妇女直接参加了红军。

1933年反三路围攻中，为加强后方警戒和有利于主力集中，方面军以后方机关中的部分妇女百余人和妇女群众中的积极分子200余人组成了妇女独立营。营长陶万荣，政治委员曾广澜。下辖三个连。该营成立后，立即担负了警卫、通信等繁重任务，并进行了紧张的军事政治训练。她们在反围攻中充分贡献了自己的力量。

反三路围攻胜利后，适应着当时的工作需要，妇女独立营的战士们暂时分配到各县和后方各部门工作。

1934年3月，正是反刘湘六路围攻紧张的时候，边沿区的大批妇女干部撤退到中心区来。同时广大妇女群众纷纷要求拿起武器直接同白匪作战，保卫革命政权。这样，方面军便又以妇女独立营为基础，连同要求参军的妇女1000余人组成了妇女独立团。下辖三个营，曾广澜任团长。接着妇女独立团投入了紧张的反围攻斗争，和主力红军并肩作战，并担负了艰苦的战勤工作和维护后方治安、清剿土匪等任务。在敌人进攻旺苍坝时，在两天时间内把囤积于该地的大批粮食、军火和棉衣安全运到 60 里外的后方。为了保障前方的供应，妇女独立团的战士们，往往每人背上几十斤、上百斤的物资，爬山涉水，冒着酷暑运上阵地。许多伤员，也在她们的精心照料下抬到后方。她们艰苦无畏的精神，使前方将士深为感动，纷纷表示要以多杀敌人来报答这些英勇的姐妹们。

这支红色妇女武装的斗争，成了川陕妇女参加革命战争的光荣旗帜，在广大妇女中产生了深远的影响。反六路围攻后，越来越多的妇女参加红军，妇女独立团迅速扩大。这样，到了 1935 年 2 月间，中国工农红军第四方面军妇女独立师遂于旺苍坝宣告成立。全师共两个团，2000 余人。此后这支妇女武装在长征和西路军的斗争中，继续创建了不少可歌可泣的英勇事迹，在红四方面军历史上写下了光荣的一页。

只有在共产党领导下，从反动统治阶级的压迫和整个传统习惯的束缚下解放出来的广大劳动妇女，才能以空前的规模直接参加人民革命武装和各个领域的斗争，贡献出无穷的智慧和伟大的力量。

妇女运动的规模大，妇女参加斗争的方面很广，工农政府有妇女，内务委员会基本上或者多数是妇女。她们还要参加战争、土地革命、打土豪分田地、根据地的建设等各个方面。川陕苏区妇女当家做主人，真正的翻身了，真正成了半边天。所以把川陕苏区妇女运动好好表达出来，是收集党史资料的一个重要环节。现在的困难是单独的有关妇女运动的文献没有找到，要从其他文件中反映的有关内容去很好地研究。如春耕生产动员的文件中就反映得很具体。号召妇女学会耕田、挖地、种点粮食，多喂鸡猪。女人和男人一样犁田、耙田、撒种、栽秧。

妇女的组织形式初期曾叫妇女生活改善委员会，后来普遍用女工农妇协会的名称。那时，中央对苏区的领导，《红色中华》通讯社起的作用大。还有石刻标语、剧团的歌子也有妇女的内容。

川陕苏区二十几个县 700 多万人口，这么大的苏区，革命没有妇女参加是不可设想的。红军到了川陕，妇女开始觉悟，她们的力量开始体现出来，是一支伟大的力量，其觉悟有一个过程，妇女运动由小到大，由浅入深。四川地下党的活动对妇女运动的发展很有关系，我到红二十九军时，就有老太太替红军站岗放哨。私渡河有一道桥，我们初去时，化装成做生意的，有个老太婆拦住我们说："你们不要走，那里有杨虎（指杨虎城的队伍）。"叫我们跟她走，她的儿子在红军，她把我们带到了马儿岩红军二十九军部。我到赤北县苦草坝、泥漆场看到过妇女热火朝天的拥军活动，到巴中场面就更大了。川陕妇女运动根子深，有地下党的活动基础，地下党的活动没有妇女掩护是不可想象的，她们站岗放哨，掩护撤退，支援红军等。积极参加生产，参加武装斗争。红色交通线没有妇女掩护也是不行的，要依靠所有的群众，其中就有妇女在内。

大巴山人民生活很苦，我亲眼见到他们穿的烂襟襟，大姑娘没有小衣（裤子）穿，烤柴火取暖。我们过巴山时，每人背了一个小包袱，群众见到我们，先端一碗热喷喷的洋芋汤，再送一点野猪肉，然后说："同志，你们有没有多的小衣？"而地主有不少金银元宝、白木耳、鸦片、腊肉。

关于妇女独立师，有个事，时间长了（王定国大姐插话：刚才她们访问杨中行、丁武选两位同志时，杨中行和丁武选都说是成立了，地点在旺苍坝庙儿湾附近），是的，在旺苍坝，战史写了这一段，是有根据的，写战史时张琴秋还在。

川陕苏区妇女运动轰轰烈烈，真是如火如荼，内容丰富。你们从事这个工作是一项很有意义的工作，困难很多，也很辛苦。你们动手来抓就好了，相信你们一定能够搞好。川陕是我的第二故乡，见到你们就是见到了家乡人了，我很高兴。我是很想念川陕苏区人民的。过去，他们在革命战争年代发挥了很大作用，现在搞"四化"建设，一定能够不断作出新的贡献。

《拂晓报史话》*序

（1983 年 7 月）

　　1938 年 9 月 29 日，《拂晓报》在新四军游击支队从河南竹沟出发东征的前夜创刊，迄今已近半个世纪。它在创刊的发刊词中说：拂晓代表着朝气、希望、勇敢、进取、迈进有为，胜利就要到来的意思。拂晓引来了光明。几十年来，历史事实证明，《拂晓报》在艰苦卓绝、复杂曲折的战斗历程中，作为时代的号角，它光荣地完成了自己的历史使命！

　　《拂晓报》曾是战争年代一个重要战略地区，中共淮北区党委的机关报，是党和人民的耳目喉舌。它在团结教育人民、打击敌人、反映和指导实际工作中发挥了重大作用，是受广大干部和军民喜爱的精神食粮，是蜚声中外、有着光荣革命传统的人民报纸。《拂晓报史话》重点是反映战争年代，特别是抗日战争年代的历史记录。它真实、准确地记载了边区党和政府贯彻执行党中央方针政策的情况和经验；生动、具体地记录了广大军民在党的领导下和敌人英勇战斗以及在根据地各项建设事业中可歌可泣的英雄业绩；如实地记录了拂晓报人艰苦奋斗的革命精神，和在业务活动中不断探索创新的精神。《史话》是政治思想的史实和新闻业务史实的有机结合，内容系统充实，符合当时历史发展的情况；《史话》有史有话，但基本上是历史的事实，加上必要的一些观点的论证和历史背景的叙述；《史话》按问题分类，按编年纪实，章节格局比较清晰，文字亲切流畅，一目了然，是一本可读性强的史书。这本书对重温和研究淮北苏皖边区的历史，继承和发扬革命传统，激励和教育后人都会十分有益，对新的历史时期办好党的报纸，也有现实的参考意义。

　　《拂晓报》经历了抗日战争、解放战争和社会主义建设几个历史阶段，人员几经更换、调动，出版方式从初期的五年油印，发展到三年铅印，又回到两年油印，再改铅印，经历了一个艰苦创业、探索创新发展、在洪泽湖上坚持斗争的复杂曲折的战斗历程，但它的革命传统始终得到发扬光大。

　　《拂晓报》的基本传统，概括起来有两个方面：一是艰苦奋斗和实事求是的

---

　　* 本文原载于《拂晓报史话》，新华出版社 1987 年版，第 1~4 页。

革命精神，一是全党办报和为工农兵服务的办报方针。这两个方面的传统作风是根据 1943 年 12 月 2 日它的创始人彭雪枫在贺《拂晓报》500 号文章中阐述的主要内容，和拂晓报人写的文章以及多年经验总结概括而成，它反映了《拂晓报》的成长过程和基本经验。

豫皖苏、淮北抗日民主根据地从无到有，从幼小到强大，从反复的斗争到取得最后胜利，无不体现了广大军民艰苦奋斗的革命精神。《拂晓报》是时代的历史记录，它一方面反映了广大军民艰苦奋斗的精神，一方面用人民的精神哺育自己。革命的新闻工作者，要有革命的理想和革命的热情，但又不能单凭理想和热情办事，一定要有实实在在、认真负责、周密细致的工作作风。《拂晓报》的革命传统正是革命理想、革命热情和实实在在、认真负责、周密细致工作作风的结合。有了这种结合，才能有事业上的成就，才能克服战争环境的动荡和物资严重匮乏所带来的重重困难，创造性地解决技术上、业务上的无数难题，办好一张党和人民都很满意的报纸。特别是油印的《拂晓报》，内容充实，版面美观大方，刻印工艺精湛，是战时敌后一张出色的报纸，也是我国报业史上一次成功的创新。《拂晓报》虽然是一张出色的报纸，但由于当时处于战争环境，也有某些局限性，这是可以理解的。

《拂晓报》是中共淮北区党委得心应手的重要的宣传工具，它忠实地宣传党的抗日民族统一战线政策，以及相应的各项具体政策：独立自主、放手发动群众，广泛开展敌后抗日游击战争，放手创建抗日民主根据地的战略思想等，这是《拂晓报》成为党的机关报的一条基本经验。区党委的负责同志对报纸精心培育并亲自动手写文章，特别是彭雪枫像严格治军一样精心指导报纸工作，为报纸成长提供了有利的条件，加上各级党委负责同志关心党报并动手写文章，这就使党的工作密切结合实际、密切联系群众，从而有效地指导实际工作，发挥了报纸集体宣传者、集体鼓动者、集体组织者的作用；而且通过给报纸写文章，训练培养了干部，从而也提高了报纸的宣传质量，增强了报纸宣传的社会效果。

1943 年边区开展冬学运动，这是工农群众在经济上初步改善生活和政治上翻身以后一种迫切的要求。工农群众有了文化，就创办了黑板报，传播消息，交流经验，学习文化。黑板报的兴办满足了工农群众政治上和文化上的要求，也为《拂晓报》开展工农通讯员运动和改变报纸文风提供了有利的条件。《拂晓报》发展工农通讯员，提倡知识分子和工农群众相结合，充分反映人民群众的斗争生活，反映人民群众的呼声、要求、愿望，同时用工农群众的语言说话写文章，群众听得懂，用得上，深得群众的喜爱，人民群众把《拂晓报》当作自己的报纸。

　　在淮北地区解放战争初期斗争十分艰苦的情况下，《拂晓报》的同志组成工人游击队，和敌人在洪泽湖区英勇战斗，保护印刷厂物资器材，有些同志在战斗中壮烈牺牲，这是淮北地区人民的光荣，也是拂晓报人的光荣。今年就是《拂晓报》创刊50周年纪念，我借此机会祝贺《拂晓报史话》的出版，并向《拂晓报》的创始人和它的哺育者彭雪枫、邓子恢和为党的新闻事业英勇献身的烈士致敬！

　　　　　　　　　　　　　　　　　　　　　　　　1983 年 7 月

《金戈铁马》* 序

（1983 年 9 月 6 日）

这本书稿，记叙了新四军第四师骑兵团创建、成长及其主要战斗历程。今年 9 月 11 日，正是组建这支骑兵的新四军第四师师长彭雪枫英勇牺牲殉国的 39 周年。掩卷遐思，往事历历，展现眼前。

1939 年底，我随党中央代表、华中局书记刘少奇同志到达豫皖苏边区。在皖北涡阳县的新兴集，同彭雪枫同志及其部队会面。少奇同志要我在大会上讲话。随后，我们又继续越津浦铁路向东，深入敌后，在少奇同志直接领导下，与爱萍等同志一起，开辟了皖东北抗日根据地。1941 年，新四军第四师在津浦路西遭到敌、伪、顽的夹击，转战到皖东北。在以后的日子里，我在淮北区党委和淮北行署工作，与雪枫同志过往密从。谈吐之间，陆续听到在路西反顽斗争中国民党骑兵向我军进攻的一些情况，以后我知道四师已组建起自己的骑兵团。这支部队驰骋于淮北各地，屡歼敌伪，战功卓著，威震敌胆，在巩固和扩大抗日民主根据地方面起到了应有的作用。

这些，已是 40 年前的往事了。

现在，我看了这部书稿后，感慨万千。书中虽用相当篇幅写了我军的领导人陈毅、张云逸、邓子恢、彭雪枫等同志，但更多的是记述了下级干部和战士们如何浴血苦战、一往无前、视死如归的动人业绩。读之触人心弦。这里，有舍己救人的青年警卫员；有身负重伤拖着肠子仍快马飞刀力斩敌首的勇士；有对老百姓如绵羊、对敌人如猛虎的班长；特别写了那么多平时勤恳苦干、战时冲锋在前不怕牺牲的人民英雄。我认为：对这些"平凡"的同志，着力予以翔实表彰宣扬，使其事迹不致淹没，是十分必要的。历史终究是广大人民群众创造的。谁忽视这点，就不是彻底的历史唯物主义者。我们必须继承和学习先烈这种献身精神，加倍努力去开创社会主义现代化建设的新局面。

在这里，又使我回忆起雪枫同志善于学习和敢于创新的精神。当年淮北处于敌后被分割的三角斗争的紧张局面。敌、伪、顽的猖狂肆虐，使人民生活异

---

* 《金戈铁马》，周纯麟、程坤源著，河南人民出版社 1984 年出版。

常艰苦，我军的经费也十分困难。在这样的条件下，要搞起一支骑兵，实非易事。可是，雪枫等同志为了平原作战的需要，组建了这支在当时来说机动性较大的部队。他甚至把自己心爱的乘马交给骑兵去使用，可见决心之大。先烈在过去那样困难的条件下，还千方百计去改善部队装备，提高部队机动能力。今天的条件显然已大大改观，我们更应充分运用各种有利条件，努力学习世界上的各种先进科学技术，在可能的情况下，尽一切力量去采用现代化的先进设备，掌握先进的科学方法，以加速建设具有中国特色的高度民主、高度文明的强大社会主义国家。

雪枫同志牺牲时，年仅38岁，但他那时已身经百战，是我军一个战略地区的卓越领导人之一。雪枫同志是在实践中锻炼成长起来的，也是同他好学不倦的惊人毅力分不开的。我们要学习他勤学善思的优秀品质，培养大量德才兼备、精力充沛、敢于创新的中青年干部，使之迅速成长。在科学技术、文化知识方面，更要超过前人，只有这样，才能使我们在建设现代化、正规化的革命军队的道路上加速前进。

1983 年 9 月 6 日

伟大的历史功绩

——回忆山东人民对解放战争的支援

（1983 年）

山东人民支援解放战争的历史功绩，同全国人民一样，是十分伟大的。真正做到了人人动手，家家出力，个个支前，解放军打到哪里，人民就支援到哪里，前方需要什么，后方就支援什么，保证了战争的胜利。虽然 30 多年过去了，我却一直印象很深。当年山东人民一切为了前线的动人情景，恍如昨日，激荡胸怀。

总起来讲，英雄的山东人民对解放战争的支援有三个显著特点：

第一，全力支前。就是说，一切能够用来支援解放军、支援前线的人力、物力、财力都用上了。当时，山东人民是在小农经济，手工生产的基础上，以分散落后的农村经济，支援着高度集中的、现代化的战争。结果，小米加步枪战胜了飞机大炮，打败了一个被美帝国主义武装到牙齿的敌人，创造了战争史上的奇观。1946 年 12 月，全国性内战早已爆发，蒋介石调整重兵，疯狂发动了对苏北和鲁南的全面进攻，人民自卫战争不仅在鲁南打，苏北也在打，迫切需要大量人力、物力的支援。当时，山东经济虽然惨遭日本侵略军的严重破坏，加之严重的自然灾害，人民生活非常贫困，但英雄的山东人民把支援自卫战争当作自己的崇高职责，节衣缩食，勒紧肚子，既保证了鲁南战役的供应，又支援了华中地区作战。除了将大量的粮食、柴草送到陇海路以南，还支援了华中一部分担架队，保证了苏北战役和鲁南战役的胜利。随着解放战争的胜利发展，山东人民支援解放战争的规模越来越大，并逐渐总结出一套适应战争需要的支前经验。莱芜战役时，山东支前工作已大大前进了一步，既总结了本省从初战以来的支前经验，同时吸取了华中地区的支前经验，组织了山东支前委员会，并派前方办事处随军行动，及时调拨民工、粮食和各种作战物资，充分发挥了支前工作的主动性。因此，在后来的孟良崮战役中，虽然时间紧迫，又加上支前的民工空前众多，但组织得非常好。随军行动的一线民兵达 7 万人，他们的主要任务是，从火线上把伤员及时抢救到战地临时包扎所；二线民工 15 万人，临时民工 69 万人，共 91 万人。有了人民这样有力的支援，使我军获得了歼灭敌人所谓"王牌"整编第七十四师的伟大胜利。在济南战役和淮海战役中，各战略区已连成了一片，支前的规模就更大了。支前中，涌现了千千万万个全力以赴、一切为了前线的动人事例，每每想起，都深为感动。如，在我们抗击敌人进攻的时候，有的群众甚至拆了自己的房子，解决交通问题和做工事的需要；有时我们的汽车过不了河，群众就把自己的大车往水里一推，上面铺上木板，很稳当，汽车就开过去了。真正做到了逢山开路，遇水搭桥！山东人民在三年解放战争中有 700 万人参加了支前行列，将 8.5 亿斤粮食及大量的作战物资运到前线，保证了战争的一切需要。

第二，全面支前。战争的需要是多方面的，山东人民从各个方面支援了前线，作出了重大牺牲。首先，部队要吃饭、打仗要弹药。因此，运送粮、弹是首要的任务。山东当时确实做到了"兵马未动，粮草先行"。如在莱芜战役中，由于开始准备在鲁南打，粮、弹、担架也都向南集结。后来，华野前指根据敌情的变化，决定转变战役的方向，先打北边的李仙洲。大部队突然向北开进。由于部队行军方向的改变，要求支前队伍也要迅速跟上。当我军把敌人合围时，支前大军也上来了。战役打响后，由于情况紧急，山东人民用熟食供应了部队，烙出了各种煎饼支援前线，有小米的、玉米的，还有煎饼（莱芜人民习惯吃的一种干粮）。这就保证了部队无论处于何种情况下作战，都能吃饱饭。其次，打了仗有伤员，能否把他们及时抢救下来，是关系到部队士气稳定的大问题。为此，山东人民冒着生命危险，在硝烟滚滚的阵地上勇敢地抢救伤员，不怕脏、不怕累，在路上精心照料伤员，有的口对口地给伤员吸痰，用自己的吃饭小瓢给伤员接屎接尿，甚至献出了自己的生命，表现了对子弟兵的深厚感情。另外，打了仗有许多俘虏，需要押送。民兵们勇敢地承担了这项工作，既押送又教育，把大批俘虏兵改造成革命战士。押送中，有些被俘国民党官兵，妄图用金钱收买民兵，均被严词拒绝，表现了民兵们坚定的无产阶级立场和高度的阶级觉悟。再者，部队的伤亡要及时补充，需要有充足的兵源。为此，山东人民热烈响应党提出的"到前线去，到主力去"的伟大号召，父送子，妻送郎，兄弟争参军的动人事迹随处可见。大批地方武装荣升主力，开赴前线，英勇杀敌，在三年解放战争中，山东人民发动了四次大的参军运动，送出 58.9 万余名优秀子弟参了军，使华东野战军愈打愈大，愈战愈强。同时，当我军在正面战场进行顽强作战的时候，其他方面要有民兵、游击队的配合。部队要走路，需要有大量的鞋子。为此，山东人民夜以继日地赶做，保证了需要，特别感人的是，有些七八十岁的老太太，戴着花镜，不管酷暑盛夏，还是数九严寒，兢兢业业，千针万线，做出了一双又一双的军鞋。总之，部队的一切需要，山东人民都满足了。战争过程中，前方、后方，构成了一幅伟大的图画。因为送粮、弹，运伤员，磨面、做鞋等工作都是同时进行的，各个方面，各条战线，都进行着火热的战斗。

第三，全程支前。战争中，山东人民发扬了革命到底的精神，不仅支援了内线作战的苏北战役、鲁南战役、莱芜战役、孟良崮战役等，还支援了外线作战的睢杞战役、洛阳战役、济南战役、淮海战役。山东解放后，英雄的山东人民并不为自己家乡的解放而满足，积极响应党的号召，决心解放军打到哪里，就支援到哪里，推起小车下江南，扛起担架上前线，继续支援了渡江战役、上海战役，进军浙江、福建，直到解放大陆。这时，山东人民的支前已不是一个月、两个月，而是长达一两年。如胶东有个姓唐的农民，内线作战时支援了莱芜战役、孟良崮战役，外线作战时支援了济南战役、淮海战役，顶风冒雪，随军转战。他带了根在旧社会讨饭用的小竹棍，每到一地就在上面刻上地名，支前结束时，上面刻满了山东、江苏、安徽三个省88个城镇和乡村的名字。这根小竹棍至今保存在徐州"淮海战役纪念馆"内，这不是普通的里程记录，而是千百万英雄的山东人民全程支前的有力见证。

山东人民所以能发挥这样大的力量支援解放战争到胜利，最根本的原因，是党中央、毛主席战略方针的正确，是毛主席人民战争的思想教育了人民。当人民把战争的最高目标和自身的最大利益联系起来的时候，认识到共产党是和他们呼吸相通的；只有打败蒋介石，才能翻身得解放，过上好日子；支援前线是自己的根本利益所在，进行战争和自己生死存亡有关的时候，就能全力以赴地投入到战争中去。毛主席说，战争的伟力之最深厚的根源，存在于民众之中，就是这个道理。另外，华东局、华野前委以及后来的总前委，对支前工作高度重视，抓得很紧、很细。直接指挥我们在前线搞支前工作的，开始是华野前委，后来是总前委。1948年底，在徐州开支前工作联席会，总前委书记邓小平亲自写信，批准会议决议，保证了支前工作的顺利进行。同时，华东局、华野前委、总前委，根据党中央、中央军委的指示精神，对支前工作的指导思想是实事求是的。即：充分估计人民群众的觉悟程度和可能条件；把人力、物力、财力科学地组织起来，建立严格的节约民力、节约粮食的制度，有计划地调度和合理地使用；坚持长期打算，支前到解放全国，坚持自力更生，以战养战，耕战互助，公私两利，一面打仗，一面建设的原则；把土改、生产、支前有机地结合起来。深入动员教育了人民，人民的积极性像火山一样迸发出来了。这样，就使山东解放区形成了人民战争的汪洋大海，战争教育了人民，人民赢得了战争的胜利。

回顾过去，对照现在，战争年代的那种革命精神多么可贵！那时候，生活那样艰苦，环境那样恶劣，可是，广大人民群众紧密团结在共产党的周围，一心一意跟党走，全力以赴为前线。为早日打败蒋介石、建立新中国而不知疲倦地战斗。这种不图名、不为利的忘我精神，勤勤恳恳的实干精神，听党话、跟党走的决心，在大干"四化"的今天仍然需要。当前，我们一定要认真贯彻执行党的十一届六中全会确定的方针，继承和发扬战争年代的革命精神，为振兴中华，建设现代化的、高度民主的、高度文明的社会主义强国，为共产主义的远大理想而努力奋斗。

吴永康烈士光辉战斗的一生 *

（1984 年 2 月）

第二次国内革命战争时期，中共川陕省委常委、省委秘书长、红四方面军西路军地方工作部部长吴永康同志，离开我们已经 46 年了。他为党献身的光辉一生，永远铭刻在川陕人民和共同战斗过的同志们的心中。

吴永康原名庞大恩，字泽普，1900 年生于广西兴业县长荣乡大贺村（现玉林县葵阳公社新荣大队）的一个贫穷家庭。他小学毕业后，考入玉林五属中学，品学兼优，具有强烈的爱国主义思想。1919 年赴日本留学，他在日记中表明留学目的是为了"寻求救国的学问和救国的工业"。1922 年，他就读于福冈县户畑町明治专门学校（现改名九州工业大学）冶金科，毕业后考入东京帝国大学转读政治经济学。

大恩在日本留学期间，日夜思念的是祖国的富强和人民的解放。夏衍和他是同班同学，当时他谈论过搞地质、开矿山、办工厂，实行"工业救国"、"科学救国"的理想。他十分景仰孙中山先生救国救民、振兴中华的伟大宏愿。1924 年 11 月，孙中山先生北上途经门司港，大恩同志曾和夏衍、郑汉先（陈德辉）等谒见了中山先生。他逐渐认识到，救国救民不但要学习自然科学，而且要学习社会科学，学习革命理论。他如饥似渴地阅读《法兰西内战》、《资本论》等经典著作。他和同学夏衍、郑汉先等发起组织了爱国学生团体"行社"、"读书会"等，开展阅读进步书报，讨论时事政治，宣传反帝反封建的革命活动，同时参加了日本共产党领导的"社会科学研究会"，支持松本治一郎领导的水平社（贱民组织）的实际斗争。1925 年五卅运动中，他和进步同学募捐救济上海工人，声援祖国革命斗争。1925 年冬，大恩同志在东京由中共旅日支部负责人何兆芳、何恐介绍，加入中国共产党。从此，他由一个爱国主义、民主主义者，开始成为马克思主义、共产主义战士。在党的领导下，他以崭新的面貌投入更伟大的革命斗争中去。

1926 年，大恩同志回国。他在经过上海回故乡的一个月中，在亲友邻居中

---

* 本文系夏衍与刘瑞龙合著，刘瑞龙署名位居第二；原载于 1984 年 2 月 5 日《人民日报》。

热情宣传革命。部分进步青年在他的教育推动下组成了兴业县革命青年团，在兴业葵阳地区播下了革命种子。

大恩同志返回上海后，在李富春同志领导下，担任党中央机关报《红旗报》、《上海报》编辑。这时，他改名"吴永康"。1927年大革命失败后，夏衍回到上海，由庞大恩、郑汉先介绍，加入了中国共产党。大恩同志在《红旗报》工作时用的代名是"吴永康"，以后就一直用了这个名字。

1932年，党中央派庞大恩到鄂豫皖根据地工作，任红四方面军总部秘书。同年10月中旬，随红四方面军西征，经鄂豫边境、越秦岭、进关中、折回陕南，同年12月，越巴山进军川北，建立川陕革命根据地。

1933年2月，吴永康在中共川陕省第一次代表大会上，被选为川陕省委委员，任省委秘书长，暂代通江县县委书记。这是他在革命根据地参加领导一个县的地方党政军民全面工作的开始。当时，正是川陕革命根据地的初创时期，红四方面军解放通江、南江、巴中大部分地区不久，需要迅速宣传我党我军主张，发动群众，建立工农政权，领导农民土地革命，打土豪，分田地，组织和武装农民，扩大红军，筹集红军给养，工作十分紧张繁重。由于他工作积极负责，善于联系群众，曾被评为模范县委书记。当年夏，我军粉碎四川军阀田颂尧的围攻，根据地恢复并迅速扩大，他回到省委专任省委秘书长。也在这时，刘瑞龙由陕南二十九军游击区调省委宣传部工作。省委书记袁克福经常下去了解和指导工作，不在机关工作时，省委日常工作即由吴永康主持。他负责培训干部、领导省委机关工作、主编省委机关报《川北穷人》，并和刘瑞龙一道了解和研究土地革命中的方针政策，起草省委指导工作的文件和进行党的宣传工作等。他十分关心土地革命中新涌现的工农干部的成长和进步，采用多种方法帮助他们学习识字、懂得革命道理和党的方针政策及工作方法。他经常到党校上课，传播马列主义革命理论和共产主义思想。很多工农干部在永康同志帮助下成长起来。

1934年初，永康同志曾任川陕省工农政府经济委员会主席。他和省委委员、省工农政府财政委员会主席郑义斋一道，在省委和省工农政府领导下，对恢复和发展农业生产，发展军需民用工业生产，增强苏区经济实力，制定政策，建设根据地的财政经济制度，保证革命战争中的军民供给，作出了卓越的贡献。

1935年6月，红四方面军与中央红军在川西北会师后，吴永康继续参加领导地方工作。1935年10月到次年2月，永康同志参加川康省工作委员会（即金川省委）工作，筹措军需民食，组织运输，进行新区建设。在研究制定和执行党的民族政策、团结藏民和密切党和红军与兄弟民族人民的关系、教育培养兄弟民族干部等方面，进行了艰苦的工作。1936 年 10 月，红军一、二、四方面军在甘肃会宁会师后，红四方面军大部奉命渡河参加宁夏战役，在战役计划改变、渡河部队改成西路军后，吴永康任红军西路军政治部地方工作部长。1937 年 3 月，红军西路军失败。永康同志在甘肃张掖县祁连山中对敌作战时壮烈牺牲，时年 37 岁。

永康同志是一位理论联系实际的共产主义战士，他一生为革命艰苦奋斗，埋头苦干，善于联系群众和干部，善于帮助同志进步，善于帮助工农干部提高文化水平，善于引导干部分析和研究问题，有独到见解，同志们都尊敬地以他为良师和长者。他顾全大局、坚持党的原则，坚决抵制了张国焘的错误路线。他对党的事业忠心耿耿，埋头苦干，从不计较名利地位，严守纪律，服从党的分配，不讲价钱。他不怕任何艰难困苦，长征时三次爬雪山、过草地，毫无怨言，为革命奋斗直至流尽了最后一滴血。

吴永康同志一生光明磊落，为祖国为共产主义事业奋斗到底，正如他在 1932 年 4 月 8 日的家书中所说："我读书几十年，在社会上几十年，我要做一点值得做的事，不愿将我的学问放荒，所以我在外做的是正经事。天地间最放得下心的事"，"我的心是对得住人的"。吴永康同志给后代留下了永不磨灭的榜样。

李硕勋和中共江苏省委 *

（1984 年 8 月 28 日）

1929 年 11 月，在中共江苏省委召开中国共产党江苏省第二次代表大会上，我认识了中共江苏省委军委书记李硕勋。当时，中共江苏省委书记是罗迈（李维汉），宣传部长是李富春，组织部长是赵容。我是中共江苏省通、海特委巡视员，以通、海地区代表的身份，出席了这次大会。还有一个代表是中共通、海特委书记李超时。会上，我们向省委和李硕勋等同志汇报了通、海地区农民游击运动的情况。

这次大会上，李硕勋和我都当选为省委委员。硕勋仍主持省委军委工作。

大会结束后，省委以及省委军委的李硕勋等同志确定把江苏的南通、海门、如皋、泰兴等地农民游击队统一编为中国工农红军第十四军，以何昆为红十四军军长，以李超时为政委，以薛衡竞为参谋长，以余乃诚为政治部主任。省委和李硕勋等同志还从各地调了一批干部到红十四军工作，派张世杰（朝鲜人）任红十四军第一师师长，张爱萍任大队指导员，徐德任如（皋）、泰（兴）军事特派员，随后又派黄火青任通、海军事特派员，刘廷杰任红十四军第一支队队长，秦超任第二师师长。凡派到红十四军担任领导职务的干部，硕勋均找他们个别谈话，阐述革命军事斗争的重要性，并部署他们怎样开展游击战争。组建红十四军是李硕勋等同志对中国革命事业的一项重大贡献。

1930 年，在中共江苏省委和李硕勋等同志领导下，江苏许多地方农村均开展武装斗争和农民起义、国民党士兵起义。红十四军也逐步发展壮大。这些都和李硕勋的指导有密切关系。

那时，通、海地区的农民运动、农民武装斗争和红军游击队都获得迅速发展。这个地区有南通、海门、启东、如皋、泰兴、泰县、靖江、东台等八个县，位于长江以北，战略地位很重要，它处于南京至上海之间，是帝国主义统治中国的心脏地带。李硕勋就在这个地区指导开展军事斗争。在这个地方，我们高举打倒帝国主义、打倒封建主义、打倒国民党反动派政府的红旗，沉重地打击了国民党反动派，给广大人民群众以很大的鼓舞。红十四军和这个地区农民武装斗争，牵制

---

* 本文原载于《李硕勋》一书，广东高等教育出版社 1987 年版，第 34～36 页。

了国民党反动派大批军队，这对策应全国各地的武装斗争，特别是牵制了进攻苏区的国民党反动派军队，间接援助了苏区红军的斗争，起到很大的作用。

红十四军后来发展到 2000 余人，在通、海特区和其他地区开展了猛烈的战斗，给国民党反动派以极为沉重的打击。国民党反动派把它看作心腹之患，调动大批军队"围剿"它。1930 年 4 月，何昆壮烈牺牲。根据中共江苏省委和李硕勋等的指示，由李超时继任红十四军军长兼政委，我任中共通、海特委书记。我们在通、海特区继续进行革命斗争，并常得到江苏省委和李硕勋等同志以及中央军委刘伯承等同志的指示，使我们明确了怎样深入开展斗争。当然，在这个期间，斗争是十分尖锐的。

1930 年夏秋"立三路线"控制中央时，中共江苏省委扩大改组为中共江南省委，负责领导江苏、浙江、安徽、上海等省、市，以罗迈为省委书记，李硕勋任省委军委书记，陈云任省委外县工作委员会书记。这年 9 月，我任中共江南省委外县工作委员会副书记，常与硕勋一起参加省委会议或讨论军事运动、农民运动等问题。我们彼此之间联系很密切。

六届三中全会以后，根据党的指示，撤销中共江南省委，恢复中共江苏省委。1931 年 1 月，王明任中共江苏省委书记，陈云任组织部长，李硕勋仍任省委军委书记。

据李维汉回忆：李硕勋任中共江苏省委军委书记、中共江南军委书记时，是中共中央军委委员。我认为他的回忆是准确的，因为当时中共江苏省委、中共江南省委均设立在上海，由党中央直接领导。党中央召开一些会议，有时也通知省委主要负责人参加，以便迅速在江苏各地贯彻中央的指示。

1929 年，彭湃曾任中共江苏省委农委书记，杨殷任省委军委书记，同时，阮啸仙也曾在江苏任中共徐、海、蚌特委书记，他们都曾经和李硕勋一起工作过。

中共江苏省委个别机关地址设在上海沪东区一带，省委和李硕勋等同志曾在这里开过会。中国共产党江苏省第二次代表大会是在上海武定路北、麦路桥南、麦特赫斯特路东的一幢西式房子里召开的。在白色恐怖笼罩下，中共江苏省委召开这次代表大会是非常紧张、严格保密的。

1931 年 2 月，根据党中央指示，中共江苏省委改组，以王云程为省委书记，孔原为组织部长，蔡和森为宣传部长，李硕勋仍任中共江苏省委军委书记。这一年夏天，我听说硕勋调到中共广东省委工作，后又听说他在广东海南岛壮烈牺牲。

1984 年 8 月 28 日

回忆粟裕①对支前后勤工作的关怀

(1984 年 10 月)

三年解放战争中大部分时间，我是在华东野战军前委陈毅、粟裕、谭震林等领导下进行支前后勤工作的。粟裕作为前委主要成员之一，他对我的工作给予了亲切的指导和帮助。他对毛泽东军事思想的创造性的运用，他深谋远虑的战略眼光，他组织战役、战斗特别是组织大兵团作战的杰出才能，他对党和人民事业无限忠诚，他坚持原则，顾全大局，他坚持实事求是，光明磊落，关心群众，爱护干部和战士，为共产主义事业鞠躬尽瘁，给我难忘的教育。

1946 年 6、7 月间，党的华中分局派我去苏中地区参加土地改革运动。自卫战争开始，粟裕和谭震林指挥华中野战军进行了七战七捷的苏中战役，一个半月的连续作战，歼敌六个半旅，极大地鼓舞了解放区军民的必胜信心。在广大农民支援前线的紧张战斗环境中，粟裕和谭震林根据苏中农民创造的土改、支前、生产三不误的经验，指示我及时传布这个经验，从而大大加快了苏中土地改革的步伐，生产照常进行，广大农民能够从人力、物力、财力等方面保证前方的需要，保证了战役的胜利。同时他们又考虑到主力可能随战局发展转移的情况，指示地方党政在蒋敌可能住占的地区，结合土地改革，根据调查研究，有计划地镇压敌特和暗藏的地主还乡团分子，主动扑灭蒋敌推行顽化于未发之前，这样就使解放区军民在主力转移后，能比较顺利地坚持敌后游击战争。以后盐阜、淮海等地区学习了苏中的先进经验，顺利地完成了土改、支前、生产任务，并在主力转移后，顺利地转入坚持敌后游击战争。

山东野战军和华中野战军在苏北会师后，在陈毅统一领导下，粟裕、谭震林辅助指挥了宿北和鲁南战役，全歼蒋军 3 个整编师（军）和 1 个快速纵队。由于前委、华中分局、华东局及时指导，克服了战争初期支前后勤工作中的被

---

① 粟裕（1907～1984），中国人民解放军高级将领，1955 年被授予大将军衔。1927 年 5 月参加叶挺为师长的国民革命军第 24 师任教导队班长，同年 6 月转入中国共产党。曾任红七军团参谋长、新四军第二支队副司令员、新四军第一师师长兼政治委员、苏中军区司令员兼政治委员、中共苏浙区委员会书记、华中野战军司令员、华东野战军代司令员兼代政治委员、第三野战军副司令员、淮海战役总前委成员之一。中华人民共和国成立后，历任南京市市长、中国人民解放军总参谋长、全国人大常委会副委员长等职。

动局面，保证了战役的需要。在这里，粟裕的指导起了很大的作用。

他在《关于组织战斗》的一次讲话中说："现在战争，是多种力量的总决赛（人力、机器、经济、后备等），因此，组织多种力量和组织战斗是决定战争胜负的重要一环。"

他说："组织战斗，首先要准备几个条件，一是情况（敌情、友情、地形）；二是自己力量的组织、动员准备；三是后勤和工作条件等。"

他说："在组织一个战斗之前是根据一定的任务和目的的，我们是稳定华中战局，粉碎敌占苏北的计划，按此而确定我们的作战方案和战法，方案可定几个，选最有利、最有把握者行之。"

他说："根据作战方案，就要进行动员，动员有几方面。不仅军事、政治动员，还有后勤、有关参战的群众团体，协助政府动员。"

他还说："后勤部门包括司令部各部都要动员起来，参谋要能协助首长组织战斗，及规定有关战斗的各种后勤工作（伤员输送和补给等）。"粟裕从战略上说明后勤工作的重要性，说到战斗中的基层后勤工作，突出了后勤组织工作的重要意义。这个思想代表了粟裕重视支前后勤工作的基本思想。在这前后，我们按照前委、华中分局和华东局的指示，整顿了支前后勤工作，并且协调了华中、山东两个方面的支前后勤工作。

1947年1月，华东野战军成立，陈毅同志任司令员兼政治委员，粟裕任副司令员，谭震林任副政治委员，粟谭二同志辅助陈毅指挥了莱芜战役，三天内以我方损失为敌1/10的代价，歼灭了敌军李仙洲集团7个师。这次战役中，服务的民工60多万，鲁中党政民全力组织了我军几十万人的粮草供应，出动了40多个民兵子弟兵团参战，在我军沿途，家家户户支前供应。事后，粟裕称颂山东人民是"真正的铜墙铁壁"。

莱芜战役后，蒋介石已无力进行全面进攻，被迫在陕北、山东转入重点进攻。我军主力移向山东，华中转入敌后游击战争，华东解放区缩小了一半。解放战争规模空前扩大了，山东人民负担加重了，解放战争向我们提出长期坚持的问题。

遵照党中央和华东局的指示，华野前委在淄川、大矿地召开了干部会议，研究山东战场我军需要和山东解放区人力、物力长期供应的可能性，继续贯彻党确定的"一面打仗，一面建设"的方针。当时前委指出，山东解放区支前的人力物力比较充分，虽然存在困难，只要做好工作，坚持长期斗争、粉碎敌人进攻是可能的。前委指示我用陈、粟、谭名义，根据前委的讨论，起草了向党中央毛主席反映情况的电稿。华东局依据山东战场情况，加强了战争动员和组织工作，在全党、全军和解放区人民中确立了自力更生，长期打算，以战养战，增产节约，全力支前的观点，确定了土改、生产、支前三结合的方针，正确地确定了支前合理负担、厉行节约的政策，科学地组织支前力量，做到人民支前源源供应，又能使人民生活有所改善。

粟裕和前委其他同志一样，十分强调整顿和加强部队纪律，在地方发动拥军运动的同时，号召全军开展拥政爱民运动，十分强调爱护解放区的一草一木，爱惜人力物力，减轻人民负担，加强军民团结，在部队中坚决贯彻"以战养战"的方针。

华东局和华野前委的正确方针政策，极大地鼓舞了解放区人民支前的积极性。1947 年 5 月中旬，粟裕辅助陈毅指挥了孟良崮战役，一举全歼了蒋介石夸称五大主力之一的七十四师 3 万多人。战役中，鲁中及其他各地的支前力量，作了规模更大的检阅。那时，随军民工 7 万，二线民工 15 万，就地临时民工 69 万，这样庞大的支前队伍，冒着敌机敌炮的袭击，日夜不停地抢运伤员，赶运粮食、弹药，保证了战役的伟大胜利。

1947 年 8 月，我军转入战略进攻，将战争引向蒋管区，我刘、邓大军南下中原。我"华野"外线兵团由陈毅、粟裕率领，南下豫皖苏边区，配合刘、邓大军（即刘伯承、邓小平领导的中原野战军）作战。在南下途中，粟裕同志给我印象最深的有两件事：

一是关于精简野直给夏光、王德、刘先胜和我的信，信中说：

> 野直太庞大。昨晚行军即混乱不堪。如将来战略行军或战斗转移就更麻烦，甚至有危险。兹特提如下意见以供整理参考。
>
> 1. 继续精简充实战斗连队。但精简要能收效，必须精简干部，才能精简杂务人员，以充实连队。
>
> 2. 各部门工作杂务人员，应首先定出其每人每日应服务多少时间，来定数额，不能先定数额去就工作，否则人多事少，并应尽量提高其工作效率。
>
> 3. 供给部无东西可供。除少数会计人员外，其余可分散到当地各分区埋伏，既可减少庞杂，又可使他们与地方联系，而进行一些购制补给品工作。
>
> 4. 卫生部之医院，亦可分散设于各分区接收伤员，仅要其负责人

及转运站随队行动即可。

5. 政治部人员除分到各分区外，可抽出一些组织民运队，准备随各分遣队（拟派1、4批出去任分遣）行动，以便进行群众工作。

6. 以后直属队及各纵出发，应严密地定路线及分梯队出发，（如一大队7时出发至8时走完或大队8时出发至8时半走完），以人数多寡定时间长短，以免拥挤与疲劳。

以上各点特供参考，如同意请计划行之。

粟裕　17日午

这是粟裕在战争中考虑问题周密细致从严治军的一个范例。

另一件事是同年9月7日，粟裕关于沙土集战役给我的信。沙土集战役是我华野外线兵团转入战略进攻后的第1仗，经过两天战斗全歼蒋军五十七师，打开了南下的通路。

粟裕给我的信上说——

刘参谋长瑞龙同志：

我们正包围攻击五十七师于沙土集、双庙及其以北地区，但参战部队除六纵有迫炮弹外（十纵任钳制），其余均无炮弹，对作战影响甚大。而此战又关系我军今后之能否在鲁西南站住脚的重大关键。因此，请尽一切努力迅速将迫炮及山炮、六〇炮弹往前送，越快越好，越能往前送越好，望切实办到，万勿延误，至盼至盼。

并致

敬礼

粟裕　9月7日晨

信后又附一具体指示说：

"迫炮弹不必全部发光。给一、三、四、八纵每门炮配40~50发即可，多余的炮弹暂留河北，手榴弹每人发4枚，余数亦存河北岸。各种子弹则可全部发完，炸药如到得多，则每纵可发5000斤，否则按已到数平均分发。山炮弹每炮限30发，余数暂存，60炮弹可全部发出。"

　　我接指示后，立即调用一切运输力量，如数将弹药运到前线，满足了战役的需要。

　　这件事，一方面使我感到战前疏于检查，有负职守，这是应该引以为戒的。最重要的是，粟裕不仅从战略上部署战役，而且切实从事当前战役的组织和指导，随时了解战役的补给情况，发现问题及时采取有力措施、满足前线需要。这些，都是我们要学习的。

　　我军进入豫皖苏地区后，当地已有豫皖苏区党委、吴芝圃、张国华等领导的三个专署的人民政权和 2.5 万人的武装力量，他们曾经顽强地坚持了敌后游击战争，但大部分地区长期处于敌人的统治下，反动势力较强。我军遵照党中央首先肃清敌地方武装，摧毁反动政权，大力发动群众，发展人民武装的指示，以纵队为单位，在地方武装配合下，扫荡敌保安团以及其他土杂部队。到 10 月中旬止，攻克县城 24 座，解放了广大乡村，歼敌 1 万多人，基本上摧毁了敌人的统治，与刘邓、陈谢两军在中原构成了"品"字形的有利态势。

　　此后，我军除继续分兵清剿敌土杂武装，开展地方工作外，还辗转破击平汉、陇海、津浦三条铁路，剥夺敌依托铁路机动的有利条件，将敌注意力吸引到铁路上来，减弱其黄河防御，以利我后方联系。

　　为了解决我军转入外线作战，远离后方所产生的难以保证正常供应的困难，我们按照陈毅同志和粟裕同志的指示，动员和组织全军人人都做后勤保障工作，每人经常携带一定数量的口粮和弹药，认真收集战利品，一切缴获归公，贯彻以战养战方针，做到一般情况下不缺口粮和弹药。各级都组织工作队自己筹粮、筹草，并且发动群众参加新解放区建设，把我军后方放在群众中，依靠群众解决困难。华野前委为了在豫皖苏准备大量歼敌的战场，在豫皖苏区组织则经办事处，前委指定我兼任财经办事处主任，负责工作。

　　1948 年 5 月，党中央决定陈毅到中原局、中原军区工作，粟裕任华东野战军代司令员、代政治委员。同年 6 月，他指挥了豫东战役，在中原野战军密切协同下，攻占河南省会开封，接着围歼援敌于睢杞地区，共歼敌 9 万余人。在紧张战斗中，我军处境异常艰苦，粟裕和前委向全军指战员发出："咬紧牙关，坚持下去，为争取此次战役圆满胜利而战"的号召，在前委的坚强领导和战时政治工作的有力保证下，发扬不怕疲劳、不怕伤亡、连续作战的光荣传统，以惊人的毅力克服和忍受各种困难，终于继开封战役之后取得了睢杞战役的胜利。

　　粟裕在他的回忆录中写道：

　　"这是华东野战军主力转入外线作战后进行的第一个大歼灭战，这是在解放战争开始后整整两年中，华野进行的一次最大的歼灭战。"

"豫东之战，是我军在外线战场上进行的一次大规模的攻城打援战役。这次战役中，我军大大发展了攻防作战能力，歼敌数量由过去一次战役歼灭一个整编师增加到两个整编师以上的集团，对被围歼的敌人已可形成火力优势，协同作战的范围和规模，持续作战的时间和能力，战斗剧烈的程度，都超过华野以往进行的各次战役，充分体现出了强大野战兵团的威力。豫东战役又是一场大的硬仗、恶仗。这次战役的胜利得来不易。它是全体指战员坚决执行中央军委和毛泽东的英明决策，英勇奋战，以鲜血和生命换来的；是华东野战军和中原野战军主力以及冀鲁豫军区和豫皖苏军区参战部队，在广大人民群众的全力支援下协力作战的结果；是毛泽东军事思想指引下，人民战争的伟大胜利。在战役中英勇牺牲的烈士们，为中国人民的解放事业立下了不朽功绩，我们将永远尊敬和怀念他们。"

豫东战役的胜利，中原、华东战场形势出现了新的有利于我军的转折。华野外线兵团同山东、苏北兵团会师后，粟裕和谭震林一起，指挥了济南战役，歼敌十万余人，攻克山东省会济南，使华东、华北两大解放区连成一片。这时，华野前委调我回山东，在粟裕直接领导下参加淮海战役的支前后勤准备工作。

1948年11月至1949年1月，按照毛泽东制定的关于淮海战役的作战方针，在以邓小平为书记的总前委统一领导下，粟裕、谭震林作为总前委成员，直接指挥华东野战军。中原、华东两大野战军并肩作战，取得了淮海战役的伟大胜利。战役经过围歼国民党军黄百韬兵团、追击包围杜聿明兵团与围歼黄维兵团、战场休整及全歼杜聿明集团。战役规模空前，双方参战部队敌军80万人，我军60万人，我军经历了各种条件下的战斗方式，排除了敌人的顽抗和各种险阻危难，经过65昼夜的浴血奋战，共歼灭敌军55.5万余人，基本上解放了长江以北的华东、中原广大地区，促成蒋家王朝的覆灭。战役的支前后勤规模空前，前线吃饭人数150万，每天消耗食粮、马料350到500万斤，动用民力225万，后方临时民工160多万。在党中央统一部署下，山东、豫皖苏、冀鲁豫、华东等战略区的人力物力和财力都动员支援战役，坚持土改、支前、生产三结合，保证供应源源不断。人民群众用小车推、毛驴驮、扁担挑、牛车拉、担架抬、肩膀扛来解决粮食、伤员和弹药运输问题。人民在党的领导下，依靠农村分散落后的经济条件，配合解放军英勇作战，战胜了美帝国主义豢养和武装的蒋介石军队。

淮海战役期间，党中央、中央军委和毛泽东，总前委和中原、华东、华北中央局，都十分重视战役的补给工作。毛泽东和中央军委提出要准备两个月至3个月粮秣用品的概算；华东局、华东军区遵示召开了有关部门和干部会议，并正式成立了华东支前委员会，以傅秋涛为主任；中央军委副主席周恩来委派总后勤部长杨立三协助华野后勤司令刘瑞龙和中野后勤司令刘岱峰等筹办淮海战役后勤事务。粟裕在战役准备阶段对支前后勤工作有过详细指示，随着战役迅速的发展，在部队远离后方的情况下，粟裕批准了我们提出的就地筹借粮食的安排。在工作中我们体会到粟裕除了军事战略上深谋远虑，战役部署缜密周到，捕捉战机敏捷机智外，还深刻地体会到他在政治上坚持贯彻中央9月会议的精神，从政治上考虑问题，重视政治工作的优良作风。粟裕根据毛泽东《将革命进行到底》元旦社论的精神，前委提出了1949年六大任务，我体会这个决定成为他领导全部工作的纲领，对今后战役的胜利起了极大的作用。为了学习，抄录如下：

一、在全国作战总任务下，与兄弟兵团密切协作，坚决与完满地完成1949年我军的作战任务。

二、全军上下应把做群众工作与歼灭敌人看作同等重要的任务，努力发动和组织新区广大群众，建立人民民主政权及其武装。

三、加强政策纪律教育，正确执行党的各种政策，严肃群众纪律，尊重群众风俗习惯，爱护人民利益，并以实际的模范行动来保证执行。

四、加强军事政治学习，提高理论水平，钻研党的政策，强化政治工作，提高军事技术、战术，学习新的作战方法，并吸收和培养大批军政干部及技术人才。

五、团结友爱，加强各兵团、各部队、各兵种间亲密团结，互相学习，密切协同；打破家乡观念，地域界限，巩固部队；尊重政府，服从政府法令。

六、贯彻加强纪律性，克服无纪律无政府状态，加强思想领导，克服一切不良倾向，加强军队正规建设。

12月中旬以后，战役进入第三阶段，战线迅速西移，战局扩大，参战人员激增，需要粮草和军需相应增加，运输线拉长，冬天雨雪交加，部队需要筹足越冬粮草，给运输带来很大困难。我和秋涛向粟裕反映了以上情况，他立即报告中央军委，建议迅速召开一次包括华东、中原、冀鲁豫、华中四方代表参加的联合支前会议。总前委报经中央军委批准，决定派我具体负责筹备和召开这一会议。总前委指示：这次联合支前会议的任务主要是解决统一调剂中野、华野的粮食供应；协调徐州周围几个地区支前工作；研究继续进军前有关支前的各种准备工作，以及部队南进时的支前机构等问题。

联合支前会议在徐州召开，参加的有华东、中原、华北有关地区和两大野战军的代表，会议由我和傅秋涛同志轮流主持，会议协商了共同的支前方案，明确了四个地区的分工，除围绕徐州由华中、山东、豫皖苏各按地区方位负责支前外，以冀鲁豫作为后备。会议着重讨论了当时急需解决的粮食供应和民力安排问题，通过了有关的共同意见，报经总前委书记邓小平批准，加快了各方支前的步伐，满足了战役的需要。

淮海战役结束，全军转入整训准备南下。粟裕指导我们部署了全军整训期间的后勤工作，配合华东支前委员会，进行南渡的各项准备。粟裕在贾汪前委扩大会议上提出了渡江准备工作的重要问题，他说：

"做群众工作是我军三大任务之一，抗战末期松了，今后要恢复抗日初期那样，不仅在乡村要做群众工作，还要注意城市的群众工作。"

他分析了江南敌情、地形、人民生活和社会习惯，指出我军南进的有利条件。江北为我控制就要渡江，决不能轻敌，如蒋介石重新上台，还要蛮干，困兽之计，不可轻视。

他认为渡江准备中，首要的环节是了解敌情（兵力部署）和地形。他主张实地调查，修正地图。在了解情况中，他详尽地根据江湖、河川战斗的要求，要了解敌之滩头阵地、桥头堡是石崖、沙底还是淤泥，是否可以和如何靠岸，芦苇多了不易靠岸，石崖不易攀登。对渡江点要先抢码头，对渡江点注意掩护，渡江成功后要构筑桥头堡，占领制高点，向纵深两翼发展，扩大突破口。派专人搜集船只，搜集敌人船只为我所用。还需要仔细侦察我岸情况，开通进路；修桥补路，搞好出口，隐蔽船只，了解河路宽窄，船只来往一次需要多少时间。部队主要干部要随先头部队，要组织对空连对付敌机，考虑和研究白天前运方法。

他指示要前线部队通过群众工作和地方支前机构协同动员和搜集船只，他指示对渡江工具的船只，由支前委员会统一集中。先拨一部船只供部队练习，熟悉水性，检查船只是否漏水、新旧、载重量，临时造码头，救生衣发第一梯队，要向部队教育，上船不要头重脚轻，过跳板要慢，不能跑步，对敌军舰可用炮打，不要看见军舰就跳水，要沉着，不要动，还是向对岸走。敌军有军舰，毫无战斗经验，都是生手，如靠近船只火箭筒可以打，要摇橹的人加力摇到敌航线以外。他还具体指示要组织好船只、船工和训练水手，这是渡江作战的先决条件。到4月初，全军已搜集到各类木船8000多只，每个军大约有500到

600 只。加上部队自己制造的运送火炮、车辆、骡马的竹筏、木排等，基本上解决了第一梯队的需要。粟裕还指示我们把部队人员和船工组织起来，共同生活、操作，动员上万名船工训练部队，选训了几千名水手。在船工中开展诉苦教育和团结船工的运动，同时，制定了船只损坏赔偿办法和船工伤亡优抚条例，并且妥善安排了船工家属的生活。因为做了这些工作，提高了船工的阶级觉悟，建立了船工和部队人员的亲密团结，加强了共同完成渡江任务的决心。

我们按照总前委、华东局的指示，和华支共同开展了有关渡江的各项准备工作，其中所采取的各个重要步骤，都是粟裕同志具体指导的。

渡江在总前委、华东局、邓小平、陈毅、粟裕领导下，三野后勤主要抓了处理战利品装备部队，部队渡江后的补给，按照华东局制定的新区工作文件，在干部中进行新区支前工作政策教育。粟裕特别注意我军进入城市后的政策纪律问题。

2 月 20 日华野发布京沪杭战役的预备令，我们和华支安排了南渡的支前准备。

4 月上中旬全面检查了三野南渡前的物资准备。4 月 21 日凌晨突破江防，4 月 23 日解放南京，渡江后，我们和苏南支前司令部研究了新区筹粮办法。5 月 3 日解放杭州，5 月 27 日解放上海，京沪杭战役胜利结束。

1946 年 6 月到 1949 年 6 月的三年中，在苏中、宿北、鲁南、莱芜、孟良崮战役，中原的豫东战役以及淮海战役、渡江战役等各个战役的支前后勤工作中，粟裕都根据华东局、"华野"前委、总前委的指示给了我亲切的指导和帮助，我在这里只能就我受益最大的一些事实，来表达我对粟裕高尚品德和伟大业绩的崇敬。

粟裕和我们永别了。回忆解放战争期间，我随军参加支前后勤服务，受粟老教益甚多，谨致词痛悼永别：

> 将军数百战，战功海内传。
> 军中颂陈粟，并肩灭敌顽。
> 战略操远虑，奇兵破重关。
> 爱民亲父母，战士手足欢。
> 战后主建军，远略制机先。
> 胸怀坦荡荡，马列学精专。
> 毕生卫大局，党性昭云天。
> 情操追先哲，遗范永垂丹。

德才兼备智勇双全的军事家

——永远怀念彭雪枫

（1984 年）

1944 年 9 月 11 日，我新四军第四师师长兼淮北军区司令员彭雪枫，在抗日救国前线光荣殉国，党和人民永远怀念他。

彭雪枫以青壮有为、风华正茂之年献身于党和人民的事业，不但是我党我军的重大损失，也是我国人民和中华民族的重大损失。他革命的一生，战斗的一生建树的不朽业绩，他高尚的品德和为人民服务的榜样都是永存的，并且激励和鼓舞着我们继续前进。

雪枫同志 1907 年 9 月出生于河南省镇平县七里庄一个贫苦农民的家庭。1925 年 6 月参加中国共产主义青年团，1926 年 9 月转入中国共产党。入党初期和在大革命失败后的白色恐怖中，他在北京、天津、烟台、上海等地从事学生运动、农民运动和兵运工作，不惧艰险，经受了严峻的考验和锻炼，1930 年 5 月，雪枫同志调到中国工农红军工作后，在战斗中，身先士卒，首登长沙城，抚州八角亭之战光荣负伤。在粉碎叛徒郭炳生（师长）叛变的"乐安事变"中，荣获红星奖章。在举世闻名的二万五千里长征中，他率部屡为先锋，指挥若定，迭取胜利，战功卓著；在政治工作中也勇于创新，卓有建树。因此，雪枫同志成为土地革命战争中红军的著名青年将领之一。

全面发挥雪枫同志的长才是在抗日战争中。抗战爆发前，雪枫同志受命以党中央代表身份去山西等地进行统战工作，团结各方爱国人士，努力发展华北抗战力量。抗战爆发后，他又为八路军开赴抗日前线做好开辟通路的工作，对我军在华北的战略展开作出了重大贡献。抗日战争期间，雪枫同志奋战敌后，白手起家，为贯彻我党中央发展华中的战略方针，在创建新四军第四师和豫皖苏边区根据地的斗争中，发挥了公认的主导作用。

1938 年春夏，日寇侵占我徐州、蚌埠、开封等地。此时，豫皖苏鲁地区大部分县城和陇海、津浦两路沿线沦陷，日寇据点林立，收罗汉奸武装，推行伪化，国民党势力退避乡村，散失遍地，土匪蜂起，官匪混杂，形成一片敌伪匪交叉控制的混乱局面。我党中央于同年 5 月指示河南省委准备在敌后发展游击战争。同年9月，党中央代表周恩来、叶剑英同志指示河南省委将领导重心转向豫东。创造豫皖苏鲁敌后抗战新局面，沟通与我冀鲁豫八路军的联系。

雪枫同志受命组建新四军游击支队。他以大无畏的英雄气概，决心排除艰难险阻，执行向豫东挺进，开创豫皖苏边区敌后游击战争的光荣任务。1938年10月1日，他从河南确山县竹沟镇率领370多名游击健儿，高举抗日大旗，誓师东征。10月上旬在西华杜岗与吴芝圃、肖望东所部会师，合编为三个大队，共1020余人，雪枫同志任司令员兼政治委员。在张爱萍、吴芝圃、张震、肖望东等同志的襄助下，他和地方党密切合作，坚定地贯彻执行了党中央、毛主席关于独立自主地开展敌后游击战争、创建抗日民主根据地的战略方针，在一年多时间里，就开创了豫皖苏区敌后抗战的新局面，歼灭和瓦解汉奸土匪武装数千人，粉碎了敌伪军的多次"扫荡"，摧毁了大批县、区、乡伪政权；并通过他和爱萍出色有效的统一战线工作，发展了我党领导下的爱国进步力量，最大限度地孤立了反共亲日势力，从而使游击支队得以在淮北广大平原30个县境纵横驰骋。在津浦路西、陇海路南创建了以永城、涡阳、萧县、宿县、夏邑、亳县等县为中心的豫皖苏边区抗日民主根据地，并在蒙（城）、怀（远）、凤（台）等县的淮上地区，临近开封的睢（县）杞（县）太（康）地区和陇海路南侧的砀（山）南地区和邳（县）睢（宁）铜（山）地区，建立了抗日民主政权。随着部队的发展壮大，1939年11月，游击支队奉命改为新四军第六支队。而豫皖苏边区抗日根据地的建立成为联系华北、华中各抗日根据地的枢纽，也是我军向东挺进开辟苏北抗战局面的前沿阵地。到了1940年6月，全支队已拥有19000余人。党中央曾以"彭雪枫所部由三连人发展到十二个团"作为范例，说明华中新四军是可以发展的。

雪枫同志在津浦路西创建豫皖苏边区的同时，遵照党中央关于东进敌后、直到海边的战略方针，不失时机地向津浦路东发展。早在1939年7月，豫皖苏边区初创之际，张爱萍便受命赴皖东北和当地党组织及南下八路军取得联系，开展工作。同年11月初，中原局书记刘少奇亲临六支队视察，指出经六支队实践证明，党中央、毛主席的战略方针是完全正确的。少奇同志要求六支队和豫皖苏区党委集中力量建设豫皖苏边区根据地，并在一两个月内抽部分主力和地方干部去津浦路东，依托豫皖苏，创建苏北根据地。同年12月，雪枫同志即派一个主力团和百余干部赴皖东北，与我党领导的其他武装合编组成新四军第六支队第四总队，爱萍同志任总队长兼政治委员。到1940年春夏，我党我军经过艰苦的斗争，粉碎了日寇的多次"扫荡"，打退了国民党顽固派频繁的武装挑衅和进攻，终于独立地创建了皖东北抗日根据地。

1940年春，在打退了蒋介石集团发动的第一次反共高潮后，蒋介石将摩擦的重心由华北转向华中，妄图逼我新四军退出华中，撤到黄河以北地区，将我军置于困境。因而不断向我实行武装挑衅。为坚持团结抗战，反对妥协、投降与分裂，党中央决定派黄克诚率八路军一部由华北南下，协助新四军巩固和扩大华中抗日根据地。少奇同志根据党中央决策和华中情况，提出"向东发展，向西防御"的基本斗争方针。同年6月20日，黄克诚率领部队到达豫皖苏边区的中心区涡（阳）北新兴集，和雪枫同志领导的新四军第六支队会师。党中央、毛主席批准中原局建议，将活动于陇海路以南、淮河以北、津浦路两侧的八路军、新四军统一整编为八路军第四、第五纵队，并作了战略任务的区分。四纵队由彭雪枫任司令员兼政治委员，担任"向西防御"的任务；五纵队由黄克诚任司令员兼政治委员，执行"向东发展"的任务。

1941年1月，蒋介石发动了罪恶的"皖南事变"，使皖南我新四军9000人遭受覆灭的损失。为打退蒋介石集团发动的第二次反共高潮，坚持抗战，坚持开展敌后游击战争，党中央决定重建新四军军部，整编华中我军。八路军四纵队奉命改编为新四军第四师，彭雪枫任师长兼政治委员。这时，蒋介石纠集反共军汤恩伯等9个师，以7倍于我四师的兵力，疯狂进攻我豫皖苏边区。同时，日伪军加紧对我"扫荡"，策应反共军对我的进攻。我四师处于日、伪、顽重兵夹击的逆境之中。雪枫同志坚定地执行中央、中央军委和华中局、新四军军部的历次指示和命令，领导四师和豫皖苏军民进行了艰苦卓绝的斗争，一面对日、伪军进行反"扫荡"作战，一面抵抗反共军优势兵力的疯狂进攻，给来犯之敌以沉重打击。为了和蒋介石的反共政策作针锋相对的斗争，为了坚持抗日民族统一战线，避免人民的力量为蒋介石所消灭，为了坚持有理、有利、有节的斗争原则，华中局和新四军军部于4月25日命令四师向津浦路东皖东北地区转移。5月，雪枫同志率部忍痛告别豫皖苏边区，投入巩固和发展淮北苏皖地区抗日民主根据地的新的斗争。

1941年8月，经中央批准，华中局任命邓子恢为四师政委委员、中共淮北区党委书记。雪枫同志和邓子恢以及区党委其他领导同志密切合作，为建设和发展壮大新四军四师，为系统地建设、巩固和发展淮北抗日民主根据地进行了一系列的艰苦工作。继1941年10月程道口战役之后，雪枫同志指挥淮北军民，取得了33天反"扫荡"、泗阳山子头战役等大小数百次战斗的胜利，沉重地打击了日、伪军,粉碎了反共军东西对进夹击我军的阴谋,并使四师锻炼成为华中新四军内一支军政素质优良、英勇善战、纪律严明、密切联系群众的劲旅。

1944年春,日本侵略军为打通平汉线并控制陇海路潼关以东地区,大举进攻河南。国民党反动派继续推行"消极抗战、积极反共"的反动政策,位于河南的国民党40万大军不战而逃,37天弃城38座,大片国土沦入敌手,千百万人民惨遭日寇蹂躏。我党中央、中央军委为了打击进犯河南的日寇,拯救广大人民,发展中原敌后的抗日斗争,开展攻势作战,于同年5月,制定了"开辟河南、控制中原战略要地"的部署。7月25日,党中央根据刘少奇、陈毅和华中局先后的建议,命令我四师以淮北津浦路东为基地,主力西进豫皖苏边区,首先进入永(城)夏(邑)萧(县)宿(县)地区建立阵地,尔后进入睢(县)杞(县)太(康)地区联系,并相机控制新黄河以东地区。

1944年8月15日,雪枫同志在吴芝圃、张震襄助下,率领四师主力,庄严誓师,冒暑西征。我军健儿同仇敌忾,斗志昂扬,跨越津浦路,首战小朱庄,勇猛出击,在雪枫同志亲自指挥下,将长期危害人民,阻我西进的顽伪合流的王传绶部三个团全部、干净、彻底地加以歼灭,并争取了该部吴信元支队举行战场起义。豫皖苏人民闻讯欢呼,奔走相告:亲人子弟兵又回来了。四师健儿乘胜追击,连战皆捷。他们冲破了日、伪、顽的堵截,扫清了萧、永、宿等县的顽伪政权,豫苏皖大片土地重新回到了人民手里,数百万人民重见光明。我军乘胜挺进,9月11日,在夏邑县八里庄战斗中,又全歼伪顽之敌1600余人。雪枫同志亲临前线指挥,不幸光荣殉国。时年仅37岁。噩耗传来时,大家莫不泪如泉涌,万分悲痛。

雪枫同志离开我们了。他的音容笑貌却经常出现在我的眼前。

我是在1939年11月随少奇同志去豫皖苏边区时,认识雪枫同志的,并从此奉命在雪枫同志领导下工作,直到雪枫同志殉国,先后共事五年。他是我的良师益友,给我的教育和帮助极大。

雪枫同志是一个坚强的共产主义者,是我党我军的一位德才兼备的、智勇双全的卓越的军事家和政治家。他在中国人民抗日救国前线英勇牺牲,党中央、毛主席表彰他"功垂祖国"、"泽被长淮",是"中华民族的英雄","共产党人的好榜样",这是全党、全国人民的定评,是雪枫同志的无上光荣,也是我党、我军、中国人民和中华民族的无上光荣。

雪枫同志的嘉言懿行,同志们已经写了很多,我在这里只想表达雪枫同志对我教育最深的高尚品德:

第一，雪枫同志具有坚强的党性。他无限忠于党、忠于人民、忠于马列主义、毛泽东思想，忠于共产主义和中国人民的解放事业，毕生为党奋斗不息。他把党和人民的利益放在第一位，从不计较个人安危、荣辱、得失。雪枫同志奉命到皖东北后，曾多次报请华中局，要求邓子恢到四师任政治委员。他常说："一切都是党的、人民的，连自己的生命都属于党和人民的。"全心全意为人民服务，是雪枫同志高度党性的自觉表现、立身行事的根本准则。雪枫同志十分注意增强党性锻炼，襟怀坦白，大公无私，严于律己，宽以待人，善于团结同志共同工作；敢于坚持真理，勇于修正错误，在整风会议上诚恳深刻的自我批评精神，对我的教育很深。诚如陈毅对他的赞扬："洗濯冒冰雪，钦君不畏寒。"

第二，雪枫同志具有高度的群众观点，他经常教育部队要"对敌人如猛虎，对人民像绵羊"，热爱人民群众，尊重地方政府，坚决执行"三大纪律、八项注意"，坚决当好"政府的卫队，人民的护兵"。雪枫同志言传身教，以实际行动依靠人民，为人民谋幸福。1939年春，在游击支队司令部驻地新兴集附近，岭南一片洼地，十年九涝，人民生活很苦。雪枫同志进行了调查研究，了解过去由于岭北向南排水经常引起纠纷，遂派干部说服岭南群众，排除地主恶霸的干扰，终于军民合作挖了一条几十里长的排水渠，水患解除，洼地连年丰收。为了表彰和纪念雪枫同志对人民群众的关怀爱护，当地人民将这条排水渠命名为"雪枫沟"。1943年8月18日，泗南（今泗洪县）大柳巷淮水猛涨，河堤决口危在旦夕，雪枫同志得报，立即率领师直和医工会议代表赶去抢救，雪枫同志率先纵身跳入水中，大家纷纷跳下，立即组成人墙，协同民工，奋战十余小时，堵住了决口，保护了数万人民生命财产的安全。雪枫同志教育部队爱护人民，人民更加热爱自己的子弟兵，豫皖苏称颂四师是"天下文明第一军"。雪枫同志深厚的群众观点和群众路线突出地表现于他不断钻研、积极参加和指导淮北革命根据地的建设工作。他对地方工作不仅是积极的参加者，还是出色的指导者。他经常对部队进行政策教育，积极参加减租减息、发展生产的群众运动，组织和武装群众，发展地方武装和民兵。他积极参加抗日民主政权的建设和改造，热心出面进行统一战线工作，团结各个阶层爱国民主人士。他每到一个地方，总喜欢参加群众会或座谈会，听取各界人士对我党我军和民主政府的意见和要求。他关心群众的疾苦，胜于关心自己。他经常出现在群众之中，向群众问寒问暖，并把群众意见集中起来，总是详尽地向区党委和行政公署的同志通报，提出解决问题的具体办法。在这方面，我们的合作是最亲密的，对我的帮助是很大的。雪枫同志深厚的群众观点，还表现在他的廉洁奉公。他生活艰苦俭朴，与战士干部同甘苦共患难，一样吃黑馒头、红薯干。他坚持财经制度，从来不浪费公家一文钱，从来不接受非分的馈赠。

第三，雪枫同志具有勤奋学习的刻苦精神。他把学习作为做好革命工作的武器。他常说："要工作必须学习，学习是为了工作。""如果不抓紧时间学习，我会输给工作的。"他特别强调："一个共产党员，如不以马列主义武装自己，革命工作是搞不好的。"他经常以"埋头、埋头、再埋头；刻苦、刻苦、再刻苦"来激励自己学习。他刻苦学习马列主义和毛泽东的著作，致力于学习政治、军事、经济、哲学、历史。他认真阅读了《联共（布）党史教程》、《孙子》和克劳塞维茨的《战争论》。他对好书往往阅读多遍，联系实际反复琢磨，把心得写成笔记。他在攻读理论之余，还爱好浏览古典和现代的文学名著，从中吸取有益的营养。雪枫同志这种锲而不舍、持之以恒的学习精神，使他在政治上、思想上、军事上迅速提高，成为我党我军文武兼备、智勇双全的俊才。

第四，雪枫同志具备实事求是，一切从实际出发的工作作风。他既讲求大刀阔斧、雷厉风行，又注重调查研究、谨慎求实。他的这种作风在我们共同处理两次"反特"假案中，给我帮助和教育最深。1943 年秋到 1944 年春，在"泗阳反特案件"扩大化时雪枫同志研究案情及驻军九旅的反映，认为本案的真实性可疑，必须及时清理。他和我两人署名，电告在淮南参加会议的邓子恢，子恢同志报请华中局派军保卫部长梁国斌来淮北协同清理。经过调查研究，反复核证，最后彻底弄清全案虚构真相，坚决予以平反。"淮北中学案件"发生后，淮北区党委分工雪枫同志主持清理。他从调查研究入手，亲自调阅有关资料，找有关干部调查案情，并用四天时间对所谓主要"人犯"进行审问，终于弄清了假案的真相，并不顾个别人的反对和恫吓，坚决进行了平反工作。雪枫同志在这两个案件中彻底的唯物主义精神，为我们树立了坚持实事求是精神的榜样。

第五，雪枫同志具有朝气蓬勃的改革创新精神。在他创建和发展四师的工作中，表现得最明显。坚持了并且在新的条件下进一步发扬了我党我军的优良传统；他坚持了毛主席的军事路线，坚持在人民战争中发展和壮大队伍；坚持党对军队的绝对领导，坚持党的政治工作，并建立新型的军民关系、军政关系和官兵关系。他采取加强军政训练和实战锻炼相结合的方法，全面提高部队战斗力，他善于适应情况，为发挥平原作战的威力，在极其困难的情况下，组建了四师的骑兵团。他为了加强政治工作，培养和建设了《拂晓报》和"拂晓剧团"，群众都称赞这是彭师长心爱的"三宝。"他十分重视知识分子，注重吸收知识青年参军加以培养，并要求工农干部知识化，在这方面做了大量工作。

　　雪枫同志在革命生涯中，留给我们丰富的、宝贵的精神财富，我们要努力学习。这对于建设"四化"，完成党新确定的总任务总目标，促进党和经济建设，建设精神文明，推行城乡和军队改革，建设现代化、正规化的革命军队都是有益的。

怀念坚贞不屈的朱务平烈士 *

(1986 年 7 月)

一

在第二次国内革命战争时期，曾任中共长淮特委书记的朱务平烈士，因被叛徒出卖牺牲，已经 50 多年了。但是他那艰苦奋斗的革命精神和坚贞不屈的英勇形象，却仍活在我的心中。

我和务平同志是 1929 年 11 月同在上海参加江苏省第二次党代会时认识的，那时他是徐、海、蚌地区代表，我是南通地区代表，同在开会期间相处一个多星期。我们曾在会上对慕群（何孟雄）反对立三《政治报告》的发言表示赞同，而被批评"是明显的调和思想"。1930 年 9 月，党的六届三中全会结束了李立三左倾冒险主义的错误领导后，我被调任江苏省委外县工作委员会委员，后改任省委巡视员，化名张云生到徐、海、蚌地区，经常和务平同志见面交谈，深知他是一位党性很强的优秀共产党员。

朱务平出生于安徽宿县临涣的一个农民家庭。1924 年 5 月，他在徐州培心中学读书时，因抗议外籍校长辱骂中国人而被开除。他曾在《向导》发表《徐州教会学生奋斗的经过》，恽代英用笔名但一在《中国青年》发表《徐州教会学生的奋斗》给予支持。务平同志离校后，随即由吴亚鲁介绍入团后转党，当选为团徐州地委委员并任秘书及陇海铁路铜山站工会书记，往来于徐州、宿县之间进行革命活动。他先后在临涣、宿县发展建立了党团组织，曾任党的临涣独支主任及宿县县委委员并曾任宿县农民协会会长，领导开展农民运动。1927 年 2 月，他在沪参加江浙区第一次党代会时，被选为农民运动委员会委员。在第一次国内革命战争期间，务平同志就投身革命事业，表现出反帝、反封建的坚定斗争精神。

---

* 本文原载于《中共长淮特委》，安徽人民出版社 1991 年版，第 236～242 页。

二

1927 年大革命失败后，中共中央决定将安徽省境内沿津浦线及皖东北各县划归江苏省委领导，然后建立了徐、海、蚌特委，务平同志当选为特委委员被派到蚌埠工作，先后曾任蚌埠特支书记及凤阳县委书记和组织部长，在白色恐怖下坚持进行革命活动。1930 年秋冬之间，徐、海、蚌特委划为徐州、海州、长淮三个特委，务平同志任长淮特委常委，在蚌埠筹建组成了特委，后任特委组织部长。1931 年 6 月，原特委书记陈履真调沪工作，务平同志接任长淮特委书记。

当时长淮特委以蚌埠为中心，领导寿县、凤台、阜阳、颍上、凤阳、定远、怀远、五河、灵璧、泗县、盱眙等沿淮各县，我曾去巡视，到过蚌埠、凤阳、怀远等地。这时，白色恐怖笼罩各地，党的经费十分困难。务平等特委同志以手工卷烟、拉黄包车、做搬运工等职业为掩护，并维持贫困生活，同时在工人群众中开展党的工作。我多次看到务平同志都是穿着破旧的衣服，布满血丝的眼睛虽然近视却也不戴眼镜，像个质朴敦厚的普通工人一样，看不出他是学生出身。他因积劳成疾身患肺病，经常吐血却仍不肯休息，白天东奔西忙深入工厂、码头、车站以及农村进行活动，夜晚隐蔽在他住的破草房里为特委办的油印《红旗报》写稿，有时还亲自刻钢板直到天亮。许多同志都被他这种刻苦耐劳的革命精神所感动而深表崇敬。

长淮特委建立后，由于务平等特委领导同志贯彻党的六大及六届三中全会精神，进行艰苦细致的经常性工作，使党的组织及群众运动有很大的发展。在蚌埠由一个特支 10 名党员发展为 8 个支部 60 名党员，同时在各中学发展建立了共青团组织，还在工人中建立了读书班、互济会等群众组织，领导发动了一系列罢工、抗捐以及警察罢岗斗争。在九一八事变后，又及时地组织了抗日救亡集会宣传活动，扩大了党的影响，提高了群众觉悟。

务平同志还经常深入到特委所属各县去检查指导工作，使长淮全区的党组织及群众运动不断发展。1930 年冬，他曾去凤台帮助改组了县委，加强了对农民协会的领导。他多次去凤阳及临淮等地，帮助县委开展工作，指导临淮火柴公司工人的罢工斗争。支持凤阳五中和三女中学生的罢课斗争。为支援皖西苏区红军反"围剿"，他发动党员和群众破坏敌人的铁路军运和通讯联络，并在临淮镇秘密建立了红军联络站。1931 年 8 月，定远吴家圩农民暴动失败后，他曾前往了解情况，然后派员去恢复了党团组织。他还曾布置泗县暴动失败的同志打入敌军内部，发展党员建立了特支，准备发动兵变。这时，盱眙、灵璧的党组织和农民运动，也有很大发展并建立了农民武装，务平同志均曾派员前往帮助加强领导。

1932年春，皖西苏区红军第三次反"围剿"胜利后，盱眙县委发动了西高庙暴动，夺枪40余支组成了盱眙红军游击大队。江苏省委随即指示："巩固并发展盱眙的游击战争，实行土地革命，建立新的红军，发展新的苏维埃区域，是长淮党目前的第一等任务。"务平同志立即在凤阳临北农村召开特委扩大会议，讨论贯彻省委指示，决定派特委委员兼职工部长顾均去灵璧，派特委原委员兼原军委书记刘平去凤阳，派特委委员丁禹畴到盱眙，帮助各地加强领导，准备组织联合暴动。同时，在蚌埠举行纪念五卅飞行集会，宣传红军反"围剿"大捷，发动反蒋抗日救亡运动。但是由于刘平泄密，致使凤阳尚未暴动即遭敌人破坏。盱眙红军游击队虽曾编为4个中队，坚持斗争4个多月，终因敌我力量悬殊，遭国民党重兵"围剿"失败，长淮特委军事特派员徐德文牺牲，指挥暴动的副司令李桂五被俘后惨遭杀害。

坚持原则的务平同志，曾对刘平的流氓作风及无组织无纪律行为，开展过思想斗争。在刘平泄密致使暴动失败后，务平同志随即奔赴凤阳召开了紧急会议，对刘平进行批评教育后给予留党察看处分。但是口蜜腹剑的刘平在承认错误接受处分后，却在8月底潜赴南京向国民党中央党部告密，出卖了长淮特委及凤阳、怀远等县及在敌军中的党团组织，并带着敌军警、宪、特包围逮捕了党团员及群众80多人，使长淮地区党团组织遭到严重破坏。

三

在长淮特委被破坏时，我已返回上海参加省农委工作。后来当叛徒刘平带领敌人大肆搜捕时，务平同志尚未被捕，仍在坚持工作。他冒着生命危险继续活动，通知尚未被捕的同志迅速转移隐蔽。随后在9月间，当他在门台子火车站同人谈工作时，被另一叛徒张彩友发现后被捕，随即被押至蚌埠敌警备司令部，次日被押往南京敌宪兵司令部拘留所。

务平同志被捕时，化名为卷手工烟的朱大生，坚称到门台子买烟叶的。当时在长淮被捕的人员中，有两人当即叛变住进所谓"优待室"，还有几个人因缺乏斗争经验而承认了自己的共产党员身份，许多人思想比较混乱。务平同志在狱中拒未承认自己的真实姓名和身份，同时对长淮被捕的同志进行教育，坚持对敌斗争。那个和务平同时被捕的人化名为陈苏生，押进拘留所不久即叛变，随同叛徒刘平等向敌人当面作证指认，务平同志仍坚不吐实，把叛徒顶了回去。敌人知道他就是长淮特委书记朱务平，把他送进所谓"优待室"，以金钱、地位、美女进行利诱，并派曾任徐、海、蚌特委书记的大叛徒陈资平等"劝降"，务平同志当即轻蔑地说："我不认识你！"并旁敲侧击地把这些无耻叛徒骂了出去。敌人软硬兼施，将务平同志从普通牢房到"优待室"往返关押多次，始终未能动摇他的坚定意志和崇高气节，使难友们受到很大的教育和鼓舞。

长期的艰苦斗争使务平同志原来就不太好的身体在恶劣的牢狱生活中又染重病，吃不下那难以入口的牢饭，难友们多次要求给他治病，均被敌人拒绝。务平同志明知敌人不会将他放过，但仍保持革命乐观精神，经常和同牢房的难友谈心，讲解革命道理，并利用短促的"放风"时间同其他牢房的难友交谈，鼓舞大家共同坚持向敌人斗争，所以长淮被捕的同志绝大多数表现很好，个别曾有动摇思想的人也坚定了意志。只有极少数的几个贪生怕死的人叛变投敌，随叛徒陈资平、刘平等当了特务。

经过两个多月的狱中斗争，敌人对务平同志威逼利诱均遭失败，最后拿出证据让务平同志承认，否则就要枪毙，视死如归的务平同志未予理睬，在被押回牢房后向难友告别并交待后事说："我不死，就会有更多的同志要死。我死了，长淮组织还会重新建立起来的……"然后，在这年初冬一个雨后的早晨，敌看守打开牢门高喊："朱大生，提讯！"务平同志随即向难友们说："永别了！"从容地走出牢门，接着传来他用嘶哑的声音高呼："打倒蒋介石！""共产党万岁！"随着刑车开动声远去，被押赴雨花台壮烈就义，终年仅33岁。随后同被押赴雨花台牺牲的，还有凤阳县委书记赵连轩夫妇等20多位烈士。

曾任江苏省委妇女部长的帅孟奇被捕后也曾关在这个拘留所内，她回忆说："朱务平同志在狱中表现很好……还同我们一起向坏人坏事进行了斗争。"曾任长淮特委妇女部长的耿建华被捕后同帅大姐关在一起，她回忆说："朱务平同志在狱中同敌人经常地进行不调和的斗争……表现了一个共产党员特有的不怕牺牲的大无畏精神，表现得非常好……帅孟奇大姐曾对我说：'我是不爱流泪的人，但听到朱务平同志牺牲的消息时，我都流了泪'。"我相信她们对务平同志的高度评价是真实准确的，也表达了我对务平同志的崇敬心情。

四

朱务平从学生时代投身革命，就树立了为人类解放事业而奋斗的远大理想，所以在极为险恶艰苦的白色恐怖下，他都能够奋不顾身地坚持党的工作，为发展徐、海、蚌及长淮地区党的组织和革命力量，作出了很大的贡献。他作风朴实，平易近人，经常深入工农群众，言传身教，同甘共苦，从而深受群众爱戴。他胸襟宽广，谦虚谨慎，能团结同志共同工作，言行一致，任劳任怨，给人留下难忘的印象。他能坚持党性原则，表明自己反对"左"右倾机会主义的观点，尽管受到不公正的批评和打击，仍能顾全大局，服从组织决定，贯彻上级指示。他不畏艰险，临危不惧，在被捕后面对敌人的威胁利诱，坚贞不屈，视死如归，为革命事业献出了宝贵生命，表现出一个共产党员的优秀品质和崇高精神。朱务平烈士的一生虽然是短暂的，但他的革命精神和生命光辉却永世长存。

在抗日战争和解放战争期间，我在淮北苏皖边区工作多年，经常听人传颂务平同志的斗争事迹，给予我们很大的教育和鼓舞。经过前赴后继的浴血斗争，我们终于在洒满烈士鲜血的土地上，赢得了革命的胜利，建起了社会主义，先烈们的革命精神和业绩是不应该被遗忘的。在纪念建党 65 周年的今天，应蚌埠市委党史办公室约稿，特作此文以表我对朱务平烈士的怀念。

1986 年 7 月

长淮先烈的革命精神永存 *

(1986 年 9 月 9 日)

1930 年秋冬之际，根据中共江南省委决定，由原徐、海、蚌特委划出建立的长淮特委，以蚌埠为中心领导阜阳、寿县、凤台、颍上、凤阳、定远、怀远、五河、灵璧、泗县、盱眙等沿淮各县，在发展党的组织、开展群众运动等工作中，发挥过一定的历史作用。现由中共蚌埠市委党史办公室编辑的《中共长淮特委》，较为全面真实地反映了当时的斗争情况，是进行革命传统教育的一份珍贵资料。

在 20 世纪 30 年代初期的白色恐怖下，长淮特委在坚持秘密开展党的工作的基础上，曾领导多次罢工、罢课、抗捐和武装斗争，先后发动了寿县瓦埠暴动、颍上黄家坝暴动、定远吴圩暴动、灵璧大山暴动、盱眙西高庙暴动。因当时处于王明"左"倾冒险主义错误领导时期，缺乏斗争经验和周密计划，加之敌我力量悬殊过大，这些暴动虽遭失败，却有力地打击了国民党的反动统治，支持了鄂豫皖苏区红军的反"围剿"斗争。特别是盱眙西高庙暴动后建立的农民武装，曾组成游击队坚持战斗 4 个多月，对南京国民党政府构成很大威胁，后被蒋介石派重兵"围剿"而失败，暴动领导人李桂五（游击队副司令员）、徐德文（特委军事特派员）等英勇牺牲。在寿、凤、颍、定等地暴动中的领导人李英（中央军委军事特派员）、唐志远（凤台县委书记）、曹鼎（寿县游击队领导人）、程东方（凤台县委委员、原任书记）、戴国兴（定远吴圩暴动总指挥）等也壮烈牺牲，当地群众对这些为革命而献身的先烈永志不忘。

1932 年 8 月，由于叛徒出卖使长淮特委遭受严重破坏，有近百名党团员和工农群众被捕押赴南京，经过 2 个多月的狱中斗争，坚贞不屈的特委书记朱务平及凤阳县委书记赵连轩夫妇等 20 多位烈士，于 11 月间在雨花台英勇就义。原特委书记陈履真和原在长淮特委工作的周斌，也于年底被捕牺牲。他们都为革命事业献出了宝贵的生命。

长淮特委虽仅建立两年即遭破坏，但却留下了党的深刻影响，播下了燎原

---

* 本文是为安徽人民出版社 1991 年出版的《中共长淮特委》一书所作的代序。

的革命火种。半个多世纪后的今天，缅怀革命先烈的斗争事迹，继承发扬党的光荣传统，对于我们端正党风，实现四化，建设社会主义精神文明，都将是很有益处的重要一课。

1986 年 9 月 9 日

红四方面军文艺工作略谈 *

（1986 年）

说起红军时期的文艺工作，这已成为半个世纪以前的历史了。真是岁月匆匆，往事茫茫，许多人与事都随着时间流逝了，记忆也模糊了，现在仅就能想起来的说一说。

在总政印的《工农红军歌曲选》中，收集了不少流行于鄂豫皖、川陕革命根据地的歌曲。从那里可以看到红四方面军文艺工作的一个侧面，感受到这支队伍文化生活的浓郁气息。总的来说，红四方面军的各个方面和中央苏区既有联系，又有自己的特色，首先，当时的文艺工作作为党的宣传教育工作，是政治思想工作，是宣传红军政治主张、方针政策的基本工具。红军时期的宣传中心是党的十大纲领。具体说就是打倒帝国主义、封建主义以及国民党反动派，进行土地革命，建立苏维埃政权。为实现这个纲领，就要动员人民群众参加土地革命，参加红军，发展生产，保卫革命成果，粉碎敌人一次次的"围剿"。文艺工作就是为这个思想服务的。从文艺工作的地位来看，它是整个革命工作的一个组成部分，其本质是宣传工作的一种形式。在这主要一点上，红四方面军和中央苏区是一致的，是在统一思想指导下开展各种文艺活动的。

川陕苏区是当时的第二大苏区，是长江以北和长江以南的苏维埃运动的交汇点、联结地。经过多年的斗争，建立了相当雄厚的基础，形成了十分巨大的力量。队伍浩荡，地区广大，有着自己的风貌和特色。就文艺工作来说，既带着这个地区的色彩，也有着部队自己的创造，它是以自己特有的形式和内容丰富了整个红军的文艺。例如当时非常流行的《八月桂花遍地开》就是由商城民歌《八段锦》填词改编的。这首歌不仅唱遍了鄂豫皖、川陕苏区，而且成为红军时期歌曲的代表，一直唱到今天。当时的红四方面军把鄂豫皖、川陕地区的许多民间文艺形式带入红军部队，成为红军文艺发展的一个历史源流。

过去，一直认为只有一方面军是一支有文化的军队，现在全面看来，活动在鄂豫皖、川陕的四方面军也是一支有文化的军队；和一方面军同样，它有自

---

* 本文原载于《中国人民解放军文艺史料选编·红军时期（上册）》，解放军出版社 1986 年版，第 354～357 页。

己的宣传队、剧团，有自己的创作和演出。开始，它的文艺团体带有业余性质，参加演出的有宣传队员，也有领导干部，后慢慢发展为专业性的文艺团体。记得1933年7、8月份建立了地方剧团，1934年改为方面军的剧团，长征开始后，又进行了整训改编，成为红军部队中最为庞大的文艺团体。李伯钊是这个剧团的团长。当时，许多领导同志也为剧团写过歌，编过剧本。他们写话剧、活报剧，也利用旧戏的形式去反映新的生活内容。例如四川的高腔，是部队广大指战员最为欢迎的一个剧种，我们经常把现实的故事编成高腔来演。另外，无论鄂豫皖，还是川陕，民间小调异常丰富，而且广泛流行。我们就把广大战士熟悉的民间小调填入新词，有时也利用儿歌、校园歌填词。在巴中成立剧团时的团长易维钧是位填词的能手，他原来是地方的教员，文才也很好，同志们都爱唱他编的歌，可惜他在西路军行进途中牺牲了。红四方面军中还有不少同志在西北军工作过，他们也带来不少西北军的歌曲。像《三大纪律八项注意》歌的曲调，原在西北军中非常流行，后填入新词成为一首纵贯我军历史的主要歌曲。除此之外，还有《射击歌》、《站岗放哨歌》、《出操歌》等，都是由西北军传入。这些歌曲联系起来唱，就表现了一天军事生活的各方面内容。部队出操、上课、训练、吃饭都有歌唱，使得军事生活音乐化。

除了歌曲、戏剧外，凡是民间的传统的文艺形式，我们能利用的都利用。例如像《三字经》这样的顺口溜，是很上口的，很为战士所喜爱的。我们就编了一本《消灭刘湘三字经》，一本《革命三字经》，这两本都是我起草的，由善于书法的同志写在枣木板上，由木刻工人刻成印刷版，翻印成书。现在军事博物馆还保留着这两本《三字经》。廖承志是四方面军的画家，许多宣传画都出自他的笔下，他淋漓尽致地描绘了地主豪绅、国民党反动派的丑恶面目，生动地展示了阶级压迫的现实，让工农大众一目了然，起了直接的宣传作用。

四方面军拥有一支石刻队伍和一支木刻队伍，各军队的石刻活动都很活跃，部队所到之处，都留下许多石刻标语。在山岭石崖上，牌坊石门上以及石桥栏板上，都刻下了振奋人心的对联口号。像"斧头劈开旧世界，镰刀创造新乾坤"，到现在仍然历历在目。石刻标语可以说是四方面军宣传工作上所独有的一大特色，显示了这支队伍的力量和气魄。当时刻下的字有的达两丈多高，一个笔画可卧一人，十几里路之外都可望见，只要军队到达新开辟的地区，便可看见一座座塔楼一样的木架子，老远就可听见丁丁当当的斧凿声音，晚上也灯笼火把彻夜不熄，接着就出现了一处处石刻标语。现在四川好多地方还保留着许多红军的标语碑林。可以说这是轰鸣不止的历史乐章了。

行军路上的宣传鼓动棚，为一方面军所首创，后传给了四方面军。在艰苦的行军路上，尤其在长征途中，我们剧团在最紧要的地方设下鼓动棚，部队经过，大家又喊口号又唱歌，激励同志们前进。记得在过党岭山的时候，大雪纷飞，空气稀薄，队伍穿着单衣，顶着严寒滚滚而过。我们在山上设了鼓动棚，又唱歌，又喊口号，我和李伯钊还即兴合写了一首《雪山行》的朗诵诗，在风暴中向部队朗诵，给大家很大鼓舞。

会宁战役以后，四方面军一部分部队改为西路军，向河西走廊迂回前进。我们涉过了沙漠，跨过了黄河，进入了茫茫戈壁。我们尝到了沙漠跋涉的艰苦以及穿越戈壁的寒冷和战斗的频繁与残酷。西路军在军事上、政策上的失误自不必说了，但在进军和作战当中，全军上下作战英勇，付出了重大的牺牲。而剧社同志们又始终战斗在最前线，随军进行宣传鼓动。后来，剧团在三十里堡与敌人遭遇，经艰苦鏖战，弹尽粮绝，最后敌人突进，剧社同志们全部被俘。大家在身陷囹圄之后，又进行了十分顽强的斗争，在部队文艺史上留下了可歌可泣的一章，作为红四方面军的文艺工作的最后总结。

（亨邑整理）

长征中的文艺兵 *

——回忆长征中的红军前进剧社

（1986 年）

在纪念红军长征胜利 50 周年的时候，我们回忆起了长征中的一支红色宣传队——红军前进剧社。它给我们留下了难以磨灭的印象。

剧团的前身之一是红四方面军新剧团。它创建于 1933 年 2 月，同年 8 月改为"工农剧团"，随红四方面军转战南北，1935 年参加长征，1937 年在甘肃河西走廊与敌人浴血奋战。回首往事，心潮起伏，久久不能平静。为实现全民族解放事业的崇高理想，剧团战士不怕艰险、始终如一的革命乐观主义精神和英雄主义气概，直到今天仍然有教育意义。这是革命先驱者留给我们的一笔宝贵的精神财富！

1935 年 3 月，剧团随四方面军政治部和川陕省委西渡嘉陵江开始长征。长征途中，剧团同广大指战员数翻雪山，三过草地，有几件事至今仍然让我们难以忘怀。

1935 年 6 月中旬，红一、四方面军先头部队在夹金山下胜利会师，喜讯很快传遍两个方面军。由毛泽东、周恩来、朱德、刘伯承、王稼祥等中央领导同志率领的红一方面军到了达维，四方面军派红九军二十五师师长韩东山前往迎接。当晚会师部队开联欢会，以李伯钊为团长的中央军委文工团为联欢会演出了精彩节目。其中有一首歌是陆定一写的《红军两大主力会合歌》，表现了全军指战员胜利会师的欢乐，同时也表达了兄弟部队的团结，因此深受广大指战员的欢迎。通过剧团演出教唱，很快在连队唱开了。部队行军、宿营，到处都能听到这首歌，它鼓舞了战士的斗志，增强了胜利的信心。

1935 年 8 月 29 日，我红四方面军三十军歼灭了包座守敌及援敌第四十九师，为全军打开了北进通道。这期间一方面军三军团政委杨尚昆、政治部主任袁国平指派宣传部长刘志坚率领总政治部慰问团赴包座慰问演出，正赶上李伯

---

　　* 本文是刘瑞龙与刘志坚等共同署名发表，署名顺序为刘瑞龙、刘志坚、魏传统、王定国、甑先佛，原载于 1986 年 10 月 13 日《人民日报》。

钊也来四方面军办文艺训练班。这真是双喜临门。慰问团一行 20 余人，大都是原"火线剧社"的骨干，到了包座，不顾途中疲劳，当晚为部队演出了战士喜闻乐见的文艺节目，受到部队的热烈欢迎。他们不仅带来了兄弟部队的情谊，而且也带来了好的作风、好的经验和好的节目。这是四方面军文艺战士学习的好机会，彼此交流经验，传授技艺，随后文艺节目也变得丰富起来了，从内容到形式都有了新的突破。李伯钊还亲自到部队教唱歌曲，到剧团组织排戏，教舞蹈，气氛非常活跃。

同年 11 月，在天全杨家坪，原工农剧团与总政慰问团合编在一起，改称"中央前进剧社"，简称"前进剧社"。社长李伯钊，政委易维精，把原来的四个剧团和各军宣传队集中到芦山"前进剧社"受训，重新整编为三个团。集训中，李伯钊亲自教《农民舞》、《海军舞》、《乌克兰舞》、《高加索舞》，还排演了歌剧等等，骨干力量加强了，节目质量有了明显的提高。

1936 年 1 月中旬，剧团又翻夹金山回到红五军驻地丹巴，红五军三十七团调驻丹巴东南 130 余里的牦牛村抵抗敌人的追击。剧团奉命慰问大炮山三十七团。这是一座很荒凉的雪山，人烟稀少，野兽很多，经过艰苦行军，走了整整两天两夜才赶到大炮山脚下的牦牛村。从瞭望哨向南俯瞰，山下全是敌人的驻营地。敌人万万没有料到在他们看来这荒无人烟的雪山上，竟会有红军自天而降，更难想象还有这么一支红色文艺轻骑兵飞临到这冰天雪地的前哨阵地慰问演出。三十七团指挥员听说剧团战友冒着风雪、长途跋涉来前沿阵地演出，高兴极了，提前为战友做饭、烧水，并派人前往迎接，等剧团一到阵地就敲起了锣鼓，整个阵地顿时有了生机。风像刀子一样刮着战士们的脸，面部肌肉冻僵了，手脚被冻麻了，可这喧闹的锣鼓声却温暖了每个战士的心。演员登场前，冻得浑身发抖，可一上场就什么都忘记了，那惟妙惟肖、绘声绘色的表演，拨动着每个战士的心弦。演出结束，剧团战士向指战员们告别时，很多战士激动地哭了……对战士们来说，剧团给他们送来的不仅仅是一场文艺演出，而且送来了一颗火热的心，在生死关头，战士们需要沉着的思考，也需要欢快的歌声。

在特殊的战斗环境中，越艰苦，越需要文艺战士用歌、用舞、用剧等等形式鼓舞人们克敌制胜的勇气。文艺战士则在广大指战员的英雄主义行为中汲取了无穷的艺术养料。三十七团原属红五军建制，这支英雄钢铁后卫，从 1934 年 10 月长征以来，急渡湘江，靠一双铁脚板，一夜急行军 140 里，突破敌人四道封锁线。红五军团在江南岸坚守了 9 天 9 夜，保证一方面军安全渡江。三十七团战功卓著，剧团刘文泉等编导把这些素材在半天之内编成各种形式的文艺节目，第二天就地演出，三十七团广大指战员看了自己的战斗经历，十分亲切，表示坚决要守好南大门，保证主力部队休整。

1936 年 2 月中旬，剧团随方面军赶到党岭山下，休息了一天作翻山准备，剧团战士每人准备了好几个松明火把，为上山照明使用。第二天凌晨 3 点，部队向党岭山进发，按规定必须在 12 点以前翻过山顶。剧团战士不怕天寒地冻，在山高路滑的艰险行军中，为鼓舞红军战士奋勇登山，他们站在冰天雪地里当啦啦队。在行军的队伍中间前后奔跑，唱着红军战歌，山风卷着雪花漫天飞舞。单薄的军衣，抵挡不住风雪的吹打，脸上像被无数把尖刀刮着。战士们冻得牙齿打战，越往上爬，空气越稀薄，呼吸越困难，一步一停，一步一喘，谁要是停步坐下来想休息一下，就很难再站起来了。因此每个人都拼尽全身的力气，相互搀扶，有的被狂风卷进山谷，有的踏虚了脚连人带枪坠落雪坑。剧团老炊事班长、共产党员张德胜就是滑到雪坑里牺牲的。眼睁睁望着老班长滑下去，顷刻间被大风雪埋得无影无踪，同志们失声痛哭。这时，指导员廖赤健带头高唱刘瑞龙、李伯钊合写的《雪山行》，用歌声激励同志们继续前进。快到山顶，突然下起一阵冰雹，核桃大的雹子劈头盖脑地打来，打得满脸肿痛，有的人用手捂住脑袋，有的人干脆把背包顶在头上，依然坚持向前。冰雹过后，晴空万里，阳光耀眼，到了山顶休息片刻，又像坐滑梯板那样，一个接一个向山下滑去。山下如同另一个世界，有天然温泉，剧团战士们痛快地洗了一个温泉浴，减轻了几个月来的紧张和疲劳，然后休整了几天，最后到达甘孜驻营。

为迎接二、六军团，四方面军政治部动员全军赶作慰劳品，剧团战士心灵手巧，就地取材，用萝卜当纺锤，把生羊毛捻成两股细线，再合成一股粗线，用以织毛衣、毛袜。没有工具，就用竹子削成粗细适宜的竹针，然后进行编织。同时还用土办法把生羊毛揉得软一些，做成背心，很能御寒。此外剧团还派出了宣传小分队随三十二军罗炳辉部队前往迎接二、六军团，并演出了文艺节目，慰问长途跋涉到来的兄弟部队。二、六军团政治部宣传队，在长征途中同样经受了考验和锻炼，为配合政治工作，他们积累了很多宝贵经验；尤其是注意调动部队知识分子的积极性，充分发挥他们的才智，同时又重视宣传干部队伍本身的政治、文化素养的建设，使宣传工作的战斗力得到了加强，无论是发动群众，还是组织教育俘虏工作，都有明显的成效。

1936 年 10 月，三大主力红军在会宁胜利会师。剧团又进行了整编，将"前进剧社”的三个团缩编为一个团，叫“前进剧团”，随方面军西渡黄河，奔赴新的战场——河西走廊。

　　在千艰万险的长征路上，文艺战士始终歌声不断，不论环境多么困难，他们都能始终坚定地向目的地迈进，为什么？因为崇高的革命理想，为民族解放事业战斗到底的强烈愿望，给了他们不可战胜的力量。

淮北中学是"抗大"式的学校*

（1986年）

两年前（1984年），我在同几位原淮中师生的一次谈话中，曾经提议：作为淮北抗日根据地革命斗争史的一部分，编写一本《淮北中学专辑》，把当年淮北中学为我党培养大批革命人才的历史作用和办校经验，记载下来，留给后代。这是一件非常有意义的事情。现在这本《专辑》如所期望地出版了，我表示热烈的祝贺！

为什么我要提议出版《淮北中学专辑》呢？主要有以下几个理由：

一

淮北中学是淮北区党委和行署直接领导的一所培养干部的学校。为了更广泛地吸收根据地内外广大青年参加革命工作和抗日斗争，所以采用了"淮北中学"的名称。创办，是在抗日战争最艰苦的1941年；结束，是在抗日战争胜利的1945年。四年时间，先后为淮北党政军各条战线培养和输送了2000多名干部，对巩固和发展淮北抗日民主根据地做出了有历史意义的贡献。这一大批淮北中学的同学，在长期的革命斗争中，经受了锻炼，许多同志现在担负着重要的领导职务，成为我们党的中、高级干部。——这当然不都是淮北中学的功劳，但是正如许多同学所说的，淮北中学是他们前进的第一步，也是决定性的第一步。

淮北中学1941年春夏之交开始筹建，9月正式开学。筹建工作是在淮北区党委直接领导下进行的，10月成立了淮北苏皖边区人民政府——行政公署，淮北中学就作为行署的一个直属单位，由行政公署及其教育处领导了。学校的正式名称为"淮北苏皖边区公立淮北中学"。全体师生的生活和学校经费全由民主政府供给。

---

* 本文原载于程广庆主编《抗战在淮北·第五辑》，中共中央党史资料出版社2002年版，第425～429页。

淮北中学的校长任崇高，是德高望重的爱国民主人士。副校长张宇瑞，是毕业于北京大学的老教育工作者。淮北中学教导主任徐子佩毕业于清华大学，是个老党员，他和教务主任宋晓村都是豫皖苏边区联合中学的教员。张宇瑞、徐宏九、孟戈非、尹锡珍等同志先后在淮中负责过党的工作。淮中的教员大多是共产党员，具有大专学历，政治上和业务上都是比较强的。

淮北中学是在党的直接领导下筹建、创办和进行教学工作的。学校的党组织，先是总支委员会，后来成立党委会；教职员和学员班分别成立党支部，保证了教学工作和其他各项任务的顺利完成。

创办淮北中学还得到地方上开明人士的赞助。当时泗东县（现为江苏省泗洪县）阳景庄的许老太太，自动献出300亩地和一部分房屋给民主政府办学，淮北中学的校址就设在阳景庄。

1945年抗日战争胜利了，淮北区党委和淮北行政公署在10月间撤销，淮北中学也完成了它的历史使命，改为淮北师范，搬到泗县城里去了。

这是淮北中学创办、发展、结束的大体轮廓。

二

淮北中学是"抗大"式的学校。它和当时的新四军四师抗大四分校有明确的分工：抗大四分校主要培养军队干部，淮北中学主要培养地方干部。

淮北中学的学员大部分是根据地的中、小学生和失学青年，一部分是需要补习文化的地方基层干部和小学教师，还有相当一部分是来自游击区、敌占区和国民党统治区的爱国青年。从某种意义上说，淮北中学也是我们党同日伪顽争夺青年的一个重要阵地。

淮北中学和一般的普通中学有共同点，又有很大的不同点。共同点是都有学习文化知识的任务，不同点是淮北中学以政治教育为主，以革命人生观教育、时事形势教育、党的方针政策教育为主，把培养学生确立坚定正确的政治方向和独立工作能力，提到领先的地位。这就为淮中学生在政治上成长打下了良好的基础。

淮北中学还对学生进行社会教育，并经常组织他们参加社会实践活动，使学生从实践中学习对敌斗争和党的方针政策，使他们从实际工作的锻炼中，增长才干。

淮北中学学生的生活是军事化的，并设有军事课，对学生进行军事常识的教育。它以抗大为榜样，培养了团结、紧张、严肃、活泼的校风。

淮北中学发展和建立了一支品学兼优的党员队伍。他们不仅是学习的模范、团结的模范，也是在学生中进行思想政治工作的坚强骨干。

淮北中学还有许多好的东西，就上面讲到的这些来说，它和一般的普通中学相比较，有重大的突破，也可以说是从当时的实际出发所进行的教育革命，并且是卓有成效的。它所培养的学生不是仅仅有文化知识的白面书生，而是政治方向坚定，有艰苦奋斗精神，有高度组织纪律观念，有实际工作能力，又有一定文化水平的合格干部。这是历史事实所证明了的。

三

淮北中学从创办到结束，要说大事可以概略地举出几例：

一、选送了一大批优秀学员到部队工作。其中一部分是从淮中经过抗大四分校和四师卫校培训后分配到军队工作的，一部分是直接分派到敌后武装工作队的。

二、为地方输送和培养了大批干部。淮北根据地的党政机关、群众团体、新闻、出版、文化艺术、体育卫生等等各条战线，都有来自淮北中学的新生力量，特别是教育战线，淮北中学的同学最多。他们为发展淮北根据地学校教育和群众教育事业，作出了重要贡献。

三、参加了对敌斗争和根据地的各项建设工作。1942 年的 33 天反"扫荡"，1943 年泗阳县山子头的反顽斗争，根据地的减租减息、扩军运动、征收公粮等等，淮北中学的师生都做了大量的宣传群众、发动群众的工作，成绩是显著的。

四、参加了根据地的大生产运动。全校师生不仅养猪种菜，还开垦了几百亩荒地种庄稼，减轻了人民的负担，改善了自己的生活。

当然，淮北中学也有它一定的历史局限性。当时是处在敌后环境，经常面临着日伪顽夹击的威胁；淮北地区经济文化落后，物质条件很差；缺少敌后办校的经验等等，这些因素，也影响到学生的文化知识水平的提高，主要是数理化的知识没有能够达到应有的水平。学校党组织也有过失误，在反特斗争中犯了错误，这是淮北中学一件大事也是一件憾事。但这不是主流，并且最后得到了妥善、正确的处理。

四

回顾一下淮北中学的历史情况，我们可以看出，淮北中学确有历史功绩，它在教育方面的许多经验现在仍然有借鉴的作用。所以"淮北中学"值得好好写写，它是淮北抗日根据地斗争史的一个组成部分。

以上几点，就是我认为应该为"淮北中学"出个专辑的主要理由。

在那次谈话中，我还建议：写历史，要实事求是，坚持历史唯物主义。只有求实存真，才有价值，才能总结出有用的经验。《淮北中学专辑》，可以有一篇总的东西，还要有分门别类的文章，把它汇编起来。写"淮北中学"，要强调党的领导作用。任崇高老校长对办好淮北中学的贡献是人所共知的，要突出写一下。他是和我们党长期亲密合作的爱国民主人士，对党对人民忠心耿耿，称得上是党外布尔什维克。

写淮北中学，要集思广益，发动在淮中工作过、学习过的师生员工大家动手，每人写一两个片断，汇总起来就是一本书，就能出专辑了。也要有几个同志专门负责编审工作，具体组织落实，包括最后定稿。为此，我提议，由原淮中的几位师生并请当年淮中所在地中共江苏省泗洪县委员会一位负责同志参加，共同组成编审组，来承担这个任务，认真把这件事办好。他们果然这样做了，并且在实践过程中，还组织更多的淮中师生积极参加书稿的征集、撰写、编改、讨论和审定工作。所以这本书的出版，也是原淮中师生员工和中共江苏省泗洪县委、泗洪县政协以及中共安徽省委党史工作委员会群策群力，共同奋斗的成果。为此，在专辑出版之际，我想，就以我的上述谈话要点，作为本书的序言，借以表达我的欢快心情和祝贺之意吧。

先烈精神　永志不忘*

（1987 年 11 月）

　　南通是我的故乡，是我战斗过的地方。作为一名老战士，我有幸得以先读到南通市委党史工作委员会、南通市民政局编辑的《江海英烈》。这本书收录了第一、第二次国内革命战争时期南通地区英勇牺牲的 61 名革命先烈的传记，这是一本感人至深的好书，我愿意向广大读者推荐。我相信，大家一定会从这本书中受到鼓舞，得到教益。

　　20 世纪 20～30 年代，在中国现代史上是一个革命斗争剧烈的时代。与中国共产党诞生地上海仅一江之隔的南通地区，早在建党初期，先进的知识分子就开始接受马克思主义，进行反帝、反封建的斗争。1926 年春，在大革命的洪流中建立了共产党组织，点燃起江海平原上的星星之火。从此，南通人民向帝国主义、封建势力和国民党反动派进行了长期、艰巨的斗争。1928 年如、泰地区举行了五一农民暴动。这次暴动是八七会议以后大江南北百余次农民暴动中，声势较大的一次。1930 年，在中共江苏省委领导下组建的中国工农红军第十四军，是江苏境内正式编入工农红军序列的影响较大的革命武装力量；这支人民武装，在通、海、如、泰地区开展了大规模的、轰轰烈烈的斗争，沉重地打击了国民党的反动统治。红十四军在这一地区的活动，为后来新四军东进抗日，开辟以黄桥为中心的革命根据地创造了条件。

　　正如历史上的正义事业都要经过斗争、失败，再斗争，再失败，直至最后胜利的规律一样，在第一、第二次国内革命战争时期，由于敌强我弱、反动派的残酷镇压，以及党内错误路线的影响，南通人民的革命斗争遭受了挫折和失败，使成百上千的革命志士血沃江海平原。革命先烈们生前在战场、在刑场、在敌人的法庭上，面对着生与死的考验，面对着刽子手的屠刀所表现的那种顽强不屈的斗争精神和誓死如归的英雄气概，光昭日月，气壮山河，为后世所景仰。虽然他们早已长眠于九泉之下，但是，历史已经证明，他们是无愧于那个年代、无愧于子孙后代的英雄！

---

　　*　本文系刘瑞龙为《江海英烈》一书写的序言。

　　弹指一挥，半个多世纪过去了。20 世纪 20～30 年代参加过南通地区人民革命斗争的幸存者已经寥寥。感谢南通的同志办了一件好事。江苏人民出版社出版《江海英烈》，将是对革命先烈最好的纪念。可以告慰英烈的是，在党的十一届三中全会制定的路线、方针、政策的指引下，南通地区的改革、开放和社会主义精神文明建设已经取得了可喜的成绩。我们要发扬先烈的革命精神，遵循党的十三大确定的建设有中国特色的社会主义的基本路线，自力更生，艰苦创业，为把我国建设成为富强、民主、文明的社会主义现代化国家而奋斗。

　　在《江海英烈》成书之际，南通市委的领导同志嘱我为这本书的公开出版作序，借志永念。是为序。

1987 年 11 月于北京

纪念安吴青训班创办 50 周年 *

（1987 年）

在安吴青训班创办 50 周年的时候，回忆它的战斗历程和历史经验，目的在于发扬它的改革创新精神，鼓舞全国人民和青年，坚持四项基本原则，更加奋发地积极参加全国城乡改革和开放事业，促进"四化"建设。

安吴青训班是在 1937 年七七抗战爆发，全国人民和全国青年处于抗日救亡的高潮中诞生的。更重要的，它是中国共产党和毛主席所主张的抗日民族统一战线的产物，是国共两党第二次合作的产物。它在三原国民党元老于右任先生的斗口农场创办，以后在国民党统治区安吴堡发展壮大，它是全国青年抗日救亡统一战线具体体现的一个标志，是当时中国青年运动的重要形式，发展全国青年运动的强大基地。

安吴青训班从创办到 1940 年 3 月，迫于国民党反动派的反共高潮撤回延安，并入毛泽东青年干校止，先后培养和输送了 1.2 万多名有文化、有理想、有朝气、有专长、能打仗的革命青年，到抗日救国前线和所需要的一切地方，这是安吴青训班对伟大祖国最大的贡献。上述贡献、经验和战斗生活，至今还在激励着我们在改革和促进"四化"新长征中奋勇前进。

当时在统一战线的环境中，青训班是一个培养抗战青年干部的教育机关，现在看来是大大不够了，不能只说他是一个单纯的教育机关。我想还应加上一条：青训班是一个伟大的革命熔炉，它把国民党统治区广大的爱国青年，按照抗日战争的需要、青年的特点和当时所处的环境进行战时教育，使成千上万的青年，变成有高度爱国主义觉悟，具备抗日军政常识的，拥护共产党领导的，拥护国共第二次合作的能够战斗的抗日战士。

安吴青训班的成就是由于党中央、毛主席、朱总司令的亲切关怀，以及以陈云为首的党中央青委的直接领导，由于西青救和民先组织的支持，在冯文彬、胡乔木主持下，青训班从领导到基层、党内外同志的共同努力，以及中共陕西省委和当地人民群众，友军十七路军的帮助，使青训班的工作得以顺利进行。

---

　　* 本文原载于中国人民政治协商会议陕西省西安市委员会文史资料研究委员会编《西安文史资料·第十三辑》。

我们这座革命熔炉是怎样工作的？青训班创办时就明确公布了他的办学目的："在最短期间授予青年各种最低限度的战时政治知识，使能在中央政府的领导之下，依据革命的三民主义与抗日民族统一战线之精神，开展抗敌救亡工作。"依据这个目的，确定了青训班的教育方针：

第一，努力发扬革命的三民主义及抗日民族统一战线政策，巩固全民族大团结，坚定抗战必胜、建国必成的信心，发扬艰苦奋斗的精神。这是每一个中国青年所必须具备的知识和态度。

第二，以抗战的军事政治知识武装青年头脑，增加青年为国家、为民族服务的技能，培养大批青年干部，以适应抗战之需要，使他们在神圣民族战争中发挥伟大的作用。

这个方针是按照当时抗战救国纲领所规定的"推行战时教育"的方针制定的。

根据这个方针，我们规定了下列课程：

关于抗战的基本理论部分：

（一）社会科学，包括政治常识与政治学两项，主要是社会发展史。目的是使学员了解社会发展的必然过程及其基本规律，使每个青年都有正确的世界观和人生观；

（二）革命三民主义和中国革命问题；

（三）抗日民族统一战线的基本理论政策和抗日的民众运动，包括群众运动的基本原则，青年运动、农民运动、职工运动、妇女运动、敌占区的工作，以及中国少数民族问题等。

关于军事课程，主要是着重于造就初级干部，培养他们具备实际参加战斗和指挥战斗的技能。内容主要包括基本动作、武器使用、步兵战术、游击战术，侧重于实战研究。在这方面，我们要感谢李东潮、黄春延、朱致平等同志的出色工作。

当时办学没有经验，我们就学习红军大学、抗日军政大学的办学方法，在抗大办学方针中，特别强调的就是毛泽东倡导的实事求是，一切从实际出发，理论联系实际。学校各方面的工作都是贯彻这一条思想路线。这也是安吴青训班教育路线。抗大提倡的"团结、紧张，严肃、活泼"的八字校风，在青训班也作为班风的标准。在这里，也可以说安吴青训班继承和发扬了"红大"和"抗大"的教育传统。我们就是这样组织教务、教学工作和指导学生学习的。

当时青训班除教务处外，还有一个生活指导处，实际上是政治工作处。当时张琴秋担任生活指导处处长，和教务处配合得很好。她的工作方针就是要发挥学生自己在学习中间的自觉性和主动性。她认为，战时教育的目的，不在于造成多少架服务抗战的机器，而在于造成真正英勇而有才能的民族解放干部。她提倡要采用完全新的教育方法，不要去限制青年的发展，而是要去帮助他们。生活指导处的基本任务就是要从日常生活上来帮助青年的发展，来达到保证完成教育计划的目的。琴秋同志在思想政治工作方面，灵活运用红军政治工作的经验，按照青年的特点、当时当地许可的条件，和全处同志进行了出色的工作。她把工作重心总是放在积极的一面。她认为千百青年在我们面前等待我们武装他们的意识，锻炼他们的意志，帮助他们克服弱点，养成战斗的和科学的、热情的和实际的，大智不疑、大仁不忧、大勇不惧和富贵不淫、贫贱不移、威武不屈的人生观。她认为这是一宗无比的神圣使命。

至于我们的总务处，他们在物质条件困难的情况下，在葛瑞冀和石济时主持下，在保证全班师生员工的供给方面做了出色的工作。这里不再细说。

最后，我还想谈谈对我印象比较深刻的事情。

第一，青训班全部教育工作，坚持了理论联系实际的原则。我们不仅要求学员在课堂上、讨论会、自学读书等方面学懂一些政治军事知识，更重要的是引导学员在实际中更深刻地理解学到的知识，还要进一步掌握实干的本领。朱总司令对青训班发出的"学好本领上前线"的口号，深入人心。青训班在每一期都要组织学员下乡调查，引导青年到农民中去，接近农民、了解农民，向他们进行宣传，并进行组织民众的工作。同时还学习上层统一战线工作，如访问驻军和地方党政机关并进行联欢等。此外，每一期都组织学员野营演习，这些对帮助学员加深理解，培养青年实干本领有很大的好处。

第二，培养学生艰苦奋斗的精神。青训班物质条件差，睡草铺、坐砖凳，草帘挡风、露天上课，这已经是艰苦锻炼的环境。1939 年春，青训班响应边区政府的号召，自力更生解决经济困难，我们组织学员到关中淳化县亮马台开荒种地办农场，另一部分学员在安吴堡后面嵯峨山种豇豆、洋芋，并学习当地群众贮存经验，晒豇豆干和洋芋片。这样虽未解决更多问题，但改善了师生的生活，提高了大家生产劳动的观念。

第三，青训班是在坚持抗战、团结进步的斗争中前进的。青训班的创办、成长、发展不是一帆风顺的。国民党顽固派看到大批青年向安吴拥来，他们利用和指挥一批托派散布反共、分裂、倒退和民族失败主义的谬论，和我们争夺青年。尽管如此，但青年们不理托派分子那一套，广大革命青年来安吴参加学习的决心是谁也阻挡不住的。国民党顽固派也派些坏人来捣乱，对于这类事情，学校不能容忍，一面及时纠正，一面力图防止。可是对于受坏人蒙蔽的同学，我们都是尽了最大的努力和耐心来加以说服，争取他们的觉悟。我们采取三种方法：第一是个别谈话，第二是集体报告，第三是由同学们自动进行思想斗争。这三种办法都收到很大的感化效果。

第四，利用安吴青训班这个良好阵地，开展全国青年运动。依托这块基地，向全国青年宣布党中央毛主席抗日民族统一战线的方针政策。两年半时间不长，但影响很大。它的成就、经验和战斗生活是值得永远怀念的。我赞成对安吴青训班有一个全面的评价，青训班对今天"四化"建设有用的经验要广为宣传。

忆豫皖苏边新区地方工作

(1988 年 5 月)

三年解放战争中大部分时间，我是在华中、山东与豫皖苏地区，跟随华野前委领导人陈毅、粟裕做支前后勤和地方工作。华野前委领导同志坚定地贯彻了党中央的战略方针，卓越地发挥了毛泽东的人民战争光辉思想，坚定地依靠群众，发动和组织广大人民支援战争，大力开展新区群众工作，满腔热情地完成支前后勤任务，为建设中原新的反攻基地，做了不懈的努力，配合全国解放战争，夺取全国胜利。

在华中与山东做支前工作

解放战争时期，我任中央华中分局委员、民运部长，自卫战争开始后，我参加了各地七战七捷战役，在一个半月的连续作战中，我军歼敌六个半旅，极大地鼓舞了解放区军民的必胜信心。广大人民从人力、物力、财力等方面满足了前线的需求，保证了战役的胜利，并在主力转移后，顺利地转入坚持敌后游击战争。

山东野战军和华中野战军在苏北会师后，我随部队到了山东，任山东省执行委员会第一副主任兼前方办事处主任。参加了宿北和鲁南战役，此后全歼蒋军三个整编师和一个快速纵队。由于前委、华中分局的及时指导，很快克服了战争初期支前后勤工作的被动局面，保证了战役的需要。在这前后，我按华野前委的指示，整顿了支前后勤机构，协调了华中和山东两方面的支前后勤工作。

1947 年 1 月，华东野战军成立，陈毅任司令员兼政治委员，粟裕任副司令员，谭震林为副政治委员，陈士榘任参谋长，刘光胜为副参谋长，唐亮任政治部主任，钟期光任政治部副主任。1 月底，徐州东陇海线之敌北犯，李仙洲集团自济线南犯，企图在沂蒙山区与我主力决战，我主力部队于 23 日一举全歼李仙洲集团 7 个师。此次战役中，我们发动鲁中党政军民全力支前，动员服务民工60 多万，出动了 40 多个民兵子弟团参战，解决了我军几十万人的粮食供应，保证了战役的胜利。1947 年 5 月中旬，我军于孟良崮全歼了蒋介石五大主力之一的整编 74 师 3 万多人。战役中，我们动员随军民工 7 万人，二线民工 2 万人，就地临时民工 69 万人，这样庞大的支前队伍，冒着敌机敌炮的袭击日夜不停地运伤员，赶运粮食弹药，保证了战役的胜利。孟良崮战役后，华野前委、华东局任命我为华东野战军第二副参谋长兼后勤司令员。尔后随华野外线部队，出击鲁西南，进军豫皖苏，仍负责后勤工作和地方工作。

整顿华野后勤机关

1947 年 6 月，根据党中央、毛泽东"中间突破，两翼牵制，大举经略中原"的战略计划，人民解放军从 1947 年 7 月至 9 月转入全国规模的进攻。晋冀鲁豫野战军于 6 月 30 日，在晋南强渡黄河，出击鲁西南。大多兵团，在陈赓率领下于 8 月下旬由晋西南强渡黄河，挺进豫西地区。在刘邓部队过黄河的当天，毛主席命令华野主力一部实行外线出击，第一、四纵队出击鲁南，第三、八、十纵队向鲁西南出击，主要任务是掩护刘邓大军南进，同时减轻对山东重点进攻压力。当刘邓大军进入大别山，山东敌人开始抽兵回援之际，中央军委于 8 月间先后指示陈毅、粟裕：刘邓南下全局大有变化，鲁西南诸敌势必大都南去，因此，你们立即率野直及第六纵队等部南渡黄河，与已进至鲁西南的第一、第三、第四、第八、第十纵队会合。暂缓南进，拖住南进敌人，与敌人周旋。部队在那段时间里，多半是夜行晓宿，与追击的敌人展开了三个月的"武装游击"，这三个月的"武装游击"达到了两个目的：第一把进攻山东的敌人主力调了出来，第二把调到鲁西南的敌人留了下来，留在鲁西南跟着我们兜圈子。部队天天行军，时时打仗，经常处于辗转流动转移之中。陈毅、粟裕进入鲁西南后，根据外线出击，远距离转移行军的需要，为南下豫皖苏区在组织上与后勤保障方面做好充分的准备。华野前委决定开展整顿后方机关，加强第一线战斗力的工作。

我华东野战军在华中野山东解放区，各野战兵团，各级党政军民财组织机构设置大体健全，各级领导人员配备基本齐全，各级后勤干、杂人员按规定配备。当我军转入外线作战，实行远距离转移行军后，感到野直机构庞大，干部和勤杂人员较多，很不适应战略进攻和远距离转移行军的需要。为此，华野前委做出了整理后勤工作、精简野直机关的决定。8 月 17 日粟裕副司令员给夏光、王德、刘光胜和我的信中指出："野直机关庞大，如将来战略行军或战斗转移就更麻烦，甚至有危险"，明确指出：1. 继续精简机关充实战斗连队，必须精简干部，才能精简勤杂人员。2. 各部门工作勤杂人员，应首先定出其每人每日服务多少时间来定数额，应尽量提高工作效率。3. 供应部除少数会计人员外，其余可分散到当地各分区埋伏，进行一些购置补给品工作。4. 卫生部之医院，亦可分散设于各分区救治伤员。5. 政治部人员除分到各分区外，可抽出一批组织民运部，准备随各分遣队行动，以便进行群众工作。6. 以后直属队及各纵队出发，应按严密路线及分梯队出发，以人数多寡定时间长短，以免拥挤与疲劳。

粟裕副司令员的信给我们整理后勤工作指出了方针，提出了明确的任务和具体的要求，我们后勤司令部按粟裕的指示，立即做了研究和贯彻执行，认真地精简了野直机关人员，严格按工作数额定编机关和勤杂人员，把一批精简下来的干部和杂务人员充实到连队第一线，为豫皖苏新区提前准备了一批干部，同时大大充实了连队第一线战斗力，为开辟和建设豫皖苏根据地起了重要作用。

1947 年 11 月 10 日，陈毅司令员在后方干部会上《谈整理后方工作》的讲话中说：整理后方工作已有初步成绩，大大有助于第一线的战斗。并说"刘副参谋长钟副主任两同志在后方的整理工作，近来获得成绩，表现在办好了冬衣，弹药的补给，逐步克服了机关的重叠现象"。开始了反对贪污、浪费的斗争，纠正了过去严重破坏纪律的现象，协助地方做土改、养牧、冬耕等有益的工作，动员许多干部上前线，把许多精简机关人员充实到连队第一线，对后方医院进行了整理，并动员大批伤员归队。着重指出"这些成绩，大大有助于第一线的战斗力，是争取胜利的重要保证"，并代表前委对后方整理工作的同志们致以敬意和慰勉，使我们做整理后方工作的同志深受鼓舞和教益。

动员人民支援战争

陈粟大军外线出击后，野直机关的重要任务是动员和组织人民全力支援战争。我军在出击鲁西南过程中，豫皖苏发动人民群众参军参战，组织群众运送粮食弹药，帮挖战壕，救护伤病员等，人民尽一切满足了战争的需要，保证了战争的胜利，在支援战争中建立了不朽的事业。

（一）支援沙土集战役

1947 年 8 月 24 日，中央军委指示陈粟大军必须于今后两个月内，在陇海路南北积极行动，抓住敌第五军，歼灭几部敌人，攻占多个薄弱城镇，逐步将鲁西南与豫皖苏两区创造为有利战场和支援刘邓大军的后方。

此时，蒋介石正以 23 个旅与刘邓大军争夺大别山，以 8 个旅在豫西牵制陈谢兵团，并拼凑了 16 个旅准备发动"胶东攻势"。在鲁西南地区以第四靖区整编第六十八师等在菏泽、开封等地担任防御外，以整编第五、五十七、八十四师等部寻找华东野战军第一、三、四、八及晋冀鲁豫第十一纵队作战。8 月底，敌整编第五、第五十七等师分兵冒进，尾随我第四、八、十一纵队到达单县以东地区。

根据中央军委指示和鲁西南的敌情，陈粟决定利用敌骄狂失慎的弱点，令第一、三纵队自城武、定陶北上，诱敌跟进，以创战机并掩护野直机关和第六、第十纵队南渡黄河，以第四、第八纵队及第十纵队尾追敌整编第五师等部北上，待机实施南北夹击，分批歼敌。9 月 1 日，敌开始尾随我第一、三纵队北进。7 日北进之敌整编第五、第八十四和整编第五十七师相隔 20 余公里。陈粟当机立断，以一部兵力阻击敌整编第五、第八十四和第六十八师，令第三、第六纵队主力对敌整编五十七师实施包围，并令第八纵队由南北进，将敌第五十七师团团包围于沙土集地区。在此关键时刻，粟裕副司令员于 9 月 7 日晨给我写信，指出："我们正包围攻击五十七师于沙土集、双庙及其以北地区，但参战部队除六纵队有迫击炮弹外，其余均无炮弹，对作战影响甚大。而此战又关系我军今后之能否在鲁西南站脚的重大关键。因此，请尽一切努力迅速将迫击炮及六炮弹往前送，越快越好。……"

我接信后，立即调用一切运输力量，动员一切可动员的后勤机关人员及民工担架队，如数将弹药按时送到前线，满足了部队的需要。至 9 日晨全歼敌五十七师 900 余人。这件事使我感到战前疏于检查，有负职守，在后来的战役中，常常以此引以为戒，及时做好战役的后勤保障工作。另一方面，最重要的是，粟裕不仅从战略上部署战役，而且工作深入实际，随时了解战争补给情况，发现问题及时采取有力措施，满足了前线的需要，保障了战役的胜利。

沙土集战役的胜利，打开了我军南下豫皖苏的通道。9 月 11 日，党中央致电陈粟指示：沙土集歼灭五十七师全部之大胜利，对于整个南线战局之发展有极大意义。同时还指示：在目前几个月内，我军人员补充主要是俘虏，应采取即俘即补的方针，弹药补充主要靠取之于敌。沙土集战役后，部队进至定陶、城武地区修整。华野前委向部队传达了党中央 9 月 1 日部署的第二年作战方针，进行整顿思想，调整组织，做好外线作战，挺进豫皖苏新区的思想动员和政策准备等工作。

（二）动员民工参加陇海路破击战

1947 年 9 月 27 日晨，华野主力五个纵队，兵分两路，越过陇海路。挺进豫皖苏新区作战。根据中央军委指示，华野主力越路后，以纵队为单位，开展反扫荡战，往返作战，机动歼敌。各纵划定地境，从事消灭境内小股敌军，发动群众，建立政权，建立各县武装基干。至 10 月底，各纵队攻克和一度攻克县城 24 座，歼敌一万余人，解放了广大乡村和集镇，建立 20 余县政权，除沙河、窝河以北原有三个军分区和专署外，又在沙河、窝河以南、淮河以北建立了拥有 1000 多万人口的三个专署和军分区，进一步扩大了豫皖苏解放区。

在此期间，国民党与我争夺中原，在"全面防御"方针的指导下，对我实施战役性进攻，敌以整编第五、第十一师为骨干，集中三个整编师的兵力，组织机动兵团，利用陇海、津浦、平汉三条铁路，机动专用兵力，与陈粟野战军纠缠，另以第四绥靖区等部，阻绝我黄河南北联系。为削弱敌人利用铁路机动能力，减轻黄河南岸的压力，创造歼敌机会，根据中央军委的指示，陈毅、粟裕决定，以一部兵力继续执行扩大豫皖苏边解放区的任务，以另一部主力辗转破击陇海、津浦路。随集中 7 个纵队，分成三个集团，于 11 月 8 日开始向陇海路开封至郝寨段及津浦路徐州以南展开大破击。

为保证陇海路破击战的胜利，我们动员了鲁西南人民及豫皖苏一、二、三分区和铁路两侧共 15 万民工参加破路。11 月初，鲁西南、豫皖苏人民及沿铁路两侧的穷苦人民，在地方各级党政军领导的亲自率领下，肩扛着铁镢头、铁锹，蜂拥而来，大道上小路上一队队农民破路大军，向陇海铁路展开大进军，配合主力部队展开了一场特殊的战斗。破路部队首先控制了徐州至商丘、民权、兰封的 380 余里铁路线，包围了沿线各据点，不让敌人出来。15 万农民破路队伍，像潮水似的拥到了陇海路上。12 日晚上，陇海路上远远近近，人潮如海，掀铁路、炸碉堡、烧枕木，震撼四野，大火冲天。不论是来自黄河南岸的，还是来自豫皖苏的，或者来自铁路两侧的破路民工，他们都把破路与自己翻身求解放，与保家保国联系起来，个个都是争先恐后，勇猛当前，十分卖力。

由于军民协同作战，首先陇海路破击战，截至 18 日胜利结束，150 公里铁路，整个地翻了身。歼敌整编第五师、暂编第二十四师等部 1 万余人，攻克砀山、民权、嘉祥、鱼台等县城 9 座、车站 17 个，完成了掀翻路轨，炸毁桥梁，烧毁枕木等破坏任务，使蒋介石赖以发动内战的交通大动脉陷入瘫痪，剥夺了敌人依靠铁路机动用兵的条件，直接威逼徐州，进一步沟通了豫皖苏与鲁西南的联系，迫使敌人匆忙调动 15 个旅的兵力支援，其中包括准备用于大别山的 8 个旅，从而打乱了敌人的部署，使敌原定于 11 月 20 日开始围攻大别山的计划被迫推迟。

做好新区地方工作

华野外线兵团进入豫苏皖新区后，华野党委按照中央军委指示，即把做好新区地方工作作为"主攻任务之一"（1947年11月华野党委召开各纵代表扩大会议）。前委根据"兵分以发动群众，集中以应付敌人"的原则，以纵队为单位，只打小仗，不打大仗；划定地境，每纵几个县，从事消灭境内保安团队；派遣大批干部做群众工作，发动群众，建立政权，实行土改，建立县级武装，波浪式地推进新区扩展。为做好新区地方工作，华野党委根据豫皖苏新区实际情况，制定了新区工作政策，在部队建立了各级组织机构，专同新区工作，并确定各纵联系区为工作区，保证新区工作的顺利开展，经过半年多艰苦细致的工作，为把豫苏皖区建成巩固的新的区攻基地，取得了重大胜利。

（一）制定政策，建立机构

1947年9月，陈粟曾指示组织有关人员调查了解豫苏皖区社会阶层状况和风俗民情等有关情况，在调查研究的基础上，就如何做好新区地方工作制定了一系列方针、政策和策略，并就建立地方工作领导机构作了安排。在从鲁西南南下豫皖苏区的路上，陈毅司令员要我拟写《告豫苏皖人民布告》。我根据陈毅司令员指示精神，以晋冀鲁豫野战军的名义（因1947年9月21日中央军委电示陈粟，华东局，华东野战军划旧晋冀鲁豫中央局领导），拟写了《中国人民解放军晋冀鲁豫野战军司令部 政治部布告》。布告明令宣布我军南下政治宗旨、主张和任务；布告揭露了蒋介石卖国求荣，专制独裁与发动内战的罪行，指示了蒋必败、我必胜的道理，号召各界同胞同我积极合作，"肃清贪官污吏，打倒恶霸豪绅"，"取消苛捐杂税，不准拉丁拉夫"；号召蒋管区人民"自己拿起武器，实行抗粮抗丁"，"利用敌人空袭，发展游击战争"，号召解放区人民"实行土地改革，农民分田自耕"，"没收官僚资本，开仓救济贫民"，"保护工农商业，买卖一律公平"。重申我军三大纪律，八项注意，买卖公平，秋毫无犯的纪律，号召人民群众和青年学生参军参战起来革命。这一"布告"对于宣传党的方针、政策，号召人民群众自己解放自己起了重要的作用。

为了更好地做好新区地方工作，加强对地方的领导，前委于9月24日作出了《关于建立地方工作委员会组织与工作的决定》，要求"在各级党委领导下，组成了专门的地方工作委员会，专司其职"。前委一级指定由我负责组织之。从纵队、师、团各级均应自行决定成立地方工作委员会。并规定各级党委地方工作委员会对各级党委负责，每纵须立即抽出 200 至 300 人，组成若干工作队，配备一定数量干部，建立组织，调查情况，研究政策，及时做好工作。为便于做好工作，前委决定我参加豫皖苏区党委，兼任豫皖苏区党委民运部长。根据陈毅、粟裕同志的指示，我们抽查人员，经过认真的调查研究，于 9 月 26 日作出了《关于新区地方工作指示》的决定，指示淮河以北，黄河以南，平汉路东，运河以西广大地区为华野活动区域，并明确规定我军进入这个地区的主要任务是发动群众，消灭敌人，把豫皖苏解放区建设成巩固的反攻基地。要求各部队在地方党委的统一部署下，大胆放手发动群众，实行土地改革，依靠基本群众，彻底摧毁国民党发动基层政权，组织和发展人民武装，建设人民政权，建设中原新根据地，并对豫皖苏新区政策和策略作了规定，这一决定是我军进入豫皖苏新区后，做好新区工作的重要文件。

外线各部队遵守前委指示，团以上党委都成立了地方工作委员会，营成立了群众工作队，连成立了群众工作组，以指导团、营、连群众工作。在军情十分繁忙的情况下，不惜从各部队中抽出上千名干部，在地方党委领导之下，开展地方工作。为联系和巩固新区政权，前委于 1947 年 10 月 23 日决定，由第六、第八纵队 18 各团以上单位，分散配合开展沙河以南和涡（阳）、蒙（城）、宿（县）、阜（阳）、颍（上）及水西三个新区的工作，帮助地委，军分区武装肃清当地土杂武装，以巩固新区县、区政权。他们深入群众，进行广泛的宣传与组织工作，发扬了我军既是战斗队、又是工作队的优良传统和作风，人人都做宣传工作，部队每到一地都写标语、贴布告、散发传单。或利用召开群众会、联欢会、座谈会等形式，向群众宣传我党我军的方针和政策，解释我党我军的政治宗旨和主张，说明蒋必败、我必胜的道理，表明我军与豫皖苏区人民同甘苦共患难、建设根据地的决心。部队每到一地即帮助群众担水扫地，打扫院落，借东西按时归还，损坏东西按价赔偿。部队纪律严明，秋毫无犯，与人民建立了鱼水相依的关系，取得了群众的信任。在与群众接触中主要调查社会各阶段状况，了解当地恶霸豪绅地主的财产和罪恶，发动群众，对罪大恶极的恶霸地主豪绅实行开仓济贫，分浮财，分粮食，进行土改宣传教育。

（二）确定各纵队联系区为其工作区

部队在参加新区建设工作方面，并不是每个同志思想都很明确。对发动群众，对歼灭反对地方武装的重要性认识不足，"只愿打大仗，不愿打小仗，更不愿打民团"，"有的纵队知道不久将去江南，野战军不好久留一地，迟早是要走的。"所以对地方工作不愿大力进行，对发动群众、分浮财，表现得缩手缩脚，以为如此是"破坏统战政策"，后经土改学习批评教育后，又发展为乱没收，侵犯了商人的利益，影响了城市政策的贯彻和执行。

为迅速克服与扭转上述倾向，大力推进新区工作的开展，华野前委于1947年11月22日召开了各纵队代表扩大会议。粟裕司令员参加并主持了这次会议。豫皖苏区党委书记、行署主任吴芝圃在会上报告了野战部队帮助地方工作的情况；我就豫皖苏新区工作情况，向到会代表作了汇报；各纵队到会代表就地方工作情况与经验作了汇报，并就新区地方工作政策执行情况存在问题进行了认真讨论。会议严肃讨论并批驳了有的群众只想打大仗，不愿做深入细致的群众工作，有的部队把建设新区工作当成分外的事，不愿下大力气建设新区。会议认真分析了地方工作取得成绩不大、进展不快的原因，主要是由于部队对创建根据地为新的反攻基地的主要任务认识不清，意义认识不足。为加强对新区地方工作的指导与帮助，会议于（？）月25日作出了《前委扩大会议的决定》。粟裕副司令员对贯彻执行会议决议提出了严格的要求："决议"要求对部队加强土改教育、城市政策教育，加强组织纪律教育等，强调要加强政治思想工作，使部队明确做群众工作是部队的主要任务之一。只有新区群众发动起来了，土改普遍进行了，政权巩固了，群众把部队看成自己的部队，新解放区才能巩固，才能减轻老区负担，部队供给才能得到有力的支援。

"决议"要求，除去纵队已抽出1000多名干部外，再从各纵抽出1000多名干部，分配到地方工作，并决定每纵划分固定为其联系区，各纵对其联系区有供给党政军民财干部及武器之义务，有指导分区工作之权利，并对每个新区拨出个正规团地方化，作为发展新区地方武装的骨干。并规定纵队党委派到地方工作的团以上干部可以参加地委领导工作。为便于协调双方工作，纵队经常派人到地方报告军事形式与任务，地方也经常派人去纵队报告地方建设情况，帮助解决部队的供给问题，慰问伤病员等。

1947年11月28日，中央就华野前委召开各纵队代表会议解决部队帮助地方工作问题，曾致电粟裕副司令员，对部队地方工作中的各种偏向应在此次代表会议上明确批判，有关地方工作任务应在本月底、下月初布置完毕，并望认真组织实施。明确指示前委"在划定给你们之区域内，以今年9月初到明年8月底，以一年时间完成土改，消灭敌人两大任务"。还明确指示华野前委"在明年8月以前不准备派主力部队渡江"，要求"各部均要在现地安心工作与作战"，从而稳定了地方工作干部的情绪，加强了责任心，提高了做地方工作的积极性。

遵照中央指示精神，前委扩大会议作出了各纵联系区为其工作区的决定。

一是确定皖苏四分区第六纵队联系区，六纵党委派第六纵第十六师政治委员宋文同志到四分区任司令员，并参加四地委的领导工作。二是确定豫皖苏第五军分区为第八纵队的联系区。第八纵队党委派第二十四师副师长王健清同志率领师直机关及第七十一团去第五分区工作。第二十四师师直机关为五分区的分区机关，第七十一团为分区第三纵队联系区。第三纵队党委派皖纵第七师政治委员罗野岗到第六分区工作。罗野岗带领七师师直机关干部200余人到第六军分区，师直机关为第六分区机关，七师政委罗野岗任六地委书记兼分区政委。各纵队派遣干部到各联系区以后，有力地加强了地委与分区的领导力量，对于巩固与建设新区政权起了重要作用。

为总结交流地方工作经验，1948年1月中旬，华野前委再次召开地方会议，各纵队负责地方工作同志参加了会议，会议检查了前一阶段地方工作情况，进一步贯彻了中央军委关于做好新区地方工作的指示精神，认真讨论了贯彻新区政策和加强地方工作的方法与措施。会后，各纵队党委结合实际情况，普遍开展了"打开原，定中原，以中原为家"的思想教育，和我军既是战斗队又是工作队的教育，进一步明确了部队担负歼灭敌人和发动群众的两大任务。提出了"大家动手"建设新的反攻基地的口号，克服了单纯军事观点，在打仗的同时要积极参加群众工作。

随着新区群众工作的开展和战斗的胜利，豫皖苏地区出现了一个新局面，国民党统治的基层政权基本被摧毁，恶霸地主豪绅封建势力受到沉重的打击，革命民主新秩序逐步建立起来，除原有的三个地委、专署、军分区得到加强外，新建的四、五、六分区，也得到了巩固与扩大，地方武装发展到6万余人，成为保卫和建设新的根据地的重要力量。

（三）纠正新区地方工作中的偏差

部队进入新区以后，为了发动群众和解放部队的供给问题，部队曾实行开仓济贫，各级后勤机关组织筹粮筹款工作队，进行筹粮筹款工作，保证了部队粮食的供给。但在执行政策上存在着"左"的做法。出现了自立章程，自定标准的现象，如有的纵队在《没收条例》上规定"国民党县长以上，军队旅长以上的官员为内战战犯，其财产一律没收"，国民党大小军官、县、区乡长所购买保存的粮食一律没收。发生打人绑人等现象。散发浮财时，部队得到多，群众得到少，在执行征借政策上，对大、中、小地主不加区别，一律征借，对富农打击过重，甚至发生个别侵犯中农利益的倾向。在执行工商业政策上，有的违背中央规定，错误地没收了一些不应该没收的工厂作坊和商店，没收了地主合伙经营的工商业等。结果使部分工商业停产，市场冷落，使社会经济停滞，增加了我军的供给困难，社会秩序也不安定。这些问题，我们虽然采取了一些补救措施，但并没有从根本上解决问题。直到 1948 年 4 月上旬，邓小平政委在第十纵队营以上干部会上做了关于中原新区工作政策报告，指出了主要的错误是"左"和乱。他强调新区必须运用抗日战争中的经验，实行减租减息的社会政策和合理负担的财政政策，消灭性的打击对象应限于政治上站在国民党反动立场上，坚决地反对我党我军的重要反革命分子。对于搞得过"左"的地方，部队党委及时地采取了补救措施，并及时加以纠正；对于不应该没收的民族工商业财产，当地政府都进行了作价退赔。华野前委根据中央指示精神，在部队中普遍进行了新区政策教育和纪律整顿，随着错误的纠正和部队纪律的加强，加之地方党委的正确领导，进一步提高了政策水平和执行政策的观念，让新区工作沿着正确方向发展，开始出现新区地方工作的新局面。

（四）做好后勤工作，保证部队供给

华野西线兵团转入外线作战后，陈、粟带几十万大军挺进豫皖苏新区，部队远离后方，给部队后勤供给带来了一定的困难。为了解决部队远离后方所产生的难以保证正常供给的困难。我们按照前委的指示，动员和组织全军，人人都做后勤保障工作。在豫皖苏区，为加强统一领导，建立统一的政权机构，全力解决部队粮食供应，发动部队就地筹粮筹款，认真贯彻"一切缴获归公""以战养战"的方针，做到一般情况下，不缺口粮，不缺弹药。

1. 建立统一政权机构，全力解决部队粮食供应。华野前委对于皖苏地区联合行政委员会，行署一级负责人采取加委的办法，当时曾任吴芝圃同志为行署主任，委任我为行署副主任，先成立行政、财政两个部进行工作，并确定我任财经办事处主任，集中力量解决陈、粟大军十几万人的粮草供给问题。当时做财经工作，最大的困难是缺少财粮和党民工作干部。为加强对财经的领导与帮助，陈毅司令员、粟裕副司令员曾电告中央军委、华东局，邀请张云逸、邓子恢，及时帮助物色能筹措金银、财粮及党民工作干部，到豫皖苏新区，帮助搞好财经工作，并建议刘玉柱、张辑五迅速回淮北路东工作，设法解决第三纵队到路东后的粮草供给问题，请军委抽查李人俊帮助搞好财经工作，如李人俊不能来，方毅、汪道涵二同志来一人为好。华野前委鉴于当时活动基金异常困难，曾建议中央军委请老区给以支持，由张云逸、邓子恢在山东筹一批银元及金子作为活动经费。为便于在新区活动起见，曾请晋冀鲁豫老区印一批货币及粮草票，在豫皖苏地区统一通用。

2. 发动部队就地筹粮筹款。部队进入豫皖苏新区作战后，长期处于频繁行军和准备战斗的状态，风风雨雨每天行军七八十里，而且情况变化快，走路多，打仗少，部队疲劳，弹药、粮食被服供应困难，到了黄河地区更是地瘠民贫，有时每天只能吃上一顿高粱饭和红薯。这时部队遇到了难以保证正常供应的困难，华野前委迅速学会在新条件下打仗、做群众工作和筹粮筹款三件大事。规定团以上党委纵队政治机关成立地方工作委员会，营成立筹粮筹款工作队，连成立群众工作组，指导部队进行群众工作和筹粮筹款工作，保证部队正常后勤供给。在发动部队筹粮筹款工作中，也发动群众开展新区建设工作，把我军的后方放在群众之中，依靠群众解决困难。针对当时情况及时采取了如下两项措施：第一，让恶霸地主豪绅及官僚资本家和国民党县长以上官员，实行开仓济贫，除部分粮食赈济灾民，大部分粮食、布匹、金银等物，用来解决部队的衣食被服。第二，对一般中小地主和富农、商会及民族资本工商业家实行征借。为了及时解决部队的物资需要及筹办冬衣等问题，部队曾向民族资本工商业家及商会进行劝募征借，在亳州找到商会会长商量筹款 1.4830 亿元，除国民党政府所存粮食折款 4330 万元，从 5 家商业资本家筹款 1.05 亿元，在县城向 6 家商号（盐行三家，粮行两家，药号一家）筹款 2.0370 亿元。

3. 贯彻"以战养战"的方针。平汉、陇海路破击战后，我军先后解放了许昌、漯河等一批中小城市。许昌是平汉路上的一个重镇，政治、经济地位相当重要，是蒋介石中原战场的重要战略补给基地，也是我军在中原战场上东西南北动作的一个重大障碍。许昌的解放对我军来说具有重要的意义。第一，摧毁敌人的兵战补给基地，可以彻底地切断敌人的补给线。第二，可以利用缴获的战利品补给我军。第三，将更有力地调动围攻大别山的敌人，以支援刘邓大军作战。我华野第三纵队于 12 月 15 日开始，经 13 个小时的激战，全歼许昌守敌，共毙俘敌 7000 余人。许昌解放后，我军认真收集战胜品，做到一切缴获归公。共缴获各种大炮 70 余门，汽车近百辆和一列装满弹药的火车，还有几个军用仓库和其他大批物资。粟裕副司令员表示慰问，并电告凡缴获的军用物资，除补充部队外，其余交野战军后勤部，其他物资通知当地政府接受。第三、四、六纵队都得以在许昌进行补充。部队的武器弹药及冬衣被服大部分得到解决。

1947 年冬到 1948 年春，华野党委为克服部队财经供给困难，坚决实行了精简编制、调整供给标准、清理资财三大方案，并在全党全民中开展增产节约、生产救灾运动，克服部队浪费的现象，保证部队正常供给。

华野兵团从主力打到外线，在外线实施展开，正确运用"分兵以发动群众，集中以应付敌人"的原则，适时地分散与集中部队，分散是为了调动分散敌人，实行广占地区，开展地方工作；集中主要是集中兵力，形成拳头，寻机歼敌，打开局面，掩护地方工作的开展。华野军队挺进豫皖苏后，以纵队或师为单位，实行广泛分兵，机动歼敌，划定地境，歼灭敌保安团队，从事发动群众，建立政权，支援战争等地方工作；以部分主力从事发动群众，开展地方工作，部分主力集中作为机动，掩护地方工作的开展，并抽调一部分野战部队和干部作为骨干，尽快组成军分区和县、区三级武装。"打仗、做群众工作和筹款"三大任务的统一，创建豫皖苏新的解放区，并以此为基础，继续把战争推向蒋管区，这是我外线兵团实施战略的重要经验和特点，我军正是运用这一经验，把解放战争推向不断的胜利，使解放区逐步扩大，直至全国的胜利。

长征途中的一次重大斗争 *

——记党中央团结全党战胜张国焘右倾分裂主义始末

一

1935 年 6 月 13 日，由红三十军政治委员李先念率领的红四方面军先头部队，在懋功县（今小金县）南的夹金山和一方面军胜利会师。早在 5 月下旬，李先念即奉命率该军八十八师和九军二十五师、二十七师各一部，由岷江地区分两路向懋功兼程前进，策应一方面军北上。6 月 8 日，九军攻克懋功，歼守敌千余人，继占懋功以南夹金山下要镇达维。6 月 12 日，红四方面军总指挥徐向前代表方面军在杂谷垴致电中央，报告川西北敌我情况，请示作战方针，表示四方面军全体指战员正以"十二万分的热忱，欢迎我百战百胜的中央西征军"。6 月 13 日，红一方面军第二师第四团和红四方面军二十五师七十四团在夹金山下胜利会师，两支部队的指战员紧紧握手、拥抱、狂欢，全军欢腾。大家从会师中更清楚地看到中国革命胜利的前途、光明的希望。

6 月 14 日，毛泽东主席、周恩来副主席、朱德总司令等中央领导同志在部队欢呼声中到达达维镇。当晚，两个方面军驻当地部队，共同举行了胜利会师庆祝大会。当毛主席步入会场时，掌声和欢呼声响彻会场。毛主席向部队做了亲切讲话，他以中央红军长征和红四方面军作战的胜利深刻说明了中国工农红军是不可战胜的。指出红军的长征，不仅沉重地打击了敌人，锻炼了自己。而且扩大了党的影响，沿途撒下了革命的种子。他号召一、四方面军全体同志，在党中央的领导下，努力工作，互相学习，亲密团结，完成党给予的一切任务。毛主席的讲话，使全体指战员受到深刻的教育和鼓舞。此后，陆定一在宝兴用《二次全苏大会歌》的曲调编写的《两大主力会合歌》，迅速在两大红军中传唱开了。歌词如下：

两大主力军，

---

* 作者时任川陕省委宣传部长、红四方面军政治部宣传部部长。

邛崃山脉胜利会合了，
欢迎红四方面军百战百胜弟兄，
团结中国革命运动中心的力量，
哎！团结中国革命运动中心的力量，
坚决争取大胜利！
万余里长征，
经历八省险阻与山河，
铁的意志，血的牺牲，
换得伟大的会合，
为着奠定中国革命巩固的基础，
哎！为着奠定中国革命巩固的基础，
高举红旗向前进。

这首歌充分表现了两大主力红军指战员胜利会师的欢乐、团结和兄弟情谊，表达了在党中央毛主席领导下争取更大胜利的决心，深受广大指战员的欢迎。

会师前，党中央、毛泽东正确地分析了当时形势，为了促进全国抗日民主运动的新高潮，确定两个方面军会师后应集中力量向东向北发展，建立川陕甘革命根据地。张国焘背道而驰，主张向西发展和"组织远征军占领新疆"。中央两次发电指出张国焘上述意见的错误。

6月下旬，为了统一战略方针克服张国焘的阻挠，党中央在懋功县属两河口召开会议。会上，张国焘坚持依托懋功向川康边发展；并借三次左倾错误所造成的第五次反"围剿"的失败，对中央进行攻击，狂妄要求改组中央和中央军委。经中央耐心教育和说服，张国焘理屈词穷，才勉强表示接受中央方针。

张国焘回杂谷垴时，带来了慰问红四方面军并帮助传达贯彻中央决定的中央慰问团。我看到了李富春、刘伯承、李维汉等同志。过去富春、维汉在江苏省委，伯承在中央军委，都领导过我们在通、海、如、泰地区红十四军的游击运动，在他们跋涉千山万水后，久别重逢，分外亲切。他们畅谈了左倾错误对中央苏区的危害，长征途中的许多新鲜事物，伯承还介绍了他在彝族地区工作的经验。这些，使我们增加不少见识。张国焘回来后，迫不及待地召开干部会议，攻击中央，歪曲中央路线，挑拨一、四方面军的关系，对中央派来的中央慰问团进行封锁，还指使他控制的川康省委等，分别向中央提出改组中央和红军总司令部的狂妄要求。并且要挟中央，如果不这样"集中军事领导便无法顺利灭敌"。

在红军由卓克基向马尔康行军途中，张国焘害怕自己的一贯错误行为被揭露，将一直同他作斗争的原西北革命军事委员会参谋长曾中生秘密处死。

在会师后，党中央原定的松潘战役计划，由于张国焘的阻挠破坏流产。敌胡宗南主力集结松潘地区，红军处于危险境地。

与张国焘分裂破坏行径相反，红四方面军总指挥徐向前，从革命全局出发，以实际行动拥护党中央正确路线和维护全军的团结。会师后，徐向前看到一方面军减员太大，亟须补充，又考虑向一方面军学习，主动向中央建议，请一方面军调几位得力干部到四方面军各军任参谋长，四方面军抽调建制部队补充一方面军。张国焘开始不同意，经徐向前做工作，并经中央批准，这一建议才得以实现。一方面军派来担任各军参谋长的有陈伯钧、张宗逊、李聚奎、郭天民等同志，对四方面军部队建设，起了积极作用。四方面军抽调给三军团的部队是九十师的二七团和八十九师直属队共 2600 余人；抽调给一军团的部队是九十八师的二九四团共 2000 余人和十一师三十二团 1200 余人。后来，这些编入一方面军的部队在战斗中都发挥了他们的重大作用。

8 月 5 日，中央作出了《关于一、四方面军会合后的政治形势与任务的决议》，重申中央两河口会议决定的战略方针的正确性。针对张国焘反党和破坏红军团结的活动，强调提高党中央在红军中的威信，加强两个方面军团结的极端重要性，号召党和红军，坚决与企图"远离敌人"、"避免战斗"，对创造新根据地缺乏信心的右倾错误作斗争。

8 月 20 日，党中央又作出《关于目前战略方针的补充决定》，确定迅速占领以岷州为中心的洮河流域，然后依托这一地区向东进取，以创建川陕甘根据地。《决定》批判了张国焘要红军主力深入青海、宁夏、新疆等省的错误主张，提出这是一个"极端危险的退却方针"。

中央军委按夏洮战役计划规定，决定以一方面军的一、三军团和四方面军的四军、三十军组成右路军，由党中央和毛主席直接率领，以毛儿盖为中心集结，向班佑、巴西地区开进；以一方面军的五、九军团和红四方面军的九军、三十一军、三十三军组成左路军，由朱总司令和张国焘率领，以马塘、卓克基为中心集结，向阿坝地区开进；左路军北上到阿坝后应当东进，到班佑地区同右路军靠拢，然后齐头并进，向甘南进军。

阴谋分裂党、分裂红军的张国焘到阿坝后，继续阻挠北上。9 月 3 日，张国焘借口嘎曲河涨水和草地不易通过，强令东进到达墨洼的部队返回阿坝。9 日，他公然向中央提出了南下川康边的计划，以反对中央北上抗日方针。中央于9日和11日连电张国焘，令他"立刻率左路军北上"。张国焘目无党纪军纪，公然违抗中央命令。在这种情况下，中央为了迅速脱离危险境地，毅然率一、三军团北上。

二

中央北上后，张国焘即在阿坝召开会议，编造出所谓"阿坝会议决议"，诬蔑中央北上抗日的正确路线为所谓"机会主义"、"右倾逃跑"，而把自己南下的错误行径美化为所谓"进攻路线"。10月15日，在卓木碉公开打出反党旗帜，宣布成立"第二中央"，并且作出开除中央主要领导人党籍的决定。这一系列罪行表明，张国焘的分裂主义，已经发展到登峰造极的地步。

在"第二中央"成立时，朱德、刘伯承明确表示反对，义正辞严地回击了张国焘的猖狂气焰。并反复说明中央北上抗日方针的正确，还一再当面驳斥张国焘的谬论，坚持全党只能有一个中央，即遵义会议后以毛泽东为代表的中央，不能有两个中央。朱德、刘伯承坚持党性原则的态度，在红四方面军干部中产生了很大的影响，赢得日益增多的指战员和地方干部的了解和尊敬。在南下途中，徐向前嘱咐方面军供给部郑义斋、吴先恩要想尽办法照顾好朱总司令的生活和健康；每个重要的战役、战斗，向前同志都直接向朱总司令请示汇报，体现了对朱总司令的尊敬和爱戴，在徐总指挥的影响下，方面军广大指战员对朱总司令也十分尊敬。第二次北上过草地时，八十九师师长汪乃贵看到朱总司令的马不够好，立即选调了四匹好马，送到朱总司令的驻地。

党中央率领一、三军团北上后，经过40天的艰苦转战，突破了静宁、会宁、平凉、固原的封锁线，沿途俘获敌军人枪3000以上，跨过六盘山，于10月19日到达陕北革命根据地的吴起镇，胜利地完成了长征。中央红军与当地的红二十六、二十七、二十五军会合，并胜利地粉碎了敌人对陕北根据地的"围剿"，全歼敌军一〇九师全部和一〇六师的一个团，陕北根据地迅速扩大到20多个县，红军不断壮大，革命形势日益高涨。张国焘对党中央、毛主席在陕北的胜利消息，采取压制和封锁的手段，不让宣传，不让报道。徐向前针锋相对地说："红军打了胜仗，必须向部队、向群众宣传，以此鼓舞我们的士气。"由于徐向前的力争，红四方面军当时发行的刊物《红色战场》，迅速报道了中央红军和陕北红军所取得的胜利。这些振奋人心的消息，大大鼓舞了红四方面军广大指战员的斗志。不少人私下议论："还是党中央、毛主席的路线胜利了。"

张国焘南下碰壁的活生生事实，从反面教育了广大指战员。张国焘强令红四方面军各部队和五军团、九军团（当时已改番号为三十二军）分别由阿坝和包座地区沿原来北进道路再从草地南返。高原秋风凛冽，战士衣单鞋缺，沿途粮食缺乏，又经绥（靖）崇（化）丹（巴）懋（功）战役，部队减员很大。10月下旬，红军越过夹金山，攻占宝兴，发起天（全）、芦（山）、名（山）、雅（安）战役。

战役开始，朱总司令口述了用他个人名义委托我记录整理的《告川军将士书》，大意是：蒋介石卖国残民，举国共弃，要川中各军袍泽勿受蒋的愚弄，与红军携手共谋国是等语。这是我受朱总司令亲切教导的开始。

由于当面敌军集中，红军尽管英勇战斗，付出极大代价，毙伤俘敌 2 万余，但因战略方针错误，红军损失也很大，战役被迫结束，部队撤出百丈关。

时值冬季，部队大部分在夹金山南天全、芦山、宝兴地区过冬。此时，红军只控制点线地区，大军云集，与民争粮，藏族上层反动分子利用这些诱迫群众不与红军合作，红军因战斗和疾病大量减员，有生力量严重削减。被服、粮食、医药、补给发生极大困难，特别是远离抗日前线，退向少数民族地区，政治上极为不利。党中央、毛主席关于"南下是死路"的预见，至此完全得到证实。

党中央北上后，和红四方面军保持着密切联系，经常转告敌情，指示行动方针。1935 年 12 月 25 日，党中央长征到达陕北后召开瓦窑堡会议，做出《关于目前形势和我们的任务决议》，确定了抗日民族统一战线的战略方针，随即电告了红四方面军，表示了极大关怀；同时继续同张国焘的分裂活动作斗争。中央在得悉张国焘成立第二中央之后，又于 1936 年 1 月 22 日，电令张国焘立即取消这一反党的非法组织，并在全党公布其错误。这时，张浩（林育英）代表共产国际，于 1 月 24 日致电张国焘，说明"国际完全同意中央政治路线"；共产国际认为"中央红军万里长征是胜利了"。

三

红四方面军广大指战员在党中央和毛泽东的正确路线和团结方针以及眼前活生生的事实教育下，逐渐看到张国焘的错误。以徐向前为代表的红四方面军广大指战员，积极支持朱德、刘伯承等对张国焘的斗争，主张放弃"建立川康根据地"计划，立即回师道孚、炉霍一带休整部队，准备北上。由于朱德的积极推动，1936年1月27日张国焘被迫致电中央，表示原则同意中央路线，并放出"亟谋党内统一"的空气。

2月中旬从天全出发，北翻夹金山，经懋功、丹巴，翻过大雪山中段的折多山。山上终年积雪，空气稀薄，气候变化无常，时有冰雹、狂风、大雪降临。为了避开风暴的袭击，必须每日12时前通过顶峰的党岭。部队不得不在头天下午开始行军，连夜接近主峰。红军指战员、共产党员和各级地方干部，发扬了高度团结友爱、不怕艰险的精神，翻过了大雪山。3月中旬抵达道孚、炉霍。这时红四方面军经过南下的消耗，已从北上时的8万人，减到4万人。红四方面军总部驻炉霍后，领导部队进行整编、训练、筹集物资等项工作，准备迎接二方面军和北上。

回师途中，在懋功短暂休息时，红四方面军政治部进行调整，周纯全调任方面军政治部主任，一方面军李卓然调任方面军政治部副主任，我奉调红四方面军政治部宣传部长，从一方面军调来的刘志坚任副部长。李伯钊调任红四方面军政治部剧团团长。过党岭山时，我和伯钊在山腰温泉小庙内利用现成曲调编写了《雪山行》的歌词，印发部队传唱。驻炉霍后，一方面军干部调来四方面军领导机关工作的更多了。到政治部工作的有敌军工作部长刘型，他是井冈山的老战士，扼守黄洋界的指导员。还有组织科长刘鹤孔，青年科长江启化，都是红军老战士。参谋部有郭天民、曹里怀、李聚奎等同志。

这一段，是一、四方面军干部交流情况和经验的最活跃时期。当时，红军大学和红四方面军总部驻在一起，因此，我与兼红大校长的刘伯承和政治部主任张际春接触较多。刘伯承大力提倡我们要学习斯大林名著《列宁主义概论》，他说："宋朝宰相赵普主张半部《论语》治天下，我们要学好《列宁主义概论》，作为治国平天下的武器。"方面军在川陕时，干部听到徐向前讲过有关战略问题的知识。刘伯承在红大讲课时，又具体地阐述了有关战略、战役、战术、战斗的丰富知识和经验，对四方面军干部提高军事素质和组织指挥能力帮助很大。李卓然、刘志坚、刘型、刘鹤孔、江启化等在工作中，更向我们系统地介绍了一方面军政治工作经验，例如，制订政治保证计划，对部队经常进行政治思想教育以及行军、战斗中的宣传鼓动工作等等。从此，一、四方面军干部、战士之间，相互了解、尊重，团结、友爱的气氛大大增强了。

党中央、毛主席北上抗日路线的胜利和张国焘南下失败被迫转移西康的事实，使广大指战员，特别是许多中、高级干部越来越深刻地认识到张国焘分裂党、分裂红军罪行的严重性，认识到继续在川康少数民族地区停留不是出路，对张国焘的不满情绪普遍高涨。张国焘十分孤立，人人心向陕北，要求维护党的团结，结束张国焘的分裂活动，要求北上抗日与中央会合的情绪与日俱增。这时，张国焘继续坚持他的错误主张，玩弄两面派态度：一面被迫承认长期停留川康不行，提出夺取西北、创造西北抗日根据地的方针；一面又继续攻击党中央，百般为他的错误战略方针辩护，一再强调在川康边建立巩固的根据地的可能性。对于部队对他的不满情绪和批评，横加压制。

1936年3月中旬，红二、六军团正从黔滇边境北进，准备与红四方面军会合。这一喜讯，更加振奋了我红四方面军全军指战员。4月初，红四方面军制订了4、5两月战斗准备工作计划。接着，便在"迎接二、六军团"、"准备北上"、"创造西北广大抗日根据地"的口号下，积极展开了整编、训练、筹集物资等项准备工作。

这期间做了几件大事：

在朱总司令主持下开了一次野菜展览会，起初拟定的中心内容是指导指战员学会过草地时识别可供食用的野菜知识，后来展览会发展成总结草地生活经验、传布草地生活基本常识的会。例如：选择宿营地、搭帐篷、找水、架锅、找野菜、找燃料（牛粪、树枝、草根等）、生火、保证宿营地安全等等。

军事训练，重点放在打敌人骑兵的战斗训练。在刘伯承总参谋长和徐向前总指挥主持下，组织红军大学和方面军部队进行打骑兵演习。为了配合打骑兵战术训练，随右路军行动的陆定一、黄镇在毛儿盖合编了《打骑兵歌》，很快在部队中传唱开来，有力地配合了打骑兵训练任务的完成。现在回忆起来，很有纪念意义，照录如下：

> 敌人的骑兵不须怕，
> 沉着敏捷来打它。
> 目标又大又好打，
> 排子枪快放易射杀。
> 我们瞄准它，我们打垮它，
> 我们消灭它，
> 我们是无敌的红军，
> 打垮蒋贼百万兵，
> 努力再学打骑兵，

我们百战要百胜。

红四方面军进入西康后，即与川康省委一道帮助藏族人民建立"波巴依得瓦"政府（藏族人民政府），3、4 月间，丹巴、道孚、炉霍"波巴依得瓦"政府成立。4 月 15 日甘孜"波巴依得瓦"政府成立。红四方面军和五军、三十二军部队在甘孜、道孚、丹巴地区，进行了大量的群众工作。大批红军干部被派到农牧区、集镇、部落宣传党的政治主张，指明少数民族的斗争出路，组织"百姓联合会"、"青年队"、"姊妹团"等群众组织。部队还帮助藏民生产、医治疾病，开展清洁卫生工作。红四方面军政治部总结了进入少数民族地区工作的经验，制定了《藏回地区工作须知》，并分别发布了《藏区十要十不要》、《回区十要十不要》等纪律规定，在统一战线政策上也收到一些效果。4 月 23 日红军与甘西北的德格土司建立了互不侵犯协定。5 月，红军俘获了国民党政府派赴甘孜等地活动的所谓"蒙藏委员会"副委员长诺那呼图克图（活佛中的尊称），方面军给予优待，向他宣布了共产党和红军的政策，礼送出境。上述这些工作，在广大藏民中传播了革命影响，使红军与藏民保持了良好的关系，保证了筹集物资任务的完成。红军北上后，留在当地的伤病员得到了藏族人民的保护。在那个时期参加红军的天宝、杨东生、扎喜旺徐，后来都锻炼成为党的高级干部。

由于党中央、毛主席的耐心劝导和亲切关怀，促进了部队渴望北上的心情。6 月 3 日，二、四方面军先头部队在理化会师后，张国焘在"中央"纵队活动分子会议上，为全军心向陕北形势所迫宣布取消自立的中央，准备按党中央指示成立西北局。至此，张国焘进行 10 个多月的分裂党、分裂红军的罪恶活动终告失败。6 月 10 日张国焘被迫电告中央，准备于 6 月底北上；但他仍不愿按中央方针行事，企图向夏河、洮州西北行动，继续进行分裂党和分裂红军的阴谋。

四

1936 年 6 月，红二、四方面军在甘孜地区会师。迅速北上和中央会合，创造西北抗日根据地，推动与迎接全国民族革命新高潮，是中国革命的根本利益所在，是当时形势发展的迫切要求，也是全军指战员的一致愿望。会师前，方面军进行了北上的动员和准备。徐向前多次建议早日出动，争取在夏季通过草地。会师后，李先念率领先遣军包括骑兵师（师长许世友）和红八十八师先后出动，二方面军也积极进行北上准备。6月25日，四方面军在朱总司令领导下，作出了分左、中、右三个纵队与二方面军共同北上向松潘、包座前进的部署。29日，四方面军颁发了二次北上的政治命令。但是张国焘却继续进行分裂活动，一再施展挑拨离间蒙蔽欺骗的伎俩，向二方面军散布流言蜚语，诬蔑攻击党中央和毛主席，在六军团中散布反党反中央的文件。并且卑鄙地拉拢二方面军的干部，妄图使二方面军同意他的错误主张。这些，都遭到二方面军领导的坚决抵制和反对。

7月初，二、四方面军先后开始向甘南挺进，四方面军第三次过草地。毛主席、党中央不断地来电指示行动方针，并正式批准成立西北局，张国焘任书记，任弼时为副书记。8月1日，二、四方面军到达包座，党中央来电祝贺，指示四方面军"迅速北进"。8月9日，四方面军三十军八十八师抢占腊子口。经过一个月战斗，红军先后攻占漳县、洮州、渭源、通渭四城及岷县、陇西、临洮、武山广大地区。这时党中央为迎接二、四方面军北上，派一方面军一部进到西兰公路以北地区打破敌人的封锁。但是，张国焘又企图分裂红军，坚持要四方面军由洮州西进，经黑错、夏河、循化到西宁，然后经祁连山到甘肃北部。

在这紧急关头，西北局于9月中旬在岷州三十里铺开会，朱德、任弼时和红四方面军部分领导同志，对张国焘再次反党、反中央、分裂红军的阴谋进行了严肃的斗争，力主北上与中央会合，经过激烈争论，重新肯定了北上方针。并根据中央指示，制订了通、庄、静、会战役计划。9月19日，四方面军指挥部发布了向静宁、会宁进军的命令。张国焘妄图推翻会议决定，于9月20日星夜跑到漳县煽动前方将士反对北上。当时随总部行动的同志，如周纯全、李卓然、傅钟、陈昌浩、张琴秋等对张国焘这种不顾大局的行为，都表示愤慨，随后赶赴漳县，在干部会议上陈昌浩和徐向前批判了张国焘的错误想法和破坏行为，力主北上。22日，朱德向中央发出了反映张国焘破坏岷州会议决定的电稿，并通知西北局委员赶赴漳县。西北局再次开会对张国焘破坏行为进行了斗争。27日，党中央命令停止西进。广大指战员对张国焘的分裂活动，进行了抵制。张国焘被迫放弃西进计划，四方面军继续北上。

1936年10月8日，先头部队与一方面军会师。10日，在会宁举行庆祝全军会师联欢大会，结束了四方面军一年又七个月的长征。在联欢大会上，红四方面军同志热情洋溢地讲了对伟大会师无比高兴的心情。会师以后的巨大力量，在中国共产党正确领导下，不仅可以打大胜仗，而且可以使抗日战争迅速发动，更顺利地粉碎日本帝国主义的侵略。三大主力红军——一、二、四方面军的胜利会师，是党中央、毛主席正确路线的伟大胜利。是朱德、刘伯承、任弼时、贺龙、关向应、徐向前在党中央领导下，不断对张国焘坚持斗争的结果，是以徐向前为代表的红四方面军广大指战员英勇战斗的重大成就。正如中共中央、中央工农政府、中央军事委员会贺电所指出的，"我们即刻就要进入新阶段了，也就是抗日民族革命的新阶段"。

座谈《新四军第四师和淮北
抗日民主根据地》

（据录音稿整理）

刘瑞龙：我把这个意思先谈一谈，文字上你再斟酌。我想这个题目就叫《新四军第四师和淮北抗日民主根据地》。第一部分讲什么问题呢，首先讲这个地区。就敌伪据点来讲，（淮北地区）最大的城市是徐州，也是敌人的据点，一个以师团为单位的据点。另外就是淮阴、蚌埠，再加上商丘。（淮北抗日根据地）就在这四个大据点之间。又是在三条大河中间，西边、北边是黄河，南边是淮河，东边是（京杭大）运河，（根据地）在这三条大河的中间。也在三条铁路的中间，北边是陇海铁路，西面是平汉铁路，东面是津浦铁路。这就是（根据地的）地理位置。在这里面，有几条大的公路，一条叫海郑公路，另外一条是从商丘经过周口到许昌的大公路。这个地区包括三个省的省界，一个是河南，到现在来讲，河南包括几个战区，一个许昌，一个商丘，还有周口，三个战区。就安徽来讲呢，就包括两个战区，一个是宿县，一个是凤阳。从江苏来讲呢，也包括两个战区，一个是淮阴，一个是徐州。这个地区包括三个省，现在是七个战区的范围。（根据地包括的）县，哪个省包括哪几个县，你再去看一下，材料中都有了。这就是它的地理位置。当然在这里面，淮南还有一部分，就是淮河南边的宿豫、嘉善、凤阳（宿凤嘉）等小部分地区。

旁人插话：宿豫原来不是淮南的吗？

刘瑞龙：淮南的。

旁人插话：淮北也有宿豫？

刘瑞龙：宿凤嘉嘛。这个地区盛产小麦和大豆、花生、玉米、高粱、谷子等杂粮，再加上烟叶，还出产少量的棉花。

旁人插话：路西高粱，路东是苞米、棉花。

刘瑞龙：对呀。

由于有三条河流，有（面积比较大的）洪泽湖，因此这个地方水产也比较可观，芦苇产量也很高。物产，这么说一说就行了。

在旧中国的时代，在军阀时代，以至于国民党新军阀的统治下，这个地区发生了连绵不断的战争。过去的直奉战争、直皖战争等几个大仗都是在这个地区打的。当然过去古代"逐鹿中原"的（各方）力量都是在这个地区打仗。这是个决战的地区。比如，蒋冯阎战争。这个地方也是一个大战的地区。决定国民党命运的淮海战役，三个歼灭敌人的地方都在淮北，碾庄、双堆集、青龙集、陈官庄都是在这个地区，所以自古以来都是兵家必争之地。在这个地区，三个省原来的封建统治、封建剥削、封建压迫是最严重、最野蛮的。这个地区地主对农民妇女是有初夜权的。国民党的苛捐杂税也是最严重的。国民党为了剥削人民，强制逼迫农民种粮。所以在旧中国时代，这是酝酿着人民革命的地区。党的组织在这个地区的历史也比较早。1922 年，吴亚鲁就到徐州的教会学校——沛县中学，在那里组织了徐州特支。（然后）以徐州为据点，向徐州西南、南部、东南发展组织，所以（那时）丰沛萧砀（丰县、沛县、萧山、砀山）、宿迁、铜山、睢宁、邳县都有党组织。这个地方也有一些老共产党员，例如……

旁人插话：李中道是不是？

刘瑞龙：李中道是以后了。

旁人问：20 世纪 30 年代？

刘瑞龙：嗯，郭子化就是那个时候的党员，以及后来担任杨虎城在重庆期间秘书并和他一起牺牲的宋绮云就是邳县的。

这个地方还有一个特点就是当初国民党组织都是经过共产党发展起来的。所以这个地方在大革命的时候原来有好多左派国民党。这里还有一批留苏的学生，留日的学生，像王学文就是徐州人。现在中国革命（历史）博物馆的（副馆长）徐彬如也是徐州人。原来左派国民党的张树石（音）也是徐州人。徐州出了一批干部。在"立三路线"时期，党在这个地方领导了许多农民起义。虽然（这些起义都）失败了，但在农民当中留下了共产党的影响。我想，开头要有这么一段，话不一定说得很多。

旁人插话：对、对，我晚上跟刘玉柱谈这个事情。

刘瑞龙：不一定说很多，在这个会上也没有机会说很多。若要详细的话，以后详听下回分解。要言不烦嘛，我想第一段是不是就这样。现在这个材料完全够了。

第二部分就要讲抗日战争。上面一部分中已经有了大的背景。我在这个地方（第一部分）还要讲，我们在抗战以前，特别是在"立三路线"时期，我们的工作规模是这样的，铁路上有我们的工作，矿山上也有我们的工作，那个时候烈山煤矿、贾汪煤矿……

旁人插话：淮南煤矿。

刘瑞龙：淮南煤矿还没有。

还有枣庄煤矿。那个时候叫做"两路三矿"，两路就是津浦路、陇海路（还没有平汉路）。农村地区我走过、我知道的地方，有宿豫、蚌埠、怀远、凤阳、宿县、灵璧、泗县，河南的永城，江苏的丰、沛、萧、砀、邳、宿、睢、铜，还有东海、灌云、沭阳、赣榆等这些地方都有党组织。另外还有淮阴所属的淮（安）、淮（阴）、连（云港）、泗（县），所以那个时候党的组织还是比较普及的。党在那个地区领导了工人农民的运动。

旁人插话：就是在 20 世纪 30 年代？

刘瑞龙：对，在 20 世纪 30 年代。

那个时候这一带几股大土匪与我们都有联系。一个魏三，另外就是泰州地区的有名的刘大水，另一个叫刘二水。我想这个情况说到这里就可以啦。就可以了解这个情况。

第二部分是讲抗日战争，这一部分是我们提纲的主要部分。我想，抗日战争要讲抗战初期，以郭子化为首的苏、鲁、豫、皖特委曾经在这个地区进行了艰苦的恢复工作。当时苏、鲁、豫、皖特委和郭子化也及时地和中央进行了联系，取得了中央的支持。

旁人插话：他（郭子化）现在在哪儿？

刘瑞龙：郭子化已经去世了。现在就留下一个郭影秋，他和郭子化一起进行恢复（党组织）工作，一起在五战区搞统战。

旁人插话：他（郭影秋）现在在哪儿？

刘瑞龙：他是人大的校长，又是南京大学的校长。

旁人插话：就是从人大调到南京大学了？

刘瑞龙：事情是这样的，他是从南京大学调到人民大学，他也是北京市委负责人之一。

旁人插话：他现在在北京？

刘瑞龙：现在在北京，现在生病了，但是脑子还很好用，记忆力很好。

由于当时他们先是在徐州周围一些零星的地区恢复了党组织，以后五战区李宗仁到了徐州，把五战区的主力放在徐州。他们搞了（第五战区民众抗日总）动员委员会，搞了统战后，他们就系统地向徐州的东南、西南、西北、东北发展，就是四面来进行恢复组织的工作。

旁人插话：那个时候徐州还没有沦陷。

刘瑞龙：还没有沦陷。

那个时候他们工作的主要特点就是搞统战，利用统战的掩护拉武装。武装的主要名称叫人民抗日义勇队。这是这一阶段工作的特点。它是在党经过了惨重的破坏以后，进行艰苦的恢复工作。先是零星地恢复，取得了良好的统战条件以后，就有系统地、全面地在徐州东、南、西、北各个方向来精心发展党（组织），利用统战取得的有利条件来建立群众性的抗日武装。这种群众性的抗日武装就叫做人民抗日义勇队。也就为八路军、新四军进入这个地区铺平了道路。我想，在（第二部分）第一段中，这一部分（历史）是不能被埋没的，要强调一下。因为郭子化还是个埋头苦干的同志，很实干的同志。他曾经在永城县委（工作）。1931年我在担任宿、海、蚌巡视员的时候，他是永城县委成员。我走了之后，宿、海、蚌遭到破坏后，他就到了泗县白庙子，就是归人家负责的白庙。白庙就是许宝庭、许宝霞的家乡。许宝霞现在还在世。这些事情要讲一讲，比如郭影秋，还有像李中道、孙叔平、钟汉民，都是在那个时候恢复的关系。

旁人插话：李中道现在在吉林吧？

刘瑞龙：在吉林。现在叫李砥平。

旁人插话：孙叔平呢，现在在北京吧？

刘瑞龙：孙叔平在南京大学，他原来是江苏省委领导的社会科学哲学研究所所长。现在孙叔平兼攻哲学，最近他连续在报刊上发表文章。这是抗日战争这一段要交代的事情。

第二个呢，就是要讲淮北根据地发展的几个阶段。我想，首先讲一讲新四军四师和根据地的历史，这应该是统一的。统一的理由，一个是抗日战争期间，淮北（地区）斗争的中心是武装斗争，一切（工作）都是为这个（中心）服务的。根据地是依靠党领导的八路军、新四军开（创）的局面，我们根据地的一切工作也是为武装斗争、武装力量的壮大和武装斗争的胜利服务的。部队党和根据地的党是分不开的，是有机联系、互相促进的。所以这两方面的历史应该放在一起写。这里讲到根据地发展的各个阶段。根据历史的发展，大体上可以分为这几个阶段，这是几年呀？

旁人插话：没算过几年。

刘瑞龙：从一开始。

旁人插话：1939年吗？

刘瑞龙：雪枫同志是 1938 年 9 月从（确山）竹沟出发。你去研究一下，这个都有的。1938 年到 1945 年，也就 7 年。这 7 年也就可以大体分为 3 个段落。因为在第一个阶段，我们在路西和路东，兵分两路，平行发展。路西呢，雪枫同志以新四军游击支队的名义从竹沟出发，以后到豫东，和萧望东、吴芝圃会合以后，经过一个时期的战斗，开始建立豫皖苏边区抗日根据地，改（编）成（新四军）六支队。这是一段。以后他进军北上，和黄克诚南下，彭、黄两部合并成八路军四纵队。这是一段（第二段）。

旁人插话：黄克诚到过路西？

刘瑞龙：到过路西，他是从路西来的。

然后，皖南事变以后，盐城重建军部以后，路西的部队命名为四师。从这个时候到东侧。这是路西的一段。

路东呢，就是四个方面：山东分局一个方面。路西六支队一个方面。鄂豫皖省委，经过统战关系，派党员到这里活动。以及苏、鲁、豫支队。一共四个方面。开辟了这个地区的局面。（四个方面）最初还是互不联系的，到了中期，联系起来以后，和盛子瑾搞统战，搞了统战盛子瑾害怕，要走了。在我们消灭了马馨亭以后，他感觉到我们的力量强大了，要走。（下一阶段）进入到我们党领导的新四军、八路军独立地创建根据地的阶段。以后就是打垮王光夏，再以后就是在黄桥战斗，把鬼子的扫荡粉碎了。这是在少奇同志的指导和指挥下完成的。以后就是黄克诚 7 月份带领两个旅的部队从路西过来。这时皖东北就更加完备、稳定了。以后克诚同志在 10 月份带着部队到淮海（县）打开局面。这时候苏皖区党委就搬到淮海去了。皖东北就有张彦、刘玉柱、吴植椽等组成皖东北地委进行坚持。这时路东就变成游击战争环境。到 1941 年春（3 月份），华中区要求（新四军三师）九旅恢复皖东北地区根据地。经过战斗，打下了青阳、马公店，把洪泽湖的湖匪肃清，开始向皮水头发展。到了 5 月间，四师和九旅会师。这时候就开始了一个新的局面。这是路东和路西的第一个阶段。

第二个阶段就是路西的四师和路东的九旅会师以后，组织了统一的誓师以后，建立了统一的淮北区党委，统一的淮北军区，统一的淮北行政公署以后，第二个阶段就是从这个时候开始的。标志第二个阶段发展（历程）的是三个战役。第一个战役就是程道口战役。程道口战役打垮了王光夏，实现了淮南、淮北、淮海，以至于整个苏北连成一片。这是一个战略性的胜利。这次战役的胜利对于四个地区的巩固产生了深远的影响。这几个地区形成一股强大的力量。这次战役以后，我们顺手搞掉了一些土伪据点。这是一个发展。第二个发展就是33天反"扫荡"。这次反"扫荡"是对四师力量最大的考验。在33天反"扫荡"胜利以后，出现了一个什么问题呢，一个我们把海、郑公路沿线的伪顽据点清扫了一番。另外由于海、郑公路的清扫，我们在两个地方发展了力量，一个是灵璧，我们的部队、政权进去了，另外就是我们在不老河两岸的发展。这样，我们都连成一片。这就是33天反"扫荡"取得的胜利。

第三个战役就是山子头战役。这次战役东西并进，把韩德勤和王仲廉夹击四师的企图给粉碎了。这就使得路东的根据地更加扩展了。

旁人插话：山子头（战役）主攻是三师还是四师？

刘瑞龙：陈毅指挥的，可能二师还有部队呢。（你可以）了解一下。

这是一个作用。另外就是为恢复路西铺平了道路。那时我们的工作有了很大的发展。路西的工作也有很大的发展。这是路东发展的第二个小阶段。

第三个阶段就是恢复路西。雪枫同志带了部队到路西。我们和邓老送彭、张西上的时候，我们（区党委）有个分工的，我们有两方面的工作要点，路西怎么搞，路东怎么搞。雪枫同志牺牲以后，四师的主力在路东留一个团。其他的搞十个独立团。路东的工作目标就是十个独立团，一万名新兵。雪枫同志牺牲后，张、韦继续完成这个恢复路西的任务。

恐怕这三段就是这个样子的。这三段在那个（材料）上面都有了。每一段时期我们控制的区域，有多少县、有多少区乡，人口、部队发展到多大的水平。这就是第二段了。淮北根据地的几个发展阶段。这个交代清楚了。

第三个问题就是要简单地讲一讲淮北抗日民主根据地各方面的建设。这（些内容）也是应该有的，否则仅仅讲几个阶段是没有意思的。这是应该有的。这个你写起来会比较方便，因为有几个调查。我想，有几个没有交代清楚，第一个问题是华中区的领导要交代清楚，包括少奇同志、陈毅同志、曾山同志等，你仔细看看该怎么写吧。他们根据党中央、毛主席的指示对淮北根据地重大问题进行及时的指导非常重要。这是一条。另外一条就是当时区党委团结得很好。然后就要讲四师的军事建设，这是要放在前面的。在四师的军事建设里面，要把发挥了重大作用的几个主要同志讲一讲。首先是彭师长、邓政委、（政治部）主任，张震、张（爱萍）、韦（国清）等，都要做一个交代。这个事情要注意一下。

关于群众发动，这里面要讲一个事情，就是少奇同志曾经有一段文字。1940年夏的时候，他在淮北给淮北的同志一些帮助，还是做了一些工作的。而且那个主意也是少奇同志想出的。那一段少奇同志的指示在我的材料里也有。

后来就是 1941 年 6 月份区党委的活动通知会，在全大上少奇同志的指示，盐城的《群众工作》就有。我在那个《毕生为党永辉煌》里面讲过，传达过这个经验——群众发动。（你）就按照我们的文章讲一讲就是了，反正是现成的。

旁人插话：这个材料？

刘瑞龙：不是（这个材料），是《毕生为党永辉煌》那篇文章。你有吗？就是《红旗》杂志那篇文章。1982 年第 1 期。

旁人插话：《红旗》杂志有一段时间名声不好啊。

刘瑞龙：是啊，现在名声又恢复了。

旁人插话：行，我回去找去。

刘瑞龙：这是一个啊，群众发动。第三个就是改造和发展地方武装，建党建政，壮大四师。淮北有几次扩军，这个扩军的成果还是不小的。扩军运动的总结我现在还有，群众路线嘛。第一是四师的军事建设，第二是群众发动，第三是在改造和发动群众的过程当中进行扩军运动，建党建政，壮大四师。第四就是在发动群众的基础上改善民生、发展生产和根据地财政经营建设。

旁人插话：这个有材料吗？

刘瑞龙：财政经济建设，我这篇文章里面有的。

另外一个（第五个）就是政权建设和公安司法工作。最后一个就是党的建设和整风运动。党的建设和整风运动，应该把给华北区党委信中的几个要点讲一讲。

旁人插话：这个材料谁有？

刘瑞龙：我有呀。

旁人插话：你手里有呀？

刘瑞龙：我手里有。这就是关于淮北抗日革命根据地的几个问题。

抗日战争时期，一个是苏、鲁、豫、皖特委，那一段。第二个问题是淮北抗日根据地的三阶段。第三就是淮北抗日民主根据地各方面的建设。第四个问题是日寇投降后，淮北七分局、八分局。这里面讲一讲，抗战胜利以后，华北区党委撤销，在华东局党委领导下建立了统一的华中分局、华中军区、苏皖边区政府。原来的华中地区就搞了八个地委、八个分局、八个专署。原来的淮北地区路东就改成七分局，路西就改成八分局。根据华中分局的指示，在这些地区都进行了惩奸反霸、减租减息、深入发动群众等等工作。这是第四。第一是苏、鲁、豫、皖，第二是抗日民主根据地的三阶段，第三是根据地各方面建设，第四是日寇投降后（的工作）。抗日战争就这四阶段。最后，第三部分比较简单，就是解放战争中淮北东西两大块所起的作用。几句话（就可以概括）：他们都经过了游击战争、根据地恢复两大段。他们都给以后的淮海战役准备了必要的条件。这里路西对配合路东豫、皖、苏战争起了很大的作用。路东在淮海战役前进行了艰苦的恢复（党组织的）工作。

今天我要和你说的就是这个东西。这个东西并不会费多大的力，而且在南京的会议上也没人听你"王大娘的裹脚布"（又臭又长）。我们25号的讨论也不能够长篇大论，也是要言不烦。你一讲人家听得清楚，人家也有办法提意见。如果你讲得太琐碎了（人家）怎么办呢？好不好？就这样啊！麻烦你！

旁人插话：不麻烦，完了吧？

刘瑞龙：完了。

淮海战役、渡江战役的支前后勤工作

1948年9月党中央政治局会议后，我奉中央电令，从豫东回到山东曲阜华东野战军（以下简称"华野"）司令部，向华野前委转达了陈毅司令员在中原局面示的华野在执行党中央9月会议决定中应注意的事项，随即参加了华野后勤司令部的领导工作，直到次年6月，奉调到上海市委工作。在这一段时间内，神州大地上，人民解放战争已进入到夺取全国胜利的决战阶段。中国共产党及其领导的革命军队和人民，取得了决定性的胜利。

1948年秋，我军为响应党中央、毛主席的号召，把革命战争继续扩大和深入到国民党统治区去，夺取全国解放的胜利，在全国战场上，同时发动了秋季攻势，国民党军队的5个战略集团，已经被我军分别牵制在5个战场上，正被我军痛打或即将逐个痛打。在北线，辽沈战役激战方酣，东北全境解放指日可待，平津战役正在积极准备之中；在南线我军继豫东战役的胜利之后又攻克了济南，全歼守敌（内1个军起义）11万人，使华北、山东解放区完全连成一片，并揭开了淮海战役的序幕。我军不仅在质量上早占优势，而且在数量上也占有了优势。

党中央适时地召开了9月会议，毛泽东向全党全军发出了"军队向前进，生产长一寸，加强纪律性，革命无不胜"的号召，确立了我军"仍然全部在长江以北和华北、东北作战"的战略方针。中央9月会议所提出的战略任务，为战略决战提供了政治、经济、组织上的坚强有力的依据。

淮海战役的作战方针是中央军委、毛泽东集中了前线指挥员的集体智慧，逐步发展完善起来的。在济南战役即将结束时，9月24日，粟裕和华野其他首长根据敌我双方军事态势提出发起一个新的战役，目的是要歼灭淮阴到海州之间的敌军，攻占两淮（淮阴、淮安）和海州、连云港，故亦称"淮海战役"。这是一个大胆的、符合形势发展的设想。这个设想，得到中央军委的批准和中原野战军刘伯承、邓小平、陈毅、李先念等领导同志的支持。后来毛主席亲自主持制定的《关于淮海战役的作战方针》，提出了首歼黄百韬集团的任务，并且随着情况的变化，逐步发展横跨中原、华东两大战略区的南线战略决战。在《关于淮海战役的作战方针》中，还进一步提出了"渡江作战"的战略任务，可以说，济南战役是淮海战役的序幕，淮海战役是我军战略进攻胜利的必然发展，渡江战役是辽沈、淮海、平津战役决战胜利的必然发展。

淮海战役所采用的战略战术，也是济南战役和全国战场胜利经验的发展。淮海战役的一个鲜明特点，是不断地运用了毛主席提出的"攻济打援"的部署，在有足够兵力围歼主要目标时，需以相当兵力打击援敌，从而加速正面歼敌是必要的。刘伯承风趣地把我军12月4日围住杜聿明，15日全歼黄维兵团，同时看住李延年、刘汝明两兵团这一部署总结为"吃一个，揪一个，看一个"。在兵法上，或攻城阻援，或围城打援，一般总是：或求歼守敌而拦阻援敌，或求歼援敌而围守敌作诱饵。在敌众我寡的情况下，既全歼守敌，又全歼援敌，进而全歼可能来援或逃逸之敌，实在是亘古中外军事史上罕见的奇迹！经济南战役提出的"攻济打援"的部署，在辽沈和淮海战役中反复多次地受到战场实践的检验，取得了完全的成功。这证明了老一辈无产阶级军事家们的指挥艺术，已经达到了炉火纯青的境界。

为了配合华野首歼黄百韬，战役发起前，刘伯承亲自坐镇豫西，以少数兵力牵制、抑留强敌黄维等兵团于江汉、桐柏地区，陈毅、邓小平则率中野主力攻击郑州、开封，引敌回援，尔后，中野又攻取宿县，切断徐蚌路，保障了华野完成任务。淮海战役开始后，中央军委和毛主席一方面把握有利时机，因势利导，给予总前委和中原、华东军民以具体有力的指导，一方面又连续发出电报，"一切由刘、邓、陈临机处置，不要请示"，鼓励华野首长"机断专行"，不要事事请示，给予了总前委和广大军民以高度的信心和极大的鼓舞。

淮海战役的第二个特点，是双方参战兵力敌众我寡：国民党军参战80万人，我军60万人。根据以往作战的经验，在这样的情况下，我军一般是避免进行决战的，辽沈战役的敌我总兵力对比：敌55万，我70余万；平津战役：敌60余万，我100万。所以毛主席曾高度赞扬淮海战役说：淮海战役打得好，好比一锅夹生饭，还没有完全煮熟，硬被你们一口一口地吃下去了。

淮海战役中，我军作战规模越打越大，战役规模一再扩大，这是淮海战役的第三个特点。战役从当初一打黄百韬、二打海州、三打两淮，发展为一打黄百韬、二打黄维、三打杜聿明；由歼灭徐州集团一小部分发展为全歼徐州集团。随着战况发展变化，双方力量对比由敌众我寡变为敌消我长。蒋介石在战役初期虽曾投入兵力80多万，到11月中旬，只剩下70余万，这是我军能将战役扩展成南线决战的根本原因。邓小平说过："只要歼灭了南线的主力敌军，中野就是打光了，全国各路解放军还可以取得全国胜利，这代价是值得的！"

战役对支前后勤提出越来越大的要求，后勤保证将发挥极其重要的作用。粟裕同志11月8日提出全歼徐州集团的建议中就说过："我们不知老解放区尚能支持到如何程度，如果尚可能作较大支持的话，则迫使敌人实行第一方针（即在江北与我周旋）更为有利。"毛主席复电也指出："齐辰电悉。应极力争取在徐州附近歼灭敌人主力，勿使南窜。华东、华北、中原三方面，应用全力保证我军的供给。"可见支前后勤作用的重要。如果把敌我双方后勤人员数目加进去，则双方力量对比，我是远远优胜于敌军的。

当时前线吃饭人数有150万，每天消耗食粮、马料350万到500万斤，战役中各地共付出粮食5.4亿斤，实际消耗4.3亿斤。运输弹药1460万斤（前线缴获的不算）。伤兵10万，俘虏数10万，粮食、鞋袜都是我们供应的。动用民力225万，随军10万。运输工具：挑子3.05万副，担架2.2924万副，小车9.5万辆，大车600辆，后方临时民工160余万。

淮海战役是一场规模巨大的战略决战。如此巨大战役获得了彻底胜利，决定因素是党中央、中央军委、总前委领导的正确，其中后勤供应是关键。党中央、毛主席十分重视后勤工作。在战役发起前，毛主席就指示要做好充分的后勤工作，要做到粮草先行。战役发起后，一再指示华东局、中原局和华北局，要准备充足130万人的3~5个月的粮食、弹药等物资的供应，及10万至20万伤员的转运治疗工作。为了做好统筹工作，军委副主席周恩来同志派杨立三同志专门负责后勤，协同华野后勤司令刘瑞龙和中野后勤司令刘岱峰筹办后勤事务。战役中，中央又在西柏坡召开了淮海前线后勤业务的专门会议，请野战军和军区的后勤部长一同参加。周恩来副主席主持会议，毛主席作了详尽的具体指示。

战役准备也比较久。11月打仗，9月份即开始准备。战役开始时，苏北已从江边运到淮海区粮食2300万斤，当时部队自带3天，3天以后，地方负责供应。这次战役开始，敌人一跑，部队一追击，粮食就掉队了。在部队追到徐州西南地区时，曾采取紧急办法——就地筹粮300万斤。但等到部队把敌人一包围，粮食就送上去了（山东8600万斤，华中6000余万斤），除个别部队发生困难外，保证了部队的粮弹供应，伤员全部运下来了，保证了战役的胜利。

根据总前委的指示，在徐州召开了联合支前会议，协商了共同支前方案，统一调度，四个地区分工：徐州东、南两面归华中负责，东、北方面由山东负责，西南由豫皖苏负责，冀鲁豫作为后备。

淮海战役有强大的后方支持，人民热烈支援前线，曲阜加强纪律性教育的成功，部队士气高，前线胜利给人民很大鼓舞，我作战主动。徐州解放，四大解放区连成一片。

淮海战役期间，随军民工有 30 多个团，后方准备的民工有 40 多团，在战役期间及以后进入淮南，共抢修铁路 556 公里，桥梁 85 座（重要的有淮河铁桥等大桥），用了 68 万个工（工人 13 万工日，民工 55 万工日），修公路 2100 多公里，架电线 576 里。华东局指示：要把民工队当作学校办。在民工中普遍开展了"民爱民"运动。

利用缴获改善我军装备，战区抚恤、救济、生产等方面也做了许多工作。战后在双堆集、碾庄、青龙集地区成立了工委，负责打扫战场，帮助人民恢复家园。我们刚打完仗，就及时医治战争创伤，这是我们人民战争的特点。

渡江作战，则又具备与淮海战役不同的特点。淮海战役是冬季作战，渡江作战是在春夏之交；淮海战役在中原、苏北大平原上展开，作战区域在我解放区，渡江作战则首先强渡敌重兵防守的长江天堑，难度极大，渡江后即向江南水网地区和丘陵山区连续作战，连续追击，作战区域是敌占地区；淮海战役攻占接管的是徐州等一批中小城市，渡江作战则攻占接管南京、杭州、武汉、上海等一大批大中城市。这些特点，为我军渡江作战和后勤供应带来了许多难以想象的困难，然而，由于淮海战役创造了良好的条件，四个战略区连成一片，有全国支援，我军装备改善，机动力增加，交通条件改善（有了铁路、公路、淮河、运河），在新区又及时组织发动群众支援前线，老区可以休养生息了。

渡江是两方面做准备：一是部队准备，总前委对后勤工作有指示；二是地方准备，华支支前计划很详细。具体内容：

（一）粮食准备。除部队吃粮外，还有地方吃粮。江淮准备 9000 万斤，苏北 1 亿斤，皖北 1.1 亿斤，共 3 亿斤，估计吃到渡江后，还有 1.5 亿斤供应江南。

过江后，部队、民工及俘虏 180 万，5 个月需吃粮 5.3 亿斤。上海市 500 多万人口，每月需 9200 万斤，南京市每月需 3500 万斤，每月共需 1.2 亿斤，5 个月要 6 亿斤，共需 11.3 亿斤。计划在江南征收 9 亿斤，江北调 3.5 亿斤。

（二）渡江船只问题。苏北共抽 8000 只（渡江船 2600 只，运粮船 1200 只，随军弹药船 1100 只，渡江前内河运输船 2300 只，机动 800 只），皖北 10039 条，淮河 3131 条，共 21170 条。

（三）随军南下的民兵 18 个团，2 万余人，江北维持秩序的，押俘虏的都是民兵。另外，民兵封锁消息也非常好。如莱芜战役，我那样多部队调动，敌人不知道。孟良崮战役直到打响了，敌人才知道。敌人到了解放区，真正成了聋子瞎子，掉到人民战争的大海里去了。

三大战役民力共用596万人（济南50余万人，淮海225万人，渡江战役解放宁沪杭320余万人），其中随军民工36万，二线90万，后方临时470万；粮食共用8.5218亿斤（济南战役93万人，7430万斤；淮海战役150万人，4.36亿斤；渡江战役178万人，3.4399亿斤）。

淮海战役，连同辽沈、平津战役，歼灭了国民党军队的主力，从而粉碎了蒋介石集团赖以维持统治的基础。淮海战役结束10天，蒋介石便匆忙宣告"下野"了。

渡江战役，解放了帝国主义国民党政权的政治、经济、文化的统治中心——沪宁杭地区，以及浙、闽、赣、鄂、湘广大地区，粉碎了国民党政权"南北朝"的迷梦。当红旗插上南京伪总统府的门楼时，蒋介石国民党几十年对全中国的黑暗统治，从此宣告结束。

千军万马战淮海，百万雄师过大江，兵马未动，粮草先筹。如此规模巨大的战役，充分有力的后勤供应是保证前方作战胜利的关键。军委、毛主席十分重视后勤工作。早在战役发起前，毛主席就指示要做好充分的后勤工作，陈毅曾写信专门向中央汇报后勤准备工作的情况。战役中，前委再三对后勤工作下达明确命令，军委副主席周恩来召开了后勤业务会议，统一协调部署。军委对前方将士过年每人供应多少肉，多少烟都下达了具体命令。粟裕、谭震林于军务倥偬之际，直接领导部署了后勤支前委工作。党中央、毛主席、总前委对于后勤支前工作的重视，迅速地成为解放区广大人民群众的实际行动。"解放军打到哪里，我们就支援到哪里！""倾家荡产，支援前线！"他们不惜一切牺牲去换取战争的胜利，做到了全力（全部人力、物力、财力）支前，全面（满足解放军的一切物质需要）支前，全程（直到全国胜利）支前。他们把自己的命运和革命战争的胜利紧紧地依托一起，他们从实际中深深体会到：只有跟共产党走，才有人民的一切。

淮海战役、渡江战役的规模是空前巨大的，支前的规模也是空前巨大的。淮海战役我军参战兵力60万，支前民工230万；渡江作战我军参战兵力上百万，支前民工320万。在同一战场上，数百万军民同仇敌忾，井然有序，为着胜利而奋斗，如此威武雄壮，旷古未有的宏伟壮观，只有中国共产党领导的革命军队和英雄人民才能创造。全党全军全民目标的高度统一，利益的高度统一，行动的高度统一，为我们赢得了人民解放战争的彻底胜利。今天，在实现"四化"的新长征中，这是一条何等宝贵的经验啊！

与亲友、业界同仁的书信

复延淮、延东信 *

（1961 年 11 月 13 日）

学习十字诀

勤——业精于勤　恒——持之以恒

序——循序渐进　博——博览群书

专——专心致志　问——不耻下问

习——温故知新　思——好求甚解

记——勤作笔记　用——学以致用

延淮、延东：

信收到，很欢喜。从信上，看到你们政治上的发展和进步。

你们信上，在学习上提出两个很重要问题，我想说两句。

延淮说，平常学得少，看得少，想得也少，一旦出了什么事，往往问题层出不穷，认为这是很大的弱点。平常针对时事政治问题学得少，理论水平低，确实是弱点，这在今后学习中，逐步克服。至于说问题层出不穷，不能看作弱点。延淮是就时事说的，还可以把范围扯广一点去了解问题的意义。我们的祖先从来是把学问看作是"学"和"问"的统一体，学和问并重，凡在学习中碰到不明白有怀疑的问题，便提出来研究，不要不懂装懂，不满足于一知半解。脑子里对学习的东西提出疑问，是获得知识的开始。往往是经过初步学习，发生了疑问，于是推动人们去认识弄清事物的内容和本质，在弄明白一个问题之后，往往会引起更多的问题，于是又推动人们深入一步去研究。可以说，能够提出问题是初步学习的结果，又是深入学习的起点。学得起劲，才问得勤，学得越深，问得越多，学习是必须勤问，学习永远是"知"与"疑"互相反复的过程。古人说的好："学贵知疑，小疑小进，大疑大进，觉悟之机也。一番觉悟，一番长进，知之越深，疑之越多。"只有经常虚心求教、发奋学习，才能把学习的东西全部弄通，并且不断获得进步。学习中能够敢问、勤问、善问，对

---

　　* 这是刘瑞龙写给两个女儿的信。

推动学习极其重要。

延东对最近学习成绩不满意是应当的。但是不要把精神停止在不满和难受方面，应该积极地检查过去学习中的缺点，下决心克服缺点，加倍努力学习，赶上先进的同学。不因暂时成绩不好而自馁，不因稍有进步而自满，老老实实、勤学苦学，脚踏实地，力求进步。知识就是力量，在政治方向确定之后，一个人对祖国和人民贡献的大小，很大程度取决于他为祖国和人民服务的能力和水平。中学是打基础的时代，功课一定要学好。世界上没有一生下来便知道一切的天才，天才在于学习，知识全靠日积月累。学习中碰到困难是常事，只有不怕艰苦的人才能攀登顶峰。勤能补拙，刀钝石上磨，人钝勤心学，这需要决心、勇气和毅力。

上面着重谈你们信里面提到的问题。当然在你们学习中注意健康问题、班上的工作安排以及同学间的团结等等。你们会注意到的，这里便不说了。

这封信你们看完交给妈妈，看她还有什么意见。

妈妈是否到长春去了？身体怎样？最近几个星期过得好吗？

延申、延宁和你们通信了没有？要注意帮助他们。

安好！

你们的爸爸

11 月 13 日

复王者兰①及江泽民、江泽玲、江泽慧信

（1979 年 8 月 24 日）

者兰同志阅转泽民、泽玲、泽慧同志：

8 月 15 日来信收悉。

上青同志牺牲 40 周年，隆重纪念是应该的、必要的。接信后，即找上青同志生前战友杨纯同志和刘玉柱同志共忆上青同志在我党皖东北特支工作期间为党和人民事业所作贡献和他的高尚品质。我们三人以崇敬的心情，写了《怀念江上青同志》② 一文，寄给你们。以慰上青同志，以励后继，并以慰者兰同志。爱萍同志已出发休养，特告。

敬礼！

刘瑞龙

1979 年 8 月 24 日夜

---

① 王者兰，江上青夫人。

② 《怀念江上青同志》一文见本文集第 126 页。

致中共泗洪县委

（1981 年 9 月 9 日）

中共泗洪县委：

9 月 7 日章博同志及路正平同志受你们委托来京汇报了你们的情况。四师和淮北在京工作的同志对于你们要求建设泗洪、把老根据地建设好的心情和设想都是很关心的。借此向你们提出几点意见，请考虑。

一、由于种种原因，如何改变泗洪农村经济面貌，是要很好研究的。对于泗洪党和人民来说，要想农民和农村尽快富裕起来，就应该充分利用泗洪县丰实的自然资源，搞好多种经营，搞好科学种田，支持和发展社员家庭副业，发展社队企业，搞好农、林、牧、副、渔的全面发展，抓好商品生产，要以销定产。不发展多种经营和商品生产，怎么能富裕起来呢？

二、党中央指示的农业各种形式的责任制，是发展我国农村经济的保证。上塘实行责任制后，喜获丰收，我们十分高兴。希望你们能很好总结这方面的经验，并进一步完善提高，充分调动泗洪 80 万人民的社会主义积极性。安徽省实行责任制后，农村普遍富了起来，这是值得你们学习的。

三、曾经多次指出，努力绿化泗洪。植树种草，可以为发展多种经济提供原料，可以发展林业、畜牧业，大量饲养家禽、家畜，发展水产，还可以调节气候，这是造福于子孙后代的大事。希望你们能具体规划一下，切实执行。发展种植业、饲养业、工副业，你们要持久努力。这个问题不解决，泗洪贫穷落后的面貌是很难改变的。

四、泗洪翻身，根本的一点就是充分使用本县的劳动力和自然资源，发展商品生产和普及农村科技化。按照党中央政策利用外资、沟通外贸是应该的。但这只是发展经济的一个方面。要根本解决泗洪问题，还是要自力更生，艰苦奋斗。

五、在没有改变靠天吃饭的条件下，以后也可能会出现欠收，领导上应该先行一步。如你们全县近 40 万亩地花生如何处理？除了国家收购向外出口以外，是否考虑土法榨油呢？你们要做的工作很多，而且要真正办成一件事也不是那么容易的。希望你们能坚持执行六中全会决议和党中央指示，团结一致、始终如一地把泗洪县的工作搞好。望你们摸清泗洪自然资源、全县经济状况，做好泗洪农业经济区化，经过调查研究，干部、农民、群众的民主讨论，搞好农业发展规划，报地委、省委审查批准，切实实现，并随时向地委、省委反映情况，请求指示和帮助。未利用的土地和资源应有计划地利用，不要捧着金饭碗到处要饭。

　　这封信请你们抄送地委一阅。如他们认为不符合泗洪情况的内容，你们应按地委指示进行。

　　　　　　　　　　　　　　　　　　　刘瑞龙
　　　　　　　　　　　　　　　　　　　1981 年 9 月 9 日

复武志平信

(1981 年 11 月 11 日)

志平同志：

来信敬悉，大作已拜读。承询各点，复如下。

我上次和你谈及我 1933 年经党中央派遣由上海赴川陕工作经过。当时由陕北特委常委崔逢运带到西安经宋绮云与陕西省委取得联系。我曾将中央档案馆现存的我在西安写信给党中央的报告《陕西大舜来信》（1933 年 2 月 18 日）说明我在西安时曾经按照党中央指示在陕西省委参加了下列三项问题的讨论：①陕北游击区的工作；②靖大康在武都鲁大昌部的工作；③西北军的工作。事毕后即由陕西省委书记贾洪先派杜润之及南特委孟芳舟处，经二十九军陈浅伦处研究工作后，即由二十九军派一个排护送去川，三月十八日到达通江。

我着重说明上述史实，用意在校正陕西省委党校党史教研室与省北科院党史研究室所印《中共在陕西斗争简史》所叙有关我与陕西省委关系的一段历史。《简史》说我曾一度参加陕西省党的活动是正确的。但所述内容有下述不准确的地方：（一）我是 1933 年 2 月由党中央派往川陕工作的，不是陕西省委派往二十九军的。（二）我经二十九军参加研究工作后即去四川，未在二十九军担任职务。（三）我到四方面军报到后，即被委派为红二十九军政治部主任，率保卫队及二十九军护送部队各一个排前往陕南西乡马儿岩，到达后才悉红二十九军军部人员已遭反动神团头子张正万袭击全部牺牲，部队打散，我在收集二十九军余部，恢复游击活动后，于四方面军空山坝大捷后，率领部队回川，分配到省委宣传部工作。上述各点，已函告陕西省委党校。

过去不知道你和靖大康同志是认识的，你把大康同志这段活动及何玉民同志牺牲情况补写出来，很好。

希望你在大作中将有关史实核实。

此致

敬礼！

刘瑞龙
1981 年 11 月 11 日

为农业部科研规划的建议致成跃

（1981 年 12 月 7 日）

成跃同志：

来信阅悉。

一、农业部科研规划中应列入项目的建议，理由如下：

农业科学的本质是探索、研究农业发展的自然规律和经济规律，在有关的生物的环境的技术的科学外，特别要研究生产关系如何促进生产力的发展，和生产技术的经济效益及科学的经济管理方法，用以指导农业，达到低消耗、高效益的目的。如果把农业经济从科研规划中略去，不仅将造成农业理论上的失误，而且将造成工作上的巨大失误，我部应避免这个失误，故应坚决列入。

二、《中国农业科学技术史》是我国农业科学研究的创举，预定要争取在 1982、1983 两年内完成，我部应该大力支持。美国农业 100 年史早已出版，我国农业史不容再缓。此事不是一般课题，更没有告一段落。故应在农业部科研规划中继续列入，以促其完成。

三、《中国大百科全书·农业》卷、《中国农业百科全书》是根据党中央、国务院决定由国家农委直接领导进行的一项基本建设工作。国家农委要农业部用较大力量参与其事。水利部党组已作出支持这一工作的决定，动员该部科研力量完成此事。我认为我部也应在部的科研规划中列入。在我们应完成的项目中，也应从人力、时间和财力上给予支持，促其完成。

此事朱荣、子伟、元泉同志已表示支持，望你协同有关各局及农业科学院促其实现。

刘瑞龙

1981 年 12 月 7 日

就《中国农业百科全书》事
致钱学森①

(1982 年 6 月 4 日)

学森同志：

　　4 月 19 日大札敬悉。《设想》蒙见许，甚感。决心继续循此，学习、探索下去。

　　《中国大百科全书·农业》卷正如所示是贯彻执行已定的总方针问题。对《中国农业百科全书》所提各节，甚为中肯。原定对象高中以上，在综合性、知识性外兼具专业性、技术性的方针，当时从提高现有科研人员考虑，似有需要。后发现考虑不周，正如大札所示，应有适应高小、初中农民文化水平的农业科普读物性质的《农业百科全书》。五六十年代，"文化大革命"前，农业部曾编印农业科学技术基本知识 33 种，曾发行几百万本，对促进农业发展起了良好作用。现农业出版社在修订原有书稿基础上，扩大为 100 余种，年内可能出 10 多种，知注特报。

　　搞成活页事，研究后再报。

　　敬礼！

刘瑞龙

1982 年 6 月 4 日

---

　　① 钱学森（1911~2009），享誉海内外的著名科学家、中国航天事业的奠基人之一。曾任美国麻省理工学院教授、加州理工学院教授。归国后，曾担任中国科学技术协会名誉主席、全国政协副主席等职。

附：因《中国农业百科全书》事
钱学森来信

（1982 年 4 月 19 日）

中国大百科全书出版社转

刘瑞龙同志：

4 月 10 日信及您的发言均收到。我对农业完全是外行，学习了您的发言，得益很多，很赞成。对《中国大百科全书·农业》卷，因其总的方针已定，是个贯彻执行的问题，对《中国农业百科全书》似可考虑以下问题：

（一）《中国农业百科全书》的读者是谁？我认为应该是农民，因而不能像《中国大百科全书》那样要读者有高中以上文化水平，应该是高小初中文化水平，也就是《中国农业百科全书》要适应我国农民文化水平，写成科普读物。这样《中国农业百科全书》就成为农村图书室必备书籍，可以发销几百万套。

（二）如果为了不断更新，《中国农业百科全书》能否搞成活页的？

以上仅供参考。

此致

敬礼！

钱学森

1982 年 4 月 19 日

因淮北党史征集、整理、编写工作等事宜
致光宇、文甫并管老①

（1982 年 9 月 28 日）

光宇、文甫同志并报管老：

你们好！上次我们碰头后拿出的关于淮北地区党史资料征集、整理、编写工作的意见，这个意见送给张爱萍同志看了，爱萍同志很重视，亲自找了王宇、刘明香同志谈他对征集淮北地区党史工作的看法。总的来说，他对这一工作很关心，很支持，他认为我们提出的几点意见是可行的，他虽然不赞成设领导小组，不愿当小组长，但他对这一工作是很重视的，亲自批了五条具体意见（附后）并提出要玉柱、董林同志负责与在京的同志联系。明确要以安徽（光宇）为主，文蔚、文甫协助，后来，王宇他们又把我们的意见和爱萍同志的批件送给张震同志和中央党史征集委员会常务副主任谢筱乃同志，张震同志看了爱萍和我们的意见，表示赞成、拥护、支持。谢筱乃同志也很赞成爱萍的意见，他说不设领导小组也可以，遇有重大问题，就请爱萍同志做个召集人，光宇同志做个副召集人，并明确提出一定要设联合办公室做具体工作。

对于爱萍同志、张震同志、筱廼同志的意见，我和子久、玉柱等同志都赞成。到此可以说有关淮北党史资料征集、整理、编写工作和要点、方针、组织都取得了一致的意见。开始工作的条件具备了。

为此，是否请光宇同志约请文蔚、文甫同志商量，尽早把联合办公室组织起来，开个办公会议，以便及早开展工作。

此致
敬礼！

刘瑞龙
1982 年 9 月 28 日

---

① 管老，即管文蔚，曾担任新四军挺进纵队司令员、华中野战军第七纵队司令员。新中国成立后曾任江苏省副省长、全国政协副主席等职。

复徐深吉信

（1983 年 3 月 24 日）

深吉同志：

2 月 23 日信敬悉。谢谢寄我信。我对你回忆整理的《徐向前同志在红四方面军》一文，先后读了三遍，觉得内容丰富具体，文字实事求是，生动活泼，是一篇好文章，对发扬我军优良传统、教育部队、促进党风好转有益。

向前同志是红四方面军卓越的领导人和杰出代表，受到全党全军各族人民的尊敬，他和他的许多战友，是红四方面军优良本质的集中体现，系统地、准确地加以表述，有重大意义。我对本文前言一、二两页概述部分作了一些词句上的补充，是否恰当，请你核定。

前言和后记四大段都很精彩，结构顺序从品德、军事贡献、治军、对张国焘错误路线的抵制和斗争。这样叙述是适宜的。

建议在两处作适当调整：

第一大段，将向前同志的经历、品德、普通一兵、热爱群众、爱护战士、与群众打成一片、团结干部、相互学习、顾全大局、尊敬总司令等相类材料集中调整，做到重点显著突出。

第七大段，在原有的内容基础上，重点表述向前同志在全军拥护和实行党中央毛主席北上抗日的方针中所起的关键作用。

上述两项建议是否需要，亦请酌裁。

敬礼！

刘瑞龙

1983 年 3 月 24 日

阅胡兴宗来信后致杨显东^①

（1983 年 9 月 12 日）

显东同志：

看到胡兴宗同志 7 月 17 日来信，很高兴。这封信实质是他学习成绩的汇报。信中反映了他在美国看到的情况，结合所学和工作，提出不少值得注意的、洋溢着爱国主义精神的积极建议。

他根据学习斯大林著作的心得，提倡学习美国人的求实精神，他拥护《邓小平文选》提倡的改革精神。他经对照观察，对我们高等农业教育改革，提出好建议，强调教学、科研、推广、生产密切结合，有学位的人要到生产第一线去贡献力量，提高水平。他提议多请华裔、华侨、外国的学者来华讲学，少派那些混日子的研究生，以节省国家负担，多收培训实效等等，这些想法都是很好的。

这是我第一次看到的出国进修的研究生寄回来的第一封内容丰富、实际并有分析的信。我建议将此信印发部党组成员、顾问、各司局、农科院及部属大学，并抄转外交部、教育部。

敬礼！

刘瑞龙

1983 年 9 月 12 日

---

① 杨显东（1902～1998），著名农业科学家。1934 年留学美国，获康奈尔大学硕士、博士学位。新中国成立后第一任农业部副部长，并曾担任中国科协副主席等职务。

复梁家勉^①信

(1983 年 11 月 21 日)

梁老：

本月 11 日来扎敬悉，时以珍摄康泰为祝。

寄来《向徐光启的治学精神学习》一文，切中肯要，具见功力，嘉惠后学不浅。

徐光启是当时坚持自学，迈向科学高峰的代表人物。他专心致志，虚怀若谷，积极劳动实践，注重试验研究，这些正是徐光启学成致用，后学楷模的基本因素。读后深受启发，建议在《农史研究》发表。

西安自然科学史代表会开得好，对农史科研将起推动作用。香港大学召开的自然科学史国际讨论会及华南农学院主持召开的《南方草木状》国际学术讨论会，可见我国农业优良传统受到世界重视。董凯忱、杨直民、范楚玉同志已决定届时参加，我们因工作关系，只能遥祝会议成功。

关于《中国大百科全书·农业》卷农史分支主编、副主编事，由董、杨、范三同志面商不另。

健康！

刘瑞龙

王发武

1983 年 11 月 21 日

---

① 梁家勉（1908 ~ ），著名农史学家，中国农史学科的开拓者和奠基人之一。

附：梁家勉来信

（1983 年 11 月 11 日）

刘、王两老：

别后俗务丛脞，愧无寸进，乏善足述。惟遥祝您们德与时臻，寿如日永！

去月 27 日，我与彭世奖同志联袂应邀参加自然科学技术史学会在西安召开的第二届代表大会。此次大会，科技史界参加者颇不乏人，国内农学界除我院外，北农大、浙农大均有代表参加，日本友人山田庆儿（京都大学）也于大会上作有关学术演讲。会议闭幕后，西农李凤岐同志曾来旅邸小叙。

本月 7 日，上海市文艺界隆重举行的徐光启逝世 350 周年纪念大会上，我因交通关系，未及参加，只有寄去拙作论文于会上宣读，藉志景仰。现随函将该论文稿寄呈尊览。请赐斧正。下月中旬，香港大学召开的自然科学史第二届国际讨论会，我与彭同志应邀参加。由我院主持召开《南方草木状》国际学术讨论会，亦定于下月 20 日 ~23 日举行（在港会后）。日下国际农学界应邀参加的计有：美籍华裔李惠林、黄兴宗、马泰来；美籍席文，法籍梅塔耶，日籍森村谦一、渡部武（渡前曾同意出席，近才以校事牵阻，来电婉辞）等，香港大学何炳郁也应邀出席。对古籍《南方草木状》的讨论，能如此广泛引起国际学术界重视，不辞间关万里，踊跃自费参加，充分反映出我国古代农业科学技术，在当今古为今用思想指导下，促使农业生产取得辉煌成就，国际上已有刮目相看之感。钧座等于农学界中素孚众望，届时有便，敬盼驾临指导！谨布区区。

并颂

勋祺！

梁家勉上

1983 年 11 月 11 日

附呈拙作纪念徐光启论文 2 篇，敬求斧正。

中国土壤学会第五次代表大会祝词

（1983 年 11 月）

中国土壤学会李庆逵理事长、各位理事和全体代表：

　　欣悉中国土壤学会在西安举行第五次代表大会暨学术年会，谨致热烈的祝贺。

　　中国土壤学会成立已 38 周年了，拥有许多知名的老一辈科学家，并且拥有更多的中青年科学家，是我国一支出色的学科队伍；特别是新中国成立以来，在中国共产党的领导下，发挥了学会团结科技工作者的纽带作用，在土壤资源调查和合理利用、土壤改良和培肥、开辟肥源和改进施肥技术，以及土壤农化基础研究等方面，都做出了许多成绩。这次大会将交流近几年来土壤科学研究的丰硕成果，选举新的理事会，以"十分珍惜每寸土地、合理利用每寸土地"为中心，讨论当前我国土壤科学发展的重大问题，是一次有丰富学术内容，并对中国式社会主义现代化农业发展有积极意义的盛会。我深信这次会通过学术观点的交流和讨论，将进一步促进土壤学界的团结协作，在围绕国家重点科研项目实行协作攻关上作出重大贡献。祝大会圆满成功！

刘瑞龙

1983 年 11 月

给土壤肥料科学家座谈会的信

(1984 年 1 月 27 日)

土壤肥料科学家座谈会:

　　来信敬悉。我对会议讨论提几点意见:到本世纪末,为了力争实现全国工农业年总产值翻两番的总目标,在土壤肥料科学方面,要准备什么条件,要进行调整研究。中央 1983 年和 1984 年两个一号文件,着重指出建设具有中国特色的社会主义现代化农业的道路和方向,我认为土壤肥料科学,在着眼考虑我们土壤科学研究的方向和任务。为此,似应围绕两个转化,研究三个方面的问题:

　　一、研究土壤肥料科学从自给半自给经济向大规模商品生产转化服务。例如:保护和合理利用土地资源,发展多种经营,农林牧副渔相辅发展,建设商品生产基地,建立良性循环的生态环境、植树种草,改造中低产田,在较少的土地上生产出更多的农产品等问题。

　　二、研究为传统农业向现代化农业转化服务。例如:发扬传统农业中的精耕细作,节能低耗、改良土壤、集约经营、利用多种能源转化、维持生态平衡等等优点,总结已有科研成果,使这些优点科学化、现代化,并且适应新的条件和需要,改造、发展我国农业的优良传统,同时,要在农村生产和建设的各个方面,吸收现代化技术和先进的管理方法。

　　三、要抓紧新技术在土壤科学中的应用,继续提高土壤肥料科学水平。例如:原子能、计算机、自动控制、农业系统工程以及土壤科学与生物工程的联系等等。

　　以上建议,请批评指正。

刘瑞龙

1984 年 1 月 27 日

复胡福明信

（1984 年 2 月 25 日）

福明同志：

2 月 20 日来信敬悉。

去年我在无锡农村经济讨论会的发言，主要是按照中央 1983 年一号文件精神对会上反映的材料作了一些粗略的分析。1984 年一号文件再次肯定了 1983 年一号文件，在这个基础上关于稳定和完善生产责任制、发展商品生产和流通等方面，总结了新的丰富经验。苏南以及长江三角洲是中国农业的先进地区，三中全会以后，有很大发展，无疑中央两个一号文件，也总结了这个地区的丰富经验。去年无锡农村经济讨论会，从实际出发研究提出的各项观点和看法与两个一号文件基本是一致的。但是对商品生产和商品交换反映和研究不够是一个缺点。

苏南和长江三角洲在农业中出现的新生事物，往往成为全国的先兆，也是农业现代化的先驱，它的有些经验有为全国提供参考的意义，特别是新的技术革命在农业中的逐步应用和发展，可能提供重要的参考。需要继续深入调查研究，探索总结。我预祝你们准备召开的苏州、苏北农村经济讨论会的成功，到时如时间许可，参加学习是可能的。

建议农村经济讨论会能吸收少数有关必要的自然科学家参加更好。

特复

敬礼！

刘瑞龙

1984 年 2 月 25 日

附：中共江苏省委宣传部胡福明来信

（1984 年 2 月 20 日）

刘老：

去年九月一别，迄今已近半年了。由于工作关系，匆忙返宁，未能聆听你的报告。无锡市委宣传部，编了一期社联通讯，把你的报告刊载了，拿到后，立即拜读，得到很大启发和教育……

今年一号文件下来后，我立即认真阅读。无锡市专门召开了干部会，学习一周。大家认为一号文件深刻指出了我国农村经济发展的方向，极大地鼓舞了农村干部和农民。特别是无锡的干部很高兴，因为，一号文件实际上肯定了苏南农村广大干部和农民的一系列积极创造。有的干部甚至说：一号文件反映了苏南农村经济发展得特别快，已经成为苏南农村经济的主干，成为农业的支柱，成为农村劳力的主要出路，成为苏南农民的主要收入来源，也是农村发展的基础。无锡市委宣传部的同志说，去年 9 月无锡市的农村经济讨论会的观点、看法与中央今年一号文件的精神是完全一致的。我以为是这样。因为，无锡市农村讨论会的发言，是来自客观实际的。发言者，除了您是前辈外，都是老老实实向实际学习的学徒。这次讨论会，是在您的赞赏和指导下召开的。

苏南农村的经济发展趋向，应是全国农村发展的先兆、方向，当然不是模式。

我建议刘老今年再来江苏，到苏州市去参加农村经济讨论会。我还打算组织苏北农村经济讨论会。希望得到您的指导。如可能，望不吝赐教。

敬礼！

胡福明

1984 年 2 月 20 日

复陈汝明、黄一良信

（1984 年 5 月 12 日）

汝明、一良同志：

4 月 19 日信敬悉。大家都关心《回忆》修订本的出版，甚慰。

省出版社即将《回忆》修订本列入今年第三季度出版计划，一切有关补充修订事宜力争在第三季度前完成，请随时与出版社高斯、杨杰同志及省党史办肖迪同志联系。

对来信所提问题复如下：

一、李老关于重视红十四军研究的话特别是其中反映的史实很重要。省二大后，维汉同志根据通、海特委关于通、海、如、泰地区农民运动的报告，亲自在省委提出，并向党中央提出建立红十四军，亲自起草有关成立红十四军的文件，是符合历史事实的。同意所拟增补文字。

二、陈云同志在省二大的报告《江苏农民运动的趋势和今后的斗争》很重要，应在《回忆》增订本中重点反映，同意所拟增补文字。

三、对南通党史办徐仁祥同志两段考证（征求意见稿）的实事求是精神，甚为感谢。我的看法：

通、海特委成立时间，我的回忆是 1929 年秋，因为我和李超时同志是代表通、海特委参加省二大的。现存文献中的重要资料可列入附注备考。同意过程说。红十四军军长何昆同志牺牲日期，应定为 1930 年 4 月 16 日。文中应增补何昆同志原籍地名。

四、请考虑是否需要为增订本写后记，阐明研究红十四军历史应取的观点等。

五、省委党史办委托南通、扬州向市委党史办整理红十四军史料，写出全面史料报送中央党史办，甚好，请予协助。

六、可请白若兰女士列告所访问题，请考虑。

特复

敬礼！

刘瑞龙

1984 年 5 月 12 日

致 张 震^①

(1984 年 5 月 15 日)

张震同志：

　　我负责编订的两本有关解放战争时期支前后勤工作的资料，承大力支持鼓励，进程如下：

　　《华东支前后勤资料汇编》约 35 万字，由党校出版社协助编辑整理，送上海人民出版社印刷。谭震林同志生前将该书改名为《车轮滚滚》，并作了序言。

　　《淮海战役渡江战役支前后勤日记》约 18 万字，经整理并写了前言（另附）。因为你是当时野司支前后勤工作的主要领导者，深知其中甘苦，拟请你多挥毫作序，如有困难，建议将你在《决战淮海》一书中你的文章《英明的指示，胜利的保证》代序，不知可否？如能为《日记》加写几句更好。

　　当前，需要请求帮助的，就是请你考虑决定《日记》的出版单位，据鲁民同志说，似由解放军战士出版社负责印刷发行为宜，此事只需参座批示，通知该社进行即可。如该书（日记）能列入今年第三季度出版计划争取在国庆 35 周年前出版最好。

　　关于两书发行册数，按部队及地方所需是否可先印 20000 册（留底版以便按需增印），亦请裁酌。

　　上述为《日记》作序，《日记》由战士出版社出版以及两书印数等项问题，均请鼎力支持，卓裁见复为感。

敬礼！

刘瑞龙
1984 年 5 月 15 日

---

　　① 张震（1914～　　），中国人民解放军高级将领，1955 年被授予中将军衔，1988 年被授予上将军衔，1992 年任中央军委副主席。

致汝明、一良

（1984 年 7 月 20 日）

汝明、一良同志：

7 月 5 日、16 日两信并悉。除来信一二两项照办外，其余各项复如下：

一、黄火青同志处，我曾去电话，他说回信已寄出了。这次看到黄老回信，提供的材料很重要，考虑有些事实补写进去。

1. 关于省军委分配工作事，此事应在何昆同志牺牲后，超时同志接替军长时，大中华旅馆五楼，超时及我在座交代任务及工作确有此事。《回忆》75 页所记黄老当时是通、海边境军事特派员，系我对省委决定的回忆。黄老信中自称是红十四军一团政委兼参谋长，恐系初到时分配担任的具体工作，在《回忆》中也应补上。决定进攻金沙是 4 月间事。俞锡合即俞协和，亦即俞金秀同志。

2. 进攻金沙情况正如黄老信中所述，我参加了那次行动。部队需要打小仗进行锻炼，黄老确实提过。

3. 秦超同志牺牲是在进攻汤家沟那一天阻击余镇敌人时牺牲的。

4. 我在汤家沟战斗后，即奉省委通知去上海转如、泰，从那时到 9 月我已不在南通东乡，黄老所述基本与史料符合，可设法补上，当时师与团的概念不明，三团可能即三师。

5. "手枪" 当时部队用的大部分是盒子枪，少数手枪。

二、徐仁祥同志来信复如下：

1. 南通特委成立时间，以《江苏农民秋收斗争决议案》所述为准，应为 1928 年 7 月，逸峰同志所说是江北特委，当时，他当江北特委书记不错。

2. 南通特委所辖县应以《江苏省委组织分布》所述为准，应为六县。

3. 范省即范森，即叶守信，江西人，工人，离南通后，党中央派他任江西省委书记，在任内被捕叛变，解放后押贵州独山劳改场。其他特委委员代号是：

子平，即王平生，亦即韩铁心；得心即李达三即王玉文；徐芳，即徐芳德；二木，即林子和即陈古斋；刁九，非刁九善；剑波不知。我参加了六县联席会议，非特委委员。特委委员先后有变动。

三、由于徐仁祥同志所提问题，想起一件事，《回忆》在适当地方，提一下何孟雄同志参加制订的中共江苏省委下达的 1927 年的《江苏农民运动计划》以及 1928 年《江苏农民秋收斗争议案》，请斟酌有无必要补入《回忆》。如若补入，可参考我悼念何孟雄烈士材料。

　　四、白若兰女士访问时要提出的问题，你们可通知白的指导老师转告白，请她将所提问题，经南大直接通知农牧渔业部外事司。

　　因整党事，推迟了复信时间，请谅。

敬礼!

刘瑞龙

1984 年 7 月 20 日

附一：黄一良来信

（1984 年 7 月 16 日）

敬爱的刘老：

您好！

7 月 6 日给您的挂号信，想已收到。黄火青同志来信谈了他在十四军的一段经历，今寄上抄件，请过目。我认为要注意的是：

一、按《回忆》75 页所记，黄老当时是"通、海边境军事特派员"，黄老信中则说自己是"红十四军一团政委兼参谋长"。黄老在我写的提问信上，在"您当年曾以中共江苏省委特派员身份参加红十四军工作"之下，画了一道线。

二、《回忆》中十四军有两个师，秦超为二师师长，黄老则说秦超是一团团长。

三、黄老提到"与三团远距离会合的行动"，这与近年来启东党史办搜集的资料相合。

又，前年启东同志在省档案馆找到"启东八八暴动"时以"红十四军三师"名义出的布告。我猜想，《回忆》中的"师"，实际即黄老所说的"团"。

以上如何处理，特别是黄老的职务，是否要在再版的《回忆》中作修订（原来说他是"特派员"的依据是什么），请指示。

再，黄老信中个别地方可能有错漏，我用红圆珠笔在旁作了猜测性的订正，不知对否。

敬祝

安康！

江彤同志及全家好

黄一良敬上
1984 年 7 月 16 日

附二：黄火青^①致黄一良

（1984 年 7 月 1 日）

一良同志：

我在红十四军的三个月，正是"立三路线"统治党的三个月。我和秦超同志，1930 年 5 月底回到上海，中央分配我俩到江南省军委分配工作，省军委书记石心（即李树（硕？）勋同志）分配我俩去南通红十四军工作。去前由军长李超时同志、参谋长李××，在大中华旅馆五楼，刘瑞龙在座，交代任务和工作。秦超任红十四军一团团长，我任政委兼参谋长，该团任务占领金沙，进攻南通，切断长江，响应南京暴动。会后俞锡合陪同，交通余三、余四带路，坐船到大（天？）生港进入通、海游击区。

我们新回国，情况不了解，部队游击习气重，多时有二百多人，少时一百七八十人，都是手枪（盒子枪？）要去夺取一团敌人防守的金沙，是（不？）可能的。当时正面提出这种观点，就是右倾机会主义。我们曾转弯抹角说，部队需要打些小仗，以提高士气。当即被党委领导顶回了，马上领着部伍（队），沿途号召去打金沙，时间某日午后，中途遭敌人伏击，我们溃逃，记得刘瑞龙同志在场。没过几天，我们部队某地（估计在姜家营西南，纱厂以西）午饭后，据报有敌情，部队转移时，又遭敌人伏击，秦超同志牺牲。后我们决定消灭小股民团，先打土地堂，打是打进了，但未消灭敌人，我受伤了。经凤凰镇由小学校长同志找一乡间西医，给了一包"海淀方"和药棉，抬到骑岸镇交通张三麻子家，后转姜家营姜老汉家，9 月 26 日，由余四送我回上海。在负伤到回上海，部队消灭过一个小民团，地点在唐家营东北。接着来了一次开往启东之兴隆镇，与红十四军第三团汇合的远距离行动。南通敌人沿公路坐汽车追来，我军遭到严重打击。

我又想起一次不成功的战斗，是在秦超牺牲前或后，我记不准。我军在三余镇东南某地的白天，曾向唐家营进攻，未成，一人受伤。

---

① 黄火青（1901～1999），1926 年加入中国共产主义青年团，同年转入中国共产党，曾任红十四军一团政治委员兼参谋长、红九军团政治部主任、中共热河省委书记等职。新中国成立后，曾任最高人民检察院检察长、中共中央顾问委员会常委等职。

　　仅就个人记忆写此材料，供参考。

敬礼！

　　　　　　　　　　　　　　　　　　　　黄火青

　　　　　　　　　　　　　　　　　　1984 年 7 月 1 日

抄录：黄一良

复江苏省海门县王浩乡冯梁村庄文勇

（1984 年 7 月 26 日）

庄文勇同志：

你 6 月 29 日来信收到，很高兴。

你在张家沟战斗中背我浮水脱险，护送我上船去上海，我没有忘记。你当时保护党的干部，体现了你对共产主义事业的忠诚。我们分手后你的情况以及你现在的生活情况如何，盼来信告知。

祝你健康长寿！生活愉快！

刘瑞龙

1984 年 7 月 26 日

关于补充修订
《淮北人民革命斗争史提纲（修改稿）》
给王光宇、欧远方等同志的信

（1984 年 8 月 8 日）

光宇同志、远方同志并王宇、化东、明香同志：

新印出的《淮北人民革命斗争史（修改稿）》如没有发，就不必发了。因为封面上印有"北京原淮北部分老同志修改稿"字样与事实不符。其中我参加商量订正的很多重要内容没有列入。因此，《修改稿》的内容有重大遗漏，部分情况重大失实或歪曲，分析错误，片面性很大。我建议，仍须坚持实事求是、求实存真的根本方针，本着准确弄清党史、正确总结经验的愿望，把党史资料立准、立好的精神，建议由边区党史办按照下述建议加以修订，由远方同志审阅，光宇同志核定后付印并发各方征求意见。

我的建议如下：

一、关于编写《淮北人民革命斗争史》的重点内容要抓三大法宝：统一战线、武装斗争、党的建设。《史纲》要把主要的革命形式——武装斗争放在重要地位，在这两个阶段的武装斗争和军事建设都要作为重点来写。现有的稿本在这方面显得单薄一些，要加以补充订正。要依靠原来领导四师工作的或在四师工作的同志来完成这个任务，淮北党史办请张震同志主持，张震同志指定黄林同志组织熟悉四师斗争历史和建设情况的老同志参加这部分工作是完全必要的，这件事要落实。

二、抗日战争阶段要补充和调整的内容如下：

第一，有一件大事漏掉了。四师路西反顽斗争后期，反共军九十二军一四二师四二五团在该团团长我党秘密党员陈锐霆同志率领下，在淮上褚集举行了反内战起义，给国民党反动派以沉重打击，意义极大。毛主席为此给彭雪枫同志写了长篇电示。《史纲》对这次起义经过和毛主席电示应扼要反映。

第二，对淮北根据地各项建设的叙述过于简略、抽象。要进行具体系统分析。

第三，新本第31页倒数第10行以下，对锄奸保卫工作作了一种失实的、消极的、欠妥的叙述。对锄奸保卫工作的目的说错了，说成"为纯洁队伍"，而没有说根本目的是保卫抗日秩序，保证各阶层人民的民主权利，保卫、巩固和发展根据地。只说"为纯洁队伍"，可能引起锄奸保卫工作不是主要对付敌人而只是对付内部队伍的误解。全段作了片面性的叙述。没有一句话提到淮北锄奸保卫工作的积极作用。它把泗阳案件、淮中案件的失误，歪曲为淮北锄奸工作的全部。说"在这次锄奸工作中发生了震惊淮北的泗阳'三青团'案件和淮北中学'特务'案件"。对两案经过及损失未分别说明，说成一回事。对案件的处理经过也作了不符合事实的叙述。例如把泗阳案件说成是四师九旅旅长韦国清报告新四军军部、华中局的，事实是彭雪枫同志和我写了电报发给在淮南参加会议的邓子恢同志，而后邓子恢同志报告了华中局和军部，然后华中局派军部保卫部长梁国斌同志随邓回淮北处理此案（国清同志和九旅对泗阳错案向区党委和师部曾有反映）。在处理这个案件中，由于邓子恢同志、彭雪枫同志和梁国斌同志等进行了周密的调查研究，查阅案件有关资料，亲自和受牵连的人谈话，判明这个案件全部是假的，决定彻底平反。

淮中案件是区党委决定，由彭雪枫同志主持清理此案。经过反复的调研，弄清淮北中学反特假案的真相，进行了平反。两案中没有死一个人。两案平反后区党委决定用两案经过和结论作为整风文件在全党全军进行教育。两案的正确处理，密切和增强了党和人民群众的联系和团结，加强了边缘区的对敌斗争，根据地更加巩固。我意《史纲》在叙述淮北根据地各项建设时，应将公安司法列为一段。关于淮北地区三角斗争中公安司法方面的任务，公安司法系统的建立、方针、政策、制度及成效，应有扼要反映。泗阳及淮北中学两项反特假案，只是工作中应永以为戒的部分重大失误，不能歪曲成淮北公安司法工作的全部内容，两案的正确处理结果是积极的。

三、解放战争阶段，关键段落不符合历史事实的地方太多。特别是第39页到41页，"淮北根据地的坚持与撤退"一段中，遗漏的不符合历史事实的地方太多，须要全部改写。

第一，1946年7月25日华中分局给各地委、分区、纵队发出的《就地坚持游击战争》的电报是当时坚持敌后斗争的基本思想，《史纲》中应将电文重点内容补入（四省边区党史办有此电摘要）。

第二，《史纲》对当时战争背景，1946年7月18日淮北自卫战争开始到同年11月24日七地委撤退这一段历史，要进行具体分析。七地委从无准备到主动坚持到动摇坚持方针到被动仓皇撤退的具体发展过程，不是"三个月坚持斗争"

一句话所能概括的。《史纲》应指明淮北路东自卫战争开始，我军主力打击蒋敌期间，地方全力支前贡献很大，但未及时抓紧有利条件，进行全面的独立坚持地区的准备，空过了一个月；主力东移后，敌全力攻我两淮，地委遵照军首长和分局指示进行了全面游击坚持部署，组织了五个工委，派主力兵团去边缘区活动，……但此时坚持局限在主力兵团，缺乏在广大党员、干部、群众中全面独立游击坚持的政治动员和具体组织工作，坐失20多天的大好时机。相反蒋敌则加强了进攻我之准备；两淮失守后，敌对淮北路东开始"扫荡"，安设据点，推行顽化。10月中旬蒋敌纠合土顽开始"清剿"。此时，地委因敌情紧张，等待主力落空，事先毫无准备，为困难所压倒，对分局指示的坚持方针发生了动摇，军事上保守，部队拖来拖去保护机关，政治上不积极发动和组织群众反顽斗争，地方干部跟着跑反。地委内部意见分歧，有主张坚持的同志，但几经反复，终究统一于动摇的方针；最后不顾分局严令要留下部队和干部坚持，下面干部反对全撤，地委没有果断地主动采取坚决粉碎敌人"清剿"顽化的方针，而是采取了不顾一切后果地向运河东岸仓皇退却的方针。《史纲》对这一段历史事实应进行如实的具体分析，而不要空洞抽象地说"三个月坚持斗争"。

第三，《史纲》应指明：地委东撤前，由于对华中分局"就地坚持斗争"方针发生动摇，从而犯了导致仓皇撤退的各项错误：

（1）思想上认为民族战争时期敌后好坚持，自卫战争是阶级战争，敌后不好坚持，地委领导同志完全忘记了我党我军成长壮大的历史，忘记了红军长征和南方三年游击战争坚持下来的历史经验，因而动摇了坚持敌后游击战的决心，丧失了坚持必胜的信心。

（2）除军事上保守外，没有及时地有计划地严厉镇压反革命，扑灭顽化。

（3）地委在实际工作上，没有任何就地坚持、独立坚持、群众坚持、长期坚持、敌进我进、坚持到底的打算和部署。

（4）军事上保守具体表现在主力兵团的军事行动没有广大群众性游击战的配合，没有到处把枪打响，没有主动利用敌人的空隙，寻机打击顽军和扑灭顽化分子，使敌势坐大。

（5）干部政策上的错误，对轻率撤出原地的县区干部没有责令回到原地坚持，没有严肃执行就地坚持的纪律，特别失策的是部队撤离时，把地方干部连根带走，不留人坚持，不作秘密坚持的部署，使群众失去了领导、坚持斗争的骨干和核心。

（6）在坚持初期，正需要鼓励和发动广大党员干部、群众反对妥协、坚持斗志时，地委不区别场合和时间地宣传基层干部可以"假自首"，助长妥协情绪，瓦解斗志，助长顽化，这是最大的失策。

第四，《史纲》应指明，在地委撤退前，有许多坚持斗争的有利条件：我党我军在淮北八年抗战中所创造的武装力量、群众基础、基层党的基础，还有许多和群众有联系有威望的干部；已经有若干坚持斗争的据点，如三候家……；当时敌后空隙较大，还有很大的回旋余地；地主还乡团，立足未稳，经不起打击等等。地委未撤前的坚持斗争的条件比后来打回去恢复淮北斗争的条件好得多。在这样有利的条件下，地委违背分局坚持斗争的指示而撤退是完全错误的。

第五，应指明七地委违令东撤所起的有害作用；七地委东撤，表示自卫战争期间淮北党和人民有组织地反对国民党反动派顽化斗争的终止，大大减轻了蒋匪后顾之忧，极大地方便了蒋介石匪帮、地主还乡团顽化政策的顺利推行；大大增加了我军正面作战的负担，大大增加了我军反顽的困难；地委撤退，使我淮北路东400万人民、3万多共产党员、成千上万没有来得及撤退的地方武装、休养人员，从此毫无保障地遭受蒋匪的屠杀、蹂躏。据淮北路东撤退检讨会上9个县不完全的统计，被地委东撤丢在淮北的武装3742人，机枪34挺，短枪201支，干部近2500人，其中县级60人、区级347人、乡级2087人，伤员及分区机关工作人员约500人，总计干部、武装、伤员近7000人。这是淮北路东地区抗战八年所未有的巨大损失。特别是七地委撤退的时机在我军宿北大战全歼蒋匪军六十九师的前夕，对此，事后军队和地方干部无不感到痛心。

对洪泽工委领导坚持斗争前后，应作符合历史事实的叙述。

第六，应指明华中分局在批评了七地委撤退不对并责令打回去后，委托刘瑞龙同志代表分局召集地方县区主要干部和部队部分干部在宿北从1947年1月3日到13日举行淮北撤退检讨会议，在会上由与会干部对地委领导进行了批评，地委负责人也进行了自我批评。会议对撤退前后的经验教训进行了总结；宣布了华中分局的决定：解散七地委、撤销地委书记和地委副书记的职务。当时分局这样执行坚持斗争的纪律是正确的、必要的。当时会议统一了认识，总结了经验，鼓舞了斗志，提高了打回淮北、恢复和坚持淮北斗争的决心和信心。今天写党史的着重点是总结历史经验，不是追究个人责任。

第七，应把以饶子健同志为首的新的工委——淮北工委（即党政军委员会）领导下，领导淮北路东军民所进行的艰苦卓绝的斗争，根据现有史料加以充实。

第八，淮北七地委的撤退和以后的恢复，这是淮北党史中的大教训大经验，在《史纲》中根据史料，进行具体分析，占有一定篇幅是完全必要的。应严格地按照实事求是、求实存真的方针，尊重淮北同志准确弄清党史，正确总结经验的愿望，认真整理，使它成为准确可信的历史。

这是党的历史，在整理淮北全部党史中都应该遵循党中央所指示的党性原则，不应该掺杂任何个人的私见。

《淮北抗日根据地的创建和发展》请全篇按征求意见修订，经光宇、远方同志审阅后送来，以便通盘考虑。同意这一专题写好后，再着手写《淮北人民在解放战争时期的贡献》这个专题。

上述建议是否得当请考虑见复。

前些时，王克、夏毓才、张泽仁同志来研究编印《淮北党史资料选辑》事，我意此事由远方同志领导四省边区党史办主办即可，不必另设顾问。对序言、凡例（指导思想、编选要求，印刷发行注意事项及分册目录审定问题）都提了建议，谅他们已面报，望他们高标准地进行。

专此

敬礼！

刘瑞龙

1984 年 8 月 8 日

致 张 震

（1984 年 8 月 27 日）

张震同志：

　　你替《淮海、渡江战役期间的日记》写的序言很好。情真意挚，深为感谢。添改数字，请酌。请交秘书抄一份签字后掷下，以便交编辑部。

敬礼！

刘瑞龙

1984 年 8 月 27 日

致 张 爱 萍①

（1984 年 8 月 27 日）

爱萍同志：

两事相商：

一、刘贯一同志信提出收集和整理华东敌军工作史，我意此事由总政领导为宜，豫、皖、苏、鲁党史办从旁协助即可。此事是否由你和秋里主任商量决定，并请示知。

二、请为我编的两书提名：

《华东支前后勤资料汇编》震林同志改书名为《车轮滚滚》拟请题"车轮滚滚"四字。

淮海、渡江战役期间日记

题好后请掷下为感

敬礼！

刘瑞龙

1984 年 8 月 27 日

---

① 张爱萍（1910～2003），中国人民解放军高级将领，1955 年被授予上将军衔。曾任国防部部长等职。

复大连市委党史办并转葛玉广信

（1984 年 9 月 1 日）

大连市委党史办并转葛玉广同志：

8 月 3 日信悉。经询问李人俊、冯效南、陶涛同志，关于原大连建新公司生产炮弹支持解放战争的简况如下：

1947 年 2 月朱毅同志奉华东局指示，带领一批干部到大连，在大连市委的领导下，筹备生产炮弹，5 月份成立建新公司，7 月 1 日从苏联军管接管了化学厂、钢铁厂及机械厂等四个厂，公司还另建了无烟火药、引信，弹体及炮弹总装厂，到 1948 年 2 月制造七五后膛炮弹的全弹技术基本过关，即试验发射，获得成功，以后即开始大批生产。1948 年生产了 23 万发，1949 年共生产了 24.96 万发。1949 年上半年朱毅收到粟裕同志的信，说建新的炮弹在淮海战役歼灭黄百韬兵团中发挥了很大的作用，向建新职工表示感谢，也在同一时期，朱毅还收到了总后勤部长杨立三同志的信，也说建新炮弹在淮海战役中发挥了作用，对建新职工给予鼓励。这些信都未保存，但很多同志知道有这些信的。

炮弹是从大连港装船运到山东俚岛上岸，然后用小车子运送到前方，朱毅同志在 1949 年初，到西柏坡参加总后勤部召开的兵工会议时，也是由大连乘船到俚岛上岸，他告诉陶涛，他看到很多小车子在运炮弹，一个小车装两个木箱，每个木箱装一发炮弹。

韩光同志负责东北党史的编写，他在去年曾召集建新公司过去的一些负责人开会，要大家写建新生产炮弹支持解放战争的历史，大家都写了，材料都交给你市党史资料征集办公室。

提供以上情况供参考，是否属实请核正。

敬礼！

刘瑞龙

1984 年 9 月 1 日

给宜宾地区科委、农牧局
水稻和半旱式栽培技术讨论会的贺信

（1984 年 9 月 1 日）

宜宾地区科委、农牧局：

祝贺你区水稻和半旱式栽培技术讨论会的召开。

侯光炯同志进行了水稻半旱式栽培技术试验研究，以及在相岭试验区冬水田和旱田进行自然免耕法生产试验，取得增产。这是你们在总结农民经验，经科学研究试验加以发展的一项成果。从实际出发，理论联系实际的角度，阐发和继续探讨这一经验是必要的。为此有一个不成熟的建议：任何一种耕作制度和方法需要具备一定的条件，要因地制宜。在南方水耕地区的不同条件下，应允许多种耕作制度和方法并存。任何增产试验都是多种因素综合作用的结果。任何一种耕作制度和方法，都要从科学技术方面和经营管理方面提高宏观的和微观的综合经济效益，力争以较少的投入获得较多的产出。任何一种成功的耕作方法都有它的优越性和它的局限性，要全面地加以分析，发扬优点、改变缺点，使其更加完善，取得更大收益。

因参加整党工作，不能赴会。谨提供上述建议，供讨论参考。

预祝会议成功！

刘瑞龙

1984 年 9 月 1 日

复上海人民出版社政治读物编辑室

(1985 年 7 月 23 日)

洪斌同志阅转政治读物编辑室：

7 月 12 日来信敬悉。

感谢你们初步编排书稿目录。经反复斟酌，现在按两大部分编排仍不合适。全书原定 205 篇，现目录中收录不到一半，感到对全书删削太大。

此书《车轮滚滚》即"华东支前后勤资料汇编"，1960 年 3 月南京军区战史编写组征集这方面史料时，即开始收集整理，部分资料经军区打印。"文化大革命"后，总后勤部长张震同志鼓励编者重新整理，以后又送党校出版社王仲清同志处，经钟碧慧同志继续整理。这份书目已在华东七省市党史资料征集会议上交中征委，并送经粟裕、谭震林、张震同志审阅同意，我意这份目录不宜大加改动。

资料整理中，曾提出多种方案，但经反复斟酌，仍以交给你们的原定方案为妥。这个方案以编者亲身经历的解放战争各个战略阶段为纲，而以各个阶段中有关领导机关、领导同志指示及下属机关和个人编写资料为纬。这样做的好处是，将各个阶段军队和地方、领导和群众、土改、生产、支前后勤的活动融汇为一个整体，可以看清其中的有机联系，使人了解当时支前后勤活动的全貌，这样，可以使读者避免因各种因素分割而摸不清当时活动的全貌和线索，而这正是我们要避免的。

鉴于上述理由，我仍然主张以华东战场解放战争各个战略阶段为纲，以此来编排各方面的史料，按此提出下列编排目录方案：

（一）书名

（二）谭震林《车轮滚滚》序

（三）前言

（四）概述

（五）四个时期的资料：

1. 苏皖解放区粉碎蒋军全面进攻时期；

2. 山东解放军粉碎蒋军重点进攻时期；

3. 找外线兵团南下中原转入反攻时期；

4. 中原、华东野战军进行淮海决战及完成渡江战役、解放京沪杭战役时期。

（六）编后记（请你们代起草，待我阅后复排）。

来信提到"其中一些篇幅较长的文章拟适当删节"，我认为这样处理与本书作为历史资料的性质不符。《车轮滚滚》实质是华东支前后勤资料汇编，这是现在全军仅有的历史文献，它是为党史、军史、战史研究提供真实可靠的历史资料的，这种性质的资料最可贵的就是资料本身的真实可靠性，要不变原文原意，力求保存原样，实事求是，求实存真。如果由没有参加过华东解放战争实践的同志任意加以删节修改，这样就极大地损害了历史资料的真实可靠性，真资料变成假资料，失去出版本书的重大意义。这样性质的书不是以文字趣味取胜，而是以真实可靠取胜。因此，我意在处理本书资料时，应以保持资料原样为准，只能订正个别错字，对令人费解的词句加以注释。

为了保证书稿尽快出版，我建议你处按上述意见慎重地处理稿件，并对出版发行有关的问题予作缜密周到考虑。如：字形，封面设计，何时看大样，纸张质量，开本，印数及发行渠道，出版发行时间等。你们所要材料随后寄上。

上述意见，你们有何考虑盼复告。

敬礼！

刘瑞龙

1985 年 7 月 23 日

就《车轮滚滚》一书编辑问题
致上海市委江泽民①

（1985 年 7 月 23 日）

泽民同志：

我主编的《车轮滚滚》即华东支前后勤资料汇编，是我在解放战争中系统收集的华东战场的支前后勤资料，这是今天我军仅有的宝贵资料。"文化大革命"初期，我把它保存在华东局保密室，因此未遭浩劫。"文化大革命"后，经总后勤部部长张震同志鼓励整理出版，供研究党史、军史、战史之用。后经党校出版社协助整理，1983 年秋，由党校出版社转交上海人民出版社蒋洪斌同志处负责整理出版。今年 3 月人大开会期间，我曾托上海市委副秘书长沈敏康同志就近协助此事。

现接蒋洪斌同志处政治读物编辑室来信，他们出版编排的书稿目录中，将原稿二百零五篇削去过半，并且提出对书稿中一些篇幅较长的文章拟适当删节。我认为他们这种想法将损害全书，不符合我当初整理出版此书的意愿。我主张全部资料按华东战场各个战略发展阶段编排，因系历史资料，应保存原文、原意、原貌，求实存真。除校正错字、读有疑意的地方加以注释外，不宜删节。我将此意写了一封较详细的信给他们，今抄你一阅，恳请抽暇找洪斌、敏康二同志一谈，贯彻我的意见，以挽救此书。

我知道你的工作很忙，假如你同意我的意见，请敏康同志转达亦可。不情之请，希谅。

敬礼！

刘瑞龙
1985 年 7 月 23 日

---

① 江泽民（1926～　），时任中共上海市委书记。

附：上海人民出版社政治读物编辑室来信

（1985 年 7 月 12 日）

刘瑞龙同志：您好！

上次去信谅必已经收到。目前，我们已把《车轮滚滚》的书稿目录初步编排完成，估计约 40 万字左右（其中一些篇幅较长的文章拟适当删节）。原来我们曾设想将全书分为四大部分，但在具体编排过程中，发现原来设想的第三、第四部分（即下属机关的总结、报告、信件及重要表格、数字）篇幅太少，与前两部分显得不太协调。我们经考虑后，现把整部书稿分为两大部分，所有文件均归入这两大类之中。由于正式目录尚未确定，现编目录中的时间分期、文件顺序仍暂按您原来编排的顺序，以后再作修正。

现将我们编排的目录寄上，请审阅。由于我们对书稿已着手进行处理，盼能及时提出详细意见，以便确定正式目录，并商谈下一步具体工作，保证书稿尽快出版。

您今年 5 月 7 日给蒋洪斌同志的信中写到，谭震林同志生前曾为本书作序，张爱萍同志也曾为本书题签。如方便的话，请您复信时将序言原文及题签一并寄来，以供书籍出版时使用。

另外，7 月上旬，上海市委办公厅沈敏康同志来电话，说是韩哲一同志需要书稿中的部分文件作参考，我们现已将目录也送交一份，以便他选用。

此致

敬礼！

上海人民出版社政治读物编辑室

1985 年 7 月 12 日

致李友九并
盛林、岳嵩等诸编委

（1985 年 8 月 8 日）

友九同志阅转

盛林、岳嵩并编委各同志：

岳嵩同志 7 月 29 日来信及附件均悉，经与友久同志商酌，复如下：

一、关于总体设计和卷际间内容交叉重复问题。鉴于总体设计虽缺乏经验，但已基本成型，同意来件所述观点，即解决问题要从实际出发，对已付诸实施的方案，只宜力求改进，存在什么问题，就尽可能解决什么问题，不是重新搞，而是对原来 30 卷的方案不大动、小调整，对尚未开动的卷做适当调整，对卷际间内容上相互交叉重复的问题作尽可能的处理。所提调整设想须分别征求意见后报总编委审定。

二、对处理卷际之间内容相互重复问题。处理重复条目，要分别不同情况，作具体分析，寻求可行的处理方法。不应该以出现重复而不可避免为理由，一味迁就现成事实，任其自流发展，要做耐心的协调处理工作，以免造成失误。林业卷处理重复的经验很好。对正在修订和拟订结构大纲和条目表的卷，应从选条上注意，避免和消除卷际间重复设条。为防范于未然，要吸取教训，尽一切努力，把避免卷际间条目相互重复的工作，做在每卷的拟纲选条阶段，严格要求各卷把选条范围，限制在本学科之内，防止因求全而跨越界。编辑部对新上的卷，要经编务委员会负责审定条目表后，再布置撰稿；而且每卷稿件进入编辑部时，首先要仔细审定条目分类目录，然后才允许开始编辑加工工作。

对目前已完成撰稿各卷中条目相同、释文内容基本雷同的条目要进行查对清理。所列各项把关措施，请在编委中议一下，并请常政同志提出意见。

三、农业气象卷是农百第一个卷。经验要全面总结，发扬成绩，及时克服缺点。要继续做好核对工作，对政治、科学内容的关键要点问题上，发现有错或不妥之处要认真订正。

水利卷现存问题如何处理，要征求和尊重主编单位张老和刘德润同志的意见。

蚕业卷、茶业卷现存问题，应在编辑加工时尽可能再作一次处理。不要因卷小、内容有限而追求篇幅，还是继续从精炼文字、减少交叉重复上下工夫。

四、为了提高全书编撰质量，对工作中出现的问题要继续贯彻孕育、探索、改革、创新精神，质量第一、好中求快的方针，认真对待，妥善解决。我们要提倡实事求是，积极探讨问题，要加强马列主义和农百业务学习，发扬勇于实践迎难而进，不断改进工作的风气，大家和衷共济，集思广益，以克服前进中的困难。

以上各项，请在编委和全体工作人员中研究，并将结果告知。

刘瑞龙

1985 年 8 月 8 日

致 陶 家 祥

（1985 年 9 月 28 日）

家祥同志：

8 月寄来《农业》修订稿，我看了几遍，觉得较前稿大进了一步，原稿结构和基本内容都保留了，浓缩概括、文字简练，可作为再次征求意见的基础。我已分发若干同志审阅，建议你处也征求若干学者审提意见，能在今冬有机会进行研究。

对修改稿初步想法，有若干处须进一步探索的：

一、农业的性质和特点适当充实；

二、农业的历史阶段中，如何把生产力发展的阶段（原始、传统、现代）和社会发展阶段（原始社会、奴隶社会、封建社会、资本主义社会、社会主义社会）的划分方法协调起来，是否需要在稿中补充一小段加以说明；

三、农业科学公认的分类方法，传统经验的总结不等于科学，但是具有一定科学因素或萌芽；要迎接新技术革命的挑战；

四、中国农业部分单薄了一些，有些问题是否需要适当反映，如：中国农业历史特点，中国农业合作化后发展的曲折过程和新的转折，中国农业发展道路及其前途等。

以上各点请酌裁。

敬礼！

刘瑞龙

1985 年 9 月 28 日

对王建功征求意见稿

《千百万农民治穷致富的广阔道路——晋北三个地、市乡镇企业发展情况的调查》（初稿）的复信

（1985 年 10 月 3 日）

建功同志：

读了大作获益不少。

山西发展乡镇企业势头甚好，是当前农村广大农民治穷致富的一条共同途径。了解情况、总结经验，促其健康发展，是迫切任务。

文中所提六大问题：加强宏观指导，搞好两开两改；提倡城乡结合，促进工农经营；进行技术改造，增强企业后劲；开辟多种渠道，搞好流通服务；注意研究和扶持乡镇企业中新的联合体；切实搞好乡办和村办的集体企业。这些问题都很切要。文章有情况，有分析，有新见，可作为研究这方面问题的重要参考。

文中所提的加强领导、引深改革、完善农村合作制，必须用商品经济与合作经济同步发展的理论、政策和业务知识，武装县、乡、村三级干部。做好干部的分级培训很重要，希早日实现。

刘瑞龙
1985 年 10 月 3 日

给中国农业遗产研究室的贺信

（1985 年 11 月）

中国农业遗产研究室叶依能主任并全室同志：

欣逢中国农业遗产研究室建室 30 周年纪念之际，谨此表示衷心的祝贺。

中国农业遗产研究室成立以来 30 年间，全室同志艰苦努力，在中国农古著的校注、整理，传统农业的调查研究，学术论著的撰写编纂和农史新生力量的造就培养等诸多方面，成绩卓著，胜利地完成了建室的预期任务。

祖国农业在世界农业中独具特色，农学遗产丰富多彩，发掘和研究祖国农学遗产的优良传统，是祖国社会主义农业现代化事业所必要的时代使命，在今后世界农业发展中也将有其借鉴意义。热切希望同志们在党的领导下，认真总结经验，继续努力，与全国农史学界团结协作，和衷共济，发扬实事求是的学风，开创农史科学研究事业的新局面，在振兴中华的大好形势下，阔步前进，不断取得新的学术成就，为继往开来建设具有中国特色的社会主义现代化农业，做出更大的贡献。

预祝建室 30 周年纪念暨学术讨论会圆满成功！并向与会全体同志深致敬意！

刘瑞龙

1985 年 11 月

致汝明、一良、焕如、坤馥

（1985 年 12 月 2 日）

汝明、一良、焕如、坤馥同志：

汝明、一良同志 10 月 14 日信，一良、焕如 10 月 26 日信，坤馥 11 月 12 日信均悉。

最近南通市委党史办王强、徐仁祥同志来，要我谈了个人参加通、海、如、泰地区红十四军游击运动的经历，并研究了有关经历的若干问题，经历已由仁祥同志整理，你们将会看到，请审查斟酌，力求比较准确。提出研究的问题，供你们斟酌参考。

一年多来，南通市委党史办对红十四军的史料进行了比较全面的搜集查考，准备整理一份比较完整的材料，上报省和中央党史资料征集委员会。我很高兴，并愿为此协力。

提出研究的问题如下：

一、关于通、海、如、泰地区红十四军游击运动发展阶段的划分问题。我意从 1928 年 5 月如、泰农民起义到 1930 年 9 月红十四军基本失败的全部历史，是一个不可分割的整体，一个完整的过程，红十四军是通、海、如、泰地区游击运动的直接产物。如、泰农民五月起义，恢复工作和武装斗争的发展，都是红十四军建军的准备阶段；红十四军建军是通、海、如、泰地区游击运动的高潮；建军后的发展到基本失败，是这个地区红十四军游击运动的暂时终结。我这次就是按照这个线索谈经历的，也建议重新整理的红十四军史料也参考这个线索。

二、关于通、海特委成立的时间问题。现在找到的历史文献记载，说是在 1930 年春，我的记忆是在 1929 年秋。原南通特委书记范省（叶守信）1929 年上半年离开南通不久，同年秋季李超时同志调来南通，即成立通、海区特委，李超时同志任书记，我任特委巡视员。我和李超时同志参加同年 11 月召开的党的省二大，是代表通、海区特委去的。此事在今后再版的《回忆》中可加注，作"存疑待考"问题处理。

三、关于通、海、如、泰地区游击区农民土地革命的深度问题。原来《回忆》已经说明"缺乏放手发动群众，建立和发展革命根据地的深刻观念，缺乏系统的组织工作和教育工作，以致多数农民群众斗争还限于初期的抗租、抗税和分粮分衣阶段，没有全面深入地进行土地革命"。这就是说，当时通、海、如、泰游击区的农民斗争，还处在土地革命的初期阶段或先行阶段。土地归农民，建立工农兵苏维埃政权的口号普遍提出来了，群众会上也作了相应的决议，表达了广大农民拥护共产党的领导，对于土地革命和建立革命政权都缺乏实践经验，一切都处在草创状态。虽然部分乡村进行过分田、建政的实验，后来也因为军事斗争失利没有能够坚持下去。这一点，在这次回忆经历中要补充进去。

四、关于黄老来南通时间和任职问题。黄老回忆是 1930 年 6 月间到南通东乡的；我回忆，1930 年 5 月我和黄老就在南通东乡一道工作了。他的任职，是根据我对当时的回忆。在《回忆》再版中可加注，作"存疑待考"问题处理。

五、关于红十四军游击区范围问题。应按党史资料征集工作中经过研究核实的材料订正。

六、红十四军《告工农及一切劳苦群众书》的发表时间问题。《回忆》中未说明时间。据宣言内容提到执行全国第一次苏维埃大会的政纲，表明宣言发出是在建军大会之后。就印件看，可能是在上海起草印发的。

七、关于烈士传记问题。丛允中烈士应立传，他是江西富田"AB团"错案中牺牲的，还有哪些烈士应在《回忆》中立传的，请考虑。以后各县有关烈士传记问题，建议由市委党史办统一审查订正。

八、其他具体问题，如时间、地点都应以党史资料征集研究中核实的，以及个人回忆经过确证的事实为订正标准。

以上仅供参考。

敬礼！

刘瑞龙

1985 年 12 月 2 日

复顾乃健信

（1985 年 12 月 30 日）

乃健：

12 月 15 日信悉。

你给南通市委统战部、政协、教育局的建议很好。为了发扬我国第一座师范学校的光荣传统，恢复与重建怡亭是必要的。我将你的建议附上一信给市委书记朱剑同志，请他考虑。特复。

祝你母亲及全家新年快乐！

刘瑞龙

1985 年 12 月 30 日

致 朱 剑

（1985 年 12 月 30 日）

朱剑同志：新年好！

原通州师范老教师顾怡生先生五四运动后即宣传进步思想，在国民党的白色恐怖下保护革命学生。抗战时下乡坚持敌后抗日教育，解放后任江苏省一届人民代表。通师师生曾在通师附近建立"怡亭"纪念，十年动乱中被拆除，其孙顾乃健（顾民之烈士之子）建议恢复与重建"怡亭"仍可考虑。请酌裁。

敬礼！

刘瑞龙

1985 年 12 月 30 日

复郝盛潮并致蒋洪斌

（1986 年 1 月 25 日）

盛潮同志并洪斌同志：

盛潮同志元月十四日信敬悉。

你们对《车轮滚滚》即"华东支前后勤资料汇编"稿做了研究并表示尽量按鄙意处理，甚为感谢。这批史料保存不易，全军仅有，甚望早日完成未了事项，早日发排以便阅者使用。

赞成来信所提"把它编得更好"的愿望，谨就两点"想法"提出商酌意见，请酌裁：

一，书名问题。建议由你处就书稿内容性质改订一个简明贴切的书名或同时提两个方案备择。

二，内容问题。稿中所列各篇，均系经再三选择的与解放战争各阶段支前后勤有密切关联的文献。如《坚持时期的豫皖苏》、《淮北路东检讨总结》的前言，可合并为一篇，这两篇都是表明以后豫东战役和淮海战役战场背景的。《苏皖边区政府布告》、《晋冀鲁豫野战军司令部政治部布告》、《英勇的战士和可耻的逃兵》都是当时战争中鼓舞斗志的文献。《停止新区土改实行减租减息》，这是党中央毛泽东对中原新区的一项战略措施，中原局执行后，对稳定当时战局、给战场准备创造了十分有利的条件。《华野政治工作报告》反映当时军内思想政治工作的情况。上述各篇体现了人民战争中各个方面的努力。我意书稿中保留上述各文，对了解各阶段支前后勤全局情况有益，务希保持书稿的完整性，不宜删减。至《北线后勤会议》一文中有损人民军队形象的个别字句应予删掉。

有何考虑，望随时联系。谨此奉复，并颂

新春！

刘瑞龙

1986 年 1 月 25 日

致 梁 家 勉

（1986 年 2 月 15 日）

梁老：

1 月 27 日大札及所附《中国农业科技史稿》定稿工作阶段汇报敬悉。定稿工作在梁老主持下，定稿组全体同志日夜辛劳，为我国第一部农业科学技术通史提高质量，使其符合辩证唯物主义和历史唯物主义的基本要求，成为可靠信史作出贡献，成绩很大。

此次对《史稿》第三稿存在的问题及其原因的认识续有发展，是通稿工作逐步深入的结果，为定稿创造了良好的开端，使《史稿》有可能比较准确地反映我国农史科学研究的当前水平。鉴于《史稿》开始撰写以来，几年内农史学界新资料、新成果的不断出现，针对《史稿》第三稿的缺点，采取的几项措施是妥善可行的，对《史稿》作较大的增补和修改是完全必要的，是符合通稿委员会商定的《通稿方案》中确保《史稿》科学质量的基本精神的。请即按所订计划进行。

关于《结束语》的撰写方案，要求从理论的高度对近年的中国农史进行宏观的总结和具体安排，很好。惟请在执笔中注意《结束语》与《序言》二者的衔接和观点的协调。《序言》有不足或不妥处，尚祈一并研究，予以订正。

《史稿》全部（序言、比例、八章、结束语、插图、附录等）是有机联系的整体，定稿注意融为一体。对有争论的重大问题提出自己的正确看法，同时，本着百家争鸣方针，对有价值的歧见应有适当反映。

由于改写和重大修改的章节约合全书二分之一，新增加资料约有四分之一，有些部分的内容几乎完全是新增加的，加之插图的搜集选择，附录的编制等，估计下阶段的定稿工作相当繁重，务请适当抓紧，妥善安排，并注意保证尊体和全体工作同志的身体健康为要。

此次《定稿工作汇报》似宜及时印发全体编审委员会编委、副主任以及通稿委员会委员。经费一万元业已解决，汇报中似以不再提出为好，请酌。

谨复，并颂

春祺！

刘瑞龙

1986 年 2 月 15 日

复 周 亚 信

（1986 年 2 月 15 日）

周亚同志：

你好。

一月收到去年 12 月 18 日寄来的丰县两乡五村的《青年人和团组织》的调查报告，内容所列该地青年工作中三个方面的问题，有情况、有分析、有看法，所提适合农村青年的工作方式，都是好的，还需要进一步总结和提高。望你在今后学习和实践中继续发扬深入基层向群众调查研究的作风，深刻了解群众的生产、生活和他们的呼声和要求，刻苦学习马列主义、毛泽东思想。学习党的路线、方针、政策，不断地为农村改革、工作实践和理论学习开辟道路。要养成勤作笔记和随时整理学习心得和调查资料的习惯。要很好学习党的全国代表会议和团的全国代表会议的文件，学习中指委有关农村整党的文件和团中央关于在农村整党中加强共青团建设的报告，学习中央机关干部大会的文件，学习中央 1986 年一号文件，你们在学习中和执行中出现的问题，望随时反映。

你以后不要再向这里寄东西，北京什么都有。现寄上人民币拾元作购买花生之用。

祝

新春努力！

刘瑞龙　江　彤

1986 年 2 月 15 日

致 张 震

（1986 年 5 月 5 日）

张震同志：

送来《征求意见稿》，阅读数遍，受益不浅。全文史料翔实，准确地反映了党中央、毛主席和华中局、军部重要指示。文章结构完整，分析持论公正，我赞成对历史上有争议的重大问题暂时回避，不写入稿内。基本拥护以此稿作为进一步斟酌的基础。

文章中有待商酌的地方如下：

一、第 1 页 10 行："本地区包括完整的和不完整的 24 个县，恐不准确。据了解新黄河以东河南部分 8 个县，安徽淮河南北 10 个县，山东峄滕 2 县，共 30 个县。请核定。"

二、第 17 页倒一、二行："在该地区成立苏皖边区军政委员会，以张爱萍同志为书记，金明、黄春圃等同志参加……"据胡服（刘少奇）同志 1940 年 3 月 28 日给爱萍、江华、瑞龙诸同志的信中指明：（一）目前在你们那里必须建立党的军事的以至行政的群众统一领导机关，党的领导机关已有区党委，再建立军政委员会，以刘瑞龙、江华、张爱萍、金明、田文扬为委员（谭希林如到亦参加），以刘瑞龙为书记……（见《淮北抗日根据地史料选辑》第一辑第一册第 75 页）关于苏皖军政委员会如何按照事实表述，我也提了建议，请酌。

三、苏皖区党委的出处须补充。建议在文稿第 13 页第二行，"五个县"之后，"八路军"之前加几句："五月，山东分局决定成立苏皖区党委，以金明为书记。8 月底，区党委移驻皖东北。同张爱萍、刘玉柱分任正副主任的八路军、新四军驻皖东北办事处，共同坚持和开辟皖东北的抗战局面"。

四、第 42 页一三军分区政治委员都是康志强，一二军分区都有县长吕振球，恐有误。

五、文稿关于根据地各项建设的表述，若干方面有待充实，建议参考意见，见另纸，请酌采。

六、第 52 页倒数第二行："……军部的各项路线、方针和政策"建议改为

"……军部的路线和各项方针、政策，……"因路线只要一个，方针政策称"各项"较妥，请酌。

所提建议，已和永年同志面谈，仅供参考，不妥处请指正。

敬礼！

刘瑞龙

1986 年 5 月 5 日

复中共蚌埠市委党史办

(1986 年 5 月 16 日)

中共蚌埠市委党史办:

5 月 7 日信敬悉。

一、你们抓紧写好《长淮》专题,很重要。

二、为朱务平烈士立传,是我多年愿望。你们已写成"烈士生平年表",以由你们立传为宜。我想写一篇《怀念坚贞不屈的朱务平烈士》的文章,拟请你们代为起草初稿,由我负责定稿。文稿不超过 4000 字,内容大体如下:

(一)家庭、徐州活动,即皖北建党,可从简;

(二)主要内容是在长淮特委领导范围内的著名斗争(如:西高庙等)中所起作用,务平烈士主持特委的功绩;

(三)烈士法庭斗争及壮烈就义;

(四)烈士的高尚品德。

我热望你们能给予大力帮助。

三、为《长淮特委专辑党史资料》作序事,也请你们按照下列内容起草:长淮特委曾经起过的作用;悼念朱务平、陈履真、李桂五等烈士以下的主要牺牲者;发扬过去是为了促进四化,激励未来。800 字。

你们将上述各事办妥后,可携稿来京商量,时间由你们事先告知。

你们有关"长淮"专题的材料均报省党史工委审查即可。

你们意见如何,盼复。

敬礼!

刘瑞龙

1986 年 5 月 16 日

附：中共蚌埠市委党史办来信

（1986 年 5 月 7 日）

刘老（瑞龙）同志：

　　您好！

　　我们承担的长淮特委专题，曾蒙您的关怀，支持提供重要史料。最近有党史工委传达中征委决定将"长淮"列为上报中央专题，须抓紧在年内完成上报。

　　前年我们曾打印《中共长淮特委的建立及其活动》专题材料的征求意见稿，寄您未获，赐复，不知收阅否？最近我们拟再次进行修改，尚有关于长淮特委成立时间、工作地区及部分县的组织序列未能完全查清，另知您曾委为朱务平烈士立传，而我们已据现有资料写出较详尽的《朱务平烈士生平年表》初稿尚未打印，亦想听取您的意义，我们计划编印一本《长淮特委专辑党史资料》拟请您能为作序，为此特先致函告知。望能继续得到您的关怀支持，帮助我们进一步查清一些长淮史料。希望您能给予约定较为适宜的时间，通知我们提稿赴京当面向您请教，以期将长淮专题立准立好！

　　再次感谢您对我市党史工作的关怀支持。

　　此致

敬礼，长寿！

中共蚌埠市委党史资料征集小组

1986 年 5 月 7 日

复中共大竹县委党史工作委员会的信

（1986 年 6 月 19 日）

中共大竹县委党史办：

6 月 10 日来信敬悉。

徐德烈士是红十四军杰出的军事干部。他由中共江苏省委军委派到红十四军任如（皋）、泰（兴）军事特派员，在组建红十四军训练卫队、指挥作战等方面贡献很大。1930 年 8 月 3 日，他和军长兼政委李超时指挥进攻黄桥的战斗，显示了他的才能。我当时是通海特委书记，战斗中我们在一起。徐德烈士的其他历史我不了解。现在徐德烈士的遗属裴韵文住在大竹县胜利街 85 号，她了解徐德烈士情况甚详，我已请她为徐德烈士写一传记，寄给你们。关于收集徐德烈士史料，请你们与中共江苏省南通市委党史办联系。

特复

敬礼！

刘瑞龙

1986 年 6 月 19 日

给裴韵文复信

（1986 年 6 月 20 日）

裴韵文同志：

看到您 6 月 9 日的来信，很高兴。了解您的下落，是徐德烈士老战友们长期的渴望。

您是徐德烈士的遗属，现在中共江苏南通市委党史办和中共四川大竹县委党史办都在收集有关徐德烈士的史料。我建议您就所知，为徐德烈士写传记，寄给上述的两个单位，也希望寄我一份，以表彰徐德烈士。这是您的责任。

您给张爱萍部长的信已转去。他如何处理的，请您以后直接写信到国防部。为了有利于解决问题，您还可以再次向大竹县委提出您的要求，我相信县委会根据党中央的有关指示和您的情况合理解决的。如果办不到，您可以直接向省委组织部或中央组织部直接申诉。

此复

祝健康！

刘瑞龙

1986 年 6 月 20 日

复 肖 迪 信

（1986 年 6 月 24 日）

肖迪同志：

6 月 9 日来信敬悉。

同意你们初步考证的代表名单。其中有名无姓或化名的不了解。

李超时同志确实参加了省二大。

管文蔚同志的证明是正确的。

济平是孟济平。海文不是周文海。

上海党史办过去已核省二大代表名单，请你与他们核对结果。

特复

敬礼!

刘瑞龙

1986 年 6 月 24 日

附：肖迪来信提出核对中共江苏省
第二次代表大会代表的有关内容

1929年11月18日，中共江苏省第二次代表大会在上海召开，会期9天。中央代表李立三、周恩来，省委常委罗迈（李维汉）、大盛（李富春）、廖（陈云）、赵容（康生）参加会议。

出席大会的正式代表有36人。*

大会在李维汉主持下，一致通过以周恩来、徐锡根、康生、李维汉、王克全、吴国治、济平、徐平根、陈资平、顾作霖等组成大会主席团，王克全为大会秘书长。李立三代表中共中央作了《政治报告》。

---

* 注：根据江苏省二大的文献资料，出席会议的代表当时都用代号或化名，初步考证其名姓可查核的有：徐赐根、王克全、济平（李济平还是孟济平?）。另据刘瑞龙回忆，李超时出席了这次大会。管文蔚回忆惠浴宇亦为代表。

致何康①并党组诸同志

(1986 年 7 月 8 日)

何康同志并党组诸同志：

　　中国农业博物馆月前曾邀我们参观该馆的中国农史展览，并与馆内诸同志和农史界几位同志就现在的农史展览及其发展前景等有关问题进行座谈。现将我们参观农史展览的观感和座谈中提出的几项建议反映如下。

　　一、我国是历史悠久的农业大国，我国古代农业曾处于世界领先地位，创造了别具特色的丰富的农业生产经验和农业科学技术文化成就，久为国内外关注，成为国际农史学界研究的重要课题。农业博物馆建立常设的农史馆，对于总结我国农业历史经验，研究继承发扬优良传统，建设具有中国特色的社会主义现代化农业和宣传我国农业的历史成就，建设社会主义精神文明和物质文明都有重要意义。

　　二、目前的农史展览分为综合史部分、专业部分和优良传统介绍部分，基本上展示了我国古代农业历史发展的概貌，脉络清楚，主题突出，展出版面有为数不少的古代农业文物和史籍资料，已初具规模，斐然可观。事属初创，确非易事。还有不足之处，已建议加以改进。

　　三、目前的农史展览，仅是农业博物馆农史业务的开端，还有很多重要工作有待继续开展。如农业历史文物、传统农具、农学古籍资料需要系统地收集入藏和整理，综合的、专业的、地区的、民族的、近现代的农业历史亟须深入研究，而这些工作进展的结果，农业博物馆的农史部门必将成为我国农业文物和农学古籍的收藏中心，并随而形成为农史研究中心（国际上如英国、法国、日本都有研究我国科技史、农史的机构，也多是以博物馆或图书馆为中心）。以现在的农史展览为起点，今后有计划地收藏、展览、研究三者结合进行、相辅相成，预计在 10 年乃至半世纪末，农业博物馆在农史方面完全有条件成为举世瞩目的学术中心。为达到这一目标，建议：

────────

　　① 何康（1923～　 ）1939 年加入中国共产党，任中共地下党支部书记。1946 年毕业于广西大学农艺系。新中国成立后，曾任农业部司长、副部长、部长，及国家计委副主任、中国科协副主席、全国人大常委等职。

（一）博物馆应积极进行作为学术机构的组织建设，成立几个必要的研究室。鉴于农史馆即将正式公开展览的迫切需要，目前应首先抓紧成立农史研究室。

（二）调入在农史科研方面较有成就，并长期热心参加农史展览设计工作的农科院农业遗产研究室闵宗殿同志，以带动农博的农史业务（包括科研）进一步深入开展。

以上座谈中提出的重要建议，亟请部党组酌情予以解决。

敬礼！

刘瑞龙

王发武

1986 年 7 月 8 日

致南通县委党史办

（1986 年 8 月 22 日）

南通县委党史办：

你们寄来的材料收到了。对于你们认真负责的精神我很高兴。根据你们的材料，我又查阅了一些史料并认真地作了回忆。由于年代相隔已久，记忆有误，在我写的《回忆红十四军》中，有两处错误，请在《南通县 60 年地方党史略谈》（征求意见稿）中加以更正。

我在《回忆红十四军》中，把林子和被捕时间误为 1928 年 10 月，实为 1929 年 10 月。我接任中共南通县委书记应为 1929 年 11 月。未接任前，我还是南通县委委员。关于中心县委概念的来源，据我现在回忆起来是李超时同志从东海调南通工作数月后，曾在县委中议论过成立中心县委问题，并提出要我负责。省委决定成立特委，议论才结束。上述关于我接任南通县委书记的时间，及担任中心县委书记职务，均系误记造成。

按照实事求是，求实存真的精神，请在（征求意见稿）第五页倒数第三行起，改正为“1929 年 10 月南通县委书记林子和被捕。11 月省委指定刘瑞龙接任中共南通县委书记。林子和任县委书记时”，（接）“在县委的领导下，各地的革命斗争一直很活跃。”

稿中其他需要修改处，见另信。

此致

敬礼！

刘瑞龙

1986 年 8 月 22 日

复乐秀良信

(1987 年 5 月 4 日)

秀良同志:

　　3 月上旬寄来《日记悲欢》一书，读后大快。你做了件大好事。在十年内乱中许多因日记受罪含冤者求援时，你仗义执言，彻底否定"文革"，扫清流毒。你在《人民日报》发表的《日记何罪》和《再论日记何罪》两文，特别有力，对维护党的政策、加强社会主义法制十分有益。

　　日记是私人生活和思想的记录，是增进学习、陶冶身心进步的工具。《顾亭林日知录》有云："日知其所无，月无忘其所能。"可见日记的重要。十年内乱期间，林彪、江青反革命集团为了篡党夺权，肆意破坏社会主义法制，多方罗织人罪，冤狱遍及城乡。党的十一届三中全会拨乱反正，冤假错案得以平反，天下归心。依据宪法，公民人人都有记日记自由，并受到法制保护。

　　张老友渔同志的序很全面，具有指导意义，他说："国家应当从法律上保护每个公民写日记的自由，充分发挥日记的作用。""我国的宪法和刑法都没有规定'思想犯罪'都没有规定惩罚所谓'思想犯'"。日记，作为私人生活和思想的记录，即使其中有偏激、错误、甚至反动的思想，只要先没有向别人宣传和行动，没有对国家和社会造成危害，也不构成犯罪，不负刑事责任。当然，对有反动思想的人必须进行批评教育，促其转变立场，改造世界观，但这与追究刑事责任是两个不同的范畴。如同"公民的通信自由和通信秘密受法律的保护"一样，公民写日记的自由和日记秘密也应该受到法律的保护，不受侵犯。

　　"当然，任何自由都不是绝对的，具体事物，必须作具体分析。在日记问题上也一样。如果人在日记中有企图犯罪的计划或已经实现的犯罪活动，并向其同伙进行煽动宣传。那么，这样的日记，就不能笼统地说是无罪了。我们所讲的保护公民日记的自由，是指在法律允许范围内的自由。《宪法》第四十条和刑法第一百四十九条，关于'公民的通信自由和通信秘密受法律的保护'的条款中，具体规定：'除因国家安全或者追查刑事犯罪的需要，由公安机关或者检察机关依照法律规定的程序对通信进行检查外，任何组织或者个人不得以任何理由侵犯公民的通信自由和通信秘密。'这一原则的基本精神，一般也可以适用于日记。"我完全同意张老的上述论断。

我也完全同意你在本书所说的"人们在日记里记录着自己的思想观点，既无推翻无产阶级专政的政权和社会主义制度的目的，更无危害中华人民共和国的行为；既没有扩散，也没有对社会造成后果，何罪之有?!""任何组织和个人不得以任何理由侵犯公民的日记自由和日记秘密。""当然，人们也要求记日记的同志，树立共产主义的理想、道德、情操，坚持四项基本原则，正确地使用日记，使日记成为激励进步，增强修养，提高思想、理论、语文业务水平的工具"。

你以杂文为武器，参加维护党的政策，加强社会主义法制的斗争，具有积极创新意义，值得提倡。

特复供参考。

刘瑞龙

1987 年 5 月 4 日

为黄河下游治理方案的建议
给万众一的复信

（1987 年 5 月 9 日）

众一同志：

对你的意见，我看了三遍，觉得比前两次意见说服力强多了。

根治黄河，化害为利，是祖先留下的一项历史任务。我国人民历代支付艰辛劳动进行治理。全国解放后，党中央号召"要把黄河的事情办好"，上游采取生物措施和工程措施相结合，造林种草，保持水土，并建设重大水电工程，下游加固堤防，多方探索根治方案，但还没有一个全流域的根治方案。

黄河下游涉及河南、山东、河北、江苏、安徽五个省 25 万平方公里的范围，包括耕地 2.7 亿亩，是广大的农业区。黄河下游从桃花塔以下，年泄水量为 470 亿立方米，水质极好，年下泄游沙 17 亿吨，内含氮磷钾肥料 751 亿斤，这些水肥资源是振兴黄淮海区域农工各业主要物质条件。但流域内，因河床逐年升高，形成悬河，形成决口隐患，本地区经常干旱，土地脊薄，产量不高。因此，如何解决利用黄河下游水沙资源，振兴流域各地农工各业，并采取措施，消除隐患，兴利除灾，实为当务之急。

来信根据上述情况，所提根治黄河下游方针，依靠现代科学和现代工程条件，对黄河下游应采取分流游沙治三角洲的办法以提高全黄淮海地区生产的方案，加强统一指导，要求各灌区切实执行，以清除一些副作用。我认为这样提法是不好的，所提具体做法也可以研究。在措施中，林一山同志在 1965 年开始主持的黄河两岸放游稻改工程的材料很重要，他指出了向前探索解决黄河下游问题的一条路子。但流域各地地形和经济发展情况不平衡，要考虑因地、因时制宜的做法。

你从黄河下游总的情况、问题症结及原因，融合实践和干部试验，正反两面经验，探索解决问题的方法、建议，这样探索问题的思路是对头的。

你建议从一两个分流游淤灌做起，很好。在这个基础上做出全流域方案更好。

我建议你是否将这篇建议打印送农牧渔业部、水电部和农村政策研究室，请他们参阅。也请将我给你的信附上。

敬礼!

刘瑞龙

1987 年 5 月 9 日

因黄河下游治理问题致姚依林①

(1987 年 9 月 15 日)

依林同志：

　　黄河安危，关系国家大事。解放 30 多年，经沿黄人民不懈的努力，已三次加高大堤，所幸除河口发生两次凌汛决口及 1985 年胜利油田受冰汛淹没外，伏秋大汛，安然无恙，实国家之大幸。但防洪不同于治黄，病根未除，下游前途堪虞。欣悉黄河小浪底水库工程国家计划审查意见，利用小浪底水库有利条件，水电部还要继续研究利用黄河大堤内外滩地放淤方案，及早进行放淤和规划，继续坚持不懈地抓紧黄河上中游的水土保持，这个意见很全面也很正确。我们长期从事农业工作，深感黄河治理，必须水沙并重，盖水沙都是国家的重要资源，利用黄河大堤内外滩地放淤，加上农田水利和其他综合措施，以提高黄淮海平原中低产农田的生产水平，实为良策。根据计委审查意见，并盼水电部加快放淤工程计划，早日全面规划，报请国务院批准，及早施工。千百年为害的黄河下游，将在社会主义中国加以驭制，并将水沙充分利用，不仅是中国的伟大创举，亦属世界上的奇迹。

　　我们治黄心切，故特函报，聊表寸心，专此奉函，

　　此致

敬礼！

刘瑞龙

万众一

1987 年 9 月 15 日

---

　　① 姚依林（1917～1994），1934 年考入清华大学并参加革命，1935 年加入中国共产党，一二九运动中任北平市学联秘书长、党团书记。1937 年任河北省委秘书长、宣传部长等职务。新中国成立后，先后任贸易部副部长、商业部部长、国务院副总理、中共中央政治局常委等重要职务。

复华南农业大学
农业遗产研究室林枫林

（1987 年 12 月 28 日）

枫林同志：

已阅 1987 年 11 月 2 日寄来的《农史专家梁家勉》一文，很高兴。当时我已住院检查，耽误了阅读和作复的时间希谅。近半月病情缓解，先后阅读三遍，感到来文写得很好，结构周到，对梁老的立身、处世、治学风范等方面作了全面反映，立论基本正确，大有益于农史学界，建议除《农业考古》外，其他农史刊物也一同发表。

有几个论点，是否可考虑纳入大作内：

一、梁老的学术活动总的目的是改革和发展中国农业，是要把中国农业的优良传统与现代化农业科学结合，建设中国社会主义现代化农业这个伟大目标，这是梁老全部农史科学活动的出发点。

二、梁老从旧社会的正派人物、爱国主义者和民主主义者在党的教育下，成为马克思主义者，信奉辩证唯物主义和历史唯物主义，这是政治思想和世界观的根本转变，是学术上卓越成就的基础。

三、梁老在长期农史科研中，坚持实事求是，从实际出发，理论联系实际的思想路线，这是梁老优良学风的基本点，这是全国农史学界必须普遍提倡的。

杨宝霖同志所写《从诗看人，从人看诗》一文，写得很好，可单独发表，在你的文章中择要反映即可。

你如认为可以，请在文中适当反映。

此文作调整后，最好请梁老过目后出。

请代问候梁老及梁师母。

我也写了一篇《学习梁家勉同志的治学精神》（征求意见稿）印好后寄你及梁老审阅。

祝

健康！

刘瑞龙

1987 年 12 月 28 日

复乐秀良信

（1988 年 2 月 6 日）

秀良同志：

　　谢谢你 2 月 4 日的来信，我们全家都很好。关于你和特夫同志 1987 年 11 月的来信及江苏省军区军史第一编《土地革命战争时期江苏省农民武装暴动和工农红军斗争史略》早已收到，并于 1988 年 2 月 1 日复信给你和特夫同志。由于那时我住院疗养，致复信推迟，希谅。

　　特夫同志整理史料的态度是严肃认真的。为加速定稿，建议先由有关市委党史办做好有关史料的审定工作，而后再由我提出核定意见。以上意见在 2 月 1 日的复信中已经讲明。请你们考虑见复。

敬礼！

刘瑞龙
1988 年 2 月 6 日

附一：乐秀良来信

（1987 年 11 月 25 日）

瑞龙同志：

　　您好！江彤同志好！

　　好久没通信了，很想念，愿您健康长寿。

　　江苏省军区原副政委周特夫同志，负责编写省军史工作，他写的"二战"时期初稿已完成了。其中通海地区的红十四军斗争史是主要部分，还有其他地区的不少宝贵史料。由于您是通海特委领导人，又熟悉全省红军游击队活动情况，因此，他恳切希望您能帮助审阅，提出修正补充意见。为了便于您考虑，还提出了几个重点，供您参考。

　　周特夫同志，40 年代曾担任如（皋）西县委书记，对红十四军斗争比较了解，有深厚感悟。全国解放后，曾在中央军委机关工作。70 年代后期，担任江苏省委宣传部长。他在如西时和任省委宣传部长时期，都是我的领导，现在宿舍又相邻不远，比较了解。特此介绍，务请您阅后赐教。

　　打印稿另行寄上。

　　致

敬礼！

乐秀良
1987 年 11 月 25 日

附二：周特夫来信

（1987 年 11 月）

刘瑞龙同志：

首先向您表示敬意！我冒昧地写信给您，作一简单自我介绍：我在抗战期间，曾在如（皋）西县工作过五六年，任县委书记近四年，与季恺、周方、乐秀良等同志在一起工作过。1945 年年底我调至部队工作，在华野四纵、军委干部部、西藏军区、总参政治部工作过，1971 年调回江苏军区任副政委，1982 年离休。但离休后未能休息，接受省军区领导之托，担任省军区党史、军史领导工作。

由于我于抗战时期在如皋工作过，对如皋地区 1928～1930 年轰轰烈烈的农民五一暴动，和红十四军的蓬勃兴起及遭暂时失败的史实，当时都有所闻，有深刻印象，对英勇牺牲的烈士，深表崇敬，对当时领导群众运动的领导同志衷心敬佩。

现在我们已编就了一套《江苏军区军史初稿》，其中第一编为《土地革命战争时期江苏农民武装暴动和红军斗争史略》（初稿），此稿是我起草的，在编写过程中虽然翻阅了不少资料，进行了一些调查，对红十四军的资料主要是根据您写的《回忆红十四军》一书编写的。但终因缺少斗争实践体会，有些事情理解不清，转抄论述中很可能有错，为了忠实于历史事实，特将此稿印发，征求各方意见。

您当时既担任过通、海特委书记，又在江苏省委工作过，巡视过徐、海、蚌、淮、盐地区，您是很了解当时全省情况的，在现在老一辈同志中，您是最有发言权的。因此，为求得记述准确，亟须将此稿送您，作全面仔细的审查。谅您定会乐于答应我们的要求。除已由省军区军史办将此稿直接寄送至尊处外，特请乐秀良同志转上此信，请一并查收审示！

在我编写此稿时，遇到几个问题，现提出如下。请审阅初稿时，一并考虑赐复：

一、对江苏农民武装暴动和红军斗争的历史意见的评价。曾有人认为江苏农民武装暴动和红十四军的斗争"是右倾错误路线的产物，没有多大意义"。我

一直认为这种观点是错误的。旧中国的农民要求解决土地问题，走武装斗争的
道路，是历史的必然趋势，革命政党领导农民武装斗争方向是正确的。正如
1944年党中央《关于若干历史问题的决议》中所说："第三次左倾路线的代表
者，也领导过农民分配土地、建立政权和武装反抗当时国民党政府的进攻，这
些任务都是正确的。"那么受李立三路线影响的农民运动，更应据此作出正确评
价。但也不可否认，当时运动确实受到左倾路线的影响。1929年11月江苏省委
第二次代表大会通过了李立三的报告，并形成决议，是李立三路线首先在江苏
党内占了主导地位，对革命运动确实带来了不利的影响，这一点也应当承认。
我以这种观点作为"初稿"的主导思想，不知对否？

　　二、当时江苏红军，究竟有哪些单位。据我们调查研究后认为："红十四
军"是当时江苏红军的主要部分，至于"红十五军"、"淮阴红军独立军"、"南
汇泥城红十八军"（又有说红二十二军）都是计划成立，但因暴动失败，未能成
立，不能列入红军序列。但有几个县的红军游击队，是正式建立了，并坚持斗
争了数月或年余的过程，这些武装斗争有江阴的红军游击队（以后挂名的红十
七军不应列入序列），盱眙李桂五的盱眙红军游击队，还有东海云台山农民武装
（曾有人说它是土匪武装，经查证是党领导的农民武装，但未打出红军旗号），
对这几次武装的史实，经过调查核实，应列入红军范围。这个问题，不单是史
料工作问题，还涉及是否追认红军、烈士家属问题，省民政部门也要求将此问
题加以明确。以上区别是否妥当，请示！

　　三、在江苏农民武装暴动的史料中，记叙武装斗争的材料较多，记叙土地
革命分配土地的材料甚少，红十四军中心区有一些，其他区材料几乎未提到。
当然，农民抗租、抗债、抗税、分粮、烧毁田（地）契、债券的材料还是不少
的。不知当时是因为形势太紧张，暴动一起，敌人镇压随之而来，未及进行，
还是有所忽视？我们估计前者原因是主要的，后者情况有否存在，请据当时情
况，赐告！

　　四、在江苏省档案馆编印的《江苏农民运动档案史料选编》第315～422页
中，有一篇徐州巡视员1932年向省委的报告（您处可能有此书），其中指责前
江苏省委是富农路线的领导，说有些县委是富农领导，并有"萧县县委亦起了
反革命左翼作用"这些评价，虽然是有王明左倾路线的背景，这些观点我们未
加引用。但巡视员是谁？文件未属名，据徐州党史办的同志说是阮啸仙，但查
阅《党史人物简介》，说他于1929年在上海工作，1931年即调往东北哈尔滨等
地工作，后又返回中央苏区。这与徐州党史办说法相左。您如确知此人，亦请

顺告。

以上问题，只是附带提出，请您在审阅《史略》初稿时，加以考虑，对《史略》错误遗漏之处，请加以补充修改，并予批评指示，劳神之处，深为感谢！

祝您老

健康长寿！

周特夫　谨书

1987 年 11 月

农业出版社 30 周年贺词

（1988 年 4 月 26 日）

同志们，朋友们：

农业出版社是 1958 年成立的，到现在已有 30 年的历史。它是国内历史较久、规模较大、出书品种较多、内容质量较好的一家专业性出版社，有如一个人已进入"而立"之年，已处在比较成熟而开创事业的阶段。我目睹农业出版社的成长，感到很欣悦，祝贺它业已取得的成绩，祝愿它在改革开拓中前进，做出新的贡献。刚才，社长白富才同志简要介绍了农业出版社的历史和出书情况；老社长常紫钟同志写出了《农业出版社三十年》的小册子，详细介绍了这个出版社的成长历史和主要成就。这样实事求是的总结经验，对办好农业出版社，发展我国农业图书出版事业是很有积极意义的。

农业出版社从成立之日起，在党的领导下，面向八亿农民，面向我国广大农业科技工作者、教育工作者和各级农业干部，坚持社会主义的出版方针，30 年累积出版各类图书和教材 9000 多种（其中初版书 5000 多种，重印 4000 多种），累积印数 3.3 亿册，为发展我国农业生产服务，为发展农业科学研究和教育事业服务，为开展国内外农业科学技术交流服务，广泛传播农业科学技术知识和经营管理知识，宣传了党的方针政策，对促进我国农业生产力的发展做出了贡献。这是最大的贡献和最好的社会、经济效益，是不可低估的。30 年来，农业出版社的书刊是多方面的，有面向国内外科教工作者的学术专著，有供应大、专院校的几百种教材，有培训不同层次干部和农民技术员的教材，有整理发掘我国古代农学遗产的古农书，有介绍国内外新的科技成就的著述和译著，有及时传播知识的多种期刊，有权威性和资料性的大型工具书，还有画册、挂图和音像磁带，适应了多层次的读者和不同专业人员的迫切需要。近些年来，还更多地成套地出版了多种丛书和大型工具书，受到了广大读者的欢迎；有重印价值的图书也在增多。这反映了农业出版社、农业印刷厂全体职工辛勤劳动的成效和不断进取的精神，也反映了我国农业图书出版事业的发展。

一个单位要搞好自己担负的任务和事业，是要有点精神的。据我了解，农业出版社自成立以来，有坚持勤俭办社、艰苦创业的精神，有一支勤勤恳恳、踏实苦干的编辑出版队伍，这是可贵的。我衷心希望农业出版社的同志们发扬优良的作风，在党的十三大社会主义初级阶段基本路线的指引下，把深化改革、提高出书质量和社会效益放在首位，不断提高编辑出版人员的政治和业务素质，永不停步地发展农业图书出版社事业，为建设具有中国特色的社会主义现代化农业作出新的贡献！

刘瑞龙

1988 年 4 月 26 日

年　表

1910 年 10 月 3 日（农历九月初一）生于江苏南通。

1917 年秋到 1924 年春，陆洪闸小学城北高小毕业。

1924 年秋到 1928 年秋，南通师范学习。1925 年到 1927 年参加革命学生运动。

1927 年 9 月加入中国共产党，入党介绍人陆景槐。

1927 年 9 月，入党后到 1928 年 6 月任南通师范支部书记，1928 年 1 月后任南通城区区委书记。

1928 年 6 月到 8 月，被捕，解南京特种刑事法庭，被判决无罪释放。

1928 年 9 月到 1929 年 10 月，任中共南通县委委员，1929 年 11 月接任中共南通县委书记。

1929 年 11 月，在省二大当选为中共江苏省委委员。

1930 年 3 月到 5 月，任中共通、海特委委员兼巡视员。

1930 年 6 月到 9 月，任通、海区特委书记。

1930 年 10 月到 12 月，任江南省委外县工作委员会委员。

1931 年 1 月到 1931 年 2 月，任江苏省外县工作会委员会副书记。

1931 年 2 月到 5 月，任上海法南区委宣传部长。

1931 年 5 月到 7 月，被捕，无证无供被释放。

1931 年 7 月到 1932 年 4 月，任江苏省委巡视员。

1932 年 4 月到 10 月，任江苏省委农委书记兼省军委委员。

1932 年 10 月到 1933 年 2 月，调党中央分配工作。

1933 年 2 月到 1937 年 9 月，西上川陕，任川陕省委宣传部长，红四方面军政治部宣传部长。

1937 年 3 月到 9 月被藏族民团搜捕送军阀马步芳看守所，经谢觉哉营救释放。

1937 年 10 月到 1938 年 3 月，在中央党校学习。

1938 年 3 月到 1939 年 9 月，任安吴青训班教务处长，副主任。

1939 年 11 月到 1940 年 3 月，任豫皖苏区党委副书记。

1940 年 3 月到 7 月，任苏皖军政委员会书记。

1940 年 7 月到 10 月，任苏皖军政委员会委员。

1940 年 10 月到 1941 年 5 月，任淮海军政委员会书记。

1941 年 5 月到 8 月，任皖东北区党委副书记。

1941 年 9 月到 1945 年 10 月，任淮北区党委委员，淮北行政公署主任，

1943 年底任淮北区党委副书记。

1945 年 10 月到 1947 年 1 月，任华中分局民运部长，苏皖边区政府第一副主席，华中北线后勤司令部政委。

1947 年 2 月到 1949 年 6 月，任山东支前委员会副主任兼前方办事处主任，华东野战军第二副参谋长兼后勤司令，豫皖苏分局财经办事处主任，第三野战军后勤司令兼政委。

1949 年 6 月到 10 月，任中共上海市委秘书长。

1949 年 10 月到 1953 年 2 月，任华东局农委书记，华东土改委员会副主任。

1953 年 2 月到 1960 年 10 月，任农业部副部长，党组副书记。华侨事务委员会委员。

1960 年 10 月到 1966 年 12 月，任华东局委员，农委主任。

1967 年 1 月到 1972 年 11 月，被迫害入狱。

1972 年 12 月到 1978 年 10 月，任上海农业局顾问。

1978 年 2 月到 1979 年 6 月，任农林部顾问，五届全国政协常委。

1979 年 6 月到 1983 年 6 月，恢复农业部副部长职务，农业部党组成员。

1983 年 6 月，任六届全国人大常委。

1984 年 1 月到 1985 年 3 月，任中央整党工作指导委员会农林口整党工作指导小组组长。

1984 年 10 月，任《中国大百科全书》总编辑委员会副主任，《中国农业百科全书》总编辑委员会主任。

1986 年 4 月，任全国人大常委，全国人大法律委员会委员。

1988 年 5 月 25 日，在广州主持全国农史学习讨论会期间，因劳累过度，心脏病猝发，不幸逝世。

责任编辑：张继华
装帧设计：徐　晖
责任校对：张彦　周昕　湖催

图书在版编目（CIP）数据

刘瑞龙文集 第四卷/刘瑞龙 著. -北京：人民出版社，2010.9
ISBN 978－7－01－009242－3

Ⅰ.①刘…　Ⅱ.①刘…　Ⅲ.①刘瑞龙（1910～1988）-文集
　②刘瑞龙（1910～1988）-回忆录　Ⅳ.①C53 ②K827＝7

中国版本图书馆 CIP 数据核字（2010）第 174398 号

刘瑞龙文集
LIURUILONG WENJI
第四卷

刘瑞龙　著

人民出版社 出版发行
（100706　北京朝阳门内大街 166 号）

涿州市星河印刷有限公司印刷　新华书店经销

2010 年 9 月第 1 版　2010 年 9 月北京第 1 次印刷
开本：710 毫米×1000 毫米 1/16　印张：28
字数：490 千字　印数：0,001–3,000 册

ISBN 978－7－01－009242－3　定价：62.00 元

邮购地址 100706　北京朝阳门内大街 166 号
人民东方图书销售中心　电话（010）65250042　65289539

封扉题字　江泽民

劉瑞龍文集

第五卷

人民出版社

旌旗慷慨出潼关　远拓华中破阻挠

抵掌纵谈东进策　排顽抗敌路途宽

北战南征跨苏皖　跃马横刀大别山

擘画江淮全局定　凭临泰岱指东南

一九三九年九月少奇同志由延安返竹沟中原局自此深入敌后与陈毅等同志一起开展了华中敌后抗日斗争新局面口口一律铺怀先烈志伟颂

尤美同志存念
一九八〇年十二月　刘瑞龙

刘瑞龙手迹

寄爱萍玉桂同志

渺渺怀忍几道向飞来喜讯励
平生海洋风帆驱池浪江海稻
菽乐丰盈凶鸦鹭天门称快主
席贻示感至诚襄宇而今春
处处添随行列代新兵。

石钩

一九七三年元月二十日

刘瑞龙手迹

目 录

农 民 歌*

（1929 年）

农民功劳真正高，种田种地养吾曹①，
衣食住房他们造，劳苦，功高，
没有农民命难保。

地主豪绅真可恨，大斗大秤害农民，
收租一斗加几升，黑心，黑心，
加几升还不称心。

土豪劣绅真可恨，重利盘剥我农民，
借贷高利四五分，可恨，可恨，
加一利息不饶人。

倘若租子欠半升，地主逼租不容情，
警察丘八②逼上门，抓人，捆人，

---

    * 这是当时在南通地区农村流传很广的用泗州调演唱的民歌。作者当时先后任中共南通县委委员、
中共南通县委书记，11 月当选为中共江苏省委委员。

    ① 吾曹，吾辈、我们。

    ② 丘八，旧时称兵。

官司吃够地主赢。

一年辛苦熬到头，算来算去没分文，
地主剥削实在狠，农民，可怜，
一年忙碌一年贫。

世界实在不平等，农民饥寒过光阴，
破衣褴衫薄粥吞，伤心，伤心，
思想起来苦万分。

倘若世界能公平，农民应当受尊敬，
因为他养活世人，自由，平等，
为何偏不给农民。

亲爱农民团结紧，跟随共产党革命，
武装起来分田地，翻身，齐心，
土豪劣绅消灭净。

贪官污吏害人精，敲诈勒索我农民，
暴动农民不留情，清算，斗争，
坏人按罪来判刑。

分田翻身向前奔，集体耕作真先进，
工农专政苏维埃①，工人，农民，
造成世界真平等。

---

① 苏维埃，第二次国内革命战争期间对当时的工农民主政权组织的称呼。

革命三字经*

（1933 年）

穷人们	快觉醒	团结起	来革命
国民党	害人精	降帝国	整穷人
催捐款	逼饷银	夺田地	强奸淫
又拉夫	又抽丁	保地主	护豪绅
把工农	不当人	我工人	受剥削
造万物	富人得	工时长	工钱短
资本家	吸血鬼	我农民	真痛苦
收庄稼	归地主	帮长年	当客户①
力使完	口难糊	兵士们	真伤心
人穷困	才当兵	为军阀	把命拼
周身上	烂巾巾	在营盘	泪淋淋
受吊打	骂不停	一打仗	走前头
当炮灰	把命丢	官长们	在后跟
纵打仗	难伤身	接姨太	修洋房

---

* 1933 年 2 月至 1937 年 9 月，作者任中共川陕省委宣传部长，红四方面军政治部宣传部长。这首《革命三字经》和下面的《消灭刘湘三字经》、《农村阶级划分歌》是为配合川陕苏区开展的反围攻斗争、土地革命和经济建设所作。

① 长年，四川方言，即长工。客户，即佃户。

玩妓女	讲排场	龟豪绅	和地主
整穷人	恶难数	放大利	收重租
夺田地	抢米谷	剥穷人	享清福
有团总	和保正	收捐款	派民丁
想百计	整穷人	国民党	是强盗
强盗头	算老蒋	在四川	有刘湘①
邓田刘	李罗杨②	众军阀	如豺狼
又拉夫	又派款	抢猪牛	夺锅碗
又屠杀	又奸淫	整穷人	身家倾
降帝国	媚英蛮	钱千万	卖四川
把穷人	当牛马	给帝国	来欺压
穷人们	联合起	一条心	结团体
立工会	立农会	当红军	游击队
共产党	来领导	抗钱粮	吃大户
打当铺	取衣物	烧契约	毁债据
大家来	分田地	狗豪绅	消灭完
全没收	地主田	富农们	剥削人
按政策	分坏田	是贫农	是雇农
分好田	乐无穷	是中农	不侵犯
若欠缺	添田园	工人们	加工钱
干工作	八小时	失了业	有救济
还可以	分田地	兵士们	发欠饷

---

① 刘湘（1888～1938），字甫登，四川大邑人，国民党军阀，时任四川"剿总"总司令。

② 邓田刘　李罗杨，指邓锡侯、田颂尧、刘存厚、李家钰、罗泽洲、杨森。均为当时四川军阀。

分田地　有给养　当红军　受优待
分好地　乐无边　穷人们　快快来
齐暴动　莫迟疑　立政权　苏维埃
国民党　消灭完　逐帝国　救四川
擒刘湘　邓李罗　灭田杨　除众恶
赤化了　全四川　享太平　乐安然

消灭刘湘三字经

（1933 年）

工农兵	来革命	共产党	是救星
苏维埃	好章程	工农兵	共专政
我红军	穷人军	分土地	杀豪绅
灭帝国	救穷人	创苏区	十大省
百多万	铁红军	入川陕	创苏区①
几十县	分土地	立政权	救穷人
灭杨森	灭老田②	震动了	全四川
吓坏了	刘湘胆	凑残兵	组民团③
向帝国	求救援	卖康藏	与英蛮
两千万	卖四川	扣军饷	种鸦片
一尺布	要纳税	穿草鞋	也要捐
名目多	数不完	杀工农	数万千

---

① 入川陕 创苏区，1932 年 12 月，中国工农红军第四方面军主力由陕南进入川北。1933 年 2 月，在通江城成立了中国共产党川陕省委员会和川陕省苏维埃政府，川陕边革命根据地初步建立。

② 灭杨森 灭老田，1933 年 2 月，蒋介石委任四川军阀田颂尧为川陕边"剿共"督办，会同军阀杨森、刘存厚对川陕边革命根据地进行三路围攻。红军经过 4 个月的反围攻，击溃了田颂尧部。

③ 凑残兵 组民团，1933 年 9 月，国民党四川军阀暂时结束了各路军阀混战局面。10 月，刘湘就任四川"剿总"总司令，纠集各路军阀约 20 万兵力向川陕根据地红军发起六路进攻。经过 10 个月反围攻作战，红四方面军粉碎了川军的进攻，巩固和扩大了川陕苏区。

整穷人　惨难言　妻儿离　无人烟
在绥宣　更凶残　发财人　黑心肝
大抽丁　大派款　小村子　二百元
大村子　派几千　狗豪绅　逼捐款
穷人家　都抵完　这样整　还不算
起狼心　开红山　大屠杀　大奸淫
罗文坝　人杀完　血成河　尸如山
岩口场　怀孕妇　轮奸死　不忍睹
抢一升　掳半碗　牵猪羊　拿锅铲
龟地主　狠如狼　夺田地　抢米粮
追老账　要利钱　缴不上　毁草房
狗刘湘　是祸根　整穷人　灭全村
刘湘活　穷人死　刘湘死　穷人生
我红军　救穷人　打刘湘　除祸根
大胜利　快人心　缴枪支　数不清
狗刘湘　心不甘　凑残兵　保地盘
同志们　加紧干　灭刘湘　在眼前
大家来　武装起　当红军　打游击
捉反动　紧戒严　帮运输　抬担架
送粮食　打草鞋　送红军　护医院
查阶级　查田亩　勤生产　莫迟延
同志们　快上前　灭刘湘　要争先

全四川　赤化完　救中国　人人欢

我工农　都团圆　有土地　有政权

不焦①吃　不焦穿　享太平　乐安然

---

① 焦，四川方言，"愁"的意思。

川陕省苏维埃政府布告*①

——平分土地办法

（1935 年）

没收豪绅地主土地	把连②平均分给穷人
富农所有好田好地	也要没收分给穷人
中农土地不能没收	人多田少还要补足
首先分给雇工贫农	按照人口劳力平分
参加红军分好田地	家属老弱实行代耕
富农如不扯拐捣乱	留给坏田自种务农
地主田地抖散分配	原佃一般不耕原田
分田要照收成分算	田地肥瘦搭配均匀
田地分配给了谁个	粮食收获即归谁人
马上召开群众大会	立即分田加紧春耕

---

* 这是作者为川陕省苏维埃政府写的布告，以主席熊国柄，副主席余洪远、祝义亭名义公布。

① 川陕省苏维埃政府，于 1933 年 2 月在四川通江城召开的川陕省第一次工农兵代表大会上正式成立，主席熊国柄。1933 年 8 月，在巴中城召开了第二次工农兵代表大会，选出由 32 人组成的新的省工农民主政府执行委员会，主席为熊国柄。1934 年 12 月，川陕省工农民主政府召开第三次工农兵代表大会，熊国柄为新的工农民主政府主席，余洪远、祝义亭为副主席。

② 把连，四川方言，"完全"的意思。

农村阶级划分歌[*]

（1935 年）

雇　农

除去两只手，什么都没有，
专替人做工，勉强能糊口。

贫　农

自己有点田，不够吃和穿，
租田和出雇，生活很艰难。

中　农

他不剥削人，人不剥削他，
他受谁压迫，豪绅和军阀。

---

[*]　这是作者在川陕革命根据地为向农民宣传土地革命政策写的通俗读物。

富　农

自己种有田，还有田出租，
又放高利贷，还把长工雇。

豪绅地主

田地非常多，自己不耕作，
收租又逼课，农民受盘剥。
身份比人高，政权手中操，
压迫我工农，封建他代表。

冬晨过夹金^①*（二首）

——随军南下天芦^②

（1935 年 11 月）

懋功^③南行

策骑攀北麓，晨雾阴冷浓。

嘘气成冰滴，奋力登顶峰。

破雾晴万里，红日浴絮云。

万山回吟啸，举首揽太清。

由宝兴^④北返懋功

黄昏发宝兴，困战急回兵。

篝火遍南麓，恍若满天星。

---

* 此诗为作者在红四方面军长征途中所作。

① 夹金，指夹金山。在四川省西部大渡河、小金川、青衣江上游之间，宝兴县西。1935 年 6 月，中国工农红军长征时曾经此地。

② 天芦，指天全、芦山。县名。在四川省中部偏西，青衣江上游。

③ 懋功，旧县名（今小金县）。在四川省西部偏北。

④ 宝兴，县名。在四川省中部偏西，青衣江上游。

细雨拍面来，路滑梅南行。

遥念北上者，捷报传后营。

淮北苏皖边区行政公署布告*（一）①

（1941 年 9 月 25 日）

近查苏皖各地　　秩序逐渐正常

民生着着改善　　民权日益伸张

抗战力量发展　　四方人民归向

仍有敌寇汉奸　　一心要灭中华

正在调兵遣将　　准备秋季"扫荡"

反共投降分子　　真是丧心病狂

配合敌寇奸伪　　也想践踏地方

不仅制造摩擦　　又来造谣中伤

谣言怪话百出　　无非骗人上当

不少不明真相　　竟然出走地方

有的受人利用　　总是没好下场

奉劝出走各户　　大胆返回家乡

过去受骗他往　　一律不算旧账

---

　　* 作者于 1941 年 9 月至 1945 年 10 月任淮北苏皖边区行政公署主任。

　　① 此布告和下一布告均以"主任刘瑞龙、副主任刘玉柱"的名义发布。

　　刘玉柱（1913～1998），河北黄骅人。曾任北京大学学生会执委会主席。参加了一二九运动。1938 年加入中国共产党。后任中共西华特委青年部部长、皖东北行署专员、中共宿东地委副书记、阜阳市委书记等职。建国后历任开封市市长、华北局计委副主任、呼和浩特市委第一书记、内蒙古自治区建委主任、第二机械工业部副部长。

只要回头抗战　　无事不可相商

能守下面三条　　政府决予保障

第一不通敌伪　　才算为国争光

第二不反对新四军　携手共把敌抗

第三不违政府法令　遵守奉行不息

所有各户家财　　田地房屋食粮

也不没收代管　　各守各业安康

人权政权财权　　公民权利应当

无论团体个人　　不得侵犯逞强

冬耕麦种期到　　不让土地抛荒

快快迷途知返　　各安生业照常

团结抗战正路　　不入敌人罗网

为此本署布告　　各地须知端详

淮北苏皖边区行政公署布告（二）

——为展开全边区拥军运动事

（1943 年 9 月）

照得我新四军　　素来保国卫民

敌后抗战六载　　立下无数功勋

战斗三万余次　　杀敌数十万名

收复已失国土　　人民如获再生

肃清多年积匪　　地方秩序安宁

推行民主政治　　人民才得翻身

实行合理负担　　废除苛杂厘金

改善民众生活　　贫富都有安顿

淮北能有今日　　全凭四军支撑

到处人民称道　　都说四军文明

到处人人爱戴　　完全一本至诚

为了鼓舞士气　　政府决定章程

今年九十月内　　各地一致拥军

展开拥军运动　　军民协力同心

旧历中秋佳节　　大家都来劳军

郑重表示敬意　　慰劳慰问都成

军民联欢大会　　各处都可举行
推派代表讲话　　聊表感戴之情
优待抗属烈属　　不得怠慢毫分
帮助解决困难　　实行固定代耕
代耕代种代收　　事事都要认真
抗属缺少土地　　政府代想法程
发放优抗粮食　　一年两季实行
减免抗属劳役　　公粮负担减轻
抗属子弟入学　　学费不取分文
尊敬抗属烈属　　不得侮辱欺凌
还有荣誉军人　　以及伤病员兵
他们吃辛受苦　　贡献祖国非轻
大家最要尊敬　　生活照顾当心
至于战时勤务　　更要好好加劲
运输担架要快　　带路送信都能
军粮晒干扬净　　藏得密密腾腾
各地民兵组织　　积极配合战争
动员逃兵归队　　重回抗战军营
忠勇卫国男儿　　踊跃参加四军
巩固扩大部队　　人人都有责任
以上拥军要旨　　深望各地遵行
军民紧密团结　　才能战胜敌人

淮北行政公署号召民众参军

（1944 年）

我新四军　保国卫民

抗战华中　于今七春

扬威江淮　天下闻名

打得日寇　豕突狼奔

收复失地　敌后生根

抗日民主　政权建成

实行民主　改善民生

人民利益　保护认真

敌寇汉奸　真是头痛

伪军敌匪　改邪归正

苏皖边区　各业安顿

工善其业　农安于耕

道途顺畅　商旅不惊

各地民众　如获再生

有新四军　才能安枕

有新四军　才得太平

有新四军　才不受罪

有新四军　才能生存

军民一家　　血肉不分
新四军多　　抗战保证
新四军多　　地方安宁
为此决定　　政府扩军
凡我民众　　踊跃参军
父训其子　　妻劝夫君
参加四军　　男儿责任
参加四军　　祖宗光荣
好男当兵　　好铁打钉
为国杀敌　　古有名训
完全自愿　　不是命令
强迫欺骗　　更所严禁
家属困难　　政府规定
优待条例　　条条实行
如有坏人　　从中作梗
一经查出　　定予严惩
希我民众　　踊跃参军
抗战胜利　　凯歌回程

四 言 诗

（1945 年夏）

　　在淮北中学毕业典礼大会上，号召大家学习彭雪枫，不论遇到什么风浪，都要立场坚定忠于党，并赋诗以赠。

　　　　即知即行，
　　　　学以致用；
　　　　欲求真知，
　　　　深入群众。

孟良崮^①大捷[*]

（1947 年 5 月 16 日）

欣闻孟良崮大捷于沂蒙道上之木老墙

窜犯马山邪气凶，
狂言坦埠^②不堪攻。
哪知奇师间道出，
万千狂寇竟土崩。
困兽难逃孟良崮，
我军歼敌奏膺功。
"王牌"嫡系犹如此，
行见美蒋哭技穷。
空心战略空心死，
重点进攻重点终。
人民军队岂易撼，
可笑妖魔妄想空。

---

* 1947 年 2 月至 1947 年 5 月，作者任山东省支前委员会副主任兼前方办事处主任。孟良崮战役胜利后写就此诗，"空心战略空心死，重点进攻重点终"为陈毅看后所改。

① 孟良崮，山名。在山东省蒙阴、沂南两县交界处，蒙山山峰之一。1947 年 5 月中国人民解放军华东野战军全歼国民党整编七十四师于此。

② 坦埠，系蒙阴县一村庄，为我人民解放军华东野战军指挥部驻地。

中国人民解放军晋冀鲁豫
野战军司令部政治部布告[*]

——为宣传本军主张事

（1947 年 8 月）

人民解放大军　　南来救国救民

一心消灭蒋贼　　为民铲除祸根

蒋贼卖国专制　　人民火热水深

蒋贼几十年来　　罪恶数说不清

盖自抗战胜利　　举国渴望和平

我军首倡大义　　江南忍痛撤兵

政协会议开幕　　停战协定签成①

蒋贼断然撕毁　　内战祸心早萌

为了进行内战　　更加卖国残民

放胆出卖中国　　甘作美国儿孙

＊ 作者时任华东野战军第二副参谋长兼后勤司令。布告以司令兼政治委员陈毅、副司令粟裕名义公布。

作者原注：1947 年 8 月我华东野战军外线兵团南下中原，在鲁西南道中，按陈毅指示，草拟布告一则如上。

① 停战协定，指 1946 年 1 月 10 日国共两党就停止军事冲突达成的协定。中国共产党履行了这一协定。是年 6 月，蒋介石撕毁停战协定，发动全面内战。

缔结中美商约①　　国权出卖干净

美国肆行侵略　　蒋贼加意奉承

放任日本抬头　　我国更难翻身

换来美国枪炮　　杀害同胞百姓

制造国大伪宪　　专意压迫人民

屠杀民主人士　　残害青年学生

特务到处作恶　　青年无处逃命

官府敲骨吸髓　　弄得民不聊生

苛捐杂税重重　　贪官污吏横行

征实征购繁多　　摊派无尽无穷

不断拉夫抽丁　　为蒋王朝卖命

多少家产荡尽　　多少骨肉离分

蒋军匪帮所至　　人民惨遭蹂躏

烧杀抢掳俱全　　妇女横被奸淫

我军奋起自卫　　为民歼灭蒋军

一年胜利辉煌　　蒋贼弃甲曳兵

为了彻底灭蒋　　本军大举南征

此来宗旨所在　　救我苦难人民

反对美国侵略　　争取民族生存

废除中美条约　　保持领土完整

实行民主政治　　打倒蒋党专政

成立民主政府　　人民自做主人

---

① 中美商约，指 1946 年 11 月 4 日国民党政府与美国政府在南京签订的《中美友好通商航海条约》。这是个大量出卖中国主权的条约。

肃清贪官污吏　　打倒恶霸豪绅
保护人身自由　　特务一律肃清
实行土地改革　　耕者有其田耕
取消苛捐杂税　　不准拉夫抽丁
没收官僚资本　　开仓救济贫民
保护工农商业　　买卖一律公平
保护民主教育　　信仰自由认真
实行民族平等　　回汉各族相亲
解放大军所至　　纪律素重严明
实行三大纪律　　八项注意遵行
人民一针一线　　本军不取毫分
俘虏官兵不杀　　优待条例分明
如有违反规条　　准予扭送严惩
人民快快起来　　共除蒋贼祸根
不缴蒋贼钱粮　　不让蒋贼抽丁
不替蒋贼送死　　不替蒋贼当兵
如有被迫受命　　快来本军投诚
抓获官兵送来　　本军更加欢迎
过去受他蒙骗　　来归一视同仁
过去为非作恶　　只要改过从新
本军素重宽大　　处理一律从轻
一切不咎既往　　灭蒋立功为民
受苦受难同胞　　快来齐把冤伸
组织工会农会　　武装保卫翻身

配合本军灭蒋　　发动游击战争

爱国民主人士　　共来灭蒋图存

只有打倒蒋贼　　人民才得翻身

只有打倒蒋贼　　中国才得太平

蒋贼已经溃败　　蒋贼内部离心

蒋贼死期已到　　蒋贼败局已成

人民军队必胜　　人民众志成城

特此布告周知　　共赴胜利前程

庆淮海战役^① 全胜[*]

——自战场回赵山头途中

（1949 年 1 月 10 日）

徐宿萧永大战场，^②

自古兵家决兴亡。

蒋贼陈兵六十万，

妄图顽抗逞强梁。

主客攻守时已变，

解放军威势大张。

百万军民齐协力，

长围猛击力如钢。

贼军饥寒日交窘，

我军从容气昂扬。

＊ 1948 年 10 月至 1949 年 6 月，作者任第三野战军后勤司令兼政委。

① 淮海战役，解放战争中具有决定意义的战略决战的第二个战役。1948 年 11 月 6 日至 1949 年 1 月 10 日，根据中央军委方针，在淮海战役总前委刘伯承、陈毅、邓小平、粟裕、谭震林的指挥下，华东野战军和中原野战军 60 万人，以徐州为中心，东起海州，西迄商丘，北起临城，南达淮河的广大地区发起淮海战役。此役共歼敌 55.5 万人，基本解放了长江以北的华东、中原地区，使国民党反动统治中心南京处于人民解放军直接威胁之下。

② 徐宿萧永，指江苏省徐州，安徽省宿州、萧县，河南省永城县。

总攻聚歼同捣蒜，
贼军技穷终败亡。
一战全胜定江北，
整装待发渡长江。

我东西两集团渡江①

（1949 年 4 月 20 日、21 日）

帆樯如林复如梭，

百万英杰上船头。

直向江南驶将去，

解放凯歌薄斗牛。

空前壮举欣今日，

南中兄弟盼自由。

复仇怒火谁能遏，

指顾降幡出石头。

---

① 东西两集团渡江，1949 年 4 月 20 日夜至 21 日，中国人民解放军第二、三野战军遵照毛泽东主席和朱德总司令"向全国进军"的命令，在西起九江湖口、东至江阴长达五百公里的战线上，强渡长江，彻底摧毁了国民党军苦心经营三个半月的长江防线。4 月 23 日解放南京。

八 圩①晚 渡

（1949 年 4 月）

行来八圩港，
江阴②在望中。
虽然大江阔，
难阻众英雄。
八圩桥头堡，
摇荡若飘蓬。
蒋贼夸天险，
突破一夜功。

---

① 八圩，镇名。一称八圩港。在江苏省靖江市南端，地滨长江。
② 江阴，市名。在江苏省南部，北滨长江。

游太湖梅园小矶山①

（1949 年 5 月 3 日）

湖光山色美田畴，

锦绣江南一望收。

春暮草长莺穿树，

云水风帆戏野鸥。

越馆吴台今渺迹，

鼋渚隐隐出画楼。②

残贼转眼凋零尽，

捷音频报下杭州。③

① 梅园小矶山，在江苏省无锡市南郊太湖边。

② 鼋渚，即鼋头渚，在江苏省无锡市南郊太湖之滨，因坐落在三面环水的半岛上，形如突入湖中的鼋头，故名。为太湖风景区著名旅游胜地。

③ 捷音频报下杭州，人民解放军1949年4月20日发起渡江战役，4月23日解放南京后，分路向南挺进，5月3日解放杭州。

江 南 秋

——1949 年秋赴杭州途中

（1949 年）

江南春色好，秋光也妙。

稻禾遍野，竹树妖娆，绿水环村绕。

湖静波平，群山碧遥，此景人间少。

荷花初谢，莲子菱角正饱。

人在田垄里，牛在车棚里，忙着秋收快到。

人人夸今年庄稼：

"十年来光景没今年好。

多亏解放军来，共产党的话真是说到做到。

秋收后减租减息，分了田地，

增加生产，大家包了。"

你看人们脸上，

哪一个不挂着喜笑？

赴东辛农场[①]*

（1952 年）

9 月 6 日，自扬州渡江，7 日在镇江上车，当夜抵新浦[②]，次晨冒雨赴东辛。

晨出新浦南门，雨劲路滑泥泞。
汽车吼着往前奔，终于爬到南城[③]。

小船摇曳登程，顶风顺流东行。
垦区农事布局成，那怕雨急风紧。

棚顶淅沥不停，舱里笑语缤纷，
人声夹杂雨声清，半夜到了东辛。

---

* 1949 年 10 月至 1953 年 2 月，作者任华东局农委书记，华东土改委员会副主任。
① 东辛农场，江苏省属国营农场。在江苏省灌云县境内。
② 新浦，江苏省连云港市新浦镇。
③ 南城，江苏省连云港市南城镇。

雁 荡 行[①]

（1952 年 11 月 12 日）

与谭启龙[②]同游雁荡书此就正

雁山秀且竑，东瓯此称最。

前临大海浸，北绕灵江水。

雁湖踞峰巅，龙湫凌空飞。

映日飘虹彩，潭水深成翠。

洞壑夸神工，峦嶂多奇美。

天柱耸云表，剪刀双峰锐。

既见灵岩秀，复睹灵峰媚。

楸老竞吐红，松竹掩幽径。

流泉鸣溪谷，飞鸟鸣天际。

绝胜信非虚，好景令人醉。

---

① 雁荡，这里指北雁荡山。在浙江省乐清县境。因山顶有湖，芦苇丛生，结草成荡，秋雁常来栖宿，故名。东南郊风景较集中，灵峰、灵岩、大龙湫称为"雁荡风景三绝"。

② 谭启龙（1912~2003），湖南醴陵人。早年加入中国共产党，1934 年中央红军长征后，留在中央根据地坚持斗争。1937 年后，任中共赣东北特委书记、浙东三北游击司令部政委等职。新中国成立后，曾任浙江省人民政府副主席和主席、中共山东省委第一书记、中共福建省委书记、中共青海省委第一书记、中共四川省委第一书记等职务。

忆 菊 芬

（1952 年 12 月）

　　冯菊芬系江苏省东海县白塔埠人。1928 年入党。1929 年秋被捕入狱，严刑不屈，旋释出。1930 年春来上海，住杨树浦江苏省委训练班。7 月，奉省委命赴南京工作，当时敌正厉行白色恐怖，她不计个人安危，怡然受命。8 月下旬，敌破坏市委机关，菊芬被捕，狱中庭上，大义凛然。9 月 3 日于雨花台从容就义。我与菊芬于 1930 年夏由超时①夫妇介绍相识。她去南京前，因我名也萍②，改名爱萍，借志永念。临行以努力工作互勉，不料竟成永别。1952 年与江彤同谒雨花台烈士陵园，缅怀成句。

浦滨握别未六旬，
噩耗惊传石头城。③
互勉忠荩非虚约，
临危不忘爱萍名。
慷慨就义全大节，
坚贞不屈励丹心。
大地春回酬宿愿，
九州解放慰平生。

---

①　超时，指李超时。
②　作者当时化名李也萍。
③　石头城，指南京。

舟行南中国海*

（1955 年 3 月 30 日）

中国农业代表团离仰光经新加坡归国船上即兴。

万里乘槎使客还，
极目平波水连天。
舟行如砥风迎客，
鱼龙搏戏任腾翻。
浪激船头喷碎玉，
长空清澄映碧渊。
浩淼友朋张大义，
美帝猖狂亦徒然。

---

* 1953 年 2 月至 1960 年 10 月，作者任农业部常务副部长、党组副书记、华侨事务委员会委员。

都 江 堰[①]

（1956 年 6 月）

李冰遗泽惠蜀中，

人民创造智无穷。

都江渠首安排巧，

鱼嘴[②]分水各西东。

宝瓶[③]引水利灌溉，

飞沙堰[④]边好排洪。

倚湔东望渠如织，

喜看古堰换新容。

---

① 都江堰，胜迹名。在四川省都江堰市西北、岷江中游。秦昭王时，蜀郡守李冰主持修建了都江堰的排、灌水利工程，后代屡有扩建。由鱼嘴分水堤、飞沙堰溢洪道、宝瓶口引水口等三大工程组成。

② 鱼嘴，指鱼嘴分水堤。该堤位于岷江江心，为分水堤坝，因顶端扁平如鱼嘴，故名。

③ 宝瓶，指宝瓶口引水口。其位于岷江左岸，因状如瓶颈，故名。

④ 飞沙堰，在四川内江西侧，鱼嘴分水堤和宝瓶口之间，为溢洪道。

从化①山中观百丈瀑

（1958 年）

流溪水清澈，
鱼游石隙中，
行行登山阿，
胜景夸天工。
甘泉鸣深谷，
幽香出草丛，
飞虹凭壁立，
百丈直凌空。

---

① 从化，县名。在广东省中部，广州市东北，流溪河中上游。

重游雁荡灵岩①

（1959 年）

忆昔五二年，曾经灵岩行。
草木未宁静，茌苻刚锄刈。
倏忽六年过，变化堪喜惊。
古木萌新叶，奇峰耸峥嵘。
飞鸟树间唱，景色倍清新。
中学设山中，泉鸣伴读声。
烈士陵园里，后人仰群英。

① 雁荡灵岩，在浙江省北雁荡山灵岩寺背后。高广数百丈，壁立云霄，状如屏风，亦称屏霞峰。

青田石门洞①

——访刘基读书处有感②

（1959 年）

转棹进石门，门内洞无辟。

奇景开心胸，茂林间修竹。

往哲费苫筹，素书荒山读。

元末天下乱，群雄起光复。

遗德称乡里，后生超前哲。

建设展鸿图，东瓯启新绩。

胜景归人民，山水放奇艳。

瓯滨碧潭清，悬瀑飞玉屑。

---

① 青田，县名。在浙江省东南部、瓯江中游。

石门洞，在青田县城西北括苍山中、大溪南岸。传为我国道教的第十二洞天。洞内有瀑布从高 40 余米的绝壁顶泻下，称"石门飞瀑"。

② 刘基（1311～1375），元末明初浙江青田人，字伯温。元至顺进士。曾任高安县丞、江浙儒学副提举、江浙行省都事，后弃官还里。朱元璋克金华等地，慕名礼聘，陈时务十八策，备受宠信，助元璋成事业。洪武三年（公元 1370 年）封诚意伯。后为胡惟庸所潜，忧愤而死。文章与宋濂齐名。

过 分 水 关①

（1959 年）

晨发鳌江②畔，

晚来八闽③中。

溪水分南北，

风光有异同。

往昔云山隔，

而今大道通。

施碧风光好，

浮蓝山意浓。

---

① 分水关，在江西省铅山县南。武夷山脉分水岭。水道南流福建，北流铅山，故名。

② 鳌江，河名。在浙江省平阳县境。涨潮时，波涛汹涌，有如巨鳌负山，故名鳌江。

③ 八闽，福建省的别称。

闽 东^① 行

（1959 年）

汽车驰山中，恍如云中行。
直上千仞余，云雾拂车门。
修篁凭崖绿，苍松傲峰青。
茶丛杂花树，梯田砌层层。
崖底泻深溪，洋田傍溪滨。
峰回疑路断，路转现新屯。
陟险复降原，奇径通渺冥。
刚越万山林，忽来海边行。
帆风飘瑟瑟，澄波泛粼粼。
远山映遥碧，海天一色青。
昔闻闽道难，而今道坦平。
山通非鬼斧，开路靠人民。

---

① 闽东，福建省东北部。泛指宁德地区所辖二市、七县及福州市所辖的五区和部分县。

访厦门前线（八首）

（1959 年）

长 堤

移山填海筑长堤，
顽石劈成好路基。
集高杏林①联一线，
鹰厦②坦道出海隅。

炮击金门③

军民斗志比天高，
敌忾同仇冲云霄。
炮击金门丧敌胆，
极目烟云意气豪。

---

　① 集高杏林，地名，指厦门市的集美、高崎、杏林。
　② 鹰厦，指鹰潭至厦门的铁路。
　③ 金门，县名，在福建省东南海上，泉州市西南。以金门岛为主的大、小岛屿组成。为打击美帝国主义的侵略气焰，严惩蒋军，1958 年 8 月 23 日，我福建前线部队奉命向盘踞在金门的蒋军和驶往金门的运输舰进行警告性的大规模炮击。

望金马台澎①

金门敌成釜底鱼，
蒋美途穷日落西。
鹭江军民锁海域，
解放台澎指顾间。

前沿阵地

炮口对准敌人胸，
阵地构筑部署工。
卫国保家责任重，
时刻警惕莫放松。

英　雄　城

英雄城市实堪夸，
人民支前不顾家。
运粮洗衣修电线，
防谍保密固金瓯。

① 金马台澎，指金门、马祖、台湾、澎湖诸岛。

爱 人 民

人民军队爱人民，
支援生产不辞辛。
战时拿枪闲除草，
人民战争靠人民。

练 兵 场

厦门前线练雄兵，
个个学成多技能。
练就双全文武艺，
好去台湾扫氛尘。

花 岛

鼓浪屿①上景色新，
将台嵯峨忆前勋。
外人腥膻成陈迹，
花木扶疏别样春。

---

① 鼓浪屿，在福建省厦门市西，中隔700多米的厦鼓海峡。为全国重点风景名胜区。

武　夷　山①

（1959 年 5 月）

　　武夷有三十六峰名胜，大革命前后，即为革命根据地。1930 年，毛泽东同志率红军经武夷去江西。1942 年 6 月，我新四军革命同志百余人，在被押途中，经崇安赤石②，举行起义，有数十人冲出与武夷山游击队会合。今则武夷永归人民矣。

红旗如画忆当年，
燎原星火丽中天。
千山万壑夸奇秀，
叠嶂层峦蕴烽烟。
屠夫③狡计成虚梦，
解放光芒耀岭巅。
赤石群英昭后继，
溪水永在志前贤。

---

　　①　武夷山，在江西、福建两省边境。赣江、闽江分水岭，海拔 1000 米左右。主要风景是"溪曲三三水"（九曲溪）、"山环六六峰"（三十六峰）。有"奇秀甲于东南之誉"。

　　②　崇安赤石，指福建省崇安县赤石镇。1942 年 6 月 17 日，在皖南事变中被俘的部分新四军将士在由上饶集中营解往建阳途中于此发动赤石暴动。

　　③　屠夫，这里指蒋介石。

游武夷九曲溪[①]

（1959 年）

天下胜景数武夷，
武夷胜在九曲溪。
一叶轻舟顺溪下，
岚光掩映世所稀。
琵琶山下琵琶滩，
舟轻流缓渡何难。
二曲滩头称牛角，
舟身微振底擦滩。
磨盘滩头急流过，
滩边苦竹嫩纤纤。
四曲泉流清见底，
流水激石声潺潺。
行行来到狮子山，
游鱼悠然跃深潭。
仙人晒布笼烟雾，

① 九曲溪，在福建省武夷山市西南部星村镇南侧。源出胡木、洲头两地，自西向东穿过武夷山风景
名胜区。依山而流折为九曲，故名。两岸名胜古迹有玉女峰、大王峰、天游峰、接笋峰、上下水龟等。

王母妆罢镜宛然。

五曲波澄平如镜，

六曲深临卧龙潭。

飞翠流霞岂过誉，

波影粼粼映碧岩。

七曲来到老鸦嘴，

悬崖耸峭叩天关。

抬头忽见玉女峰，

草木参簇若云鬟。

三石依倚称姊妹，

袅袅娉婷信婵娟。

镜台妆罢浴香潭，

潭水清澈照玉颜。

登 克 鲁 雅 山①

（1960 年）

　　15 世纪，阿尔巴尼亚民族英雄斯堪德培②，率领人民据守克鲁雅，抗击土耳其侵略者。土苏丹围攻三次未逞。1960 年 10 月 2 日，阿农业部副部长伊里亚斯列卡陪同中国农业代表团前往访问。斯堪德培遗像巍然，城堡敌迹犹存。

　　　　　五百多年前，亚德里亚滨，

　　　　　人民举义旗，抗土起烽烟。

　　　　　斯堪德培出，率众抗敌坚，

　　　　　巨鹰遨长空，南北结同心。

　　　　　人民团结紧，一心灭敌人，

　　　　　奋战廿五载，狂寇莫敢撄。

　　　　　奇斗出孤堡，退贼纵羊群，

　　　　　敌来叩关隘，擂石真无情。

---

　　① 克鲁雅，即克鲁亚。阿尔巴尼亚古城，克鲁亚区首府。位于阿尔巴尼亚中部，约在 12 至 14 世纪建成，是阿尔巴尼亚民族英雄斯堪德培诞生和战斗的地方。
　　② 斯堪德培（1403～1468），阿尔巴尼亚反抗土耳其侵略的民族英雄。原名乔治·卡斯特里奥蒂，斯堪德为其伊斯兰教名，培为军衔。幼时被送往土耳其作人质。1443 年率领 300 名阿尔巴尼亚骑兵潜回家乡克鲁亚，树起战斗旗帜——红地黑色双头鹰旗（今阿尔巴尼亚国旗）。此后 20 多年中，屡次击退土耳其的进攻，维护了祖国的独立。1468 年死于恶性疟疾。

旌旗覆地来，鬼谷歼贼兵。

苦战时非短，卫国矢坚贞。

强敌终难逞，力量在人民，

宁为自由死，不作奴隶生。

浩气贯日月，遗德传子孙。

衢 县 杂 句①*

——两 头 塘

（1961 年）

石梁去未远，遥指张良山。

穿村过白岭，忽到两头塘。

村头樟树耸，岗上映山红。

明塘浴阳景，麦浪喜随风。

牧童唱牛背，秧田伫老农。

塘水两边淌，水流稻田中。

禾苗趁水长，挖塘树首功。

塘深水源旺，田肥保年丰。

---

* 1960 年 10 月至 1966 年 12 月，作者任中共华东局委员，农委主任。

① 衢县，在浙江省西部，衢州市区周围。

秧 田 除 稗

（1961 年）

诸暨①老农总结除稗经验，认为稗草来源主要有谷种带稗，肥料带稗，秧田和本田有稗。除稗措施主要是选种和秧田拔稗。秧田拔稗时间以秧苗座起到转青三两天内最宜，此时稗草生长快，比秧苗高，色青绿易认。此与衢县农民所言相同。即兴成句。

今年秧苗好，农民喜盈盈。
底肥下得足，秧板整且平。
农时正当令，准备早经营。
良种选又浸，播种粒粒匀。
秧田称合式②，干湿任调停。
秧嫩才三寸，新绿耀眼明。
老农对众言，秧好靠人勤。
除稗须趁早，草盛把秧吞。
脱鞋下田去，弯腰仔细寻。
粗望一抹绿，满眼尽秧针。

---

① 诸暨，县名。在浙江省绍兴市西南部。
② 合式，即合适，旧时写法。

静目凝神看，秧稗豁然分。

秧针呈浅绿，幼稗发浓青。

畦畦搜干净，有稗都拔清。

力争今年熟，哪计汗湿襟。

更喜新雨后，淡日微风轻。

濯足临溪流，笑声逐水声。

庆祝建党四十周年

（1961 年 7 月 1 日）

艰苦奋斗四十年，
险阻困挫历万千。
克敌全凭移山志，
翻身人民换地天。
正确道路遵马列，
泽东思想引向前。
两大革命欣告捷，
社会主义着鞭先。
胜利红旗凌空展，
群众路线天下传。
发奋图强齐努力，
革命建设劲弥坚。

建军三十五周年颂

（1962 年）

霹雳动天地，首义南昌城，
群魔魂魄落，人民创新军。
工农掌武装，绝处喜逢生，
红旗飘翠岭，解放起风云。
创建根据地，星火燎原兴，
独夫①围剿破，众志终成城。
农民分土地，工农作主人，
劈开新世界，砸碎旧乾坤。
日寇侵东北，我军起长征，
转战二万五，抗日不辞辛。
等闲千山过，何惧万水深，
追击成泡影，好汉是红军。
日寇如虎狼，汉奸狗彘行，
蒋贼不抵抗，敌后我进军。
驰骋恒岱燕，浴血江海滨，
失土终收复，民族大义伸。

---

① 独夫，这里指蒋介石。

协定墨未干，美蒋逞狼心，①

狂攻解放区，海内愤填膺。

我军坚自卫，军民结同心，

三年苦奋战，全国红旗升。

美帝心不死，半岛起战云，

援朝伸正义，并肩灭敌人。

保家卫国土，反击不留情，

美帝终屈膝，举世共欢腾。

祖国兴建设，部队当先锋，

垦殖办农场，筑路是英雄。

拿枪又拿镐，助工又助农，

整军把兵练，不忘战备勤。

伟哉解放军，奋斗为人民，

共产党领导，主席教谆谆。

三八作风好，无愧子弟兵，

当兵不忘本，纪律守严明，

伟哉解放军，与民共死生，

官兵团结紧，军民鱼水亲。

进攻如霹雳，防守如钢钉，

坚定排万难，智勇创殊勋。

伟哉解放军，英名天下闻，

反帝扬正气，砥柱保和平。

① 协定墨未干，美蒋逞狼心，1946年6月，蒋介石反动集团悍然撕毁国共两党于是年1月签订的停战协定，在美帝国主义的支持下，发动全面内战。

美帝犹黩武，人民誓斗争，
和平须争取，缚虎赖长缨。
台湾须收复，海上息妖氛，
南疆未宁靖，警戒要尽心。
武器常擦拭，战备学多能，
祖国金瓯①固，建设日日新。

---

① 金瓯，这里泛指国土。

留下①花坞果园

（1962 年）

花坞八年前，荒山古墓林。

组织游民来，垦地除莽榛。

边垦边种植，郁郁果林成。

廓地千余亩，整然果区分。

夭桃竞吐艳，素梨凛冰清。

橘柑才萌叶，枇杷挂果新。

茶丛舒雀舌，李杏笑靥迎。

树下种苜蓿，仿佛铺黄金。

苹果上山去，葡萄顺径生。

名种传海内，果艺学专精。

电灌巧安排，河水上丘陵。

投资未虚掷，经营有余赢。

平地起新景，建设靠辛勤。

谁云地难改，荒山织锦云。

谁云人难改，劳动出新人。

---

① 留下，镇名。在浙江省杭州市西。

泛富春江访东洲^①

（1962 年 6 月 14 日）

名传富春渚，我更爱东洲。

振棹放中流，疾驶如奔梭。

江阔帆影小，岭翠逐澄波。

竹树参差近，放缆登洲头。

东洲方圆四十里，长堤隔住春江水，

人畜禾稼都兴旺，集体力量比天大。

麦豆油菜映满场，早稻过膝散清香，

篱落绵亘绕村边，田畴青山连成画。

农民饭罢田中忙，瓜豆菜果竞争妍，

蕉藕瓜菱加黄烟，番茄苋菜韭芽鲜。

行行树下话桑麻^②，集体增产宝三宗，

新建电站树首功，电气排灌保年丰，

双季稻加红花草，锦上添花夺天工。

信步走进农民家，老人让坐忙倒茶，

---

① 富春江，河名，钱塘江干流之一段，在浙江省境中部。起自桐庐县桐庐镇，至萧山县闻尔堰。因流经富阳县境内而得名。沿江青山连绵，风景秀丽，为全国重点风景名胜区。

东洲，浙江省地名，在富春江西部。

② 桑麻：泛指农事。

今年春花收成好，合理分配人人夸。
菜子交售早完成，廿斤菜油分到家，
竹木农具修理忙，玉米种穗梁头挂。
院中鸡羊逐，栏里猪猡爬，
庭前麦豆碍行人，屋后老竹发新芽。
新箩一副刚买来，旧犁旁边竖新耙，
队里打算种络麻，村边隙地潜力挖。
去年一户遭火灾，全村帮助建新家，
满村兴旺腾热气，老少脸上泛红光。
日影西斜催人归，江上清波映余晖，
观山风动亭楼瘦，渔舟网得鲥鱼肥。

与理治、爱萍诸同志游超山林场[*]

（1962 年）

十里梅海拥山村，

梅花老去梅子新。

古树唱咏犹陈迹，

梅林经营靠后生。

农牧孳孳能自给，

果林累累有余盈。

漫道山石夸奇秀，

远望天目倍清新。

---

* 理治、爱萍，指朱理治、张爱萍。朱理治，时任中共中央华北局书记处书记兼计划委员会主任。张爱萍，时任国防科委副主任，中央军委委员。

超山，在浙江省余杭县临平镇西北 9 公里。为临平镇和唐栖镇最高山，故名。绕山十里，遍植梅树，初春旺发，有"十里香雪海"之称。与苏州邓尉、无锡梅园并称江南三大梅区。

超山林场，吴昌硕故地也。——作者注

吴昌硕（1844～1912），近代书画家。浙江安吉人，原名俊、俊卿，后以字行，别号缶庐、苦铁。清末曾任江苏安东（今涟水）知县，后寓上海。同治十三年（公元 1874 年）后始作画，是继任颐后"海上画派"之代表人物。

晨 发 韬 光①

（1962 年）

柏阵开山径，竹景耸太空。

潺潺清溪水，郁郁满山松。

朝暾透林隙，晓雾护群峰。

拾级炼丹台，遥闻古寺钟。

深林何翁郁，护育赖丰功。

登上高峰顶，湖景烟蒙蒙。

---

① 韬光，指韬光寺。在浙江省杭州北高峰下。

朱　庄^①

（1962 年）

花木扶疏静，幽庭小径深。

桂密层楼隐，樟高俯瞰人。

杜鹃阶下立，虎刺欲叩门。

茸茸庭草碧，红枫染绿荫。

池小清泉旺，岸石怪玲珑。

游鱼红点点，江荫翠重重。

劲柏挺奇秀，巍然五针松。

冬青夹黄杨，还有羽毛枫。

铺地藤花落，越墙竹影窥。

梭罗花正发，玉兰放清辉。

牡丹夸国色，飘香白蔷薇。

紫薇旁亭立，含笑香欲醉。

松鼠来林杪，画眉唱随亲。

昨夜喜时雨，丁冬滴漏声。

溪流浑不断，仿佛和知音。

前庭晓莺啭，隔院歌韵新。

---

① 朱庄，江苏省地名。在泰州市西北部。

西 湖 新 妆①

（1962 年）

岳坟秋墓②，千古英烈。

苏堤白堤③，永留治绩。

逋梅犹傲孤山④，入画堪夸天竺。

双涧常流，双峰常青，

更有飞来灵鹫，玉泉跃金鲤，

洞庭疑龙匿。

西子浓淡犹昔，披上新妆，

分外引人喜悦。

湖山早归人民，工农都来游息。

---

① 西湖，在浙江省杭州市区西。汉时称时圣湖，唐时因湖在西，称西湖。古时原是与杭州湾相通的浅海湾，后由泥沙堰塞而成。湖光山色，风景绮丽，名胜古迹众多。为全国重点风景名胜区和游览胜地。

② 岳坟，在浙江省杭州市西湖边栖霞岭下的岳王庙内。南宋著名抗金将领岳飞墓。秋墓，在浙江省杭州市西湖边。清代浙江籍著名女革命家、女英雄秋瑾之墓。

③ 苏堤，俗称苏公堤。在浙江省杭州市西湖上。宋代诗人苏轼于元祐四年（公元1089年）知杭州时，开浚西湖，取湖泥葑草筑成，纵贯南北，故名。"苏堤春晓"为西湖十景之首。白堤，原名白沙堤。横亘在浙江省杭州市西湖东西向的湖面上，唐代诗人白居易曾任官杭州时，有诗云："最爱湖东行不足，绿杨荫里白沙堤"，即指此堤。后人为纪念他，称白堤。

④ 孤山，山名。在浙江省杭州市西湖的里湖与外湖之间。因孤立兀峙湖中得名，又因多梅花，一名梅屿。是风景胜地，也是西湖文物荟萃之地。

琳琅参差大学城，建设新人耳目。
植物园种罗宇内，疗养院峥嵘楼阁。
江涂现良田，稻禾香飘阡陌。

梅坞茶场试新种，云栖翠耸新竹。
九曲幽径出轻车，龙井新茶香冽。
花圃奇花争艳，花港花树重叠。
花坞辟果园，花城风光妙绝。
湖上小棹绕三潭，日暝湖滨银灯彻。
十里平湖悬皓月，长虹横江枕塔。

晨步灵隐道上，晓风送爽，
消尽暑天炎热。
风光岂止冠百越，
春秋常来天下客。
青山不老，胜景常新，
端赖众人护育。

代英同志日记题赞①

（1962 年）

代英同志日记三册，民国六年日记是全的，其余两册只存残页。1949 年 10 月，子强②同志嘱，在上海襄阳南路敦和里一同志家取出，上海革命历史纪念馆复制后，原本存中央档案馆。

愤世骄侈，欲以身矫，

衣敝履破，不易不舍。

不友欺诈，不友自利，

助人为友，肝胆相照。

不愿征逐，以求升斗，

不愿胁谄，强颜结交。

励节守贫，坚持直道，

岂为口腹，丧志折腰。

---

① 代英，指恽代英（1895～1931），湖北武昌人，字子毅。1921 年加入中国共产党。后任中国社会主义青年团中央执行委员、中央宣传部长，并主编《中国青年》。1926 年任黄埔军校政治部主任教官、军校中共党团书记。1927 年大革命失败后，参与领导南昌、广州起义，曾任广州苏维埃政府秘书长。1928 年中共六大后，任中共中央宣传部、组织部秘书长。曾主编党刊《红旗》。1930 年 5 月被国民党当局逮捕。1931 年 4 月 29 日在南京被杀害。

② 子强，指恽子强（1899～1963），湖北武昌人。恽代英之弟。1925 年加入中国共产党。曾任延安自然科学院副院长、晋察冀工业专门学校校长、华北工学院副院长。新中国成立后，任中国科学院学部委员，及国家编译局、中国科学院东北分院等单位领导职务。系作者的表姐夫。

践言力行，持身不苟，

生彼浊世，书痴堪傲。

唯此直道，革命是肇，

积念既久，斗志遂高。

改造社会，醒民是要，

志坚行笃，永仰风标。

古巴正气歌

（1962 年）

正气何磅礴，屹立加勒比，
凝霜殄异类，青松傲高枝。
《哈瓦那宣言》①，举世都奋起，
主权誓保卫，不容讲交易。
自卫凭决心，不信敌骗伎，
美丽之国土，岂容遭铁蹄。
和平之生活，怎甘外侮欺，
人民爱独立，不愿做奴隶。
人民爱和平，和平非屈膝，
和平要保持，必须张正义。
投降换和平，古巴人所耻，
古巴字典中，无此屈辱字。
古巴好兄弟，凛凛有骨气，
忠义贯长虹，友情宇宙弥。
群呼要古巴，不要美国佬，
妄图逞武备，民志誓不移。

---

　　① 《哈瓦那宣言》，指古巴在 1960 年 9 月 2 日和 1962 年 2 月 4 日召开的全国人民大会上通过的谴责美国干涉拉美各国事务和奴役拉美各国人民的《哈瓦那宣言》和《第二个哈瓦那宣言》。

光荣吉隆滩①，浩然之民气，

古巴有尊严，世人皆赞誉。

灯塔科斯诺②，长明永不息，

马埃斯特腊③，昂然挺天际。

---

① 吉隆滩，古巴地名。这里指吉隆滩战役。1961 年 4 月 17 日，由美国中央情报局策划，一支 1000 多人组成的雇佣军，在美国飞机和军舰掩护下，在古巴拉斯维利斯省南部登陆，占领了长滩和吉隆滩。古巴军队和民兵对雇佣军展开英勇斗争，19 日全歼雇佣军。

② 科斯诺，指古巴革命领袖卡斯特罗。

③ 马埃斯特腊，指马埃斯特腊山区。在古巴东部。1868 年 10 月，古巴爱国者首先在马埃斯特腊山区雅拉村发难，号召古巴人民为推翻西班牙殖民统治和建立"自由的古巴"而斗争，起义迅速扩大到古巴东部数省。此后，"自由的古巴"所属的根据地不断扩大。

登　狼　山^①

（1962 年）

万顷烟波阔，千程逐浪洪。

连江锁狼福^②，跨海卫崇通。

战备警丑类，砥柱耀寰中。

锦绣铺眼底，高歌大江东。

---

① 狼山，在江苏省南通市区南 9 公里长江边。中国佛教八小名山之一。海拔 108 米。宋淳化年间曾改"狼"为"琅"，又因山体由紫色砂岩构成，名紫琅山。与常熟福山隔江对峙，形势险要，为长江门户，气势雄伟，风光绮丽，为南通市著名风景区。

② 狼福，指狼山、福山。崇通，指崇明岛、南通。

雷 锋① 赞

（1962 年）

全心全意为人民，
力争上游献青春。
个人生命诚有限，
人民事业永无垠。

不比地位耻虚名，
不比吃穿表决心。
牢记从前阶级苦，
献身人民矢忠诚。

革命事业靠人民，
万众一心事业成。
助人为乐爱集体，
公而忘私利别人。

① 雷锋（1940～1962），湖南长沙简家塘（今属望城）人。中国人民解放军沈阳军区工程兵第十团运输连班长，1962 年 8 月不幸因公牺牲，生前一心为公，热心助人。1963 年毛泽东发出了"向雷锋同志学习"的号召。

学习毛著贵力行，
即学即行须认真。
人生真谛为公仆，
永不生锈螺丝钉。

淠 史 杭 赞

（1963 年 7 月）

　　淠河、史河、杭埠河均出大别山。解放后，三水上游相继兴建水库，蓄水防洪。梅山水库、佛子岭水库先后发电。江淮间丘陵顺势开渠，利用库水灌溉，干渠并可通航。1958 年曾参观佛子岭水库，1963 年经六安、金寨、霍丘、舒城参观史杭上游及三水灌区。灌区工程完成近二分之一，利溥泽深，作词赞之。

　　　　有了新中国，才有淠史杭，
　　　　泱泱淠史杭，建设活榜样。
　　　　芍陂昔日美名扬，那及新渠布局强。
　　　　新渠源远流更长，源出大别顶上方。
　　　　淠史北入淮，杭埠直泻江云阳。
　　　　丘陵起伏江淮间，不怕雨水怕旱殃。
　　　　水走田旁灌不上，岗上老农长忧伤。
　　　　跃进工兴大别山，水库星罗淠史杭。
　　　　万千流头汇汪洋，水力发电电网张。
　　　　尾水无穷大用场，丘陵开渠流沧浪。
　　　　史河沃金霍，杭润舒城并庐江。
　　　　淠河遍灌六安、合肥、寿县趋高圹。

三水沟通会六安，椿树切岭通淮江。

灌区规划周且详，库坝塘堰相互望。

集体力量日月光，切岭填山若等闲。

干渠长驱上岭岗，自流灌溉赛穹苍。

自古未闻船上岗，俯视田畴肆低昂。

三千里路干渠长，千万亩田饮琼浆。

自流电灌加堰塘，农渠纵横相依傍。

老农颜开儿牵裳，渠水到处乐未央。

三麦增产稻飘香，旱魃永别鱼米乡。

江 南 稻 海

（1963 年 9 月）

极目无边缘，禾深似海洋。

林树浮碧海，渠水映天光。

台风颠狂甚，人定禾自康，

风去禾秆傲，管理重水浆。

轻舟泛西岑，圩田亩千斤，

老农来鉴定，超产有信心。

丰收非天赐，干劲加细工。

廓大早稻好，又报中稻丰，

多耘加细耪，潜力信无穷。

登上灵岩山①，稻海盖三江，

碧光扑面来，稻香随风扬。

清晨访辛庄，今年大翻身，

多亏党教育，又有好方针。

自苑试验田，指导有名师，

学会抓关键，措施善制宜。

莫城沈巧根，好稻不让人，

---

① 灵岩山，在江苏省吴县木渎镇附近。

精耕加细作，眼看超千斤。

早稻丰收过，中稻又上场，

晚稻穗垂地，笑颜遍稻乡。

竹　海

（1963 年）

　　安吉①位于天目山②北麓，竹林 70 余万亩，蓄积毛竹 5000 万支，年产 900 万支，为浙江省主要毛竹基地之一。1963 年 11 月 17 日与钱正英③视察苕溪上游水土保持，顺道至五云里，草此记胜。

坦道平铺信逍遥，

辗转俄延抵山腰。

仰望浓荫蔽日头，

迈步攀登万竹梢。

叠叠重重碧影摇，

林林总总尽翠条。

万梢千竿穿云霄，

争与天公试比高。

---

①　安吉，县名。在浙江省湖州市西南部、西苕溪流域，邻接安徽省。

②　天目山，在浙江省西北部，东北—西南走向。

③　钱正英（1923～　），浙江嘉兴人。女。早年就读上海同济大学。1941 年加入中国共产党。新中国成立后，任华东军政委员会水利部副部长兼治淮委员会工程部副部长、国家黄河水利委员会委员、华东水利工程学院院长。1953 年后，任水利部副部长、水利电力部部长等职务。中共第十、十一、十二、十三、十四届中央委员，第七、八、九届全国政协副主席。

山风振叶卷波涛，
鹰飞竹杪逆寒飚。
遍地琅玕扎根牢，
根下新笋育琼瑶。

宿捍经冬久不凋，
四时常青勉侪曹。
虚心独具凌霜操，
朴直坚劲自足豪。

伐竹声中访竹樵，
挥舞中节好砍刀。
毛竹增产树新标，
万绿丛中红旗飘。

辛勤抚育不辞劳，
护笋养竹把心操。
鞭根诱导出新苗，
支农一片意滔滔。

农事有竹保丰收，
农船喜得好撑篙。
锹锄柄壮农产饶，

晒场有帚心不焦。

竹林深处出小桥，
林边儿童笑语招。
丰收惹得万家乐，
男女社员把客邀。

赞 下 丁 家①

（1964 年）

山西大寨闻天下，

山东有个下丁家。

大寨创业改天地，

下丁奋斗换人间。

山穷树少年年旱，

自力更生不怕难。

一锹一镢埋头干，

山也变来地也变。

地穷人穷志不穷，

不叫苦来不叫难。

英雄辈出新愚公，

治山治水又治田。

铁手一双成大业，

劈开人间第一天。

曾说滴水贵如油，

---

① 当时（1964 年）为黄山县下丁家大队，现为下丁家镇。山东省龙口市辖镇。在龙口市东南 20 公里。清建河北战家村。后丁姓迁入，并兴旺起来，改名下丁家。1989 年置镇。

要想浇地难上难。

修库打井筑渠堰，

绿水盘山上云天。

十二水库如星缀，

百里长渠泛清涟。

库水倾泻流自在，

碎地拼成米粮川。

松柏长青遍山岗，

苹果大梨香满园。

层层梯田层层绿，

亩产千斤皆良田。

钢梁磨针绣山河，

志坚滴水把石穿。

坚持革命凭毅力，

指路雄文有四卷。①

集体力量改山河，

凌云壮志任腾翻。

---

① 指《毛泽东选集》四卷。

太　　湖①*

（1964 年 4 月）

荡荡五湖水，泱泱称具区。

浩浩三江出，淼淼接太虚。

遥望越地阔，脚踏吴山低。

湖光射牛斗，山川壮何如。

厂烟飘云际，大道宽且齐。

平畴展样板，竹木间疏篱。

郁林忙摘果，轻舟竞捕鱼。

雨后欣麦熟，更喜蚕桑肥。

---

* 此诗 1964 年 4 月作于无锡。——作者注

① 太湖，湖名。古称震泽，又名具区、笠泽。在江苏省南部，邻接浙江省。系长江、钱塘江下游泥河封淤古海湾而成。面积 2250 平方公里。为全国第三大淡水湖。湖区和滨湖各地风光秀丽，为全国重点风景名胜区。有蠡园、鼋头渚、三山、东西洞庭山等名胜。

无 锡 惠 山①

——与范长江②同游

（1964 年 5 月 17 日）

惠山九峰峙湖滨，

花树簇簇冷泉清。

二泉煮茗欣共酌，

寄畅人歌解放声。

厂校琳琅喜新貌，

奋发建设显雄心。

仁足远眺青山外，

碧岫参差湖水平。

---

① 惠山，在江苏省无锡市西部。江南名山之一。古称华山、历山、西神山，唐以后始称惠山，或作慧山。晋西域高僧慧昭居此得名。山有九峰，又称九龙山。以泉水著名，有惠山泉（天下第二泉）、九眼泉等十余处，故俗称惠泉山。山下有寄畅园。

② 范长江（1909～1970），新闻记者、报刊活动家。原名希天，四川内江人。30 年代曾深入大西北考察，首次公开报道了红军长征的消息，在全国引起很大反响，后汇集成《中国的西北角》一书。1939 年 5 月加入中国共产党，任新华社多种重要职务。解放后历任新华社副社长、上海解放日报社社长、中央政务院新闻总署副署长、人民日报社社长、国家科委副主任等职。

南京长江大桥①通车*

（1968 年）

钟山②脚下起长虹，

南北天堑一线通。

滚滚长江东去水，

滔滔浪花唱英雄。

汽笛长鸣欢声动，

南北车走如游龙。

自力更生创奇迹，

志气桥成寰宇惊。

---

* "文化大革命"中，作者遭迫害被捕入狱近 5 年（1967～1972），此诗及其后共 15 首诗词为狱中所作。

① 南京长江大桥，是我国最大的铁路、公路两用的双层钢梁桥。1968 年 10 月 1 日，铁路桥正式通车，12 月 29 日，公路桥正式通车。

② 钟山，即紫金山，在江苏省南京市东郊。

革命路上不歇脚 *

革命路上不歇脚，
歇脚不算革命人。
无产阶级终胜利，
社会主义誓建成。
主席著作天天学，
思想差距仔细寻。
一分为二看自己，
坚持革命志不移。

---

* 此诗为"文革"狱中所作。

扁 担 精 神

——给 延 宁①

（1969 年）

延宁插队到江西靖安山区

扁担三尺三，重担挑上肩。

轻挑让别人，重挑抢先担。

不怕担子重，不怕路途难。

脚跟要站稳，眼睛向前看。

肩膀压不垮，腰杆压不弯。

党叫挑重担，奋斗永不完。

送走了贫穷，挑来幸福泉。

任重道又远，征途着先鞭。

---

① 延宁，刘延宁，作者之女。

破 阵 子[①]

红色卫星上天[*]

——我国成功地发射了第一颗人造地球卫星

（1970 年 4 月 24 日）

七十年代大事，
卫星红彻长空。
环绕全球惊世界，
时代强音震九重，
频传东方红。

自力更生硕果，
人民八亿豪雄。
美苏两霸黄粱破，
亚非拉美日正中，
宇宙大道通。

---

[*] 此词为"文革"狱中所作。

[①] 破阵子，词牌名。词牌就是词调的名称，如本书的《浪淘沙》、《浣溪沙》、《清平乐》、《减字木兰花》、《卜算子》、《柳梢青》、《江城子》、《临江仙》等都是词牌名。

采　药[*]

—— 山西沁沮土岭湾药农的话

当季是药，
过季是草。
三月茵陈四月蒿，
五月砍来当柴烧。
九月中旬采麻黄，
十月上山摘花椒。
知母黄芩全年刨，
唯独春秋质量高。

---

* 此诗为"文革"狱中所作。

反　骄*

　　古语："满招损，谦受益。"毛主席说："虚心使人进步，骄傲使人落后。"骄有十三害：

骄必盲，目无人民自逞雄。

骄必满，拒学群众故步封。

骄必昧，井蛙难见天外天。

骄必短，鼠目只看脚趾尖。

骄必空，胸无真知貌吓人。

骄必妄，无知自炫骗人民。

骄必伪，表里不一假作真。

骄必懒，自恃资深混光阴。

骄必躁，"谨慎"二字脑后抛。

骄必私，以我划线妄自尊。

骄必狂，忘乎所以行荒唐。

骄必停，一叶障目迷进程。

骄必败，沙上筑塔必自倾。

---

* 此诗为"文革"狱中所作。

春　意[*]

——狱中遐想

遍地花开眼，新芽枝头萌。

人勤春来早，农家春意浓。

大军如潮涌，积肥朝前冲。

书记挑重担，身后走长龙。

银犁掀垡浪，犁到冻土融。

沃土催播种，铁牛逗春风。

麦苗盈畦绿，盎然映碧空。

畦畦勤管理，增产靠加工。

妇女忙选种，仓库笑声融。

粒粒勤挑拣，良种保年丰。

天地多广阔，村村画图中。

争春花遍地，何处不飞红。

水腾人欢笑，红日暖心胸。

紧跟共产党，春意遍寰中。

---

* 　此诗为"文革"狱中所作。

浪淘沙

坝　　上 *（四首）

　　坝上高原，包括张家口以北的张北、沽源、尚义、康保四县。坝上贫下中农艰苦努力，结出丰硕果实，结束了风大、沙多、缺水、无树、畜疫、粮低的历史。

一

穿过黑风山，
坝上风光。
当年沙起阵阵苍。
而今林带平地起，
天高气爽。

庄稼闪金黄，
羊群荡漾。

---

* 此词为"文革"狱中所作。

胶轮马车驰骋忙。
备战备荒为人民，
铁壁铜墙。

二

塞北换新装，
防风有墙。
封沙固土好主张。
九万坡上栽鱼鳞，
万木葱苍。

耕地林网化，
绿树千行。
产量倍增奇迹创。
不见桃杏成往事，
果林飘香。

三

昨日曾无水，
岭秃山荒。
如今沟渠联成网。
打井淘得地下水，

不求龙王。

水足粟菽旺，
漫野飘香。
日子越过越亮堂。
坝上天地皆沃土，
丰收在望。

四

名马送四方，
身壮力强。
支援国家保边疆。
草原如海连天碧，
天造牧场。

林牧发展好，
农业跟上。
茫茫荒原变粮仓。
胸有朝阳学先进，
众志成钢。

浣溪沙

上　　旺[*]（三首）

　　绍兴红山公社上旺大队，解放前地名上王，癞山头，漏沙田，农民靠推脚、抬轿、讨饭度日，人称"过路凉亭苦上王"。解放后，贫下中农组织起来，在党支部领导下，遵照毛主席的教导，自力更生，八把锄头创大业，在荒山秃岭垦辟茶园，移山填溪造良田，把穷山村建成欣欣向荣的社会主义新茶乡。

一

不见当年苦上王，
八锄创业换新颜，
会稽山①下红旗扬。

有了决心加双手，
困难再大也等闲，

＊　此词为"文革"狱中所作。
①　会稽山，在浙江省中部绍兴、嵊县、诸暨、东阳间。

推翻穷山甩东洋。

二

冒雪迎风战乱山，
凿开冻土把坡翻，
心热哪怕刺骨寒。

块块癞头刚垦去，
铺泥播种劲冲天，
荒山铺绿化茶园。

三

奋志改土造梯田，
劈石开溪把山搬，
开塘建库蓄清泉。

夏季天旱奈我何，
稻秧片片壮且鲜，
大旱之年夺高产。

清平乐

沙 石 峪*

河北遵化沙石峪大队，发扬愚公移山精神，劈山造田，凿岩引水，绿化荒山，营造果园，农林牧副全面发展。

九年奋斗，
乱石开新貌。
亩亩良田凭手造，
哪怕万里千挑。①

清泉横渡翠峰，
梯田郁郁葱葱。
青石板上播种，
红心战胜天公。

---

* 此词为"文革"狱中所作。
① 沙石峪造梯田有"万里千挑一亩田"之说。

减字木兰花

愚公移山治理沙漠*

1958 年以来，内蒙古、宁夏、甘肃、新疆等地治理沙漠，获大成就。

茫茫荒漠，
普放朝阳风尘伏。
戈壁沙滩，
移沙引水垦良田。

造林种草，
人进沙退创新窝。
斗地斗天，
掌握规律胜自然。

---

* 此词为"文革"狱中所作。

燕山人民颂燕山^① *

清清河水上高山，
片片果林遮青天。
牛羊成群遍山野，
风吹稻谷金浪翻。
今日燕山春光好，
长城内外赛江南。

---

* 此诗为"文革"狱中所作。
① 燕山，山名。在河北、北京、天津三省市北部，河北平原北侧，由潮白河河谷直到山海关。

胶东^① 栖霞山区[*]

梯田层层展，

库塘紧相连。

山后松常绿，

山前柞养蚕。

山下禾苗壮，

山腰果园鲜。

举纲张万目，

五业旺无前。

---

* 此诗为"文革"狱中所作。

① 胶东，山东省东部胶莱谷地以东，东南北三面环海的半岛地区习称。

山区巡回教学[*]

赞日照县①黄墩公社东石山大队教师宋为民。

翻山越岭串山涧，
巡回教学不畏难。
早晨西山上完课，
上午再把三梁翻。
跨过四沟东山到，
下午赶到北山弯。
为送文化上山峦，
育我中华好少年。

---

* 此诗为"文革"狱中所作。
① 日照县，在山东省东南部，东临黄海，南邻江苏省。1985 年 2 月改日照市。

坚持数年必有好处*

苦读马列和毛著，
深解力行旧习除。
滴水穿石终收效，
积以时日见功夫。

---

* 此诗为"文革"狱中所作。

红　旗　渠[①]*

（1972 年 7 月 1 日）

红旗渠，红旗渠，
林县人民举红旗。
人造天河天下奇，
凿壁穿岸漳水移，
串洞盘山三千里，
奋战十载创宏基。

解放前，苦难言，
人祸天灾紧相连。
地主官府逼租税，
天旱地干苦熬煎，
翻山越岭挑水吃，
盼水浇地眼望穿。
庄稼旱死生路绝，

---

* 此诗为"文革"狱中所作。

① 红旗渠，在河南省林县境内。1960～1969 年兴建。原名引漳入林工程，后改今名。北起山西省平顺县浊漳河南岸，渠经芦家岗村，沿太行山峭壁迂回曲折向南至分水岭。长 70 公里，宽 8 米，灌溉面积 47 万亩，基本改变了林县"十年九旱、水贵如油"的面貌。

卖儿逃荒唤老天。

解放后，把身翻，
推翻头上三座山。
当家做主直起腰，
集体力量大无边。
自力更生斗天地，
劈山引水灌良田。
毛主席送来幸福水，
共产党领导换人间。

千军万马战太行，
要学愚公来移山。
任凭崖陡顽石坚，
排难除险视等闲。
摸清情况定规划，
依靠群众破难关。

自造炸药导火线，
自造铁锤和钢钎，
绝壁除险有铁索，
悬崖抡锤凿炮眼。
深井爆破挥铁臂，
五十洞渠一线连。

林县好榜样,

滴水见太阳。

治河河让路,

劈山山低头,

引水水上山,

凿洞洞开口,

荆棘难挡路,

齐心胜自然。

挖通总渠通干渠,

总干支渠配套齐。

垂拱石桥槽渡接,

漳河①滚滚顺渠流。

北国旱乡化水乡,

荒山秃岭披绿装,

山多丘多织渠网,

绿水蜿蜒绕村岗。

绕过一山又一山,

过了一弯又一弯,

清泉过处遍地绿,

渠水欢畅送前川。

---

① 漳河,卫河支流。在河北、河南两省边境。有清漳河、浊漳河两源,均出山西省东南部,在河北省南部边境汇合后称漳河。红旗渠水利工程建在上游。

淘了水井挖水塘，
游泳洗衣妇孺欢。
引漳灌溉酬宿愿，
哪怕无雨旱千年。

山坡梯田浇上水，
亩产一年翻一番。
祖辈从未见大米，
眼前稻田碧浪翻。
玉米棒子粗又壮，
谷穗沉沉贴地边。
柿子板栗红枣树，
果实累累耀眼鲜。

悬崖脚下修电站，
冲转电机泻飞泉。
脱粒磨粉凭电力，
磙碾只当古董看。
旧时油灯买不起，
如今电灯映泪眼。
灯下喜拨收音机，
句句声声甜又美。

饮水思源感党恩，

喝口漳水透心甜，
干群团结力量大，
实干巧干胜自然。
往昔苦难随水逝，
今日幸福滚滚来。
林县红旗飘万年，
长渠巍然映晨曦。

悼 军 长

（1972 年 11 月）

1972 年 11 月，我走出冤狱，即函慰张茜：军长噩耗传来，痛悼良深。音容虽隔，教诲永存。谨书五言，寄慰左右。并望为党珍重，奋志节哀。

陈毅好同志，定论慰九泉。
宇内惊噩耗，亿兆痛失贤。
驰骋湘赣闽，红旗耀岭巅。
挥军驱日寇，勋业遍江南。
北战南征捷，穷寇无地钻。
从容站坛上，友朋遍人寰。
保卫毛主席，大义斥奸顽。
疾风辨刚直，中流砥柱坚。
谆言出肺腑，同志见胆肝。
纯德谦恭重，诗文斗牛攀。
忠诚党事业，遗范永垂颂。
全党称优秀，后死奋无前。

悼念邓子恢[①]*

（1972 年冬）

我在邓子恢领导下工作，前后十六年，受到亲切的教育和帮助。

1972 年 11 月，我在上海走出林彪、江青、张春桥等反革命集团诬陷的冤狱。12 月上旬，惊悉邓老含冤逝世。遥望北国，痛何可言，疾书挽词致悼。现林、江反革命集团主犯受审，邓老可瞑目矣。

1980 年 11 月补记。

闽西[②]红旗跃汀江，

红区经济勤赞襄。

三年游击[③]歼豺狼，

风雨无间战南方。

---

* 1972 年 12 月至 1978 年 10 月，作者任上海农业局顾问。

① 邓子恢（1896～1972），闽西红军和苏区创建人之一。福建龙岩人，又名绍箕。1925 年参加革命，1928 年参加领导闽西起义。1934 年中央红军主力长征后，留在革命根据地坚持游击战争。抗日战争和解放战争时期任新四军政治部主任兼第四师政委、中共淮北区党委书记、华中分局书记、中原局第三书记等职。新中国成立后，先后任中南局第二书记、国家计委副主任、中共中央农村工作部部长、国务院副总理等职。

② 闽西，泛指福建龙岩地区所辖部分市县和三明市所辖部分地区。1928 年 3～6 月间，共产党人郭滴人、邓子恢、张鼎丞、朱积垒等在龙岩、永定、上杭等地领导农民举行武装起义。

③ 三年游击，指 1934～1937 年间，中国工农红军主力长征后，留下的党领导的武装力量坚持在江西、福建、广东、湖南、湖北、河南、浙江、安徽等八省开展的武装斗争。

江淮抗战张大义，
淮北经营遗泽长。
励众歼敌尽筹章，
农为基础策周详。
群众甘苦切身尝，
勤学马列老益彰。
道路曲折放眼量，
纯正求实循党纲。
日月云蚀不掩光，
毕生为党永辉煌。
谆谆教益留心房，
恢宏遗范育新篁。

春节伴彤偕淮、东、申、宁去外滩^①

（1973 年 2 月 5 日，农历正月初三）

浦侧留新影，

老幼乐欢欣。

人车交驰骋，

广厦集群英。

江水流浩荡，

轮帆御风行。

兴业驱艰阻，

万象日日新。

---

① 彤，指作者夫人江彤。淮、东、申、宁，指作者子女刘延淮、刘延东、刘延申、刘延宁。

述怀寄爱萍、玉柱同志①

（1973 年 5 月 23 日）

渺渺怀思几兼旬，
飞来喜讯励平生。
海泽风帆驱浊浪，
江淮稻菽乐丰盈。
林贼沉沙同称快，
主席昭示感志诚。
寰宇而今春处处，
重上征程一老兵。

---

① 爱萍、玉柱，即张爱萍、刘玉柱。

附：和石钧同志①七律原韵

张爱萍

（1974 年 12 月 9 日）

欣悉平安未几旬，
颂读诗章百感生。
年少江淮翻天地，
岁暮霜雪气丰盈。
红日喷薄烟云散，
秃枭折戟大漠沉。②
雄关险道万里遥，
永作长征一列兵。

---

① 石钧，指刘瑞龙。石钧是他在战争年代使用的化名之一。
② 指林彪叛逃途中飞机坠毁、自取灭亡一事。

送延申①进大学

（1973 年 9 月 23 日）

师傅送你进大学，

党的委托意拳拳。

学习深造为革命，

攻读马列业精专。

祖国建设需知识，

赶超世界细摩参。

大好时光莫虚掷，

志坚行毅勇向前。

① 延申，刘延申。作者之子。

攀登科学高峰

——读报录

下山容易上山难，
上得山来路更宽。
虽说此山无人到，
更有高峰在面前。

跃进农场五月

农场喜跃进，
苦斗十五春。
碱滩变沃土，
大地育新人。
农产追公社，
工业制品精。
三夏丰收紧，
早稻机插勤。
棉田管仔细，
后熟早经营。

毛主席和俺心连心

（1975 年 3 月）

1975 年 2 月 4 日 19 时 36 分，海城、营口一带发生了强烈地震，毛主席、党中央非常关怀，派中央慰问团，深入灾区慰问。党和政府特地送来面粉和猪肉。灾区人民感动流泪。

毛主席和俺心连心，
苦甘相通感情深。
迢迢千里送衣物，
千家万户暖在心。
热爱主席热爱党，
经过抗灾倍加亲。
战胜地震夺高产，
回答主席一片心。

平谷①麦收

——去许家务、岳各庄南岔

（1975 年 6 月 14 日）

眼界大开又一天，
京郊小麦喜上千。
低产帽子从今摘，
夏收高产促全年。
大干能消七月旱，
扶苗救起倒伏田。
早播移栽传新窍，
经营挖潜细钻研。
整地治水疏涝洼，
人变地变产亦变。
才看场上粮满囤，
又观田里绿无边。
燕山脚下翻金浪，
潮白河边捷报传。②

---

① 平谷，北京市所辖县。位于北京市东北部，燕山南麓。
② 潮白河，在北京市东部。上源有两个，即潮河和白河，两河在密云县城关镇南河槽村相汇后始称潮白河。

破阵子

长征胜利四十周年（二首）

（1975 年 10 月 19 日于北京）

一

长征世称奇迹，
革命终胜反动。
围追堵截成幻梦，
铁流转战自英雄。
豪气傲苍穹。

遵义拨正航向，
排除困难重重。
万水千山等闲过，
红旗指处险道通。
北上树伟功。

二

巍然立足陕北，
八方云拥风从。
三座大山齐根倒，
人民江山映日红。
跃进鼓东风。

万里长征起步，
道远路险任重。
吃人虎狼终须灭，
敢向前列攀高峰。
风展旗更红。

勉延申入党

（1975 年）

万里征途此启程，
任重道远久且深。
苦学马列勤实践，
思想入党务本根。

悼 周 总 理

（1976 年 1 月 9 日）

群惊星落泣呼天，
祖国危难赖保全。
革命建设兼智勇，
鞠躬尽瘁励众前。

举旗卫党护大局，
教诲历历岂万年。
德重功高斯人逝，
迎风挥泪忆当年。

悼朱总司令 *

（1976 年 7 月 8 日）

一代元戎逝非时，
井冈创业久心仪。
长征路上亲教诲①，
高风亮节启众思。
毕生戎马驱腐恶，
德宇宽广书与诗。
有幸亲炙舒积悃②，
擎旗谋国意无余。

---

① 1935 年 5 月，红一、四方面军会师，我于 7 月在卓克基多（卓克基多，地名。在四川省马尔康县城东郊、梭磨河畔。1935 年 5 月中国工农红军长征时经此。）与总司令会合后，一直到甘肃会宁三个方面军会师为止，教益甚多。总司令与刘伯承对张国焘分裂罪行进行了坚决的斗争。——作者注

② 1975 年随张鼎丞去朱委员长住处，畅谈甚欢。——作者注

三 同①

（1976 年 7 月 23 日）

职权非特权，权力自人民。

干部学工农，普通一列兵。

为人民服务，三同要认真。

劳动勤参加，干群鱼水亲。

生活耻特殊，歪风一扫清。

官气除干净，工作下基层。

思想要入党，实践励决心。

任重而道远，革命葆青春。

---

① 即同吃、同住、同劳动。——作者注

唐山抗震①颂

（1976 年）

唐山地动又山摇，
人民群众斗志高。
人定胜天无所惧，
泰山压顶不弯腰。

毛主席和咱心连心，
党中央慰问传深情。
解放军得令兼程赶，
医疗队奉命拥如云。

银鹰穿梭掠蓝天，
汽车风驰一路烟，
救灾物资源源到，
空陆海运奔唐山。

---

① 唐山抗震，指 1976 年 7 月 28 日河北省唐山市发生强烈地震后，在党中央领导下开展的抗震救灾工作。

一方受难八方援，
灾民需要众人帮，
灾区损失全国补，
国家重担人民挑。

千难万险不顾身，
争分夺秒救亲人，
个个都是活雷锋，
不愧人民子弟兵。

毛主席派来好医生，
废寝忘食救亲人，
救死扶伤抢万一，
人人争当白求恩。

领导坚强老中青，
指挥战斗敢挺身。
党团干群共命运，
舍己为人献红心。

山崩地裂何所惧，
房倒屋塌不足奇。
胸中自有朝阳在，
战天斗地志不移。

工人特别能战斗，
无私无畏硬骨头。
万余矿工齐脱险，
十天出煤马家沟。

贫下中农志更坚，
抗震救灾不怕难。
余震未停出门去，
护路护堤又护田。

危险困难留自己，
安全方便让别人。
团结战斗守纪律，
心底无私天地宽。

抗震初胜凯歌传，
工矿烟囱冒新烟，
交通线路齐修复，
食宿医疗样样全。

地大震来人大干，
废墟上面谱新篇。
洒下心血洒下汗，
自力更生力挽天。

共产党恩情深似海，
社会主义好处说不完。
中国人民有志气，
重建美好新唐山。

悼 毛 主 席

（1976 年 9 月 9 日）

噩耗飞来天地惊，
举国痛悼大救星。
再造乾坤驱腐恶，
毕生战斗为人民。
五十五年教诲深，
不朽雄文照征程。
神州屹立红万代，
宇内进军有明灯。
沉哀化作无限力，
亿兆定将险峰登。
革命建设争朝夕，
永作长征一列兵。

卜算子

庆粉碎"四人帮"

（1976 年 10 月 8 日）

叛徒"四人帮"，
坏事全做绝。
阴谋诡计肆猖狂，
短命终难续。

我党真英明，
除害当机决。
八亿神州喜沸腾，
迎来东风急。

除四害^①（二首）

（1976 年 10 月 21 日）

声　讨

王张江姚，人面兽心。

篡党夺权，狼子野心。

篡改马列，搅乱人心。

陷害同志，狗肺蛇心。

耍尽阴谋，触目惊心。

里通外国，满腔黑心。

颠倒是非，蛊惑人心。

祸国殃民，丧尽人心。

祝　捷

全党同志，亿兆连心。

清除四害，大快人心。

---

① 四害，指江青、张春桥、姚文元、王洪文"四人帮"反党集团。

党除内奸，大得人心。

国除隐患，大定人心。

众除毒瘤，大称人心。

反修防修，大鼓人心。

前程似锦，大振人心。

继承遗志，永矢红心。

庆祝建军五十周年

（1977 年 8 月 1 日）

建军五十年，风雨历万千。
奋挥农奴戟，神州换地天。
旗举赣湘粤，枪杆出政权。
兴众分田地，割据遍中南。
破剿凭伟略，胜敌赖良参。
遵义拨航向，革命危转安。
万水千山过，转战视等闲。
八载驱日寇，三年灭蒋顽。
三山连根倒，全国庆身翻。
创业开新路，革新启万端。
革命促建设，四化争登攀。
警惕帝霸反，拧紧战备弦。
世代学马列，毛著普天传。
先烈垂宏范，遗愿矢承担。
长征无止境，策马不停鞭。

喜读十一届一中全会公报

（1977 年 8 月 19 日）

久盼喜临门，
大称亿兆心。
全党风云涌，
欣迎复职人①。
拨乱兼反正，
大策励全军。
四凶②归粪土，
从此启新程。

---

① 复职人，这里指邓小平。
② 四凶，指"四人帮"。

随郭化若①重登长城

（1978 年 11 月）

1975 年冬，在军科院重逢化若同志，以重登长城共励。1978 年 11 月，得酬夙愿。

不到长城非好汉，
今日重登积郁舒。
雉堞②逶迤垂天际，
风吹积垢宿雾除。

---

① 郭化若（1904～1995），福建福州人，又名俊莫。1925 年加入中国共产党。1926 年参加北伐。1928 年后任红一方面军代参谋长、红军总前委秘书长等职。抗日战争期间，任抗日军政大学三分校校长、延安炮兵学校校长等职。解放战争期间，任华东野战军四纵队政委、第三野战军九兵团政委等职。新中国成立后，任第三野战军八兵团政委、淞沪警备司令部司令员、南京军区副司令员、军事科学院副院长。
② 雉堞（zhì dié），古代在城墙上面修筑的矮而短的墙，守城的人可借以保护自己。

诉衷情

祝两会①召开

（1978 年）

两会齐开集群英，
"帮"② 倒万象新。
新长征，此启程，
向四化进军。

争分秒，
宏图展，
举国兴。
经天纬地，
继往开来，
虎跃龙腾。

---

① 两会，指五届人大、政协会议。
② "帮"，指"四人帮"。

贺吴老入党*

（1979 年 10 月 14 日于北京）

吴彦求①85 岁入党，是彦求同志的光荣，是党的光荣。

久矣为党业，风雨结同舟。

奔波垂半纪，四化我所求。

入党何后先，奋斗不计年。

后生群激励，年高志益坚。

---

* 1979 年 6 月至 1983 年 6 月，作者复任农业部副部长，党组成员。

① 吴彦求（1892～1983），江苏睢宁人。毕业于江苏法政专门学校。抗日战争时期，同中共建立联系，从事革命活动。先后任睢宁县抗日民主政府第一任县长、苏皖边区第七专区法院院长。1949 年后，任安徽省高级人民法院副院长、农工民主党中央常委兼安徽省主任委员、全国政协委员兼安徽省政协副主席、安徽省法学会名誉会长等。

怀少奇同志

（1980 年 4 月）

　　1939 年 9 月，刘少奇由延安返竹沟中原局①，自此深入敌后，与陈毅一起，开展了华中敌后抗日战争的新局面。口占一律，缅怀先贤并志伟绩。

旌旗慷慨出潼关②，
远拓华中破阻拦。
抵掌纵谈东进策，
排顽抗敌路途宽。
北战南征跨苏皖，
跃马横刀大别山。
擘划江淮全局定，
凭临泰岱指东南。

---

　　① 竹沟中原局，1939 年 1 月，根据中共中央六届六中全会决定，建立中共中央中原局。最初设在河南省确山县竹沟镇。书记刘少奇，委员有朱理治、彭雪枫、邓子恢、徐海东、郑位三等。

　　② 潼关，关名。故址在陕西省潼关县港口，本名冲关，黄河自龙门南流，冲击华山，故名。潼关雄踞秦、晋、豫三省要冲。东汉设关，是我国古代著名的关隘。

与胥朝、植三、亚夫①晨步南公园

(1980 年 6 月)

1928 年 3 月，王若飞②来通曾在此与南通县委联系。1958 年，曾过此地去苏州。记忆犹新。

> 园处濠③抱中，竹树雅且静。
>
> 枫丛笑迎客，松柏识故人。
>
> 玉兰枝头秀，枇杷歇芳春。
>
> 女贞泛浓绿，梧桐耸入云。
>
> 故人诚欢畅，现时物华新。
>
> 濠边步轻捷，战友往情深。

---

① 胥朝、植三、亚夫，指叶胥朝、陆植三、施亚夫。他们都是土地革命战争时期参加革命的南通籍老同志。

② 王若飞（1896～1946），贵州省安顺县人。1921 年在法国勤工俭学时发起组织社会主义青年团。1922 年加入中国共产党。1925 年从苏联学习回国后任中共豫陕区党委书记、中共中央秘书长等职。1931 年在绥远被国民党政府逮捕，1937 年出狱后历任八路军副参谋长等职。1946 年 2 月陪同毛泽东赴重庆谈判，4 月 8 日由重庆返延安途中因飞机失事遇难。

③ 濠，指濠河。在江苏省南通市内。

怀念红十四军军长何昆、
李超时烈士①

（1980 年 6 月 18 日）

1980 年 6 月 18 日于红 14 军建军五十周年期间，与胥朝、植三、亚夫、开运、纪元②、江彤在 6 月 18 日同到何昆烈士墓致敬。

奋战不顾身，忠党爱人民。
勇开光明路，青史育后昆。
传颂垂半纪，后继欣有人。
四化建设者，循序快攀登。

---

① 何昆（1898~1930），中国工农红军高级将领。湖南省永兴县人。1926 年入黄埔军校学习，同年加入中国共产党。1927 年参加广州起义。后在武汉、上海等地从事秘密革命工作。1929 年冬调任中共通海（南通、海门）特委委员，参与创建中国工农红军第十四军，任军长兼第一师师长。1930 年 4 月，在如皋县西南老虎庄战斗中牺牲。

李超时（1906~1931），中国工农红军高级将领。原名李振华。江苏省邳县人。1926 年入武汉中央军事政治学校学习，同年加入中国共产党。1927 年被派返乡从事工农革命运动，任中共邳县特支书记、东海县委书记、徐海蚌特委委员等。1929 年秋，调任中共江苏通海特委书记，同年冬参加创建中国工农红军第十四军，兼任政治委员。1930 年任十四军军长，开辟通海游击区。1931 年 6 月于镇江被国民党当局逮捕，9 月就义。

② 开运、纪元，两位土地革命战争时期参加革命的南通籍老同志。

海启①棉区

（1980 年 6 月 14 日）

三月麦苗嫩，四月菜花黄。

七月棉田绿，九月棉花白。

粮棉夹种区，收获次第来。

麦豆株株好，玉米壮且肥。

幼棉亭亭立，风摆笑颜开。

移栽六七叶，七叶观嫩蕾。

蕾铃逐日长，待施当家肥。

莫道耕耘苦，苦尽甘甜来。

困难与希望，形影常相随。

今朝汗如雨，明日棉似海。

_____

① 海启，指江苏省海门、启东两市。

黄 海 行

（1980 年 6 月 15 日）

上午去如东①海边九总垦区综合试验站参观。

我来黄海滨，布谷声声里。

槐楝夹道茂，直送九总甸。

海潮卷沙来，淤滩向外展。

一年扩几米，数年亩上万。

小圃试种草，草名三十九。

固滩有"大米"②，改土有奇效。

根深耐盐碱，草腐化沃土。

登堤林涛响，熏风满襟怀。

垦区希望大，规划布局成。

阡陌现轮廓，种草又造林。

河网待配套，引水除碱根。

种下棉与粮，垦区日日新。

回车老棉区，夏麦场将净。

棉株争早发，玉米绿盈盈。

---

① 如东，县名。在江苏省南通市东北部。
② 大米，大米草。江苏沿海滩涂广泛种植用以固滩。

狼　山

（1980 年 6 月 22 日）

紫琅①点头迎客还，
游子重登促征帆。
望海楼前云烟密，
支云塔耸叩天关。
塔顶长啸鸣山谷，
举头四顾海天宽。
滚滚不尽东逝水，
指日四化喜开颜。

---

① 紫琅，狼山又名紫琅山，位于南通市南临江处。

王　港[①]

（1980 年 7 月 4 日）

昔我来王港，崎岖路不平。

今我来王港，坦道夹浓荫。

垦区面貌改，住房如列星。

堤河路桥闸，井林线店村。

围垦先需养，围养而后垦。

业需艰辛创，持久终有成。

遥望出海口，风帆点点行。

层沙争出口，海潮夹涛声。

---

① 王港，又名王家港。在江苏省大丰县南部，以港名河。1958 年全线裁弯拓浚，是排灌、航运航道。

斗龙港①垦区

（1980 年 7 月 9 日）

党泽披大地，新村出海涂。

工程初配套，垦民乐安居。

照明有电灯，交通有车船。

农机有创造，随人意转移。

我来乐园队，始信名不虚。

连垦三年来，棉黍正展舒。

归队无所恋，我爱新垦区。

---

① 斗龙港，在江苏省大丰县北部。古名牛湾河、龙开港。1950 年多次裁弯拓浚，1965 年建斗龙港闸。自张家尖兴盐界河起，至斗龙港闸出海。

太　湖

（1980 年 7 月 21 日）

驱车去湖滨，艇浮碧波轻。

吴越天地阔，三江汇巨浸。

三万六千顷，七十二峰①青。

点点轮帆过，缓缓进湖心。

熏风扑面来，湖面似砥平。

艇上话苏锡，百业技艺精。

时代在前进，四化正奔腾。

回首池中荷，娇菡②透水明。

---

① 七十二峰，太湖中有岛屿 72 座，俗称"太湖七十二峰"。
② 娇菡，指荷花。

全国政协春节茶话会

（1980 年春节）

行年属金猴，
春雷振神州。
打好调整仗，
四化上层楼。

农林牧并举歌

（1980 年 12 月 4 日）

祝西北地区农业现代化学术讨论会

发展农林牧，

建设新西北。

农林牧结合，

血肉不可分。

促农兴林牧，

农林牧俱荣。

农林牧并举，

四化在望中。

观　审

（1980 年 12 月 20 日）

　　1980 年 11 月 20 日旁听国家特别法庭公审林、江反革命集团十主犯，举国称快。

豺狼当道时，神州血雨腥。

群奸肆颠覆，冤狱遍城村；

巨恶终受审，寰宇快人心，

永钉耻辱柱，史笔正义伸。

十年①叹浩劫，经济险崩倾，

周邓②渡艰危，为国费苦心；

四五运动③起，十月换乾坤，

千钧摧枯朽，"三全"④ 始复春。

---

　　① 十年，指十年"文化大革命"。

　　② 周邓，指周恩来、邓小平。

　　③ 四五运动，指 1976 年 4 月 5 日前后在全国范围内掀起的，以天安门事件为代表的悼念周恩来、反对并声讨王张江姚"四人帮"反革命集团的革命群众运动。十月，指 1976 年 10 月 6 日一举粉碎"四人帮"。

　　④ "三全"，指中共十一届三中全会。

好事近

贺　春　节

（1981 年）

新岁唱金鸡，
群舞看飞春色。
调整卓裁初试，
农鼓频催急。

城乡男女乐翩翩，
炮鸣遍佳息。
四化进程坚稳，
万千齐奋力。

寿 陈 修 定①

（1981 年）

1980 年 7 月陈老 87 岁，惠赐佳联互勉。1981 年新春，谨奉俚句以寿。

> 革命不计年，
> 志随岁弥坚。
> 风雨勤党业，
> 后生仰前贤。

---

① 陈修定，知名农业科学家。

《拂晓报》^① 四十二周年

（1981 年 1 月 20 日）

拂晓鼓角着鞭先，
东进洪泽拓海边。
四化朝暾欣喷薄，
淮滨捷报励年年。

---

① 《拂晓报》，1938 年 9 月 30 日创刊于河南省确山县竹沟镇，原为新四军游击支队政治部的机关报，后成为新四军第六支队、新四军第四师政治部的机关报。

悼念国家名誉主席宋庆龄①

（1981 年 6 月 3 日）

女中人杰，千古一人。

赞襄中山，三策以兴。

怒斥叛逆，革命忠贞。

开国佐政，屡建殊勋。

热爱儿童，泽及后昆。

高风亮节，万代流馨。

---

① 宋庆龄（1893～1981），孙中山先生夫人。革命家，国务活动家，中华人民共和国名誉主席。原籍广东文昌，生于上海。

光辉的历史 *

——党庆六十周年颂

（1981 年 7 月 1 日）

苦难旧中国，熬煎八十年。①

人民勇战斗，屡败战犹酣。

辛亥除帝制，首义孙中山。

未得解放路，群魔虐依然。

十月炮声响，马列传赤县。

五四讨国贼，民意启真诠。

七月创我党，率众齐揭竿。

奋志归共产，解放大道宽。

英杰汇党内，拔萃毛泽东。

工农运动起，学界勇从风。

国共欣合作，首次在广东。

三大政策好，北伐举国从。

蒋汪先后叛，党陷血泊中。

八一枪声起，大义惊沉梦。

---

* 这首诗发表在 1982 年 3 月 20 日《新华日报》上。

① 八十年，指 1840 年到建党前的 1920 年。

八七决议定，武装靠工农。

井冈开新路，破剿创奇功。

白区工农动，群众沐春风。

王明教条左，好景付飘蓬。

被迫离苏区，长征路重重。

遵义危转安，围追堵截空。

二万五千里，铁流自英雄。

延安赤旗举，国内齐景从。

七大纠前失，胜利航道通。

抗日整八载，敌寇投降终。

三年解放战，蒋贼暮途穷。

漫漫长夜尽，高歌东方红。

有了共产党，红旗展晴空。

实现新民主，十月昭告宏。

人民掌政权，当了主人翁。

中国庆独立，屹立世界中。

土改灭封建，农民乐融融。

城乡三改造，社会主义通。

宏谟建经济，工农万业荣。

兴文并整武，全球遍友朋。

各族团结紧，兄弟水乳融。

工农联盟固，统一战线隆。

八大决策著，大计展新容。

不久生变化，曲折几秋冬。

进赖方向正，退由路不通。

十年内乱甚，经济险倾崩。

粉碎"四人帮"，余毒尚未终。

幸开三全会①，拨乱树伟功。

恢复马列毛，政策喜畅通。

经济调整活，政治安定同。

纵观全程史，小失大成功。

识过自改正，无私昭大公。

永怀先驱者，众流汇巨洪。

冲开光明路，楷模做先锋。

六中全会盛，决策展前功。

团结向前看，领航趁东风。

伟大毛泽东，领袖举世崇。

晚期虽有失，难掩盖世功。

不朽雄文在，马列射斗穹。

永照长征路，引导攀高峰。

重振移山志，亿万新愚公。

坚持四原则②，四化万年红。

---

① 三全会：指中国共产党十一届三中全会。
② 四原则：指四项基本原则。

示 诸 儿

——端正世界观、社会观、人生观

（1981 年 9 月 18 日）

人生有真谛，为民服务多。

党导正方向，决议勤切摩。

人民养育我，甘为孺子牛。

祖国抚爱我，奋志壮山河。

四化振中华，力争唱凯歌。

学习为建设，忘本实可羞。

坚持四原则，唾弃瞎自由。

勤奋攻学业，寸阴莫蹉跎。

延东就职朝阳①

（1981 年 11 月 7 日）

此喜去朝阳，学习是首宗。

牢记党决议，实干世所崇。

建设文明城，精力贵集中。

同志多请教，团结四化同。

人民有甘苦，时刻挂心中。

近郊新菜区，建设靠菜农。

事事靠实干，不搞"客里空"②。

工作遇疑难，调研路自通。

实事中求是，遵则耻随风。

复杂问题来，静析忌盲从。

谦逊非沉默，敢言顶歪风。

挫折须振作，检失罔宽容。

努力初收效，稳慎竞前功。

知人应有识，自视不昏蒙。

原则四坚持，马列持久攻。

日知月积累，勤奋莫放松。

---

① 延东，刘延东，作者之女。1981 年任中共北京市朝阳区区委副书记。朝阳，指北京市朝阳区。
② "客里空"，苏联卫国战争期间的话剧《前线》中的一个爱讲假话、华而不实的人物。

自 知 贵 明

（1981 年）

《老子》云："知人者智，自知者明。"此言有益整党，书此警备。

人苦不自知，知否系安危。

万里秋毫察，罔知自身非。

缘身在山内，内省缺双眸。

自傲滋错觉，自骄进路迷。

祸害随身伏，浑不辨是非。

知人应有智，自知贵机微。

贺中国女排荣获世界冠军

（1981 年 11 月 16 日）

三球誓翻身，
女排立头功。
夺魁传七捷，
功到艺自精。
奋志国威振，
战绩励全民。
四化花盛发，
亿兆赶兼程。

春　节（二首）

（1982 年）

春节团拜

清茶依旧，万景常新。
送别故序，欢集春城。
四化大业，未艾方兴。

建设高度文明

图治简精，执法务明。
宇内战绩，怀往励今。
祖国强盛，台海归心。

附：清平乐

春 节 联 欢

刘子久①

（1982 年元月）

清茶当酒，
春节欢聚首。
共叙淮河洪泽旧，
你言我语不休。

当年曾历艰险，
今日岂能苟安。
两个文明在肩，
共同努力承担。

---

① 刘子久（1901～1988），山东广饶人。抗战时期曾任中共淮北苏皖边区区党委书记、新四军淮北军区政委等职，历任豫西省委书记、河南省委书记、八路军洛阳办事处主任等。新中国成立后任全国总工会书记处书记、劳动部副部长等职。

南通师范校庆八十周年^①

（1982 年 1 月 8 日）

母校创于 1902 年，于今八旬，校随国新，此祝。

师范称首创，旨在育群英。

救国寻大策，新旧起抗争。

我党开新路，帝封一扫清。

拼将热血洒，迎来举国兴。

先驱励后继，烈士节铮铮。

长程慨曲折，韧进终有成。

神州风光好，江海喜奔腾。

四化责任重，战绩日日新。

---

① 南通师范，在江苏省南通市区东南。创建于清光绪二十八年（公元1902年），初名通州民主师范学堂，后改通州代用师范学校、江苏省立南通师范学校，是我国创建最早的中等师范学堂。1905年又创办南通女子师范学堂，后改名为南通县立女子师范学校。1958年两校合并改今名。为省内重要中等师范之一。中国近代著名学者王国维、陈师曾、季方、顾怡生等曾在此校执教。恽代英、刘瑞龙等曾在该校从事革命活动，有"红色师范"之称。

南 京 行

（1982 年 5 月 17 日）

大军南渡日①，人民出火坑。

我今北方来，处处凝芳春。

襟带江淮运，吴越湖山青。

桥横申壮志，浪激抒豪情。

梅园②仰伟绩，雨花慰忠魂。

万业于今盛，奋建双文明。

不尽长江水，精进日日新。

秦淮垢须净，玄武百技兴。

农院飞国誉，农科艺专精。

莫愁③花正发，西眺宋石滨。

战友终欢聚，党史叙始今。

五五④欣盛会，温故而知新。

---

① 大军南渡日，指 1949 年 4 月 20 日人民解放军发起渡江战役，23 日解放南京。

② 梅园，即梅园新村纪念馆。在南京市区长江路东汉府街北。1946 年 5 月至 1947 年 3 月，以周恩来、董必武为首的中共代表团办事处原址。梅园新村 30 号是周恩来、邓颖超的办公和居住地。35 号是董必武、李维汉、廖承志等人的办公和居住地。17 号是代表团工作人员的办公和居住地。1956 年辟为纪念馆。雨花，即雨花台烈士陵园。在南京中华门外雨花台处高约 50 多米的岗地上，为南京南郊的制高点。太平天国和辛亥革命时均为重要战场。1927 年四一二反革命事变后，包括恽代英、邓中夏、罗登贤等在内的 10 多万共产党员和爱国志士在此遭杀害。1950 年辟建烈士陵园。

③ 莫愁，即莫愁湖。在江苏省南京市水西门外。相传南齐洛阳少女莫愁远嫁江东卢家时居此。

④ 五五：作者 1927 年入党于今年（1982）55 年。

论　史

（1982 年 5 月 18 日）

治史贵德才，史德斯本根。

史重才学识，史德为准绳。

历史基唯物，准确方有成。

求实为史首，存真为史魂。

信史传不朽，伪史化灰尘。

治乱兴废迹①，鉴往赖率真。

伪史淆是非，害世在失真。

有责治史者，戒以伪乱真。

千秋董狐②笔，太史简长存。

褒贬据史实，邪正皎然分。

褒善不溢美，贬恶无隐情。

不杂私恩怨，史实判浊清。

实事中求是，能经百世评。

党史应颂党，持论必以正。

传统须发扬，党兴靠人民。

集体育英烈，文明传子孙。

---

①　治乱兴废迹：指历史上的治、乱、兴、废。

②　董狐，春秋时人。晋国史官。周人辛有后裔，世袭太史，亦称史狐。孔子誉："董狐，古之良臣也，书法不隐。"（《左传·宣公二年》）

东　园①

（1982 年 5 月 23 日）

盛会憩东园，美景乐共同。

研史集群彦，战友时过从。

佳园滋生气，抚育赖群工。

我闻园工言，地本荒山冲。

五六年开辟，营造林始丰。

窗对六龙柏，户外耸群松。

松竹相辉映，红枫间绿枫。

玉兰含笑歇，石榴野薇红。

香茶杂山茶，枇杷挂果中。

丹桂护栀子，群梅待严冬。

倚山极目望，绿荫蔽日浓。

万籁俱静时，百鸟掠林空。

林茂召凤来，林深百鸟鸣。

雀噪醒客梦，布谷催禾农。

园东小花房，盆景喜玲珑。

园西紫霞湖，禾蔬灌溉通。

① 东园，指江苏省南京市东郊宾馆。附近有紫霞湖、植物园、灵谷寺、中山陵等风景名胜地。

园积四百亩，竹木果葱葱。

草辟初见绩，续建继前功。

园产夸巨富，经营待计弘。

南部植物园，科研有所宗。

灵谷中山陵①，中外多游踪。

晨起信步走，满眼皆清明。

---

① 中山陵，在江苏省南京市紫金山南坡。是中国伟大的民主革命先驱孙中山的陵墓。建于 1926 ~ 1929 年。1929 年 6 月 1 日，孙中山遗体由北京碧云寺移葬于此。

江城子

玄 武 盆 景

（1982 年 5 月 28 日）

　　经刘大模①家，接张鸿志②和阿筑、草地③去玄武湖④参观江苏盆景展。

　　　　白下⑤盆景别样春，

　　　　巧安排，

　　　　缩乾坤。

　　　　经纬天地，

　　　　盆里云霞蒸。

　　　　出世横空万枝秀，

---

　　① 刘大模（1919 ~ ），江苏涟水人。1939 年加入中国共产党，历任盐城地下党县委书记、区委书记等职。建国后在华东局工作，后任华东纺织学院党委副书记等职。

　　② 张鸿志（1918 ~ 1998），江苏涟水人。1939 年加入中国共产党。历任江苏淮河抗日游击大队宣传队队长、区委书记、市委组织部长等职。建国后，任贵州省妇联党组书记、主任、贵州省委委员、中共"八大"代表、湖北省卫生局党委副书记、副局长等职。

　　③ 阿筑、草地，指作者的儿媳汪早立、孙子刘晨曦，也是张鸿志的女儿、外孙。

　　④ 玄武湖，在江苏省南京市区东北玄武门外。古名桑泊湖，历史上还有后湖、练湖、蒋陵湖、北湖等名称。玄武湖之名始于南朝宋元嘉二十五年（公元448 年），是南京市最大公园。

　　⑤ 白下，南京古又称白下。

堆乱石，
耸嶙峋。

诗情画意妙如神，
巧人工，
似天成。
宁、苏、扬、通，
沪、锡常争春。
怒放百花其性顺，
创新意，
举世惊。

浣溪沙

栖　霞①

（1982 年 6 月 3 日）

三十年前胜迹寻，
栖霞毗卢喜重新，
大江洪浪逐帆行。

笑看稚孙试斤斗，
芳草茸软任翻腾，
后山石佛倚松荫。

---

①　栖霞，指栖霞山。在南京市东北 22 公里处。以六朝胜迹闻名。又名伞山。遍山生长枫树、乌柏和菩提树。每逢深秋，红叶尽染，似丹霞流火，有"秋栖霞"之盛名。山北抵长江，山下有栖霞寺、佛教摩崖石刻。

浣溪沙

晨步明孝陵^①

（1982 年 6 月 11 日）

行至明陵步履轻，
晨风习习拂我襟，
晓莺碎啭喜相迎。

治乱兴废陈故迹，
游人三五笑声声，
汽车鸣笛御风行。

---

① 明孝陵，在南京市东郊钟山南麓独龙阜。明太祖朱元璋与皇后马氏合葬于此。洪武十四年（公元 1381 年）始建，次年葬入马氏，马后谥"孝慈"，故名孝陵。

"双青" 心美抚三孤

（1982 年 7 月 1 日）

《新华日报》及江苏省人民广播电台连续报道：泗阳①青年刘兆亮、张士花先后共抚三孤，义薄云天，感人肺腑，志之以广流传，发扬精神文明。7 月 1 日记。

新寡改嫁去，忍痛抛孤儿。

抱膝号啕哭，不顾弃如遗。

大儿方十一，三孤惨凄凄。

孤雏失母爱，何处觅生机。

邻里嗟叹息，乡亲众怜垂。

儿家来小叔，万千步低回。

抚孤是我责，毅然抱儿归。

遗孤逢佳遇，恩人姓名谁。

同村刘兆亮，勤俭持家计。

家境虽贫寒，抚儿甘如饴。

眷顾儿衣食，爹妈一身劬。②

---

① 泗阳，县名。在江苏省淮阴市西北郊，洪泽湖北岸。

② 爹妈一身劬：劬为劳苦之义。此句意为又当爹又当妈，十分辛苦。

村中暗担忧，难免永孤凄。

高风传远近，高义感儿姨。

姑娘张士花，捎鞋视孤儿。

兆亮正洗衣，儿围兆亮嬉。

姨摸儿头足，喜儿得所依。

眼见人忠厚，心地世所稀。

兆亮需帮助，浆洗我不辞。

姑娘倾微情，兆亮诉衷臆。

今生无他念，儿大助老娱。

姑娘情切切，高堂责女奇。

傻女嫁傻男，缔姻志难移。

终结白头愿，恩爱永不渝。

三儿倚双亲，天伦乐无际。

梁老惠我《农史编余有感》
步其韵奉和①

（1982 年 7 月）

农史初就集劳勋，
撷幽阐微展宏文。
万木葱郁蔚浓荫，
质高信雅赖彦群。
传统发扬原公论，
古为今用艳清芬。
农史荡荡良史众，
沃野高产励耕耘。

---

① 梁老，即梁家勉（1908～1992），广东南海人。中国农史学家。曾任华南农业大学中国历史遗产研究室主任、图书馆馆长，广东省图书馆学会理事长、全国农史学会名誉副主任委员、广东省农史学会理事长、中国科学技术史学会常务理事、中国农业图书协会名誉理事长、农业出版社顾问等职。

附：农史编余有感

梁家勉

（1982 年 7 月）

呈参与编写《中国农业科学技术史稿》会议诸同仁。

国脉民天翊赞勋，
茅茹相及重斯文。
投林飞鸟思清荫，
谐水游鱼庆合群。
衣食燕谋贻后福，
勤劳传统诵先芬。
史坛无限抛荒地，
还待挥锄协力耘。

十二大^①颂歌

（1982 年 9 月 5 日）

大会集群贤，历史开新篇。

经济宏图展，精神着先鞭。

循序量力行，两番^②步步添。

四策^③争三好，中兴责在肩。

建国凭自力，珍爱我主权。

奋发制艰阻，排难矢年年。

团结成四化，统一意志坚。

小康实现日，继进众争先。

和平中流柱，屹立世界前。

伟哉十二大，千秋万世传。

---

① 十二大，指 1982 年 9 月召开的中国共产党第十二次全国代表大会。

② 两番，指十二大提出的从 1981 年到本世纪末实现我国经济建设翻两番的奋斗目标。

③ 四策，指十二大提出的今后五年必须采取的四项措施，即进行机构改革和经济体制改革，实现干部的革命化、年轻化、知识化、专业化；在建设社会主义物质文明的同时，建设社会主义精神文明；打击经济领域和其他领域的一切严重犯罪活动；整顿党的作风和党的组织。三好，指十二大提出的今后五年力争实现国家财政经济状况根本好转、社会风气根本好转、党风根本好转的目标。

杜 甫 草 堂①

（1982 年 10 月 20 日）

诗圣伟大处，
爱国更忧民。
猗欤杜陵叟，
千秋草堂新。

---

① 杜甫草堂，又名浣花草堂。位于成都市西郊浣花溪畔，是唐代伟大诗人杜甫旅蜀时的故居。

武侯祠①佳言集

（1982 年 10 月 20 日）

淡泊明志，宁静致远；
功盖三分②，名标八阵；
先生治蜀，审势攻心；
经纶万年，忠于一表。

---

① 武侯祠，在四川省成都市区西南郊。西晋末年十六国成（汉）李雄为纪念三国蜀丞相武乡侯诸葛亮而建。初与蜀汉先主刘备昭烈庙相邻，明初并于昭烈庙。现有武侯祠是清康熙十一年（公元 1672 年）重建的。
② 三分，指魏、蜀、吴三国鼎立。

忆 长 征

（1982 年 10 月 23 日）

　　1935 年 6 月，红四方面军与中央红军会师于夹金山。党中央决定北上方针，决定分左右路北上。党中央、毛主席按原定方针北上得到胜利发展。张国焘分裂党和红军，违令南下，遭到重大损失。红军由 8 万人减为 4 万人。由于党中央、毛主席路线的胜利与中央和共产国际对张国焘的耐心劝导，朱德总司令、刘伯承参谋长反对张国焘的逆行，红四方面军以徐向前为首的广大红军指战员的要求，红二方面军贺龙、任弼时、关向应等坚决拥护中央和反对张国焘的斗争，全军心向陕北，张国焘被迫取消伪中央，在红二方面军推动下，成立西北局，使红军得以在 1936 年 7 月再度北上，实现一、二、四三个方面军 11 月在会宁会师。这是党中央、毛主席团结全党全军北上抗日的正确路线的伟大胜利。

大军会夹金，决策北上行。

抗日肩重任，先锋我红军。

左右齐头进，深入草地心。

纵观人烟渺，极目草无边。

胜利北上者，克敌制机先。

中途生横逆，南下枉颠连。

天芦名雅战①，逆返夹金山。

大军移西康②，忍冒党岭寒。

康区难存养，大军何自全。

朱刘徐贺任③，排谬主北征。

团结胜横逆，全军向北看。

三度过草地，风物自依然。

沮洳劳跋涉，马蹄扬尘烟。

重来噶曲河，难阻铁骑前。

石门万险桥，渡险亦何难。

天险腊子口④，突破指顾间。

队伍到甘南，父老迎上前。

漫过泯洮渭，横跨越西兰。⑤

会宁大会师，三军喜开颜。

---

① 天芦名雅战，指1935年10月24日红四方面军南下部队发起的天（全）、芦（山）、名（山）、雅（安）、邛（崃）、大（邑）战役。11月，敌人反扑。1936年2月，红军在敌人大举进攻的情况下开始退却，4月进入甘孜地区。

② 西康，旧省名。在中国西南部，包括四川省西部及西藏自治区东部地区。

③ 朱刘徐贺任，指朱德、刘伯承、徐向前、贺龙、任弼时。当时他们同张国焘反对中央北上抗日的方针、率军南下、另立"中央"、分裂红军的错误行为进行了坚决斗争，张国焘迫于此压力并在红四方面军指战员的要求下，最终取消伪"中央"，同意北上，其右倾分裂主义宣告破产。

④ 腊子口，在甘肃省迭部县东北。岷江山口。甘肃省南部屏嶂。地势十分险峻，有"天险"之称。1935年9月16日，红军长征途中英勇攻克此天险。

⑤ 泯洮渭，指泯江、洮河、渭水。西兰，指西安、兰州。

成　都　行

（1982 年 10 月 25 日）

1956 年我来成都学习农业，建设均在草创。这次参加西南四省党史资料征集工作会议学习，面目大新，作成都行以志。

昔我来成都，兴革草创初。
今我来成都，经济展宏图。
工农万业旺，亿众秉中枢。
开创新局面，干劲前所无。
往昔巴蜀苦，于今意气舒。
两番诚非易，改革辟坦途。
西南花正发，全国树楷模。
瑰丽云贵川，神州掌上珠。

临江仙

重游都江堰[*]①

（1982 年 10 月 27 日）

　　1956 年来离堆，重来盛况空前。灌溉范围由解放前 12 县扩及 27 县，灌田从 200 余万亩扩及 800 万亩。

遍野桑竹风飘碧，
倏忽车到都江。
李冰父子惠千年。
凿山引水来，
六字创天工。②

于今蜀中皆沃土，

---

　　*　我国历代劳动人民在治理都江堰中总结了科学治水经验，如："深淘滩，低作堰"，"遇弯截角，逢正抽心"、"因势利导，因时制宜"以及治水的"三字经"等。——作者注
　　①　都江堰，胜迹名。在四川省都江堰市西北、岷江中游。秦昭王时，蜀郡守李冰主持修建了都江堰的排、灌水利工程，后代屡有扩建。由鱼嘴分水堤、飞沙堰溢洪道、宝瓶口引水口等三大工程组成。
　　②　六字创天工，即作者原注中所提"深淘滩，低作堰"。相传为李冰父子制定的岁修原则。

廿七县饮琼浆。①

八百万亩稻田丰。

青城②显奇秀，

华阳③春色浓。

① 廿七县饮琼浆，廿七县，即都江堰灌溉范围为27个县。
② 青城，指青城山。在四川灌县境内。
③ 华阳，旧县名。在四川省西部。

访 红 岩

（1982 年 10 月 30 日）

久慕红岩村[①]，
今日喜同登。
千秋颂伟绩，
南天耀明灯。
八年风雨历，
苦斗终有成。
力创新局面，
奋建双文明。

[①] 红岩村，红岩革命纪念馆主馆，设在重庆市沙坪坝红岩村。抗日战争时期，以周恩来为首的中共南方局及八路军驻重庆办事处设在红岩村 13 号。1945 年 8 月，毛泽东由延安到重庆谈判期间住在这里。当时红岩村成为了举世瞩目的政治活动中心。

向烈士陵致敬①

（1982 年 11 月 1 日）

牢房即战场，
忠贞志如钢。
报党身何惜，
丹心日月光。

---

① 烈士陵，指重庆歌乐山烈士陵园。在重庆市沙坪坝区歌乐山东麓。是中美合作所重庆集中营旧址。

三　峡①

（1982 年 11 月 8 日）

　　1982 年 11 月 7 日凌晨登东方红轮畅游三峡，壮景兴神，快慰平生，志以俚句。

千山万水汇巨洪，源远流长大江东。

哺育亿兆九州同，三峡胜景壮宇中。

壮哉东逝水，破雾穿云裂石舞虬龙。

首进瞿塘峡，夔门双峙胜。

八阵宛然在，恨失吞吴功。

巫峡潆洄转，青葱十二峰，

神女回眸立，袅袅笑轻风。

东去西陵峡，屈颂橘永红。

昭君和蕃去，余韵映碧空。

舟出南津关，江宽波缓横，

伟哉葛洲坝，锁龙凭巧工。

万物得其性，建设路路通。

---

　　① 三峡，瞿塘峡、巫峡、西陵峡的总称。长江横切巫山山脉而成。西起四川奉节县的白帝城，东到湖北宜昌南津关。瞿塘峡居西，雄奇险峻；巫峡居中，幽深秀丽；西陵峡居东，以滩多水急闻名。相传屈原和王昭君都出生在三峡地区。

壮哉东逝水，万里贯西东。
不弃细流潴汇万川成其大，
奔腾磅礴自辟进路振其雄。
山明水秀幽深曲折启民智，
荡涤污秽冲刷尘垢洁其容。
宝藏无限，潜力无穷，
创新计宏，贯彻始终，
振兴四化树丰功。

纪念孙冶方①

（1983 年 2 月 22 日）

苦学马列笃所宗，

挚爱真理耻曲从。

坚持原则斥随风，

经济勤研效益宏。

持论以正鄙苟同，

高风卓识照宇中。

浩劫岂能窒乃翁，

不朽雄文傲青松。

① 孙冶方（1908～1983），江苏无锡人。著名经济学家。原名薛萼果。1924 年加入中国共产党。曾任中共无锡支部书记。1925 年被派往莫斯科学习和工作。1930 年回国。后在上海从事工人运动和左翼文化运动。1940 年到苏北解放区，在中共华中局宣传部和党校工作。解放战争时期，任苏皖解放区货物管理局长。新中国成立后任华东军政委员会工业部副部长、国家统计局副局长、中国科学院经济研究所所长等职。

祝农学会建立六十六周年①

（1983 年 5 月 3 日）

行年六十六，我言尚年轻。

世界大变化，业随时代新。

传统待光大，科学重专精。

先驱创业绩，继迹有中青。

科研无它术，自强探索勤。

它山可攻玉，选择贵自明。

农学正普及，求知遍新村。

现代大略定，功到喜观成。

---

① 农学会，指中国农学会，创建于 1917 年。

前　洲

（1983 年 9 月 19 日）

　　去无锡县前洲乡，乡党委书记万祖培介绍了乡里的情况。下午参观前洲大队办的织染机械厂，还有西塘大队的毛染厂和文化活动站。口占一首。

秋晨赴前洲，
绿野迎中秋。
大熟欣有望，
谷穗贴地垂。
西塘新厂建，
产品盛誉归。
职工学文化，
民约有乡规。

华　西①　赞

（1983 年 9 月 22 日）

人人都赞华西富，
富从集体生产来。
自己动手创新貌，
多种经营富路开。
生产翻番经二届，
社员齐富称心怀。
文明新村招远客，
老养幼育乐无涯。

---

① 华西，地名。在江苏省江阴市东、华塘河与张家港汇合处。江阴市东部重要集镇。

赴宜兴①途中

（1983 年 9 月 30 日）

锡惠②去已远，
湖中现三山，
临水路逶迤，
辗转十八湾。
新楼沐晨风，
菜圃夹桑园。
湖光拥秋畴，
银茧送稻香。

---

① 宜兴，县名。在江苏省南部，东濒太湖，南与安徽省广德县、浙江省长兴县相邻。
② 锡惠，指无锡锡山、惠山。

灵谷①览胜

（1983 年 9 月 30 日）

灵谷称幽深，

溶洞历万劫。

诗人咏名篇，

胜景招远客。

繁树围竹海，

翠色连天接。

万籁静无声，

惟见云光斜。

---

① 灵谷，指灵谷洞，在江苏省宜兴县宜城镇西南石牛山南麓，为石灰岩溶洞。相传唐代诗人陆龟蒙曾到此洞。洞内有诗云："仙人四海通天下，可见高山此地来，灵谷本是真仙洞，世古传来今一逢。"故名。

悼 谭 震 林①

（1983 年 10 月 3 日）

谭老遽长逝，战友泪沾襟。

毕生为民仆，节高骨铮铮。

立身秉刚直，行事世所钦。

斥逆针锋对，无畏献忠诚。

严整治军旅，智断胜敌人。

战后掌农政，深入探索勤。

热情扶后进，砥砺感知音。

赤心昭日月，浩气满乾坤。

---

① 谭震林（1902～1983），湖南攸县人。1925 年参加革命，1926 年加入中国共产党。为创建和巩固井冈山革命根据地作出过重大贡献。解放后，历任中共浙江省委书记、中共中央书记处书记、国务院副总理、全国人民代表大会常务委员会副委员长等职。

欧　桥^①　赞

（1983 年 10 月 4 日）

工业下乡好，产品质量高。

乡镇企业兴，誓把大厂超。

农工商皆旺，稻菽薯俱好。

社员增收入，老幼都逍遥。

农村经济活，新居乐陶陶。

文化欣普及，水平正提高。

狠抓双文明，名扬把客招。

振兴我中华，齐奔大目标。

---

① 欧桥，指江苏省张家港市欧桥村。

微雨过兴福寺①

（1983 年 10 月 5 日）

兴福禅寺传齐梁，
依岭濒水虞山旁。
松竹掩映发新翠，
樟枫老干接穹苍。
常熟工业于今盛，
巍峨厂房下村乡。
文明全凭经济旺，
国兴家福古寺光。

---

① 兴福寺，在江苏省常熟市虞山镇北门外 2 公里，虞山东北麓破龙涧。南朝齐时，邑人郴州刺史倪德光舍宅建大慈寺。梁大同五年扩建，在今大雄宝殿西北角发现一石，左看似"兴"，右看似"福"，人视为祥兆，称"兴福石"。遂改名"兴福寺"，又名破山寺。

秋雨游拙政园①

（1983 年 10 月 7 日）

古诗："留得残荷听雨声"②。秋意已深，得二十四字：

动静互应，虚实相因。

小中见大，由近望远。

山秀水清，巧工天成。

---

① 拙政园，在江苏省苏州市娄门内东北街。明正德年间御史王献臣失意归乡，始建别墅，取晋代潘岳《闲居赋》"灌园鬻蔬，是亦拙者之为政也"之意。为苏州现存规模最大的古典名园，有"苏州园林之冠"称誉。

② 留得残荷听雨声，用来描述拙政园中的留听阁。唐代诗人李商隐《宿骆氏亭寄怀崔雍崔衮》诗"秋阴不散霜天晚，留得枯荷听雨声。"

沪 郊 所 见

（1983 年 10 月 18 日）

1983 年 10 月来沪郊，比三年前大变样，凑顺口溜以志。

村里真兴旺，干劲冲秋阳。

多靠责任制①，担子众人扛。

村村盖新楼，院院有花香。

屋里样样齐，置备多在行。

丰收大有望，猪禽满棚场。

乡规和民约，议定贴墙上。

老人享退休，旅游西湖旁。

幼儿育有园，双亲心不慌。

小学多普及，适龄无文盲。

建设刚起步，迈进莫彷徨。

---

① 责任制：指农村改革实行联产承包责任制。

重谒岳飞庙^①

（1983 年 10 月 20 日）

千古颂武穆，天日见丹心。

林彪、"四人帮"，仇忠嫉贤能。

毁庙又灭像，甘为奸佞臣。

于今庙貌复，忠奸自分明。

---

① 岳飞庙，指岳王庙。在浙江省杭州市西湖边栖霞岭下。岳庙为南宋嘉定十四年（公元 1221 年）由北山智果院改建。历代屡毁屡建。忠烈祠内有岳飞塑像。

湖 滨 秋 晨

（1983 年 10 月 24 日）

连日阴雨喜秋晴，
十里平湖水倍清。
苏白堤浅笼烟雾，
南北高峰恍若明。
湖滨信步试足健，
远眺沉思抒豪情。
柳丝映水飘残翠，
绿杨村里报佳音。

悼 粟 裕*

（1984 年 2 月 6 日）

解放战争期间，我随军参加支前后勤服务，受粟裕老教益关怀甚多，痛悼永别。

将军数百战，战功威名传。
军中颂陈粟①，并肩灭敌顽。
战前操远虑，奇兵破重关。
爱民亲父母，官兵手足欢。
战后主建军，远略制机先。
胸怀坦荡荡，马列学精专。
毕生卫大局，党性昭云天。
情操追先哲，遗范永垂丹。

---

* 1984 年 1 月至 1985 年 3 月，作者任中央整党工作指导委员会农林口整党工作指导小组组长。
① 陈粟，指陈毅、粟裕。

放眼二千年

（1984 年 2 月 9 日）

党的十二大决定：一个总目标翻两番；建设两个文明；完成三大任务。实现四化，统一祖国，反对霸权主义，保卫世界和平。1984 年春节，为农村发展新局面，喜颂一、二、三。

放眼二千年，目标翻两番。

建设双文明，国脉策周全。

神圣三任务，四化新河山。

祖国欣统一，反霸凯歌还。

和平须保卫，世界享平安。

经纬万千端，大政一、二、三。

亿兆肩重任，齐心破重关。

振兴我中华，辉耀宇宙间。

巴山好儿女

（1984 年 7 月 29 日）

在八一电影制片厂审看影片《巴山儿女》得句：

巴山好儿女，革命意志坚。

红旗展川陕，腐恶扫一边。

红军到川北，翻身喜分田。

红军发展大，战士奋无前。

大小数百战，"围剿"化云烟。

人民回头看，忆苦又思甜。

欣逢干四化，改革众争先。

奥运风光好

（1984 年 9 月 16 日）

1984 年 9 月 14 日在全国人大听李梦华的奥运会报告，谨献五言十六句以颂。

奥运风光好，零字一笔消。①
海峰第一枪，国旗凌空飘。
女排三连冠，球坛逞英豪。
李宁三夺牌，盛誉不自骄。
金牌夺十五，银铜皆是宝。
得来靠拼搏，功深艺自高。
隔海同场赛，炎黄共称道。
下次奥运会，更进志不挠。

---

① 1984 年在美国洛杉矶举行的第 23 届奥运会上，中国射击选手许海峰为中国队夺得第一枚金牌，实现了中国在奥运史上金牌零的突破。

贺 "香港协议"①

（1984 年 9 月 26 日）

百年奇耻一旦勾，

"香港协议"万民骄。

一国两制欣统一，

海峡相望积恨消。

时至势趋成协议，

和平谈判意气豪。

旷古于今创新策，

风流人物看今朝。

---

① "香港协议"，指中英关于香港问题的联合声明。

天安门观礼

——庆祝建国三十五周年

（1984 年 10 月 1 日）

城乡改革颂国辰，
清除旧习展新纶。
独立自主干四化，
振兴中华万年春。
卫国长城振军威，
条条战线争夺魁。
放眼未来花似锦，
斗运星行亿众随。

岭南行（七首）

（1984 年）

广东省迎宾馆晨庭中散步

11 月 27 日

北国迎初冬，岭南温如春。

满院花盛发，绿树蔚浓荫。

小鸟知迎客，巧啭鸣声声。

隔墙陆榕塔，豪气招远宾。

广州农民运动讲习所①

11 月 29 日

农运兴革命，讲习此创始。

火种遍全国，炎炎炽未已。

怒挥农奴戟，工农齐奋起。

---

① 广州农民运动讲习所，在广州市东山区中山四路。1926 年 5 月至 9 月，毛泽东在此主办第六届农民运动讲习所，培养全国农民运动干部。

神州换天地，人间正道举。

林则徐公园

12 月 8 日

英寇烟毒祸中原，
林公抗英义声传。
沙角①炮声醒国梦，
香港归来告先贤。

东　莞②

12 月 8 日

五业发展全，
商品喜畅流，
"三来一补"③ 好，
经营有春秋。

---

　　① 沙角，地名。在广东省东莞市虎门区最南端，逼近川鼻洋。清嘉庆年间建炮台于此，与大角、威远炮台遥相对峙。
　　② 东莞，市名。在广东省中南部，东江下游。
　　③ "三来一补"，即来料加工、来件装配、来样制作、补偿贸易。是改革开放以来我国吸引和利用外资的一种形式。

深圳经济特区

12 月 10 日

经济特区决策精，

引进外资意义深。

"四主四窗"① 主意定，

经济优惠法律明。

珍惜时间是金钱，

讲求效率同生命。

解放思想创新制，

改革开放排头兵。

西 樵 山②

12 月 19 日

五岭逶迤下，渐入百里川。

西樵拔地起，群峰耸云间。

---

① "四主四窗"，"四主"指深圳经济特区"四个为主"的经济特点，即建设资金以吸收和利用外资为主；经济结构以中外合资、合作经营企业和外商独资经营企业为主；企业产品以出口外销为主；经济活动在国家计划指导下以市场调节为主。"四窗"指经济特区的窗口作用，是技术的窗口、知识的窗口、管理的窗口、对外政策的窗口。

② 西樵山，广东省四大名山之一。与罗浮山（东樵）并列，向有"南粤名山数二樵"之誉。位于广东省南海县官山圩附近，为耸立在珠江三角洲平原之上的孤立丘陵。以风景秀丽而闻名。山中有七十二峰、四十四岩洞、二十八瀑布、三十二名泉之胜。

碧丛茂幽谷，飞泉鸣潺潺。
近年兴修筑，游人喜开颜。

谒中山故居①

12 月 23 日

革命先驱，中山先生。
缔造民国，功在人民。
革命三策，国运以兴。
后世楷模，浩气长存。

---

① 中山故居，在广东省中山市市区东南翠亨村。中国伟大的民主革命先行者孙中山 1866 年诞生于
此。

再 游 从 化^①

（1985 年 1 月 3 日）

1958 年 10 月，曾随谭震林及中央办公厅农村组同志在中南协作区农业工作会议期间游从化。已兴建翠溪旅游中心，大为改观。地随时变信然。

翠竹接蓝天，碧溪水潺潺。
玉兰亭亭立，红枫问青桉。
天湖清似镜，绿树抗冬寒。
百丈飞涛泻，电站承瀑安。

---

① 从化，县名。在广东省中部，广州市东北，流溪河中上游。

为南通博物苑八十周年题①

（1985 年 3 月 18 日）

博物兴苑，首创南通。

嘉惠后学，鉴古是同。

泱泱祖国，文物所宗。

四化在望，励我雄风。

---

① 南通博物苑，即南通博物馆。在江苏省南通市区濠南路。原名通州博物苑。清末状元张謇于光绪三十一年（公元 1905 年）创办，是我国自办最早的博物馆。1939 年遭日军破坏，1949 年后修复，1957年改今名。现收藏文物资料 2 万多件。

祝金老^①九十大寿

（1985 年 7 月 2 日）

九十大寿翁，奋战六五功。
平生奉科学，严谨世所崇。
弟子遍海内，桃李沐春风。
年高视界远，共庆四化隆。

---

① 金老，指金善宝（1895～1997），浙江诸暨人。1920 年毕业于南京高等师范学校农科。1926 年毕业于东南大学农艺系。1930 年赴美国留学。1932 年回国后任浙江大学农学院副教授、中央大学农学院教授和农艺系主任。新中国成立后，任华东军政委员会农村部副部长、南京大学农学院院长、南京农学院院长、南京市副市长、中国农业科学院院长和名誉院长、九三学社中央名誉主席，是中国小麦研究的奠基人之一。

慰曾镜冰^①平反

（1985 年 9 月）

　　我于 1946 年夏苏中战役^②前后与中共七大候补委员、福建省委副书记曾镜冰同在苏中，曾送他南归。1952 年在上海重逢叙旧。1955 年他被诬入狱，1958 年被释派往芦台^③农场，后调沈阳含冤逝世。1985 年平反，大慰。

忆昔送君南归日，
恰逢苏中歼敌时。
解放上海欣叙旧，
建设宏图共许期。
清白负屈芦台去，
关外辞世有谁知。
卅载沉冤终昭雪，
行见四化有前驱。

---

　　① 曾镜冰（1912～1967），海南琼山人。又名毓蕃。1931 年加入中国共产党。曾任共青团中央儿童局书记、闽西军分区政治部主任。1934 年后率部坚持南方三年游击战争，任闽北独立师代政委兼中共闽赣省委组织部长。1937 年后任闽赣省抗日军政委员会副主席、福建省委书记、闽浙赣人民游击纵队司令员兼政委。新中国成立后，任中共福建省委副书记、福建省政协主席。

　　② 苏中战役，我军在解放战争初期取得的重大胜利之一。1946 年 7 月，国民党军集中正规军 50 万人，向华东解放区发动进攻，其中进攻苏中解放区的兵力为五大整编师约 12 万人。我华中解放军集中主力 3 万人，遵循以歼灭敌人有生力量为主的方针，奋起迎击。连续作战 7 次，共歼敌 5 万人，取得了歼灭美械装备的敌军的初步经验。

　　③ 芦台，镇名。在天津市宁河县中东部。

七十五岁生日述怀

（1985 年 10 月 3 日）

行年七十五，喜见展宏图。

三会连开好，举国尽欢呼。

"七五"① 大计定，翻番更从容。

新老交替顺，后继亿众扶。

内外形势好，齐惊世界殊。

抓好双文明②，党风循正途。

改革须坚持，勤读马列书。

时时勤自省，晚节愧忝无。

---

　　① "七五"，指我国第七个五年计划。翻番，指第七个五年计划中指出的"1990 年的工农业总产值
和国民生产总值比 1980 年翻一番或者更多一些"的目标。
　　② 双文明，指社会主义物质文明建设和精神文明建设。

破阵子

红军长征胜利五十周年（二首）

（1986 年 10 月）

一

长征世称壮举，
革命终胜反动。
围追堵截成幻梦，
铁流转战自英雄。
豪气傲苍穹。

遵义拨正航向，
排除困难重重。
万水千山等闲过，
红旗指处险路通。
北上树伟功。

二

巍然立足陕北，
八方云拥风从。
三座大山齐推倒，
人民江山映日红。
前进鼓东风。

新的长征起步，
任重道远无穷。
四化目标定实现，
锐意改革攀高峰。
发扬无畏功。

军部①重建四十五周年

（1986 年 10 月 10 日）

军部重建日，

大策励全军。

反共奸谋破，

江淮报捷音。

敌寇终投首，

"八四"② 献殊勋。

于今兴四化，

奋进新长征。

---

① 军部，指皖南事变后新四军于 1941 年 1 月 20 日在苏北盐城重建的军部。

② "八四"即八路军、新四军。

悼 黄 克 诚①

（1987 年 1 月 7 日）

历经坎坷志不移，

为党为民效前驱。

治军行阵丰功建，

遵党从政重始基。

庐山直谏扬正气，

顾全大局实所期。

冤假错案终平反，

扫清妖雾现晨曦。

立身行事循马列，

实事求是见真知。

---

① 黄克诚（1902～1986），湖南永兴人，又名时暄。1925 年加入中国共产党。1928 年初参与领导永兴起义。后任红五军师政委和军政治部主任等。抗战时期，任八路军第四纵队政委、新四军第三师师长兼政委等。解放战争时期，任西满军区司令员、东北野战军第二兵团政委等。新中国成立后，任中共湖南省委书记、中国人民解放军总参谋长兼总后勤部长和政委、中央军委秘书长、国防部副部长等职。

悼 魏 文 伯^①

（1987 年 11 月）

　　文伯同志于 10 月中旬列席十三大，托夫人李静一送诗抄留念。文
伯会毕南归，数日遽不幸，闻讣作此诗以悼之。

南昌首捷大义伸，
草岚^②囹圄矢丹心。
江淮抗战通音问，
华东十年切磋勤。
光明磊落顾大局，
律己从严是非明。
诗如其人见性灵，
临风陨涕悼斯人。

---

　　① 魏文伯（1905～1987），湖北新洲人。1926 年加入中国共产党。曾任中共黄冈县委组织部长。
1927 年参加南昌起义。后任中共北平市委秘书长、山西省委秘书长、中共中央华东局民运部长和秘书长
等。新中国成立后，任华东检察分署检察长、司法部副部长和党组书记。"文化大革命"后，任中共中央
纪委副书记兼秘书长、司法部部长和党组书记。
　　② 草岚，指旧北平草岚子监狱，曾关押我党许多党员。

步梁老韵祝梁老华诞①

（1988 年 5 月）

八旬辛勤是吾师，
实事求是敬深知。
鼎新革故心语重，
进向现代万众期。
史稿功成赖共济，
新旧友朋畅叙怡。
枥中老骥豪情壮，
愿奋余晖共驱驰。

---

① 梁老，即农史学家梁家勉。

附：全国农史同仁在广州集会
至感赋谢

梁家勉

（1988 年 5 月）

半百年来愧作师，
人情世态自心知。
鼎新革故双肩重，
宏道育才万目期。
盛会相磋人济济，
远朋畅叙乐怡怡。
枥中老骥未甘伏，
愿趁余辉竭力驰。

责任编辑：张继华
装帧设计：徐　晖
责任校对：张彦　周昕　湖催

图书在版编目（CIP）数据

刘瑞龙文集 第五卷/刘瑞龙 著．-北京：人民出版社，2010.9
ISBN 978－7－01－009241－6

Ⅰ.①刘… Ⅱ.①刘… Ⅲ.①刘瑞龙（1910～1988）-文集 ②诗词
-作品集-中国-当代 Ⅳ.①C53 ②I227

中国版本图书馆 CIP 数据核字（2010）第 174397 号

刘瑞龙文集
LIURUILONG WENJI
第五卷

刘瑞龙　著

人民出版社 出版发行
（100706 北京朝阳门内大街 166 号）

涿州市星河印刷有限公司印装 新华书店经销

2010 年 9 月第 1 版 2010 年 9 月北京第 1 次印刷
开本：710 毫米×1000 毫米 1/16 印张：14.5
字数：220 千字 印数：0,001-3,000 册

ISBN 978－7－01－009241－6 定价：25.00 元

邮购地址 100706 北京朝阳门内大街 166 号
人民东方图书销售中心 电话（010）65250042 65289539